Pietro Grilli di Cortona,
Orazio Lanza, Barbara Pisciotta, Luca Germano

CAPIRE LA POLITICA

Seconda edizione

UTET
UNIVERSITÀ

UTET
UNIVERSITÀ

www.utetuniversita.it

2ª edizione: gennaio 2016
Printed in Italy

In copertina © gosphotodesign/Shutterstock
Grafico Matteo Rossi
Art Director Nadia Maestri

Stampa: Stampatre – Torino

Ristampe:	1	2 3	4 5	6 7	8 9
Anno:		2017	2018	2019	2020

Indice

Premessa alla nuova edizione

La seconda versione di questo manuale ha interamente aggiornato e rivisto la precedente. In particolare, sono stati effettuati importanti interventi di revisione per rendere il volume più semplice e più leggibile, sono stati inseriti un capitolo sulla burocrazia e un paragrafo (il 9.5) sull'ingegneria elettorale.

Anche in questo caso, il lavoro complessivo è il risultato di uno sforzo comune, magistralmente coordinato dal Prof. Pietro Grilli di Cortona e volto a cementare una collaborazione proficua e più volte collaudata. Luca Germano ha scritto i capitoli VIII, XI e XII e ha curato l'intera bibliografia, Pietro Grilli di Cortona i capitoli II, III, IV e V, Orazio Lanza i capitoli VI, IX e X, Barbara Pisciotta i capitoli I, VII, le parti sui livelli di analisi nel cap. II e sull'integrazione europea nel cap. III, con i relativi box.

Sebbene la responsabilità sia esclusivamente nostra, siamo grati a tutti i colleghi che con i loro suggerimenti ci hanno consentito di migliorare la qualità del testo. Un aiuto prezioso ci è stato fornito da Rosalba Chiarini, che ha visionato diverse parti del manuale e ci ha proposto spunti di riflessione essenziali.

Desideriamo dedicare questo libro a Pietro, maestro, collega e amico, la cui recente scomparsa ha lasciato un vuoto profondo in ciascuno di noi. Nella consapevolezza che il suo ricordo accompagnerà i nostri percorsi futuri, vogliamo ringraziarlo per la disponibilità, il tempo, la leggerezza, i sorrisi, le lezioni, accademiche e di vita, che ci ha regalato nel corso degli anni trascorsi insieme.

Roma e Catania, ottobre 2015

Barbara, Luca e Orazio

Premessa alla prima edizione

La politica presenta qualche problema in più rispetto ad altri oggetti di studio delle scienze sociali. Prima di tutto, perché siamo tutti cittadini e quindi tutti potenzialmente coinvolti in azioni e comportamenti politici. Poi, perché chi pratica la politica è influenzato dalle passioni, dalle emozioni, dagli ideali, dalle ideologie e qualche volta anche dall'interesse personale. Ne scaturisce un linguaggio prevalentemente emotivo, molto impreciso e approssimativo, finalizzato a convincere gli altri con lo scopo di guadagnare consenso e di vincere (un'elezione, una battaglia politica, un confronto o uno scontro con un avversario). Chi vuole studiare con serietà e rigore la politica deve invece mettere da parte il più possibile le proprie emozioni e le proprie passioni e accostarsi all'oggetto di studio con il massimo di oggettività. Il linguaggio deve acquisire una fisionomia il più possibile «asettica» e neutrale, sia da un punto di vista ideale sia da un punto di vista culturale. Lo scopo, dunque, non è quello di convincere per vincere, bensì di descrivere, ricostruire, spiegare, comprendere i fenomeni politici.

Su tali premesse, questo libro vuole fornire gli strumenti più idonei per lo studio della politica e la comprensione dei fenomeni politici. Va detto che la politica ci riserva tante domande affascinanti. Per esempio: perché gli esseri umani si fanno le guerre? Quali sono le cause delle rivoluzioni? Cosa spinge l'élite politica di un regime autoritario ad avviare un processo di democratizzazione, pur non avendo mai manifestato fino a quel momento ideali democratici? Su quali basi gli elettori modificano il proprio comportamento di voto e segnano la sconfitta di certi partiti e la vittoria di altri? Perché è finita la stagione dei grandi partiti di massa? L'idea di fondo di questo libro è che siamo in grado di rispondere a tutte queste domande solo attraverso l'analisi comparata. Siamo cioè convinti che la comparazione sia lo strumento migliore e più utilizzabile per il controllo delle nostre ipotesi e che solo attraverso la comparazione dei fenomeni politici si possa aspirare a trovare le «regolarità» della politica.

Dopo avere chiarito definizioni e concetti relativi alla politica e alle sue dimensioni, il secondo capitolo affronta, appunto, la questione del concetto e del significato di scienza e di metodo scientifico. Gli altri capitoli affrontano alcune delle grandi questioni della macropolitica (gli stati e le nazioni, i regimi politici democratici e non), gli attori (le élite politiche, i partiti, i gruppi), le istituzioni (le forme di governo, i governi, i parlamenti, i sistemi elettorali, l'ingegneria costituzionale), i processi decisionali e i loro effetti sui cittadini (le politiche pubbliche).

Abbiamo voluto fare un testo il più possibile semplice e accessibile, rivolto soprattutto a chi si avvicina per la prima volta alla scienza politica e alla politica comparata: in particolare gli studenti di corsi di scienze politiche e sociali, ma anche politici, giornalisti, amministratori e chi semplicemente è interessato a capire meglio la politica e le sue dinamiche.

Il lavoro è frutto di uno sforzo collettivo e scaturisce da un approccio comune e condiviso, anche se ciascun autore ha poi affrontato capitoli specifici. Luca Germano ha scritto i capitoli VIII e XI, alcuni box e ha curato la stesura finale dell'intera bibliografia; Pietro Grilli di Cortona ha scritto i capitoli II, III, IV e V; Orazio Lanza è autore dei capitoli VI, IX e X; Barbara Pisciotta ha scritto i capitoli I e VII, oltre ai paragrafi sui livelli di analisi nel capitolo II e sull'integrazione europea nel capitolo III (con relativi box).

Catania e Roma, aprile 2012

Pietro Grilli di Cortona
Orazio Lanza
Barbara Pisciotta

L'Editore ringrazia

Francesco Battegazzorre, *Università degli Studi di Pavia*
Marco Cilento, *Sapienza – Università di Roma*
Raffaele De Mucci, *Luiss Università Guido Carli*
Roberto Di Quirico, *Università degli Studi di Cagliari*
Massimo Morisi, *Università degli Studi di Firenze*
Luca Ozzano, *Università degli Studi di Torino*
Stefania Panebianco, *Università degli Studi di Catania*
Sorina Cristina Soare, *Università degli Studi di Firenze*

I loro preziosi suggerimenti hanno contribuito alla realizzazione di questa edizione di *Capire la politica*.

Capire la politica

A Pietro Grilli di Cortona, in memoria

La politica
Dimensione interna e dimensione internazionale

CAPITOLO PRIMO

1.1 Spiegare la politica

Nel lessico comune il termine «politica» ricorre generalmente per indicare, talvolta in senso dispregiativo, un insieme di soggetti (*i politici*) che gode di una posizione privilegiata rispetto agli altri individui, nonché una serie di azioni, decisioni, punti di vista che configura il contesto specifico (*la politica*) nel quale si muovono sia coloro che ne sono responsabili, sia coloro che ne subiscono le conseguenze. Nel linguaggio scientifico, al contrario, il termine «politica» assume un connotato neutrale. Designa un oggetto d'indagine e viene spesso accompagnato da aggettivi che ne precisano e, al tempo stesso, ne delimitano il significato: politica interna, politica estera, politica comparata, politica locale, politica internazionale.

La diversità di prospettive e di spessore non presuppone necessariamente due ambiti separati e contrapposti, definiti dal bagaglio culturale di chi pronuncia il termine. Realtà quotidiana e scienza parlano lingue diverse, si evolvono con tempi propri (la prima è sempre più veloce della seconda), utilizzano strumenti differenti ma restano indissolubilmente collegate. Anche quando la scienza rimane tale, rinunciando a migliorare la realtà e a prevederla, deve tuttavia *spiegarla* (Panebianco, 1989).

Il ricorso ai metodi di controllo empirico, che impone allo scienziato politico l'obbligo di sottoporre alla prova dei fatti le teorie, costituisce un importante spartiacque tra ciò che rappresenta uno studio scientifico sui fenomeni politici e ciò che invece è il risultato di commenti, opinioni, interpretazioni degli avvenimenti politici più recenti (Pasquino, 2010). Pur non avendo come obiettivo primario la volontà di rivolgersi al grande pubblico, la scienza politica ancora oggi si trova a dover fare i conti con un ampio settore contiguo, spesso caratterizzato da obiettivi politici espliciti: si pensi al dibattito sulle riforme istituzionali e sul sistema elettorale in Italia o alla discussione sul terrorismo internazionale e sull'energia nucleare.

Ma cosa significa nel linguaggio scientifico «spiegare la politica»?

Significa separare i fenomeni propriamente politici da quelli di altra natura (specificità della politica); significa ordinare una serie di eventi apparentemente sconnessi all'interno di una griglia concettuale comune (elaborazione di una teoria); significa individuare le regole che guidano quei «soggetti privilegiati» e i vincoli che ne determinano i margini d'azione (a livello locale, nazionale, internazionale); significa capire l'essenza del rapporto che lega gli individui allo Stato (coazione); significa stabilire fin dove possono spingersi due soggetti che manifestano interessi incompatibili (pace/guerra).

La comprensione di questi passaggi presuppone una risposta articolata, in grado di cogliere, innanzitutto, due aspetti concettuali preliminari: l'«autonomia» della politica e la sua «essenza». Il primo aspetto si riferisce al progressivo affrancamento della politica dalle altre sfere. Nel corso della sua evoluzione, la politica si propone come una realtà diversa e indipendente dalla società, dall'economia, dalla religione, dalla morale e dal diritto perché segue leggi proprie. Leggi che non sono necessariamente contrapposte a quelle del bene o dell'utile: semplicemente la politica è dotata di una specifica area di competenza e di un preciso *modus operandi* ai quali è possibile ricondurre determinate regolarità anche sotto il profilo disciplinare.

Il secondo aspetto focalizza l'attenzione sulla natura dei processi politici, sulle peculiarità dei comportamenti politici che si differenziano, in virtù di caratteristiche proprie, dai comportamenti sociali, economici o religiosi. Individuare i tratti distintivi e ricorrenti che caratterizzano e delimitano la sfera politica da ciò che non è politica, tuttavia, non equivale a ricondurre la politica entro categorie concettuali nette e incontrovertibili, né ad attribuirle un criterio di azione proprio. Se parliamo di categorie concettuali e di criteri di azione, possiamo affermare pacificamente che per l'etica la categoria concettuale è il bene e il criterio di azione l'altruismo, così come per l'economia la categoria concettuale è l'utile e il criterio di azione è l'interesse personale (Sartori, 1987b). Il concetto di politica, a differenza dei primi, non si presta invece ad essere contraddistinto con altrettanta nettezza, sebbene sia possibile ritrovare una sfera di attività propria ed esclusiva della politica (Aron, 1967; Sartori, 1979; Fisichella, 2011).

Box 1.1 – Declinazioni della politica

Politica interna: azione di uno Stato per la realizzazione dei propri obiettivi nell'ambito dei confini nazionali.

Politica estera: azione di uno Stato per la realizzazione dei propri obiettivi nell'arena internazionale.

Politica internazionale: insieme delle interazioni delle azioni esterne degli Stati e degli altri attori internazionali (organizzazioni internazionali, ONG, multinazionali).

Politica locale: insieme delle istituzioni e delle decisioni che governano aree sub-nazionali di piccole dimensioni (regioni; province; comuni).

Politica comparata: studio dei fenomeni politici con il metodo comparato.

1.2 Autonomia

Il percorso che consente alla politica di affermare la propria autonomia segue due binari paralleli: uno storico e uno disciplinare. Sul piano storico, l'affrancamento della politica dalle altre sfere è il risultato di un processo che può essere riassunto in quattro tappe principali (Sartori, 1987b). La prima si verifica con la separazione tra «potere spirituale» e «potere temporale». Fino al medioevo, la politica è ancora contaminata dall'etica, dalla religione e dall'economia, dal momento che non esiste né la separazione tra Stato e società civile, né la separazione tra politica e religione. I contrasti tra papato e impero, che si concludono con la delimitazione delle specifiche aree di competenza, consentono alla politica di perdere la propria sacralità, pur mantenendo ancora intatta la finalità etica a realizzare il «bene comune».

La seconda tappa è forse più incisiva. Con la sua opera, Niccolò Machiavelli (1513) stabilisce la definitiva separazione tra «politica» e «morale»: la politica può rifarsi anche a canoni etici e religiosi, tuttavia, la necessità di mantenere il potere può costringere il «principe» ad operare in aperto contrasto con la fede, con la morale e con la giustizia. La politica diviene per la prima volta «politica»: ha le proprie leggi che il politico deve applicare per salvaguardare lo Stato.

Lo scorporo tra sociale e politico passa invece attraverso la divaricazione tra «politica» ed «economia». Sono i filosofi e gli economisti della scuola liberista scozzese, Hume, Smith e Ricardo, a riconoscere alla società una sfera autonoma rispetto allo Stato. La divisione tra pubblico e privato individua nei limiti posti all'intervento statale la possibilità, per ciascun individuo, di perseguire in modo più efficiente i propri interessi economici. La divisione del lavoro suggella in un certo senso questa separazione: esiste una sfera privata non regolata dallo Stato accanto ad una sfera pubblica sottoposta ad esso. Il cittadino è tale non solo perché partecipa alla vita pubblica, ma soprattutto perché dedica gran parte della propria esistenza alla cura degli affari personali (Sartori, 1987b).

L'ultima tappa storica è quella che segna l'autonomia della «politica» nei confronti del «diritto». Sebbene non possa esistere alcun sistema politico nel quale sia assente l'elemento giuridico, se da un lato il diritto può essere considerato autonomo dalla politica, si pensi al diritto consuetudinario, svincolato dall'intervento di organi politico-istituzionali, può essere vero anche il contrario. La «rivoluzione» – come osserva Domenico Fisichella (2011) – è definita come l'abbattimento per via violenta dell'ordinamento politico esistente e l'instaurazione di un nuovo ordinamento. Di conseguenza, essa non è un fatto giuridico, perché nel vecchio ordinamento non esiste, mentre rappresenta la fonte del nuovo ordinamento che verrà instaurato. È dunque un fatto normativo, consuetudinario, che produce diritto al di fuori dell'ordinamento giuridico vigente. Il secondo caso riguarda lo «stato di eccezione». La celebre definizione di Carl Schmitt (1972), «sovrano è colui che decide sullo stato di eccezione», pone l'accento sulla superiorità della politica rispetto al diritto. Lo stato di eccezione prevede che in situazioni di crisi, tali da configurare l'eventualità del crollo del regime, l'esigenza di auto-conservazione possa determinare la sospensione dell'ordinamento vigente senza che la legge lo preveda. In altri termini, il potere politico continua a sussistere, mentre il diritto viene meno.

La politica, in definitiva, assume una capienza maggiore rispetto all'economia, alla società e al diritto perché è questa che determina i margini di manovra delle sfere non politiche. Può, almeno in linea di principio, sospendere il diritto, intervenire negli affari economici, sociali, culturali e religiosi. Naturalmente, ogni sistema politico è ordinato in modo diverso. Nelle democrazie le sfere sociali, economiche, culturali e religiose che restano al di fuori dell'intervento politico sono molto più ampie di quelle di un regime totalitario. Nel primo caso le regole politiche garantiscono il massimo di autonomia ai soggetti non politici, limitandosi agli interventi essenziali; nel secondo caso le regole politiche annullano completamente l'autonomia dei soggetti privati (Fisichella, 2011).

Sul piano disciplinare, la politica si afferma come scienza autonoma intorno agli anni Cinquanta. Sebbene la sua origine si faccia convenzionalmente risalire alla pubblicazione degli *Elementi di scienza politica* di Gaetano Mosca (1896), la sua fase iniziale è per molti versi ancora prescientifica, nonostante il tentativo di studiare, per la prima volta, la natura dei fenomeni politici con un approccio diverso rispetto al diritto costituzionale e alla storia. Nel caso italiano, gli ostacoli all'affermazione disciplinare della scienza politica vanno ricercati nel forte radicamento della filosofia marxista, secondo la quale la politica rappresenta una «sovrastruttura», e dell'idealismo di stampo crociano, il cui ispiratore definiva le scienze sociali delle «scienze inferme». Il clima culturale della prima metà del '900 era assolutamente contrario all'introduzione di uno studio sistematico dei fenomeni politici. Tanto i crociani quanto i marxisti concordavano sul fatto che la politica fosse una componente mutevole, provvisoria, dipendente da altri fattori assai più rilevanti. Pensare di rintracciare dei comportamenti propri della politica, dimostrare l'influenza della politica sulla società e sull'economia non rappresentava la priorità scientifica del momento: fino al secondo dopoguerra prevale un atteggiamento di sostanziale sfiducia verso ogni approccio di tipo scientifico allo studio della politica (Pasquino, 2009).

La conquista dell'autonomia disciplinare è l'esito di un riconoscimento accademico della propria specificità, che la scienza politica ottiene superando le obiezioni delle discipline affini, quali la storia, il diritto, la filosofia politica e la sociologia politica (Panebianco, 1989). La sua diversità disciplinare rispetto alla storia consiste prevalentemente nei metodi utilizzati: mentre quest'ultima privilegia uno studio idiografico, analizzando gli eventi come fatti irripetibili, la scienza politica adotta un approccio nomotetico, finalizzato all'elaborazione di teorie di portata più generale, sebbene non universali, in grado di cogliere determinate regolarità. L'autonomia rispetto al diritto attiene all'oggetto della ricerca. Il giurista studia i comportamenti umani regolati dalle norme di un dato ordinamento giuridico, concentrandosi sugli aspetti statici dei meccanismi istituzionali (approccio formale); lo scienziato politico indaga sulle motivazioni e sulle conseguenze di quei comportamenti rispetto ai fini proposti, analizzando la dimensione dinamica dei processi che si verificano all'interno delle istituzioni (approccio funzionale).

Più complesso è l'affrancamento dalla filosofia politica e dalla sociologia politica. Nel primo caso, la differenza sostanziale è legata all'atteggiamento dello studioso: la filosofia è un sapere speculativo e fa uso di un linguaggio astratto; la scienza politica è una disciplina empirica, fondata sull'osservazione dei fatti sui quali indaga, che utilizza un linguaggio specialistico volto alla definizione e alla classificazione dei concetti. Mentre la filosofia può riflettere in senso normativo sulla ricerca del miglior governo possibile, la scienza politica pone il criterio dell'«avalutatività» quale presupposto imprescindibile della ricerca (Bobbio, 1963).

Nel secondo caso, la diversità di prospettive emerge dal rapporto tra variabile dipendente e variabile indipendente ipotizzato dalle due discipline. La sociologia politica ha come interesse primario lo studio della dimensione orizzontale delle interazioni interoggettive, con l'obiettivo di «appiattire» la politica e ridurre la verticalità del rapporto governanti/governati a variabile dipendente. La scienza politica, al contrario, si concentra sulla natura verticale del rapporto potestativo e ribalta la relazione tra fattori esplicativi individuata dalla sociologia (Sartori, 1987b).

A partire dal secondo dopoguerra, negli Stati Uniti la diffusione del «comportamentismo» contribuisce a risollevare e a gettare le basi della futura affermazione della scienza politica in Europa e, soprattutto dagli anni Sessanta, anche in Italia. L'influenza americana è fondamentale perché, accanto all'enorme mole di lavori empirici ispirati dalla rivoluzione comportamentista, vengono creati numerosi centri di ricerca finanziati dai governi e moltissimi studiosi europei, soprattutto tedeschi, si trasferiscono nelle università americane. Si pensi a Karl W. Deutsch, Hans J. Morgenthau, Sigmund Neumann, Carl J. Friedrich e allo stesso Giovanni Sartori. Alla metà degli anni Sessanta, circa il 90% degli scienziati politici lavorava nelle maggiori università americane (Sola, 1996).

In Europa, la prima cattedra politologica, affidata ad Alfred Zimmern, viene istituita nel 1919 in Gran Bretagna ed è riservata all'insegnamento di relazioni internazionali. Verso la fine degli anni Quaranta sono create le prime cattedre di scienza politica. In Germania, ad esempio, la disciplina viene proposta come una sorta di «educazione civica», allo scopo di evitare le esperienze drammatiche come quella appena vissuta. A differenza della scienza politica italiana, in Germania queste cattedre vengono assegnate anche agli storici, evidenziando una maggiore eterogeneità della disciplina rispetto a quella italiana. In Italia si istituisce a Firenze la prima cattedra nel 1957, affidata a Giovanni Sartori; nel 1962 la seconda cattedra, istituita a Torino, è affidata a Norberto Bobbio (Graziano, 1986).

Alla fine di questa lenta e graduale evoluzione, la politica è finalmente in grado di esprimere una sfera di attività e un campo di analisi indipendenti e autonomi, fondati sull'individuazione di comportamenti ricorrenti e sull'elaborazione di teorie di portata generale.

1.3 Essenza

Per quanto riguarda il secondo aspetto concettuale introdotto nel primo paragrafo, cioè l'essenza della politica, è opportuno ricordare che il termine «politica» ha un'origine antichissima: lo ritroviamo già nel mondo greco. Aristotele, nel IV sec., utilizzava il termine *zoon politikón* per definire l'uomo compiutamente realizzato nel suo vivere politico all'interno della *polis*. Seguendo la lezione di Sartori (1987b), con l'espressione «animale politico» Aristotele definiva propriamente l'uomo, non la politica. Perché? Perché nel mondo greco la politica rappresentava l'essenza della vita quotidiana: un uomo non politico era considerato un essere inferiore, dal momento che il «vivere politico» era al tempo stesso il «vivere collettivo». Nella *polis* non esisteva ancora la distinzione tra politico e sociale, per noi oggi così familiare. I due significati erano espressi dallo stesso termine *politikón*, che indicava entrambe le cose, la sfera pubblica e quella privata. Nella nomenclatura greca mancava dunque un'associazione del concetto di politica con l'idea di potere, di comando, di uno Stato posto al di sopra della società civile. Nell'autogoverno della *polis* la politica veniva intesa in una dimensione esclusivamente orizzontale.

Successivamente, il superamento dei confini della *polis* nel mondo romano (*civitas*, come aggregazione fondata sulla legge, denota una società civile che ha perso l'elemento della politicità nel senso greco) e la tradizione medievale hanno iniziato a recepire la verticalità del rapporto governanti/governati, che veniva però espressa da altri termini, quali: *imperium, principatus, regnum, dominium, gubernaculum.* La voce *politicum* designava ancora una visione orizzontale, l'ottima città, la *res publica* volta a realizzare il bene comune, laddove la dimensione verticale si esprimeva con i termini «regalità», «dispotismo», «principato». È solo con *Il Principe* che il termine politica acquisisce per la prima volta quella dimensione verticale alla quale siamo abituati ad associarla oggi e diviene mero strumento di conquista e conservazione del potere. Non a caso, Sartori afferma esplicitamente che la «scoperta» della politica si deve a Machiavelli, non ad Aristotele.

Concetto verticale di politica

Questo breve richiamo ci consente di fissare due punti essenziali: 1) la politica esprime una valenza sovra-individuale che si esplica nel vivere comune; 2) tale concetto ha una connotazione rigorosamente verticale, connessa con il concetto di potere.

Entrambe le prospettive sono cruciali per operare una definizione di politica che non si diluisca nella dimensione onnicomprensiva della *polis* e, al tempo stesso, non si esaurisca nella mera accezione potestativa. Sotto questo profilo, possiamo affermare che uno degli aspetti che maggiormente contribuisce a determinare l'essenza della politica è dato dalla sua intrinseca «ambivalenza» (Fisichella, 2011). Intesa come una modalità esistenziale della vita quotidiana, con i propri caratteri fenomenologici e strutturali, la politica, come si è visto, è contraddistinta da una identità sovra-individuale: non «io», non il singolo individuo, bensì «noi», la collettività, richiamano l'idea di partecipazione ad una comunità che aggrega tra loro gli individui e ne rafforza i meccanismi di solidarietà. Il rapporto di tipo politico è sempre un rapporto intersoggettivo: si parla di co-esistenza come risultato di una partecipazione più o meno consapevole al vivere comune. Cronologicamente, possiamo dire che la politica innanzitutto unisce.

Ma nel momento stesso in cui unisce, aggrega, la politica esclude. In questo senso, il rapporto politico è un rapporto «chiuso»: comprende gli amici, coloro che fanno parte di una certa comunità, ma esclude chi è al di fuori di essa per motivi fisici o affettivi. Lo straniero, il nemico pubblico (*hostis*), effettivo o virtuale, sono esclusi dalla comunità. Il riconoscersi degli uomini in una nazione, in una classe, in un partito, in un clan ha il suo corrispettivo nell'esclusione di quanti non appartengono (o si ritiene che non appartengano) alla stessa nazione, alla stessa classe, allo stesso partito.

L'ambivalenza della politica insita nella diade «amico/nemico» (*Freund/Feind*) è stata sottolineata da Schmitt. Per lo studioso tedesco, il conflitto amico/nemico rappresenta l'essenza autentica, esclusiva e ineliminabile della politica. Nella sua visione la contrapposizione politica è la più intensa ed estrema di tutte, al punto che qualsiasi altra contrapposizione diviene tanto più politica quanto più si avvicina al punto estremo, cioè alla radicalità del conflitto amico/nemico:

> Ogni contrasto religioso, morale, economico, etnico, o di altro tipo si trasforma in un contrasto politico se è abbastanza forte da raggruppare effettivamente gli uomini in amici e nemici. (...) Il «politico» può trarre la sua forza dai più diversi settori della vita umana, da contrapposizioni religiose, economiche, morali o di altro tipo; esso infatti non indica un settore concreto particolare ma solo il *grado di intensità* di un'associazione o di una dissociazione di uomini, i motivi della quale possono essere di natura religiosa, nazionale (in senso etnico o culturale), economica o di altro tipo e possono causare, in tempi diversi, differenti unioni e separazioni. Il reale raggruppamento amico-nemico è per sua natura così forte ed esclusivo che la contrapposizione non politica, nello stesso momento in cui causa questo raggruppamento, nega i suoi motivi e criteri finora «puramente» religiosi, economici, culturali. (...) In ogni caso è sempre politico il raggruppamento orientato al caso critico. Esso è perciò sempre il raggruppamento umano *decisivo*, e di conseguenza l'unità politica, tutte le volte che esiste, è l'unità decisiva e «sovrana» nel senso che la decisione sul caso decisivo, anche se questo è il caso d'eccezione, per necessità logica deve spettare sempre ad essa (Schmitt, 1972, pp. 120–122).

Ne consegue che i concetti di amico, nemico e lotta assumono per Schmitt un significato reale, perché prevedono in modo esplicito la possibilità concreta dell'uccisione fisica. La guerra, definita nella massima di Karl von Clausewitz come la «prosecuzione della politica con altri mezzi», nell'analisi schmittiana è l'*extrema ratio* della contrapposizione amico/nemico, il «mezzo politico estremo» che consente di annientare il nemico e, dunque, un possibile sbocco della conflittualità insita nella natura umana.

La radicalità della concezione schmittiana, che pure non esaurisce la complessità della politica, come adesso vedremo, consente senz'altro di coglierne una dimensione fondamentale: quella che si manifesta prevalentemente nelle cosiddette fasi di «straordinaria amministrazione», nelle quali la violenza spesso si sostituisce al diritto e alla cooperazione. Ma accanto alla politica intensa, appassionata, combattuta e ideologica esiste un'altra politica, istituzionale, moderata e pacificatrice, che si esprime nelle fasi di «ordinaria amministrazione» e che si fonda sulla capacità delle istituzioni politiche di regolare i conflitti e sottomettere la forza al diritto. Nel momento stesso in cui si assume la presenza del nemico, infatti, va logicamente compresa la presenza dell'amico, dell'incluso, di colui che insieme ad altri individui contribuisce a formare un determinato raggruppamento. L'idea di solidarietà, anzi, precede l'idea di conflitto: se prima non si formano i raggruppamenti sulla base delle rispettive solidarietà è impossibile che si determini una situazione di conflitto (Kriesberg, 1998).

Tuttavia, è impossibile cogliere l'essenza della politica privandola della sua natura più autentica, quella conflittuale (Miglio, 2011). La politica, intesa nella sua duplice manifestazione – interna e internazionale – vive alternativamente fasi di straordinaria e ordinaria amministrazione. È vero che le prime caratterizzano in modo particolare la dimensione internazionale, al punto da spingere Raymond Aron (1968) a definire la violenza «un mezzo legittimo di interazione» fra gli Stati, costretti a vivere «all'ombra della guerra». Ma è altrettanto vero che la dimensione verticale della politica, magistralmente colta dalla scuola elitista italiana nella contrapposizione tra chi governa e chi è governato, denota l'essenza della politica anche nelle fasi di ordinaria amministrazione. E tale essenza è data dalla presenza di un'unica autorità, sul piano interno, e da uno o più Stati, sul piano internazionale, che gestiscono la forza.

A quale scopo? Allo scopo di preservare l'integrità di una comunità politica da possibili attacchi interni ed esterni. In qualsiasi momento una sintesi politica può essere minacciata da forze intenzionate a disgregarla. Tali forze – cioè «il nemico» – possono essere contrastate solo attribuendo a determinati soggetti la facoltà di ricorrere alla violenza per tutelare la comunità. Per comprendere appieno l'essenza della politica in merito alla sua dimensione verticale, è pertanto necessario introdurre il concetto di potere e chiarire la connessione esistente tra politica e potere.

1.4 Politica e potere

Fin dall'antichità la riflessione sulla politica è sempre stata associata alle modalità di acquisizione, distribuzione ed esercizio del potere. Da Aristotele, Machiavelli, Hobbes, Bodin, Locke, fino ad arrivare agli elitisti italiani, a Max Weber e alle varie scuole di scienza politica, gli studi su «chi» detiene il potere e «come» lo esercita hanno contribuito in modo esemplare all'avanzamento della disciplina, favorendo la progressiva sistematizzazione e formalizzazione del concetto.

Lo stesso Weber (1922b) ha definito il potere in termini relazionali, stabilendo che per potere si deve intendere la possibilità per specifici comandi (o per qualsiasi comando) di trovare obbedienza da parte di un determinato gruppo di persone. Mario Stoppino (1989, p. 242) definisce il potere come «causazione sociale intenzionale e/o interessata», che indica la capacità di un attore di influire sulle decisioni di un altro attore (Lasswell, 1950; Dahl, 1961a). Se entriamo più nel dettaglio, vediamo che tale capacità è fondata su un'azione di «conformità», che può essere libera («potere persuasivo») o non libera («potere costrittivo»); così come il potere può essere «attuale» o «potenziale»: il potere attuale esprime direttamente la «determinazione» da parte di un attore della condotta di un altro attore; il potere potenziale si riferisce invece alla «capacità» di un attore di determinare la condotta di un altro attore (Stoppino, 1987).

Riassumendo, l'elemento cruciale è dato dalla relazione causale che scaturisce dal rapporto tra due soggetti: A esercita potere su B, o è in grado di esercitare potere su B, se influenza o costringe B a fare x, o se punisce B per non aver fatto x (Oppenheim, 1961).

La relazione tra A e B può inoltre configurare tre situazioni diverse. Nella situazione di «dominio», caratterizzata da un esercizio del potere a senso unico, A controlla le risorse x salienti per B e questi non può ottenere tali risorse da attori diversi da A. In questo caso, lo squilibrio nella relazione causale determina una situazione di supremazia di un attore sull'altro. Nella situazione di «scambio», al contrario, la relazione di interdipendenza consente a B di esercitare a sua volta il controllo sulle risorse y salienti per A. Ne consegue che B è in grado di controbilanciare A e la relazione causale configura una situazione di «possibile» equilibrio tra i due soggetti (Emerson, 1962; Blau, 1964). Una terza situazione, che si differenzia dalle prime due, è la cosiddetta «egemonia», nella quale A utilizza il proprio differenziale di potere e B volontariamente acconsente, perché il comando è considerato obbligatorio e legittimo[1] (Lake, 2006).

La definizione di potere si ricollega al problema dell'essenza della politica, per la presenza, in tutte le società, di individui e gruppi intenzionati

1 Nelle relazioni internazionali il concetto di egemonia viene attualmente utilizzato per spiegare il ruolo che gli Stati Uniti occupano nel sistema dopo il 1989.

a realizzare determinati scopi, cui si contrappongono individui e gruppi portatori di interessi diversi, incompatibili con i precedenti (Poggi, 1992). La situazione di conflittualità che ne può derivare presuppone, per ciascuna delle due parti, la necessità di ignorare o sacrificare gli interessi altrui a vantaggio dei propri, servendosi anche delle risorse e delle energie degli altri. In un contesto caratterizzato dalla scarsità dei mezzi a disposizione, il potere si basa essenzialmente sul fatto che alcuni gruppi riescono ad assicurare la propria superiorità sugli altri attraverso il controllo delle risorse.

A tale proposito, la letteratura politologica tende comunemente ad individuare tre tipi di risorse:

1) *economiche* (potere economico): fondate sul possesso di beni materiali, necessari o ritenuti tali, in una situazione di scarsità, per indurre ad una determinata condotta coloro che non riescono ad accedervi (*remunerazione/sanzione*);
2) *ideologiche* (potere normativo): derivate dall'influenza esercitata sulle preferenze altrui da individui investiti di una certa autorità (*persuasione/pressione*);
3) *politiche* (potere coercitivo): caratterizzate dal possesso degli strumenti mediante i quali si esercita la forza fisica, per esempio le armi (*coazione*).

Il potere politico, nella definizione proposta da Talcott Parsons, è la «capacità generalizzata di assicurare l'adempimento delle obbligazioni vincolanti in un sistema di organizzazione collettiva, in cui le obbligazioni sono legittimate dalla loro coessenzialità ai fini collettivi, e che pertanto possono essere imposte con sanzioni negative, quale che sia l'agente che di fatto le applica» (Parsons, 1969, p. 642). Lo Stato, per la sua natura, tende a collocarsi nella sfera del potere politico. Questo non significa, tuttavia, che il ricorso alla violenza e alla coazione esaurisca le modalità di esercizio del potere politico da parte dello Stato. Anche un brigante, secondo l'esempio calzante di Poggi, è in grado di esercitare il potere brandendo un'arma, ma le sue minacce restano circoscritte ad un piccolo gruppo di individui per un periodo di tempo limitato. Diverso è il caso del guerriero, che può avvalersi della superiorità militare nei confronti di una popolazione disarmata per terrorizzarla e governarla. Se dunque nessuno Stato sopravvive senza una forza di polizia o un esercito che gli consentano di esercitare il potere in modo stabile e continuo, nonché di allargare i margini di manovra allo scopo di conservare nel tempo la propria capacità di influenzare la condotta altrui, è anche vero che solo quando tutte le altre possibili sanzioni si sono rivelate inefficaci, si può ricorrere ad una violenza definitiva (Poggi, 1992).

Il potere politico esercitato dallo Stato non si riferisce al ricorso diretto e frequente alla violenza, ma piuttosto al «controllo» sugli strumenti materiali e organizzativi della violenza («monopolio legittimo della forza»). Ogni rapporto di tipo intersoggettivo fondato sul comando presuppone la volontà di un soggetto di avviare e controllare l'agire di un altro soggetto. La capacità del primo soggetto di esercitare una forma di potere sull'altro prevede un'azione conforme al comando da parte di quest'ultimo (Stoppino, 1989). Sebbene l'obbedienza rappresenti un evento contingente, il soggetto che emette comandi ha interesse a ridurre il margine di incertezza di chi obbedisce. Certamente chi è in grado di ottenere obbedienza attraverso la violenza può risultare meno affidabile di chi è in grado di ottenerla attraverso il consenso. Nelle parole di Poggi, «un rapporto di potere politico, *ceteris paribus*, è tanto più solido, e l'esercizio di esso tanto più efficace e tanto meno faticoso, quanto più può fare credibile appello a principi su cui si fondano quell'autorizzazione e quell'obbligo. Se questo si verifica, possiamo chiamare legittimo quel potere» (Poggi, 1992, p. 16).

Violenza collettiva e violenza privata assumono principi di legittimazione diversi, in virtù del fatto che solo la prima è espressione di un potere garantito. Al riguardo, il seguente passo di Norberto Bobbio è illuminante: «l'ingiustificazione della violenza individuale riposa in ultima istanza sul fatto che è accettata, perché giustificata, la violenza collettiva. In altre parole... la morale può permettersi di essere così severa sulla violenza individuale perché riposa sull'accettazione di una convivenza che si regge sulla pratica continua della violenza collettiva» (Bobbio, 1983, p. 835).

Nel corso della storia, il fenomeno del potere politico ha sempre fatto riferimento alle diverse modalità mediante le quali individui e gruppi sono ricorsi agli strumenti di coazione e, conseguentemente, a principi di legittimità differenti. La conformità, infatti, può essere tanto il risultato di uno scambio bilaterale (democrazie), quanto di un dominio unilaterale (regimi non democratici). Nel primo caso, la determinazione dei contenuti delle decisioni politiche è il risultato di uno scambio politico tra società civile e classe politica, ove la prima cerca di ottenere diritti e spettanze, la seconda il sostegno per conquistare e mantenere il potere. Nel secondo caso, la conformità è il risultato di un'azione coercitiva. Nessun regime politico, tuttavia, può esercitare il controllo sugli strumenti coercitivi fondandosi solo sulla violenza. Anche i regimi non democratici, instaurati grazie a un colpo di stato o in seguito ad un processo rivoluzionario, hanno bisogno di legittimarsi attivando i tradizionali meccanismi del consenso. Questo, infatti, riduce i costi relativi alla gestione del potere e agevola il mantenimento dell'ordine e della pace interna da parte dei governanti (Fisichella, 2011). Le crisi politiche corrispondono proprio all'incapacità di un regime di fronteggiare le sfide interne o esterne che minacciano l'ordine pacifico: le difficoltà che incontra il potere nell'ottenere comportamenti conformi da parte della società civile coincidono sempre con una ridefinizione del potere politico, che nella maggior parte dei casi sfocia in un mutamento di regime (Morlino, 2003).

Premesso, dunque, che il concetto di politica non può essere separato da quello di potere, per concludere il discorso sull'essenza è necessario compiere un ulteriore passaggio, che apre la strada ad una possibile divaricazione tra politica interna e politica internazionale.

1.5 Differenze tra politica interna e politica internazionale

Individuando l'essenza della politica nella «ricerca del potere» (Stoppino, 1989), o più esplicitamente nella «lotta per il potere» (Morgenthau, 1948), molti autori ne hanno evidenziato i tratti peculiari definendola come un'arena nella quale si svolge la competizione tra i vari attori politici (Schumpeter, 1942) e il contesto nel quale si prendono le decisioni vincolanti per la società (Sartori, 1979). In questo senso, la politica mantiene una sua continuità e una sua ragion d'essere in virtù del presupposto che in una qualsiasi comunità – dal clan, alla tribù, alla città stato, fino agli stati nazionali o a insiemi di stati – vi sia sempre qualcuno che si assume il compito di prendere decisioni collettive, di imporle e farle rispettare, nonché di difendere l'ordine interno e l'integrità della comunità.

Rispetto agli altri rapporti intersoggettivi, il rapporto politico si caratterizza per la rilevanza che in esso assume l'elemento coattivo, vale a dire il ricorso alla forza fisica e alle limitazioni delle libertà individuali, fino all'estremo atto dell'uccisione. Anche i rapporti intersoggettivi legati alla sfera individuale, di tipo familiare, sociale, economico, possono prevedere l'elemento coattivo, così come la politica può ricorrere a modalità interattive di tipo familiare, economico, religioso (solidarietà, scambio, dogma). Fisichella ritiene impossibile cogliere la natura del rapporto politico se non si riconosce che i rapporti di tipo non politico, pur prevedendo il ricorso alla coazione, continuano a sussistere come rapporti economici, sociali, religiosi, familiari anche in assenza della coazione, poiché la logica su cui si fondano è lo scambio, la solidarietà, la fede, l'amore. Il rapporto di tipo politico, viceversa, «non può esistere indipendentemente dal momento coattivo, non può non prevedere costitutivamente la coazione (quale che ne sia poi, in concreto, l'uso fatto), a pena di diventare qualcos'altro. Nei rapporti di tipo non-politico, in altri termini, la coazione è una contingenza, mentre attiene all'*essenza* nel rapporto di tipo politico» (Fisichella, 2011, p. 68, corsivo mio).

Il ricorso alla coazione, per quanto limitato dalle norme e dalle procedure sulle quali si fondano i diversi tipi di regime politico, si rende necessario nella misura in cui il consenso non sia sufficiente a garantire la sopravvivenza di una comunità politica. A tale scopo, come si è visto, si attribuisce ad un soggetto istituzionale, e solo ad esso, il titolo a organizzare e gestire la violenza, che diviene forza pubblica, per salvaguardare i confini territoriali e assicurare l'ordine.

Sul piano interno, l'istituzionalizzazione di un «meccanismo di risoluzione pacifica dei conflitti» – vale a dire le cosiddette «regole del gioco»

– consente a tutti i regimi politici, con l'eccezione di quelli totalitari, di tutelare la comunità che risiede all'interno del proprio territorio. Il «principio ereditario», nella tradizione monarchica, ne costituisce un esempio: il diritto a governare si trasferisce per nascita. Il «principio corporativo», similmente, elimina i conflitti tra le varie categorie socio-economiche, ristrutturandole mediante una concezione organica della società; il ricorso alla «volontà del leader», nei regimi autoritari, assolve le stesse funzioni. Nelle democrazie, il «principio maggioritario temperato dalle garanzie per le minoranze» attribuisce al partito o alla coalizione che vince le elezioni il diritto a gestire direttamente il potere.

L'efficacia di ciascuno di questi meccanismi è data proprio dalla loro legittimità: finché tutte le forze politiche ad essi sottoposte si riconoscono in quelle determinate regole, i sistemi politici che ne derivano possono salvaguardare quelle stesse regole nel lungo periodo. Al contrario, se una parte consistente di un regime non si riconosce più in quelle regole e il ricorso alla violenza legittima non fosse sufficiente a mantenere lo *status quo*, quel sistema politico sarebbe inevitabilmente destinato alla disgregazione o, nel migliore dei casi, si aprirebbe una fase di crisi (più o meno violenta: la guerra civile è una possibilità concreta di manifestazione dell'uso della forza) e di mutamento istituzionale, che comporterebbe necessariamente l'introduzione di un altro meccanismo di risoluzione pacifica dei conflitti.

Sul piano internazionale, al contrario, la mancanza di un'unica autorità dotata del monopolio legittimo della forza impedisce l'applicazione di un principio imparziale a tutela della sicurezza dei singoli Stati, costringendoli all'auto-difesa. L'«anarchia internazionale», intesa appunto come l'assenza di un governo centrale, pone tutti gli Stati in una situazione di costante insicurezza, determinata dal fatto che ognuno di essi si sente potenzialmente minacciato dall'altro. Le Nazioni Unite, che pure nelle intenzioni dei principali leader avrebbero dovuto garantire un sistema di sicurezza collettiva esteso a tutti gli Stati, non dispongono di tale autorità e non sono in grado di applicare in modo imparziale le sanzioni previste dinanzi a situazioni di palese violazione del diritto internazionale.

Le ragioni che spiegano l'assenza, ancora oggi, di un'unica autorità che gestisca legittimamente la forza a livello internazionale, nell'interesse di tutte le unità del sistema, vanno ricercate proprio nel principio di sovranità degli Stati, sancito per la prima volta con la pace di Westfalia del 1648 (Schmitt, 1938). Il riconoscimento della sovranità statale si fonda sull'attribuzione di un'autorità esclusiva, ad un unico soggetto, ad intervenire coercitivamente nelle attività che si svolgono all'interno del proprio territorio. Il monopolio legittimo della forza che uno Stato conquista nei confronti degli altri, ha come corrispettivo il riconoscimento, a sua volta, della sovranità altrui (Parsi, 1998). Proprio perché la sovranità rappresenta il potere supremo, quello «decisivo», per usare un termine schmittiano, nessuno Stato è disposto a cedere le proprie prerogative e a riconoscere un'autorità posta al di sopra di esso. Paradossalmente, il monopolio legittimo della

Principio di sovranità

forza, che all'interno dei confini nazionali garantisce il mantenimento dell'ordine, al di fuori di questi confini legittima l'uso della violenza da parte delle singole unità del sistema, almeno in virtù del principio dell'autodifesa (Colombo, 2012).

In una situazione di anarchia, gli Stati sono pertanto vincolati da condizionamenti strutturali determinati, innanzitutto, dalla distribuzione del potere. Come ha affermato Kenneth Waltz, «formalmente» ciascuna unità «è uguale a tutte le altre: nessuno ha il diritto di comandare e nessuno ha il diritto di obbedire. I sistemi internazionali sono anarchici e decentrati. I principi ordinatori delle sue strutture sono chiaramente differenti e quindi contrapposti. Le strutture politiche [interne] hanno istituzioni di governo e funzioni. (...) La caratteristica più importante della politica internazionale sembra essere proprio la mancanza di ordine e di organizzazione» (Waltz, 1979, p. 178). Di fatto, solo alcuni Stati sono in grado di utilizzare in modo efficace lo strumento militare, obbligando quelli più deboli a subire gli effetti delle proprie decisioni (Mearsheimer, 2001).

La sintetica definizione di politica internazionale come «politica in assenza di governo» (Fox, 1959), laddove la politica interna si contraddistingue per la presenza di un potere garantito, traccia una linea di confine nettissima tra ciò che avviene «dentro» e «fuori» gli Stati, rendendo estremamente complessa la spiegazione di come sia possibile un ordine, sia pure anarchico e decentrato, in assenza di un'organizzazione formale in grado di monopolizzare la forza. Lo stesso Waltz, del resto, evidenzia i diversi principi che ordinano le parti a livello interno e a livello internazionale: nel primo caso i regimi politici sono organizzati in modo «gerarchico» e le istituzioni sulle quali si fondano si pongono in una relazione di superiorità o subordinazione; nel secondo caso, le unità del sistema si collocano in una relazione di coordinazione seguendo il principio «anarchico». Sulla base di questi opposti principi organizzativi, il discrimine tra politica interna e politica internazionale, per Waltz, non è la frequenza con la quale si ricorre alla violenza, bensì il modo di gestirla:

> La distinzione fra settore nazionale ed internazionale della politica non si basa sull'uso della forza, ma sulla loro diversa struttura. Se il pericolo di essere attaccati in modo violento è più grande, ad esempio, facendo due passi nel centro di Detroit che facendo un picnic lungo il confine fra Francia e Germania, quale differenza pratica comporta la diversa struttura? Sia a livello nazionale che internazionale, il contatto genera conflitto che a volte sfocia nella violenza. La differenza fra la politica nazionale e internazionale non si trova nell'uso della forza, ma nella diversità dei modi di organizzarsi per impiegarla. (...) Un sistema nazionale non si fonda sull'autodifesa come un sistema internazionale (Waltz, 1979, p. 201).

Il nesso politica-potere risulta pertanto duplice: da un lato esso costituisce il denominatore comune nella competizione per accaparrarsi le risorse salienti, dall'altro lato traccia una cesura tra politica interna e politica internazionale nella gestione dei conflitti che ne determinano l'essenza. Ad una sfera nella quale la conformità è il risultato dell'applicazione della legge (politica interna), si contrappone una sfera nella quale l'ordine è spesso imposto dall'attore più forte (politica internazionale).

1.6 Alla ricerca di una definizione comune

È possibile allora elaborare una definizione esaustiva di politica che comprenda sia la dimensione interna che quella internazionale? Se facciamo riferimento alle principali definizioni riportate nei manuali di scienza politica e di relazioni internazionali, ad eccezione di quella proposta da Gianfranco Pasquino (vedi Box 1.2), la risposta sembrerebbe negativa. Da entrambe le parti, infatti, il contesto nel quale si svolge la cosiddetta «ricerca del potere» assume caratteristiche proprie, evidenziando un'ambivalenza che si manifesta non tanto nell'alternanza tra cooperazione e conflitto, riconducibile sia alla politica interna che alla politica internazionale, quanto piuttosto al grado di legittimità del soggetto o dei soggetti che gestiscono

Box 1.2 – Principali definizioni di politica

Lotta per il potere (Morgenthau, 1948).

Chi ottiene che cosa, quando e come (Lasswell, 1950).

Assegnazione imperativa di valori per una società (Easton, 1953).

Le caratteristiche distintive della politica internazionale si ritrovano nell'assenza di un tribunale o di una forza di polizia, nel diritto di ricorrere alla forza, nella pluralità di centri decisionali, nell'alternanza e nella continua interazione fra pace e guerra (Aron, 1967).

Sfera delle «decisioni collettivizzate», sovrane, coercitivamente sanzionabili e senza uscita (Sartori, 1979).

La politica interna è ordinata in modo gerarchico. La politica internazionale è invece più tipicamente il settore caratterizzato dall'assenza di regolamentazioni (Waltz, 1979).

Insieme di attività che hanno in qualche modo come termine di riferimento la polis, cioè lo Stato (Bobbio, 1983a).

Processo complesso mediante il quale, in una qualsiasi comunità umana, si formano le decisioni imperative che la guidano (Urbani, 1992).

Arena nella quale si svolge la competizione per il potere e il contesto nel quale si prendono decisioni vincolanti per la collettività (Stoppino, 1994).

La politica è l'attività che riguarda l'acquisizione, l'organizzazione, la distribuzione e l'esercizio del potere nell'ambito di uno Stato, ovvero fra gli Stati. Il potere è politico quando le sue decisioni possono essere fatte valere nei riguardi di ciascun componente di una collettività anche con il ricorso alla forza (Pasquino, 1995).

La forza è l'ultima ratio della politica internazionale (Mearsheimer, 2001).

Gestione della collettività responsabile dell'ordine pacifico (Cotta, Della Porta e Morlino, 2008).

quel potere. A meno di non voler ridurre la categoria del «politico» a mera espressione del grado di intensità di una contrapposizione tra due o più soggetti, che comprende peraltro una vasta gamma di comportamenti che va dalla competizione elettorale allo scontro tra eserciti, la conseguenza logica che possiamo trarre coglie l'essenza della politica proprio nell'impossibilità di eliminare i conflitti e nella diversità dei modi di trattarli.

Intesa come «assegnazione imperativa di valori», ad esempio, la politica assume un grado di generalità abbastanza elevato, tale da comprendere entrambe le dimensioni, interna e internazionale. L'eccessiva generalità della definizione eastoniana – che ritroviamo anche nella *power politics* suggerita da Morgenthau – rischia però di comprometterne l'efficacia euristica nella misura in cui le differenze tra politica interna e politica internazionale, sostanziali e non solo formali, non vengono affatto evidenziate. Opposto è invece il problema che emerge nella maggior parte delle altre definizioni, dove la delimitazione del concetto consente l'individuazione immediata del contesto («arena nella quale si svolge la competizione per il potere»); degli attori rilevanti («classe politica e società civile»); degli esiti («decisioni collettivizzate, vincolanti o imperative»); delle finalità («ordine pacifico»). La sfera delle decisioni vincolanti, finalizzate alla realizzazione di un ordine pacifico, presuppone la presenza di un'autorità legittima che emani quelle decisioni e le applichi in modo imparziale nell'interesse dell'intera comunità. Dal momento che sul piano internazionale questa autorità non esiste, in che modo è possibile «catturare» ciò che avviene all'esterno degli Stati?

Tale ostacolo, a prima vista insuperabile, può essere solo parzialmente aggirato muovendo dal presupposto che le interazioni politiche, in qualsiasi contesto, anche democratico, configurino un rapporto di scambio che è sempre ineguale, dove una parte comunque guadagna più dell'altra. Questo significa che, da un lato, nella relazione di forza tra due soggetti, uno può ottenere un vantaggio superiore rispetto all'avversario; dall'altro lato, nessuno dei due è mai completamente disarmato di fronte all'altro. Per quale ragione?

Per la semplice ragione che qualsiasi attore, interno o internazionale, per promuovere i propri interessi deve accettare le regole del gioco e limitare la propria azione entro i vincoli che gli sono imposti (Crozier e Friedberg, 1977). La presenza di quelle regole, o se vogliamo di quei vincoli strutturali, non può impedire ad un attore di ottenere un vantaggio maggiore rispetto ad un altro, ma può limitare la sua condotta, salvaguardando il diritto dell'attore più debole a non essere completamente sottomesso. Quando un rapporto di forza si manifesta sotto forma di scambio, il potere che ne deriva non è mai assoluto: il margine d'azione che individui e gruppi possono esercitare sugli altri è direttamente proporzionale all'ampiezza della «zona di incertezza controllata» (Panebianco, 1989). Gli attori politici, in sostanza, agiscono in modo tale da rendere imprevedibile il proprio comportamento, riducendo, all'opposto, l'imprevedibilità del comportamento altrui, con l'obiettivo di rafforzare la propria posizione negoziale.

Posto che il controllo sulle zone di incertezza dipenda dal grado di legittimità e dalla capacità del potere di ottenere conformità, gli esiti sono necessariamente determinati dalla maggiore o minore flessibilità delle regole del gioco: «gerarchia» o «anarchia». Quando le regole sono rigide e il soggetto politico che gestisce il potere dispone di un ampio grado di legittimità, la capacità di ottenere conformità è generalizzata a tutti gli attori del sistema e stabilizzata nel lungo periodo. Quando, al contrario, le regole sono flessibili e il soggetto (o i soggetti) che gestisce il potere dispone di un grado di legittimità più limitato, la capacità di ottenere conformità assume un orizzonte spazio-temporale più ristretto. Un conto è infatti la forza cogente che assumono le decisioni di un organo *super partes*, tutt'altro conto il grado di conformità che può ottenere un attore che si pone come semplice *primus inter pares* (Clementi, 2011). A livello internazionale, inoltre, una eventuale configurazione bipolare o multipolare del sistema, pur denotando la presenza di Stati in grado di fare la differenza, ostacola fortemente l'individuazione di un potere legittimo. Basti pensare alla contrapposizione tra Stati Uniti e Unione Sovietica durante la guerra fredda.

Alla luce delle riflessioni finora svolte, ne consegue che una definizione di politica, che comprenda tanto la sfera internazionale quanto la sfera interna, debba separare la sua «essenza» dagli «esiti» (Waltz, 1979; Stoppino, 1987): mentre la prima è comune ad entrambe, i secondi si differenziano in relazione alle regole e al grado di legittimità che li producono. Questo perché il potere politico, come si è visto, è sempre inteso come potere garantito, che può ricorrere alla violenza ma non si fonda su di essa. Per evidenziare al massimo il diverso grado di legittimità che contraddistingue le decisioni vincolanti, in questa sede la politica può essere pertanto definita come *la sfera nella quale si svolge la competizione per l'acquisizione, la distribuzione e l'esercizio del potere. In un contesto gerarchico, i suoi esiti sono rappresentati da decisioni prese da un singolo attore legittimo che vincolano l'intera collettività. In un contesto anarchico, i suoi esiti sono rappresentati da decisioni prese da uno o più attori in posizione di egemonia, che vincolano le altre unità del sistema internazionale nella misura in cui il loro potere è considerato legittimo.*

1.7 Interazioni tra politica interna e politica internazionale

Le differenze tra politica interna e politica internazionale, oltre ad ostacolare i possibili tentativi di assimilazione in un unico settore di analisi, comportano l'obbligo, tanto per gli studiosi di scienza politica quanto per gli studiosi di relazioni internazionali, di individuare una serie di fenomeni che si collocano lungo le cosiddette «transazioni di confine» (Panebianco,

1986). Sebbene le due «facce» della medaglia seguano regole e stili differenti, non possono fare a meno di interagire e di influenzarsi a vicenda. Per decenni i cultori di entrambe le discipline, in comune accordo, hanno preferito dedicarsi all'edificazione di «compartimenti stagni» tra politica interna e politica internazionale, rinunciando a condurre un'indagine a tutto campo sui collegamenti interno/esterno e separando volontariamente ciò che prima rappresentava un fenomeno unitario (Farrell, 1966; Bonanate, 1990). Ciò nonostante, i primi approcci verso una visione globale dei fenomeni politici affondano le radici nel dibattito scaturito fra i teorici delle varie scuole della «Dottrina dello Stato» (Pisciotta, 2002).

In particolare, il contributo di Otto Hintze allo studio dello Stato moderno, in polemica con quanti allora propendevano per una ricostruzione sociologica e internista delle origini delle moderne compagini statali, muoveva dall'impossibilità di esaminare isolatamente ogni singolo Stato e dalla necessità di collocarlo all'interno di un contesto più ampio, che comprendesse, nel suo evolversi, l'intero sistema degli Stati (Lanzalaco, 1998; Schiera, 1974). Per Hintze questa «simbiosi» fra dimensione interna e dimensione internazionale – «politica interna ed estera costituiscono soltanto i lati diversi dello stesso processo di vita politico» (Hintze, 1929, tr. it. 1990, p. 88) – influenzava sistematicamente la formazione e il consolidamento degli assetti statali. Le istituzioni, per superare le sfide ambientali, dovevano rispondere alla duplice esigenza di adattarsi alle caratteristiche delle società che governavano e di organizzarsi per poter agire militarmente nell'arena internazionale. La presenza di un legame forte tra forma di governo, struttura amministrativa e collocazione internazionale consentiva allo storico tedesco di individuare una relazione inversamente proporzionale tra la quantità di libertà presente all'interno dei singoli Stati e la pressione politico-militare esercitata sui suoi confini. Ne è derivata la nota classificazione fra Stati continentali (Francia, Prussia) e Stati periferici (Gran Bretagna, Stati Uniti) sulla base delle rispettive posizioni geopolitiche. I primi, sottoposti a forti pressioni lungo i confini, erano caratterizzati da strutture amministrative fortemente centralizzate e burocrazie plasmate sul modello militare; costituzioni politiche di tipo assolutistico, che concentravano il potere politico nelle mani dell'esecutivo; sistemi politico-amministrativi fondati sul principio della sicurezza e della sopravvivenza nazionale. I secondi, al contrario, non subivano pressioni esterne e disponevano di strutture amministrative decentrate imperniate sul principio dell'autogoverno; costituzioni politiche liberali fondate sulla rappresentanza e sulla prevalenza delle assemblee legislative nei confronti dell'esecutivo; sistemi politico-amministrativi tesi a migliorare il benessere dei cittadini.

La cesura con la tradizione precedente e quella successiva emerge dal fatto che, per Hintze, il concetto di politica è un concetto unitario, scevro da qualsiasi distinzione fra diritto statale e politica internazionale che si era andata consolidando nella teoria liberale dello Stato. In seguito, la divaricazione tra politica interna e politica internazionale diviene espressione del primato dell'una sull'altra. Non a caso, Morgenthau afferma esplicitamente che: «La continuità in politica estera non è una questione di scelta ma di necessità; perché deriva dalla geografia, dalla tradizione e dalla effettiva distribuzione di potenza, fattori che nessun governo è in grado di controllare ma che può ignorare solo correndo il rischio del fallimento» (Morgenthau, 1974, pp. 65–66).

Tale divaricazione non ha impedito alla letteratura politologica di indagare sulle interazioni tra politica interna e politica internazionale. Karl Deutsch (1966), ad esempio, definisce l'intreccio causale interno/esterno in termini di «linee di confine». Il concetto focalizza l'attenzione sulla presenza di una marcata discontinuità nella frequenza delle transazioni e delle reazioni provocate dagli stimoli esterni. Applicando il modello cibernetico ai flussi di comunicazione che passano attraverso la linea di confine tra sistema politico e ambiente esterno, Deutsch rileva una consistente discontinuità nella condotta interna degli Stati rispetto agli influssi provenienti dagli eventi internazionali. In altre parole, ciò che si verifica in un determinato paese può assumere una rilevanza tale sull'opinione pubblica di un altro Stato, al punto da far venire meno una effettiva linea di confine tra la reazione dell'opinione pubblica e gli avvenimenti del paese straniero; in altri casi, viceversa, la reazione di uno Stato nei confronti di un evento esterno si manifesta attraverso un atteggiamento di totale chiusura, denotando la presenza di una netta linea di confine tra politica interna e politica internazionale. Nella sua analisi, la «mobilità» della linea di confine tra interno ed esterno è determinata dal livello di autonomia dei singoli Stati nei confronti dell'ambiente internazionale. Deutsch, infatti, considera autonomo quel sistema le cui risposte, una volta fissate le caratteristiche dell'ambiente internazionale, non siano empiricamente prevedibili.

Qualche anno dopo, James Rosenau (1969) introduce il concetto di *linkage* per spiegare qualsiasi sequenza di comportamenti ricorrenti che nascono in un sistema e provocano delle reazioni in un altro. Il riferimento al concetto di sistema – inteso come un'unità politica separata dall'ambiente circostante – viene utilizzato per distinguere ciò che avviene «dentro» il singolo aggregato politico (*l'interno*) da ciò che si verifica «al di fuori» dei suoi confini (*l'esterno*). La definizione di ambiente, invece di segnare una linea di confine di tipo territoriale, si articola in una molteplicità di dimensioni (ambiente contiguo, ambiente regionale, ambiente guerra fredda, ambiente razziale, ambiente delle risorse, ambiente organizzativo), nell'ambito delle quali operano diversi attori (esecutivi, parlamenti, burocrazie, partiti, gruppi) portatori di interessi e valori specifici. Per Rosenau non è attraverso l'individuazione di una discontinuità tra la sfera di sovranità di ciascuno Stato e quella degli altri Stati che si verifica uno scambio interattivo tra sistema politico e ambiente. Il *linkage* tra interno ed esterno costituisce una realtà multi-dimensionale che si esplica a vari livelli e tende a rendere sempre più labile il confine che separa sistema e ambiente. Di conseguenza, la regolarità delle interazioni reciproche tra sistema e ambiente, racchiusa nella nozione di *fused linkage*, che fissa la ripetizione di un processo di scambio continuo tra l'interno e l'esterno, prevede una sequenza di comportamenti talmente interconnessi da non poter essere analizzati separatamente. Caduta la linea di demarcazione interno/esterno, per Rosenau si materializza lo spazio politico della «frontiera». È lungo la frontiera (e non all'interno degli Stati) che l'autore colloca le contraddizioni del mondo globale: la frontiera racchiude uno spazio disorganizzato, privo di solide basi di legittimità, che può prendere alternativamente e simultaneamente la forma del mercato, della società civile, di una assemblea legislativa, di un campo di battaglia. Ma la frontiera non è unica: esistono una molteplicità di frontiere in contraddizione tra loro e ciascuna di esse fonte di contraddizioni, che segnano una trasformazione epocale dalla quale si affaccia una nuova visione del mondo (Rosenau, 1997).

Il problema sollevato da Deutsch e da Rosenau è la conseguenza di una constatazione empirica. Nella realtà, la maggior parte dei fenomeni politici è il risultato di una concatenazione di eventi, originati da fattori interni e internazionali, che non sempre è possibile trattare separatamente (Putnam, 1988; Moravcsik, 1993; Evans, 1993; vedi Box 1.3). Si pensi all'impatto che può assumere sulle relazioni tra Stati, nonché sull'ambito di applicazione del potere interno, la decisione di un governo di entrare a far parte di un organismo sovranazionale (Unione Europea); di riconoscere l'indipendenza di una parte della popolazione che risiede all'interno dei confini del proprio Stato (separazione tra Repubblica Ceca e Repubblica Slovacca); di estendere le prerogative politiche su una porzione di territorio e di popolazione più ampie della precedente (riunificazione della Germania: Cotta, Della Porta e Morlino, 2008). In tutti questi casi, l'intreccio causale tra la dimensione interna e la dimensione internazionale appare scontato, eppure la spiegazione della natura e della frequenza delle interazioni che si verificano lungo le linee di confine è il punto di arrivo di decenni di studi.

Come ha precisato Luigi Bonanate, l'analisi del rapporto tra politica interna e politica internazionale presuppone la risoluzione di alcuni problemi metodologici a monte: si tratta innanzitutto di chiarire a quali e quanti fatti sia possibile attribuire la capacità di uscire da una dimensione (quella interna o quella internazionale) per intervenire anche nell'altra; quindi di verificare se tale capacità appartenga indistintamente a tutti gli Stati; infine di scoprire *se* nei rapporti tra i due ambiti si dia reciprocità oppure no, se cioè le influenze valgano sempre allo stesso modo oppure se quelle che vanno da un livello all'altro siano più forti di quelle che si muovono nella direzione opposta o, ancora, se la forza penetrativa sia variabile e quindi imprevedibile o se una delle due spinte sia costantemente più intensa dell'altra. Il fatto che gli Stati vivano «una specie di doppia vita, che ha un palcoscenico interno e uno internazionale», significa semplicemente che

Box 1.3 – La teoria dei giochi a due livelli

Un altro approccio che merita di essere segnalato è certamente l'analisi dei *two-level games* di Robert Putnam (1988). Se si esclude la teoria del *linkage,* ciò che differenzia tale proposta da quelle che discuteremo più avanti è il tentativo di cogliere simultaneamente il doppio ordine di vincoli che scaturisce dalla reciproca interazione tra politica interna e politica internazionale. Indagando sulla formazione degli accordi internazionali, la teoria dei *two-level games* inserisce i fattori interni nell'ambito di un quadro sistemico, che focalizza l'attenzione sia sulla posizione internazionale di uno Stato durante il processo di *bargaining,* sia sulla formazione di interessi specifici a livello nazionale. In questo schema, l'interdipendenza tra flussi di variabili interne ed esterne non indica semplicemente il grado di autonomia di cui possono disporre i governi nell'ambito della trattativa internazionale, ma determina l'emergere delle possibili alternative di cui dispongono i negoziatori dinanzi ai rispettivi parlamenti nazionali. L'enfasi posta sul ruolo strategico dei *decision-makers* introduce un elemento essenziale nel *framework* concettuale. La loro azione risulta influenzata da tre fattori costanti che tendono a negare il postulato realista dello Stato inteso come attore unitario e razionale: l'atteggiamento delle forze di opposizione interne; la propensione a massimizzare i consensi interni; la volontà di realizzare obiettivi personali. La natura di «Giano bifronte» della politica estera è pertanto il risultato di una complessa contrattazione che si gioca su due livelli: uno interno e uno internazionale. Per evitare di correre rischi esterni (fallimento dell'accordo) e affrontare costi interni proibitivi (opposizione dei gruppi parlamentari nazionali), i *decision-makers* non possono permettersi di ignorare nessuno dei due livelli, almeno finché i propri Stati rimangono interdipendenti (a livello internazionale) e sovrani (a livello nazionale).

Il processo decisionale si sviluppa in due fasi distinte: al I livello il processo di *bargaining* vede i governi dei vari Stati nazionali stabilire i termini dell'accordo; al II livello la decisione si sposta all'interno dei parlamenti nazionali che decidono se ratificare o meno l'accordo raggiunto al I livello. Naturalmente le due fasi, oltre ad essere strettamente collegate, possono anche sovrapporsi. In alcuni casi è possibile che la posizione dei vari gruppi parlamentari interni operi una pressione incontrastabile sul corso delle trattative; in altri, al contrario, la situazione internazionale può mettere in discussione l'interesse nazionale di uno Stato e porre in termini di assoluta necessità la ratifica dell'accordo. Più specificamente, i margini di manovra di cui possono disporre i governi nazionali durante la trattativa dipendono dai seguenti fattori:

1) *preferenze e coalizioni del II livello*: minore è l'interesse nazionale a raggiungere l'accordo, minori i margini di manovra al I livello. Tali margini dipendono dalla consistenza delle «forze isolazioniste» (che si oppongono alla cooperazione internazionale in generale) e delle «forze internazionaliste» (che sostengono tale cooperazione). La politicizzazione delle *issues* può a sua volta condizionare le trattative: si possono attivare dei gruppi poco preoccupati dei costi del mancato accordo, riducendo ulteriormente il margine delle trattative;
2) *istituzioni politiche del II livello*: i margini di manovra possono essere condizionati sia dalle procedure costituzionali previste per la ratifica degli accordi, sia dal grado di autonomia dei *decision-makers* nei confronti dei parlamenti nazionali (maggiore è tale autonomia, maggiori i margini dell'accordo). Tuttavia, un governo forte in casa, che può disporre cioè di una vasta gamma di opzioni per il raggiungimento dell'accordo, può essere più debole nei confronti degli altri partners internazionali proprio perché non risulta vincolato al II livello e pertanto può essere più facilmente costretto ad accettare le soluzioni proposte dagli altri Stati. Inoltre, un governo autoritario risulta sempre meno credibile, al I livello, di un governo democratico;
3) *strategie dei negoziatori al I livello*: per ottenere la ratifica dell'accordo, i negoziatori possono ricorrere a «pagamenti collaterali» oppure ad una generica «buona volontà» nelle scelte di politica interna, allo scopo di alleggerire i costi dell'accordo.

In linea generale, le pressioni internazionali possono avere ripercussioni negative a livello interno, qualora l'opinione pubblica di un determinato Stato tenda a percepirle in contrasto con i propri interessi. In particolare, quando i costi risultano concentrati e i benefici diffusi, è molto probabile che l'accordo venga affossato. Le probabilità che l'accordo fallisca sono direttamente correlate alla capacità di affrancamento dei vari gruppi sociali nazionali. In questa circostanza, i meccanismi istituzionali interni, che costituiscono i canali mediante i quali gli interessi nazionali vengono convogliati nel processo decisionale, possono determinare il livello di autonomia/coercizione dei gruppi sociali nei confronti dei *decision-makers*. Nei regimi autoritari, ad esempio, l'incapacità dei gruppi sociali di affrancarsi dal sistema si combina con un ristretto margine di manovra dei decisori a livello internazionale, che rende comunque laborioso il raggiungimento dell'accordo. Nelle democrazie conflittuali la situazione è diametralmente opposta ma ugualmente sfavorevole al negoziato: un pluralismo indisciplinato a livello interno può ridurre drasticamente i margini di cui può disporre il governo nei confronti degli altri *partners* internazionali e far fallire l'accordo.

Tab. 1.1 Interazioni dimensione internazionale/dimensione interna.

Impatto della dimensione internazionale	**Impatto della dimensione interna**
Fattori strutturali Anarchia internazionale Configurazione del sistema internazionale Posizione di potenza Interdipendenza economica Ruolo delle organizzazioni sovranazionali	*Fattori istituzionali* Regimi politici Configurazione della coalizione dominante Transizioni di regime Consolidamento dello Stato
Fattori congiunturali Grado di tensione internazionale Guerra Regimi internazionali	*Fattori culturali* Scontro di civiltà

«ciascun ambito è capace di esercitare il suo peso su alcuni aspetti della vita dell'altro senza che per questo si sia costretti a ritrovare delle corrispondenze costanti, e senza peraltro dover rinunciare alla formulazione di alcune ipotesi di spiegazione in generale» (Bonanate, 1990, p. 93).

La Tabella 1.1 riassume la dinamica delle interazioni tra le due dimensioni della politica in merito ad una serie di fattori e di eventi, richiamati dalla letteratura (Panebianco, 1997), che si collocano a livello interno o a livello internazionale. Per facilitare la comprensione dei fenomeni che si sviluppano lungo le «transazioni di confine», si è preferito trattare separatamente le due aree di analisi.

1.8 L'influenza della dimensione internazionale sulla dimensione interna

Anarchia internazionale. Il condizionamento strutturale che produce l'anarchia, come si è detto, vincola tutte le unità del sistema a preoccuparsi della sicurezza per salvaguardare la propria integrità. La scuola neorealista, nella versione fornita da Waltz, afferma più specificamente che la condizione anarchica costituisce la variabile indipendente per spiegare il comportamento degli Stati nell'arena internazionale: regimi democratici e non democratici subiscono, indipendentemente dalle loro caratteristiche interne, le conseguenze prodotte dal clima di generale insicurezza dovuto all'assenza di un'autorità centrale. Questo significa che il comportamento più o meno aggressivo delle democrazie, vedi il caso statunitense, è finalizzato a conservare (Waltz, 2000) o ad accrescere (Mearsheimer, 2001) il proprio potere per tutelarsi dinanzi ad eventuali attacchi e non, come sostengono i neo-istituzionalisti (vedi paragrafo successivo), ad estendere il modello democratico ad altri paesi.

Configurazione del sistema internazionale. Per configurazione del sistema internazionale si intende il grado di concentrazione/dispersione del potere tra le varie unità che consente al sistema stesso di assumere tre forme: multipolare, bipolare, unipolare. L'impatto che tale configurazione può produrre sulle politiche nazionali (Kaplan, 1957; Aron, 1968; Wight, 1979) è facilmente intuibile in riferimento alle elezioni italiane del 1948, in occasione delle quali il bipolarismo Usa/Urss ha scandito le fasi della campagna elettorale e ne ha determinato l'esito, assicurando la collocazione dell'Italia nel polo occidentale, già stabilita dagli accordi internazionali fra le maggiori potenze durante la guerra.

Posizione di potenza. La posizione di potenza è una diretta conseguenza della distribuzione del potere all'interno del sistema. In base ad essa, le varie unità si suddividono in grandi, medie e piccole potenze. L'incidenza di questo fattore sulle politiche nazionali è pertanto legato al «rango»: mentre le piccole e medie potenze sono costrette a muoversi nell'ambito di margini estremamente ridotti e prevedibili (Santoro, 1991), le grandi potenze hanno la facoltà di fissare le regole del gioco alle quali tutte le altre unità devono uniformarsi. La posizione di potenza, inoltre, può essere soggetta ad oscillazioni che ne segnano veri e propri cicli, anche quando non si verifichino variazioni di rilievo nella struttura del sistema internazionale (Doran, 1989). Ne consegue che l'insieme dei vincoli e delle opportunità che agisce sui sistemi politici nazionali può subire delle trasformazioni sostanziali in un arco temporale ridotto: la modernizzazione giapponese durante la seconda metà del XIX secolo e la crescita economica della Repubblica Federale Tedesca nel periodo bipolare sono particolarmente indicativi.

Interdipendenza economica. In riferimento ai condizionamenti esercitati dall'economia internazionale sulla politica interna, la letteratura si era inizialmente soffermata su due aspetti congiunturali: il rapporto tra interventismo statale e competizione economica internazionale da un lato, e il rapporto tra crisi economiche internazionali e coalizioni di interessi interne dall'altro. Nel primo caso, la distinzione tra *first comers* e *late comers* veniva utilizzata per sottolineare il diverso ruolo svolto dallo Stato nel promuovere lo sviluppo economico: la pressione imposta dalla competizione internazionale era un utile elemento per comprendere l'espansione del ruolo dello Stato nelle società dei paesi in via di sviluppo (Gerschenkron,

1965). L'analisi delle crisi economiche internazionali muoveva invece dal presupposto che queste modificassero gli equilibri di forza interni ai regimi politici, agendo sui comportamenti dei diversi gruppi economici e politici che competevano a livello nazionale. Una volta innescato un processo di ristrutturazione e di ricambio delle coalizioni dominanti, gli effetti di queste crisi erano destinati a riflettersi sull'attuazione delle politiche pubbliche (Gourevitch, 1978; 1984). La crisi del '29, ad esempio, ha prodotto effetti devastanti nel caso tedesco, favorendo il crollo della Repubblica di Weimar; negli Stati Uniti, al contrario, nonostante il paese fosse maggiormente colpito sul piano economico, si assiste ad un ricambio della coalizione dominante.

Sempre in tema di rapporti tra economia internazionale e istituzioni interne, merita di essere citata la teoria neo-marxista di Immanuel Wallerstein (1982). Secondo l'autore, l'affermazione di sistemi democratici o autoritari deve essere ricondotta alla configurazione strutturale dei rapporti economici: lo sviluppo del capitalismo mondiale avrebbe prodotto una strutturazione del sistema economico in tre zone distinte – centrale, semi-periferica e periferica – nell'ambito delle quali si sono consolidati degli assetti istituzionali che corrispondono alla posizione occupata nel sistema economico. Agli Stati «forti», che occupano la zona centrale, si contrappongono gli Stati «deboli» e i cosiddetti «ibridi istituzionali» delle zone periferiche e semi-periferiche.

Gli studi più recenti, sulla scia della International Political Economy, hanno indagato gli effetti dei processi di interdipendenza economica sulle scelte dei governi nazionali. Senza ripercorrere l'itinerario completo di un filone che ha prodotto e continua a produrre una mole incessante di lavori (tra gli altri, si vedano Keohane e Nye, 1977; Rogowski, 1987; Cox, 1987; Mansfield e Busch, 1995; Keohane e Milner, 1996; Strange, 1996; Schwartz, 2000; Frieden e Lake, 2000; Gilpin, 2001; Held e McGrew, 2003), qui è sufficiente sottolineare come per questi studiosi il presupposto basilare sia rappresentato da una impostazione *macro-oriented*, secondo la quale è impossibile comprendere la politica interna se non si è in grado di spiegare la «natura» delle influenze tra le varie economie nazionali e la *world economy* in generale. Seguendo un approccio strutturale, il processo di internazionalizzazione dei flussi economici, e non la colorazione politica delle coalizioni dominanti, rappresenta la variabile indipendente in grado di influenzare le preferenze e gli atteggiamenti degli attori economico-sociali a livello domestico. In una situazione di interdipendenza complessa come quella attuale, il ruolo delle istituzioni nazionali sarebbe limitato esclusivamente alla determinazione del grado di liberalizzazione dei mercati di ogni singolo paese e, di fatto, confinato esclusivamente alla spiegazione di alcune anomalie che intervengono quando la variabile indipendente esterna produce effetti diversi all'interno dei vari paesi. Le ripercussioni della crisi finanziaria americana del 2008, che si sono manifestati in Europa, confermerebbero la salienza dell'impatto dell'economia internazionale.

Ruolo delle organizzazioni sovranazionali. Per quanto riguarda i condizionamenti esercitati dalle istituzioni internazionali, l'oggetto privilegiato delle ricerche è rappresentato dall'Unione Europea (Ladrech, 1994; Radaelli, 2000; Cowles, Caporaso e Risse, 2001; Olsen, 2002; Fabbrini, 2008). La maggior parte degli autori definisce il fenomeno dell'«europeizzazione» delle politiche nazionali come la graduale e diversificata diffusione di valori, norme generali, direttive specifiche dalle istituzioni europee ai diversi ambiti e livelli dei vari Stati membri, caratterizzata dallo sviluppo, a livello sovranazionale, di un insieme di istituzioni che formalizzano le interazioni tra i diversi attori (Morlino, 2006). Sul piano economico, l'introduzione del mercato comune e della moneta unica hanno nettamente sbilanciato il rapporto tra l'Ue e i governi nazionali in favore della prima: i paesi che aderiscono all'area dell'euro non possono più decidere autonomamente le politiche monetarie e fissare i tassi di interesse; hanno l'obbligo di mantenere il bilancio in pareggio e di allineare le politiche fiscali alle direttive comunitarie. Sul piano giuridico, i trattati posti in essere dai paesi membri producono un effetto diretto a livello nazionale mediante un sistema giuridico sovranazionale che stabilisce i diritti e gli obblighi delle persone e degli enti, pubblici e privati, che si trovano all'interno del territorio dell'UE (Stone Sweet e Caporaso, 1996).

Grado di tensione internazionale. Mentre i primi cinque fattori sopra discussi rappresentano i condizionamenti strutturali legati alle caratteristiche del sistema internazionale, gli ultimi tre sono di tipo congiunturale e si riferiscono alle fasi di stabilità e instabilità che attraversano le relazioni fra Stati. Il grado di tensione internazionale è connesso alla sfera della sicurezza e indica il livello di vulnerabilità che ciascun attore percepisce rispetto alle minacce provenienti dall'ambiente internazionale (Jervis, 1976; Buzan, 1991). Nelle situazioni di crisi, infatti, la percezione delle minacce esterne può indurre gli Stati ad accentrare il potere nelle mani dell'esecutivo e a controllare sia l'opposizione che la stampa. Come ha sottolineato Angelo Panebianco, in caso di massima tensione, «le specificità di un regime democratico cessano provvisoriamente di operare o, quanto meno si attenuano», con la conseguenza che, in tali frangenti, una democrazia tenderà a comportarsi in modo simile ad un regime autoritario (Panebianco, 1997, p. 139). Il caso israeliano nelle fasi di massima tensione con i paesi arabi, tra gli esempi citati dall'autore, rispecchia tale situazione.

Guerra. L'ampia letteratura sulla guerra generalmente circoscrive a due situazioni fondamentali l'influenza dell'evento bellico sulle politiche domestiche: la nascita di un nuovo sistema internazionale e gli effetti delle sconfitte militari sugli equilibri interni. In relazione al primo punto, la guerra, intesa come fattore fondamentale di mutamento, rappresenta la «fonte» del sistema internazionale. I trattati che seguono la fine di un conflitto militare fissano i principi di una nuova distribuzione del potere all'interno del sistema, fondata sull'imposizione di penalità ai perdenti e sull'assicurazione del mutuo riconoscimento delle garanzie di sicurezza da parte di tutti gli attori. La guerra, attraverso la ridefinizione dei confini territoriali, stabilisce una gerarchia di potere all'interno del sistema e ridisegna la mappa delle opportunità e dei vincoli posti a ciascuno Stato (Gilpin, 1989; Modelski e Thompson, 1987). L'esempio paradigmatico, al riguardo, è dato dalla spartizione della Germania tra le due superpotenze. In relazione al secondo punto, una sconfitta militare può aprire una fase di crisi interna al regime che può condurre al crollo e al successivo cambiamento istituzionale (Almond *et al.*, 1973; Morlino, 1998). La caduta del fascismo e del nazismo rientrano nella casistica di riferimento. Alcuni autori citano anche l'Unione Sovietica: la sconfitta in Afghanistan avrebbe favorito il futuro collasso del regime comunista.

Regimi internazionali. In aperto contrasto con la tradizione realista, la scuola neo-istituzionalista ha evidenziato il ruolo dei regimi internazionali nel favorire comportamenti cooperativi tra gli Stati. Questa teoria muove dal presupposto che un regime internazionale – definito da Stephen Krasner (1982) come un «insieme di principi, norme, regole e procedure decisionali sulle quali convergono le aspettative degli attori in un determinato settore» – si sviluppi quando due o più Stati decidono di collaborare in un determinato settore. L'influenza sulle decisioni dei governi nazionali si verifica nella misura in cui i regimi, mediante un processo di stabilizzazione nel lungo periodo che ne determina una sorta di autonomia rispetto agli Stati che l'hanno posto in essere, favoriscono un clima di «dovere generale» coordinando le scelte delle singole unità verso obiettivi comuni che non possono essere disattesi, pena la perdita di credibilità del paese che si sottrae agli obblighi internazionali. Il regime monetario stabilito dal Fmi, l'euro, il settore ambientale, petrolifero e delle telecomunicazioni, per alcuni autori addirittura il mercato, rappresentano settori di collaborazione istituzionalizzata tra Stati destinati a mantenersi nel tempo.

1.9 L'influenza della dimensione interna sulla dimensione internazionale

Regimi politici. La teoria dei regimi politici si fonda sul presupposto che il comportamento degli Stati nell'arena internazionale dipenda dalle modalità organizzative interne (Panebianco, 1997). La distinzione tra Stati democratici e non democratici è basilare dal momento che la maggiore o minore propensione a ricorrere allo strumento militare è legata alla presenza di specifici vincoli istituzionali (Aron, 1965): le democrazie sarebbero meno propense alla guerra, in virtù del ruolo svolto dall'opinione pubblica, dall'istituzionalizzazione del dibattito parlamentare, dall'avvicendamento dei cicli elettorali. I regimi non democratici, viceversa, non temono l'opinione pubblica e le forze di opposizione, non rischiano di perdere il potere a causa di una politica estera sbagliata, non hanno l'obbligo di passare per l'intermediazione parlamentare (Wright, 1970; Maoz e Abdolali, 1989; Risse-Kappen, 1991; Nincic, 1992; Schweller, 1992; Russett, 1993; Rummel, 1995; Hill, 2003; Andreatta, 2005). Premesso che le democrazie, sul piano concreto, non sono affatto pacifiche, come dimostrano i recenti interventi in Afghanistan, Iraq e Libia, l'evidenza empirica conferma quanto meno un aspetto determinante della teoria: non si sono mai fatte la guerra tra loro[2]. Ai fini del discorso, tale constatazione è interessante per due ragioni: 1) le democrazie intervengono militarmente nei confronti degli Stati non democratici allo scopo di destabilizzarne i regimi ed estendere il modello democratico; 2) la condizione di «pace democratica» potrebbe garantire relazioni più pacifiche tra gli Stati se il sistema internazionale fosse composto di sole democrazie (Doyle, 1983; Sorensen, 1992). Ribaltando l'impostazione realista, i neo-istituzionalisti ritengono che la distinzione tra «zone di pace» e «zone di guerra», che tuttora attraversa il sistema internazionale, prescinda dai soli condizionamenti strutturali e sia invece una naturale conseguenza delle caratteristiche interne dei regimi.

Configurazione della coalizione dominante. Sebbene le democrazie condividano una serie di valori, principi e norme universali, si differenziano tra loro in merito a specifiche procedure istituzionali, quali la forma di governo o il modello di democrazia (Panebianco, 1997). Tali meccanismi possono fare la differenza nella gestione della politica estera quando sono in grado di condizionare le procedure decisionali dei governi in carica. Fino agli anni Settanta, ad esempio, la letteratura riscontrava una relazione deterministica tra gli equilibri delle forze partitiche e dei gruppi di interesse interni e la politica estera dei sistemi democratici. Quest'ultima veniva interpretata prevalentemente in termini di politica di partito: la competizione era il risultato di un conflitto, più o meno radicalizzato a seconda della conformazione dei *cleavages* storici, tra programmi e proposte alternative, con la conseguenza che la politica estera non riusciva ad essere svincolata dagli effetti di ogni eventuale *turnover* (Friedrich, 1966). Il successivo affinamento della teoria, fondato su uno studio sistematico delle dinamiche coalizionali, ha ipotizzato l'esistenza di una correlazione inversa tra i «rischi politici», emersi dalle contestazioni interne alla maggioranza di governo, e i «rischi di *policy*», derivanti da un fallimento internazionale dovuto ad una politica estera inadeguata (Lamborn, 1991). Se si esclude il caso di una minaccia militare effettiva, nel quale i due tipi di rischi risultano positivamente correlati, in tutti gli altri casi si verifica sempre un problema di *trade off* fra rischi politici e rischi di *policy*. La disponibilità dei governi a correre determinati rischi a scapito di altri dipende in linea di massima dalle

2 Per una discussione sui casi dubbi rinvio a Russett, 1993; Ray, 1993; Cohen, 1994; Owen, 1994; Panebianco, 1997.

caratteristiche della coalizione dominante (Snyder, 1991). Si presuppone che in presenza di coalizioni ampie (democrazie consensuali o conflittuali), ove è minore il controllo di ciascuna fazione sul processo decisionale, i governi siano generalmente portati a ridurre i rischi politici, anche al costo di innalzare i rischi di *policy*. La tendenza dei governi a correre rischi politici per perseguire con successo la *policy* cresce proporzionalmente al controllo che questi esercitano sul processo decisionale: in presenza di governi monocolore o coalizioni ristrette e coese, l'esecutivo è in grado di perseguire i propri obiettivi di politica estera senza ricorrere a complesse negoziazioni (vedi il caso inglese); viceversa, quando si profilano coalizioni ampie ed eterogenee, i rischi politici aumentano, a scapito dell'efficienza della politica estera (vedi il caso italiano).

Transizioni di regime. In linea generale, il passaggio da un regime non democratico ad uno democratico può incidere sull'allineamento internazionale del paese in questione, può contagiare gli Stati confinanti, può provocare una ridefinizione dei confini territoriali (Huntington, 1991; Whitehead, 1996; Pridham, 1997). Il collasso dell'Unione Sovietica è emblematico: il cambiamento istituzionale ha modificato radicalmente gli equilibri internazionali; ha consentito la democratizzazione dei paesi satelliti, con il loro conseguente ingresso nella Nato e nell'Ue; ha ridotto i confini dell'ex-impero. Più specificamente, la fluidità istituzionale che caratterizza la fase dinamica della transizione democratica, durante la quale le forze politiche si confrontano su «immagini di regime» contrapposte, ha spesso dato luogo ad una connessione sfavorevole tra Stati parzialmente democratici e guerra. In queste situazioni, il controllo parziale sulla politica estera e l'oscillazione degli atteggiamenti della classe politica e dell'opinione pubblica tra il rispetto delle regole democratiche e il mantenimento di pratiche autoritarie ha spesso consentito ai governi in carica di ottenere una rapida fonte di legittimazione attraverso i richiami all'identità nazionale. I conflitti tra Serbia e Croazia, Serbia e Bosnia, Armenia e Arzebaijan, Russia e Cecenia, Russia e Georgia testimoniano la connessione esistente tra la debolezza delle istituzioni democratiche e il conseguente rafforzamento di un nazionalismo belligerante (Mansfield e Snyder, 1995; Deudney e Ikenberry, 1991; Kozhemiakin, 1998).

Consolidamento dello Stato. Il problema della debolezza istituzionale di determinati regimi politici è stata affrontata in particolar modo da Barry Buzan. Sebbene la collocazione della sua teoria sul versante interno non sia affatto pacifica, in questa sede può essere giustificata per sottolineare l'importanza che la scuola inglese, della quale Buzan è uno maggiori esponenti, ha sempre attribuito ai fattori di natura istituzionale. Per l'autore, l'esito del processo di *state-building* determina le caratteristiche del contesto internazionale nel quale gli attori operano. In un sistema caratterizzato da Stati «forti», dove il processo di *state-building* si è concluso positivamente, gli attori sono in grado di monopolizzare la violenza legittima e sfruttare a proprio vantaggio l'alto livello di coesione del rapporto tra istituzioni e società civile. Secondo Buzan, la diffusione di Stati forti potrebbe consentire l'ampliamento delle cosiddette zone di «anarchia matura», fondate sulla progressiva attenuazione della natura prettamente anarchica del sistema, grazie al fatto che ciascun attore in grado di esercitare la sovranità all'interno dei propri confini si trova ad interagire con altri soggetti, che hanno a loro volta monopolizzato legittimamente la violenza. In condizioni di anarchia matura, gli Stati, proprio perché hanno concluso con successo il processo di accentramento del potere, non hanno interesse ad utilizzare la forza per risolvere i conflitti con altri Stati e sono consapevoli tanto che le sicurezze nazionali siano interdipendenti, quanto che una politica estera auto-referenziale rischi di condurre al fallimento. Al contrario, nei sistemi caratterizzati da Stati «deboli», dove alla scarsa coesione tra società e istituzioni si aggiunge l'incapacità dei governi di monopolizzare la forza, la presenza di confini contestati e il ricorso alla violenza anche sul piano interno minano la sicurezza dello Stato e alimentano la frequenza di conflitti tra «vicini» bellicosi. Gli Stati falliti rappresentano una minaccia per le relazioni interstatali perché i conflitti di natura interna possono fuoriuscire dai confini nazionali e rendere insicuro il contesto nel quale questi si muovono. Nelle «anarchie immature», pertanto, il basso grado di maturità del processo di *state-building* esaspera la condizione anarchica del sistema e rende più probabile il ricorso alla violenza, sia sul piano interno che sul piano internazionale (Buzan, 1983; 1991). Se l'Europa occidentale e il Nord America sono oggi una manifestazione incontrovertibile di anarchia matura, l'Africa e il Medio Oriente sono esempi altrettanto rilevanti di quelle che Buzan definisce anarchie immature.

Scontro di civiltà. Alla classica bipartizione di Aron (1968), che suddivideva i sistemi internazionali omogenei da quelli eterogenei in base al fattore ideologico, Samuel Huntington (2000) ha sovrapposto una nuova interpretazione dello scenario politico mondiale, successivo alla fine della guerra fredda, che si fonda sul fattore culturale. La sua ipotesi individua nello scontro di civiltà la chiave di lettura degli sviluppi attuali e futuri della politica internazionale. Le identità culturali, che nel loro significato più ampio per Huntington corrispondono alle civiltà, sarebbero alla base dei processi di coesione e disintegrazione che caratterizzano il panorama mondiale dopo il 1989. Nella fase bipolare gli attori del sistema internazionale si qualificavano come superpotenze, alleati, satelliti, clienti, non allineati. Nel sistema attuale, rispetto alle civiltà, Huntington li qualifica come Stati guida, Stati membri, Stati isolati, Stati divisi, Stati in bilico. La dinamica dei possibili «scontri» è legata alla struttura stessa delle civiltà: gli allineamenti, anziché sul versante ideologico, si formano in relazione alla posizione che ciascuno Stato occupa rispetto al grado di identificazione culturale. Se durante la guerra fredda un paese poteva decidere di non allinearsi, oggi nessuno può rinunciare alla propria identità.

La variabile interna diventa dunque determinante nella spiegazione della politica internazionale, perché la frequenza e l'intensità dei conflitti sono espressione del grado di identificazione verso il proprio raggruppamento e di incompatibilità verso l'esterno, come dimostrano sia il conflitto in Ucraina, che vede contrapporsi occidentali e ortodossi, sia la sfida lanciata dallo Stato Islamico contro la civiltà occidentale.

In conclusione, la politica ha subito nel corso del tempo un processo evolutivo che le ha consentito di acquisire la propria autonomia. Lo studio del potere si è rivelato fondamentale per spiegarne l'essenza, sia a livello interno che internazionale. Le modalità di gestione del potere, e di conseguenza il ricorso alla violenza, determinano le differenze tra politica interna e politica internazionale. Queste due dimensioni della politica a volte si sovrappongono, a volte, più semplicemente, interagiscono. Come vedremo nel capitolo successivo, la duplice natura della politica influenza l'intera discussione sul metodo scientifico e si colloca al centro del dibattito sui livelli di analisi.

Domande

1. Quali sono le principali tappe dell'evoluzione storica del concetto di politica?
2. Nei confronti di quali discipline la scienza politica ha progressivamente conquistato la propria autonomia?
3. Perché si parla di «essenza» della politica?
4. Qual è la connessione tra politica e potere?
5. Come si definisce il potere?
6. Cosa si intende per monopolio legittimo della forza?
7. Perché i rapporti politici presuppongono la coazione?
8. Cosa differenzia la politica interna dalla politica internazionale?
9. Come può essere definita la politica?
10. Come interagiscono le due dimensioni della politica?

La ricerca politica comparata
Un'introduzione

CAPITOLO SECONDO

2.1 Le premesse

Per lungo tempo l'analisi e la riflessione politica sono state dominate da un approccio filosofico-normativo. Uno degli obiettivi principali era la ricerca del modello di organizzazione politica ideale della società, sulla base di prime classificazioni delle forme di governo, da Aristotele fino a Montesquieu, a testimonianza di un interesse comparativo esplicito fin dall'antichità. Oggetto di interesse della riflessione politica erano anche le questioni relative al potere: gli autori cercavano di effettuare dei confronti tra le forme potestative del loro tempo; ne analizzavano sia le modalità di conquista, conservazione o esercizio (Machiavelli), sia la meccanica (Hobbes), sia i problemi relativi alla sua concentrazione e ai limiti a cui il potere doveva essere soggetto. Dalla fine del XVIII secolo in poi, e grazie allo sviluppo del liberalismo costituzionale, predomina un approccio prevalentemente formalistico e legalistico, da cui scaturiscono tuttavia quesiti assai rilevanti: ci si comincia a chiedere, per esempio, perché le costituzioni sono diverse, come vi influisce la natura umana, quale sia il ruolo della leadership.

Le grandi trasformazioni socio-politiche e l'allargamento del mondo, grazie ai viaggi, alle conquiste, alle esplorazioni e alle colonizzazioni, resero inevitabile lo sviluppo di un interesse per gli altri popoli e le altrui istituzioni, stimolo a sua volta per lo sviluppo di sempre più articolati confronti relativamente alle diverse forme di organizzazione politica, di regime politico, di costituzione e alla raccolta di dati e informazioni capaci di evidenziare analogie e differenze. L'idea di fondo era che tutti gli Stati avrebbero adottato una carta costituzionale, ma la constatazione delle differenze tra le varie costituzioni stimolava la ricerca di spiegazioni sempre più analitiche: Montesquieu attribuiva queste differenze al clima, alla collocazione geografica, alla natura del terreno, alla densità demografica, ai costumi locali; Tocqueville si rese conto dell'importanza della comparazione (Richter, 1969), sia studiando la Rivoluzione francese, le sue cause e i suoi effetti («...oso dire che chiunque abbia visto e studiato soltanto la Francia non capirà mai niente della Rivoluzione francese»), sia analizzando il ruolo dei gruppi e dell'associazionismo nello sviluppo della democrazia in America e valutandone i caratteri e la precoce insorgenza rispetto all'Europa; gli elitisti italiani (Mosca, Michels, Pareto) si soffermarono sul ruolo delle classi politiche, delle oligarchie e delle élite, formulando e precisando alcune prime «leggi» della politica. Anche se si procedeva sempre più verso la formulazione di generalizzazioni fondate sull'osservazione empirica e la descrizione dei fatti, l'analisi della politica era ancora prevalentemente concepita come una scienza che studia le istituzioni, la loro fisionomia e struttura formale più che il loro funzionamento effettivo; inoltre, erano ancora forti i vincoli con la filosofia.

2.2 Il comportamentismo e dopo

La svolta comportamentista, impostasi agli inizi del XX secolo, per un verso rappresenta una rivolta di ispirazione positivista contro il formalismo giuridico e la subordinazione delle scienze sociali alla filosofia politica e agli studi storici, per un altro verso indirizza l'interesse degli scienziati sociali verso la descrizione dei comportamenti umani effettivi e osservabili e verso un allargamento dell'analisi empirica: sempre più oggetto di indagine saranno i partiti, i gruppi d'interesse e di pressione, le amministrazioni locali, il comportamento elettorale, il comportamento amministrativo, i processi di cambiamento. Si compie così l'affrancamento della scienza politica dal diritto, dalla filosofia e dalla storia e si entra in una fase (anni Cinquanta e Sessanta) particolarmente prolifica di teorie generali nel campo socio-politico. Nel quadro epistemologico comportamentista sono presenti, in positivo, vari elementi che marcano la netta discontinuità con l'analisi politica del passato. Tra questi: il ruolo delle regolarità e delle uniformità dei comportamenti politici, con la possibilità, dunque, di costruire generalizzazioni empiriche e teorie esplicative; l'importanza dell'osservazione anche come metodo di controllo delle ipotesi generali; il ruolo della quantificazione.

Questa evoluzione era stata anche il frutto di un processo di grande espansione della politica, che aveva assunto tre forme diverse. La prima era la crescente massificazione, preconizzata, studiata e anche temuta da molti autori, tra i quali Tocqueville, gli elitisti, Ortega y Gasset. Le masse si affacciano sulla scena politica attraverso i processi di democratizzazione che, nel corso del XIX secolo, le coinvolgono sempre più attraverso le nuove forme di mobilitazione e partecipazione politica: la nascita di costituzioni miranti a limitare il potere politico e la sua concentrazione, la crescita del suffragio e l'ampliamento dei diritti politici, lo sviluppo dei parlamenti e di governi sempre più responsabili verso di essi, la genesi dei partiti di massa segnano le tappe che porteranno ai regimi di massa del Novecento, sia nella loro forma democratica, sia nelle degenerazioni totalitarie emerse poi in Unione Sovietica e in Germania. La seconda forma assunta dall'espansione della politica è conseguente a questo primo processo: la politica diviene più ampia e invasiva, governi e parlamenti vedono accrescere le loro competenze e si occupano di un numero sempre maggiore di questioni.

Si passa dallo Stato minimo e dallo Stato liberale allo Stato sociale, e anche i cittadini vedono accrescere le loro aspettative nei confronti delle capacità sempre più interventiste di governi e parlamenti. La terza forma assunta dall'espansione della politica è stata poi la crescita numerica degli Stati, fenomeno particolarmente evidente nel corso del XX secolo. I processi di *state building* e di *nation building* si diffondono nei vari continenti e dalla fine degli imperi coloniali scaturiscono nuove esperienze statali che attirano gli interessi degli studiosi: si conferma l'idea che guardare agli «altri» è anche un modo per conoscere meglio se stessi e lo studio della politica mette sempre più in evidenza l'importanza dell'acquisizione di tecniche comparative. La politica comparata diviene l'essenza della scienza politica e, addirittura, il metodo scientifico viene fatto coincidere col metodo comparato (Lasswell, 1968).

Uno dei primi effetti di questa espansione della politica è stato la consapevolezza di rivedere il nostro bagaglio concettuale, ancora troppo legato alla cultura occidentale, europea e anglosassone. Il timore di apparire etnocentrici produce una vera e propria rivoluzione nel linguaggio e nell'uso dei concetti politici. Anche grazie alle attività del Committee on Comparative Politics, prima sotto la guida di Gabriel Almond e poi di Lucian Pye (Sola, 1996, p. 314), già a partire dalla fine degli anni Cinquanta il mondo occidentale cessa di essere l'esclusivo oggetto di studio delle scienze sociali.

Si sviluppano le grandi teorie del mutamento, dello sviluppo, della modernizzazione, delle crisi, della dipendenza, tutte con pretese di validità generale. Un'intera generazione di studiosi si forma in un contesto in cui c'è una forte domanda di teorie generali: il sistema politico (Easton, 1963), il modello cibernetico della politica (Deutsch, 1972), lo strutturalfunzionalismo (Almond, 1956; Almond, Powell, 1970), la cultura politica (Almond, Verba, 1963). Autori come H. Simon, P. Lazarsfeld, V.O. Key, A. Downs, S. Verba, R.A. Dahl pubblicano opere che plasmano in gran parte la scienza politica dagli anni Cinquanta fino ai Settanta. Si ripropongono vecchie tematiche e ne nascono di nuove: l'analisi delle élite, lo studio del potere, le teorie sistemica e funzionalistica, con una sempre più rigorosa connotazione empirica e rifugiandosi, talvolta, in una apparentemente più sicura prospettiva quantitativa.

Verso la fine degli anni Sessanta, nuovi approcci e nuovi orientamenti sanciscono la crisi del comportamentismo. Anzitutto, si delinea un maggiore interesse verso l'intenzionalità dell'azione politica e ciò alimenta la riscoperta della necessità della comprensione delle azioni, del loro significato, nella consapevolezza, dunque, che debbano essere studiate nella loro individualità e singolarità. Inoltre, come osservato a suo tempo da Dahl (1961b), emergono in tutta evidenza le «imperfezioni di una teoria dei fondamenti politici non basata sulla storia»: la conoscenza storica (si veda Box 2.1) non può che essere il laboratorio privilegiato della scienza politica (Fisichella, 2011) ed è proprio la conoscenza storica che consente

Box 2.1 – Storia e scienze sociali

Il recupero della storia seguito al declino del comportamentismo, l'utilizzazione di una strategia comparata *case-based* e lo sviluppo dell'istituzionalismo storico come una delle principali teorie di livello macro della politica comparata ci portano direttamente all'affascinante questione del rapporto tra storia e scienze sociali. Dagli anni Sessanta e Settanta in poi si registra un rinnovato interesse per gli approcci storico-comparati e per la comparazione qualitativa sistematica. In parte, questo recupero si deve anche al successo dell'opera di Stein Rokkan. Sappiamo, infatti, come questo autore, nel tentativo di capire e spiegare lo sviluppo politico dell'Europa occidentale, abbia costantemente rivolto la sua attenzione al peso delle vicende storiche: dapprima constatando come i sistemi partitici affondassero le proprie radici nella fase iniziale della mobilitazione di massa; poi, convincendosi che quest'ultima non poteva essere analizzata senza considerare i processi di costruzione dello Stato e della nazione, nonché le condizioni che nel Medioevo li avevano innescati; infine, non trascurando fenomeni ancora precedenti che, a partire dalla caduta dell'Impero romano d'Occidente, hanno largamente condizionato modalità e sequenze dei processi di *state-building* e di *nation-building*. Ne è emerso così un modello esplicativo, che rappresenta un tentativo di identificare le variabili cruciali nel lungo e complesso processo che ha condotto all'attuale costellazione di territori, economie e insiemi di schieramenti politici. Attraverso la storia comparata, dunque, Rokkan cerca di evidenziare le differenze tra i vari casi nazionali e le condizioni che le spiegano, ma anche le specificità proprie dello sviluppo politico europeo nel suo insieme.

In che misura questo rinnovato interesse per la storia da parte delle scienze sociali postula un ripensamento delle differenze tra questi due settori della conoscenza? Intanto, va specificato che la distinzione tra scienze sociali, come scienze nomotetiche miranti solo alla formulazione di leggi generali, e storia, come disciplina solamente descrittiva, appare fuorviante. Vi sono storici che propongono schemi o modelli interpretativi utilizzabili per esperienze tra loro spazio-temporalmente lontane (si pensi ai «tipi reali» di Otto Hintze) o metodologie analoghe a quelle delle scienze sociali: si pensi all'enfasi sul metodo comparato posta da Marc Bloch, o all'auspicio fatto proprio da Fernand Braudel circa la necessità di una maggiore collaborazione tra storia e scienze sociali; così come vi sono scienziati sociali che, combinando conoscenza storica e teoria sociale, cercano di spiegare le divergenti risposte a problematiche simili in circostanze storiche diverse, avendo come obiettivo quello di «preservare il senso della particolarità storica» in ciascun contesto: Bendix (1980) costituisce un caso esemplare di questo approccio.

Tuttavia, constatare che tra i due campi d'indagine le differenze appaiono talvolta sfumate e negare quindi, in ogni caso, che vi sia una distinzione drastica e netta come quella che postula una scienza sociale generalizzante e una storiografia individualizzante, non significa annientare ogni differenza. In realtà le scienze sociali appaiono caratterizzate da due tratti peculiari. Il primo è quasi sempre quello di prendere le mosse da una questione generale, da un fenomeno macrosociale. Lo scienziato sociale, in altre parole, più spesso dello storico, isola un qualche fenomeno macrosociale, che può assumere la forma di uno stato di cose singolare, di una regolarità statistica, di una tendenza evolutiva, di divergenze evolutive, di tendenze riproduttive, e cerca di stabilirne e spiegarne la ragion d'essere (Boudon, Bourricaud, 1991, pp. 488–494). Un secondo tratto peculiare delle scienze sociali consisterebbe nell'ambizione alla generalità, con l'importante avvertenza, però, che ciò non implica che essa assuma i connotati di una scienza nomotetica, cioè con l'unica ambizione a stabilire leggi generali, analoghe a quelle della fisica: le «leggi» delle scienze sociali, infatti, hanno spesso un carattere «locale», cioè trovano un'applicazione spazio-temporalmente delimitata.

La natura prevalentemente «locale» e storicamente situata delle teorie politologiche tende dunque a sfumare (ma non ad annullare) le differenze tra scienze sociali e storia, confermando il ruolo per quest'ultima di laboratorio privilegiato delle prime e abbandonando le pulsioni a-storiche di origine comportamentista. Un concreto punto d'incontro tra scienze sociali e storia è poi rintracciabile sul piano metodologico attraverso l'uso della comparazione. Detto questo, però, dobbiamo essere consapevoli che se, da un lato, la narrazione storica rappresenta un primo passo importante per esaminare dettagliatamente un fenomeno nella sua singolarità, offrendo già così un primo abbozzo di spiegazione, dall'altro essa di per sé non può costituire per lo scienziato sociale uno strumento esplicativo sufficiente: descrive e ricostruisce la sequenza degli eventi e basta. Quindi lo scienziato sociale verrebbe meno ad uno dei suoi compiti primari se si fermasse alla mera narrazione di fatti ed eventi, senza articolare forme di spiegazione su base comparata. Una qualsiasi ricostruzione dei fatti va pertanto integrata: a) con spiegazioni scientifiche vere e proprie, che contemplino un progetto di ricerca da cui risultino chiare le finalità che si pone il ricercatore (cosa vuole dimostrare e dove vuole arrivare, quale è le variabile indipendente e quale quella dipendente); b) con una o più teorie consolidate; c) con la precisazione di un metodo finalizzato alla costruzione di nuove teorie esplicative (la comparazione), ove non ve ne siano già di esistenti e utilizzabili.

quel controllo empirico delle ipotesi teoriche, a cui tenevano gli studiosi comportamentisti. In sostanza (ma torneremo su questo punto), malgrado ci sia ancora chi difende le ambizioni universaliste della scienza, molti studiosi hanno preferito orientarsi verso visioni meno ambiziose, privilegiando la ricerca di meccanismi causali e la formulazione di spiegazioni «locali», spazio-temporalmente limitate, con una sostanziale riscoperta della storia.

Con il declino del comportamentismo si affermano poi due nuovi paradigmi: il primo origina dall'analisi economica, il secondo dalla sociologia. Il «paradigma della scelta razionale», collocato nella tradizione dell'individualismo metodologico, concepisce la politica come una situazione di interazioni e scambi fra attori individuali e collettivi e imposta lo studio delle azioni sociali in termini di razionalità, intesa nel senso della massimizzazione dell'interesse personale: se esiste una regola generale e universale, questa è che gli attori cercano, sempre e ovunque, di massimizzare il proprio interesse e di minimizzare i costi. Con un linguaggio e teorie tratte dalla scienza economica, si punta a costruire generalizzazioni e previsioni sul comportamento individuale (Giannetti, 2002), enfatizzando quindi calcoli e aspettative degli attori politici. Il «paradigma neo-istituzionalista», invece, implica la «riscoperta» della rilevanza delle istituzioni (non solo di quelle formali) nella politica, muovendo dal punto di vista che azioni, scelte, decisioni e comportamenti sono fortemente condizionati da norme, regole, procedure, aspettative di ruolo, costrizioni (March, Olsen, 1992). Si suggerisce, dunque, che l'analisi della politica debba concentrarsi sulle istituzioni e sul modo in cui sono interrelate. Le istituzioni tornano così ad essere concepite come le variabili indipendenti dei processi sociali, si recupera l'importanza dello Stato e in genere di tutte le organizzazioni formali e informali.

Il neoistituzionalismo si presenta poi nelle varianti razionale, storica e sociologica (Fabbrini, 2008, Cap. I). Nella variante razionale si assume, secondo la teoria della scelta razionale di cui si è detto poco sopra, che la politica è un gioco fra attori individuali e che sono le istituzioni a rendere possibile tale gioco, riducendo i costi di transazione, rendendo prevedibili i comportamenti individuali e favorendo l'interazione virtuosa e cooperativa. Assumendo la razionalità degli individui e una volta individuati gli incentivi e i disincentivi del contesto istituzionale, si possono dedurre generalizzazioni e previsioni sul comportamento individuale. La variante storica pone l'attenzione sulle strutture istituzionali e sulla loro evoluzione, tenendo presente che ogni istituzione tende a riprodursi nel tempo e che il nostro compito è capire, appunto, come ogni istituzione è nata e si è riprodotta. Gli attori sono costretti ad agire entro i vincoli ereditati dai precedenti assetti istituzionali e la *path dependency* implica che le scelte fatte nel tempo x condizionano quelle che si faranno nel tempo x + 1. Infine, la variante sociologica sposta l'interesse sulla dimensione culturale, muovendo però dal punto di vista che sono le istituzioni (variabile indipendente) ad influire sulla cultura (variabile dipendente): le azioni vanno inquadrate in un insieme complessivo fatto di valori, modi di pensare e significati e le istituzioni, quindi, influenzano le preferenze degli individui e le modalità della loro azione.

2.3 L'importanza del metodo

Anche se il comportamentismo è stato poi superato e messo nella soffitta dei cimeli storici della scienza politica, le tracce che ha lasciato sono notevoli. Tra queste: l'idea che le teorie, anche nelle scienze sociali, debbano essere sempre empiricamente controllabili; l'introduzione di più serie e rigorose tecniche di ricerca, frutto di un costante approfondimento dei problemi metodologici, per esempio relativamente al «come» si controlla; la rilevanza di un metodo rigoroso che renda la ricerca più sistematica; un linguaggio e un apparato concettuale più appropriati, con termini e concetti capaci di viaggiare, ossia adattabili anche ai contesti più diversi e lontani.

La metodologia scientifica si occupa di come gli scienziati studiano e fanno ricerca; costituisce, quindi, la valutazione critica dell'attività di ricerca (Smelser, 1982). Per Sartori (1985, p. 248), la metodologia è anzitutto «padronanza della struttura e procedura logica del conoscere scientifico», padronanza – lamentava Sartori oltre un quarto di secolo fa – che «fa difetto tanto al politologo quanto al sociologo». Secondo Fisichella (1994a, pp. 17–18), per metodo si possono intendere tre cose diverse. Anzitutto è una generale strategia di ricerca, ossia un insieme di azioni, mosse, operazioni che lo scienziato deve svolgere per raggiungere il suo obiettivo di ricerca: per esempio, la scelta tra il metodo induttivo (si parte dal particolare per arrivare al generale) o deduttivo (viceversa); oppure il metodo delle congetture e confutazioni di cui ci parla Popper (1972). In secondo luogo, il metodo scientifico è un insieme di regole o norme di condotta o raccomandazioni per ciascuna delle mosse in cui si articola la procedura: per esempio, regole di accettazione, di falsificazione e di scelta delle ipotesi alternative per la spiegazione dei fenomeni. Infine, il metodo può essere inteso come un insieme di tecniche di ricerca (concettuali, operative, di osservazione, classificazione), necessarie per procedere nelle varie mosse della ricerca.

Il metodo comparato è, a un tempo, una strategia di ricerca e un insieme di regole di condotta, necessarie per giungere a spiegazioni soddisfacenti ed empiricamente controllabili dei fenomeni che meritano, a nostro avviso, di essere spiegati. Alberto Marradi (1985) ha definito la comparazione come il confronto degli stati di due o più oggetti su una proprietà. Seguendo l'autore, l'affermazione «Mario è più alto di Lucia» non prevede semplicemente un confronto tra due oggetti, bensì una comparazione tra gli stati (due diverse misure espresse in centimetri) sulla proprietà (altezza) di due oggetti (Mario e Lucia, appunto). In questo esempio elementare, l'esito del confronto è un giudizio di maggiore/minore (Mario è più alto di Lucia), in altri può essere un giudizio di uguale/diverso (Vittorio è un medico; Marco è un avvocato), oppure un giudizio di presenza/assenza di una proprietà (Antonio è iscritto al sindacato; Marta non è iscritta al sindacato). La comparazione è dunque un metodo di controllo delle relazioni empiriche ipotizzate tra variabili in casi diversi. In altre parole: è controllo empirico più spiegazione (Morlino, 2005). Le comparazioni controllano se una generalizzazione tiene a fronte dei casi ai quali si applica (Sartori, 2011), ma servono anche a elaborare ipotesi nuove. Dunque, nel discorso scientifico qualunque affermazione può essere controllata comparando.

Come si è detto, forme di comparazione sono presenti da molto tempo nel pensiero e nella cultura occidentali, ma una reale consapevolezza metodologica e un uso della comparazione fatto in termini rigorosi e seguendo regole precise si sviluppano nel corso del XX secolo. Una maggiore consapevolezza implica sia la capacità di ben impostare un progetto di ricerca, sia l'uso di regole che rendano la comparazione una metodologia attendibile e in grado di raggiungere particolari scopi di ricerca. L'impostazione corretta di un progetto di ricerca implica avere in mente un disegno chiaro, esplicito, empiricamente controllabile, teoricamente rilevante. A questo fine vanno superati alcuni passaggi chiave: a) si manifesta un interesse (per un tema, un problema, un fenomeno, un paese); b) se ne argomenta la rilevanza (va motivato perché ci sembra interessante, quale impatto ha sulla realtà e perché riteniamo utile analizzarlo); c) si formula una domanda di ricerca, precisandone la collocazione spazio-temporale; d) una volta analizzata la letteratura sul tema e constatato quale sia il livello delle conoscenze raggiunto su di esso, si impostano delle ipotesi di ricerca, formulate in modo tale da stabilire una precisa relazione tra le variabili indipendenti (le cause ipotizzate del fenomeno) e la variabile dipendente (il fenomeno che dobbiamo spiegare); e) si scelgono i casi da comparare e sui quali concentrare l'indagine, avendo cura di spiegare perché si scelgono quei casi e non altri; f) infine si procede alla ricerca dei dati e delle fonti empiriche.

Facciamo un esempio tratto da una recente ricerca sul ruolo delle eredità nei processi di democratizzazione (Grilli di Cortona, Lanza, 2011):

a) si esplicita un interesse per l'incidenza delle eredità del regime non democratico (istituzioni, organizzazioni, prassi, norme, ecc.) sul nuovo regime democratico appena formato;
b) la rilevanza del tema sta nel tentativo di capire meglio gli esiti dei processi di democratizzazione: soprattutto perché alcuni hanno successo, mentre altri falliscono;
c) la domanda di ricerca è quindi la seguente: quale è l'impatto delle eredità sul nuovo regime democratico e in che modo esse ne possono spiegare gli esiti in una serie di casi?;
d) una volta esaminata la letteratura sui processi di democratizzazione e sul ruolo delle eredità, definiremo meglio la relazione da studiare e le variabili in campo: da una parte l'impatto delle eredità (quali sono, come le definiamo, come le classifichiamo), che costituisce la variabile indipendente; dall'altro gli esiti (successo o insuccesso, fisionomia delle nuove istituzioni) del processo di democratizzazione (variabile dipendente);
e) si scelgono i casi (i paesi nei quali si è verificato un processo di democratizzazione), spiegando perché si scelgono proprio quelli e non altri;
f) si avvia il lavoro di ricerca e di raccolta di dati e fonti empiriche, paese per paese.

L'interesse per il problema di ricerca può avere varie origini. Si può prendere le mosse da un paese perché ci siamo nati o ci abitiamo. Rokkan è interessato alle condizioni che caratterizzano la periferia norvegese (dalla quale proviene) e da questo trae spunto per studiare in profondità i rapporti centro-periferia nello sviluppo politico europeo; Daalder e Lijphart osservano le specificità dell'Olanda per ricostruire i caratteri della democrazia consensuale in rapporto a quella maggioritaria; Sartori muove dal caso italiano della Prima repubblica per delineare il pluripartitismo polarizzato e costruire la sua teoria formale sui sistemi partitici; Lipset si focalizza sul caso americano per studiare a fondo la democrazia e concludere che quello Usa è un caso «eccezionale». Anche i classici sono stati spesso mossi da qualche problema specifico: Tocqueville si è chiesto perché la Rivoluzione francese presenta alcuni caratteri di continuità con l'*Ancien régime*; Durkheim perché i tassi di suicidio aumentano nelle società industriali; Sombart perché gli Stati Uniti sono l'unico paese industriale che non ha conosciuto un movimento socialista; Weber cerca di capire se esiste – e come possiamo spiegarla – una correlazione positiva tra protestantesimo e capitalismo.

L'oggetto scelto per la ricerca dipende, quindi, dai gusti e dall'interesse del ricercatore, ma è importante che esso sia rilevante. Secondo Gilpin (1989, p. 36), il vero dilemma delle scienze sociali è se esse debbano spiegare «con esattezza questioni futili», oppure trattare «con imprecisione questioni importanti», non esitando a dichiarare la sua opzione per questa seconda strada. Il che significa che la scelta dell'oggetto di studio non deve essere esageratamente condizionata dagli attrezzi metodologici a disposizione: trattare con esattezza una questione futile non la rende importante, ma fa solo perdere tempo, energie e risorse allo scienziato nell'andar dietro ad un problema poco rilevante. Ciò è più facile da riscontrare, per esempio, in studi focalizzati su aree geografiche molto limitate, spesso irrilevanti ai fini della formulazione di ipotesi esplicative generali e poco interessanti anche sotto il profilo della crescita culturale: alla fine, il contributo di tali studi consiste solo nel costituire degli utili esercizi di applicazione di determinate tecniche di ricerca che, una volta affinate, possono contribuire ad indagini più rilevanti. In casi simili, il ricercatore si sentirà gratificato per l'uso di tecniche di precisione (o presunte tali), ma il progresso della conoscenza scientifica resta modesto e i rischi sono quelli di un'eccessiva specializzazione e di un'eccessiva quantificazione che condannano gli studi politici, per usare le parole di Sartori (2011, p. 259), all'irrilevanza e alla sterilità. La vera sfida è sulle questioni rilevanti, dunque: è ragionando su di esse che cresce la conoscenza nelle scienze sociali e sarebbe irragionevole rinunciare ad analizzarle, col pretesto dell'impossibilità di utilizzare standard metodologici irraggiungibili.

Queste considerazioni rinviano poi all'ultimo paragrafo di questo capitolo, che tratta dei diversi livelli di analisi e dell'importanza di collocare il disegno della ricerca al giusto livello, secondo i nostri scopi, e alle conseguenze che questa scelta potrà avere sulla nostra indagine. Le analisi comparate di macrofenomeni sono difficili, anche perché implicano il superamento di tanti luoghi comuni, errori, approssimazioni, di cui è piena la letteratura (Tilly, 1984); ma probabilmente sono quelle che più e meglio ci fanno comprendere quei grandi processi sociali e quelle strutture su larga scala che caratterizzano la storia umana, soprattutto a partire dal XIX secolo.

2.4 Che cosa comparare e come farlo

La forma più precisa di controllo scientifico, in grado di offrire prospettive di maggiore rigore nei risultati ottenuti, è la sperimentazione. Tuttavia essa è raramente applicabile alle scienze sociali, le quali, studiando le azioni umane, non si adattano a forme di riproduzione artificiale dei fenomeni a fini di studio. Infatti, la sperimentazione consiste nella manipolazione degli stati delle variabili, controllandone direttamente la creazione, attraverso la riproduzione artificiale del fenomeno, per lo più su basi limitate e circoscritte, in laboratorio. La sua forza consiste dunque nella possibilità di mutare una variabile tenendo ferme tutte le altre, ossia a parità di tutte le altre condizioni.

La forza del metodo sperimentale nella ricerca scientifica è determinata dalla sua capacità di stabilire con esattezza la relazione tra variabile indipendente e variabile dipendente. Nel gruppo di controllo le variabili sono assunte come costanti (soddisfacendo così il requisito del *ceteris paribus*); nel gruppo sperimentale, invece, si fa variare la variabile di cui si vogliono studiare gli effetti, sottoponendo il gruppo ad uno stimolo e attribuendo ogni differenza fra i due gruppi a tale stimolo (variabile). In altri termini, il metodo sperimentale permette di mutare lo stato di una variabile senza far variare anche gli stati delle altre variabili. La sperimentazione è la procedura che più si avvicina al controllo ideale, anche se non si può mai esser sicuri al cento per cento che i due gruppi paralleli siano effettivamente uguali sotto tutti i rispetti.

Per queste ragioni, e malgrado qualche limitato margine di applicazione della sperimentazione alle scienze sociali (Pasquino, 2009), il metodo a cui si ricorre più spesso è quello comparato. Per spiegare un fenomeno formuliamo sempre delle ipotesi, ma per decidere poi quale delle varie ipotesi esplicative avanzate è la più attendibile occorre sottoporle ad un controllo comparato confrontando più casi: solo così siamo in grado di argomentare che un'ipotesi risulta più valida delle altre. Ma quali casi comparare? E sulla base di quali criteri li scegliamo?

Premesso che non ha senso comparare oggetti perfettamente uguali o totalmente diversi (in ambedue i casi il confronto è inutile), va chiarito che la comparabilità non è un dato oggettivo, indipendente dalla nostra volontà, bensì il frutto dell'uso del metodo classificatorio (vedi Box 2.2). Infatti, solo inserendo due oggetti in una stessa classificazione riusciamo a dimostrarne l'appartenenza ad uno stesso genere o ad una stessa specie o sottospecie. L'armadillo e la mosca sono «oggetti» profondamente diversi e apparentemente incomparabili; diventano comparabili se li inseriamo in una medesima classificazione del regno animale. Analogamente si può dire per l'automobile e la carrozza (sono due mezzi di trasporto, sia pure appartenenti a periodi e contesti diversi). Ma non è sempre così: il calamaio e il coccodrillo non rientrano in nessuna classificazione comune e sono dunque incomparabili, fino a prova contraria. Una volta accertata la comparabilità dei casi, sarà il ricercatore a decidere come e su quanti casi impostare la comparazione, tenendo presente che quanto più essa è ampia e i casi sono numerosi, tanto più è necessario semplificare il disegno della ricerca, altrimenti il controllo di tutte le variabili diviene impossibile.

Sia nella nostra vita quotidiana che nella scienza la comparazione è un'operazione mentale che aiuta a individuare somiglianze e differenze. Nell'attività scientifica, però, lo studioso deve concentrarsi solo su quelle somiglianze e quelle differenze che sono rilevanti per i suoi obiettivi di ricerca, scartando tutte le altre ed evitando di farsi condizionare da somiglianze superficiali o casuali, che non hanno rapporto con altri fatti significativi o che addirittura portano a travisare la realtà. Barrington Moore jr. (1969, pp. 178–9) ci mette in guardia su questo punto con il seguente

Box 2.2 – Classificazioni e tipologie

Nel corso di questo capitolo abbiamo menzionato spesso la classificazione. Abbiamo detto che essa è parte integrante del metodo scientifico (tutte le scienze sono anche scienze classificatorie e alcune più di altre: basti pensare alla zoologia e alla botanica); che la classificazione è indispensabile sia per dimostrare la comparabilità degli oggetti a cui siamo interessati, sia in genere nella formazione e nel trattamento orizzontale dei concetti; e che la classificazione è preliminare alla misurazione, visto che per misurare ci serve prima una divisione in classi, all'interno delle quali poi, se ce ne sono le condizioni, possiamo effettuare le nostre eventuali misurazioni. Seguendo la triplice definizione di Marradi (1980, p. 44), intendiamo qui per classificazione: a) «l'operazione intellettuale con cui l'estensione di un concetto è divisa, rispettando alcune regole» e utilizzando un criterio distintivo di differenziazione; b) l'elenco delle classi che scaturiscono da tale operazione; c) «il procedimento con cui ogni singolo oggetto di un insieme è assegnato ad una delle classi della classificazione».

Dal momento che l'uso di un solo criterio distintivo può essere insufficiente per operare differenziazioni all'interno di macrofenomeni politici complessi, è spesso consigliabile l'uso di almeno due criteri di differenziazione: in questi casi, costruiamo delle tipologie che ci permettono di mettere a punto dei «tipi», che costituiscono il risultato dell'incrocio di due diverse variabili. Ad esempio, se distinguiamo le democrazie contemporanee sulla base del solo sistema elettorale, ne potrebbero scaturire tre classi di democrazie: con *plurality system*, con il maggioritario a doppio turno e con qualche varietà di sistema proporzionale. Se invece la distinzione è fatta attraverso due criteri distintivi (ad esempio, il sistema elettorale nelle tre varietà appena dette e il tipo di relazioni tra esecutivo e legislativo, nelle varietà «sistema parlamentare», «sistema semipresidenziale» e «sistema presidenziale»), ne viene fuori una tipologia con almeno nove caselle (tipi), frutto dell'incrocio tra i due criteri distintivi (variabili). All'interno di queste caselle possiamo poi inserire i vari casi empirici.

Per classificare bene occorre seguire alcune regole e guardarsi da possibili errori. La prima regola è scegliere bene il criterio (o i criteri) di differenziazione: il criterio deve essere rilevante, discriminante in modo relativamente omogeneo (se i casi vanno quasi tutti in una classe, qualcosa non funziona). Se poi i criteri sono due, essi non devono sovrapporsi, ma essere ben distinti. Una seconda regola vuole che l'insieme delle classi soddisfi il requisito della esaustività: ogni caso contemplato dall'operazione di divisione deve essere assegnato a una classe e niente può essere lasciato fuori. La terza regola è l'esclusività delle classi, nel senso che nessun caso può essere assegnato a più di una classe (le classi devono essere reciprocamente esclusive). Quarta regola: occorre che le categorie siano su di un medesimo livello di astrazione. Se classifichiamo sulla base del criterio «confessione religiosa», non possiamo elencare classi come cattolici, protestanti, ortodossi, musulmani, buddisti, ecc., perché le prime tre classi sono in realtà sottoclassi della classe «cristiani», che sta allo stesso livello di astrazione delle altre (Marradi, 1980, p. 47).

esempio: «Uno studioso che sottolineasse le somiglianze nello stile politico del generale De Gaulle e di Luigi XIV – nella cura puntigliosa, comune ad entrambi, dedicata ad imporre il rispetto dell'etichetta deferenziale – direbbe delle banalità [...]. La differenza nelle basi sociali del loro potere e le differenze tra la società francese del XVII secolo e quella del XX sono assai più significative di queste superficiali somiglianze». Accanto a un'analogia del tutto apparente e irrilevante, vi sono differenze ben più sostanziali e significative.

In relazione al numero dei casi possiamo avere «comparazioni binarie», «comparazioni d'area» e «comparazioni multicasi». Le prime prevedono il confronto tra due casi, le seconde includono da tre a cinque-sei casi interni ad una stessa area geopolitica (l'Europa occidentale, l'America Latina ecc.) o culturale (i paesi anglosassoni, i paesi islamici ecc.), in modo

Box 2.3 – Variabili e parametrizzazione

Si è detto che la comparazione è un metodo di controllo delle relazioni empiriche ipotizzate tra variabili in casi diversi. Ma come definiamo le variabili? Le variabili sono proprietà riferite agli oggetti di studio. Devono assumere almeno due stati diversi, altrimenti sono costanti e non variabili. Inoltre, devono essere operazionalizzate, nel senso che va specificato il campo dei referenti empirici a cui si applicano, nonché dimensioni, indicatori ed eventualmente anche indici che le caratterizzano. Le *variabili indipendenti* sono le cause ipotizzate del fenomeno sul quale intendiamo indagare e che, in una raffigurazione grafica delle nostre ipotesi su una relazione esistente, risultano non essere influenzate da altre variabili; le *variabili dipendenti* sono gli effetti e quindi sono raffigurate come oggetto di influenza da parte di altre variabili; le *variabili intervenienti*, infine, sono le variabili di controllo e vengono influenzate da almeno un'altra variabile e ne influenzano, a loro volta, almeno una terza.

Se volessimo studiare il ruolo che la condizione sociale ha sul comportamento di voto, dovremmo ipotizzare che la condizione sociale è la variabile indipendente e il comportamento di voto quella dipendente. In una simile ipotesi di relazione, è facile immaginare che variabili intervenienti potrebbero essere l'età, il grado di istruzione e il luogo di residenza (per esempio, se nel Nord o nel Sud Italia). Ciò significa che la relazione causale ipotizzata (condizione sociale → comportamento di voto) potrebbe essere «inquinata» dalle tre variabili intervenienti, il che rende più complicato verificare le eventuali ipotesi di relazione. Per tentare di ovviare a tale problema occorre, nei limiti del possibile, «parametrizzare» le variabili intervenienti, ossia soddisfare quella condizione che cerchiamo qualche volta di realizzare anche nelle nostre argomentazioni quotidiane attraverso l'espressione «a parità delle altre condizioni ...»: un modo per farlo potrebbe essere quello di concentrare l'indagine sulla relazione in fasce di età omogenee (così si parametrizza l'età), con riferimento a persone aventi lo stesso livello di istruzione (si parametrizza il livello di istruzione), solo in aree del Nord, del Centro o del Sud (in modo da parametrizzare l'appartenenza geografica). La parametrizzazione serve, dunque, per focalizzare l'attenzione sul rapporto tra variabile dipendente e variabile indipendente ipotizzato (Bartolini, 1986).

da consentire una migliore parametrizzazione delle variabili, consistente nell'operazione mediante la quale si rendono potenzialmente ininfluenti/costanti le altre variabili (Box 2.3). Le comparazioni multicasi confrontano un numero di casi superiore a sei. Per esempio, la ricerca sulle democrazie di Lijphart (1999, tr. it. 2001) comprende 36 casi dislocati in ogni continente. In simili situazioni (Landman, 2007, pp. 52 ss), la difficoltà di parametrizzare le variabili impone una forte semplificazione della ricerca e suggerisce l'uso di tecniche quantitative (Box 2.4). Infatti, aumentando i casi si incontrano maggiori diversità e, quindi, aumenteranno le modalità con cui lo stesso fenomeno si presenta rispetto alla stessa proprietà.

La comparazione può essere impostata confrontando tra loro casi simili («strategia della concordanza»), oppure casi dissimili («strategia della differenza») (Mill, 1968, ed. or. 1843). Nella prima strategia il confronto avviene tra casi che hanno in comune il fenomeno da spiegare e che condividono anche una serie di fattori causali, quantunque questi possano assumere variazioni anche rilevanti. Con la strategia della differenza, invece, si confrontano casi nei quali sono presenti i fenomeni da spiegare e le cause ipotizzate (casi positivi) con altri casi nei quali tali fenomeni e cause sono assenti (casi negativi), ma che per altri versi sono il più possibile analoghi ai casi positivi.

Box 2.4 – Il dibattito su ricerca quantitativa e qualitativa

Il volume *Designing social inquiry* di King, Keohane e Verba, pubblicato nel 1994, segnò l'avvio su nuove basi di un importante dibattito metodologico (Tarrow, 1995; Brady, Collier (a cura di), 2004) circa la relazione tra le metodologie quantitative e qualitative. L'assunto di fondo, da cui muovono i tre autori, è che i ricercatori quantitativisti, hanno migliori e superiori strumenti per risolvere i vari problemi metodologici rispetto a chi fa ricerca qualitativa. Per tale ragione occorre rendere tali strumenti accessibili a chi fa analisi qualitativa, in modo da migliorarne il disegno della ricerca. Partendo dunque dalla convinzione di una superiorità della ricerca quantitativa, gli autori cercano di erigere un ponte tra i due filoni metodologici, costruendo un linguaggio comune e avviando una fruttuosa collaborazione. Il libro di King, Keohane e Verba si è posto quale riferimento nel tentativo di unificare la scienza politica, a partire dalla semplice constatazione che sia la ricerca qualitativa che quella quantitativa condividono la medesima logica dell'inferenza, intendendo per inferenza il processo attraverso il quale si traggono conclusioni più ampie e generalizzazioni da concetti, ipotesi e osservazioni che costituiscono il focus della ricerca. L'obiettivo complessivo era quello di migliorare la ricerca sociale, finalizzata a descrivere e spiegare i fenomeni politici e sociali: un rigoroso disegno di ricerca presuppone che alla sua base vi siano buone e forti teorie di riferimento, il che conduce ad una bontà della ricerca politologica qualitativa, quantitativa o quali-quantitativa.

Nel volume curato da Brady e Collier (2004), gli autori, pur apprezzando l'importanza del libro di King, Keohane e Verba, criticano l'eccessivo avvicinamento dei metodi qualitativo e quantitativo, stabilendo che la ricerca qualitativa richiede strumenti diversi rispetto a quella quantitativa. Nel libro viene fatta un'ampia critica alle tecniche quantitative e si evidenziano i diversi strumenti della ricerca qualitativa. Per esempio, tra le altre cose si sostiene che King, Keohane e Verba sembrano sottovalutare il ruolo e l'importanza della ricerca, della formazione e dell'evoluzione dei concetti. In tal modo si cerca, da una prospettiva diversa dal volume di King, Keohane e Verba, di combinare gli approcci qualitativo e quantitativo a partire da standard condivisi, ma nella consapevolezza della necessità dell'uso di strumenti diversi.

Per quanto miranti a obiettivi diversi (la strategia della differenza è particolarmente indicata per stabilire associazioni causali valide), è consigliabile – quando possibile – combinare le due strategie. Theda Skocpol, nella sua ricerca comparata sulle rivoluzioni sociali (Skocpol, 1981), mette a confronto tre casi positivi di rivoluzioni vittoriose (Francia 1789, Russia 1917 e Cina 1927–49), rilevandone i modelli causali analoghi, malgrado le numerose ed evidenti differenze esistenti, senza però rinunciare ad illustrare e a effettuare comparazioni occasionali con casi negativi, nei quali le rivoluzioni non si sono verificate o sono fallite: per esempio, il riferimento alla Russia del 1905, o anche a singoli momenti degli itinerari storici inglese, giapponese e tedesco, si rivelano utili per rafforzare le affermazioni relative alle cause di crisi politiche rivoluzionarie e di rivolte contadine nei tre casi positivi. Si tratta di casi comparabili, proprio perché questi paesi subirono crisi e trasformazioni politiche non di carattere social-rivoluzionario in epoche e circostanze molto simili a quelle di Francia, Russia e Cina.

L'approccio comparato non esclude l'«analisi del caso singolo», come studio in profondità di un fenomeno (un paese, un processo) senza accostamenti espliciti e sistematici ad altri fenomeni. Infatti, come si vede dalla Tab. 2.1, lo studio del caso singolo può avere varie finalità e caratteristiche che ne enfatizzano o meno la prospettiva comparata.

Tab. 2.1 Tipi di studi del caso singolo.

Tipi di studio del caso	Caratteristiche
Studi a-teoretici	Privi di impianto teorico: manca cioè l'identificazione di un problema teorico. Quasi esclusivamente descrittivi. Utili se impegnati nella raccolta dati in profondità di un fenomeno poco conosciuto.
Studi interpretativi	L'interesse è sul caso piuttosto che su un problema teorico preliminare. Sono studi di scienza applicata. Applicano una generalizzazione al singolo caso, con lo scopo di chiarirlo meglio e approfondirlo.
Studi generatori di ipotesi	Muovono da una formulazione vaga di possibili ipotesi, con l'intento di controllarle e di sviluppare generalizzazioni in relazione a campi di indagine privi di teorie.
Studi intesi a confermare una teoria	Si parte da una teoria esistente con lo scopo di rafforzarla alla luce di un caso ulteriore. Trattandosi di un solo caso il rafforzamento è però marginale.
Studi intesi a confutare una teoria	Si parte da una teoria esistente con lo scopo di confutarla. Trattandosi di un solo caso, la confutazione può trasformarsi in vera e propria falsificazione della teoria oppure la teoria può meritare di essere controllata su altri casi.
Studi del caso deviante	Singoli casi deviano da teorie comunemente accettate dalla comunità scientifica. Si cerca di capire in cosa consiste la «devianza» e se vi sono eventuali variabili aggiuntive precedentemente non considerate o se occorre perfezionare le definizioni operative delle variabili considerate.

Fonte: rielaborazione da Lijphart (1985).

La ricerca comparata non manca di limiti, problemi e dilemmi (Box 2.5). In più, dobbiamo essere consapevoli che la scelta dei casi comporta sempre vantaggi e svantaggi. Mettere a confronto casi, fenomeni e società distanti nel tempo e nello spazio significa che le eventuali analogie osservate non possono essere attribuite a condizionamenti reciproci, a fenomeni di diffusione o a origini comuni, come invece può accadere per casi, fenomeni e società vicine e contigue nel tempo e nello spazio, nelle quali lo stesso fenomeno può avere origini comuni, essere il frutto di condizionamenti reciproci e dei medesimi fattori causali. Nel primo caso (*most different systems design*), si studiano «le relazioni causali tra i fenomeni associati in sistemi diversi, senza tener conto delle differenze specifiche di ogni sistema»: se sistemi diversi condividono lo stesso fenomeno, è facile concludere che le altre differenze sono irrilevanti. Nel secondo caso (*most similar systems design*), invece, si mettono sotto controllo e si parametrizzano i fattori di somiglianza, cercando di determinare le relazioni causali, mediante lo studio di quei caratteri in cui i sistemi differiscono (Przeworski, Teune, 1970; Smelser, 1982, pp. 288–289).

Fra le strategie comparate, la distinzione più efficace è quella tra «comparazione statistica» e «comparazione storica» (Ragin, Zaret, 1983),

Box 2.5 – Due problemi della ricerca comparata

Il dilemma «molte variabili, numero limitato di casi»
Per Arend Lijphart (1985) costituisce il vero problema del metodo comparato. Per ridurne l'incidenza, Lijphart propone quattro possibilità, due relative alle variabili e due ai casi. Dal punto di vista delle variabili, si possono adottare i seguenti accorgimenti:

a) ridurre lo «spazio degli attributi» dell'analisi, cioè il numero delle variabili da considerare: ciò può essere realizzato combinando due o più variabili che esprimono una caratteristica sostanzialmente simile o riducendo il numero delle classi in cui le variabili sono divise (un complesso di più categorie, per esempio, può esser ridotto a una dicotomia);
b) orientare l'analisi sulle variabili chiave, ossia concentrarsi solo su quelle realmente importanti e trascurando quelle di rilevanza solo marginale, con un atteggiamento ispirato alla parsimonia. L'importante è evitare di lasciarsi sopraffare da un eccessivo numero di variabili, che poi ci impedirebbero di individuare e scoprire relazioni controllate.

Dal punto di vista della strategia dei casi dobbiamo poi:

1) aumentare per quanto possibile il numero dei casi, per esempio aggiungendo ad un'estensione geografica dei casi un'estensione longitudinale e diacronica, che includa quanti più casi storici possibili;
2) orientare l'analisi ai casi comparabili, ossia simili rispetto ad un largo numero di caratteri importanti da tenere costanti e diversi, relativamente alle variabili che si vogliono confrontare.

Il problema di Galton
Il problema sollevato dall'antropologo e naturalista Francis Galton consiste nel fatto che una relazione empirica individuata in certe società può costituire un legame causale, ma può anche essere il frutto dell'apprendimento storico. In sostanza, il parallelismo fra gli stati di due o più proprietà potrebbe esser dovuto non ad un legame causale fra le stesse proprietà, ma a forme di diffusione di tali stati da una società all'altra attraverso conquista, emulazione o altro. Il problema è praticamente insormontabile oggi, a causa dell'incremento e dell'infittirsi di contatti e legami da una società all'altra, e la spiegazione dei fenomeni diventa sempre più articolata. Nella ricerca è molto importante essere consapevoli dell'esistenza del problema.

che hanno origine nelle diverse metodologie di Durkheim e di Weber. Nel primo caso, la comparazione che istituisce parallelismi fra due o più variabili (Peters, 2001, pp. 204 ss.): quanto più il parallelismo è confermato con riferimento a molti casi, tanto più aumentano le probabilità di relazioni causali tra le variabili. Se mettiamo in relazione la frazionalizzazione parlamentare con l'instabilità di governo e constatiamo che all'aumento dell'una corrisponde la crescita dell'altra, possiamo trarne la conclusione che tra le due proprietà esiste un nesso causale e saranno il buon senso e l'analisi empirica a suggerirci quale sia la direzione del flusso causale (è evidente che in questo caso sarà la prima ad alimentare la seconda e non viceversa). Ciò avviene attraverso il canone delle variazioni concomitanti (le due variabili variano insieme), come «esperimento indiretto» ripreso da John Stuart Mill (1968, ed. or. 1843). La comparazione statistica ha così l'obiettivo principale di «accertare le cause permanenti, immaginate come attributi delle unità». Si tratta di una strategia *variable-based*, che mira al controllo di ipotesi di carattere generale, stabilendo correlazioni statistiche tra variabili (misurandone le variazioni quantitative e mettendole in relazione tra loro) e mirando a generalizzazioni trans-storiche e non alla conoscenza concreta dei casi specifici. C'è dunque una distinzione netta fra l'oggetto principale della ricerca (le relazioni tra variabili) e i soggetti inclusi nella ricerca stessa (le unità di analisi), per esempio constatando la presenza di un rapporto di associazione tra il frazionalismo parlamentare (variabile indipendente) e la stabilità governativa (variabile dipendente), oppure tra livello di istruzione (variabile indipendente) e comportamento elettorale (variabile dipendente), oppure ancora tra l'aumento del calore (variabile indipendente) e la dilatazione del metallo (variabile dipendente), con riferimento ad una quantità di casi e sulla base di una serie di protocolli osservativi ripetuti nel tempo. Di stretta derivazione durkheimiana (l'opera-modello è, infatti, *Il suicidio*, 1994, ed. or. 1897), è una strategia molto usata in scienza politica e sociologia.

Al contrario di Durkheim, Weber concepisce le scienze sociali come scienze della realtà storica. Esse usano gli idealtipi per costruire limitate generalizzazioni circa le divergenze storiche, che non si avvicinano mai alle leggi delle scienze naturali. Gli idealtipi occupano, pertanto, un livello intermedio fra l'unicità e irripetibilità degli eventi storici e la generalità delle teorie. Il confronto fra idealtipi e casi empirici aiuta nella ricerca delle cause e fa capire gli sviluppi storici divergenti. Gli idealtipi sono modelli selettivamente sviluppati, che aiutano a formulare spiegazioni genetiche e rappresentano un quadro concettuale, un puro concetto-limite ideale, in riferimento al quale la realtà deve essere confrontata al fine di illustrare determinati elementi significativi del suo contenuto empirico (1974, ed.or. 1922, pp. 112 ss.). Le proprietà strutturali degli idealtipi sono spesso legate a questioni genetiche specifiche: il capitalismo come modello e la razionalizzazione sono inseparabili; il carisma come modello e la sua routinizzazione anche. Le spiegazioni genetiche mostrano perché un oggetto di studio ha certe caratteristiche descrivendone l'evoluzione dalle forme precedenti, attraverso argomentazioni singolari riferite agli eventi passati. L'uso degli idealtipi per formulare le spiegazioni genetiche delle diversità storiche focalizza la nostra attenzione sui casi concreti (*case-based*), non sulle variabili astratte. Inoltre, al contrario di Durkheim, che concepisce le spiegazioni come cause permanenti e quindi come proprietà permanenti delle unità studiate, per Weber la spiegazione causale è spazio-temporalmente limitata. Infine, la strategia comparata utilizza tecniche storico-qualitative, anch'esse – come quelle di Durkheim – suggerite da Mill, ma di natura logica e non statistica (i metodi, già descritti, della somiglianza e della differenza).

Un autore che utilizza il metodo storico comparato, oltre alla già citata Theda Skocpol (vedi sopra), è Barrington Moore jr. (1969), che utilizza tre differenti idealtipi, nella forma dei tracciati percorsi da un gruppo di sette nazioni verso differenti esiti politico-istituzionali. Ogni tracciato costituisce anche una fase storica che influisce sui tracciati successivi: quello percorso dalle democrazie liberali come Gran Bretagna, Francia e USA ha influenzato il tracciato di Germania e Giappone (rivoluzione dall'alto) e quello di URSS e Cina (rivolte contadine che hanno portato alla formazione di regimi comunisti). Ogni itinerario storico comprende poi una varietà di fattori (il tipo di organizzazione agraria, la commercializzazione, l'autonomia dei centri urbani, le alleanze di classe) che, combinandosi in modo diverso, formano le differenti configurazioni che caratterizzano i vari tracciati.

Le due strategie comparate hanno scopi diversi: i seguaci di Durkheim si propongono di formulare ampie generalizzazioni sulle relazioni sistemiche e si collocano, dunque, su un versante più «nomotetico» del sapere scientifico (orientato all'individuazione delle leggi generali); quelli di Weber, invece, mirano ad una conoscenza storicamente delimitata e circoscritta delle origini e delle conseguenze delle diversità storiche, collocandosi su un versante «più idiografico del sapere scientifico» (orientato all'individuazione delle specificità e singolarità dei fenomeni). Ambedue le strategie sono compatibili con gli obiettivi della spiegazione e della generalizzazione, ma danno luogo a forme diverse di spiegazione con differenti gradi di astrazione. Malgrado tali differenze, le due strategie non sono inconciliabili e possono essere complementari, nella misura in cui ciascuna può risolvere i problemi non risolti dall'altra: la comparazione statistica, per esempio, può fornire basi più solide all'analisi, aiutando nella formazione degli idealtipi e, quindi, migliorando la qualità delle comparazioni storiche.

2.5 Linguaggio e concetti

Giovanni Sartori (1985; 1986; 2011) ha messo ripetutamente in guardia da un uso sconsiderato e poco rigoroso dei concetti nella ricerca comparata. L'ammonimento di Sartori scaturisce soprattutto da due tipi di sviluppi. Il primo, determinato dall'ampliamento e dalla crescente globalizzazione della politica, rende evidente la necessità di rivedere il nostro linguaggio, depurandolo dalle connotazioni etnocentriche e costruendo concetti «capaci di viaggiare». Il secondo sviluppo è stato la crescente fiducia nelle tecniche quantitative, che hanno alimentato l'illusione che le questioni inerenti i concetti e la loro precisione potessero essere superati e in gran parte risolti. Quantificazione e misurazione forniscono maggiori certezze allo scienziato sociale, sempre alla ricerca di dati «duri» relativi ai fenomeni che studia. Ma quantificazione e misurazione vengono «dopo» la formazione dei concetti: «non possiamo misurare se non sappiamo prima che cosa stiamo misurando»; e neanche l'economia – la scienza sociale più suscettibile di quantificazione – fa eccezione alla regola (Sartori, 1985, p. 252). Ciò conferma che l'operazione mentale del classificare viene prima di ogni forma di misurazione (Marradi, 1980, pp. 43–55).

La soluzione del problema preliminare della formazione dei concetti passa attraverso il trattamento orizzontale e quello verticale dei concetti. Il primo implica l'uso dello strumento classificatorio (Box 2.2), il secondo della scala di astrazione (Box 2.6). È attraverso la «classificazione», ossia attraverso l'individuazione di un criterio che ci mette in condizione di

Box 2.6 – I concetti e la scala di astrazione

La struttura di un concetto (Ogden, Richards, 1946) è composta da un termine (la parola utilizzata), da un significato (la definizione del termine, reperibile sul dizionario) e da un referente empirico (l'insieme degli oggetti a cui la parola fa riferimento). Questi tre elementi sono posti tra loro in un rapporto triangolare, da cui si determina se e quanto il concetto è chiaro e utilizzabile nel linguaggio scientifico. In particolare, occorre che: 1) vi sia un legame univoco tra termine e significato, evitando il più possibile termini sinonimi (più termini con lo stesso significato) e omonimi (più significati per uno stesso termine): se queste condizioni non si realizzano, si dice che il termine è ambiguo; 2) sia ben precisato l'insieme degli oggetti empirici a cui fa riferimento il significato, altrimenti si incorre nel problema della vaghezza del concetto.

Questo schema triangolare non è importante solo perché consente la formazione e l'uso di strumenti concettuali precisi e rigorosi, senza i quali il lavoro scientifico avrebbe ben poche prospettive di progredire; ma diventa essenziale anche per collocare i concetti lungo una scala di astrazione, consistente nella connotazione (o intensione), ossia nell'insieme delle proprietà che definiscono il concetto e che uniscono il termine al significato, e nella denotazione (o estensione), ossia nell'insieme dei referenti a cui si applica il concetto e che associano il significato al referente empirico. È evidente, dunque, che connotazione e denotazione stanno tra loro in un rapporto di proporzionalità inversa: un concetto diviene tanto più astratto (sale lungo la scala) quanto più cresce la denotazione e quanto più se ne riducono i caratteri connotativi e definitori, fino – in una situazione di estrema astrazione – a ridursi eventualmente ad un solo carattere; al contrario, un concetto diviene tanto meno astratto e generale (scende la scala) quanto più crescono la connotazione e le proprietà che lo definiscono e quanto più si riduce la denotazione, ipotizzando – come punto minimo di denotazione – l'applicazione dei caratteri connotativi ad un solo caso esistente. Ne deriva che la scala di astrazione richiama la nostra attenzione su una regola precisa: se vogliamo ampliare l'estensione e l'applicabilità di un termine, e quindi accrescere il numero delle esperienze alle quali esso si riferisce, dobbiamo ridurre la connotazione. E viceversa.

La metafora della scalata si presta in modo eccellente a chiarire i termini della questione. Un alpinista che si accinga a scalare una montagna, alla base di essa si trova di fronte un determinato panorama: può vedere distintamente i cespugli e gli alberi circostanti e riconoscere, per esempio, un abete da un pino argentato o un anemone da una genziana. Quando arriva a metà della sua scalata, il panorama cambia: non riesce più a distinguere tra loro le varie specie di alberi ma ha una visuale più ampia della precedente che abbraccia i rifugi o le baite, prima nascoste dagli alberi. Giunto in cima, riesce a dominare l'intera vallata e a vedere i fiumi, i laghi o i paesini nelle vicinanze. La sua prospettiva include un numero maggiore di oggetti, ma non può più riconoscere le caratteristiche specifiche di ognuno di essi. Questo determina vari livelli di analisi della ricerca che devono essere ben specificati: per esempio, il partito politico (livello *macro*); i partiti socialdemocratici (livello *meso*); il partito socialdemocratico tedesco (livello *micro*).

Il non corretto uso della scala di astrazione porta, secondo Sartori (2011), a quattro errori:

1) lo *stiramento dei concetti*, che consiste nello slargamento di un concetto per fargli ricomprendere più esperienze e casi, senza un'adeguata riduzione della connotazione;
2) il *parrocchialismo*, che consiste nel concentrarsi solo su un caso (un paese, un fenomeno), ignorando completamente le categorie di analisi poste da teorie generali e usando, quindi, termini a sproposito e ritagliati sul caso in questione;
3) il *mal classificare*, quando si mescolano casi solo apparentemente simili, ma dove in realtà la similitudine è solo frutto di una classificazione sbagliata;
4) il *gradismo*, ossia la tendenza a ridurre tutte le differenze a differenze di grado (più/meno), col risultato di sostituire ogni differenza dicotomica con differenze continue: non ci sono più democrazie e non democrazie, ma paesi più democratici e paesi meno democratici. La prospettiva cambia completamente, ma in peggio, visto che si rinuncia a operare distinzioni chiare e nette.

distinguere tra classi complessivamente esaurienti e reciprocamente esclusive, che si attua quel processo di dispiegamento e spacchettamento dei concetti per *genus et differentiam*, necessario alla loro definizione e precisione. L'esercizio classificatorio ci permette di discriminare tra i concetti, di fissarne i confini e di precisarne i contenuti. Inoltre, è anche uno strumento fondamentale per la ricerca, visto che ci aiuta sia ad individuare le variazioni che uno stesso fenomeno può assumere nella realtà, sia a parametrizzare un certo fattore esplicativo (l'appartenenza ad una stessa classe implica anche l'esistenza di variabili comuni, la cui incidenza può essere trascurata).

La «scala di astrazione» (Box 2.6) riguarda i concetti empirici: dobbiamo sempre decidere a quale livello di astrazione intendiamo collocarli, ben sapendo che le nostre scelte in questo campo avranno conseguenze precise sulla loro utilizzazione. Per non incappare nel frequente errore dello «stiramento» dei concetti, consistente nell'aumento della loro estensione e applicabilità senza un'adeguata diminuzione delle proprietà che li definiscono, occorre sempre rispettare le regole di ascesa e discesa lungo la scala di astrazione (si veda il Box 2.6): la definizione di democrazia che emerge in questo manuale (Cap. V) ci è indispensabile per capire quali Stati sono democratici e quali non lo sono e, quindi, quali possiamo includere nella categoria dei regimi democratici e quali, invece, non possiamo. Secondo questa definizione, per esempio, Cina, Cuba e Iran non sono classificabili come democrazie. Se però, sfidando ogni logica e ogni evidenza empirica, volessimo considerarle tali, dovremmo rivedere la definizione-connotazione, rendendola più generale e quindi riducendola in modo consistente, ampliando in questo modo la denotazione, fino ad includere queste nuove esperienze. Se non lo facciamo creiamo un concetto «stiracchiato», la cui connotazione non corrisponde alle esperienze a cui viene applicato. E ciò genera confusione, rende il concetto scientificamente inutilizzabile e rischia di far percorrere al discorso scientifico un robusto passo indietro. Va da sé poi che, nel merito, anche riadattando la connotazione per far entrare i tre paesi nella definizione, saremmo sì più coerenti dal punto di vista logico, ma ci troveremmo a gestire un concetto di democrazia talmente vago e generico da risultare del tutto inutile dal punto di vista scientifico.

Un ultimo problema va considerato. I concetti utilizzabili nell'attività scientifica devono essere sempre concetti empirici, connessi e riconducibili a oggetti e fatti concreti. Ciò fa direttamente riferimento alla caratterizzazione della scienza (qualsiasi scienza) come di una conoscenza empirica: le teorie scientifiche, per essere tali, devono essere empiriche e in accordo (finché restano valide e non sono falsificate) con tutti i fatti noti del campo d'indagine a cui fanno riferimento. Il problema consiste nel fatto che, molto spesso, i concetti usati in scienza politica sono concetti non immediatamente osservativi (Bruschi, 1999; Morlino, 2005). Si pensi a «Stato», «democrazia», «totalitarismo»: pur essendo concetti essenziali nella ricerca politica, sono posti ad un livello assai alto di generalità e privi di un riferimento empirico diretto o tangibile. Noi non vediamo e non tocchiamo uno Stato, una democrazia o un regime totalitario, come potremmo fare invece con un libro o una penna. In questi casi, è consigliabile fare uso di indicatori, ossia stabilire legami di indicazione o rappresentazione semantica tra concetti più specifici, quindi collocati più in basso nella scala di astrazione (Box 2.6) e suscettibili di offrire una definizione operativa, e quei concetti che risultano troppo generali per suggerirla (Marradi, 1980, p. 33). Tali legami vengono stabiliti in base ai significati reperibili nel contesto in cui si svolge la ricerca e individuando le dimensioni che costituiscono il concetto generale. Attraverso questi passaggi, che definiamo «operazionalizzazione», siamo così in grado di attribuire un contenuto empirico a concetti non immediatamente osservativi. Così, per esempio, un concetto molto generale come quello di «democrazia» implicherà una definizione che ricorrerà a indicatori rilevanti, come quelli di partecipazione, di elezioni libere e competitive, di libertà dell'informazione, di libertà di culto ecc. Nel caso del concetto di totalitarismo, scendendo la scala di astrazione possiamo istituire un rapporto di indicazione con concetti empirici come terrore totalitario, partito unico rivoluzionario, assenza di pluralismo.

2.6 L'influenza dei valori

L'interesse per un oggetto di ricerca può essere il frutto anche di un coinvolgimento personale e perfino emotivo del ricercatore. Non solo, ma i valori hanno spesso influito sulle stesse tradizioni di ricerca, all'interno delle quali si inserisce il lavoro del ricercatore o di intere comunità scientifiche in certe fasi storiche (Fisichella, 1994a, pp. 57 ss.; Panebianco, 1988, p. 22). Questo introduce la questione dell'avalutatività: quale ruolo e quale impatto possono avere valori e tradizioni assiologiche sul lavoro scientifico? I valori dello scienziato non costituiscono un ostacolo alla ricerca e una contaminazione con il terreno più proprio della filosofia, notoriamente prescrittivo? Nelle scienze sociali (e forse, al loro interno, in certe scienze sociali più che in altre) operano e hanno operato spesso influenze culturali, dottrine e ideologie che hanno pesantemente interferito con le tradizioni di ricerca e con il lavoro scientifico (Miglio, 2011). Inoltre, nelle scienze sociali gli scienziati sono parte dell'oggetto che studiano e gli orientamenti personali o di scuola rischiano di indirizzare, condizionare, limitare l'attività di ricerca. Non va peraltro dimenticato che i fenomeni studiati dalle scienze sociali possono incidere anche sulla vita e la situazione personale di chi fa ricerca.

Il problema dell'esigenza del distacco dall'oggetto di analisi è stato sentito da molti autori. Nei *Pensieri* Montesquieu (cit. in Richter, 1969, p. 137) scriveva: «Quando io agisco sono un cittadino. Ma quando scrivo, sono un uomo, e considero tutti i popoli europei con la stessa imparzialità con cui guardo a quelli che abitano nell'isola del Madagascar». Con questa affermazione si rendeva esplicita questa duplice ottica e si contemplava quindi la possibilità di analizzare la propria società in una prospettiva comparata, come ogni altra società. La soluzione weberiana del problema è quella della avalutatività e della separazione fra giudizi di fatto e giudizi di valore. Nel campo della conoscenza la questione della *Wertfreiheit*, libertà dal valore, fu posta da Max Weber quando (1922b, tr. it. 1974, pp. 58 ss.) ha affrontato il rapporto fra lavoro scientifico e incidenza dei valori: «siamo convinti che non può mai essere compito di una scienza empirica quello di formulare norme vincolanti e ideali, per derivarne direttive per la prassi». Da ciò, però, «non discende in nessun modo che i giudizi di valore, in quanto essi in ultima istanza si basano su determinati ideali e sono perciò di origine "soggettiva", siano sottratti alla discussione scientifica in genere».

Non si può impedire allo scienziato sociale di esprimere i suoi ideali o di isolarsi – ammesso che sia possibile – in un mondo che ne è totalmente privo. Lo studioso ha il dovere di «rendere ben consapevole in ogni momento il lettore e se stesso dei criteri a cui viene commisurata la realtà e da cui è derivato il giudizio di valore» (*ibidem*, p. 67). Deve distinguere, dunque, in modo chiaro e leggibile tra fatti e giudizi di valore, tra descrizione e prescrizione. Naturalmente non è possibile considerare la scienza come sola descrizione e spiegazione e la filosofia come sola prescrizione e riflessione normativa. Tuttavia, occorre uno sforzo in questa direzione e «l'avalutatività è la virtù dello scienziato come l'imparzialità è la virtù del giudice» (Bobbio, 1971, p. 377). Pur sapendo che non esistono nella realtà giudici perfettamente imparziali, abbiamo fiducia nella giustizia quando riteniamo che essi tendano comunque all'imparzialità. Dal che si desume che anche su questo aspetto si misura la professionalità di chi fa ricerca, soprattutto – ed è facile intuirne i motivi – in ambito politico.

Premesso, dunque, che i valori non possono essere cancellati, che, anzi, talvolta essi costituiscono una utile «bussola» per l'attività di ricerca (concorrono a precisare limiti e obiettivi del lavoro scientifico) e che, quindi, non sempre interferiscono negativamente, ne discende che quello dell'avalutatività è più un principio regolativo che un principio costitutivo (Sartori, 2011, p. 89). La professionalità dello scienziato su questo punto implica soprattutto un uso corretto delle procedure e, in particolare, il rispetto delle regole logiche dell'argomentazione, un uso empirico e avalutativo del linguaggio, come invito all'obiettività e all'imparzialità dello studioso.

2.7 Le teorie scientifiche e i livelli di analisi

Il lavoro scientifico ha come obiettivo la produzione di teorie: ma quale tipo di teorie? Inoltre: esiste un metodo migliore degli altri per costruire le teorie scientifiche? Quanto alla prima domanda, le scienze non sono l'unico campo del sapere che punta a costruire teorie (lo fa anche la filosofia), ma le teorie scientifiche, per essere tali, hanno bisogno della concordanza con i fatti (la filosofia no): devono cioè essere in accordo con tutti i fatti relativi al campo a cui esse fanno riferimento. Come ha scritto Popper (1970), qualunque sistema scientifico deve poter essere confutato dall'esperienza e nessuna teoria può essere considerata scientifica se non è formulata in modo tale da poter essere falsificata. Attività altamente teorica, la scienza ha però sempre bisogno di veder realizzato l'accordo con i fatti delle sue teorie. È quindi, a un tempo, teorica ed empirica.

Una teoria è un insieme di proposizioni che combinano comprensione e spiegazione dei fenomeni verso i quali indirizziamo la nostra curiosità. Non è infatti possibile fornire una spiegazione causale di un fenomeno senza «una contestuale comprensione del senso delle azioni ad esso soggiacenti» (Panebianco, 1989, p. 33). Il fenomeno deve essere descritto, se ne devono esplicitare le cause ipotizzate e lo si deve esaminare cercando di entrare nell'ottica degli attori che lo hanno prodotto e ricostruendone la *ratio* di fondo. Ciò significa che la comprensione non esaurisce l'attività delle scienze sociali, ma deve essere integrata dalla spiegazione causale, proponendosi tali scienze «di comprendere interpretando l'agire sociale e in questo modo di spiegarlo causalmente nel suo corso e nei suoi effetti» (Weber, 1922a, tr. it 1968, p. 4). Per «spiegazione (o spiegazione causale) si vuole intendere un insieme di enunciati, uno dei quali descrive lo stato di cose da spiegare ("*explicandum*"), mentre gli altri, gli enunciati esplicativi, formano la spiegazione nel senso più stretto della parola (l'"*explicans*" dell'"*explicandum*")» (Popper, 1994, pp. 152–3). L'«*explicans*», per essere soddisfacente, deve sempre garantire la piena controllabilità sul piano empirico della spiegazione proposta.

Per lungo tempo, l'ambizione della riflessione sociale e politica è stata quella dell'enunciazione di teorie sotto forma di «leggi», dell'individuazione di regolarità empiriche relative al funzionamento e alla fisionomia delle istituzioni politiche, al comportamento degli attori, ai rapporti tra governanti e governati. Si è già detto come l'affermarsi del comportamentismo avesse legato la validità delle teorie all'osservazione rigorosa della realtà e alla capacità di controllare empiricamente ogni affermazione e generalizzazione. Alle vecchie teorie della riflessione politologica classica – quali, ad esempio, la teoria della classe politica di Gaetano Mosca e la «legge ferrea» dell'oligarchia di Roberto Michels – si aggiungono le teorie che fondano la scienza politica contemporanea, da Duverger, a Easton, a Deutsch, ad Almond, a Lipset, dalle varie teorie del mutamento e dello sviluppo alle teorie della modernizzazione. Sono costrutti teorici ad alto tasso di generalità, che assumono la forma di tendenze generali e irreversibili dell'evoluzione sociale e politica, di leggi condizionali, di precisazione e identificazione delle cause dei fenomeni, di connessioni e correlazioni, e che proiettano la scienza politica verso un sapere nomotetico con accentuate ambizioni predittive. Come ampiamente documentato dalle ricerche successive (per una rassegna, Boudon, 1985), molte «leggi» classiche e teorie generali più recenti sono state discusse, messe in dubbio e spesso confutate o ridimensionate dal controllo empirico.

Come ricorda Moore jr. (1969, p. 547), l'osservazione comune ha mostrato che gli esseri umani individualmente e collettivamente non reagiscono ad una situazione «oggettiva» nello stesso modo in cui un elemento chimico reagisce ad un altro quando sono messi insieme in una provetta. Da qui la maturazione di una consapevolezza crescente circa la difficoltà di costruire generalizzazioni valide *urbi et orbi* e, senza dar vita ad atteggiamenti di rinuncia a forme di generalizzazioni, l'attestarsi della ricerca sociale su obiettivi più ragionevoli. Le teorie locali sono insiemi di poche ipotesi ben definite che si situano ad un livello di astrazione medio-basso, le uniche teorie in grado di spiegare fenomeni in contesti circoscritti. Tuttavia, il sapere generalizzante non scompare affatto: da un lato, come osservato a suo tempo da Lijphart (1985, p. 291), le generalizzazioni parziali possono costituire un primo passo per riproduzioni successive in contesti diversi. Dall'altro, il sapere nomotetico resta sullo sfondo delle nostre ricerche, ci è di ausilio nella formazione dei concetti, nella costruzione delle ipotesi e nella definizione degli obiettivi delle ricerche.

Questi sviluppi in direzione di un ridimensionamento delle grandi teorie universali hanno sicuramente ridotto anche le ambizioni predittive delle teorie scientifiche, ma non fino al punto di cancellarle. Una teoria scientifica contiene di solito una descrizione, una prescrizione e una previsione. Contiene una descrizione perché descrive e ricostruisce il fenomeno che intende spiegare e comprendere. Ha anche una dimensione prescrittiva, perché se intendiamo riprodurre un fenomeno X che è prodotto dalle condizioni A, B e C, sappiamo di poterlo fare solo riproducendo queste ultime. Ugualmente ha una dimensione predittiva, perché, se la teoria è valida, l'identificazione delle condizioni A, B e C lascia prevedere con ogni probabilità in futuro l'avvento del fenomeno X. Nella maggior parte dei casi, le teorie scientifiche non hanno lo scopo di fare previsioni, ma di formulare spiegazioni *ex post* di fenomeni già avvenuti. Tuttavia, le teorie, oltre che spiegare i fenomeni, possono anche aiutarci a prevederli.

Il dilemma che Gilpin (1989) ha posto agli scienziati sociali – affrontare con precisione questioni secondarie o trattare con una certa approssimazione problematiche fondamentali – evoca anche il tema dei livelli di analisi e si ricollega alla cosiddetta scala di astrazione. La relazione precedentemente discussa fra termine, significato e referente empirico presuppone, infatti, l'individuazione del livello di generalità di un concetto (Box 2.6). La scelta del livello di generalità rappresenta un'opzione cruciale per due ragioni: a monte, permette di stabilire cosa è rilevante e cosa è secondario; a valle, una volta delimitato l'ambito di applicazione del concetto, consente di individuare la strategia di ricerca e di impostare il rapporto tra variabili.

Sul piano metodologico, la prima conseguenza che si può trarre dall'estensione (massima generalità) o contrazione di un concetto (minima generalità) è data dalla presenza di un *trade-off* tra il grado di approssimazione alla realtà e l'efficacia della teoria. Premesso che i concetti non possono mai essere allargati oltre il punto in cui verrebbero a perdere l'ultima connotazione empiricamente controllabile, ne consegue che il dilemma delle scienze sociali è capire quando una distorsione della visuale è marginale e quando, al contrario, la massima accuratezza è essenziale (Singer, 1961).

La discussione più interessante sui livelli di analisi si deve indubbiamente a Waltz (1959, tr. it. 1998). Lo studioso neorealista individua le cause della guerra e le suddivide in tre «immagini», ossia tre livelli di analisi che hanno come punto di riferimento l'individuo, lo Stato e il sistema internazionale. La «prima immagine» comprende tutte le teorie fondate sul «pessimismo antropologico», che hanno ritrovato le cause della guerra nei tratti insopprimibili della natura umana, caratterizzata da pulsioni negative quali la superbia, l'insicurezza, l'avidità e la brama di potere. Nella «seconda immagine» Waltz colloca le teorie che spiegano la guerra in riferimento alle caratteristiche interne degli Stati, come la forma di governo per i liberali e il sistema economico per i marxisti. La «terza immagine» rinvia alle caratteristiche strutturali del sistema internazionale e, più specificamente, al contesto anarchico (non controllato da una autorità superiore) che configura le relazioni tra Stati.

Secondo Waltz, la prima e la seconda immagine sono sostanzialmente «riduzioniste», mentre la terza è l'unica propriamente sistemica. L'accusa di riduzionismo mossa alle teorie precedenti – oltre alle spiegazioni marxiste e liberali Waltz critica anche le prime generazioni del realismo – si fonda su due assunti principali. Il primo riguarda l'efficacia euristica delle teorie scientifiche in grado di spiegare la politica internazionale. Riprendendo la distinzione propria dell'economia fra teoria dell'impresa e teoria del mercato, Waltz assimila le teorie riduzioniste alle teorie dell'impresa, affermando che queste possono essere utili per interpretare la politica estera degli Stati, ma non possono avere la pretesa di spiegare la politica internazionale in generale. Solo l'introduzione dell'analisi sistemica (ovvero la terza immagine), a sua volta assimilabile alla teoria del mercato, può aspirare a spiegare i principi che regolano la politica internazionale. Il secondo assunto è di natura metodologica: Waltz rimprovera a chi lo ha preceduto di non aver separato adeguatamente i fattori che si collocano nella seconda immagine, rappresentati dalle caratteristiche delle singole unità del sistema, da quelli relativi alla terza immagine, focalizzati sulla struttura del sistema internazionale.

L'importanza del contributo di Waltz allo studio dei livelli di analisi può essere compresa soprattutto in riferimento a ciò che l'autore definisce «teoria scientifica». Nella sua prospettiva, la teoria è una costruzione dell'intelletto mediante la quale selezioniamo i fatti e li interpretiamo. Le risposte a questioni fattuali costituiscono dei rompicapo, che una teoria può risolvere fornendo l'intelaiatura concettuale sulla quale gli studiosi possono lavorare. Intesa come un artificio, la teoria per Waltz è un mezzo per occuparsi della complessità. La difficoltà, di conseguenza, consiste nell'elaborazione di una teoria che assuma rilevanza per un determinato insieme di fatti, allo scopo di consentirne la spiegazione e la previsione. Come si costruisce una teoria rilevante?

Waltz individua il passaggio cruciale nella distinzione tra teoria e fatti: nella realtà ogni singolo avvenimento è in relazione con tutti gli altri. Il compito della teoria è quello di isolare una specifica area di ricerca rispetto alle altre per potersene occupare in astratto e spiegare i fenomeni che si verificano al suo interno. Per questa ragione una teoria deve essere in grado di operare delle semplificazioni radicali della realtà per cogliere le relazioni di causa ed effetto fondamentali. Secondo Waltz (1990), infatti, «ottenere la massima approssimazione alla realtà negherebbe la teoria»: una teoria non può adattarsi agli eventi, il suo scopo è quello di aiutarci a capire come funziona un dato sistema; essa non deve limitarsi a descrivere la realtà, deve semplificarla e spiegarla. Selezionare i fatti in modo tale da eliminare quelli inutili è un passo fondamentale; quello successivo consiste nella spiegazione delle interazioni che si verificano all'interno di uno specifico ambito di ricerca. Ne deriva che se il livello di analisi prescelto è il sistema internazionale, si possono trascurare gli attributi delle singole unità e spiegare come la condizione anarchica e la distribuzione del potere all'interno del sistema condizionino gli Stati; se il livello di analisi è quello statale, al contrario, si lavorerà sulle caratteristiche istituzionali delle unità, trascurando i condizionamenti posti a livello sistemico.

Più problematica è la posizione di J. David Singer, il quale ammette che ambedue i livelli di analisi fondamentali per le discipline politologiche, quello sistemico e quello statale, sono caratterizzati da pregi e difetti che interferiscono sull'efficacia delle teorie scientifiche. Da un lato, il livello sistemico offre una rappresentazione più esaustiva e totalizzante perché colloca le unità nel contesto ambientale, determinandone «il posizionamento nello spazio», ovvero la disposizione di ciascuna parte nel sistema; dall'altro, il livello statale, pur proponendo una raffigurazione atomizzata e meno coerente, compensa la minore efficacia euristica con la maggiore ricchezza dei dettagli e l'approfondimento dei singoli casi. Sebbene non sia possibile, secondo Singer, decretare la superiorità di un livello rispetto all'altro, è necessario mantenere sempre la consapevolezza del loro impiego. In sostanza, il problema non consiste nel decidere quale sia il livello migliore in assoluto e quindi nello stabilire quale modello debba venir seguito per l'eternità; piuttosto si tratta di rendersi conto che « esiste » questo problema concettuale preliminare e che deve essere risolto prima dell'inizio di ogni ricerca, nella consapevolezza delle implicazioni descrittive, esplicative e predittive di questa scelta. Possiamo scegliere il livello di analisi che meglio si adatta alla nostra ricerca, ma dobbiamo restar fedeli ad esso fino in fondo, senza mutare orientamento a metà del nostro studio (Singer, 1961, tr. it. 2004; pp. 108–109).

Se si muove dal presupposto che un fenomeno rilevante possa avere una duplice spiegazione, una a livello sistemico e una a livello statale, è possibile comprendere come la cosiddetta «pace democratica» (vedi Cap. I) assuma un significato diverso a seconda della prospettiva analitica prescelta. A livello statale, per esempio, è possibile spiegare il fatto che le democrazie non si facciano la guerra in virtù delle caratteristiche istituzionali interne: procedure decisionali, intermediazione parlamentare, posizione delle forze politiche, ruolo dell'opinione pubblica, cicli elettorali. A livello sistemico, al contrario, la pace democratica che configura il sistema internazionale dopo la Seconda guerra mondiale, può essere il risultato di condizionamenti strutturali, quali la distribuzione del potere che colloca tutte le democrazie all'interno dello stesso blocco (fase bipolare); l'influenza della Nato, che determina un legame tra le democrazie occidentali anche dopo il crollo del muro di Berlino; l'impatto dei processi di integrazione regionale che, in Europa, hanno stabilito aree di cooperazione politica ed economica tra gli Stati democratici (Unione europea).

Posto che entrambe le spiegazioni siano vere, resta il fatto, richiamato da Singer, che ciascun livello di analisi prevede una sua procedura di verifica delle ipotesi e, nella maggior parte dei casi, è impossibile cumulare le proposizioni emerse a un determinato livello con quelle elaborate dall'altro. La sfida lanciata da Singer all'inizio degli anni Sessanta è stata raccolta da molti studiosi che hanno tentato di costruire, attraverso vari modelli teorici, un *framework* in grado di cumulare le generalizzazioni derivate dai due livelli di analisi (Buzan, 1995; Onuf, 1995). Gli studi di Rosenau, Putnam e Buzan (cfr. Cap. I) gettano un ponte tra le due dimensioni della politica, che non solo riapre il problema dei livelli di analisi, ma ripropone la necessità di integrare prospettive teoriche e metodologiche diverse.

La complessità della questione, inoltre, è stata amplificata dai processi di globalizzazione che, a partire dagli anni Novanta, hanno inciso profondamente sulle prerogative della sovranità statale e sulla natura delle interazioni tra Stati, al punto da spingere alcuni studiosi a postulare l'esistenza di un quarto livello di analisi: il sistema globale (North, 1990; Rosenau, 1990; Bonanate, 1997; Attinà, 2003). A livello globale si collocherebbero tutte quelle sfide che oggi affliggono la comunità internazionale, dall'ambiente alle epidemie, dal terrorismo alla tutela dei diritti umani.

Se la situazione di partenza sembrava essere più semplice e meno caotica di quella attuale, è anche vero che, proprio attraverso la proliferazione dei livelli di analisi, le discipline politologiche hanno iniziato ad elaborare i propri modelli in termini più sistematici (Ragionieri, 2008). Si pensi a come la dimensione interdisciplinare del problema abbia fatto tornare alla ribalta il livello individuale accantonato da Singer: molte ricerche sulla politica estera continuano a soffermarsi sui tratti della personalità dei leader e riconducono le loro decisioni alle influenze culturali, alla posizione politica e agli elementi caratteriali (Holsti, 1962; Walzer, 1977; Starr, 1984; Herman, 1996; Glad, 2002; Dyson, 2006). Un altro esempio è costituito dagli studi sul «potere locale» (Dente, 1989; Page, 1991; Della Porta, 2006). Nel caso specifico, la differenziazione dei livelli di governo in tre macro-aree, sovranazionale, nazionale e locale, pone tanto un problema di collocazione della ricerca, quanto un problema di delimitazione dell'oggetto di analisi e di spiegazione delle connessioni che vanno dall'alto verso il basso e viceversa.

Resta da chiedersi se l'auspicio di Singer per la costruzione di un quadro concettuale generale non sia rimasto, nonostante gli sforzi, lettera morta. Senza dubbio la soluzione più economica, al di là dei tentativi di fornire prospettive alternative o teorie universali, sembra ancora oggi quella di scegliere il livello di analisi più idoneo all'oggetto della ricerca, attestandosi su spiegazioni parziali (Boudon, 1984; Panebianco, 1989; Morlino, 2005). Il compromesso tra efficacia euristica e controllo empirico è difficile da raggiungere, spesso richiede anni di lavoro e talvolta non produce i risultati sperati. Una cosa però è certa: la tensione della ricerca alla progressiva verifica delle ipotesi consente all'analisi della politica di beneficiare di affinamenti continui e di maggiore esaustività.

Domande

1 Quale ruolo svolge il comportamentismo nell'evoluzione della scienza politica?

2 Cos'è e come si caratterizza il paradigma neo-istituzionalista?

3 Formulare alcune definizioni di metodo scientifico, tratte dalla letteratura.

4 Che cos'è il metodo comparato?

5 Come si formula un progetto di ricerca? Fare un esempio.

6 Che cosa compariamo?

7 Come compariamo nel lavoro scientifico?

8 Quali differenze sussistono fra la strategia della concordanza e quella della differenza?

9 Illustrare i vari tipi di analisi del caso singolo.

10 Comparazione storica e comparazione statistica: illustrare le differenze.

11 Quali criteri si devono seguire per una corretta classificazione?

12 Che cos'è e a cosa serve la scala di astrazione?

13 Cosa sono le variabili e come si distinguono?

14 Definire l'operazionalizzazione.

15 Precisare il ruolo positivo e quello negativo dei valori nell'attività scientifica.

16 Illustrare caratteri e problemi delle teorie scientifiche.

17 Perché la questione dei livelli di analisi è fondamentale per le scienze sociali?

Le dimensioni territoriali della politica
Lo Stato tra frammentazione nazionale e integrazione regionale

CAPITOLO TERZO

3.1 Fra Stato e sistema politico

Il concetto di sistema politico, elaborato da Easton (1953 tr.it 1963), costituisce una nozione assai più generale e onnicomprensiva rispetto a quella di Stato: infatti, esso fa riferimento a ogni tipo di ordinamento politico dall'antichità a oggi, laddove, invece, lo Stato costituisce una realtà molto più ristretta nel tempo (nasce nell'età moderna) e, inizialmente, anche nello spazio, visto che si sviluppa nel continente europeo. Il concetto di sistema politico considera la vita politica come un sistema di comportamenti e di interazioni fra attori. Tali interazioni sono politiche in quanto orientate prevalentemente verso le assegnazioni imperative (*authoritative allocations*) di valori per una società. In altre parole, il sistema politico è definito dall'interazione di quelle unità e dei relativi comportamenti che in una società incidono sull'assegnazione autoritativa dei valori.

Esso implica a sua volta quattro nozioni. Anzitutto, quella di ambiente, all'interno del quale il sistema si muove e dal quale è influenzato. In secondo luogo, quella di *input*, che fa riferimento alle immissioni nel sistema, alle domande di decisioni relative alla assegnazione autoritativa dei valori e al sostegno (o consenso) alle diverse componenti del sistema politico (comunità politica, regime, autorità). In terzo luogo, implica quella di risposta (*output*), che richiama le emissioni del sistema: quanto avviene all'interno dello stesso può esser letto come un insieme di comportamenti da parte di attori e strutture e di processi tesi a far fronte a sfide provenienti dall'ambiente e dall'interno del sistema stesso. Infine, la nozione di retroazione (*feedback*), che è il riflesso della capacità o meno di un sistema di fornire adeguate risposte agli *input* e che, conseguentemente, si traduce nella possibilità di continuare a durare a dispetto delle tensioni e delle sfide; oltre che funzione della presenza e della natura delle diverse influenze che ritornano ai suoi attori e *decision makers* (Fisichella 2011).

Il concetto di sistema politico è cruciale in scienza politica perché, come si è detto, permette di abbracciare tutti gli ordinamenti politici che si sono succeduti nella storia e che, pur nelle evidenti differenze, presentano non pochi elementi in comune che Easton ha saputo magistralmente mettere in evidenza con la sua teoria. Del resto, il termine « sistema politico » è oggi correntemente utilizzato, spesso come sinonimo di regime politico, forma di governo, ordinamento politico, ecc. Resta il fatto, tuttavia, che la realtà dello Stato è al centro dei nostri tempi e, malgrado le sfide in atto da tempo e le affermazioni circa una sua prossima estinzione (Portinaro, 1999), lo Stato è e resta tutt'oggi l'attore territoriale centrale dove si svolgono i processi politici. Prodotto della storia e dell'evoluzione culturale europea, lo Stato è una specifica forma di organizzazione del potere politico che si radica in un preciso ambito territoriale, posta in essere attraverso assetti (un corpo di regole, una serie di ruoli, un insieme di risorse) con i quali si perseguono determinati fini e interessi. Lo Stato, inoltre, è un'organizzazione che fornisce protezione dei diritti di proprietà e della sicurezza personale in cambio di entrate fiscali; esercita il monopolio legittimo della forza e impone una stessa legge sull'intero territorio; impiega personale specializzato per il controllo e l'amministrazione di un territorio consolidato ed è riconosciuto come autonomo ed unito dai dirigenti di altri stati. Si comincia a parlare di Stato con Machiavelli. Poi anche Hobbes, al contrario di Bodin che aveva preferito il termine *République*, usa il termine «stato» nel capitolo introduttivo al *Leviatano*, equiparato al termine latino *civitas* e a quello inglese *commonwealth* (Passerin D'Entrèves, 1967; Mastropaolo, 1981; Ornaghi, 1999). Il concetto acquisisce col tempo un significato esteso, facendolo coincidere con «politica» o con ogni forma di organizzazione pubblica. Max Weber mette a punto i caratteri di quella entità storicamente delimitata quale è lo Stato moderno, che si differenzia da ogni altra organizzazione attraverso il monopolio dell'uso legittimo della forza (Weber, 1922b, tr. it. 1995). Carl Schmitt nega ogni equiparazione tra Stato e politica, essendo il primo solo una delle tante espressioni della seconda (Schmitt, 1972, p. 105). David Easton sottolinea l'errore di un'eccessiva dilatazione del concetto di Stato, essendovi periodi della storia passata, e con ogni probabilità anche di quella futura, in cui non vi sono (e non vi saranno) Stati e aggiungendo al lessico politico la più generale nozione di «sistema politico» (il *genus,* all'interno del quale lo Stato è solo una *species*) (Easton, 1953, tr. it. 1963).

La formazione degli Stati costituisce una semplificazione rispetto alla variegata realtà medioevale. Prima degli Stati, la storia europea è una storia di relazioni politico-dinastiche e di interazioni di culture, religioni e principi più che di Stati (Russett, Starr, 1992, p. 95). Gli Stati si formano anzitutto nella parte occidentale dell'Europa, in quei territori che avevano fatto parte dell'impero carolingio e dove si era sviluppato il feudalesimo: il feudo perde il suo carattere personale per divenire una cosa, un possedimento; il principe regna sul territorio, non più sulle persone; il potere assume una forma permanente. Una prima configurazione protostatale è la Sicilia di Federico II di Hohenstaufen (1194–1250): un sistema amministrato da una burocrazia salariata e trasferibile, che si finanziava con le tasse, che partecipava direttamente alla produzione economica, che forniva l'abilitazione per certe professioni, che amministrava la giustizia. Si trattò di un tentativo di dare al potere un'organizzazione centralizzata e razionale in ogni suo aspetto ma, come scrive Schulze (1994, p. 23), troppo anticipatore e innovativo per durare. Il primo vero Stato sorse in Francia intorno all'Île de France, e verso il XIV secolo erano già evidenti i caratteri fondamentali dello Stato moderno ad amministrazione centralizzata. In Inghilterra, già nel XIII secolo, il re aveva accentrato i suoi poteri, anche se questi risultavano pur sempre limitati da una nobiltà che nel 1215 impose la *Magna Charta*. In Spagna, fino alla fine del XV secolo erano mancati i presupposti di un vero e proprio Stato: il Sud andaluso era occupato dal Regno musulmano di Granada; a Ovest vi era il regno del Portogallo; nelle altre parti dominavano i regni di Navarra, Aragona, delle Asturie, di Catalogna e del Leon, con gradi diversi, ma non molto pronunciati, di centralizzazione. Questa inizia a svilupparsi, com'è noto, con l'unione di Aragona e Castiglia, in seguito al matrimonio di Ferdinando e Isabella (1469).

Sia sotto il profilo delle dimensioni territoriali che sotto quello del rapporto con le nazioni, lo Stato rappresenta un tipo intermedio rispetto alle altre forme di organizzazione e di identità della comunità politica: da una parte troviamo microcomunità politiche, attori localizzati (comunità tribali e città-stato di piccole dimensioni) e dall'altra macrocomunità come i sistemi imperiali (in costante espansione e quasi sempre di dimensioni continentali). Anche dal punto di vista dei tipi di comunità incluse nel territorio, lo Stato costituisce un'entità intermedia. Gli attori localizzati hanno dimensioni sub-etniche e sub-nazionali, con una marcata differenza fra le società tribali, che non hanno alcun ruolo internazionale e svolgono attività economiche ai limiti dei livelli di sussistenza, e le città-stato (o città-repubbliche), particolarmente dinamiche nella Grecia classica e nell'Italia rinascimentale, che hanno dato luogo a sistemi internazionali più grandi, con economie di tipo primitivo comunitario, specializzate nella produzione di piccole merci, senza grandi capacità di creare surplus economico da investire in attività espansionistiche. Nell'XI secolo alcune comunità urbane dell'Italia settentrionale istituirono dei consoli o amministratori per risolvere alcune questioni legali, erodendo così la sovranità papale o imperiale. Alla fine del XII secolo queste amministrazioni consolari si trasformarono in veri e propri governi consiliari con a capo un podestà eletto dalla cittadinanza per un tempo limitato e responsabile dinanzi al Consiglio e ai cittadini. Il destino delle città-stato è quello di essere riassorbite dagli imperi o, comunque, da sistemi statali più grandi (Gilpin, 1989, Cap. III).

I grandi imperi, invece, hanno dimensioni multietniche e sovranazionali. Si tratta della forma più diffusa nella storia e nella quale il surplus economico tratto dall'agricoltura viene reinvestito a beneficio di un'élite, prevalentemente in funzione espansionistica dei domini imperiali. Si formano ed espandono sfruttando grandi vie di comunicazione (di solito vie d'acqua, ma anche il deserto per gli arabi e le steppe per i mongoli, grazie all'uso del cammello e del cavallo), che garantiscono bassi costi nei trasporti e quindi facilitano l'espansione militare e l'unificazione politica. L'economia è quasi sempre diretta dall'alto: sono economie di comando fondate su burocrazie patrimoniali. Gli imperi includevano popolazioni diverse, ma solo una di queste svolgeva la funzione di leadership, mediante una concentrazione del potere nelle mani di un imperatore. Gli imperi erano eterogenei fra loro (ciascuno rappresentava una civiltà e un ordinamento giuridico). I principali meccanismi che garantivano l'ordine erano le forme di controllo territoriale e le sfere d'influenza. I conflitti internazionali erano conflitti politici, economici, sociali, religiosi, di civiltà (*ibidem*).

Lo sgretolamento degli imperi favorisce la formazione degli Stati. Weber (1922b, tr. it. 1995, vol. IV, p. 479) definisce lo Stato come «quella comunità umana la quale, nell'ambito di un determinato territorio – ed il "territorio" è un elemento caratteristico – pretende per sé (con successo) il monopolio dell'uso legittimo della forza fisica». Accanto al monopolio della forza si impongono un principio di legittimazione del potere e un principio di risoluzione pacifica dei conflitti. La ragione per cui si enuncia un principio di legittimazione è sempre lo stesso: come si è già visto nel primo capitolo, esso abbassa i costi della conservazione del potere. Ne deriva che l'esercizio della violenza è di stretta pertinenza dello Stato e di suoi emissari: «L'aspetto specifico dell'epoca moderna è costituito dal fatto che il diritto all'esercizio della forza fisica viene attribuito a tutti gli altri gruppi o individui singoli soltanto nei limiti in cui lo stato lo ammette in mano loro: lo stato vale come unica fonte del "diritto" all'uso della forza» (*ibidem*, p. 479).

Altri caratteri dello Stato conseguono alla suddetta definizione di Weber. Gianfranco Poggi (1978, p. 1) definisce lo Stato come

> un complesso vasto e differenziato di strutture istituzionali di dominio operanti tramite le attività continue e regolamentate di individui considerati come titolari di uffici. Lo stato, visto come l'insieme di tali uffici, si riserva la condotta delle attività di dominio relative a una società territorialmente delimitata (e la cui popolazione è spesso «nazionalmente» più o meno omogenea); *de jure* e per quanto possibile *de facto* monopolizza tutte le facoltà e tutti gli strumenti afferenti all'esercizio del dominio (e precipuamente gli strumenti che permettono l'esercizio della violenza fisica su base di massa).

La sovranità, strettamente legata all'esercizio del potere e al controllo della forza, implica il controllo su un territorio, su una popolazione, su determinate risorse. Il territorio, poi, assume una rilevanza tutta particolare negli Stati moderni. Rispetto al passato vi sono infatti caratteri di maggiore rigidità dovuti al fatto che il territorio dello Stato è precisamente delineato con confini (frontiere), con spazi considerati parte integrante dello Stato e quindi difesi e difendibili. Il legame fra Stato e territorio si fa sempre più stretto. La terra come elemento comune ha un ruolo cruciale non solo nel determinare modi e stili di vita, abitudini e costumi condivisi, ma anche nel rafforzare i vincoli linguistici e di solidarietà che sono alla base della genesi delle nazioni.

Le frontiere acquistano maggiore visibilità e significato, tendono a divenire più stabili, incidono sulla vita delle popolazioni, a seconda che queste siano collocate al di qua o al di là di esse. E il loro controllo da parte dello Stato finisce per essere un indicatore significativo della sua forza e stabilità. Il territorio è geograficamente continuo, di dimensioni ampie e ben delineato. Ad insidiare questi caratteri di linearità e continuità del territorio nell'ambito statale sarà l'incontro dello Stato con la nazione. Se la dislocazione delle nazionalità è irregolare e dispersa, a «macchia di leopardo», oppure con *enclaves* una dentro l'altra, la nozione di linearità e compattezza del territorio verrà seriamente messa in discussione.

Centralizzazione e amministrazione costituiscono ulteriori caratteri che differenziano lo Stato dalle altre forme di organizzazione politico-territoriale: la centralizzazione del potere è l'esito di un processo che conduce alla riduzione dei poteri alternativi allo Stato e all'unitarietà crescente dell'organizzazione statale. Ma la centralizzazione, la sovranità, il controllo e la difesa dello Stato sono resi possibili dalla crescita delle amministrazioni pubbliche, che assicurano l'espansione e la penetrazione interne del potere. La burocrazia nel senso weberiano (regole universali, competenza, gerarchia stabile, separazione dai mezzi dell'amministrazione, remunerazione fissa, regole di reclutamento) costituisce lo strumento indispensabile della crescita e sopravvivenza degli Stati, ponendo alcuni problemi di relazione con la politica (potere e burocrazia, potere e militari). Le burocrazie sono indispensabili nei processi di centralizzazione, consentono allo Stato di ampliare ed esercitare la sovranità e, soprattutto, contribuiscono a formare l'immagine dello Stato nelle aree periferiche. Inizialmente i funzionari erano per lo più itineranti, oppure con incarichi specifici limitati nel tempo, più simili ai *missi dominici* di età carolingia che ai moderni funzionari della burocrazia. Lentamente poi, il gabelliere, l'intendente, il poliziotto, il soldato, il giudice, il maestro sono figure che affermano la presenza dello Stato nelle periferie, assicurando l'esecuzione delle sue decisioni e il coordinamento fra le branche dell'amministrazione. Ma il vero salto di qualità fu compiuto con la centralizzazione autoritaria introdotta da Napoleone, attraverso l'istituzione della figura del «*préfet*, nominato e deposto a discrezione del centro ma dotato di pieni poteri» (Reinhard, 1999, tr. it. 2001, pp. 233 ss. e 493). Un modello che verrà esportato in molte parti d'Europa.

Processi rilevanti sono anche la secolarizzazione e la separazione tra Stato e società civile. Il primo si pone come distinzione fra morale e politica e come scissione delle responsabilità del nuovo ente statale dal compito di presiedere alle coscienze e alle questioni morali e religiose (grazie alla distinzione sempre più netta tra potere temporale e potere spirituale). Il secondo processo riconosce alla società civile anche una dimensione non politica, preclusa all'intervento dello Stato.

La crescita dello Stato induce, poi, la particolare evoluzione del concetto di cittadinanza che istituzionalizza un «criterio collettivistico di esclusione» (Bartolini, 2005, p. 22), implicito nella configurazione di certi vantaggi per i membri inclusi nel territorio, del tutto distinti dagli «esterni» e dagli stranieri. Nell'Impero romano la cittadinanza permetteva di delimitare chi ne faceva parte rispetto a coloro che ne erano esclusi. Successivamente si applica alla comunità dei cristiani battezzati. Nella tradizione germanica, invece, si applica ai capifamiglia che partecipano alle assemblee legislative e giudiziarie; nel Medio Evo si adatta alla rappresentanza per «stati», fino poi alla Rivoluzione francese, che impone il principio della rappresentanza plebiscitaria: contano gli individui, che diventano uguali di fronte alla legge, e non le loro proprietà o le corporazioni di appartenenza. Col tempo, la cittadinanza guadagna in inclusività, regola il godimento dei diritti e il rispetto dei doveri (pagamento delle imposte, servizio militare) (Poggi, 1992; Bendix, 1980). Un concetto in espansione, dunque, che implica l'integrazione progressiva nello Stato (le donne, i diciottenni, gli stranieri). Si affermano, poi, due nozioni polari di cittadinanza: quella legata alla stanzialità (è cittadino chi nasce sul territorio e condivide i valori della nazione: Francia) e quella legata ai vincoli di sangue (è cittadino chi dimostra di avere lo stesso sangue: Germania) (Brubaker, 1992, tr. it. 1997).

Accanto alla dimensione intra-statale esiste quella inter-statale. Lo stesso Weber riconosce questa duplice dimensione dello Stato, quando definisce la politica «come l'aspirazione ad una partecipazione al potere o ad un'influenza sulla distribuzione del potere, sia tra stati che nell'ambito di uno stato, tra i gruppi di uomini che esso comprende» (1922b, tr. it. 1995, vol. IV, p. 479). Il sistema statale si sviluppa a partire dal XV secolo, ma la spinta decisiva viene dal Trattato di Westfalia (1648), che pone fine alla Guerra dei Trent'anni, e si rafforza poi con i trattati internazionali che pongono fine alle grandi guerre: da Utrecht (1713), a Vienna (1815), a Versailles (1919), fino ai trattati di pace della Seconda guerra mondiale. Ne emerge un sistema di Stati che trasforma radicalmente il vecchio sistema di «relazioni politiche e di interazioni di culture, religioni e principi» (Russett e Starr, 1992, pp. 94–95) con un sistema di «relazioni internazionali» fra entità statali, sulle quali non si esercita l'autorità di un potere superiore. La politica internazionale che conosciamo è, dunque, quella che nasce nell'era moderna (secoli XVI–XVII), con la trasformazione delle guerre da conflitti di natura dinastica, a conflitti impostati su base statale, con la comparsa e il successo dei metodi del negoziato e con la nascita della diplomazia moderna e delle rappresentanze diplomatiche permanenti. Il nuovo sistema di relazioni internazionali non costituirà solo uno degli effetti più visibili della nascita e della crescita numerica degli attori statali, ma si tradurrà a sua volta in un potente fattore condizionante di ogni futura trasformazione degli Stati: nascita e morte degli Stati saranno condizionate dall'evoluzione del sistema internazionale. L'alternarsi della pace e della guerra, il modificarsi delle relazioni internazionali e i diversi livelli di tensione internazionale nelle varie epoche non solo costituiranno forti fattori selettivi nei confronti degli attori statali, ma influiranno sempre più anche sul tipo di organizzazione che questi si daranno all'interno. Diviene sempre più irrinunciabile riconoscere la rilevante e crescente interdipendenza, nell'evoluzione dell'Europa moderna e contemporanea, fra gli sviluppi delle singole unità statali e nazionali (Dehio, 1948, tr. it. 1988).

3.2 Perché si affermano gli Stati?

La costruzione dello Stato costituisce un processo di riduzione della complessità, portando l'Europa del primo Novecento ad avere 20–30 entità politiche, rispetto alle circa 500, di varia grandezza e fisionomia, del Medio Evo. Solo nel Novecento, però, si è avuta una diffusione globale del modello statale che ne fa un'organizzazione politica di successo. Gli Stati crescono dai 51 del 1945 ai 192 di oggi (Nazioni Unite 2010), 195 secondo Freedom House 2014. Cosa provoca questo grande processo? Quali ne sono i caratteri comuni e le varianti? E quali sono state le sue fasi evolutive?

Lo sviluppo di questo processo di convergenza politico-istituzionale trova una prima convincente spiegazione nei caratteri comuni dell'Europa del Cinquecento. Tilly (1975, tr. it. 1984, pp. 21–22) scrive che la precedente unificazione sotto l'Impero romano aveva prodotto «una convergenza di linguaggio, legge, religione, pratica amministrativa, agricoltura, proprietà terriera»: il nucleo delle popolazioni europee condivideva cultura, identità religiosa, il diritto romano, una lingua colta unificata (il latino); inoltre, manteneva fitti contatti attraverso il commercio e «un groviglio di legami dinastici fra le casate sovrane». Infine, prevalevano ovunque la struttura feudale, un sistema familiare relativamente omogeneo e la Chiesa di Roma dominava la vita religiosa del continente. Dal punto di vista socio-economico, un potente elemento di omogeneità stava nella prevalenza numerica del ceto contadino che, sia pure in forme diverse, trasferiva parte rilevante della propria produzione alle città attraverso rendite, censi, tasse e vendite.

Una volta costituito, lo Stato tende a trasformarsi e ad assumere fisionomie diverse: nasce «assoluto», diviene «nazionale» dopo la Rivoluzione francese, «liberale» nel XIX secolo, di massa e «sociale», nelle versioni democratica e totalitaria, nel XX. In questo processo di maturazione, la trasformazione più rilevante è quella che vede la nascita in Europa del modello dello Stato nazionale, nel quale si consolida la relazione fra Stato e nazione, quindi assai diverso dallo Stato moderno tradizionale. Più che una realtà empirica vera e propria, dunque, lo Stato nazionale costituisce un obiettivo da raggiungere in concomitanza con l'affermarsi dell'idea di nazione. Prima di ciò, l'unica lealtà richiesta ai sudditi, la sola identità requisito dello Stato, era quella verso la dinastia e la corona, considerate simboli dell'unità del potere.

Con la nascita dell'idea di nazione (Chabod, 1995, ed. or. 1961), lo Stato si afferma sempre più come un'entità distinta rispetto alla dinastia regnante. Il potere appare più esigente nei confronti dei sudditi-cittadini, i quali sono tenuti a identificarsi anche con la storia, le tradizioni, la cultura, la lingua, l'etnia, il territorio, i confini dello Stato. Al contrario di imperi e città-stato, nei quali l'entità politica non coincide con quella nazionale, gli Stati tendono a identificarsi con la nazione e a trasformarsi in Stati nazione, vedendo in ciò un percorso di auto-perfezionamento. Lo Stato Nazione si contrappone, dunque, ad altri Stati nazione piuttosto che a gruppi armati interni al territorio. Sviluppa nel corso del tempo un'economia di tipo industriale con un forte surplus economico. Inoltre, è frutto di circostanze storiche che sembrano imporre direzioni diverse rispetto a quelle imboccate dallo Stato senza aggettivi: se infatti quest'ultimo costituisce un grande fenomeno di aggregazione in contesti di frammentazione, l'idea di nazione – e con essa l'idea conseguente di Stato nazionale – impone un indirizzo di segno opposto, verso la frammentazione e la disgregazione: con l'affermazione graduale e successiva delle diverse identità nazionali, l'omogeneità dell'Europa del Cinquecento si stempera in un processo di differenziazione. Quali condizioni favorirono la crescita e lo sviluppo delle aggregazioni statali (Tilly, 1975, tr. it. 1984)?

Anzitutto, lo sviluppo di poteri concentrati e centralizzati. La realizzazione del progetto statale si attua precocemente, soprattutto in presenza di livelli di concentrazione del potere che non sono né troppo esigui, né troppo elevati. Una soglia minima di concentrazione del potere è necessaria per favorire la formazione di un centro. Al di sotto di essa manca ogni condizione per lo sviluppo di un esercizio del potere, di una sovranità e di un controllo del territorio: finché la Polonia non riesce a sciogliere il nodo del sovrano elettivo, quasi completamente disarmato e ostaggio della nobiltà, rimane un territorio privo di difesa e in balia delle potenze esterne. Di tenore opposto la situazione della Russia, dove la conservazione del potere nelle mani del sovrano ritarda il distacco dal sistema feudale (peraltro acquisito molto più tardi rispetto al resto d'Europa). Nei nuovi Stati occidentali, la crescita del potere centrale trova un limite in una serie di fattori: a) nei caratteri propri del feudalesimo (pluralismo dei ceti, delle corporazioni, delle varie strutture feudali); b) nella contrapposizione re-nobiltà, che porta alla costituzione delle diete e delle prime istituzioni rappresentative; c) nella contrapposizione fra potere politico e potere spirituale; d) nello sviluppo del mercantilismo, del commercio e di poteri economici che di fatto limitano il potere politico.

In secondo luogo, lo sviluppo statale fu favorito dalla maggiore specializzazione ed efficacia delle nuove forme di organizzazione amministrativa. Quei sovrani che decisero di dotarsi di una burocrazia specializzata acquisirono un vantaggio organizzativo rilevante sulle altre forme di potere e di amministrazione. Anche il grado di sviluppo delle forze armate ebbe un ruolo decisivo: il successo militare, grazie alla creazione di macchine militari e alla possibilità di un esercito potente, garantì l'eliminazione dei nemici interni, favorì il consolidamento territoriale, la centralizzazione, l'acquisizione e consolidamento del monopolio della forza.

In terzo luogo, la sostanziale invulnerabilità dei territori europei, divenuta più evidente dopo la battaglia di Poitiers (732), costituì per la genesi statale una condizione favorevole, dimostrata dal fatto che almeno due terzi della superficie dell'Europa era libera da pressioni dall'esterno, il che rese più facile che territori non immensi potessero consolidarsi anche al di fuori dell'ombra protettiva di un potere imperiale. La maggiore o minore difendibilità del territorio dagli attacchi esterni è risultata decisiva in più occasioni: le unità politiche vulnerabili e compresse da Stati vicini in espansione (Polonia) ebbero maggiori difficoltà di altre più protette (il Portogallo doveva preoccuparsi solo della Spagna; l'Inghilterra godeva di una protezione naturale che la Francia non aveva).

In quarto luogo, lo sviluppo di città, commerci e del primo capitalismo, favorì solo indirettamente lo Stato nazionale. In effetti, i centri urbani ed economici non avrebbero avuto alcun interesse ad abbattere la rete di poteri locali alla cui ombra erano sorti. Tuttavia, «fu proprio l'intensa attività commerciale in Europa prima dello Stato nazionale a svolgere un ruolo di primaria importanza nel permettere la disponibilità di certe risorse, nel rendere praticabili la tassazione e le correlate forme di esazione governativa, e nel motivare le vecchie autorità a sviluppare nuove forme di controllo sulla popolazione» (Tilly, 1975, tr. it. 1984, p. 33). L'acquisizione e la disponibilità di risorse per gli Stati appena sorti furono poi decisive per conseguire il consolidamento: l'argento americano aiutò la Spagna a edificare un grande apparato statale; le gabelle doganali sulla lana aiutarono l'Inghilterra a costruire uno Stato duraturo.

In questo quadro, laddove lo sviluppo economico portò alla formazione di centri urbani più rilevanti e potenti, questi (quinta condizione) assunsero la fisionomia di vere e proprie capitali, capaci di imporsi come il punto forte e visibile del centro aggregatore, con un ruolo anche culturale oltre che politico ed economico. Nella Confederazione tedesca, per esempio, mancò una vera e propria capitale: Vienna era capitale austriaca, Ratisbona sede della Dieta imperiale, a Francoforte avevano luogo le incoronazioni, Wetzlar era la sede del tribunale camerale, qualcuno ancora considerava Roma come la vera capitale.

In sesto luogo, una circostanza che si è rivelata particolarmente favorevole è stata l'esistenza di una regione più forte in grado di assumersi il compito della centralizzazione. L'Inghilterra in Gran Bretagna, la regione di Parigi in Francia, la Castiglia in Spagna, la Prussia in Germania, il Piemonte in Italia costituiscono entità territoriali che avviano la spinta unificante che sfocerà nella nascita di uno Stato. Si tratta di entità regionali in grado di esprimere un'élite dominante e di disporre delle necessarie risorse economiche, burocratico-militari e organizzative. Il ruolo di queste regioni «apripista» fu poi favorito dalla personalità di grandi statisti, come Cromwell, Colbert, Cavour, Masaryk, che si rivelò spesso decisiva.

Infine, l'omogeneità dei sudditi costituì un'ulteriore grande risorsa e rimanda al ruolo delle nazioni, il cui sorgere interferisce (sia in senso positivo che negativo) con lo sviluppo degli Stati: l'esistenza di una popolazione omogenea rese tutto più facile e a costi minori; alcuni Stati erano facilitati perché già unitari (l'Inghilterra, prima di incorporare Scozia e Irlanda), mentre per altri fu più difficile perché Stati-mosaico; questi ultimi, in certi casi, si impegnarono a creare l'omogeneità, imponendo una religione di Stato, una lingua, espellendo minoranze e in seguito organizzando l'istruzione di massa (la Francia), mentre in altri casi la mancata imposizione di un gruppo o di un territorio sugli altri ostacolò la formazione di un'efficace struttura statale (la Spagna).

Box 3.1 – Il fallimento dell'Urss e le difficoltà della Russia

La crisi degli Stati è più probabile nei contesti multinazionali, dove la convivenza fra gruppi e culture diverse può essere difficile. In questi casi, una soluzione compatibile con uno sviluppo democratico non può prescindere da accordi e patti tra le parti, preliminari alla nascita delle istituzioni democratiche. Il caso russo mostra come, dopo il crollo del regime comunista, gli esiti della riforma statale e della transizione democratica possano essere percepiti come incompatibili. A distanza di oltre venti anni dal collasso sovietico, ancora oggi quasi nessun confine della vecchia Urss è del tutto privo di conflitti più o meno latenti. Il consenso riguardante la conformazione dello Stato si è progressivamente ridotto: l'assetto federale ereditato dal regime comunista; la celebrazione delle prime elezioni libere a livello di repubblica e non di federazione; la fine dell'ideologia comunista e del partito unico, veri collanti del sistema precedente; l'assenza di negoziati per un patto di adesione volontaria alla federazione di tutte le componenti della nuova Repubblica federale; la scarsa omogeneità tra centro e periferie nella composizione delle élite (più riformiste al centro e più conservatrici ed eredi del vecchio Pcus in periferia); la posizione di ricatto verso un potere centrale indebolito e teso ad evitare ad ogni costo ulteriori emorragie assunta dalle entità federate sono solo alcuni dei fattori che rendono difficile la ricostruzione dello Stato su basi consensuali. La Russia, in continuità col passato comunista, presenta una varietà di entità federate: 21 repubbliche, 6 territori, 49 regioni, 2 città di importanza federale (Mosca e San Pietroburgo), una regione autonoma e 10 circondari autonomi, tutti «soggetti» federali (Ross, 2000). La nuova costituzione, sottoposta a referendum, venne approvata dal 58,4% dei votanti nella Federazione, ma una lettura più attenta dei risultati fornisce un quadro ben diverso: la costituzione fu respinta dalla maggioranza degli elettori in 16 regioni e in 8 repubbliche; inoltre, in 11 regioni e 6 repubbliche non poté essere ratificata, in quanto la partecipazione al voto fu al di sotto del 50% degli aventi diritto. Questo spiega molte delle difficoltà successive nelle relazioni fra centro e periferie.

La crescita del nazionalismo, alimentato anche dalla percezione del declino della potenza russa e dal senso di umiliazione nazionale conseguente ai 25 milioni di russi rimasti fuori dei confini della Federazione, finisce per svolgere due funzioni opposte. Da un lato, rinsalda la Russia attorno ad un sentimento slavofilo e nostalgico, poco compatibile con i valori fondanti della democrazia: negli anni Novanta, della difesa dei valori nazionali si appropriano forze come i nazionalisti di Žirinovskij e i comunisti di Žiuganov. Dall'altro, in molte periferie favorisce rivendicazioni verso il centro, con una funzione disgregante e separatista, inizialmente esaltata dalla paralisi delle istituzioni centrali conseguente al conflitto fra la presidenza e il governo da una parte e il parlamento dall'altra, fra l'ottobre 1991 e l'ottobre 1993.

Alla fine degli anni Novanta, la Russia presenta molti indicatori della fragilità statale: incertezze e sfide sui confini, limitato controllo del territorio, carenze serie nel funzionamento dell'apparato statale, divisioni culturali. Grazie anche alle enormi risorse a disposizione della nuova classe dirigente (in gran parte frutto del possesso di risorse energetiche, come gas e petrolio), il centro vince il braccio di ferro con le periferie e Putin procede a una ri-centralizzazione del sistema (Ross, 2010), anche nel tentativo di ridare efficienza all'apparato statale. Nell'élite russa cresce la consapevolezza che l'affermarsi della democrazia avrebbe alimentato quel processo disgregativo dello Stato, che già aveva portato alla fine dell'Urss e che adesso minacciava di sfaldare la nuova federazione. Il recupero del consenso da parte del centro passa attraverso l'alimentazione di un nuovo nazionalismo e di una nuova fase di politica di potenza (di cui l'occupazione della Crimea e la guerra russo-ucraina del 2014 sono esempi evidenti). Gli eventi russi, così come anche quelli jugoslavi, suggeriscono dunque che quanto più sono presenti strutture decentrate ereditate dal regime non democratico, tanto più si rende necessaria una democratizzazione parallela e concomitante nelle entità federate, alla quale si accompagni un negoziato che reimposti le relazioni intrastatali.

3.3 Le differenze tra gli Stati

Dopo avere definito i caratteri dello Stato e delineato le cause che ne hanno favorito lo sviluppo, occorre adesso capire le differenze che caratterizzano la fisionomia statale. Possiamo distinguere due ordini di differenze: quelle che riguardano lo *state-building*, la genesi dello Stato, il suo percorso di formazione; e quelle che fanno invece riferimento alla sua fisionomia strutturale. Circa il primo ordine di differenze, una distinzione fra le diverse modalità di *state-building* fu a suo tempo proposta da Rokkan e Urwin (1982, p. 11) con una classificazione a quattro voci:

1) lo «Stato unitario»: costruito attorno ad un centro che tiene saldamente il potere e persegue con successo le politiche di standardizzazione amministrativa (Francia);
2) lo «Stato di unione», in cui l'incorporazione dei territori avviene attraverso l'unione dinastica personale, si compie mediante trattati, matrimoni, eredità, come in Spagna e nel Regno Unito. In questi casi, l'integrazione è tutt'altro che perfetta e, malgrado i processi di standardizzazione amministrativa, la persistenza di diritti e istituzioni locali può spiegare la sopravvivenza di forme di autonomia e di canali locali di reclutamento delle élite;
3) il «federalismo meccanico», creato dall'alto, con strutture territorialmente differenziate, accettate e anche introdotte da un centro, che rimane politicamente e istituzionalmente più forte di ogni altra componente dello Stato: è il caso delle unificazioni tedesca e italiana;
4) il «federalismo organico», infine, è il risultato di un'azione dal basso, che implica l'associazione volontaria di diverse entità territoriali che conservano ampia autonomia (Svizzera).

Come è stato osservato (Keating, 2001, p. 47), il vero spartiacque è tra i modelli dello Stato unitario e del federalismo meccanico, da una parte, e quelli dello Stato di unione e del federalismo organico, dall'altra: nel primo caso il percorso è sostanzialmente imposto dall'alto, con un esito che privilegia l'uniformità delle istituzioni e l'omogeneità nazionale; nel secondo, invece, l'esito ha maggiori probabilità di prevedere il mantenimento e il rispetto di culture e strutture peculiari dei territori che si sono uniti nella medesima struttura statale. Alle quattro classi appena elencate potremmo aggiungerne una quinta: lo Stato si forma in seguito a processi disgregativi di *polities* precedenti. Distinguiamo, dunque, fra tre tipi ideali di formazione statale, conseguenza di tre diversi processi: a) unificazione ed espansionismo ad opera di un centro; b) aggregazione volontaria; c) disgregazione di una precedente entità politica.

Nel primo caso, lo Stato costituisce il risultato delle politiche espansioniste di un'unità politica più forte e dinamica, che estende la propria sovranità su territori e unità politiche contigue più deboli. L'espansionismo si compie soprattutto attraverso conquiste militari, ma anche oculate scelte dinastiche, unioni matrimoniali e alleanze. Francia, Svezia, Prussia, Danimarca, Russia, Italia rientrano per lo più in questo percorso.

Il secondo percorso è meno frequente, ma pur sempre decisivo per spiegare la nascita di alcuni Stati europei e la differenza fra i casi italiano e tedesco può illustrarne bene le specificità. L'unificazione tedesca è stata sì avviata da un centro forte e dotato di iniziativa, ma gli altri attori statali (i vari Stati tedeschi) hanno aderito volontariamente su un piano di relativa parità, scambiando la loro forza economica con quella politico-militare-amministrativa della Prussia. Nel caso italiano, invece, il centro iniziatore (il regno di Sardegna) è più forte sotto tutti i profili (economico, politico e militare) rispetto agli altri Stati pre-unitari e l'assetto statale che ne origina è più la conseguenza di una conquista militare, sia pure sostenuta da un movimento dal basso, che di un patto fra unità politiche sovrane. In parte, questo percorso è individuabile anche nella genesi dello Stato spagnolo e in quella della Gran Bretagna, ma trova la sua manifestazione più evidente nella formazione della Confederazione Elvetica. La nascita di istituzioni federali costituisce a volte la conclusione naturale di questo tragitto.

Infine, il terzo percorso vede la nascita di Stati dalle costole di unità politiche più grandi (Stati o imperi), come l'Impero austro-ungarico e quello ottomano tra Ottocento e Novecento, l'Urss, la Jugoslavia titoista e la Cecoslovacchia nell'ultimo decennio del Novecento. Anche alcuni Stati temporanei usciti dalle guerre napoleoniche rientrano in questo itinerario: dalla Repubblica di Batavia (quando l'Olanda nel 1795 si costituisce in democrazia sotto la protezione della Francia), a quella cisalpina (fondata da Napoleone nel 1797, comprendente l'antico Ducato di Milano, il bergamasco, il modenese, il cremonese e, più tardi, con l'assorbimento della Repubblica cispadana, Bologna, Ferrara e Reggio) (Tilly, 1975b, tr. it. 1984, p. 457).

Vediamo adesso le differenze di ordine strutturale. Una volta che dall'Europa Nord Occidentale il sistema statale si diffonde e si consolida altrove, quale grado di omogeneità presentano i singoli Stati? Malgrado condizioni diverse e percorsi differenziati, la storia delle istituzioni politiche europee vede alla fine predominare un'idea di Stato caratterizzata dalla concezione di una sovranità forte e indivisibile, con un tipo di organizzazione del potere su base territoriale, concentrato e unica vera fonte di ogni autorità. L'ideologia dello «stato nazionale» radicalizza e approfondisce tale concezione di Stato: il potere è più facilmente gestibile se si è conseguita una ragionevole omogeneità culturale dei cittadini (una stessa lingua, una cittadinanza unificata, stessi diritti e, possibilmente, anche una stessa religione e uguali tradizioni culturali). Paradossalmente, malgrado la forza di questa ideologia, nella realtà gli Stati che includono una sola nazione costituiscono un obiettivo che nella grande maggioranza dei casi non è stato realizzato.

Non è stata la Rivoluzione francese ad «inventare» lo stato nazionale moderno. Essa ne ha segnato solamente il momento culminante di sviluppo. In realtà, le radici dello Stato nazionale stanno nell'assolutismo, cioè in quei principi di centralizzazione, gerarchia e statalismo che vengono opposti alla realtà frammentata della società tardo-feudale. Probabilmente, non è un caso che sia stata la Francia, uno dei primi grandi Stati moderni, a dare un'ulteriore accelerazione: i principi del centralismo, fatti propri dall'assolutismo, vengono rilanciati in versione popolare e di mobilitazione politica nazionale dal giacobinismo. Lo Stato-nazione deve essere omogeneo, compatto, mono-nazionale. Lo Stato unitario ambisce a diventare Stato-nazione anche quando gli mancano le condizioni per esserlo, per la presenza di identificate minoranze nazionali interne. Spesso, anzi, più lo Stato contiene al suo interno componenti diversificate nella cultura e nelle identità e più ha l'ambizione ad essere mono-nazionale e a mostrarsi come tale all'esterno: pensiamo a paesi come la Cecoslovacchia e la Jugoslavia nel periodo fra le due guerre mondiali (Stepan, Linz and Yadav, 2011).

Rispetto a questo quadro dominante, però, sono rilevabili in Europa alcune prime esperienze devianti che poi si diffondono e proliferano, dando vita ad un vero e proprio modello alternativo di Stato. Una prima esperienza deviante è quella svizzera, dove dal 1291 si forma una confederazione di repubbliche a scopo difensivo, fondata su un patto fra popolazioni di territori diversi e sopravvissuta fino agli inizi del XIX secolo, e quella dei Paesi Bassi, le cui province settentrionali si erano costituite in leghe di libere comunità fin dal XVI secolo. L'ondata giacobina tenta di riallineare queste due esperienze al modello statalista predominante. Ha successo nei Paesi Bassi, dove fu adottata una costituzione unitaria che poneva fine alle passate esperienze di federalismo, conservando però un'impronta di sostanziale decentramento, con province e comuni fortemente autonomi (Elazar, 1998, 111). L'esperienza federale olandese finisce, ma le antiche tradizioni culturali di autonomia confluiscono in una nuova esperienza, non più di federalismo territoriale, ma di autonomia e pluralismo delle comunità religiose e ideologiche, che nel XX secolo darà luogo al modello consociativo (Lijphart, 1968). In Svizzera crollò il modello confederale durato alcuni secoli, ma risorse più tardi su imitazione del modello federale americano. Forme di organizzazione su base federale si sono poi riprodotte in altri contesti europei.

Le cause di questa diversa evoluzione possono essere ricondotte a due principali. La prima ci riporta alle differenze di ordine genetico, ossia alle modalità che hanno caratterizzato il processo di *state-building*. Come si è appena visto, uno Stato frutto delle politiche espansioniste di un centro tenderà con maggiori probabilità ad essere centralizzato, rispetto, invece, ad uno formatosi per aggregazione volontaria e nel quale le unità politiche cercano di conservare quote rilevanti di autonomia. La divaricazione principale è tra questi due percorsi. In alcuni casi, l'itinerario storico-istituzionale ha finito per rendere la soluzione federale del patto fra unità costitutive dello Stato, dotate di una stessa dignità, come l'unica soluzione praticabile. Così è stato per la realtà tedesca, passata dalla confederazione di Stati, quale era il Sacro Romano Impero, alla confederazione pantedesca del 1815, alla federazione di regni costituita da Bismarck nel 1871. Tale assetto verrà riconfermato in tutti i più significativi passaggi politici della storia recente della Germania: la costituzione della Repubblica di Weimar dopo la Prima guerra mondiale, quella della Repubblica Federale dopo la Seconda guerra mondiale, la riunificazione del 1990. A parte la parentesi nazionalsocialista, la storia delle istituzioni statali tedesche risponde ad una sostanziale continuità di decentramento.

Un secondo gruppo di ragioni che spiegano l'avvio di un processo di decentralizzazione, se non proprio di federalizzazione, derivano dall'evoluzione dei rapporti interni fra le componenti dello Stato. Nella seconda metà del XX secolo, Belgio, Spagna, Gran Bretagna, Italia, pur avendo tutte una tradizione centralistica, hanno messo in atto processi di decentramento e di riduzione delle competenze dello Stato centrale, anche in seguito alle spinte nazionaliste e localiste degli ultimi decenni. In questo secondo caso, i nuovi sviluppi interni e le domande di autonomia amministrativa finiscono per avere ragione anche delle tradizioni storiche e istituzionali più centraliste.

In conclusione, fra due modelli polari di Stato, il primo unitario, centralizzato e mononazionale e il secondo federale, decentrato e multinazionale, si ritrovano casi misti che assorbono un po' dell'uno e un po' dell'altro modello. Germania e Austria sono sistemi federali impiantati su società mononazionali e monolingui, mentre la Gran Bretagna è stata fino a poco tempo fa un sistema statale centralistico – sia pure con qualche eccezione interna – includente varie culture e nazionalità. Infine, neanche i federalismi sono tutti uguali e non sempre c'è accordo sul significato stesso di federalismo (si veda il box sul tema).

Le dinamiche degli ultimi quaranta anni in Europa potrebbero effettivamente indurci a pensare che stiamo entrando in una fase diversa della storia dello Stato e che la tradizione statale centralista, scaturita dalle esperienze dell'assolutismo e del giacobinismo, si va trasformando per lasciare il posto ad un modello di Stato meno centralista e più vicino al modello federale. Referendum secessionisti (richiesti, minacciati o realizzati) in Catalogna e in Scozia confermano l'onda lunga di questo trend. D'altra parte, però, non mancano segnali contraddittori: la grave crisi economica che affligge il mondo occidentale dal 2008 potrebbe ridare spazio alle spinte centraliste, di solito alimentate dalle crisi e dalle fasi di emergenza.

Va ricordato, infatti, che fra le cause che hanno spinto gran parte degli Stati europei a rafforzare il modello centralista ci sono le guerre, specialmente quelle totali del XX secolo, nelle quali tutta l'organizzazione statale assume un ruolo di primo piano. Come osserva Poggi (1998), la guerra diviene «totale» in seguito 1) alla sua massificazione, ossia al coinvolgimento di strati sempre più rilevanti della popolazione; 2) al ricorso ad armi frutto di sviluppo tecnologico e industriale che consentono di colpire a distanza, non solo gli eserciti e le armi nemiche, ma anche centri urbani civili e nuclei produttivi, con lo scopo di mettere in ginocchio un intero paese; 3) alle conseguenze senza precedenti per ampiezza, intensità e rapidità su ogni dimensione della vita delle società. Come scrive Tilly, gli Stati e le guerre si alimentano reciprocamente: gli Stati fanno le guerre e le guerre fanno gli Stati. La guerra totale ha costretto gli Stati del secolo XX: a) a sovraccaricarsi di compiti difensivi sempre più ampi e onerosi; b) a incoraggiare e farsi carico dello sviluppo industriale; c) a costruire processi decisionali, coinvolgendo rappresentanti della varie categorie produttive e assumendo così un ruolo di mediazione; d) a coinvolgere sempre più ampi strati di popolazione nei processi produttivi; e) a investire porzioni sempre più ampie delle proprie risorse pubbliche nello sforzo bellico. Finite le guerre, poi, il ruolo dello Stato tendeva a restare, come per inerzia, quello dilatato durante il conflitto.

Il lungo periodo senza guerre dopo la fine della Seconda guerra mondiale, la fine della guerra fredda, il crollo del Muro e la scomparsa della contrapposizione bipolare tra Occidente e mondo comunista, la riunificazione dell'Europa hanno contribuito a ridare fiato ai localismi e alle sfide dal basso agli Stati, avviando un processo di trasformazione delle loro strutture interne.

3.4 Nazioni e nazionalismi

Stato e nazione sono concetti spesso utilizzati in sovrapposizione, ma in realtà definiscono processi diversi: lo Stato è costituito da un insieme di strutture coordinate fra loro che operano in un determinato territorio, mentre la nazione è una comunità percepita come tale dai suoi membri. Queste e altre differenze possono essere sintetizzate nel modo seguente:

a) lo Stato nasce con la fine del feudalesimo e la Riforma ed è il frutto di guerre e di azioni militari; l'idea di nazione scaturisce dalla Rivoluzione francese, in seguito ad un'evoluzione culturale precedente che aveva visto il rafforzamento di legami comunitari intorno ad alcuni caratteri condivisi e simboli comuni;
b) lo Stato ha una dimensione strutturale e organizzativa, essendo composto di varie parti (governi, burocrazie, eserciti) coordinate l'una con l'altra, in stretta connessione con il territorio; le nazioni hanno una dimensione naturale (comune discendenza, unità di sangue), una culturale (lingua, tradizioni, storia, simboli, miti originari, a volte religione) e una politica (anche le nazioni, come gli Stati, nascono e sono formate da eventi politici): esse possono condividere con lo Stato la connessione con il territorio, ma la loro dimensione strutturale è meno sviluppata e al massimo articolano strutture di mobilitazione quando la loro identità si politicizza;
c) l'unione tra Stato e nazione è un matrimonio di convenienza: le nazioni hanno bisogno dello Stato per rafforzarsi e ottenere autonomia e autodeterminazione rispetto a tutte le altre nazioni, gli Stati si servono dell'identità nazionale per consolidare la legittimità interna e svolgere una politica di potenza all'esterno.

Box 3.2 – Centri e periferie

Il rapporto centro-periferie costituisce un'ulteriore chiave di lettura in tema di spiegazione della nascita di Stati e nazioni. La crescita dello Stato implica infatti l'estensione di un potere centrale a spese dei poteri religiosi e di quelli di ceti, corporazioni e signori locali. Pertanto, essa deve fare i conti con le resistenze di poteri vari, gelosi della propria autonomia.

Le numerose ribellioni che i Tudor in Inghilterra dovettero affrontare nel XV e XVI secolo e le guerre di religione in Francia nello stesso periodo vanno lette e interpretate in questo contesto. E anche più tardi, fenomeni insurrezionali si sono verificati un po' ovunque, come reazioni di volta in volta all'accrescimento dell'esazione fiscale, alla coscrizione obbligatoria, all'imposizione di controlli amministrativi, a una presenza dello Stato sempre più visibile e condizionante. Quando queste forme di resistenza si perpetuano nel tempo, la probabilità che si combinino con l'idea di nazione, sorta nel periodo a cavallo fra i secoli XVIII e XIX, si accresce notevolmente, col risultato di creare sacche di rivendicazione nazionalistica: alcune periferie risultano stabilmente più refrattarie ad ogni forma di integrazione e di assimilazione. Il percorso attraverso il quale gli Stati «conquistano» e occupano i poteri locali è stato lungo e non sempre coronato da successo (Reinhard, 1999, tr. it. 2001, pp. 233 ss.).

La distinzione tra centro e periferia illustra queste contrapposizioni e si riferisce, dunque, ai livelli di distanza e di differenza fra territori e gruppi sociali all'interno di una determinata area geografica. La nozione di territorio diviene così politicamente cruciale: il territorio è inteso come un'area abitata da popolazioni, che ne rivendicano la proprietà esclusiva attraverso strategie di difesa o di intimidazione verso i tentativi di invasione dall'esterno.

La multidimensionalità delle nozioni di centro e periferia diventa più chiara se la analizziamo sotto due diversi punti di vista: una distanza e una differenza spiegabili con riferimento a precise condizioni oggettive; oppure la percezione di tali distanza e differenza dovute a condizioni psicologiche e ad atteggiamenti mentali. Questo suggerisce l'identificazione di almeno quattro dimensioni, che concorrono a formare centri e periferie, e le loro relazioni reciproche (Urwin, 1993, pp. 708–714). La prima dimensione è, ovviamente, di natura geografica: la dislocazione del territorio lontano dai centri di produzione, dai crocevia internazionali e dalle grandi linee di comunicazione spiega la formazione e il mantenimento della condizione di periferia e, quindi, del rapporto di dipendenza dal centro. La seconda dimensione è economica: la vicinanza o la lontananza dalle risorse economiche e dai principali centri di scambio commerciale decide l'integrazione nel sistema economico produttivo (centro) o l'emarginazione da esso (periferia). Tra l'altro, va osservato che la rivoluzione industriale offre sì nuove opportunità, ma alla fine approfondisce e non attenua i contrasti fra i territori economicamente sviluppati e le periferie stagnanti. La terza dimensione è di tipo culturale: specificità etniche, linguistiche e religiose possono spiegare i livelli di isolamento-integrazione, le identità culturali e il grado di resistenza che le periferie oppongono agli sforzi di integrazione da parte di uno o più centri. Infine, la dimensione politico-organizzativa richiama l'attenzione sul ruolo delle istituzioni politiche e degli apparati amministrativi e militari nel promuovere l'integrazione o nell'opposizione ad essa da parte di periferie non disposte a rinunciare a porzioni della propria sovranità ed autonomia.

Il paradigma centro-periferia è pertanto applicabile a qualunque scenario geopolitico: mutano le configurazioni, le dimensioni quantitative, nonché il tipo di relazioni reciproche che si instaurano e l'intensità della frattura. Francia e Stati Uniti, per esempio, si caratterizzano come scenari opposti: tradizionalmente monocentrico il primo, pluricentrico il secondo. Inoltre, la tensione fra centri e periferie è in continua evoluzione, con periferie che acquistano col tempo lo status di centri e, al contrario, con centri, che si approssimano gradualmente ad uno status di periferia, vedendo modificarsi alcuni dei caratteri fondamentali della propria fisionomia. L'evoluzione europea, in particolare, fornisce vari esempi di «centri mancati»: Occitania, Scozia, Catalogna e Baviera costituiscono territori in possesso di condizioni (geopolitiche, culturali, economiche) che avrebbero potuto consentire loro di costruire strutture centrali, ma che alla fine furono incorporati da centri più potenti (l'Île de France, l'Inghilterra, la Castiglia, la Prussia-Germania).

Le quattro dimensioni ci aiutano nell'individuazione dei centri e delle periferie nella realtà sociale e politica. Infatti, i centri possono essere di varia natura, a seconda delle arene interessate: economici (dove sono dislocate le maggiori industrie e i centri di produzione economica, le banche, le centrali sindacali, le compagnie di assicurazione), culturali (dove hanno sede diocesi, arcivescovadi, università, centri di ricerca, accademie, teatri), militari-amministrativi (sedi governative, centri di comando strategico, ministeri, tribunali, parlamenti). Per identificare un centro, scrive Rokkan (1999, p. 110), occorre porsi alcuni interrogativi: dove si incontrano i detentori delle principali risorse all'interno del territorio? Dove avvengono i principali processi di deliberazione e *decision-making*? Dove sono collocati riti, simboli, cerimonie e monumenti che richiamano e rivendicano il rafforzamento dell'identità? Se le arene sono concentrate tutte in un medesimo territorio avremo un centro monocefalo, altrimenti – nel caso di una loro distribuzione – avremo un centro policefalo. I centri controllano territori, ma dipendono da essi in molti sensi: per le forniture alimentari, per la mano d'opera, per la difesa militare.

Le periferie, invece, sono per definizione aree dipendenti da un centro e da esso controllate. Si tratta di territori conquistati, colonie, amministrazioni presidiate da funzionari che rispondono poi al centro del loro operato. La loro condizione di periferia fa riferimento a fattori politici e/o economici e/o culturali, nell'ambito dei quali i caratteri chiave sono la distanza, la differenza e la dipendenza. Le periferie sono sempre variamente «distanti» dai centri e le transazioni con essi sono pertanto soggette a determinati costi. Inoltre, le periferie sono «differenti dai centri (economicamente, culturalmente, politicamente) e questa differenza alimenta un senso di identità separata. Infine, le periferie sono «dipendenti» dal centro almeno sotto un qualche profilo. Centri e periferie interagiscono continuamente sotto il profilo politico-sociale (conflitti sui diritti territoriali, guerre, invasioni, alleanze, immigrazioni ed emigrazioni, negoziati, compromessi, forme di convivenza), sotto quello economico (attività di import-export di beni, prodotti, servizi) e sotto quello culturale (informazioni, stili di vita, ideologie, miti, ritualismi).

Agli inizi del XIX secolo c'erano in Europa solo otto Stati nazione con una propria lingua, una propria cultura e una propria élite, in varia misura dominanti all'interno del territorio statale: Inghilterra, Francia, Spagna, Olanda, Portogallo, Prussia, Danimarca e Svezia. A questi si aggiungevano alcune entità imperiali, che controllavano e includevano nel proprio territorio una

Box 3.3 – Cosa è una nazione?

Per Ernst Renan, in *Qu'est-ce qu'une nation?* (1882, tr. it. 1998) nazione non è sinonimo di razza, né di lingua, né di religione. Non è neanche una comunità di interessi. Le nazioni sono entità spirituali comunitarie che esistono in quanto pensate e desiderate. «La nazione è dunque una grande solidarietà costituita dal sentimento dei sacrifici compiuti e da quelli che si è ancora disposti a compiere insieme. Presuppone un passato, ma si riassume nel presente attraverso un fatto tangibile: il consenso, il desiderio chiaramente espresso di continuare a vivere insieme. L'esistenza di una nazione è (mi si perdoni la metafora) un plebiscito di tutti i giorni...» (Renan, 1998, p. 16).

quantità di nazioni e piccole entità territoriali: Austria, Impero ottomano e Russia. La Svizzera costituiva, in questo quadro, un'entità statale eccezionale con la convivenza di più nazionalità su base paritaria. Nello stesso periodo esistevano in Europa oltre trenta nazionalità dotate di un proprio ceppo linguistico, ma prive di un proprio Stato e di una propria élite politica. Alcune di esse iniziarono allora a mobilitarsi per dotarsi di una struttura statale e di una propria élite politica. Talune nazionalità raggiunsero molto presto i due obiettivi (per esempio la Norvegia, sebbene con limiti persistenti alla propria sovranità statale), altre verso la metà o la fine del secolo (Grecia, Belgio, Italia, Germania, Bulgaria), altre ancora agli inizi del XX (Albania, Finlandia, Polonia, stati baltici, Irlanda), altre, infine, solo nell'ultimo decennio del XX secolo (in seguito alla frantumazione di Urss e Jugoslavia). Infine, alcune nazionalità o gruppi etnici sono rimasti fino ad oggi senza un proprio Stato (baschi, scozzesi, catalani, gallesi, corsi ecc.), mentre altre hanno dovuto finora restare sotto un'entità statale che non è la loro (ungheresi in Romania, Slovacchia e Voivodina; albanesi Macedonia; russi fuori della Russia). Alla fine del secondo millennio la fisionomia geopolitica dell'Europa è molto mutata e sono cambiati molti attori statali.

Un tentativo convincente di classificare le relazioni fra Stato e nazione è quello che distingue fra «Stati nazione» e «nazioni Stato» (Linz, 1991; Linz e Stepan, 2000; Schulze, 1995; Stepan, Linz e Yadav, 2011). Gli Stati nazione sono culturalmente più omogenei, i confini della nazione coincidono «sostanzialmente» con le frontiere dello Stato e le minoranze (non esiste Stato senza minoranze) sono piccole e politicamente «poco intense». Le «nazioni Stato», invece, sono entità multiculturali o multinazionali, dove le nazioni non ambiscono a formare propri Stati nazione, e nelle quali, accanto a singole identità «locali», convivono un'identificazione e una lealtà comuni verso lo Stato, a prescindere dal gruppo di appartenenza, ottenute anche attraverso politiche di accomodamento e di integrazione. Nessun gruppo rilevante mette in dubbio lo Stato e tutti credono nei simboli (bandiera, forze armate, inno nazionale, capo dello Stato) che ne rappresentano l'unità; la lealtà verso il proprio gruppo nazionale non è considerata incompatibile con quella verso lo Stato. All'interno dei due gruppi le variazioni sotto il profilo della struttura statale possono essere ampie. Esistono Stati nazione con una struttura unitaria (Francia), con forme di autonomia speciali (Alto Adige e le regioni a statuto speciale in Italia, le isole Faer Oer in Danimarca) o con una struttura federale (Austria e Germania). Anche tra le nazioni stato possiamo avere forme più forti di federalismo, come in Svizzera e negli Usa, e forme più deboli come in Spagna. L'appartenenza all'uno o all'altro tipo è soggetta alle normali dinamiche storiche: la Spagna e il Belgio sono passati dalla condizione di Stato-nazione a quella di nazione-Stato, la prima con la formazione dell'«Estado de las autonomias» (una specie di federalismo asimmetrico) alla fine degli anni Settanta, il secondo con la riforma federalista conclusasi negli anni Novanta.

L'aspirazione delle nazioni ad avere un proprio Stato diventa un motore di continui rivolgimenti. Circa venti anni fa Gellner (1983, tr. it. 1994, p. 50) calcolava vi fossero nel mondo oltre 8000 lingue parlate. Non è quindi possibile assicurare ad ogni gruppo etno-linguistico un proprio Stato e conflitti e rivendicazioni nazionalistiche continueranno ad esplodere. Naturalmente, questo dato ci dice anche che la cooperazione e la convivenza pacifica fra gruppi etnici e linguistici diversi sono presenti e possibili (Laitin, 2007). Tuttavia, i processi di costruzione delle nazioni e degli Stati sono in evoluzione e le nuove formazioni statali e identità nazionali rigenerano continuamente tensioni e conflitti.

Da ciò appare evidente come le esperienze dello Stato e della nazione risultino strettamente correlate. Senza lo Stato, infatti, l'aspirazione alla coincidenza dei confini tra unità politica e unità nazionale non si pone ancora. Il nazionalismo implica, dunque, un forte attaccamento alla nazione come collettività umana (Keating, 2011, p. 1653); scaturisce dall'intreccio dei processi di *nation-building* e di *state-building*. Con il primo processo si formano le nazioni, nel senso che nasce la coscienza nazionale come consapevolezza di appartenere ad una stessa comunità nella quale si condividono cultura, tradizioni e territorio. Fra gli individui che fanno parte di una stessa comunità nasce un *idem sentire*, un senso di appartenenza, la coscienza di essere diversi dalle «altre» comunità. Questa seconda fase accelererà poi l'omogeneizzazione. I processi di standardizzazione culturale assumono conformazioni diverse e sono promossi da attori diversi a seconda delle aree, dei tempi (Rokkan, 1974; Rokkan e Urwin, 1983) e degli strumenti di comunicazione.

In particolare, cambiano le dimensioni della standardizzazione culturale. Esse possono essere la storia e la cultura in generale (che vengono re-interpretate ed eventualmente riscritte in senso unitario), le tradizioni, la lingua, la religione, i miti e i simboli. Nessuna di tali dimensioni, presa singolarmente, sembra realmente indispensabile per dar vita a una nazione. Il percorso che conduce verso la formazione di questa può infatti ricevere una spinta decisiva dall'unificazione linguistica, che accentua sia le differenze con le altre nazioni, sia il senso di identità comune (Italia e Germania); da una religione «nazionale» contrapposta ad una religione considerata estranea (Irlanda, Polonia, Grecia); dall'esigenza di difendere specifiche tradizioni locali (per esempio le libertà cantonali in Svizzera); da un insieme di queste cose.

Sul tema della lingua occorre fare qualche considerazione in più. Anzitutto, una volta che il latino cessò di essere la lingua dei ceti dominanti, le varie lingue locali che si formarono offrirono agli Stati nascenti un potente strumento di veicolazione del potere e di rafforzamento dell'identità. Ciò prescindeva dal fatto se la lingua si era formata prima dello Stato o se era stato quest'ultimo a sollecitare lo sviluppo di una lingua nazionale. Detto questo, tuttavia, sarebbe un errore considerare la lingua o le differenze etniche come gli unici catalizzatori delle nazioni: in Bosnia la popolazione musulmana parla la stessa lingua di serbi e croati, ma non si sente né serba, né croata. La lingua costituisce certamente una forte espressione di identità, tuttavia essa può anche essere superata in importanza da quel vasto repertorio di eredità storiche, riti, cerimonie, tradizioni, costumi, a cui ciascun individuo si sente partecipe e che lo rendono consapevole del passato da cui proviene. Occorre pertanto vedere (Rokkan, 1999, p. 171):

a) il ruolo simbolico attribuito alla lingua nel repertorio dei simboli del nazionalismo: non sempre esso ha la medesima intensità, come insegnano le esperienze di Scozia, Irlanda, Svizzera, Jugoslavia;
b) quale lingua standard si afferma e il grado di politicizzazione che essa assume: la politicizzazione cresce quando l'élite la utilizza come mezzo di comunicazione scritta e ne chiede il riconoscimento e la valorizzazione nella vita pubblica, tanto più probabili quanto più essa è utilizzata da un ceto intellettuale che ne cura lo sviluppo e la diffusione nella letteratura e nelle arti;
c) le «gradazioni di distanza» all'interno di uno stesso territorio: quanto più la distanza e la differenza tra le lingue sono ampie, tanto più incomprensione e diffidenza possono alimentare conflitti.

Il ruolo della lingua nella formazione delle nazioni diviene insostituibile quando si afferma il principio che una nazione deve possedere una propria lingua. In questo caso, la lingua acquista il ruolo di un elemento unificante ed egualitario, a prescindere dal censo, dal ceto sociale e dal grado di cultura. Si afferma, così, un unico standard linguistico. Se nel Settecento negli Stati tedeschi protestanti dominavano tre lingue (il tedesco nelle cerimonie religiose, il latino nell'istruzione e il francese nell'èlite politico-diplomatica), un secolo dopo il tedesco diventerà predominante ovunque (Thiesse, 1999, tr. it. 2001).

Nel Nord Europa la Riforma protestante ha rafforzato la specificità delle culture locali grazie alla rottura con la Chiesa, alla promozione delle lingue vernacolari e all'integrazione del clero nella macchina burocratica dello stato in formazione. Il XVI secolo vede la traduzione della Bibbia in tedesco, danese, svedese e finlandese. L'identificazione della religione con la nazione si verificò anche in Inghilterra, dove ebbe uno dei momenti culminanti con la rivoluzione puritana del XVII secolo, e in Olanda, dove la lotta per l'indipendenza contro gli spagnoli non mancò di investire anche la dimensione religiosa. Spinte in questa direzione (sebbene non con gli stessi esiti) vi furono anche in Boemia con il tentativo di riforma hussita.

In Italia un processo di standardizzazione della lingua si avvia nel XIV secolo grazie all'imporsi dell'italiano (sul latino, usato invece dalla Chiesa), specie nella versione fiorentina di Dante, Petrarca e Boccaccio. In generale, la Chiesa di Roma non si è mai fatta promotrice attiva e consapevole della formazione di culture nazionali, ma è sempre stata fedele a una linea di sovra-territorialità. Tuttavia, il punto merita due osservazioni integrative. La prima è che anche la Chiesa per esigenze di amministrazione dovette riconoscere in più occasioni suddivisioni territoriali e regionali (Gallia, Germania, Italia, Anglia), che finirono in molti casi per coincidere con quelli che più tardi sarebbero divenuti gli stati nazionali. Il che suggerisce che, sia pure in modo indiretto e inintenzionale, la stessa Chiesa abbia favorito l'identificazione nazionale. La seconda osservazione è che alcune sue appendici locali hanno svolto ruoli importanti nella promozione delle nazioni: così in Irlanda e in Polonia, ma in parte anche in Lituania, in Slovacchia, in Belgio e in qualche momento anche in Ungheria e in Spagna.

Le nazioni si formano anche per lo sviluppo di una coscienza nazionale di massa. L'interrogativo di fondo, a questo punto, è allora come e perché nasce l'identità nazionale. E cos'è che, in altre parole, fa percepire la nazione come un qualcosa di vivo e di autonomo, come un'entità collettiva capace di aspirare a qualcosa e di battersi per ottenerlo? La risposta sta innanzitutto nella storia delle singole nazioni. È in essa, infatti, che sono individuabili quelle concatenazioni di eventi che spiegano il passaggio da una nazione inconsapevole di esserlo a una consapevole. La condivisione di un cammino storico genera solidarietà, forgia il comportamento degli individui, crea ideali e obiettivi da perseguire insieme, permette di disegnare un destino comune. La storia di ogni nazione ha il significato che le viene attribuito alla luce degli aspetti mitici e degli elementi simbolici presenti. La storia, a questo fine, è continuamente re-interpretata: «Il passato storico era sempre mitico o era una deformazione della storia nazionale che aveva poco a che fare con l'effettivo processo storico» (Mosse, 1986, p. 92). Si finisce per «sentirsi parte» di una stessa nazione austriaca, a prescindere, per esempio, dal mero dato della comunanza della lingua (visto che il tedesco è parlato anche da altre nazioni), così come ci si può riconoscere nella nazione svizzera malgrado la sua separazione in varie componenti etno-linguistiche non esclusive. A ciò si arriva grazie ad un percorso storico, che ha portato allo sviluppo di una coscienza nazionale austriaca o svizzera.

La storia dunque, come patrimonio di esperienze comuni, fa delle nazioni entità in costante evoluzione (Smith, 1998, pp. 213 ss.), soggette a continua ridefinizione generazione dopo generazione. Tutti questi aspetti trovano poi nella realtà diversi esiti. Si va da un'identità nazionale concepita in chiave naturalistica, fondata su caratteri permanenti come il sangue, l'ambiente, la razza, a un'identità frutto dell'educazione e delle varie forme di socializzazione. Chabod (1995, ed. or. 1961) vede la contrapposizione fra queste due diverse visioni della nazione nei casi tedesco e italiano: la nazione è un fatto «naturale» per molti autori tedeschi, a cominciare da Herder, laddove invece esponenti di primo piano del Risorgimento italiano (Mazzini) insistono sull'esigenza di un'adesione volontaria di ogni individuo alla comunità nazionale. È sempre la storia, poi, a spiegare le differenze fra un nazionalismo essenzialmente difensivo (si pensi alle lotte degli svizzeri in favore delle loro libertà e tradizioni locali) e un nazionalismo visto come un ideale da perseguire, che renda giustizia a popoli non liberi (Polonia).

La seconda componente dell'identità nazionale è di natura istituzionale e si riferisce a quell'insieme di organizzazioni e agenzie che trasmettono e stabilizzano in ogni parte del territorio le caratteristiche culturali dell'identità nazionale. È evidente il ruolo della dimensione istituzionale nella formazione delle nazioni. Le istituzioni sono il prodotto della storia, nel senso che la loro nascita e formazione avvengono in (e sono influenzate da) specifiche condizioni storiche: come scrive Elazar (1987, tr. it. 1998, p. 9), gli uomini possono scegliere le istituzioni, ma non lo fanno nelle condizioni da loro stessi create, e le scelte fatte influiranno, a loro volta, su quelle delle generazioni successive. Ne discende che le istituzioni, una volta create e funzionanti, condizioneranno identità, comportamenti e strategie degli attori politici. Monarchie, governi, burocrazie, eserciti, istituzioni ecclesiastiche, organi locali di rappresentanza, strutture di comunicazione sono, a questo proposito, gli esempi più rilevanti e più noti. Il ruolo dell'istruzione in questo ambito è poi talmente importante da non aver bisogno di spiegazioni. Ed è a questo punto, soprattutto, che si propongono i processi emulativi nella diffusione del modello statale. Una volta formatisi i primi Stati, quasi ovunque in Europa iniziano processi miranti ad attuare lo stesso modello istituzionale. Con la decadenza del mondo medievale e il passaggio alla fase degli Stati si ha un ribaltamento delle lealtà e identità tradizionali. Se prima gli individui si sentivano anzitutto cristiani, successivamente il senso di appartenenza alla nazione prende il sopravvento e ci si sente francesi, italiani, spagnoli e poi, semmai, cristiani. Tutto ciò è anche frutto di un'azione deliberata degli Stati che puntano al rafforzamento dell'identità e dell'omogeneità nazionali interne.

La dimensione istituzionale si esplica in un ambito territoriale, nel quale prendono forma le identità nazionali prima e le rivendicazioni su base nazionalistica poi. La nazione esiste in quanto collocata in un territorio al quale si lega e nel quale maturano valori comuni, identità, comportamenti politici di difesa e di rivendicazione. Una volta formato, lo Stato nazione vede sempre più come prioritario il conseguimento dell'omogeneità nazionale e si trasforma quasi sempre in Stato nazionalizzatore. Lo Stato nazionalizzatore mette in atto comportamenti politici destinati a completare lo *state-building* (Brubaker, 1996, ed. it. 1998, p. 70). L'assimilazione delle minoranze, la promozione e valorizzazione di una lingua e di una cultura nazionali, il rafforzamento dell'economia e dell'egemonia politica della nazione che ha dato il nome allo Stato, il potenziamento anche militare di quest'ultimo sono politiche giustificate sulla base delle esigenze di rafforzamento dello Stato e di difesa dai nemici interni ed esterni. Tutto ciò scaturisce anche dalla crescente incorporazione delle masse nei processi politici: quanto più la popolazione è coinvolta nei processi politici, e quindi identificata come la nazione, tanto più si afferma la visione integralista dello Stato nazione e si avverte l'esigenza non solo di coltivare un senso di identità nazionale, ma anche di imporre un'unità nazionale in termini oggettivi.

3.5 Sfide, trasformazioni e fallimenti degli Stati

Dobbiamo tenere ben distinto il sistema degli Stati dallo Stato propriamente detto. Come si è visto, il sistema degli Stati affermatosi a partire dai secoli XV e XVI è in costante evoluzione fino ai giorni nostri, alternando fasi di congelamento a fasi di grandi cambiamenti: tra le prime potremmo ricordare il periodo del secondo dopoguerra, caratterizzato dalla Guerra fredda, mentre tra le seconde la fine del XX secolo in Europa Centro-orientale, dove in pochi anni si impone un sistema a 29 Stati al posto dei 9 precedenti. Il processo che porta alla formazione degli Stati si interseca con altri grandi processi quali la formazione delle nazioni, i grandi conflitti, lo sviluppo del capitalismo, l'avvento della democrazia liberale e l'emergere dei sistemi di welfare. Molti degli autori già citati (Dehio, Hintze, Rokkan, Tilly) mettono in risalto il ruolo del sistema internazionale nella nascita, morte e trasformazione degli Stati. Sono le pressioni esterne, oltre quelle interne, a portare verso lo sviluppo degli Stati. Non solo, ma il pluralismo europeo degli Stati ha potuto sopravvivere negli ultimi quattro secoli non solo grazie alla maggiore efficienza della sua organizzazione interna, ma anche grazie al fatto che ogni tentativo imperiale ed egemonico compiuto dallo Stato momentaneamente più forte del continente (la Spagna, la Francia, la Germania, la Russia) è stato sempre contrastato dalle potenti coalizioni di Stati che si sono di volta in volta formate (Dehio, 1962, pp. 111–112). Se tuttavia è vero, in questo lungo tragitto storico, che il principio di sovranità dello Stato non viene mai messo in discussione, è però anche vero che gli Stati nascono, si trasformano e muoiono.

Negli ultimi due secoli vi sono state varie ondate di trasformazione statale (Carment, 2003), che modificano l'assetto sviluppatosi dopo Westfalia (1648), come effetto di grandi accadimenti quali: 1) conflitti su larga scala (guerre napoleoniche, guerre mondiali) conclusi da grandi trattati

Box 3.4 – Federalismo

Secondo Riker (1975, p. 101) «Il federalismo è un'organizzazione politica nella quale le attività di governo sono divise tra governi regionali e un governo centrale, in modo tale che ciascun governo abbia settori di competenza sui quali possa assumere decisioni definitive». Ne deriva che una costituzione è federale se: a) uno stesso territorio e una stessa popolazione sono soggetti ad almeno due livelli di governo; b) ogni livello dispone di almeno un'area di competenza e di azione nella quale gode di autonomia; c) tale sfera di autonomia è garantita a livello costituzionale (Riker, 1987, p. 13). Già gli imperi si avvicinavano ad assetti federativi in quanto lasciavano ai vari territori forme di autonomia amministrativa, culturale e religiosa, limitandosi al controllo delle transazioni economiche e all'estrazione del *surplus* che serviva per le esigenze amministrative e militari. Il sistema dei *millet* dell'Impero ottomano era il caso più estremo di autonomia, con comunità che mantenevano istituzioni, lingua, religione dietro il pagamento di tributi. Forme federative ancora più articolate risalgono al Sacro Romano Impero: le prime strutture autonome erano alleanze di comunità rurali o, più spesso, di città, in competizione tra loro per il potere all'interno dell'Impero. Così nacquero le varie Leghe (lombarda, burgunda, alsaziana, del Reno, anseatica). Alcune di queste sarebbero poi sfociate in realtà statali.

Tutte le definizioni di federalismo fanno riferimento all'esistenza di un patto di convivenza a base della comunità politica (dal latino *foedus*: patto, lega, trattato, contratto, alleanza). L'esistenza di un patto implica la presenza di attori che si considerano uguali e che si uniscono volontariamente, vincolandosi ad un insieme comune, pur conservando un certo grado di autonomia e di sovranità interne. D'altra parte, una volta fissati questi caratteri comuni originari, le definizioni possono essere molteplici e vanno da una più inclusiva, che comprende tutti quegli assetti politico-istituzionali che deviano rispetto al modello tradizionale di stato centralista e secondo il quale ogni forma di autonomia regionale o quasi diventa federalismo, ad una più esclusiva, per la quale solo gli USA, la Svizzera, il Canada, l'Australia, la Germania e pochi altri sono sistemi federali. Nel primo gruppo di definizioni rientrano forme di accordo quali confederazioni, unioni, *federacies*, forme varie di autogoverno, ordinamenti regionali, unioni doganali, leghe, condomini, accordi consociativi. Elazar (1998, pp. 186–7) elenca 17 assetti istituzionali di questo tipo che, quanto meno, anticipano l'organizzazione su base federale moderna vera e propria. Sono almeno quattro i criteri di differenziazione dei federalismi (Elazar, 1998; Stepan, 1999 e 2001).

Il primo è in base al tipo di percorso che ha portato alla formazione degli Stati federali, si può distinguere tra federalismi nati per aggregazione volontaria (Province olandesi nel XVI secolo, Stati Uniti nel XVIII e Confederazione Svizzera nel XIX); per progressiva decentralizzazione dello Stato unitario (Spagna e Belgio, rispettivamente con le costituzioni del 1978 e del 1993); per imposizione come nel caso della reintegrazione forzata nella federazione sovietica di Armenia, Azerbaigian, Georgia e Ucraina nel corso degli anni Venti.

Un secondo modo di differenziare tra sistemi federali è in base al fatto se alle sottounità federate sono attribuite le medesime funzioni (federalismo simmetrico), come negli Usa, in Austria, Svizzera e Germania, oppure funzioni differenziate (federalismo asimmetrico), riconoscendo così uno status diverso alle varie sottounità federate, come in Spagna, Belgio e Russia.

Il terzo criterio classificatorio è costituito dal grado di rappresentatività delle sottounità federate nella camera territoriale. Limitando i poteri del centro, gli Stati federali finiscono per vincolare anche il potere della maggioranza dei cittadini. In questo senso, quindi, tutti i sistemi federali prevedono una qualche limitazione del principio base della democrazia «una testa, un voto», conferendo una rappresentanza alle sottounità federate, che prescinde dalla quantità di popolazione in esse contenuta e imponendo il principio concorrente «un'unità federale, un voto» (che poi significa la sovrarappresentazione delle unità più piccole a spese delle più popolose). Le differenze sono evidenti. Negli Usa il Wyoming, con poco più di 450.000 abitanti, elegge al Senato due senatori esattamente come la California che ha più di 30 milioni di residenti, col risultato che un voto per un senatore nel primo stato vale 66 voti in California. In Austria e Germania, invece, il numero dei rappresentanti dei *Länder* nella camera alta (*Bundesrat*) tiene conto delle dimensioni demografiche.

Ultimo criterio di differenziazione è il peso esercitato dalla fisionomia del sistema partitico sulla struttura federale dello Stato. Secondo Riker (1987, pp. 76–79), l'azione dei partiti può contribuire ad armonizzare o a rendere discordanti le politiche degli attori governativi centrale e locali. In linea teorica, si possono avere due estremi. Uno è quello che vede lo stesso partito controllare sia il governo centrale, sia i governi federali: in questo caso aumentano le probabilità di una organicità delle politiche e diminuiscono i rischi di conflitti fra i diversi livelli di governo. All'estremo opposto, invece, possiamo avere un partito che governa il centro e un altro partito che governa gli Stati federati: in questo caso, le politiche rischiano di essere tutt'altro che armoniche e i rischi di conflitto aumentano considerevolmente. La maggior parte dei federalismi democratici si colloca in una posizione intermedia del *continuum*, anche se non mancano situazioni con maggioranze politicamente contrapposte al centro e alla periferia. È accaduto in Germania, sia durante il periodo del governo socialdemocratico-liberale (1969–82), con i cristiano-democratici in maggioranza al *Bundesrat*, sia negli anni Novanta con una situazione capovolta: in questi casi il governo federale è costretto a cercare compromessi con l'opposizione su ogni questione che richieda l'assenso della maggioranza del *Bundesrat* (Lehmbruch, 1996). Al contrario, Unione Sovietica e Jugoslavia (prima del 1991) appaiono molto prossime al primo estremo. A quest'ultimo proposito, la conferma dell'importanza del partito come garante dell'armonia di tutto il sistema ci è venuta dagli eventi dei primi anni Novanta: la crisi e lo scioglimento dei due partiti comunisti costituiscono una delle cause del crollo delle due federazioni.

(1815, 1919, 1945); 2) la fine degli imperi europei e i risorgimenti nazionali; 3) il disfacimento degli imperi coloniali (Spagna nel XIX secolo e Regno Unito nel XX, per limitarci ai casi più significativi) e 4) la fine dell'impero «ideologico» dell'Urss dopo il 1989. A questi momenti di riassetto traumatico dei sistemi statali si accompagnano anche processi evolutivi che producono cambiamenti incrementali, non sempre dello stesso segno, in alcune regioni del pianeta. Cambiamenti che, se non investono necessariamente il sistema degli Stati nel suo insieme, certamente mutano fisionomia e funzioni della forma Stato nelle sue specificità. Alcune grandi trasformazioni hanno segnato, nel XX secolo, almeno tre momenti critici dello Stato (Cassese 2014, 17 ss.). Il primo ha coinciso con l'avvento del suffragio universale e la penetrazione nello Stato degli interessi organizzati, con lo sviluppo dell'associazionismo e del pluralismo. Il secondo momento critico è emerso dopo la Seconda guerra mondiale, in seguito alla dilatazione dei compiti statali, allo sviluppo del welfare state, alla conseguente tensione fra spese ed entrate dovuta alla crescente domanda di servizi. Il terzo ha fatto seguito alla più recente globalizzazione dei processi economici e sociali, con conseguente sottrazione agli Stati di margini di sovranità in certi campi; fenomeni di aggregazione (per esempio, l'Ue, come vedremo più avanti, ma anche l'ASEAN nel Sud Est asiatico, il NAFTA nell'America del Nord, il Mercosur nell'America del Sud, ecc.); forme di disgregazione dovute anche al fatto che l'estensione territoriale non è più, come nel passato, fonte di arricchimento degli Stati (Herbst, 2004); frazionamento della sovranità interna e decentramento (processi di federalizzazione).

Tuttavia, gli eventi degli ultimi decenni ci ricordano che gli Stati possono rafforzarsi (Germania dopo la riunificazione), ma anche fallire. Crisi e fallimenti statali non interferiscono solo sulla stabilità dei regimi e sui cambiamenti a cui questi vanno soggetti, ma costituiscono anche una delle sfide più serie alla sicurezza ed alla stabilità dell'ordine internazionale

(Zartman, 1995, Carment, 2003, Clapham, 2004; Iqbal e Starr, 2008; Di Sotto, Grilli di Cortona, 2012). La fine di realtà statali come l'URSS e la Repubblica Federale di Jugoslavia ha cambiato l'assetto dell'Europa e della politica mondiale. Specie dopo l'11 settembre 2001, poi, si è affermata la convinzione che crisi e fallimenti statali rappresentano il terreno fertile per il proliferare di movimenti terroristici, organizzazioni criminali e conflitti armati e alimentano vari tipi di emergenze umanitarie (Fukuyama, 2004; Krasner e Pascual, 2005). La maggior parte delle crisi internazionali tra la caduta del Muro di Berlino (1989) e il 2001 sono state il prodotto di Stati fragili o falliti (Somalia, Haiti, Cambogia, Bosnia, Kosovo, Ruanda, Liberia, Sierra Leone, Congo, Timor Est, Afghanistan, Iraq, Libia). In molti Stati in crisi, la comunità internazionale è poi dovuta intervenire (con varie forme e gradi di invasività e non sempre con successo) per svolgere funzioni suppletive a quelle dello Stato fallito.

Cosa determina la crisi di uno Stato? Come si è visto, le componenti genetiche e costitutive di uno Stato sono lo sviluppo di un potere centrale, l'allineamento dei poteri locali, l'imposizione di un sistema giuridico e di un ordine interno e l'affermazione di sistemi simbolici comuni. Dopo Westfalia, il consolidamento del sistema statale all'interno e all'esterno è passato poi attraverso l'affermazione di un processo di impermeabilizzazione delle frontiere che ha rappresentato una forte innovazione rispetto al Medio Evo. Da allora gli Stati hanno coltivato l'ossessione di non riuscire a controllare gli attraversamenti delle frontiere, sia in entrata (immigrazioni di massa) che in uscita (emigrazioni, fuga di risorse e di capitali) (Hirschman, 1978). E la secessione di territori dalla madre patria è sempre stato il tipo di uscita più temuto, perché lesivo dell'integrità territoriale, dei suoi interessi economici e politici e dell'immagine che lo Stato proietta all'esterno.

La crisi dello Stato passa attraverso l'indebolimento di queste componenti. Già certi sviluppi politici, sociali, tecnologici o scientifici hanno contribuito oggi ad uno scivolamento generalizzato verso un deconsolidamento statale: si pensi alla maggiore permeabilità delle frontiere a seguito della globalizzazione economica (Evans, 1997), ma anche al moltiplicarsi dei vincoli sovrastatali, agli sviluppi dei mezzi di comunicazione di massa, alle migrazioni fuori controllo dall'Est e dal Sud, che minacciano la stessa idea di cittadinanza maturata negli ultimi secoli. Queste sfide hanno dato nuova linfa alle periferie più refrattarie ai processi di standardizzazione territoriale e di centralizzazione che erano stati parte integrante della formazione degli Stati: le nuove domande di autonomia interna, i regionalismi, i nuovi e vecchi nazionalismi, i localismi hanno provocato una erosione della sovranità, reso meno efficace la *rule of law* come elemento costitutivo dello Stato e creato nuovi contesti di rischio per l'unità degli Stati stessi. Finché la politica internazionale è stata caratterizzata dal bipolarismo della Guerra fredda, molti Stati fragili e sull'orlo della crisi hanno usufruito del sostegno di una delle due grandi potenze (Carment, 2003) e hanno potuto così sopravvivere. Conclusasi questa fase e venute meno le spinte sistemiche verso la perpetuazione di molti Stati deboli, le pressioni verso la disgregazione hanno avuto in alcuni casi la meglio.

Ferma restando, dunque, la natura a volte decisiva della variabile internazionale, per accertare una situazione di crisi statale occorre analizzare attentamente quanto accade all'interno. Una situazione di fragilità della *polity* può poi precipitare in una crisi irreversibile, se vi si sovrappone una crisi della *politics* e quindi la fine di un potere centrale che ha fino a quel momento tenuto insieme il sistema (tale è stato il caso di Urss e Jugoslavia) e assicurato funzioni minime (Rotberg, 2004, p. 3), quali la difesa e la sicurezza interna dei propri cittadini. Quali sono, quindi, le condizioni che minano le basi della stabilità e della sopravvivenza degli Stati?

Il riferimento è alle quattro dimensioni fondamentali, già emerse, che definiscono lo Stato: territoriale, potestativa, funzionale e culturale. La dimensione territoriale richiama le incertezze sui confini, le minacce secessioniste e all'integrità del territorio. La dimensione potestativa riguarda, invece, i limiti all'esercizio della sua sovranità interna, ossia l'incapacità dello Stato di controllare singole aree o territori, nei quali si muovono con successo poteri contendenti e incontrollati, e di assicurare una diffusione e penetrazione dei poteri e delle leggi dello Stato. La dimensione funzionale si riferisce alle carenze nell'apparato statale e al malfunzionamento dell'amministrazione: in tal caso le funzioni statali vengono svolte in modo inefficace e inefficiente, col risultato di incoraggiare la protesta e di indebolire la stessa legittimità dello Stato, creando magari poteri sostitutivi. Infine, la dimensione culturale fa riferimento al fatto che non solo lo Stato non riesce ad alimentare una comune e condivisa legittimità e identità statali attraverso processi di standardizzazione culturale, ma di fatto non sa fermare la crescente disgregazione delle identità culturali. Se queste si politicizzano, possono nascere sfide e rivendicazioni, che investono direttamente la configurazione e la stabilità dello Stato, col risultato di provocare il declino dell'identità statale e di favorire lo sviluppo di conflitti interni e l'indebolimento dell'autorità centrale. In sostanza, quando uno Stato non è capace di esercitare compiutamente il controllo su porzioni importanti del territorio e sulle frontiere (chi entra e chi esce), la situazione di crisi è certificata e la sua persistenza e integrità sono minacciate (Lane, 2008). Da qui, poi, derivano le difficoltà sul piano funzionale e l'erogazione dei servizi ai cittadini diviene saltuaria, irregolare, se non addirittura assente.

Quando uno Stato supera certi livelli di debolezza siamo di fronte ad uno Stato fallito, che può degenerare in un crollo e in un collasso definitivi. La fragilità non è, quindi, una proprietà che si riferisce solamente ai paesi in via di sviluppo, ovvero a quei paesi che hanno uno *state-building* incompiuto. E non è affatto escluso che si trovino sintomi di fragilità statale, in diverse forme e gradi, anche in paesi democraticamente stabili e in assetti statali considerati, fino a qualche tempo prima, come forti e consolidati. Rotberg (2004, pp. 4–10) distingue tra *weak*, *failed* e *collapsed states*. Sono deboli quegli Stati che presentano all'interno situazioni conflittuali evidenti, anche se ancora solo latenti e non ancora esplose. Negli Stati falliti vi è invece una situazione durevole ed estesa di guerra civile, con assenza di controllo su porzioni di territorio, senza che le istituzioni centrali riescano a restaurare l'ordine e la sovranità. Quest'ultima appare divisa e contesa fra vari poteri, nessuno dei quali riesce a prevalere sugli altri. Una volta crollato (*collapsed*), lo Stato è ridotto, nel migliore dei casi, ad una mera espressione geografica, senza più un potere centrale sovrano. Le istituzioni cessano di funzionare, con due esiti più frequenti: si creano vuoti di potere, che solo gruppi militari privati tentano di riempire (il caso della Somalia da circa 20 anni) oppure il territorio è controllato da qualche potenza esterna che di fatto esercita la sovranità (il caso del Libano a partire dagli anni Settanta). Nel caso dell'Unione Sovietica (vedi box 3.1), lo Stato è anche scomparso dalla carta geografica e al suo posto si sono formate 15 diverse repubbliche.

3.6 La sfida sovranazionale: il processo di integrazione europea

Come si è visto, una delle sfide alla sovranità statale viene dalle forme di aggregazione sovrastatale che erodono e sottraggono poteri, funzioni e competenze agli Stati. Una di queste, con un ruolo assai significativo sul piano della gestione finanziaria e monetaria, come ben sappiamo anche in seguito alle crisi finanziarie del 2011, è l'Unione Europea. Nata storicamente come un organismo intergovernativo, la comunità europea è stata inizialmente voluta dai singoli Stati membri, con lo scopo di perseguire determinati obiettivi di cooperazione economica. Nel corso degli anni, le strutture create per promuovere specifiche forme di integrazione hanno assunto una progressiva indipendenza nei confronti degli Stati che le avevano poste in essere e hanno gradualmente acquisito il potere di orientare il processo decisionale comunitario, per effetto sia dei meccanismi istituzionali interni (Pierson, 1996), sia delle pressioni esercitate dal sistema internazionale (Modelski e Thompson, 1996).

Le difficoltà funzionali e strutturali emerse nel coordinamento delle politiche europee hanno obbligato i governi a delegare sempre più poteri alla Commissione, trasformandola da semplice agenzia a disposizione del Consiglio dei Ministri, ad organo centrale del processo decisionale comunitario. La struttura che l'Ue ha assunto si deve principalmente al Trattato di Roma (1957), all'Atto Unico Europeo (1986), ai Trattati di Maastricht (1992), Amsterdam (1997), Nizza (2001) e Lisbona (2007).

La lentezza del processo di integrazione ha profondamente inciso sulla costruzione di un insieme di organi che hanno visto modificare nel tempo le proprie competenze piuttosto che dare vita ad una organizzazione omogenea. Come ha sottolineato James Caporaso, « l'Europa è un ordinamento post-nazionale e a più livelli la cui autorità ultima è da ricercare negli Stati

Box 3.5 – I trattati che segnano le tappe principali del processo di integrazione europea

1957. Trattati di Roma. Belgio, Francia, Germania, Italia, Lussemburgo e Paesi Bassi firmano i trattati che istituiscono la Comunità Economica Europea (CEE) e la Comunità Europea dell'Energia Atomica (Euratom).

1986. Atto Unico Europeo. Vengono introdotte importanti modifiche procedurali per semplificare il processo decisionale (in particolare si inaugura la procedura di cooperazione tra Parlamento e Consiglio, che consente per la prima volta al PE di andare oltre il ruolo consultivo e di emendare, in determinate materie, i progetti legislativi che gli vengono sottoposti); si potenziano gli strumenti per l'attuazione delle politiche comuni; viene confermato l'obiettivo di completare il mercato unico entro il 1992; emerge la necessità di creare istituzioni economiche e finanziarie comuni per facilitare il processo di convergenza economica.

1992. Trattato di Maastricht. Viene firmato il Trattato sull'Unione Europea, che istituisce tre pilastri: 1) le Comunità Europee; 2) la Pesc; 3) la cooperazione nel settore della Giustizia e Affari Interni. Il I° pilastro prevede il rafforzamento delle istituzioni europee, l'estensione della competenza giuridica dell'Ue, un calendario per la realizzazione dell'Unione Economica e Monetaria (Uem) e della moneta unica. Sul piano istituzionale vengono ampliati i poteri del PE attraverso l'attivazione della procedura di «codecisione» tra Commissione, PE e Consiglio, che consente al PE di assumere un ruolo di co-legislatore.

1997. Trattato di Amsterdam. Si rafforzano ulteriormente i poteri del PE, eliminando il meccanismo della cooperazione e ampliando il ricorso alla procedura di co-decisione (che viene semplificata) e di parere conforme.

2001. Trattato di Nizza. Il Trattato prevede una serie di riforme istituzionali per garantire il funzionamento dell'Ue in vista dell'allargamento ad est. Inoltre, viene creata una forza di reazione rapida per le operazioni dell'Ue in situazioni di crisi e si proclama la Carta dei Diritti fondamentali dell'Unione.

2007. Trattato di Lisbona. Le riforme istituzionali più significative riguardano: 1) l'estensione della procedura di co-decisione in favore del PE e un aumento dei suoi poteri in materia di bilancio; 2) la semplificazione del processo decisionale, con l'introduzione della procedura della «doppia maggioranza» per le decisioni del Consiglio, a partire dal 2014; 3) l'estensione della procedura della maggioranza qualificata rispetto all'unanimità; 4) la nomina dell'Alto rappresentante dell'Ue per gli affari esteri e la politica di sicurezza, che assume anche la carica di vicepresidente dell'Unione, allo scopo di dare maggiore coesione alle azioni esterne dell'Unione; 5) la nomina del presidente del Consiglio Europeo; 6) l'invio di proposte di legge comunitarie ai vari parlamenti nazionali, i quali, entro otto settimane, a maggioranza di un terzo, possono eventualmente chiedere la modifica o il ritiro di essa.

che lo costituiscono» (Caporaso, 2000, p. 141). Per questa ragione, è opinione relativamente condivisa che l'Ue non appartenga più alla famiglia delle organizzazioni internazionali, ma non si è ancora raggiunto un consenso effettivo sulla natura del sistema politico europeo e, soprattutto, sulla sua collocazione all'interno delle organizzazioni democratiche (Fabbrini, 2004). Si parla di Ue come sistema politico (Hix, 1999; Attinà, 2000) o sistema politico sovranazionale (Fabbrini, 2002), all'interno del quale «la collettività dei membri nel suo insieme si va ad aggiungere all'apparato centrale dell'Unione e diventa parte dell'interazione strategica tra gli stati» (Ruggie, 1998, p. 195).

Diverse ragioni hanno indotto a sottolineare le differenze del sistema politico europeo rispetto ad un sistema politico nazionale (Sbragia, 2004; Attinà e Natalicchi, 2010; Nugent, 2011):

1) la Commissione si configura, ancora oggi, come un organo con competenze diverse da quelle degli esecutivi nazionali;
2) il Consiglio dei Ministri riveste funzioni legislative e non solo esecutive;
3) il Parlamento non esercita autonomamente poteri legislativi, ma solo in collegamento con la Commissione e il Consiglio;
4) la Corte di Giustizia europea, a differenza di un tribunale tradizionale, limita le proprie competenze alla regolazione di contenziosi sull'interpretazione dei trattati e la costituzionalità delle norme, o si pronuncia, su richiesta dei tribunali nazionali, in merito a questioni inerenti il diritto comunitario e i rapporti tra l'Ue e gli Stati membri.

L'esito di questa mancata separazione dei poteri ha prodotto un processo decisionale fondato sull'accordo dei tre organi principali – Commissione, Parlamento e Consiglio – soggetto a continue mediazioni e compromessi dovuti alla dialettica intergovernativa. Sotto questo profilo, l'Ue rappresenta un sistema di *governance* piuttosto che di *government*, nel quale il processo decisionale non è organizzato intorno a strutture verticali di governo (*government*), ma tende a seguire relazioni orizzontali di deliberazione (*governance*): nel primo caso il processo decisionale è prevedibile, accentrato e formalizzato; nel secondo è imprevedibile, diffuso e poco formalizzato (Gozi, 2011).

In riferimento al funzionamento dell'Ue, il concetto di *governance* individua un sistema:

1) di autorità che si sovrappongono le une alle altre;
2) di politiche dai confini mobili;
3) di processi decisionali frammentati in una molteplicità di arene.

Come ha scritto Sergio Fabbrini, il modello della *governance* indica la condizione post-statale dell'Ue, laddove la coesistenza tra *governance* e governo, inevitabile in un sistema formato da diversi Stati nazione e dotato di istituzioni proprie, non consente la formazione di un'istituzione legittimata a monopolizzare la forza: la caratteristica fondamentale dell'Ue sarebbe dunque quella di «prendere decisioni senza un governo» (Fabbrini, 2004, p. 18). Tale caratteristica consentirebbe di escludere la possibilità di ricondurre l'Ue ad un sistema federale, dal momento che tutti i sistemi federali, ad eccezione della Svizzera e degli USA, promuovono la separazione dei poteri fra centro e periferia sul piano verticale, non su quello orizzontale. Negli Stati federali, infatti, il nucleo centrale del potere politico viene esercitato a livello federale e l'esecutivo è sempre collegato alla sua maggioranza parlamentare.

Nonostante la frammentazione del processo decisionale comunitario, l'azione dell'Ue ha investito una vastissima gamma di settori (Nugent, 2011). L'aspetto fondamentale per valutare l'impatto di queste azioni è direttamente connesso al grado di incidenza che le decisioni dell'Ue assumono nell'ambito dei paesi membri. È proprio in relazione alle politiche europee, infatti, che è possibile tracciare un bilancio del rapporto tra Stati nazionali e organizzazione sovranazionale.

In linea generale, va innanzitutto sottolineato che il grado di sovranazionalità delle politiche europee va da un massimo di autonomia, rappresentato dalla politica economica e agricola, in relazione alla quale i governi nazionali sono rigidamente vincolati dalle decisioni prese a Bruxelles, ad un minimo di autonomia, costituito dalla politica estera e di sicurezza comune, dove a decidere sono ancora gli Stati membri secondo la regola dell'unanimità. In altre parole, mentre le politiche legate alla creazione e al funzionamento del mercato comune seguono il metodo comunitario, la Pesc e alcuni settori relativi a giustizia e affari interni continuano a seguire il metodo intergovernativo (Leibfried e Pierson, 1995; Geddes, 2000; Ferrera e Giuliani, 2008; Dyson e Featherstone, 1999; Gillingham, 2003).

Per quanto riguarda la politica economica, il Trattato di Lisbona ha ribadito l'impegno a costruire un'unione economica e monetaria avente l'euro come moneta unica, ufficializzando la funzione della Banca Centrale Europea, divenuta un'istituzione dell'Ue. Il quadro della cooperazione in materia di politica economica è costituito dall'Unione economica e monetaria (Uem), di cui fanno parte tutti i paesi membri. È in tale ambito che vengono stabiliti indirizzi comuni sui principali temi economici con l'obiettivo di favorire crescita, occupazione e un livello più elevato di benessere sociale. Con l'introduzione dell'euro, il rapporto tra l'Ue e i governi nazionali si è fortemente sbilanciato in favore della prima per le seguenti ragioni: 1) il tasso di cambio tra la moneta nazionale e l'euro viene fissato in modo irrevocabile; 2) i paesi che aderiscono all'area dell'euro non possono più decidere autonomamente le politiche monetarie e le politiche sui tassi di interesse; 3) le politiche macroeconomiche dei paesi membri devono essere strettamente allineate al Patto di Stabilità e di Crescita, che obbliga i governi nazionali a praticare politiche fiscali prudenti e a mantenere il bilancio in pareggio. La mancata conformità ai criteri europei comporta l'applicazione di sanzioni nei confronti dei trasgressori; 4) i paesi che non hanno ancora adottato la moneta unica sono comunque vincolati a coordinare le proprie politiche economiche con quelle degli altri Stati membri.

Se da un lato l'unione economica e monetaria ha segnato il successo più rilevante del processo di integrazione, non solo per il significato simbolico dell'euro, ma soprattutto per l'impegno dei paesi membri a risolvere collettivamente le sfide globali, in particolare le crisi economiche, dall'altro lato i paesi che aderiscono alla moneta unica hanno rinunciato al controllo nazionale sui tassi di cambio e di interesse, accettando le rigide limitazioni in materia fiscale e di bilancio. Ne sono derivati numerosi conflitti, l'ultimo dei quali, legato alla crisi finanziaria greca, ha messo in evidenza tanto i diversi interessi nazionali, quanto l'esigenza di fornire una risposta comune.

Nonostante l'attenzione rivolta in questi ultimi decenni alle questioni economiche e finanziarie, la Politica Agricola Comunitaria (Pac) rimane la più integrata delle politiche europee e assorbe buona parte del bilancio dell'Unione. Tuttavia, se negli anni Settanta raggiungeva quasi il 70% del bilancio dell'Ue, attualmente la quota della spesa agricola è scesa al 38%. Questo risultato è dovuto all'espansione delle altre competenze dell'Ue, ai risparmi generati dalle riforme ed al trasferimento di parte della spesa agricola (11%) allo sviluppo rurale. Le conseguenze più significative della Pac in relazione ad una serie di questioni irrisolte possono essere riassunte in tre punti fondamentali:

1) la sua centralità nel bilancio comunitario ha rallentato lo sviluppo di altre politiche, che solo negli ultimi anni hanno assunto un peso sempre maggiore (vedi politiche finanziarie);
2) ha suscitato molte tensioni tra l'Ue e gli Stati membri, a causa dell'atteggiamento protezionistico di alcuni di essi (Francia, Italia, Polonia), che lamentavano la rigidità della normativa comunitaria in materia di controllo della produzione in eccedenza (vedi «quote latte» in Italia) e della sicurezza alimentare (ad es. il lardo di colonnata e il prosciutto di cinta senese non sono più a norma Cee);
3) la protezione dei mercati Ue dai prodotti esterni a costi inferiori, nonché l'immissione di prodotti comunitari protetti sui mercati internazionali, ha provocato delle distorsioni sulla razionalizzazione delle risorse a livello globale.

Muovendo da questi presupposti, le iniziative più recenti (2011–2014) hanno avuto come obiettivi prioritari la modernizzazione e la semplificazione della Pac, quali la soppressione di alcune restrizioni nei confronti degli agricoltori per aiutarli a reagire meglio ai segnali del mercato; l'eliminazione dell'obbligo di mettere a riposo il 10% dei terreni coltivabili; l'aumento graduale delle quote latte fino alla loro abolizione nel 2015; il ricorso all'intervento sui mercati (acquisto delle eccedenze da parte dell'Ue) come sistema di sicurezza, in caso di abbassamento eccessivo dei prezzi alimentari; il potenziamento del fondo per lo sviluppo delle regioni rurali.

Molto diverso si profila invece il rapporto tra Stati membri e Ue in merito alla Pesc (Gärtner, Hyde-Price e Reiter, 2001; Rummel, 2002; Hill, 2003). Come è noto, il principio di una politica estera e di sicurezza comune è stato formalizzato dal trattato di Maastricht nel 1992, concretizzato con il Trattato di Amsterdam del 1997 e complessivamente mantenuto sia dal Trattato di Nizza del 2001 che dal Trattato di costituzione europea del 2004 (Attinà, 2003; 2005). Il Trattato di Lisbona ha ulteriormente rafforzato l'impegno europeo sul piano internazionale attraverso la nomina dell'Alto responsabile dell'Unione per gli affari esteri e la politica di sicurezza, allo scopo di garantire maggiori omogeneità e continuità alle azioni esterne. Il Consiglio dei ministri, oltre a conservare una serie di competenze specifiche in relazione ai possibili interventi dell'Ue in materia di sicurezza, delibera all'unanimità su decisioni che hanno implicazioni militari o rientrano nel settore della difesa (Attinà, 2010; Gualtieri e Rhi Sausi, 2011). Questo ha fatto sì che i governi dei paesi membri continuassero a ragionare in termini di «interessi nazionali» e che lo strumento per eccellenza della politica estera dell'Ue fosse il cosiddetto *soft power* (Nye, 2004), ovvero la capacità di influenzare le decisioni altrui mediante la persuasione, ricorrendo alla diplomazia e, ove possibile, agli aiuti economici.

L'Ue ha inviato missioni di pace in diverse zone di crisi del mondo. Le prime missioni militari dell'Ue si sono svolte nei Balcani, dove nel 2005 ha assunto il comando della forza militare di stabilizzazione della Bosnia-Erzegovina. L'Ue ha anche svolto un ruolo di guida nei Balcani, dove finanzia attualmente progetti di assistenza in sette paesi per contribuire alla stabilizzazione della società. In Kosovo ha inviato, nel dicembre del 2008, 1.900 poliziotti e magistrati per garantire l'ordine pubblico. Sono poi seguite alcune missioni di breve durata in Africa, Asia e Medio Oriente. Nel maggio 2007, l'Ue ha inviato una missione di polizia con mandato triennale in Afghanistan e, all'inizio del 2008, una forza militare europea di più di 3.000 uomini si è schierata nelle zone di confine del Ciad e della Repubblica Centrafricana, per proteggere le popolazioni fuggite dal conflitto scoppiato nella regione del Darfur, in Sudan. Nell'agosto del 2008 ha negoziato un cessate-il-fuoco per porre fine agli scontri tra Georgia e Russia ed ha inviato i suoi osservatori per monitorare la situazione. Ha inoltre fornito aiuti umanitari agli sfollati e organizzato una conferenza internazionale dei donatori in favore della Georgia. Nel dicembre del 2008 l'Ue ha lanciato la sua prima missione marittima, che consisteva nel proteggere le navi dai pirati lungo le coste somale, soprattutto quelle che trasportavano aiuti alimentari in Somalia.

Sul piano della difesa l'obiettivo dei paesi membri è sempre stato quello di creare capacità militari e civili comuni da impiegare in operazioni di gestione delle crisi in armonia con la Nato: la politica comune di difesa riposa sulla relazione di interdipendenza e complementarità dell'Ue con l'Alleanza Atlantica. L'assenza di un esercito europeo, del resto, non è stata colmata neanche dal Trattato di Lisbona, il quale si limita a rafforzare la cooperazione in materia di consulenze militari, interventi di smilitarizzazione, ripristino della stabilità dopo i conflitti (Andreatta, 2007; Mascia 2010). L'elemento di maggiore novità si ravvisa nell'introduzione della clausola di solidarietà – applicabile solo su base volontaria – che prevede l'intervento europeo qualora uno Stato membro subisse un attacco terroristico, una catastrofe naturale o umanitaria.

Box 3.6 – Principali istituzioni europee

Commissione Europea

La Commissione è attualmente composta da 28 membri, ciascuno per ogni paese, e dura in carica 5 anni (2014–2019). Con il Trattato di Lisbona (2007), il nuovo Presidente è eletto dal PE su proposta del Consiglio Europeo.

A ciascun commissario spetta un determinato settore politico ed è responsabile della Direzione Generale (DG) di propria competenza. Il Presidente, i cui poteri sono stati progressivamente rafforzati nel corso degli ultimi anni, non può essere definito semplicemente un primus inter pares, dal momento che, oltre a rappresentare la Commissione nei rapporti interni ed esterni, proporre un indirizzo politico, coordinare l'azione dei commissari, supervisionare l'attività amministrativa della Commissione, gode di un ampio margine di discrezionalità nella distribuzione dei compiti all'interno della Commissione stessa, nell'organizzazione interna, nonché nel rimpasto dei commissari e nella richiesta di dimissioni, previa approvazione del Collegio, di un singolo commissario. Le proposte di legge della Commissione seguono un iter prestabilito. Il progetto viene inizialmente redatto nella DG pertinente e inizia un percorso ascendente attraverso le gerarchie superiori (gabinetti dei commissari, riunioni settimanali) fino ad arrivare al Collegio, che ha la possibilità di accettarlo, respingerlo, rinviarlo per ulteriori modifiche o semplicemente rimandare la propria decisione.

La Commissione ha il potere di iniziativa legislativa per promuovere il progresso dell'Unione sia attraverso «macropolitiche» a vasto raggio, sia attraverso interventi più dettagliati destinati a settori specifici. In base ai Trattati solo la Commissione ha il potere di promuovere e redigere proposte legislative. Il Consiglio e il PE possono richiedere alla Commissione di presentare proposte, ma non godono del potere di iniziativa legislativa. Le funzioni esecutive riguardano la gestione, supervisione ed esecuzione delle politiche dell'Ue. In particolare, la Commissione emette strumenti legislativi, più o meno vincolanti, sotto forma di: regolamenti (hanno valore immediato nei confronti degli Stati membri, delle aziende e dei singoli), direttive (hanno valore se recepite da una legge nazionale di attuazione), decisioni (vincolano solo i soggetti destinatari dei provvedimenti, Stati, persone giuridiche, persone fisiche), raccomandazioni e pareri (entrambi non vincolanti). La Commissione, inoltre, vigila sulle entrate e le uscite dell'Ue affinché i governi nazionali effettuino i corretti versamenti e vengano rispettati i limiti di spesa approvati dal bilancio annuale; può avviare procedure di violazione nei confronti degli Stati membri, in caso di mancata o scorretta trasposizione della normativa comunitaria in materia di mercato interno e affari industriali, tassazione indiretta, agricoltura e protezione dell'ambiente e dei consumatori.

Consiglio dell'Unione Europea

Il Consiglio è formato dai ministri dei paesi membri e, a differenza della Commissione, rappresenta gli interessi dei singoli Stati. Le riunioni dei ministri, che costituiscono il vertice dell'organo, vengono effettuate per settore di competenza: Affari Esteri, Agricoltura, Affari Economici e Finanza (Ecofin), Ambiente, Trasporti, Lavoro, Industria ecc. Il Trattato di Lisbona ha istituito la figura dell'Alto rappresentante per gli affari esteri e la politica di sicurezza, che assume al tempo stesso la carica di vicepresidente della Commissione, e viene nominato dal Consiglio Europeo. L'Alto rappresentante presiede il Consiglio dei ministri per gli Affari esteri, presenta proposte, coordina la politica estera e rappresenta le posizioni dell'Ue a livello internazionale. Negli altri settori, il Consiglio continuerà ad essere presieduto a turno da ciascun paese membro per la durata di un semestre.

Pur collaborando con la Commissione, il Consiglio dispone di un ampio margine di manovra in relazione alle decisioni che riguardano la Pesc, affari interni e giustizia. I Trattati prevedono tre procedure di voto all'interno del Consiglio:

1) unanimità: la procedura era prevista nel caso di adozione di una nuova proposta politica o di modifica o ampliamento di un testo esistente. I Trattati di Maastricht e di Amsterdam hanno ridotto il ricorso alla procedura dell'unanimità, previsto esclusivamente in materia di affari costituzionali e finanziari, o quando sono all'odg questioni particolarmente delicate attinenti la Pesc o Gai. Il Trattato di Lisbona ha ridotto ulteriormente la procedura dell'unanimità, relegandola esclusivamente a questioni legate al fisco e alla difesa;

2) maggioranza qualificata: procedura adottata per la maggior parte delle decisioni riguardanti l'Ue. Attualmente la procedura di maggioranza qualificata prevede il sistema del voto ponderato, basato su una scala che va da un massimo di 29 voti, a disposizione per i 4 paesi più grandi (Italia, Francia, Germania, Gran Bretagna), ad un minimo di 3 per quelli più piccoli. Il Trattato di Lisbona ha introdotto il principio della «doppia maggioranza», in vigore a partire dal 2014, in base al quale le decisioni del Consiglio dovranno essere approvate dal 55% degli Stati membri, in rappresentanza di almeno il 65% della popolazione dell'Unione. Fino al marzo 2017, tuttavia, ogni Stato membro può richiedere di adottare la procedura del voto ponderato al posto della doppia maggioranza;
3) maggioranza semplice: utilizzata soprattutto a scopi procedurali.

Parlamento Europeo
Il Parlamento Europeo dal 1979 viene eletto a suffragio universale diretto ogni 5 anni e rappresenta i cittadini degli Stati membri. Attualmente l'assemblea è composta da 751 eurodeputati. In occasione delle diverse revisioni dei Trattati, i poteri del Parlamento europeo in seno alle istituzioni europee hanno continuato a rafforzarsi. Oggi il Parlamento europeo è co-legislatore, dispone di poteri di bilancio e assicura il controllo democratico di tutti gli organi europei. Il Parlamento europeo condivide il potere legislativo con il Consiglio e ha facoltà di adottare le leggi comunitarie (direttive, regolamenti ecc.), approvare, modificare o respingere il contenuto della normativa comunitaria. Il Parlamento dispone anche di un potere di iniziativa politica, chiedendo alla Commissione di presentare proposte legislative al Consiglio. Partecipa concretamente all'elaborazione di nuovi testi legislativi, in quanto esamina il programma di lavoro annuale della Commissione, indicando quali leggi riterrebbe auspicabili. La procedura legislativa prevede che, in seno a una commissione parlamentare, ciascun deputato possa elaborare una relazione su una proposta di «testo legislativo» presentata dalla Commissione, la quale, come si è visto, ha il monopolio dell'iniziativa legislativa. La commissione parlamentare vota su tale relazione, eventualmente apportando modifiche al testo e votandolo in Aula. Questo processo viene ripetuto una o più volte, a seconda del tipo di procedura e in base al raggiungimento o meno di un accordo con il Consiglio. Per l'adozione degli atti legislativi, si distinguono la procedura legislativa ordinaria (codecisione), che pone il Parlamento allo stesso livello del Consiglio, e le procedure legislative speciali, che si applicano esclusivamente a casi specifici in cui il Parlamento svolge soltanto un ruolo consultivo.

Procedura di codecisione. La codecisione è divenuta la procedura legislativa ordinaria: essa conferisce lo stesso peso al Parlamento europeo e al Consiglio dell'Unione in numerosi ambiti (ad esempio, trasporti, ambiente, protezione dei consumatori ecc.). I due terzi delle leggi comunitarie sono adottati congiuntamente dal Parlamento europeo e dal Consiglio. La Commissione trasmette la sua proposta al Parlamento e al Consiglio. Essi la esaminano e ne discutono due volte di seguito. Se dopo la seconda lettura non riescono a trovare un accordo, la proposta viene deferita a un comitato di conciliazione, composto da un eguale numero di rappresentanti del Consiglio e del Parlamento. Anche i rappresentanti della Commissione assistono alle riunioni del suddetto comitato, contribuendo alla discussione. Una volta che il comitato giunge a un accordo, il testo approvato è trasmesso al Parlamento e al Consiglio per essere sottoposto a una terza lettura, affinché possano adottarlo come testo legislativo. A questo fine, è indispensabile l'accordo finale di entrambe le istituzioni. Anche se un testo comune è approvato dal comitato di conciliazione, il Parlamento europeo può comunque respingere l'atto proposto se si pronuncia in tal senso la maggioranza assoluta dei suoi membri.

Procedura di consultazione. Per le questioni cosiddette sensibili (fiscalità, politica industriale, politica agricola, ecc.), il Parlamento europeo esprime soltanto un parere consultivo. In taluni casi, il trattato prevede l'obbligo di consultazione del Parlamento, in quanto richiesto dalla base giuridica, e la proposta legislativa può entrare in vigore soltanto allorché il Parlamento ha espresso il proprio parere. In questo caso, il Consiglio non ha la facoltà di prendere una decisione autonomamente.

Se la spaccatura che si è verificata in occasione degli interventi militari in Iraq del 2003 (Pollack, 2003; Parsi, 2003; Andreatta, 2004; Colombo, 2005) e, più recentemente, in Libia, ha messo in evidenza la volontà degli Stati membri di marciare da soli, è altrettanto pacifico che l'esigenza di tutelare gli interessi nazionali abbia assunto un carattere prioritario rispetto agli impegni comunitari tutte le volte in cui sono in gioco questioni scottanti relative agli affari interni, ad esempio l'immigrazione. Le difficoltà di integrare questo settore di policy, come hanno dimostrato le crisi in Tunisia e in Libia, non solo evidenziano l'incapacità dell'Ue di raggiungere un accordo comune e agire in modo efficiente, ma pongono all'attenzione generale la difficoltà di trovare strumenti adeguati in grado di superare i confini nazionali. Senza dubbio, la direzione intrapresa con il mandato d'arresto europeo, sostituendo le lunghe procedure di estradizione con un sistema di consegna diretta fra Stati membri di quanti fuggono all'estero per sottrarsi a un processo o a una condanna, ha rappresentato un passo significativo nel cammino della cooperazione in materia di giustizia.

È anche vero, però, che finché l'azione dell'Ue assume rilevanza a seconda del settore di policy analizzato, lo Stato nazionale conserva la facoltà di gestire il potere politico rispetto alla propria dimensione territoriale (Poggi, 1992). L'influenza che l'Ue esercita sugli Stati membri non solo presuppone il loro consenso ad accettarla, ma la fonte originaria della propria sovranità rimangono gli Stati stessi: alla cessione di una parte delle prerogative nazionali in determinati ambiti di policy, non corrisponde necessariamente una perdita della sovranità nazionale in quanto tale (Fabbrini, 2004). Ciò che ha impedito all'Ue di «trasformarsi da un insieme di democrazie in una democrazia» (Chryssochoou, 2000, p. 4) è proprio il suo carattere composito: essa è connotata, istituzionalmente, dalla separazione multipla dei poteri e, funzionalmente, da un processo decisionale non monopolizzabile da una singola istituzione (il governo). La sua forza consiste nella capacità di ostacolare le decisioni di una maggioranza in grado di dominare l'intero sistema (assenza di un governo); la sua debolezza nella difficoltà di identificare la responsabilità delle decisioni prese (frammentazione del processo decisionale). Quando il potere politico si diluisce seguendo una precisa linea territoriale, la frammentazione del processo decisionale non può che assumere la forma delle unità che lo esercitano: gli Stati.

Domande

1 Lo Stato: quali sono le definizioni fornite da Max Weber e da Gianfranco Poggi?

2 Quali sono i caratteri peculiari degli Stati rispetto agli assetti politici e alle *polities* precedenti?

3 Come si può spiegare il «successo» dello Stato?

4 Quali sono le differenze di genesi degli Stati?

5 Quali sono i caratteri del federalismo?

6 Quali sono le più importanti esperienze federali in Europa? Quali sono le principali differenze?

7 Quali sono i caratteri principali di Stato e di Nazione? E quali sono le differenze?

8 Quali sono le differenze tra centri e periferie?

9 Spiegare le differenze tra Stati-Nazione e Nazioni-Stato.

10 Che cosa determina la crisi di uno Stato?

11 Perché un'organizzazione sovranazionale come l'Unione Europea costituisce una «sfida» per lo Stato?

12 Quali sono le differenze tra sistema politico europeo e sistema politico nazionale?

13 Quali sono e quali funzioni svolgono le principali istituzioni europee?

I regimi non democratici

CAPITOLO QUARTO

4.1 Premessa

Un modo per precisare il significato di democrazia può essere quello di prendere le mosse da una definizione *a contrario*, guardando cosa non è democrazia e precisando, quindi, i connotati dei regimi non democratici contemporanei. La tipologia da è quella che distingue tra autoritarismi, totalitarismi, regimi sultanistici (Linz, 1975, tr. it. 2006; Chehabi e Linz 1998; Fisichella, 2000b; 2002). Linz e Stepan (2000a e 2000b) propongono poi, come tipo autonomo, quello dei regimi post-totalitari. A questi quattro tipi aggiungiamo i regimi ibridi, che non sono una categoria residuale, ma costituiscono una realtà ormai relativamente stabile nel panorama dei regimi politici e, come tali, meritano di essere trattati a parte (Magen e Morlino 2008; Morlino 2008 e 2009; Levitsky e Way 2010). Va peraltro ricordato che classificazioni e tipologie (vedi capitolo secondo) sono semplificazioni della realtà e quasi sempre i casi empirici sono ben lungi dall'essere «puri», evidenziando caratteri misti, costringendo così il comparatista a talune «forzature».

4.2 Gli autoritarismi

4.2.1 *La definizione di Linz*

Malgrado le varie ondate di democratizzazione e la diffusione della democrazia in molte aree del mondo, i regimi non democratici (o non del tutto democratici) sono ancora maggioritari (il 54% del totale, ossia 106 su 195, secondo Freedom House 2015[1]) e si presentano con un'ampia varietà di forme e fisionomie. La più numerosa è quella dei regimi autoritari, che

1 Freedom House è una delle maggiori e più attendibili agenzie per la valutazione delle democrazie attualmente esistenti. Le sue valutazioni si concentrano sulla voce «diritti politici» (processo elettorale, pluralismo e partecipazione politica, funzionamento del governo) e su quella «libertà civili» (libertà di espressione e di opinione, diritti di associazione e organizzazione, *rule of law*, autonomia personale e diritti individuali). Ogni anno viene attribuito un punteggio ad ogni paese su ciascuna delle due voci. Tale punteggio va da 1 (massimo livello di libertà) a 7 (minimo livello di libertà). Una media della valutazione nelle due voci permette di definire lo status del paese sotto osservazione: da 1,0 a 2,5 Stato libero; da 3 a 5 Stato semilibero; da 5,5 a 7 Stato non libero. Per maggiori dettagli, anche sulla metodologia che porta all'assegnazione dei punteggi, cfr. www.freedomhouse.org.

rappresentano una categoria così variegata, nella quale confluiscono regimi civili e militari, orientati alla conservazione e al cambiamento sociale, di mobilitazione e di smobilitazione, più o meno sviluppati dal punto di vista socio-economico, teocratici e secolarizzati, da rendere difficile un'unica definizione che li includa tutti. La sola definizione, al tempo stesso abbastanza generale da comprendere l'universo delle esperienze autoritarie, e abbastanza empirica da evitare i rischi di una eccessiva astrattezza che ne nullifichi l'utilità scientifica, è quella di Juan Linz, per il quale (Linz, 1975, tr. it. 2006, p. 233) sono autoritari tutti quei regimi politici

> con pluralismo politico limitato non responsabile, senza la guida di un'ideologia elaborata, ma con mentalità caratteristiche, senza un'estesa e intensa mobilitazione politica salvo che in alcuni momenti del loro sviluppo, e nei quali un leader o talvolta un ristretto gruppo dirigente esercita il potere entro limiti formalmente mal definiti ma in realtà abbastanza prevedibili.

A queste dimensioni (pluralismo, ideologia, mobilitazione e caratteri della leadership) occorre poi aggiungerne una quinta, relativa ai connotati strutturali del regime. Sotto il profilo della presenza del *pluralismo* le variazioni interne all'autoritarismo sono almeno due. Lo scenario più frequente è quello definibile come «pluralismo sociale a influenza politica indiretta»: in tal caso, pur nell'assenza di un vero e proprio pluralismo politico, certi gruppi appaiono in grado di veicolare valori e interessi nel sistema politico, senza incorrere nelle sanzioni previste contro coloro che esprimono aperto dissenso politico (Fisichella, 2002, p. 112). L'aspetto empiricamente interessante è costituito dalle ragioni che spiegano la tolleranza verso certi gruppi sociali e non verso altri, ragioni che possono risiedere nel tipo di legittimazione del regime o negli interessi che lo sorreggono. La dizione «pluralismo sociale» si giustifica anche se compariamo i regimi autoritari con quelli totalitari. Questi ultimi, infatti, si caratterizzano per la forte dinamica antipluralistica, che non si limita alla distruzione di ogni forma di pluralismo politico, ma che mira anche alla progressiva neutralizzazione di ogni forma significativa di pluralismo sociale, sia nella forma di istituzioni tradizionali, sia in quella delle varie formazioni etniche, religiose, linguistiche, professionali ecc., tendenzialmente emergenti in ogni società. L'obiettivo viene perseguito attraverso politiche di annientamento psicologico (si uccidono la memoria e ogni forma di identità) e fisico (stermini di massa, pulizie etniche, deportazioni).

Gli scenari di «pluralismo politico limitato» (secondo la dizione di Linz) appaiono meno frequenti in una condizione di «normalità autoritaria», mentre risultano più probabili in situazioni di crisi o di transizione, nelle quali l'attenuazione delle capacità del regime di controllare la società civile e la società politica, nonché eventuali aperture e politiche di liberalizzazione connesse alla trasformazione in atto, possono spiegare l'allargamento delle maglie repressive e l'articolazione di forme embrionali e limitate di pluralismo politico, per esempio nella forma di partiti o sindacati che operano in un clima di semilegalità tollerato dal regime.

Quanto al *carattere ideologico* dei regimi autoritari, vale in prima istanza un'osservazione: sicuramente essi non manifestano la stessa intensità ideologica dei totalitarismi. Punte elevate di intensità ideologica sono possibili solo nelle primissime fasi di vita del regime autoritario, destinate poi ad attenuarsi entro tempi relativamente brevi, nel quadro di una stabilizzazione del regime. Per meglio cogliere questo passaggio e questa differenza con i regimi totalitari, Linz richiama la divaricazione tra mentalità e ideologia, così formulandola (Linz, 1975, tr. it. 2006, pp. 237–8):

> la mentalità è un atteggiamento intellettuale; l'ideologia è contenuto intellettuale. La mentalità è predisposizione psichica, l'ideologia è riflessione, auto interpretazione; la mentalità è antecedente, l'ideologia è posteriore; la mentalità è informe, fluttuante, l'ideologia è comunque saldamente modellata. L'ideologia è un concetto della sociologia culturale, la mentalità è un concetto derivante dallo studio del carattere sociale. Le ideologie hanno componenti fortemente utopistiche, le mentalità sono più prossime alla realtà presente o passata.

Sia pure senza l'intensità ideologica dei totalitarismi, i regimi autoritari mostrano vari livelli e combinazioni di ideologia e mentalità: con l'esclusione del polo ideologico estremo, uno scenario autoritario può andare da una presenza dell'ideologia (il regime fascista italiano) a una sua totale assenza (il regime militare cileno dopo il 1973). In questo secondo caso, il regime si fonda su una mentalità, ossia su valori generici, privi di elaborazione intellettuale e di ogni tensione utopistica o messianica, quali l'ordine, il patriottismo, il nazionalismo, lo sviluppo economico, la giustizia sociale, il progresso.

A sua volta, il grado di intensità ideologica influisce sia sui livelli di *mobilitazione politica* (e con essi sulle opportunità di partecipazione al regime dei cittadini che lo sostengono), sia sull'intera articolazione dei rapporti tra potere politico e società. La mobilitazione politica richiama quell'insieme di azioni ad opera di un'élite politica, di un partito unico e delle sue organizzazioni fiancheggiatrici, miranti a sollecitare e coinvolgere la popolazione in comportamenti collettivi di sostegno al regime. La mobilitazione è termine che nasce in ambito militare, richiama un'immagine di comando dall'alto e ciò spiega la difficoltà per il comune cittadino di sottrarvisi: l'iscrizione a un partito, la partecipazione alle manifestazioni del regime, l'esposizione all'indottrinamento politico diventano, in un regime mobilitazionale, azioni obbligate se non si vuole incorrere in sanzioni, come la perdita del lavoro, del diritto all'istruzione per i figli, del diritto alla casa ecc.

Con riferimento ai regimi autoritari il discorso può essere posto negli stessi termini di quello fatto in merito all'ideologia. Tra l'altro, i connotati mobilitazionali di un regime sono, di solito, proporzionali alla sua intensità ideologica (l'ideologia costituisce un propellente della mobilitazione). Inoltre, anche qui si può affermare che, a parte il caso estremo dei regimi totalitari, nei quali gli alti livelli di mobilitazione sono conseguenti alla perpetuazione di finalità rivoluzionarie e radicalmente innovative, tutti gli altri casi possono, con varie sfumature, distinguere le realtà autoritarie. Infatti, si va dalle forme di mobilitazione moderata che hanno caratterizzato, per esempio, la mobilitazione nazionalista e anticoloniale nei paesi in via di sviluppo o quella teocratica e religiosa del regime islamico iraniano subito dopo la rivoluzione del 1979, a quelle di più evidente smobilitazione, in cui le élite incoraggiano l'apatia e si adoperano per smantellare precedenti strutture di mobilitazione (partiti, sindacati, gruppi e movimenti), come nel caso della Spagna franchista.

Anche l'aspetto relativo alle modalità di *esercizio del potere* può essere epifenomenico rispetto all'ideologia. Esso rinvia in larga parte alla capacità del regime di condizionare o meno la società civile e l'autonomia dei sottosistemi (sociale, economico, religioso, culturale, familiare). Quanto più, ad esempio, l'ideologia sarà debole e lascerà il posto a mentalità dominanti, tanto più le finalità del regime autoritario saranno limitate alla smobilitazione e alla promozione nella popolazione di forme di accettazione passiva del sistema. L'assenza di libertà politiche e di democrazia può anche essere compatibile con un interventismo del regime nella vita sociale ed economica più circoscritto e con un esercizio del potere da parte delle élites relativamente limitato e prevedibile. Al contrario, quanto più l'ideologia sarà forte e la mobilitazione elevata allo scopo di promuovere l'identificazione psicologica ed emotiva delle masse con il regime, tanto più si accentuerà l'interventismo di questo anche nei settori tradizionalmente non politicizzati, e l'economia, l'istruzione, le attività delle chiese, la vita associativa in generale tenderanno ad essere subordinate agli obiettivi ideologici, con una forte riduzione di limiti e prevedibilità nell'esercizio del potere.

4.2.2 *Le dimensioni strutturali degli autoritarismi*

Gli *aspetti strutturali* sono forse quelli che condizionano di più gli sviluppi successivi del regime, lasciando eredità nella forma di strutture persistenti, relazioni interistituzionali, fisionomia dell'amministrazione, vincoli e norme di vario tipo. In questo ambito occorre vedere se e quanto il regime utilizza assemblee parlamentari e consultazioni elettorali controllate e non competitive; come sono organizzati i vertici del potere; qual è il ruolo delle forze armate e il loro grado di coinvolgimento nella politica; come è strutturata la leadership; se sono presenti partiti, gruppi e sindacati. Per quanto riguarda i partiti, i regimi autoritari possono essere monopartitici, a partito egemone, senza partito. All'interno di questi tre sottotipi, poi, non mancano ulteriori differenziazioni.

Sulla forza del partito unico, a suo tempo Huntington (1970) propose la distinzione tra monopartitismi forti (Unione Sovietica) e deboli (Spagna di Franco) (si veda Box 4.1). In gran parte, questa distinzione fa riferimento alle differenze tra partito unico totalitario e partito unico autoritario: mentre il primo rappresenta la struttura rivoluzionaria che, una volta giunta al potere, prosegue l'azione di smantellamento delle strutture tradizionali e della società, nell'ottica di una perpetuazione dall'alto della rivoluzione, il secondo adempie le funzioni di gestione e conservazione del potere, in genere in un contesto di mobilitazione decrescente, se non addirittura di vera e propria smobilitazione. Ma un partito unico forte può anche essere presente nella fase iniziale del regime autoritario, oltre che nei regimi post-totalitari (si veda più avanti). La genesi del partito autoritario può, a sua volta, variare a seconda delle circostanze. La sua nascita può essere precedente al regime, e magari essersi formato in un contesto democratico e poi aver contribuito ad abbatterlo (il Partito nazionale fascista in Italia), oppure essere stato costruito dall'élite autoritaria, con funzioni di legittimazione, istituzionalizzazione del regime e di razionalizzazione del processo politico (il Partito falangista in Spagna). Nei sistemi a partito egemone, le differenze tra la variante ideologica (Polonia) e quella pragmatica

Box 4.1 – Sistemi partitici non democratici

Pur essendo attori tipici della democrazia, i partiti operano anche nei regimi non democratici, dove troviamo i sistemi a partito egemone (più prossimo ai sistemi partitici delle democrazie) e i sistemi a partito unico. Nei *sistemi a partito egemone*, accanto al partito principale esistono anche altri partiti dotati di una certa autonomia e relativamente liberi di svolgere le proprie attività, ai quali però non è consentito, grazie a elezioni manipolate e strettamente controllate, di concorrere con il partito principale in termini competitivi e antagonistici: non vi è, dunque, né avvicendamento, né rotazione al potere (Sartori, 2005, pp. 204–11). Esiste, tuttavia, una presenza attiva nella società, che opera all'interno di un sistema che consente un pluralismo politico limitato e che è soggetto a fasi che alternano momenti di liberalizzazione con momenti di maggiore chiusura del regime. Sistemi a partito egemone hanno operato sia in regimi ideologici (la Polonia comunista), sia in regimi più pragmatici (il Messico, soprattutto nella seconda metà del Novecento).

Nei *sistemi monopartitici* il ruolo del partito unico appare indiscusso ed eventuali altre formazioni politiche sono possibili solo in quanto satelliti di quello, privi quindi di una qualunque autonomia politica e operativa. Dobbiamo a Samuel P. Huntington l'importante distinzione tra monopartitismi forti e deboli. La forza e la debolezza di un sistema partitico fanno riferimento alla capacità dei partiti di monopolizzare la legittimazione del sistema politico, il reclutamento della leadership politica, l'aggregazione degli interessi e la direzione politica: quanto più un partito riesce a controllare queste funzioni, tanto più siamo in presenza di un partito forte. La differenza diviene evidente sul piano empirico quando analizziamo casi come l'Unione Sovietica (1918–1991) o la Spagna sotto il franchismo (1939–1975). In Urss il Partito comunista era chiaramente il gruppo dominante: la Chiesa e le élite dominanti erano state eliminate o neutralizzate, i corpi parlamentari e rappresentativi svolgevano ruoli di mera facciata, le élite sociali ed economiche, la polizia, le forze armate, la pubblica amministrazione erano nettamente subordinate al partito. Ben diverso il caso della Spagna franchista, dove il partito non rappresentava un attore così predominante, essendo condizionato dall'influenza e dal sostegno delle Forze armate, della Chiesa, dei monarchici, dell'oligarchia finanziaria, dell'Opus Dei. L'indebolimento del partito fu l'effetto del declino della mobilitazione politica dopo la presa del potere (Huntington, 1970, pp. 5–17).

(Messico) furono già sottolineate da Sartori (2005, ed. or. 1976). Quanto ai regimi senza partito, ogni distinzione dipende dalla fisionomia e dai caratteri della coalizione e della struttura di potere al vertice che sostituisce il partito: leadership personale, giunta militare, élite religiosa, élite civile.

Una seconda dimensione strutturale rinvia al ruolo svolto nei regimi autoritari dai militari (Huntington, 1957; 1962; 1991, tr. it. 1995; Stepan, 1971 e 1988; Finer, 1974; Pasquino, 1974; Janowitz, 1977; Perlmutter, 1977; Remmer, 1989; Agüero, 1992 e 1995; Linz e Stepan, 2000a). I regimi militari si caratterizzano per la forte influenza (diretta o indiretta) delle forze armate sul governo del paese, si formano solitamente con colpi di stato che estromettono (con gradi variabili di violenza) i civili dal potere e si legittimano in genere con mentalità fondate su principi di lotta alla corruzione, di ripristino dell'ordine e della sicurezza all'interno, di difesa dei valori nazionali e patriottici e di smobilitazione politica.

Di solito i militari percepiscono il proprio coinvolgimento in politica come temporaneo, finalizzato appunto al perseguimento di questi obiettivi, ma il loro obiettivo, è sì quello di rientrare nelle caserme e lasciare il potere ai civili, ma conservando privilegi e prerogative. Il rientro nelle caserme diviene un obiettivo attraente quando la perpetuazione dei militari al governo dovesse rivelarsi dannosa per la coesione delle forze armate e per i loro interessi specifici (per esempio, bilancio e autonomia nella gestione interna). Questo rappresenta un forte elemento di fragilità dei regimi militari, più tentati di altri a ritirarsi dalla gestione diretta del potere al verificarsi di forti dissensi interni. Una riprova di questa fragilità si avrebbe in una durata media inferiore dei regimi militari rispetto ad altri regimi autoritari (per esempio quelli monopartitici) (Geddes, 1999). Molto forte in America Latina e in Turchia, dove sussiste una tradizione di interventismo dei militari in politica, assente nei regimi post-comunisti, dove invece la tradizione dominante è quella della subordinazione dei militari ai civili, la questione del ridimensionamento del potere militare si è presentata anche nelle democratizzazioni del Sud Europa (Agüero, 1995) e della Turchia, appunto (Özbudun, 1989).

Il colpo di stato è di solito la modalità con cui i militari prendono il potere. Si tratta di una presa del potere con la forza, resa possibile dall'organizzazione capillare sul territorio delle forze armate e dal loro monopolio degli strumenti coercitivi. Vengono «occupati» i luoghi strategici del potere politico (centri governativi, parlamento, radiotelevisione pubblica, principali organi di stampa, eventuali sedi di partiti), estromessi, espulsi o arrestati i principali leader politici e sostituiti con nuovi leader. Ne deriva almeno un cambiamento nella *species* del regime, non necessariamente del *genus*: nel senso che un colpo di stato può anche portare alla sostituzione di un regime autoritario con un altro regime autoritario. I colpi di stato sono diversi dalle rivoluzioni e dalle rivolte, che si sviluppano nelle piazze e nascono dal basso, ma possono esserne la conseguenza, ossia verificarsi per interromperle o per assecondarne e guidarne gli esiti. È stato calcolato che fra il 1947 e il 2012, vi sono stati nel mondo 820 colpi di stato, tra falliti e di successo (cfr. http://www.systemicpeace.org/inscr/inscr.htm).

4.2.3 *Come distinguere tra gli autoritarismi*

Nel tentativo di differenziare le varie forme di coinvolgimento dei militari in politica, si è fatta sempre più strada una distinzione tra regimi militari (i militari controllano e occupano direttamente le cariche di governo), regimi civili-militari (i militari sono politicizzati, controllano le politiche del governo fino ad esprimere anche un vero e proprio potere di veto, minacciando la destituzione dei civili dal potere) e regimi civili (le strutture militari sono subordinate al potere dei civili) (Nordlinger, 1978). I criteri distintivi sono costituiti da aspetti strutturali (la caratterizzazione e la diffusione di strutture delle forze armate nella gestione del potere) e da aspetti relativi alla coalizione e alle alleanze con settori della società civile (settori finanziari e industriali, latifondisti, formazioni politiche antidemocratiche), sulle quali si sviluppa e si legittima il regime. Non è escluso che i regimi militari degenerino in regimi più o meno fortemente personalistici (Geddes, 1999). Ciò avviene quando nel regime uno dei capi militari si afferma sempre più come il leader carismatico e indiscusso, con una graduale emarginazione dell'istituzione militare e del rispetto delle regole di gerarchia. Esempi di regime militare «istituzionale» sono quelli classici del Brasile (1964–85), della Grecia (1967–74) e dell'Argentina (1976–83). Casi di regimi «personalistici» sono quelli di Trujillo nella Repubblica dominicana (1930–61), di Bokassa nella Repubblica Centroafricana (1966–79), di Gheddafi in Libia (1969–2011) e, in parte, anche di Pinochet in Cile (1973–89).

Nel 1975 Linz (1975, tr. it. 2006) aveva individuato alcuni sottotipi di regime autoritario, muovendo da casi empirici più noti. I regimi autoritari *burocratico-militari* sono dominati da una coalizione di militari e burocrati, sono fortemente deideologizzati e mirano ad impedire ogni forma di partecipazione autonoma delle masse ai processi politici e a smobilitare eventuali strutture politiche ereditate da regimi precedenti. I regimi di *statalismo organico* sono realtà in cui si è cercato di superare l'assetto burocratico-militare-tecnocratico, realizzando una partecipazione e una mobilitazione attraverso strutture «organiche», valorizzando l'appartenenza degli individui a organizzazioni sociali primarie, come la fabbrica, le cooperative agricole, le associazioni professionali, anche grazie all'influenza che in certi periodi e in certe regioni ha avuto il modello corporativo, e cercando così di individuare un *tertium genus* rispetto ai modelli della democrazia capitalistica e della pianificazione centralizzata di tipo comunista: in realtà, la cosiddetta democrazia organica è stata più che altro un principio che è servito a legittimare regimi autoritari veri e propri.

I regimi autoritari di *mobilitazione in società post-democratiche* fanno riferimento a quei regimi autoritari che si sono formati a seguito di una rottura netta con la precedente autorità tradizionale. Il primo esempio è stato il bonapartismo, dopo la rivoluzione del 1848 in Francia. Ma la maggior parte dei casi si verifica dopo le crisi che fragili democrazie, come l'Italia negli anni Venti e la Germania nei Trenta (Linz, 1978, tr. it. 1981), hanno dovuto affrontare: la debolezza delle istituzioni e la carenza di legittimità democratica impedirono che si progredisse nella istituzionalizzazione dei processi politici democratici e che le nuove democrazie fossero in grado di assorbire le richieste dei nuovi gruppi sociali portatori di una nuova coscienza culturale e di classe (Linz, 1975, tr. it. 2006, p. 318). La delegittimazione delle nuove democrazie fu anche il risultato delle crisi prodotte dalla Prima guerra mondiale, degli sconvolgimenti economici, dell'impatto psicologico della Rivoluzione russa. Gli esiti furono la nascita di regimi fondati sul plebiscitarismo e sul partito unico mobilitazionale di massa.

I regimi autoritari di *mobilitazione post-indipendenza* si sono sviluppati nelle aree liberate dal colonialismo: nazionalisti, fondati su una forte spinta mobilitazionale iniziale, basati su leadership spesso carismatiche, tendenzialmente monopartitici, anche se con partiti unici divisi e frammentati, questi regimi si diffondono soprattutto nell'Africa nera e nel Maghreb e sono stati resi possibili da un basso livello di sviluppo economico e da società prevalentemente rurali ed ugualitarie, «nelle quali l'élite economica moderna era piccola e sovente composta da stranieri o da membri di un gruppo etnico estraneo e in cui la potenza coloniale non aveva permesso o incoraggiato la crescita di una classe media di professionisti, di una classe di funzionari statali di condizione sociale superiore e di un esercito professionale» (*ibidem*, p. 334). La stabilità di questi regimi è stata per lo più precaria e ben presto (in genere verso la metà degli anni Sessanta) sono stati abbattuti da colpi di stato.

Le *democrazie razziali ed etniche* potrebbero essere anche definite democrazie oligarchiche, nelle quali l'esercizio del potere, su basi che rispondono alla nostra definizione minima di democrazia (vedi quinto capitolo), avviene nell'ambito di una ristretta minoranza di popolazione, con l'esclusione – sulla base di un pregiudizio razziale – della grande maggioranza. Tale esclusione viene conservata nel tempo attraverso un ampio uso degli strumenti coercitivi. La profonda divisione (culturale, etnica e razziale) della società impedisce ogni evoluzione verso una democrazia di massa e inclusiva. Il Sud Africa dell'apartheid ne costituisce l'esempio più significativo.

I *contesti e regimi politici imperfetti e pretotalitari* configurano situazioni nelle quali sono presenti rilevanti fattori politici, sociali e culturali favorevoli a un esito totalitario, tra le quali la presenza di un partito di tendenze totalitarie, che persegue un'utopia totalitaria e che non è ancora riuscito a conquistare del tutto e a consolidare il proprio potere. L'Italia nei primi anni del fascismo, la Germania prima della completa affermazione del partito nazista, l'Unione Sovietica nel periodo del consolidamento del potere comunista (primi anni Venti), l'Europa orientale alla fine della Seconda guerra mondiale, sono alcuni casi che rispondono a questi caratteri.

Infine, i regimi *autoritari post-totalitari* costituiscono il sottotipo che Linz elabora sulla base delle vicende che caratterizzano l'area est-europea dopo la morte di Stalin (1953) e la successiva destalinizzazione, avviata formalmente dal XX congresso del Pcus (1956). Le peculiarità di questa che Linz considera ancora come una sottospecie dei regimi autoritari sono descritte più oltre.

Questi sottotipi hanno il merito di mettere in rilievo aspetti cruciali che sottolineano differenze sostanziali tra gli autoritarismi del Novecento. I criteri attraverso i quali differenziare all'interno della tipologia autoritaria possono essere molti. Alcuni di questi, come si è visto, sono già contenuti nella definizione dello stesso Linz: le differenze in ordine ai livelli di intensità ideologica e mobilitazionale e al grado di pluralismo politico possono esprimere varietà diverse. Così come un ulteriore criterio già discusso è quello relativo al ruolo e alla presenza nella leadership dei militari (regimi militari, civili-militari e civili) e del partito unico (monopartitismi forti, monopartitismi deboli, regimi a partito egemone e regimi senza partito). Ulteriori criteri possibili riguardano le origini (da un processo di colonizzazione, da una rivoluzione, da un colpo di stato militare), i caratteri del regime precedente (se tradizionale e sultanistico, totalitario, post-totalitario o di altro tipo), la fisionomia della leadership (se personale e carismatica, limitata o collettiva), la posizione verso la religione (regimi secolarizzati, uso della religione come strumento di legittimazione, regimi teocratici), la posizione verso le differenze etniche e linguistiche (regimi inclusivi, regimi esclusivi). Una proposta che cerca di combinare semplicità e rigore è quella che seleziona tre criteri fondamentali di distinzione: a) gli attori protagonisti (chi governa); b) attraverso quali strumenti e c) in base a quali principi di legittimazione (Tabella 4.1).

Tab. 4.1 Possibili criteri di classificazione degli autoritarismi.

Criteri distintivi	**Subcriteri**
Chi governa	Elite di partito
	Militari
	Coalizione militari-civili
	Leadership personale e carismatica
	Clero
Strumenti di governo	Organizzazioni di massa legate al partito
	Relazioni su base clientelare
	Apparati e strutture militari
	Legami etno-linguistici
Base di legittimità	Ideologia
	Mentalità
	Contrapposizione etnico-linguistica
	Religione

4.3 I totalitarismi

4.3.1 *La definizione*

Come molti altri concetti della politica, anche quello di totalitarismo ha un uso nel linguaggio comune (di solito con un intento spregiativo) e uno nel linguaggio scientifico (per definire alcuni regimi politici del XX secolo). È compito dello studio della politica fatto in termini scientifici prendere le distanze dall'uso popolare o propagandistico dei termini utilizzati, precisandone i contorni empirici e avvalorando un significato neutro e oggettivo, oltre che privo di ambiguità e di vaghezza. A questo fine, le scienze sociali suggeriscono varie regole e accorgimenti (si veda il secondo capitolo). Nel caso particolare, dobbiamo chiederci: i regimi definiti come totalitari hanno realmente una sindrome di caratteri comuni, tale da giustificare la loro inclusione in una comune casella tipologica? Siamo sicuri che le somiglianze tra nazismo e comunismo, le due esperienze sulle quali il totalitarismo ha trovato una sua più compiuta applicazione, siano così rilevanti? L'uso del concetto di totalitarismo non sarà, forse, il frutto di un intento propagandistico dell'Occidente per screditare i regimi «antagonisti» in epoca di Guerra fredda?

Pur essendo un numero esiguo, i regimi totalitari hanno condizionato la storia del Novecento (Box 4.2), sia per la capacità di trasformare

Box 4.2 – Il totalitarismo, George Orwell e il romanzo *1984*

Indubbiamente, il romanzo di George Orwell, *1984*, scritto nel 1949, costituisce ancora oggi la migliore rappresentazione letteraria della realtà totalitaria. Orwell era stato ispirato dal regime nazionalsocialista e da quello comunista sovietico dell'epoca staliniana, sul quale erano cominciate a trapelare alcune notizie e informazioni (per esempio, sui processi staliniani degli anni Trenta). Nel romanzo si mettono in rilievo aspetti ben noti dei regimi totalitari, come il controllo parossistico sulla vita privata degli individui da parte delle autorità politiche, l'affermazione di un'unica Verità senza possibilità di discussione e contro ogni evidenza contraria, l'assenza di ogni forma di pluralismo, l'infiltrazione dell'ideologia (il «Socing») in ogni aspetto della vita, il culto del Capo (il «Grande Fratello»), la delazione, la repressione da parte della «psicopolizia», il «lavaggio del cervello» e il divieto di pensare con la propria testa. Addirittura l'Autore, ipotizzando l'esistenza di grandi telecamere che spiano di continuo, all'interno delle case, il comportamento delle persone, anticipa l'uso di una tecnologia per meglio controllare le masse, inesistente negli anni Quaranta, ma possibile nei decenni successivi. Famoso l'interrogatorio del protagonista (Winston Smith) da parte dell'inquisitore. Eccone un brano:

«Ricordi d'aver scritto nel tuo diario che la libertà è la libertà di dire che due più due fanno quattro?»
«Sì» disse Winston.
O'Brien sollevò la mano sinistra, rivolgendone il dorso a Winston, con il pollice nascosto e le altre quattro dita tese.
«Quante dita tengo su, Winston?»
«Quattro».
«E se il Partito dice che non sono quattro, ma sono cinque... be' quante dita sono?»
«Quattro.» La parola terminò con urlo di dolore...
«Sei lento a imparare, Winston» disse O'Brien con dolcezza.
«Ma come posso fare a meno di vedere quel che ho dinanzi agli occhi? Due e due fanno quattro.»
«Qualche volta, Winston. Qualche volta fanno cinque. Qualche volta fanno tre. Qualche volta fanno quattro e cinque e tre nello stesso tempo. Devi sforzarti di più. Non è facile recuperare il senno.»

la struttura sociale e istituzionale di singoli Stati (Germania nazista tra il 1933 e il 1945, Unione Sovietica dalla metà degli anni Venti alla metà dei Cinquanta, Cina comunista fino alla morte di Mao nel 1976, i regimi dell'Europa centro orientale tra il 1948 e il 1956, Corea del Nord dagli anni Cinquanta ad oggi, Cambogia di Pol Pot negli anni Settanta, Cuba dopo il 1965), con un profondo impatto sulle popolazioni interne, sia anche per le conseguenze internazionali prodotte. La Russia comunista pone le basi del totalitarismo già alla metà degli anni Venti e ne sviluppa tutti gli aspetti con il consolidamento del potere di Stalin e la persecuzione dei *kulaki* (contadini proprietari) alla fine degli anni Venti dello scorso secolo. I grandi processi staliniani degli anni Trenta ne costituirono poi la continuazione, in nome di un progetto di radicale trasformazione della società russa e dell'eliminazione di tutte le eredità del passato.

Hannah Arendt (1999³) aveva aperto la strada allo studio scientifico del totalitarismo anticipandone alcuni caratteri fondamentali, quali la società di massa, il ruolo del partito unico, dell'ideologia, della polizia segreta, del terrore, della rivoluzione permanente. Il merito della Arendt è stato di avere inquadrato fin dall'inizio il totalitarismo come un'esperienza nuova, senza precedenti storici. Successivamente, il primo contributo alla definizione del «regime» totalitario è quello di Friedrich (1953) e di Friedrich e Brzezinski (1956), che mettono a punto i caratteri della sindrome totalitaria:

1) un'*ideologia totalitaria* comprendente un corpo ufficiale di dottrine riguardanti ogni aspetto dell'esistenza umana, con il fine di realizzare una perfetta società finale e di costruire l'«uomo nuovo»;
2) un *partito unico di massa* controllato da un'oligarchia e spesso confuso con la burocrazia statale;
3) un *sistema di terrore interno* utilizzato sia contro i nemici reali del regime, sia contro interi settori della società, la cui eliminazione costituisce una condizione per la realizzazione dei fini ideologici;
4) il *controllo monopolistico* del sistema coercitivo, dei mezzi di comunicazione di massa e dell'intero settore economico.

Questi caratteri sono stati ripresi, precisati e integrati da molti altri autori. Nel 1957 Franz Neumann (1973) richiamava gli aspetti della concentrazione del potere, del controllo dell'apparato statale e della società da parte del partito unico e dell'esperienza di politicizzazione integrale della società. Altri autori, come Brzezinski (1956), Aron (1958), Finer (1970), Schapiro (1972), Linz (1975, tr. it. 2006), Unger (1974), Fisichella (2000b e 2002), Pellicani (2004), hanno poi ulteriormente contribuito alla precisazione concettuale e all'applicazione della categoria del totalitarismo a esperienze specifiche. Nel corso degli anni Sessanta e Settanta la categoria si precisa e si arricchisce di nuovi elementi e soprattutto, malgrado oscillazioni, attenuazioni e ripensamenti più o meno parziali (Grilli di Cortona, 1980), acquista una sua piena legittimità scientifica.

Una definizione «minima» di totalitarismo ha integrato i quattro caratteri appena elencati con due ulteriori condizioni indispensabili. La prima è l'ostilità nei confronti dello Stato (considerato un residuato di un passato da distruggere), ostilità che ha avuto come effetto concreto il dualismo Stato-partito, nonché la duplicazione e la moltiplicazione degli uffici amministrativi e dei centri di decisione e di potere. In una frenesia maniacale di controllo totale della realtà sociale, nazisti e comunisti fecero in modo che ogni funzione, competenza, ufficio, agenzia dell'amministrazione statale, organo decisionale trovasse un suo duplicato nell'apparato del partito unico. Questo tipo di organizzazione sancì a sua volta: a) una superiorità del partito sullo Stato a livello centrale, al punto che l'immagine che gli studiosi anglosassoni hanno sempre evocato è quella dello Stato come «cinghia di trasmissione» del potere partitico; solo quando il partito è superiore allo Stato possiamo effettivamente parlare di totalitarismo; b) la difficoltà per il cittadino, a livello locale soprattutto, di individuare la vera fonte dell'autorità, in un groviglio di competenze nel quale è impossibile stabilire se a decidere sia il partito, la polizia segreta, il soviet o altro.

La seconda condizione è rappresentata dalla pulsione radicalmente innovativa dei regimi totalitari. Il cambiamento viene imposto dall'alto attraverso il terrore e l'«universo concentrazionario»: si tratta di un arcipelago di campi di concentramento e di sterminio sistematico di intere porzioni di popolazione, non sulla base della logica del «nemico reale» (chi apertamente combatte il regime), ma su quella del «nemico oggettivo» («denunciato e perseguito come tale sulla base di una proiezione futura di ostilità»: Fisichella, 2002², p. 40). Per la Arendt, il terrore è l'essenza del regime totalitario; per Fisichella ovunque troviamo un sistema di terrore, lì siamo in presenza di un regime totalitario (Arendt, 1999³; Fisichella, 2002²); la rilevanza del fenomeno non è solo quantitativa (decine di milioni di persone deportate ed eliminate), ma anche qualitativa, in quanto capace di trasformare i connotati sociali e culturali di un paese. Esso permette al regime l'istituzionalizzazione della rivoluzione, attraverso la sua continuazione dall'alto e la perpetuazione della mobilitazione politica, con l'obiettivo specifico di una trasformazione permanente della società.

4.3.2 *Totalitarismo e fascismo*

Una volta dato per scontato che il termine totalitarismo va depurato dei significati emotivi e propagandistici e che nessuno ne discute l'applicabilità ai casi del nazionalsocialismo tedesco e del comunismo staliniano sovietico, quali sono gli ulteriori ambiti di applicabilità? Limitandoci all'Europa, la discussione si concentra soprattutto su due tipi di esperienze: il fascismo italiano e gli Stati post-staliniani dell'Europa centro-orientale.

Nel primo caso la discussione è soprattutto fra storici e scienziati politici: è o non è quello fascista un regime totalitario? La risposta dello storico è che

> Il fascismo è stato la *via italiana al totalitarismo.* Il totalitarismo fascista fu una realtà in continua costruzione, che venne progressivamente prendendo forma nella cultura politica, nelle istituzioni e nello stile di vita del regime fascista, attraverso un complesso rapporto tra ideologia, partito e regime, che, fra contrasti e contraddizioni, mostra tuttavia costante la presenza di una logica totalitaria propriamente fascista, presente sia nell'ideologia che nell'azione politica del movimento-regime fascista (Gentile, 2003, pp. 45–46).

Secondo questa interpretazione, l'ideologia del fascismo fu la più completa razionalizzazione dello Stato totalitario, fondato sull'affermazione del primato della politica e sulla risoluzione del privato nel pubblico, come subordinazione dei valori attinenti alla vita privata (religione, cultura, morale, affetti ecc.) al valore politico per eccellenza, lo Stato (*ibidem*, p. 55).

Diversa l'opinione degli scienziati politici. Per Fisichella (2002, pp. 167–171), «è certo che, sotto il profilo sistemico e struttural-funzionale il regime fascista non presenta una sindrome politica tale da farlo iscrivere nel novero delle forme politiche totalitarie». E ciò, in sintesi, per le seguenti ragioni:

1) la mancata destrutturazione della società, l'assenza di «furore nichilistico» e la conseguente coesistenza di élites fasciste con élites non fasciste e di istituzioni create dal fascismo con istituzioni ereditate dal fascismo (la monarchia, per esempio);
2) ritmi di industrializzazione e di modernizzazione che non hanno mai assunto cadenze e costi rivoluzionari;
3) assenza di una guerra permanente nei confronti della Chiesa;
4) apparato repressivo mancante dei due elementi propri dei regimi totalitari: la prassi del «nemico oggettivo» e la struttura dell'universo concentrazionario;
5) quanto al rapporto Stato-partito, appare evidente che «il regime fascista non realizza quel dualismo sovversivo di Stato e partito che è tipico delle forme politiche totalitarie» e che non viene mai messo a rischio quel predominio dello Stato – Stato fascista e mussoliniano naturalmente – sul Partito, che costituiva la vera realtà del regime (*ibidem*, p. 171).

Potremmo aggiungere che quella «fascistizzazione dello Stato» proclamata dal fascismo non si realizza mai in modo completo: per fare solo due esempi, la Corona è tutt'altro che fascistizzata (mentre in Germania Hitler è sia capo dello Stato che capo del governo, in Italia il Capo dello Stato è e resta il Re) e le forze armate rimangono legate alla Corona (Fisichella,

2014, 175). Non molto distanti le considerazioni di Linz, che tuttavia concede che il fascismo italiano possa essere considerato un «totalitarismo interrotto» o un «protototalitarismo» (Linz, 1975, pp. 240–245; 2003, p. 190 e pp. 193–4) oppure un «totalitarismo fallito», se si accetta il punto di vista secondo il quale il fascismo, nel corso degli anni Trenta, stava evolvendo verso un regime totalitario. Le ragioni sono, per molti aspetti, le stesse addotte da Fisichella. Indubbiamente, «la natura del compromesso realizzato dalla coalizione durante il processo di assunzione del potere e l'elasticità delle strutture prefasciste presenti nella società italiana, hanno presentato caratteristiche comuni con i regimi che rientrano nell'idealtipo autoritario» (Linz, 2003, p. 193).

L'origine di questo disaccordo sta anzitutto nella specificità delle esperienze di riferimento. Noi sappiamo che la costruzione dei modelli e dei tipi ideali è condizionata e veicolata dai casi empirici di riferimento e dagli oggetti specifici verso i quali indirizziamo la nostra attenzione: è osservando certi fenomeni e constatando come fuoriescono da ogni tipologia precedentemente conosciuta che il ricercatore è portato a proporre nuovi modelli. Anzitutto, una definizione di totalitarismo modellata sull'esperienza del fascismo e una modellata, invece, su quelle del nazismo e del comunismo non possono che mostrare elementi anche consistenti di difformità. Ma il discorso non si esaurisce sui casi empirici di riferimento.

È Linz a rilevare come questo genere di discordanze sia dovuto anche alle diversità dell'oggetto di analisi privilegiato dallo studioso nella sua osservazione: una cosa è analizzare le piattaforme ideologiche, i documenti politici, le norme, i programmi di partito e i proclami dei leaders; altra cosa è privilegiare l'esame della prassi politica, del comportamento degli attori, delle istituzioni di governo e delle altre strutture politiche. Sotto il primo profilo è facile giungere a definire il fascismo come totalitario: gli appelli rivoluzionari, la volontà di trasformazione integrale della realtà sociale, la costruzione dell'uomo nuovo, l'esaltazione del partito, l'aspirazione all'integrale politicizzazione della realtà, l'ideologizzazione dello Stato sono parte integrante dei documenti ufficiali, degli interventi, dei proclami e dei programmi del partito e dei suoi capi. Ma il punto è: quanto di tutto ciò trova una puntuale realizzazione nella realtà effettiva? Se esaminiamo questa, pur riconoscendo – come scrive lo stesso Gentile (1995, p. 137) – che negli anni Trenta si è in presenza di una «accelerazione totalitaria», con precisi effetti anche sull'evoluzione delle strutture politiche (proliferazione delle strutture del partito nella società, creazione della Camera dei Fasci e delle Corporazioni, conferimento nel 1937 delle funzioni di ministro segretario di Stato al segretario del Pnf, leggi razziali), ne deriva che le numerose formulazioni ideologiche miranti alla totalitarizzazione del sistema e le riforme che portarono varie innovazioni nella costituzione del Regno non ci inducono ancora ad includere il fascismo italiano tra le esperienze totalitarie. In conclusione, è sbagliato definire un regime politico dando eccessivo spazio all'intenzionalità degli attori e ha ragione Linz: «più diamo peso al primo aspetto (ideologia, sistema normativo messo in piedi dal regime, ecc.), più tenderemo a considerare totalitario il regime italiano. Più attenzione prestiamo al secondo aspetto (pratiche di governo, strutture politiche, realtà sociale), più ne metteremo in dubbio la natura totalitaria» (Linz, 2003, p. 195).

Queste considerazioni di merito sottolineano anche differenze in ordine alla definizione di totalitarismo. Manca un accordo completo sui caratteri del fenomeno e, in parte, su cosa ricercare per individuare la sindrome totalitaria: da una parte si privilegia l'analisi dell'ideologia, degli obiettivi, delle intenzioni degli attori, nella convinzione che non sia storicamente corretto elaborare una teoria del totalitarismo riferendosi principalmente all'analisi del «regime» (Gentile, 2003, p. 40; ma anche 1995, p. 150); dall'altra, si guarda più che altro ai comportamenti effettivi, alle istituzioni che poi sono sorte e alle relazioni che hanno istituito tra loro, talvolta come effetti inintenzionali di azioni intenzionali. A questa diversa impostazione del problema, di per sé già esplicativa delle differenze di prospettiva, si accompagnano poi le differenze tra due mestieri diversi: quello dello storico e quello dello scienziato sociale in senso stretto. La maggiore aspirazione alla generalità del secondo (che non significa necessariamente adesione a un sapere puramente nomotetico) implica la messa a punto di concetti idealtipici (Weber, 1922b, tr. it 1995), utili per la comparazione tra casi diversi e per ordinare la realtà mediante lo strumento classificatorio. Non è sempre questo l'obiettivo degli storici, spesso refrattari ad «adottare un unico modello teorico per definire esperienze storiche così profondamente diverse, privilegiando somiglianze e analogie nelle forme di azione, di mentalità, di comportamento, nell'organizzazione e nell'esercizio del dominio politico». Il compito principale dello storico è quello «di accertare, prima di qualsiasi analisi comparativa, ciò che è specifico nei fenomeni del passato» (Gentile, 2003, p. 38). Ecco, dunque, le diverse finalità: totalitarismo inteso come strumento concettuale per individuare le specificità e singolarità di un fenomeno e totalitarismo inteso come strumento per creare e individuare classi e tipi di fenomeni.

4.4 Totalitarismo e post-stalinismo: i regimi post-totalitari

Dopo la morte di Stalin nel 1953, in Unione Sovietica e nei paesi del Patto di Varsavia si apre il processo di destalinizzazione, che attenua molti caratteri del regime. Inizia così una fase di revisione del modello totalitario, sottoposto a critica da parte di molti autori che non lo consideravano più adeguato a descrivere le nuova realtà politiche del mondo comunista. La messa in stato d'accusa dello stalinismo al XX Congresso del Pcus, nel 1956, sembrò a molti il preludio di una «liberalizzazione» del sistema sovietico, che incoraggiava a ricercare modelli analitici alternativi a quello totalitario (per una rassegna, Grilli di Cortona, 1980). Su questo si generò un dibattito tra chi difendeva la persistente validità del modello totalitario e chi, invece, lo riteneva ormai definitivamente inadeguato. Tra i primi, Merle Fainsod (1963², pp. 580–581 e p. 583) scriveva che «sotto Chruscev persistono molte caratteristiche tipiche del sistema totalitario. Egli ha conferito un nuovo contenuto all'ideologia ufficiale sovietica, ma resta il suo interprete finale e non è disposto ad accettare alcuna sfida ai suoi fondamenti dottrinari».

Altri studiosi si sforzarono di riadattare il modello totalitario alla nuova realtà del dopo Stalin. Così, Adam Ulam (1960) ha parlato di «totalitarismo illuminato», Allen Kassof (1964) di «totalitarismo senza terrore», Richard Lowenthal (1965) di «totalitarismo senza rivoluzione». Boris Meissner (1966) e Carl Friedrich (1968) hanno riconosciuto il significato della transizione dallo stalinismo, ribadendo però che il concetto di totalitarismo continua a fornire un ausilio esplicativo non indifferente nell'analisi delle società comuniste. A questi sforzi, miranti a ribadire la validità della categoria alle esperienze post-staliniane, seguirono più tardi alcuni tentativi di rendere conto, con nuove categorie analitiche, delle differenze che i regimi comunisti post-1956 presentavano rispetto all'epoca staliniana (Grilli di Cortona, 1980).

Nel 1975, Linz, come si è visto nel precedente paragrafo, propose la categoria del post-totalitarismo, inizialmente come sottotipo di regime autoritario: nei regimi autoritari post-totalitari, scriveva l'autore, restano numerose strutture tipiche della fase totalitaria, ma anche «memorie, relative particolarmente ai suoi caratteri peggiori – il terrore, le purghe – che condizionano le risposte di coloro che partecipano al processo politico e quindi, poi, anche l'evoluzione di quei sistemi» (Linz, 1975, p. 337). Il regime non è più totalitario nelle politiche, ma nelle strutture e nei comportamenti degli attori politici il peso del passato totalitario rimane ancora forte. Nel volume scritto negli anni Novanta in collaborazione con Alfred Stepan (1996, tr. it. 2000a e 2000b), Linz fa del post-totalitarismo una tipologia a se stante, distinta dai regimi autoritari (peraltro già gravati da un eccesso di varietà interne). Inoltre, distingue all'interno del post-totalitarismo, ponendo fine a un orientamento che per lungo tempo ha considerato l'Europa comunista come un tutto unico e indifferenziato[2].

Il post-totalitarismo è dunque caratterizzato dalla quasi totale assenza di pluralismo politico (salvo che nelle forme «mature») e dalla presenza, invece, di forme variabili di pluralismo sociale, economico e istituzionale. Le differenze con il regime totalitario in tema di pluralismo stanno, dunque, nell'azione, spesso sotterranea e non ufficiale, di un pluralismo di cui sono protagonisti soprattutto attori «istituzionali», come le forze armate, i

2 Sul punto rinvio a Grilli di Cortona (1989), dove si richiamano le differenze tutt'altro che irrilevanti fra i regimi del Patto di Varsavia.

servizi segreti, i sindacati ufficiali, la burocrazia, che agiscono sempre più come gruppi di pressione, e *lobbies* in difesa dei propri interessi, condizionando alcune scelte del regime. Ciò incoraggia un pluralismo all'interno del partito unico, ben diverso da un genuino pluralismo politico, ma che, traendo alimento da forme varie di insoddisfazione all'interno del regime e da una società civile che si va facendo più dinamica e articolata, in situazioni di crisi può anche trasformarsi in un limitato pluralismo politico. L'ideologia ufficiale è sempre più debole e ritualizzata; la mobilitazione politica è ormai largamente uniforme, ripetitiva e attenuata rispetto alla precedente fase totalitaria e mirante al mantenimento di un minimo di controllo e conformità sociale; i leader sono raramente dotati di carisma, anche se sempre integrati nel partito unico.

Un caso emblematico di questo passaggio dal totalitarismo al post-totalitarismo è quello dell'Ungheria tra gli anni Cinquanta e gli anni Ottanta. Pur nella persistenza del regime comunista, re-instaurato con durezza dopo la fallita rivoluzione del 1956, il sistema politico subisce poi trasformazioni molto significative. Una volta esaurita la fase repressiva, il «restauratore» Kádár si preoccupa di evitare scelte politiche che possano ravvivare nuove fiammate rivoluzionarie e mette a punto una linea governativa mirante a trasformare l'ostilità diffusa contro il regime in apatia, se non addirittura in una passiva compiacenza.

Il nuovo regime che s'impone, una volta chiusa la partita del '56, costituisce un superamento della fase totalitaria, un «post-totalitarismo maturo» (Linz e Stepan, 2000b). La nuova leadership di Kádár si orienta verso un regime pragmatico e paternalista, volto soprattutto a produrre un clima di apatia e smobilitazione sempre più simile a quello riscontrabile in certi autoritarismi, mediante l'assicurazione di margini di benessere materiale e di qualche concessione in termini di libertà sconosciuti agli altri regimi comunisti. Dalla metà degli anni Sessanta, la nuova leadership assume il ruolo di un monarca benevolo e paterno che ha a cuore il benessere materiale dei propri sudditi.

Di questo sono testimonianza varie riforme introdotte dalla fine degli anni Sessanta in poi. Quella più incisiva è il cosiddetto Nuovo Meccanismo Economico del 1968, una riforma del sistema economico che reintroduce in Ungheria elementi dell'economia di mercato, allargando il settore privato e accentuando il carattere imprenditoriale della piccola produzione. Con tre ordini di effetti (Tab. 4.2), che cominciano ad avvertirsi nel corso degli anni Ottanta e che riguardano la struttura del regime politico, della società civile e dell'arena economica.

Anzitutto, l'élite politica si rinnova, si deideologizza, si apre al contributo degli esperti nei singoli campi, la vecchia ideologia comunista detta sempre meno i criteri decisionali della classe dirigente. Ciò favorisce un ricambio all'interno del partito unico, dove si fanno strada politici di nuova generazione, con una formazione più manageriale che ideologica e che non nascondono l'intenzione di trasformare il sistema in una democrazia

Tab. 4.2 Un confronto tra totalitarismo e post-totalitarismo: il caso dell'Ungheria.

1950	1975
Regime politico	
Totalitarismo	Post-totalitarismo maturo
Centralismo burocratico	Combinazione di strutture oligarchiche, paternalistiche, clientelari e neocorporative
Oppressione della società e lotta di classe dall'alto	Enfasi sul consenso sociale
Assenza di partecipazione	Partecipazione limitata e in crescita
Distruzione della società civile	Rigenerazione della società civile
Radicalismo rivoluzionario	Riformismo moderato
Potere illimitato della ristretta élite partitica	Allargamento dell'élite e cooptazione degli strati alti della burocrazia statale e dei tecnocrati
Livelli minimi di legittimità	Legittimità in crescita
Concezione di un interesse collettivo unitario e indivisibile, rappresentato dal partito unico	Graduale accettazione dei gruppi d'interesse e primi passi verso un più aperto sistema di intermediazione degli interessi
Dominio ideologico e monolitismo ideologico («c'è un'unica via al socialismo»)	Declino dell'ideologia e pragmatismo («ogni paese deve trovare la propria strada al socialismo»)
Economia	
Socialismo di stato totalitario	Socialismo di stato moderato
Economia interamente collettivizzata	Economia collettivizzata, ma espansione dell'economia privata: economia mista
Mercato del lavoro interamente controllato	Mercato del lavoro relativamente libero
Società	
Declino degli standard di vita e crisi sociale	Crescita della qualità della vita
Strategie di sopravvivenza	Strategie di accumulazione
Fine del pluralismo degli interessi	Ripresa del pluralismo degli interessi
Crisi culturale (conformismo, rottura con le tradizioni nazionali ecc.)	Rinascita culturale

Fonte: rielaborazione da Hankiss (1990, Cap. II).

competitiva; se è vero che non fu mai messo in discussione il ruolo guida del partito, è però anche vero che lo stesso partito era sottoposto a cambiamenti importanti, che preludevano a quelli che si sarebbero verificati anni dopo. Allo stesso tempo, e significativamente per un sistema comunista, quasi i tre quarti delle famiglie arrivano a trarre qualche reddito dal settore privato, mentre si riduce così lo spazio del controllo statale, se ne rivelano le crescenti inadeguatezze e inefficienze; si attenua il controllo statale sulla mobilità del lavoro, sulle fonti di reddito, sulle abitazioni; il diritto di detenere la proprietà privata non è più considerato un crimine. Infine, la vera sorpresa dell'Ungheria degli anni Settanta e Ottanta è la società civile. Dopo gli anni piatti dello stalinismo, essa si rianima: le riforme degli anni Settanta e le aperture della fine degli anni Ottanta contribuiscono ad una sua ulteriore rivitalizzazione.

Al suo interno il post-totalitarismo si configura come un *continuum*, che muove da un post-totalitarismo «precoce» al post-totalitarismo «maturo», passando per il post-totalitarismo «congelato» (Linz e Stepan 2000a e 2000b). Il post-totalitarismo precoce è quello più vicino all'idealtipo totalitario e se ne allontana per alcune prime limitazioni al potere del leader (Bulgaria). Il post-totalitarismo congelato si distingue soprattutto per una certa tolleranza verso alcune critiche provenienti dalla società civile, ma conserva ancora intatte quasi tutte le strutture del partito-stato: è il caso della Cecoslovacchia negli anni Settanta e Ottanta. Con il post-totalitarismo maturo, infine, ci si avvicina all'idealtipo autoritario e si attuano trasformazioni significative in tutte le dimensioni del regime, ferma restando l'intangibilità del ruolo guida del partito unico (l'Ungheria negli anni Ottanta). Il pluralismo politico limitato presente in quest'ultimo scenario prelude a trasformazioni politiche ulteriori, se la leadership non dispone della volontà e della forza per una restaurazione del potere del partito unico. Due casi a parte sono quelli della Polonia e della Romania. Il regime polacco, avendo mantenuto proprie peculiarità (ruolo sociale della Chiesa, sistema partitico egemonico, fallimento delle collettivizzazioni agricole) difficilmente compatibili con il totalitarismo, mal si adatta alla categoria post-totalitaria e resta sicuramente assai più vicino a quella dei regimi autoritari. Quanto alla Romania, essa non ha fatto in tempo a divenire un regime post-totalitario, trasformandosi piuttosto, a partire dal 1974 (con il rafforzamento della leadership di Ceauşescu), in un totalitarismo sultanistico (vedi prossimo paragrafo).

Infine, quali le ragioni che spiegano l'affermarsi del post-totalitarismo? Tale esito può essere il frutto di una scelta deliberata delle élites, oppure una conquista di alcuni gruppi della società civile, oppure ancora essere il frutto di una vera e propria decadenza del regime totalitario (Linz e Stepan, 2000b). Il post-totalitarismo costituisce un esito scelto dalle élite di Unione Sovietica e Ungheria, le prime preoccupate di conferire un minimo di sicurezza e stabilità al potere politico dopo la fase delle periodiche purghe staliniane, le seconde di prevenire nuove spinte rivoluzionarie dopo l'insurrezione del 1956. Una scelta consapevole in direzione del post-totaliarismo è stata anche quella cinese, una volta conclusasi l'era maoista. Le riforme economiche e l'opzione verso un socialismo di libero mercato hanno introdotto modifiche rilevanti nel sistema di potere, nonostante il sostanziale immobilismo dell'assetto politico e il rifiuto di ogni seria evoluzione in questo ambito.

Al post-totalitarismo «per conquista sociale» si avvicina invece la Cecoslovacchia, nella quale, negli anni Settanta e Ottanta, si sviluppa un consistente grado di pluralismo nella società civile, con manifestazioni di dissenso non sempre tollerate dal regime. Nel post-totalitarismo «per decadenza» (Bulgaria, ma anche Urss e Cecoslovacchia) l'ideologia e la mobilitazione totalitarie tendono a degenerare in un rituale burocratico, sintomo sempre più evidente dell'erosione della legittimità. È interessante osservare come in alcuni di questi paesi tali dinamiche tendano a riproporsi alla fine degli anni Ottanta, aprendo la strada ai processi di democratizzazione. In Unione Sovietica sono le riforme liberalizzatrici di Gorbacëv la vera novità in un regime in forte decadenza; e anche in Ungheria, la transizione dal comunismo è avviata e controllata dalla stessa élite politica del vecchio regime. In Cecoslovacchia l'iniziativa parte invece dall'opposizione, incoraggiata dagli eventi polacchi e ungheresi.

4.5 I regimi sultanistici

Il concetto di «sultanismo» è introdotto da Max Weber, che lo mette in stretta relazione con il patrimonialismo: «sultanistico deve essere detto un potere patrimoniale che, per il tipo della sua amministrazione, si muove principalmente nella sfera dell'arbitrio svincolato dalla tradizione», quindi al di fuori di ogni forma di autorità tradizionale e di potere legale-razionale (Weber, 1922b, tr. it. 1995, I vol., p. 227). I regimi sultanistici sono diversi dai regimi autoritari personalistici, anche se il confine tra i due è a volte labile e sfumato: nei secondi l'istituzionalizzazione del regime, la *rule of law* e la prevedibilità nell'esercizio del potere sono certamente maggiori. Si differenziano anche dai regimi totalitari per il fatto che ideologia, penetrazione del regime nella società e articolazione delle organizzazioni di regime sono assai meno rilevanti e incisive. Presentano qualche analogia con i totalitarismi nella tendenza ad alimentare il culto del capo, nello scarso grado di istituzionalizzazione del regime, nella presenza di forme di mobilitazione e in una certa imprevedibilità nell'esercizio del potere da parte del leader.

Più precisamente, nel sultanismo l'autorità del leader è alimentata da forme personali di *patronage* più che da ideologie e mentalità; nel sistema politico e in quello amministrativo predominano le relazioni di lealtà e dipendenza; i leader occupano cariche e uffici non per prestare servizi pubblici, ma per incrementare le proprie ricchezze e migliorare il proprio status (Snyder, 1992; Bratton e Van de Valle, 1994; Chehabi e Linz, 1998). Si tratta, dunque, di estremizzazioni del potere personale, che presentano caratteri patrimonialistici e addirittura dinastici, a prescindere poi dagli altri caratteri più esteriori del regime. È proprio tale combinazione di potere personale e dinastico che costituisce il tratto specifico dei regimi sultanistici: la leadership è esercitata su base personale, elargendo favori, fondandosi su un reclutamento limitato ai componenti del clan familiare e agli stretti collaboratori e membri delle clientele ad esso contigue. E, laddove è possibile, la successione del leader è assicurata su basi dinastiche: ciò non si verifica solo negli Stati con una struttura di potere monarchica (l'Iran dei Palhevi o gli Stati arabi), ma anche ad Haiti con i Duvalier, in Nicaragua con i Somoza, in Corea del Nord con i Kim; e sicuramente così sarebbe stato anche in Romania se Nicolae Ceauşescu, nel 1989, non fosse stato estromesso con la forza.

L'ideologia, quando presente, è del tutto subordinata alle rielaborazioni e reinterpretazioni periodiche del leader e finalizzata all'esaltazione del suo carisma e del suo potere. Lo stesso va detto per le strutture del regime e la mobilitazione, strettamente finalizzate al raggiungimento degli obiettivi del leader e del suo staff. Stato, eventuale partito unico, società politica e società civile sono nelle mani del leader, che esercita il potere senza alcun vincolo, sulla base di un'assoluta discrezionalità e facendo ampiamente leva sui membri della sua famiglia, che occupano alcune delle più importanti cariche direttive, politiche o meno, nel paese. Per questo è del tutto corretto affermare che nei regimi sultanistici si realizza una fusione tra regime e Stato: le strutture burocratiche persistono e possono anche essere riformate e rese più efficienti, «ma il leader e i suoi collaboratori intervengono direttamente sulle strutture di governo senza alcun rispetto per le loro norme interne, i loro standard professionali e il loro ethos» (Chehabi e Linz, 1998, p. 10).

È discutibile se il sultanismo possa configurare un tipo di regime non democratico del tutto autonomo o non piuttosto una degenerazione o tendenza di altri regimi. In effetti, i casi empirici che finiscono per essere inclusi in questa specie hanno origini molto varie e presentano anche caratteri strutturali e culturali assai diversi: la Corea del Nord di Kim Il Sung e la Romania di Ceauşescu nascono come regimi comunisti; sia François Duvalier ad Haiti che Ferdinando Marcos nelle Filippine giunsero al potere attraverso elezioni (rispettivamente nel 1957 e nel 1965), per poi trasformarsi, anni dopo, in governanti autoritari, fino ad assumere i tipici connotati del sultanismo (Jackson, 1989; Snyder, 1992); il Nicaragua dei Somoza dal 1936 al 1979 ha origini tipicamente autoritarie; lo Scià di Persia, defenestrato nel 1979, non ha mai abrogato la costituzione del 1906 e ancora negli anni Settanta manteneva un apparente bipartitismo; Fulgencio Batista a Cuba ha governato negli anni Cinquanta con una costituzione emendata e tollerato l'esistenza di un Parlamento, mentre Arabia Saudita ed Emirati Arabi nascono come poteri tradizionali. Inoltre, molte esperienze africane presentano caratteri neopatrimonialistici (Bratton e Van de Valle, 1994) che li avvicinano sensibilmente a questa categoria. Pur con forti differenze (nella società, nella cultura dominante, nella struttura dello Stato, nelle circostanze che ne sono alle origini), tutti questi paesi mostrano un'organizzazione del potere all'interno con caratteristiche relativamente omogenee.

Tab. 4.3 I regimi politici contemporanei: aspetti generali comparativi.

	Totalitarismo	Autoritarismo	Post-totalitarismo	Sultanismo	Regimi ibridi
Leadership	Forte. Alimentazione del carisma e del culto della personalità del leader	Forte/debole	Debole	Forte, fondata sull'alimentazione del carisma e sul culto della personalità (potere personale, del clan familiare e degli stretti collaboratori)	Forte/debole
Struttura del regime	Partito unico forte e rivoluzionario; Stato subordinato al partito e duplicazione degli organi; strutture per la trasformazione dall'alto della società	Partito unico: debole, egemone o assente; potere militare o in mano a gruppi civili; Stato forte e accentrato	Partito unico in via di indebolimento; strutture totalitarie ancora presenti ma in via di disattivazione	Può esservi un partito unico come strumento del leader, della sua famiglia e del suo entourage. Tendenza alla fusione tra Stato e regime	Processi elettorali parzialmente corretti e competitivi; pluralismo partitico e strutture parlamentari sono presenti. Carenza di diritti e libertà politiche
Ideologia/ mentalità dominanti	Ideologia rivoluzionaria pervasiva. Indottrinamento allargato a tutti i livelli	Mentalità predominanti. Fasi ideologiche possibili solo nella genesi del regime	Ideologia debole, di facciata, con un sempre minore richiamo emotivo e culturale	Ideologia quasi mai elaborata come quella totalitaria e subordinata alle rielaborazioni arbitrarie del leader	Assente
Pluralismo politico	Assente	Debole e possibile; pluralismo sociale ad influenza politica indiretta, qualche volta limitato pluralismo politico	Pluralismo istituzionale. Debole e in crescita solo nelle fasi di crisi	Assente e, talvolta, solo di facciata	Presente con limiti
Mobilitazione	Forte, a ondate e finalizzata alla trasformazione accelerata e senza badare ai costi dell'intera società e delle strutture tradizionali. Presenza del terrore	Debole in certe fasi (specie iniziali); più spesso generale smobilitazione	Rituale, routinizzata e priva di spinte di carattere rivoluzionario	Forte o debole, a seconda dei casi, finalizzata agli obiettivi del capo e dell'élite	Debole. Possibilità di ampia partecipazione. Società civile debole, ma in crescita
Modalità prevalenti di esercizio del potere	Potere illimitato dell'élite e sua generale imprevedibilità	Limiti possibili nelle norme scritte, nelle tradizioni e generale prevedibilità	Prevedibilità in crescita via via che il regime si allontana dal modello totalitario	Potere illimitato del capo e dell'élite e sua generale imprevedibilità	Esercizio del potere largamente prevedibile

Fonte: rielaborazione da Grilli di Cortona (2009, p. 31).

4.6 I regimi ibridi

Tra i regimi democratici e quelli non democratici le differenze non sono sempre così nette e definite: per molte ragioni (assenza di alcune condizioni favorevoli alla democrazia, transizioni di regime incompiute, presenza di fattori internazionali negativi), tra le due categorie di regime esiste una «zona grigia», nella quale sono collocati regimi in cui convivono caratteri democratici con caratteri autoritari (Brownlee, 2007; 2009). Guardando quindi agli esiti delle democratizzazioni della terza ondata, se ne trae la conclusione che se è vero che non tutte le democratizzazioni hanno avuto lo stesso grado di successo e che il «prodotto» finale contiene a volte caratteri non del tutto democratici, è anche vero che certi fallimenti delle democratizzazioni non riportano al regime di partenza, bensì a esiti ibridi. Tale, per esempio, è stato l'esito di alcune democratizzazioni nell'area post-sovietica (Baracani, 2010).

Degli 86 Stati che, tra il 1974 e il 2004, avviano una democratizzazione nella «terza ondata», solo 41 riescono a dare vita a democrazie consolidate o in via di consolidamento (Carothers, 2002; Croissant e Merkel, 2004a). Negli altri casi si hanno due tipi di esiti. Nel primo, una regressione verso un regime non democratico, dopo un breve intermezzo che conteneva segni concreti in direzione della democrazia: è il caso di almeno 7 Stati, tra i quali Bielorussia (1996), Repubblica del Congo (2006), Egitto (1993), Emirati Arabi Uniti (1989), Qatar (1989), Russia (2004) e Thailandia (2006). In qualche caso questa regressione è totale, con il ritorno ad un autoritarismo duro, che sembra chiudere ogni porta a evoluzioni pacifiche nel breve periodo: così la Bielorussia, che si allinea al gruppo dei regimi più lontani dalla democrazia. Un secondo esito è invece l'instaurazione di un regime in cui convivono elementi di democrazia (per esempio, le elezioni) con caratteri autoritari, come risultato o di una sorta di ibridazione del regime, oppure di un percorso di democratizzazione mai completato, fermo più o meno a metà strada, in cui non si sia mai conseguito il consolidamento delle istituzioni democratiche in qualche modo erette.

È da notare che questi ultimi esiti vanno ad alimentare quel vasto universo di «Stati parzialmente liberi», secondo la definizione di Freedom House, che costituiscono ad oggi il 28% del totale (esattamente 55 Stati su 195, stando ai dati 2015, relativi al 2014). La crescita di questa categoria di regimi ibridi – «più» democratici rispetto ad un autoritarismo classico, ma «non ancora» (o «non più») pienamente democratici – pone qualche problema teorico. Intanto, la varietà di questi esiti non solo ribalta la tesi di chi pensa che la democrazia sia ormai dilagante ovunque, ma contribuisce anche a creare una categoria altrettanto eterogenea di quella dei regimi autoritari, che sfida – ancora più di quanto non sia avvenuto in passato (Finer, 1970) – la tradizionale visione dicotomica tra democrazie e non democrazie: i diversi livelli di pluralismo politico e di mobilitazione e i caratteri istituzionali del regime configurano situazioni molto diverse, collocabili lungo un continuum che pone i vari casi più prossimi alla sindrome democratica o a quella autoritaria. La definizione di questi regimi, infatti, non può che essere molto generale, includendovi tutti quelli nei quali istituzioni e procedure autoritarie convivono con istituzioni e procedure democratiche e nei quali viene soddisfatta qualche forma di democrazia elettorale, ma non il contenuto di sostanza della democrazia liberale (Magen e Morlino, 2008; Morlino 2008 e 2009; Levitsky e Way 2010).

Inoltre sorge un interrogativo di natura classificatoria: dobbiamo considerare queste realtà come regimi in transizione, e quindi ancora in via di trasformazione, oppure come una categoria di regimi dotati di una propria stabilità e quindi classificabili a parte? Ciò significa chiedersi anche se si tratta di democratizzazioni incomplete, per esempio democrazie che hanno difficoltà a consolidarsi, oppure se abbiamo a che fare con regimi *stabilmente* ibridi e misti, rimasti cioè nella zona grigia tra autoritarismi e democrazie liberali, e quindi dotati di una loro autonoma dignità tipologica.

Un quesito importante riguarda, poi, le ragioni che ostacolano il percorso di questi regimi verso una loro piena democratizzazione. La presenza di forme ibride aveva già attirato l'attenzione di vari studiosi. Finer (1970, pp. 441–531) aveva parlato di *façade democracies* e di *quasi democracies*; Dahl di regimi con «un profilo misto, cioè più favorevole alla poliarchia per certi aspetti e meno favorevole per altri» (Dahl, 1971, tr. it. 1981, pp. 196–197); Linz (1975, tr. it. 2006) aveva individuato alcune esperienze autoritarie in cui erano presenti forme di competizione partitica. O'Donnell e Schmitter (1986) avevano parlato di *dictablandas* e *democraduras*. Tra le denominazioni successive erano state proposte quelle di democrazia illiberale (Zakaria, 1997), democrazia elettorale (Diamond, 1999), autocrazie parziali o liberalizzate (Brumberg, 2002), pseudo-democrazia (Diamond, 2002), democrazia protetta e democrazia limitata (Morlino, 2011), autoritarismo competitivo (Levitsky e Way, 2002), democrazia deficitaria (Croissant e Merkel, 2004b), democrazie distorte (Linz, 2006), autoritarismo elettorale (Schedler, 2006). Il termine «democrazia elettorale» viene utilizzato anche da Freedom House per designare quegli Stati nei quali si hanno elezioni sostanzialmente libere, che soddisfano i requisiti di competizione, suffragio universale maschile e femminile, regolarità, correttezza e accesso ai media da parte dei partiti, ma che si distinguono dalla «democrazia liberale» per carenze in fatto di libertà civili e per il verificarsi di ancora evidenti violazioni dei diritti umani. Negli standard di valutazione di Freedom House, ciò significa che le democrazie elettorali ricadono nella categoria degli Stati semiliberi, mentre le democrazie liberali rientrano nella categoria dei paesi liberi. Nella sua ricerca comparata sui sistemi elettorali tra il 1946 e il 2000, Golder (2005) fa rilevare due dati interessanti: da un lato, la crescita del numero delle elezioni (parlamentari e presidenziali) in tutti i paesi del mondo (dalle 144 nel decennio degli anni Cinquanta alle 395 in quello dei Novanta, cifra significativa anche tenendo conto della crescita del numero degli Stati); e dall'altro il fatto che quasi la metà delle elezioni, tra il 1946 e il 2000, si tengono sotto regimi che non sono democratici (*ibidem*, p. 106 e p. 120).

È utile rilevare la presenza di processi elettorali in regimi che non sono democratici? Occorre valutare se e quanto le elezioni rappresentano effettivamente un'opportunità di libertà e di scelta o se, invece, costituiscono solo uno strumento teso a rafforzare il governo autoritario (Hermet, Rose e Rouquié, 1978). La linea di demarcazione è quella che divide le cosiddette «democrazie elettorali» dagli «autoritarismi elettorali»: nel primo caso, come si è appena visto, si hanno elezioni sostanzialmente libere e competitive in regimi che mancano di alcuni dei requisiti delle democrazie liberali; nel secondo siamo ancora nell'area dei regimi autoritari, sebbene la presenza di elezioni periodiche a suffragio universale e con un limitato pluralismo partitico costituisca un passo avanti rispetto agli autoritarismi classici (Schedler, 2006, pp. 5–6). Infatti, le elezioni sono sottoposte a controlli e manipolazioni che le privano della loro sostanza democratica: mentre i processi elettorali formali sono facili da accertare, le pratiche della manipolazione elettorale sono molto meno accessibili all'ispezione pubblica (Schedler, 2006, p. 8; Hartlin e McCoy, 2006).

In conclusione, oltre alle democrazie vere e proprie e ai regimi non democratici, che non contemplano alcuna elezione, in merito alla presenza e ai caratteri delle elezioni si possono rilevare gli scenari seguenti:

1) *democrazie elettorali*, con elezioni che soddisfano i requisiti democratici e parlamenti, in cui le opposizioni possono svolgere un'attività relativamente libera, ma con ancora forti carenze sul piano delle libertà civili;
2) *autoritarismi elettorali*, nei quali le elezioni costituiscono il risultato di un processo di liberalizzazione del regime, con la presenza di un pluralismo politico limitato, ma dove sono ancora assenti i requisiti di competizione, correttezza e trasparenza delle elezioni democratiche: le elezioni sono ancora in parte manipolate e i parlamenti poco influenti sugli esecutivi;
3) *regimi non democratici*, nei quali il rito elettorale, privo di qualsiasi forma di competitività e controllato in tutte le sue fasi, non è neppure assimilabile ad un'elezione democratica, ma rientra solo nelle pratiche di controllo sociale, di mobilitazione e di auto-legittimazione del regime (i parlamenti sono svuotati di ogni reale significato).

Il primo gruppo di paesi è sicuramente parte dei regimi ibridi, mentre il secondo può rientrarvi quando appare evidente che le elezioni vanno sempre più sfuggendo al controllo dell'élite autoritaria e acquisendo un qualche carattere competitivo, di cui approfittano attori emergenti. L'acquisizione di processi elettorali correttamente democratici costituisce un passo importante verso il conseguimento degli altri requisiti minimi della democrazia, ma non può essere considerata come un passo irreversibile: in qualche caso ha anticipato e incoraggiato democratizzazioni graduali (Messico); in qualche altro ha accelerato il collasso del regime autoritario (Perù e Serbia nel 2000); in altri ancora ha portato alla regressione autoritaria (Azerbaigian nel 1993 e Bielorussia nel 1996).

Pur nelle varie denominazioni adottate, questi regimi si caratterizzano, dunque, sia per la loro condizione di ibrido istituzionale fra una situazione di autoritarismo e una di democrazia, sia per l'aspetto dinamico, ossia per la presenza di un processo di avvicinamento o allontanamento da uno dei due modelli istituzionali di riferimento. Per il primo aspetto, queste esperienze non sono democrazie perché non soddisfano tutti i requisiti minimi di democrazia (vedi quinto capitolo). Le carenze possono riguardare le elezioni (non del tutto corrette), il sistema dei mass media (controllati dall'alto e poco pluralistici), la competizione tra i partiti (alcuni sono ostacolati nella loro attività e l'alternanza al potere appare improbabile), la *rule of law* (corruzione elevata), la neutralità di poteri dello Stato (sistema giudiziario e militari sono coinvolti nella lotta politica), le libertà civili. Tutti questi aspetti devono essere vagliati singolarmente per capire con quale tipo di regime ibrido abbiamo a che fare.

Per il secondo aspetto, di tipo dinamico, il focus è sul cambiamento in corso, da un autoritarismo a una democrazia o anche viceversa. Siamo quindi portati a inquadrare il regime tra quelli in transizione, lasciando in sospeso ogni sua collocazione tipologica fino a quando il cambiamento non si è stabilizzato. In questa prospettiva, lo scopo è «misurare» e monitorare il cambiamento in corso, valutando quali passi sono stati compiuti verso la democrazia e quali restano da compiere. I caratteri ancora non del tutto democratici (o non del tutto autoritari, se il cambiamento imbocca una direzione opposta) vanno inquadrati nell'ambito di una trasformazione in corso, che sembra aver assunto comunque una certa direzione e sulla quale va ovviamente a concentrarsi la nostra attenzione. Si tratta di capire non solo la direzione del cambiamento, ma anche gli eventuali ostacoli ad un suo completamento.

Le due prospettive conducono a impostazioni teoriche diverse. Con la prima identifichiamo questi regimi come ibridi, abbastanza prossimi alla democrazia, anche se non ne soddisfano la definizione minima e non sembrano avere prospettive di evoluzione a breve termine. Con la seconda prospettiva i regimi in oggetto sono regimi che si trovano in mezzo al difficile guado della transizione politica: in tal caso, ogni collocazione tipologica (anche come regime ibrido) rimane sospesa, in attesa della conclusione del processo in atto. Scegliere una delle due prospettive implica anche decidere quando è che un regime di transizione cessa di essere tale. Sta all'osservazione empirica cogliere i segnali in questo senso.

Domande

1 Come definisce Juan Linz i regimi autoritari?

2 Quali sono le differenze tra ideologia e mentalità, in particolare in relazione ai regimi politici?

3 Quali sono le differenze tra monopartitismo forte e monopartitismo debole?

4 Che cos'è e come si definisce il sistema a partito egemone?

5 Quali sono i caratteri dei regimi militari?

6 Come possiamo classificare gli autoritarismi al loro interno?

7 Quali sono i caratteri dei regimi totalitari?

8 Quali sono gli elementi di novità del totalitarismo?

9 Come si possono definire l'universo concentrazionario e il nemico oggettivo?

10 Come si possono definire i regimi post-totalitari?

11 Quali sono i sottotipi di post totalitarismo e come possono essere definiti?

12 Cos'è il sultanismo?

13 Quali problemi teorici ed empirici comportano i regimi ibridi?

Democrazie e democratizzazioni

CAPITOLO QUINTO

5.1 Democrazia e democrazie

Il concetto di «democrazia» nasce nell'antichità greca (Finley, 1982), ma col tempo ha profondamente modificato i suoi significati, attraverso un lungo percorso storico fino ai nostri giorni. La libertà degli antichi consisteva nell'esercizio diretto e collettivo della maggior parte delle funzioni della sovranità, attraverso decisioni prese sulla pubblica piazza, e non contemplava la libertà individuale (Benjamin Constant, 1819, tr. it. 2001): l'individuo era libero in quanto membro del corpo collettivo e non aveva margini di azione autonoma come singolo. La democrazia degli antichi era una democrazia diretta, che contemplava l'assunzione diretta delle decisioni da parte dei cittadini in assemblea, resa possibile sia dalle ridotte dimensioni geografiche e demografiche delle città greche, sia dal fatto che le attività economiche erano svolte da «non cittadini» (soprattutto schiavi). La libertà individuale sarebbe stata conosciuta più tardi grazie al Cristianesimo, al contrattualismo, alla concezione di *homo oeconomicus*, all'utilitarismo e al liberalismo: nelle democrazie antiche l'individuo era totalmente sottomesso al corpo sociale e la dimensione privata subordinata a quella pubblica. La libertà (e la democrazia) dei moderni, quindi, si differenzia nettamente da quella antica, in quanto fondata sulle libertà dell'individuo (Bobbio, 1995, pp. 8–9) e sulla rappresentanza (Sartori, 1987a, pp. 278–297; Fisichella, 1983; 1996; 2000a, pp. 16–22).

Malgrado le profonde differenze tra democrazia degli antichi e democrazia dei moderni, molte critiche persistenti alla democrazia di oggi (Held, 1997, pp. 47 ss.) hanno origine dalle critiche di Platone, il quale, ne *La Repubblica*, definisce la democrazia una forma di governo deplorevole, nella quale i capi dipendono dal consenso del popolo e quindi la leadership è indebolita dalla acquiescenza continua alle richieste popolari; secondo Platone, la democrazia emargina i saggi, la richiesta di libertà e uguaglianza politica è incompatibile con la conservazione dell'ordine e dell'autorità e la libertà democratica degenera in licenza e anarchia. Fin da quando poi il termine democrazia torna a una piena utilizzazione scientifica, non sono mancati tentativi di distinguere tra le varie esperienze democratiche. Ciò ha indotto molti autori ad aggiungere specificazioni e attributi al termine «democrazia». Talvolta, l'obiettivo è di introdurre distinzioni sul piano storico: Schumpeter (1954, tr. it 2001) distingue tra democrazia «classica» e democrazia «competitiva»; Talmon (1967) tra democrazia «totalitaria» e democrazia «liberale»; e Bobbio (1995) tra democrazia rappresentativa e democrazia diretta. Altre volte, si è cercato di cogliere le differenze empiriche all'interno dei regimi democratici attuali, come nel caso della nota distinzione polare proposta da Lijphart (1999, tr. it. 2001), tra democrazie maggioritarie e democrazie consensuali. Sempre in quest'ottica, l'uso degli aggettivi è stato anche una conseguenza della crescita del numero delle democrazie negli ultimi trenta anni: il duplice intento di cogliere la crescente differenziazione interna delle nuove forme di democrazia e di evitare l'eccessivo stiramento del concetto ha prodotto termini come «democrazia autoritaria», «democrazia neopatrimoniale», «protodemocrazia» ecc. (Collier e Levitsky, 1997).

Resta comunque il fatto che la democrazia moderna matura in un contesto economico-sociale molto diverso da quello degli antichi, caratterizzato dal ruolo assunto dall'economia nel perseguimento della felicità individuale e dal rispetto della proprietà, considerata un baluardo della libertà. Questo spiega come il rapporto tra democrazia ed economia capitalistica e di mercato divenga inscindibile. Non sono mai esistite democrazie stabili senza economia di mercato e proprietà privata: la democrazia si è affermata solo in paesi con una prevalente economia capitalistica «e mai (se non brevemente) in paesi con economie prevalentemente non di mercato» (Dahl, 2000, p. 176; 2001). Il capitalismo, dunque, è stato uno dei fattori che più efficacemente hanno impedito che lo Stato divenisse l'unico controllore dei mezzi di produzione, accentuando e rendendo incompatibili con un assetto democratico le disparità di potere tra governanti e governati (Sartori, 1987a, II vol., p. 360). Infine, il capitalismo ha favorito la crescita economica e questa, a sua volta, ha favorito la democrazia. D'altra parte, pur essendo la democrazia «l'ordine politico più sicuro per l'economia di mercato» (Panebianco, 2004, p. 94), è anche vero che capitalismo ed economia di mercato possono coesistere anche con assetti politici non democratici, come mostrano tanti autoritarismi del Novecento. E ciò suggerisce che l'economia capitalistica possa essere vista come una condizione necessaria, anche se non sufficiente, della democrazia (Lindblom, 1977, tr. it. 1979, p. 175; Lipset, 1994, p. 3).

Il termine democrazia denota e circoscrive una precisa realtà empirica. Malgrado ciò, una delle principali difficoltà nella definizione riguarda le forti potenzialità normative in essa implicite. Quando si parla di democrazia è infatti sempre più facile immaginare un mondo ideale, piuttosto che cercare di comprendere quello reale nel quale viviamo. Da ciò deriva che si adottano spesso definizioni che dicono più quello che noi vorremmo che fosse la democrazia che quello che la democrazia effettivamente è: e quanto più le democrazie si affermano nel mondo, tanto più assistiamo a una corsa al rialzo nella definizione. Solo che, così facendo, ci dimentichiamo che dobbiamo definire un regime politico, ossia un assetto politico realmente esistente che chiamiamo democrazia, e non un modello ideale frutto delle nostre legittime aspettative in un mondo migliore. Si tratta di un assetto politico che non manca di difetti, eccezioni, degenerazioni, deviazioni, violazioni, ma i cui caratteri complessivi sono rilevabili empiricamente (Przeworski, 1999), anche attraverso una comparazione con gli altri tipi di regime politico: il fatto che anche nelle democrazie si registrino fenomeni di corruzione e violazioni dei diritti umani non significa che tutti i regimi politici siano uguali.

La maggior parte dei malintesi sul concetto di democrazia, dunque, deriva dal fatto che «c'è chi parla soltanto dell'idea e chi soltanto della realtà del fenomeno» (Kelsen, 1955, p. 59). La scienza politica fa proprio l'insegnamento di Sartori, secondo il quale mentre tutti sappiamo come dovrebbe essere una democrazia ideale, troppo poco sappiamo intorno alle condizioni di una democrazia possibile (Sartori, 1957; 1987a). Ed è proprio quest'ultima constatazione quella che costituisce ancora oggi la principale sfida per un approfondimento della definizione e delle condizioni empiriche della democrazia. L'attribuzione ai governi democratici di compiti sempre più estesi, come garantire il benessere di tutti, l'istruzione di massa, l'assistenza pensionistica, la tutela della salute, il lavoro, la casa è andata di pari passo con l'affermazione del welfare state. Gli attori politici si assumono continuamente questo genere di impegni, col risultato di accrescere le aspettative sulla democrazia e di creare delusione e frustrazione se questi impegni non sono mantenuti. Ma la democrazia non può svolgere tutti questi compiti.

Dobbiamo pertanto sfuggire alla pericolosa tentazione di considerare ogni fallimento delle democrazie in questi ambiti come un fallimento della democrazia come regime. L'adozione di una definizione «sostantiva» (Tilly, 2007, p. 7), ossia basata sul contenuto delle politiche (sicurezza, eguaglianza sociale, welfare, piena occupazione ecc.), «sovraccarica» la definizione con aspetti normativi e ci porta fuori strada, perché non discrimina in modo efficace dai regimi non democratici che pure promuovono politiche simili. Confondere la democrazia con la diffusione di pratiche virtuose significherebbe, infatti, escludere da questa categoria tutti i regimi che oltrepassano livelli significativi di corruzione, inefficienza e incapacità politica: queste caratteristiche negative richiamano la nostra attenzione sulla pessima qualità di una classe politica e possono rendere questi regimi indesiderabili e i loro governi odiosi, ma non necessariamente li fanno diventare non democratici (Huntington, 1995, p. 32).

Quando affermiamo che la democrazia è «un regime politico caratterizzato dalla continua capacità di risposta del governo alle preferenze dei suoi cittadini, considerati politicamente eguali» (Dahl, 1981, p. 1), sfociamo nella prescrizione, con la quale non definiamo la democrazia come *è* ma come *deve essere*. Sappiamo, infatti, che in realtà i governi democratici hanno difficoltà a fornire continue risposte alle preferenze dei cittadini e che neppure i sistemi democratici più avanzati del mondo riescono a soddisfarle; che i cittadini, inoltre, non esprimono sempre preferenze (spesso non hanno la volontà, il tempo e la competenza per farlo); che quando lo fanno, le loro preferenze non sono quasi mai omogenee; che esiste un problema di rispetto e tutela delle preferenze delle minoranze. Tutte obiezioni che, se riferite ad un modello ideale di democrazia, rischiano di trascinarci verso la constatazione che la democrazia non esiste nella realtà o non è un regime praticabile.

Lipset e Lakin (2004, pp. 22–3) respingono l'equivalenza tra democrazia ed eguaglianza economica, sostenendo che la maggiore o minore eguaglianza economica è il frutto di decisioni democratiche che optano per politiche redistributive più o meno accentuate. In sostanza, saranno gli elettori a decidere il grado di eguaglianza economica che desiderano per il loro paese, e su questo orienteranno il loro voto. Ma ciò non può rientrare in nessun modo in una definizione minima di democrazia che dia per scontato che essa attua politiche egualitarie sotto il profilo del reddito.

Bisogna sempre partire, dunque, da una definizione empirica e procedurale, quale – per esempio – quella molto nota proposta da Schumpeter (1954, tr. it 2001, p. 279): «Il metodo democratico è lo strumento istituzionale per giungere a decisioni politiche, in base al quale singoli individui ottengono il potere di decidere attraverso una competizione che ha per oggetto il voto popolare». La definizione di Schumpeter è stata considerata «solo» o «troppo» procedurale, attribuendo spesso al termine procedurale significati spregiativi e contrapponendolo a un'idea di democrazia sostanziale, concreta, non formale. In realtà, questa critica trascura il fatto evidente che la democrazia procedurale costituisce la base per ogni esercizio e sviluppo effettivo della democrazia: è proprio nella caratterizzazione procedurale che troviamo la vera giustificazione della democrazia, perché sono le procedure che garantiscono la maggiore approssimazione possibile all'espressione della volontà popolare. Per procedure democratiche non s'intendono solo le elezioni, ma anche quell'insieme di regole, norme e opportunità che consentono ai cittadini di influenzare l'azione di governo e che fanno di un regime una democrazia rappresentativa. Da qui, parlare di una contrapposizione tra democrazia «procedurale» e democrazia «sostantiva» (o tra democrazia «procedurale» e democrazia «partecipativa») appare del tutto fuorviante.

In una prospettiva di definizione minima, dunque, anche l'assenza di uno solo dei seguenti caratteri significa che siamo al di sotto della soglia accettabile di democrazia (Sartori, 1957 e 1987a; Dahl, 1971 tr. it. 1980, p. 29; Linz, 1981, p. 13; Mainwaring, 1992, pp. 297–98; Schmitter e Karl, 1993; Fisichella, 2011; Morlino, 2003, p. 25; Lipset e Lakin, 2004):

1) Elezioni libere, competitive, ricorrenti e corrette, nell'ambito di un sistema rappresentativo che garantisce l'esercizio della funzione di controllo politico del potere;
2) Suffragio universale maschile e femminile;
3) Inclusione delle cariche politiche nel processo democratico;
4) Autonomia delle istituzioni democratiche e dei processi decisionali da ogni forma di sottomissione a poteri non elettivi o esterni;

5) Diritto di partecipazione per tutti i membri della comunità politica, in una logica di inclusività;
6) Pluralismo partitico e garanzia di competizione, il che significa possibilità per le minoranze politiche di diventare maggioranze;
7) Libertà di espressione, di associazione, di dissenso e di opposizione, nonché rispetto per i diritti fondamentali della persona;
8) Libertà e pluralismo d'informazione.

5.2 Le tre ondate di democratizzazioni

Come si è già visto nei capitoli precedenti citando i rapporti di Freedom House 2015, gli ultimi decenni sono stati caratterizzati da un forte aumento delle democrazie e ciò spiega le ragioni che hanno portato le democratizzazioni a essere uno dei fenomeni più studiati. La democratizzazione è il processo di trasformazione da un regime non democratico a uno democratico. Inizia quasi sempre con l'attenuazione dei rigori repressivi e con aperture pluralistiche (liberalizzazione), che lasciano prevedere una direzione democratica del cambiamento, fino poi all'edificazione di un regime democratico vero e proprio. Gli studi sulle democratizzazioni comprendono una varietà di dimensioni (caratteri del regime di partenza, collocazione temporale, durata, grado di violenza, grado di mobilitazione politica di massa, attori protagonisti, istituzioni, tipi di contrapposizioni politiche) e si soffermano sulle cause (interne ed esterne, culturali e strutturali, politiche ed extrapolitiche) che le favoriscono. Trattandosi di «processi», le democratizzazioni si compiono attraverso fasi temporali, che vanno dalla crisi e/o dal crollo del vecchio regime, all'instaurazione, fino al consolidamento della democrazia, e possono essere concomitanti ad altre forme di transizione (del sistema economico, del sistema statale, della collocazione internazionale dello Stato).

Infine, conducono a molteplici esiti: infatti, possono avere diversi gradi di successo e anche dare vita, alla fine, a tipi diversi di democrazia. Infatti, una democratizzazione può essere avviata, compiere i primi passi e poi fallire attraverso una regressione verso il precedente regime (la vecchia élite riprende il controllo del potere), oppure deviare verso un nuovo regime non democratico: in ambedue i casi il processo fallisce. Oppure, può rallentarsi e restare incompiuta: si instaurano procedure democratiche senza che ne segua una democrazia nella sostanza e nelle prestazioni. Questo è il caso dei numerosi regimi ibridi (Cap. IV). Si ha invece un esito positivo quando la democratizzazione è un processo concluso; il che non significa stagnazione, ma solo che ogni ulteriore sviluppo, riadattamento, riaggiustamento o incremento di qualità (Morlino, 2003; Diamond e Morlino, 2005; Morlino e Sadursky, 2010) rientrano in categorie concettuali diverse dalla democratizzazione, quale potrebbe essere l'evoluzione che caratterizza qualsiasi forma di regime politico e, più in generale, di organizzazione umana.

È evidente, quindi, che le democratizzazioni sono processi articolati, dove le variazioni riguardano gli attori protagonisti, le dinamiche, gli esiti. La democrazia è un regime che si è formato in una quantità di regioni diverse, in presenza di condizioni altrettanto diverse, lungo un arco di tempo di due secoli (dagli inizi del XIX secolo agli inizi del XXI) e sulla base di una sequenza che Huntington (1991, tr. it. 1995) fissa in tre grandi ondate. Ciò significa che cambiano i contesti culturali, sociali e internazionali e con essi anche le condizioni favorevoli allo sviluppo della democrazia: ciò che «serve» a un contesto culturale per raggiungere un assetto democratico e ne determina il successo non necessariamente «serve» in contesti collocati in spazi e tempi diversi. Analogamente, il sistema internazionale, con la fine del XX secolo, opera sempre più favorevolmente e da esso sono partite pressioni sempre più forti. Questo permette di rilevare anche le differenze profonde nei processi di democratizzazione che rientrano nelle «prime» democratizzazioni (prevalentemente nel corso del XIX secolo) e le democratizzazioni del XX secolo, soprattutto a causa del fatto che le prime non avevano modelli da imitare, il che in parte può spiegarne la maggiore durata e gradualità: Rustow (1970, p. 347), per esempio, ci ricorda che la democratizzazione della Gran Bretagna può esser fatta iniziare nel 1640 e non si conclude prima del 1918. Fattori socio-strutturali, storici, politici, economici e culturali possono essere tutti rilevanti nel successo delle transizioni democratiche. Inoltre, anche le democratizzazioni possono essere il frutto di sbocchi imprevisti e non intenzionali.

Ciascuna delle ondate di democratizzazioni e delle relative ondate di riflusso (Huntington, 1991, tr. it. 1995) ha sollecitato l'apertura di periodi di grande riflessione teorica e sviluppo empirico nelle scienze sociali. La prima ondata, che si conclude poco dopo la Prima guerra mondiale, solleva le questioni relative all'affermazione della democrazia di massa sugli assetti politici tradizionali. Essa portò ad un primo incremento delle democrazie, fece seguito all'industrializzazione e fu fortemente connessa all'esigenza di incorporare nei sistemi politici degli Stati dell'Occidente i nuovi ceti (operai e contadini, soprattutto) che ne erano ancora esclusi. Questo suggerisce di tenere analiticamente distinta la prima ondata di democratizzazioni (un insieme ben identificabile di eventi simili e simultanei, che si verificano in vari paesi tra il 1828 e il 1926 e che segnano il passaggio alla democrazia) da quel processo storicamente più vasto che ha costituito l'incubazione della democrazia, frutto di un'evoluzione molto lenta e graduale, priva di modelli di riferimento e che ha implicato la modifica della fisionomia delle società, con la nascita di nuovi gruppi e ceti sociali, la trasformazione dell'economia e la nascita dell'industria, lo sviluppo di nuovi comportamenti e abitudini e di una nuova cultura politica.

Proprio per queste sue caratteristiche, quindi, la prima democratizzazione ha sollecitato alcune analisi e spiegazioni del «come» e del «perché» la democrazia si è poi affermata in alcuni contesti dell'Europa occidentale anziché in altri. Una prima ricostruzione è quella offerta da Dahl (1971, tr. it. 1981, pp. 30–34) e meglio nota, nella raffigurazione grafica, come «scatola di Dahl». La trasformazione dalla politica oligarchica a quella di massa è caratterizzata da due processi fondamentali:

1) il processo di liberalizzazione e competizione (crescono le opportunità di contestazione pubblica, i diritti civili e, in genere, le libertà «positive»);
2) il processo di inclusività, partecipazione, espansione dei diritti politici.

La diversa sequenza di acquisizione e affermazione di questi due processi produce tre diverse strade alla «poliarchia», che è definita da Dahl (*ibidem*, p. 32) come quel regime sostanzialmente liberalizzato e nel quale «è stata riconosciuta la legittimità della partecipazione del popolo al governo» e che è quindi altamente inclusivo e aperto in modo estensivo alla contestazione pubblica. Dahl è riuscito a ricondurre la diversità dei tracciati che hanno portato alla democrazia a tre essenziali:

a) la liberalizzazione precede l'inclusività;
b) l'inclusività precede la liberalizzazione;
c) i due processi si affermano più o meno simultaneamente.

L'affermarsi di liberalizzazione e competizione prima dello sviluppo dell'inclusività e della partecipazione trasforma le egemonie chiuse in oligarchie competitive, mentre l'ampliamento successivo della partecipazione porta alla poliarchia: è il caso di tutte quelle democrazie che si affermano in modo graduale (Gran Bretagna, paesi scandinavi). L'affermarsi, invece, di inclusività e partecipazione prima di liberalizzazione

Fig. 5.1 La «scatola» di Dahl: liberalizzazione, inclusività e democratizzazione.

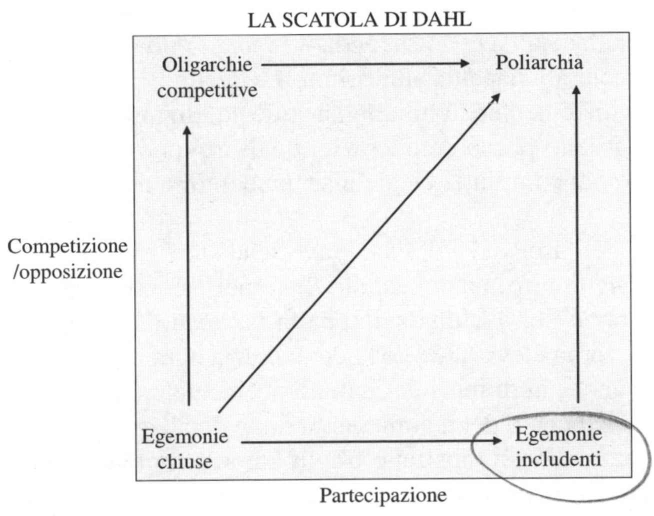

e competizione trasforma le egemonie chiuse in egemonie includenti, e il successivo avvento della liberalizzazione porta poi alla poliarchia (il caso della Germania). Infine, è possibile che liberalizzazione e inclusività siano simultanei, prefigurando così un percorso diretto, senza passaggi intermedi, verso la democrazia (Fig. 5.1).

Per Rustow (1970) la genesi della democrazia deve possedere i seguenti ingredienti: 1) la formazione dell'unità nazionale; 2) un conflitto solitamente scaturito dalla nascita di una nuova élite che si fa portatrice di nuove istanze; 3) l'adozione consapevole di norme democratiche; e 4) una fase in cui leader politici ed elettorato si adattano alle nuove regole.

I percorsi alla democrazia sono vari, dunque, anche se il *terminus ad quem* rimane lo stesso (la democrazia). Le variazioni possono anche essere spiegabili con le quattro «soglie» di Rokkan (1970, tr. it. 1982, pp. 141–166), che rappresentano altrettanti ostacoli da superare nel cammino verso la democrazia:

1) *soglia di legittimazione*: riconoscimento dei diritti civili e della cittadinanza civile;
2) *soglia di incorporazione*: espansione del suffragio e della cittadinanza politica;
3) *soglia di rappresentanza*: i nuovi partiti vengono rappresentati nei parlamenti;
4) *soglia del potere esecutivo*: il governo è responsabile verso il parlamento e ai nuovi partiti si consente di entrare a far parte degli esecutivi.

La prima ondata di democratizzazioni si interrompe e subisce un vero e proprio arretramento durante il ventennio tra il 1922 e il 1942, con la crisi e il crollo delle democrazie più fragili, come l'Italia, la Polonia, gli Stati baltici, la Germania, la Spagna: se nel 1920 26 Stati europei sui 28 complessivi erano democrazie parlamentari, nel 1938 erano rimasti solo 12 Stati liberi. È il periodo in cui si affermano i totalitarismi comunista e nazionalsocialista. La seconda e la terza ondata seguono tempi più stretti e accelerati rispetto alla prima. La seconda, seguita alla Seconda guerra mondiale, sollecita un'analisi sulle condizioni che hanno determinato la crisi delle prime democrazie: quali ne sono state le cause? Quali errori sono stati compiuti? Quale insegnamento se ne trae (Linz 1978 tr.it. 1981)?

La fine del fascismo e del nazionalsocialismo, i processi di decolonizzazione e quelli di formazione dello Stato nel Terzo mondo costituirono il contesto storico nel quale si sviluppa la seconda ondata. Il numero delle democrazie torna elevato (36) e la democrazia comincia a essere esportata e accettata anche al di fuori del mondo occidentale. Un'ondata di assestamento si ha nel corso degli anni Sessanta: le democrazie nate dal processo di decolonizzazione si mostrano fragili e non sempre capaci di governare con successo i conflitti interni; inoltre, emerge in molte aree una certa difficoltà a integrare nella democrazia le istituzioni militari, che spesso s'impongono ai civili attraverso colpi di stato (America Latina, Africa, Grecia, Turchia).

Le democratizzazioni della terza ondata infine, iniziate nel 1974 con la «Rivoluzione dei garofani» in Portogallo, hanno posto ulteriori questioni teoriche ed empiriche. Intanto, esse sono assai più distribuite nel globo rispetto a quelle precedenti e coinvolgono Stati di quasi tutti i continenti (Huntington, 1991, tr. it. 1995; Shin, 2007; Grassi, 2008; Germano, Grilli di Cortona e Lanza, 2014), con diversissimi livelli di sviluppo politico e socio-economico, sollevando problemi di compatibilità con la democrazia di tradizioni e culture lontane da quelle europee e anglosassoni. Inoltre, le transizioni dal comunismo alla democrazia, che costituiscono uno spaccato particolarmente significativo di quest'ultima ondata, presentano elementi di notevole difformità rispetto alle transizioni precedenti. Gli inizi risalgono agli anni Settanta, con la fine dei regimi autoritari nel Sud Europa (Grecia, Portogallo e Spagna) tra il 1974 e il 1978. L'ondata investe poi l'America Latina, con la fine dei regimi militari in Argentina, Bolivia, Brasile, Ecuador, Perù e Uruguay dopo il 1979. Più tardi, verso la fine degli anni Ottanta, inizia anche una transizione democratica di successo in Cile, che porrà fine al regime militare impostosi nel 1973. Nel 2000 si pone fine, dopo oltre settanta anni e un lentissimo processo di liberalizzazione, anche al potere egemonico ininterrotto del Partito rivoluzionario in Messico. Negli anni Ottanta, dopo il ritorno alla democrazia dell'India (1977), è il turno dell'Asia, con l'avvio della democratizzazione nelle Filippine (1986), in Corea del Sud (1987) e a Taiwan (1996), a compimento di un percorso iniziato con la morte di Chiang Kai-shek ventuno anni prima. La fine del comunismo sovietico significherà anche l'apertura di prospettive di democratizzazione nell'area post-sovietica e in Mongolia.

Il crollo dei regimi comunisti cambia la fisionomia dell'Europa centro-orientale anche sotto il profilo del riassetto statale che vi si verifica, con il passaggio da un sistema a 9 stati (Albania, Bulgaria, Cecoslovacchia, Germania Orientale, Jugoslavia, Polonia, Romania, Ungheria e Urss) a uno a 27 stati, in seguito al disfacimento di Urss e Jugoslavia, alla scissione cecoslovacca e alla riunificazione della Repubblica Democratica Tedesca con la Repubblica Federale Tedesca, e poi a 29 dopo la divisione tra Serbia e Montenegro (2006) e la proclamazione dell'indipendenza del Kosovo (2008). Negli anni Novanta si compie qualche passo verso la democrazia anche in Africa, con cambiamenti politici significativi in oltre la metà dei regimi africani (Bratton e Van de Valle, 1994; Robinson e Friedman, 2007): la democratizzazione del Benin e della Namibia (1991), del Sud Africa (1994), del Ghana (2000), del Mali e del Senegal (2002) e quella parziale poi interrotta dell'Angola (2002), nonché i progressi compiuti in Gabon, Mauritania, Mozambico, Nigeria, ne sono i casi più emblematici; ma trasformazioni, sia pure incomplete e parziali, caratterizzano molti paesi e i processi elettorali multipartitici si sono fatti più frequenti rispetto al passato (Carbone, 2005; Grassi, 2008). Assai più impermeabile alle spinte democratizzanti resta il Medio Oriente (Diamond, Plattner e Brumberg, 2003) dove, dopo la fine della fragile esperienza libanese nel 1975, a parte qualche lieve progresso in Giordania già durante gli anni Ottanta, Israele rimane per ora l'unica vera democrazia dell'area.

Sembra allontanarsi la prospettiva di una quarta ondata di democratizzazioni (Diamond, 1999, Cap. VII). Anzi, proseguendo nella chiave di lettura utilizzata da Huntington – che individua ondate e riflussi –, mentre segnano il passo democratizzazioni avviate (Ucraina) o non iniziano democratizzazioni date per imminenti (Cuba), già da qualche anno si moltiplicano i segnali di una ulteriore fase di regressione in atto: il colpo di stato in Pakistan nell'ottobre 1999 e la situazione difficilissima in questo paese; la deriva autoritaria e populista del regime di Chavez in Venezuela; le tensioni crescenti in Bolivia, Congo, Ecuador, Sri Lanka, Kenia; la stabilizzazione autoritaria nelle repubbliche post-sovietiche asiatiche e in Bielorussia; la regressione della democrazia nella stessa Russia, che dal 2004 è classificata da Freedom House come paese «non libero», dopo essere stata classificata come «parzialmente libero» dal 1991; i segnali degenerativi della Repubblica islamica iraniana dopo l'elezione a presidente di Ahmadinejad (2005); i colpi di stato nelle Isole Fiji e in Thailandia (2006). Inoltre, in alcuni casi il mutamento di regime ha portato al collasso dello Stato e a guerre civili in Liberia, Somalia, Afghanistan e Repubblica Democratica del Congo. Questi casi negativi sono solo in parte compensati dalla democratizzazione dell'Indonesia e dai progressi degli ultimi anni in Marocco, Nigeria, Iraq, Serbia. La cosiddetta «Primavera araba» (2010–11) nel Nord Africa, ad eccezione della Tunisia, ha abbattuto vecchie dittature e destabilizzato assetti statali senza dare vita ad assetti democratici. La sostanziale impermeabilità alla democrazia dell'universo Cina, inoltre, mette sempre più a dura prova le previsioni di quanti ritenevano che una forte crescita dello sviluppo economico avrebbe aperto qualche breccia significativa in quel regime. Non è poi del tutto escluso che la crisi economica e finanziaria mondiale, iniziata nella seconda metà del 2008, nel suo impatto su democrazie fragili e appena nate, finisca per favorire anche ulteriori forme di regressione e perfino una nuova ondata di riflusso.

5.3 Fasi e sequenze della democratizzazione

La divisione in fasi permette di analizzare come procede la transizione, attraverso quali passaggi strategici e con quali risultati di volta in volta conseguiti. Essa, inoltre, costituisce un paradigma che, per quanto recentemente criticato (Nodia 1996; Carothers 2002), facilita la comparazione anche tra casi molto diversi. Del resto, tutti i regimi politici attraversano processi simili per nascita, consolidamento e declino. Di questo ci si è resi conti fin dai primi studi sulle transizioni (Rustow, 1970). Prendendo soprattutto le mosse dai contributi di Morlino (1980; 1998; 2003), il percorso da un regime non democratico alla democrazia può essere diviso nelle seguenti fasi:

- crisi ed eventuale crollo del regime del regime non democratico;
- transizione;
- instaurazione;
- consolidamento.

Le modalità attraverso le quali si sviluppa e si conclude ciascuna delle suddette fasi influenzano la fase successiva e l'esito stesso della democratizzazione.

La *crisi del regime non democratico* può manifestarsi in molti modi: con la crescita della violenza, con l'incapacità del regime di governare le emergenze, con l'abbassamento del suo rendimento politico, con le divisioni interne all'élite, con l'aumento della domanda di partecipazione e con la rinascita di movimenti, sindacati e partiti, che trovano sempre più coraggio per uscire allo scoperto e svolgere azioni di opposizione. Lo sviluppo di dissensi e fratture all'interno dell'élite autoritaria costituisce un sintomo di crisi molto frequente (O'Donnell e Schmitter, 1986), soprattutto nei regimi militari.

Divisioni interne si sono verificate, per esempio, in Grecia, Portogallo e Spagna. In Argentina, la successione di quattro diversi leader militari tra il 1976 e il 1983 (Videla, Viola, Galtieri e Bignone) rifletteva le divisioni interne alla Giunta militare, la pressione della crisi economica e l'incapacità del regime di fornire risposte adeguate e convincenti, l'intensificarsi delle manifestazioni di protesta e dell'attivismo delle associazioni per i diritti umani e, alla fine, gli effetti della sconfitta nella battaglia delle Falklands. Anche in Polonia nel biennio 1980–81 (Grilli di Cortona, 1989) sono costretti alle dimissioni due primi segretari del partito comunista (Gierek il 6 settembre 1980 e Kania il 18 ottobre 1981) e due primi ministri (Babiuch il 24 agosto 1980 e Pinkowski il 9 febbraio 1981).

Queste condizioni interne possono poi essere aggravate dall'isolamento internazionale e da minacce all'unità dello Stato provenienti da gruppi etnici interni. È probabile che il vecchio regime tenti in qualche modo di uscire dalla crisi. Sotto questo profilo, vi sono molte varietà di comportamenti. Ne possiamo selezionare tre, tenendo presente che possono anche manifestarsi in successione: la repressione, i tentativi di riformare e rilegittimare il regime, l'avventura militare esterna come diversivo. L'incremento della repressione costituisce la reazione naturale da parte di un regime che rifiuta di ammettere la crisi: è il caso della Polonia nel 1981, della Bulgaria negli anni Ottanta con le persecuzioni nei confronti della minoranza turca, del Myanmar (ex Birmania) nell'estate del 2008, dell'Iran (2010), dell'Egitto, della Libia e della Siria (2011).

Un secondo ordine di reazioni può includere sforzi di introdurre dei cambiamenti per andare incontro alle richieste degli emergenti gruppi di opposizione. La concessione di politiche di liberalizzazione ha lo scopo di tentare di governare il cambiamento, come in Portogallo nei primi anni Settanta, in Polonia prima del 1981 e in Ungheria nel corso degli anni Ottanta: in questi casi si ammette la crisi e ne consegue lo sforzo di effettuare un ricambio parziale di élite e di favorire il coinvolgimento della parte più moderata dell'opposizione. Di solito, però, la concessione anche limitata di diritti civili e politici incoraggia settori dell'opposizione a moltiplicare le richieste, sempre più convinti che il regime non è immutabile né insensibile alla domanda di cambiamento.

Spesso gli sforzi di governare il cambiamento sono accompagnati da politiche destinate a rafforzare la legittimazione dell'élite: in Grecia il regime dei colonnelli varò una costituzione, fatta approvare da un referendum popolare, che aboliva la monarchia e tentava di conciliare una repubblica di tipo presidenziale con il mantenimento di prerogative dei militari. In questa direzione vanno anche letti i referendum-plebisciti nel 1980 e del 1988 in Cile per legittimare la permanenza al governo di Pinochet, trasformare lo «stato d'eccezione» in un'amministrazione ordinaria e «costituzionalizzare» il leader, fornendogli – una legittimazione formale anche con il cambio di titolo da «Leader della nazione» a Presidente della Repubblica (Valenzuela, 1989).

L'ultima opzione per salvare il vecchio regime è l'avventura militare esterna: l'obiettivo è trasferire le tensioni interne sul versante internazionale e così recuperare coesione e consenso. Si spera, infatti, che di fronte ad una minaccia esterna (in genere creata o esagerata ad arte) l'opinione pubblica dimentichi le proteste contro il regime e si stringa «attorno alla bandiera»: questo tipo di comportamento è stato assunto sia dalla Grecia nel 1974, con la crescita della tensione con Cipro e il colpo di stato del luglio 1974, sia dall'Argentina con l'occupazione militare delle Falklands/Malvinas. La reazione della Turchia, che occupa parte dell'isola di Cipro, e quella della Gran Bretagna, che sconfigge gli argentini e rioccupa militarmente le isole Falklands, fanno fallire ambedue i tentativi, che si convertono così in un'accelerazione, questa volta fatale, della crisi dei due regimi.

Se questi tentativi di fronteggiare la propria crisi hanno successo, il regime si riconsolida o semplicemente rinvia più in avanti la resa dei conti con le opposizioni e comunque guadagna tempo. Altrimenti è probabile che si accentuino le divisioni nella vecchia élite e si moltiplichino le contrapposizioni fra vecchi e nuovi contendenti (sostenitori della linea dura e moderati nel regime, estremisti rivoluzionari e riformisti all'opposizione). Gli esiti di questi conflitti possono essere molteplici, inclusa una restaurazione, oppure la nascita di un nuovo autoritarismo.

Esauriti tutti i tentativi di impedire la fine del vecchio regime, si apre *la transizione democratica* vera e propria: il cambiamento si conferma e assume sempre più una direzione verso la democrazia. Riepilogando, dunque, la transizione è la fase intermedia tra due regimi e si apre quando è chiara la crisi del regime non democratico o comunque quando la sua élite politica (o una parte rilevante di essa) proclama l'intenzione di avviare una fase nuova e di estendere in modo significativo diritti e libertà e fa seguire a tali dichiarazioni d'intenti alcune scelte significative (la fine del ruolo-guida del partito unico, il rientro dei militari nelle caserme, l'apertura alle opposizioni, la promessa di imminenti elezioni libere e in genere anche amnistie e la liberazione dei prigionieri politici). Cominciano a venir meno gli ostacoli che fino a quel momento avevano impedito l'espressione delle libertà, del dissenso e del pluralismo. La direzione democratica del cambiamento si manifesta con maggiore chiarezza quando, tra vecchi e nuovi attori, si apre un dialogo e si afferma un ragionevole grado di consenso sulle procedure necessarie per dare vita ad un parlamento eletto dal popolo. È a questo punto che la «transizione» diviene effettivamente «transizione democratica». I diritti civili e politici sono ormai riconosciuti, gli attori predominanti danno garanzie in questo senso e iniziano a negoziare le modalità della trasformazione, il clima è sempre più tollerante e pluralistico, nuovi partiti si affacciano sulla scena politica senza che questo susciti reazioni repressive, una prima legittimità democratica si sta cominciando a formare.

Può essere la stessa élite autoritaria a decidere di avviare la transizione. Nell'America Latina sono stati spesso i militari ad iniziare la liberalizzazione e la transizione. In Ungheria le aperture nascono all'interno del partito unico. La decisione può essere il frutto di politiche e di decisioni che hanno peggiorato la crisi (come l'attacco militare dell'Argentina alle Falklands), oppure di sollecitazioni della piazza e di proteste popolari (come in Perù alla fine degli anni Settanta e in Cecoslovacchia alla fine degli anni Ottanta), oppure, ancora, di divisioni interne all'élite, che si concludono con una vittoria dei riformisti sui conservatori (Ungheria negli anni Ottanta).

Al di là delle denominazioni utilizzate (Huntington, 1991, tr. it. 1995; Munck e Skalnik Leff, 1997) e ferma restando la natura sempre significativa del cambiamento (c'è in ogni caso una rottura con il passato), vi sono almeno due varietà di transizione. Si parla di «transizione continua» quando il cambiamento è graduale, quando è l'élite precedente ad avviare e guidare il cambiamento e quando questo è condotto senza una traumatica rottura con le vecchie regole e istituzioni. In taluni casi il cambiamento può essere anticipato da riforme messe in atto già nel precedente regime, come è avvenuto in Ungheria con le riforme economiche avviate nel 1968 e con quelle elettorali del 1983. In altri casi, il passaggio viene pianificato dalla vecchia élite, che stabilisce modalità, tempi e tappe della transizione. È quanto accade in Spagna tra il 1972, quando Franco, ormai ottantenne, lascia la presidenza del governo a Carrero Blanco, al novembre 1975, quando il Re Juan Carlos, insediato sul trono pochi giorni dopo la morte di Franco, manifesta chiaramente la volontà di procedere alla democratizzazione dello Stato (Bosco, 2005, pp. 20–29).

La continuità della transizione è in genere suggellata da «patti» e compromessi, attraverso i quali si cerca di coinvolgere nel processo decisionale anche i rappresentanti dei nuovi attori collettivi. Assai frequenti in America Latina, tra attori militari e civili, nel caso spagnolo si manifestarono con i patti della Moncloa (ottobre 1977) (Bosco, 2005, p. 31). In Europa centro-orientale, mediante l'avvio delle tavole rotonde (Elster, 1996), che segnano il punto di svolta della transizione con la legittimazione delle opposizioni.

Una transizione «discontinua» si riconosce dalla presenza di eventi traumatici, come colpi di stato, rivoluzioni, occupazioni militari, guerre civili, esecuzioni sommarie. Gli attori protagonisti del vecchio regime vengono sostituiti da una nuova élite emergente, cambiano le regole e le norme fondamentali, si modificano radicalmente o si sostituiscono le istituzioni. Talvolta, la discontinuità include anche una trasformazione della fisionomia dello Stato (proclamazione dell'indipendenza, modifica dei confini e della sovranità, ricollocazione e riallineamento nel sistema internazionale delle alleanze). Quando la discontinuità assume la forma di una mobilitazione dal basso, in cui prevalgono atteggiamenti radicali ed estremisti, un esito democratico stabile diviene più difficile (Huntington, 1984; Diamond e Linz, 1989; Karl, 1990; Rueschmeyer, Hubert Stephens e Stephens, 1992), perché suscettibile di provocare le reazioni negative della vecchia élite che, anziché adattarsi e assecondare il processo di rinnovamento, trae dalla paura di soluzioni rivoluzionarie le risorse per imprimere una svolta reazionaria alla transizione. Tra i casi di transizione discontinua non possiamo dimenticare quella italiana dal fascismo alla democrazia, testimoniata da due guerre (una mondiale e una civile) e dal disfacimento delle istituzioni statali l'8 settembre 1943. Altri esempi di transizione discontinua furono quello portoghese negli anni Settanta e, assai più controverso, quello romeno nei Novanta. Pur nella profonda diversità dei contesti (nel primo caso si ha il crollo di un regime autoritario, nel secondo di un regime comunista con forti caratteri sultanistici), ambedue i paesi presentano un passaggio di regime con accentuati elementi di discontinuità.

Terza fase di avanzamento del processo, l'*instaurazione* include i passi attraverso i quali nasce un regime politico e prendono forma il potere, l'influenza e l'autorità che lo caratterizzano e legittimano (Dahl, 1971, tr. it. 1981, p. 59). Più in particolare, per instaurazione intendiamo la fase che vede l'edificazione delle principali istituzioni del nuovo regime democratico. È probabile che la transizione si sovrapponga parzialmente con i primi passi dell'instaurazione: vi sono infatti molteplici atti, come i negoziati tra la vecchia e la nuova élite, i vari patti e compromessi (sulla data delle elezioni, sulla legge elettorale, sul disegno costituzionale e la fisionomia della futura democrazia, sulle modalità di approvazione della nuova costituzione), che sono a cavallo fra transizione e instaurazione.

Centrale in questa fase è il *constitution-building*. La nuova costituzione rappresenta la sintesi fra le varie componenti del sistema e la base per la costruzione delle nuove istituzioni politiche. Le differenze in ordine al processo di *constitution building* riguardano la sua durata, la scelta dei tempi, le modalità di approvazione della nuova costituzione e il tipo di disegno costituzionale che poi ne emerge. Paesi come la Grecia, i tre Baltici e la Slovenia hanno adottato una nuova costituzione in meno di un anno. Anche l'Ungheria ha emendato la Costituzione del 1949 in pochi mesi (entro la fine del 1989). Più lunghi i processi costituenti in Bulgaria e Romania (quasi 2 anni), nella Repubblica ceca e nella Slovacchia (quasi 4, che sono però il prodotto della separazione in due Stati), in Polonia (8 anni, attraverso un processo a tappe, conclusosi con un referendum nel 1997).

Anche le modalità con cui si legittimano i processi costituenti variano notevolmente. Le nuove costituzioni possono essere approvate da assemblee costituenti (Portogallo, Perù, Bulgaria e Romania); dai parlamenti ordinari che si incaricano di stilare o modificare la legge fondamentale (Polonia, Repubblica Ceca, Ungheria, Lettonia, Mongolia, Slovacchia, Slovenia, Venezuela); attraverso processi in un'unica fase o invece processi incrementali (come è avvenuto in Polonia con la costituzione del 1997); mediante referendum (Romania, Russia, Estonia, Lituania e Polonia), oppure dopo un voto parlamentare (come in tutti gli altri paesi) (Elgie e Zielonka, 2001, p. 38); oppure, ancora, si attuano modifiche alla vecchia Costituzione attraverso referendum, come accaduto in Cile nel 1989.

Un aspetto importante riguarda poi il modello di democrazia e di rapporti interistituzionali prescelto con la costituzione. Su di esso possono influire condizionamenti esterni di diversa intensità (si veda più avanti). Si possono imitare modelli istituzionali esterni presi come punti di riferimento: mentre l'America Latina sembra orientarsi verso forme di presidenzialismo, l'Europa si è soprattutto orientata verso forme di parlamentarismo. Oppure ci si ispira a modelli istituzionali del passato: le istituzioni della precedente democrazia o vengono re-instaurate, quando si vuole marcare la continuità con il passato (come nel caso della Cecoslovacchia dopo il 1989), o stravolte e corrette, se considerate difettose e colpevoli dell'esito infelice di quella esperienza (come nel caso della Repubblica Federale Tedesca alla fine della Seconda guerra mondiale) (Lijphart e Waisman, 1996; Elster, Offe e Preuss, 1999).

L'instaurazione si chiude quando, dopo le prime elezioni libere, il disegno costituzionale trova una sua prima attuazione con la formazione di un parlamento, di un governo, di una corte costituzionale, e con l'eventuale elezione di un capo dello Stato. In questa fase, nel caso in cui siano presenti nella società forti gruppi antidemocratici e antisistema, un grave dilemma per le democrazie si presenta quando le elezioni possono trasformarsi nello strumento che consente la conquista del potere a forze non democratiche il cui obiettivo è di « uccidere » la democrazia nascente (vedi box 5.4). Se un tale rischio è scongiurato, la struttura essenziale del sistema politico è stata eretta. Tuttavia, le nuove istituzioni non devono solo cominciare a funzionare ed «entrare a regime», ma sono spesso costrette ad affrontare ulteriori problemi o dilemmi tipici, che condizionano tempi ed esiti del consolidamento democratico successivo. Fra questi, il ruolo della classe dirigente del vecchio regime: esautorarla completamente o integrarla nel nuovo regime? Due democratizzazioni, assai differenti ma emblematiche sotto questo profilo, sono quelle del Brasile e dell'Argentina. Nel primo caso abbiamo a che fare con una transizione continua avviata da forze armate che strapparono ai civili la garanzia che non sarebbero state fatte indagini sulle loro responsabilità nel vecchio regime. Lo status dei militari viene conservato, così come sopravvive la loro forte influenza sulla politica e la società: ciò favorisce la transizione e l'instaurazione, ma renderà più lunga e complicata la strada verso il consolidamento (Stepan, 1988).

In Argentina la transizione è discontinua e i militari sono costretti a farsi da parte dopo l'umiliante sconfitta nella guerra delle Falklands, che ha fatto crollare definitivamente ogni loro autorevolezza (Grassi, 1999). Tuttavia, la minaccia e il ricatto delle forze armate restano sullo sfondo per molti anni: esse rifiutano di lasciarsi processare per i crimini compiuti durante la dittatura e continuano a condizionare la politica interna, finché il potere civile non ha la forza di introdurre riforme e innovazioni per diminuirne il potere (Waisman, 1989, p. 100).

Il destino dell'élite pone problemi diversi nell'Europa post-comunista: qui si assiste al trasferimento e al riciclaggio di gran parte della vecchia élite comunista e della vecchia «nomenklatura» nel regime democratico. Anche in questo caso, le democratizzazioni presentano aspetti più o meno marcati di continuità/discontinuità.

In linea di massima, nelle transizioni dal comunismo il grado di sopravvivenza delle vecchie élite è abbastanza elevato. Ad eccezione di alcuni *top-leaders* (Zivkov in Bulgaria, Husak in Cecoslovacchia, Rakowski in Polonia, Honecker in Germania Orientale, Ceauşescu in Romania ecc.), che sono stati comunque rimossi, né i provvedimenti di epurazione del personale attuati in alcuni paesi (per esempio, Cecoslovacchia e Germania Orientale), né le prime elezioni competitive che hanno portato al potere élite di opposizione, hanno provocato sostituzioni di massa, anche se è vero che la continuità delle vecchie élite è più evidente nell'economia e nell'amministrazione che nel mondo politico (Higley, Kullberg & Pakulski, 1996). Un caso clamoroso è stato sicuramente quello di Alexander Kwasniewski, ministro dell'ultimo governo comunista polacco, poi eletto presidente della repubblica nel 1995, sulla scia della vittoria dei postcomunisti alle elezioni legislative del 1993, affermatosi peraltro come personalità chiave nel consolidamento democratico della Polonia.

Un ulteriore dilemma dell'instaurazione, strettamente collegato col precedente, è poi se e in che misura la democratizzazione debba contemplare anche un'epurazione del personale della pubblica amministrazione e delle forze armate e di polizia. In linea di massima, sono due i gruppi di circostanze che spingono verso cambiamenti più radicali del personale amministrativo:

la concomitanza di una transizione statale e la carenza di professionalizzazione dell'amministrazione del vecchio regime. Nel primo caso, quanto più la transizione politica investe anche la dimensione dello Stato, la sua fisionomia, le sue frontiere, tanto più sono probabili trasformazioni negli apparati burocratici che dovranno essere adeguati alla nuova forma di stato (Grilli di Cortona, 2000, p. 111). In questo caso, la rimodulazione dello Stato costituisce un'occasione irripetibile per intervenire sulla fisionomia degli apparati amministrativi: la riunificazione delle due Germanie, per esempio, permise di ridimensionare fortemente il personale della ex Repubblica Democratica Tedesca e lo stesso impatto sull'élite fu superiore a quello subito dalla Germania Occidentale dopo la caduta del nazismo nel 1945 (Hoffmann-Lange, 1998, pp. 179ss.). La carenza di professionalizzazione del personale amministrativo può dipendere da bassi livelli di sviluppo, ma anche da una forte ideologizzazione e politicizzazione immesse nel precedente regime, attraverso ondate di reclutamento che privilegiavano la lealtà politica più che la competenza e la professionalità, e da un indottrinamento politico che minava alla base i caratteri weberiani della pubblica amministrazione; anche un'amministrazione fortemente dipendente dalla lealtà al leader e al suo entourage può presentare tali caratteri di disfunzionalità. In altre parole, quanto più le istituzioni burocratiche del vecchio regime sono sviluppate e godono di alti livelli di professionalità e di depoliticizzazione, tanto minore sarà l'impatto della transizione democratica sull'amministrazione dello Stato e tanto più rapida e di successo sarà l'instaurazione democratica (Grilli di Cortona, 2000, p. 111).

L'ultima fase è il *consolidamento democratico*. Esso costituisce il momento centrale dell'affermazione della democrazia: il suo conseguimento riduce le probabilità di una regressione verso forme non democratiche (Pridham, 1995, p. 168). In linea di massima, se le istituzioni dimostrano la propria adeguatezza assicurando stabilità e inclusività, se la transizione vede ricostituirsi un'unità delle élite intorno ai principi e ai valori della democrazia e se la società civile si integra nel nuovo sistema e stabilisce reti di interazione con la società politica, allora il sistema sembrerebbe ben avviato a consolidarsi. La condizione principale, però, è che una democrazia sia percepita dalla maggior parte dei cittadini come l'unica alternativa politica praticabile (Linz e Stepan, 2000, p. 7). La legittimazione, come processo dal basso, diviene cruciale in questa fase: tutti gli attori politici significativi, a ogni livello, si convincono che la democrazia è il regime più appropriato (Diamond, 1999, p. 65). In questi termini, il consolidamento diviene routine democratica, parte integrante della vita sociale, istituzionale e perfino psicologica. Ancora più in concreto, ciò significa (Linz e Stepan, 2000) che nessun gruppo politico significativo cerca seriamente di rovesciare il regime; che, anche in presenza di fasi critiche, la maggioranza ritiene che ogni mutamento politico deve restare entro i parametri posti dalle regole democratiche; e che la democrazia è l'unica alternativa politica anche dal punto di vista costituzionale.

Morlino (2003, pp. 147–8) definisce il consolidamento democratico come quel «processo di definizione-fissazione nei loro caratteri essenziali, e di adattamento in quelli secondari, delle diverse strutture e norme proprie del regime democratico, indotto anche dal trascorrere del tempo». Definizione e adattamento significano «fissazione di istituti, procedure, prassi, consuetudini, routine» propri della democrazia. Devono poi seguire il «progressivo ampliamento dell'accettazione di strutture e norme per la risoluzione pacifica dei conflitti» e un incremento della legittimazione del regime. Questo deve essere riconosciuto non solo dall'opinione pubblica nel suo complesso, ma soprattutto dagli attori collettivi e dalle istituzioni politiche chiave (Gunther, Puhle e Diamandouros, 1995, p. 7). Non accade spesso che un processo di democratizzazione sia il frutto di una quasi unanime legittimazione democratica: come scrive O'Donnell (1992, pp. 19–20), la formazione di una solida maggioranza a favore della democrazia è quasi sempre il frutto della pratica democratica, attraverso una routinizzazione del suo funzionamento e delle sue procedure. La diffusione di pratiche e atteggiamenti democratici è contagiosa e tende ad espandersi da un settore all'altro della società, favorendo la costruzione di una fitta rete di rapporti stabili fra le nuove istituzioni, di nuove strutture intermedie e di una società civile. Fattori internazionali, come la membership in un'organizzazione internazionale o l'aspirazione a entrarvi, aiutano il consolidamento (Pevehouse, 2002).

Il fattore tempo è, dunque, importante, anche se non va sopravvalutato. È importante perché solo con il trascorrere del tempo, cittadini, attori collettivi e istituzioni si abituano e si adattano alle nuove regole e procedure, imparano a farle funzionare e finiscono per accettarle. Infatti, molte delle crisi regressive della democrazia intervengono nei primi 5–6 anni. Non va però sopravvalutato, perché molti processi di democratizzazione portano a democrazie incomplete, o pseudo-democrazie, che restano tali indefinitamente, senza che il tempo favorisca alcun tipo di consolidamento.

Una democrazia ha maggiori probabilità di consolidarsi se il regime riesce ad andare incontro alle esigenze della popolazione, che poi si convince sempre più della insostituibilità delle istituzioni democratiche. Ma esiste anche un «consolidamento negativo» (Pridham, 1995, pp. 168–9), consistente nella soluzione dei problemi rimasti aperti con la transizione e l'instaurazione e nella riduzione di ogni seria sfida alla democratizzazione ancora presente. Infatti, una democrazia consolidata non è solo un regime inclusivo, che amplia la partecipazione e la legittimità; è anche quella che ha successo nell'opera di neutralizzazione dei partiti sleali o antisistema (Linz, 1978, tr. it. 1981; Schedler, 1998), che sa arginare l'azione dei gruppi estremisti, violenti e illegali e che è in grado di difendersi da tentativi di erosione, di delegittimazione e di rovesciamento dall'interno. Riuscire a difendere la democrazia (Capoccia, 2005), senza ricorrere alla sospensione delle procedure democratiche, costituisce un indubbio sintomo di consolidamento democratico. La versione «negativa» del consolidamento ha la funzione, dunque, di impedire l'erosione lenta della nuova democrazia o la sua regressione verso forme semi-democratiche. La versione «positiva», invece, guarda alle possibilità della trasformazione verso una democrazia liberale a tutti gli effetti (Schedler, 1998). Ciò richiama la capacità di una nuova democrazia di iniziare a funzionare effettivamente e quindi di possedere e stabilizzare istituzioni dotate di un minimo di efficienza.

Non è possibile conseguire il consolidamento democratico finché restano «poteri tutelari» e «domini riservati». I «poteri tutelari» sono strutture ereditate dal precedente regime, prive di ogni legittimità democratica, che mantengono il potere di controllare gli organi politici elettivi, limitandone le decisioni e subordinandoli alle proprie volontà. Esempi sono il Consiglio della Rivoluzione nel Portogallo del 1974, il Consiglio dei guardiani in Iran e il Comitato consultivo politico-strategico creato da Pinochet in Cile alla fine degli anni Ottanta. I «domini riservati» costituiscono aree decisionali sottratte alla sovranità e all'autorità dei governi elettivi; sono il prodotto di minacce e imposizioni con la forza da parte di attori dotati di risorse coercitive (di solito, le forze armate), che cercano di conservare la propria capacità decisionale in aree particolari e strategiche. In molte transizioni da regimi militari (si pensi al Brasile, all'Argentina, al Cile), questi ultimi hanno cercato di sottrarre anche successivamente ai governi civili ogni decisione riguardante il bilancio dei militari, l'acquisizione di armamenti, il controllo delle carriere interne (Agüero, 1995; 2004). In questi casi, il consolidamento progredisce solo quando questi poteri sono ricondotti al controllo dei civili. In Portogallo, per esempio, solo nel 1980 il ministero della Difesa è affidato ad un civile; poi nel 1982 viene sciolto il Consiglio della Rivoluzione e, approvata una legge relativa al controllo civile sulla difesa nazionale e a partire dal 1986, con l'elezione del socialista Soares a presidente della repubblica, anche quest'ultima carica va nelle mani di un civile (Linz, Stepan e Gunther, 1995).

Riepilogando, in una democrazia consolidata la maggior parte degli attori collettivi e dei cittadini, nonché le principali istituzioni dello Stato, ritiene la democrazia l'unico regime possibile, senza alternative praticabili. Inoltre, si è realizzata, con il trascorrere del tempo, una routinizzazione delle prassi democratiche (le elezioni si tengono regolarmente, il responso delle urne è accettato da tutti i principali attori in gioco, non ci sono rilevanti formazioni politiche che si propongono l'abbattimento del regime democratico). In terzo luogo, lo Stato esercita la sua sovranità sull'intero territorio nazionale e nessuna formazione o gruppo sociale rilevante ne mette in dubbio l'esistenza, l'unità e la legittimità. Quarto, le relazioni tra le istituzioni dello Stato sono improntate al reciproco rispetto e al riconoscimento delle reciproche competenze. Infine, la capacità dimostrata di superare momenti di grave crisi economica, come alcuni paesi post-comunisti nel corso degli anni Novanta a seguito del contraccolpi sociali della transizione dall'economia pianificata all'economia di mercato, o politico-istituzionale, come il superamento di tentativi di colpo di stato (Spagna nel 1981).

La constatazione che il consolidamento è stato raggiunto anche in contesti nei quali la legittimazione democratica era debole ha poi portato alla formulazione della teoria dell'ancoraggio (Morlino, 1998, tr. it. 2008; 2003; 2011). Sotto questo profilo, un caso emblematico è quello italiano (Grilli di Cortona, 2007) con la nascita della Repubblica post-fascista. I limiti della legittimità democratica in Italia erano evidenti, per la presenza di partiti nei quali prevalevano orientamenti di ostilità verso le nuove istituzioni politiche nate dalla Costituzione del 1948. Infatti, le elezioni «critiche» del 1948 avevano visto sì il formarsi di una maggioranza democratica solida, ma i partiti antidemocratici non erano affatto irrilevanti quantitativamente. A destra, il Movimento Sociale (MSI) raccoglieva le eredità del fascismo e della Repubblica Sociale del 1943–45. Favorito dalla legge elettorale, si attestava su uno stabile 5% di voti. A sinistra, il partito comunista (PCI), che dopo la partecipazione attiva alla stesura della Costituzione, si era confermato partito antisistema, raccoglieva ben oltre un quinto dei voti, era in grado di mobilitare le masse operaie e di condizionare le relazioni industriali attraverso una forte influenza sul maggiore sindacato del paese (CGIL). La situazione, poi, si aggravava ulteriormente con la presenza di formazioni politiche, come i monarchici e i socialisti, che oscillavano tra una collocazione antisistemica e una di semilealtà o, per dirla con Sartori, di semi-accettazione del sistema. La posizione ambigua dei socialisti (PSI), che da un lato si dichiaravano favorevoli alle istituzioni democratiche ma dall'altro non rinunciavano del tutto al patto d'azione con i comunisti, contribuiva a mantenere ampi settori della sinistra fuori del sistema.

Eppure, malgrado tali difficili condizioni, il consolidamento democratico è stato realizzato. Secondo Morlino (2003, pp. 149–163), le dimensioni del consolidamento sono sia la legittimazione (processo dal basso verso l'alto, consistente nello sviluppo di atteggiamenti positivi verso le istituzioni democratiche, considerate come le più appropriate), sia l'ancoraggio (processo dall'alto verso il basso, consistente nella formazione e nel cambiamento di ancore che tengono agganciata, vincolano e controllano la società civile, ancorandola, appunto, alla democrazia). In assenza di una legittimazione forte e inclusiva, in cui i soggetti politici sono integrati e coinvolti nell'accettazione e nel sostegno delle istituzioni democratiche, e in presenza, invece, di una legittimazione esclusiva, con settori, anche importanti, dell'élite che non accettano le istituzioni democratiche, venendone così di fatto esclusi, entrano in gioco le ancore. Queste sono le organizzazioni partitiche, il clientelismo, il neo-corporativismo e il ruolo di *gatekeepers* svolto sempre dai partiti.

La presenza capillare dei partiti nella società e la stabilizzazione di loro legami con gli altri attori collettivi (gruppi di interesse, sindacati, ecc.); la distribuzione di benefici a singoli cittadini operata dalle forme clientelari della politica; la formazione di accordi stabili tra associazioni imprenditoriali, sindacati e governo, in un contesto di concertazione e partecipazione tipico di assetti neo-corporativi; e infine il ruolo svolto dai partiti nel controllare l'accesso dei gruppi d'interesse e delle élite alle sedi decisionali, fissando le priorità degli interessi rispetto alle diverse domande e proteggendo gli interessi più rilevanti presenti nella società: queste le azioni di ancoraggio che possono contribuire allo sviluppo del consolidamento, anche in assenza iniziale di una forte legittimazione. Legittimazione che, tuttavia, potrà crescere e rafforzarsi, col tempo, anche grazie all'azione delle «ancore».

In Italia dunque, se è vero che i fattori internazionali concorsero indubbiamente a un riallineamento di alcuni partiti più favorevole al riconoscimento della democrazia, è però altrettanto vero che furono soprattutto le variabili interne ad aiutare il conseguimento del consolidamento democratico. Quello italiano (Morlino, 2003, p. 169) fu un «consolidamento attraverso i partiti». I partiti furono costretti al rispetto delle regole del gioco democratico e ad adattarsi alla logica competitiva, al fine di guadagnarsi il consenso di settori rilevanti della società civile. La forte polarizzazione ideologica, che caratterizzava gran parte della Prima Repubblica, accentuava la competizione e obbligava i partiti a integrarsi nel sistema, paradossalmente anche quelli che se ne consideravano (o erano percepiti come) al di fuori.

5.4 Spiegare la democrazia: condizioni storiche e formazione dello Stato

Perché la democrazia nasce in Europa occidentale e nel mondo anglosassone e non altrove? Per rispondere a tale domanda occorre indagare sull'esistenza o meno di condizioni favorevoli che hanno in qualche modo facilitato l'avvento di regimi democratici. Parleremo di tre gruppi di condizioni: le condizioni storiche, quelle socio-economiche e i fattori internazionali. Relativamente alle prime, Moore jr. (1966, tr. it. 1969), Rokkan (1973), Hintze (1980), Tilly (1991) ne hanno indicate alcune, che richiamano i processi che hanno portato all'equilibrio dei poteri, allo sviluppo mercantile e di una nobiltà indipendente, al pluralismo delle istituzioni, allo sviluppo delle città. A questi fattori vanno aggiunte le questioni legate alla sicurezza: l'esistenza di minacce continuate dall'esterno favorisce lo sviluppo di un potere militare troppo forte e convoglia le risorse verso la formazione di una potenza militare, a scapito di un'economia mercantile e di un'industrializzazione spontanea, in un contesto che veda dominante la libertà di mercato.

Indubbiamente l'esperienza del feudalesimo occidentale, almeno in alcuni suoi aspetti (equilibrio di poteri, pluralismo di istituzioni, di ceti e di corporazioni, influenza e diffusione del diritto romano), e quella di alcune sue successive linee evolutive (separazione tra Stato e Chiesa, mercantilismo e sviluppo del commercio, nascita della borghesia, sviluppo di centri urbani sempre più autonomi) sono da correlarsi positivamente con la nascita della democrazia. È in un simile contesto, in una società civile in cui si sviluppano molteplici interessi e gruppi che li difendono, che matureranno poi quelle pressioni dal basso, tese ad allargare diritti e libertà e ad ampliare gradualmente l'incorporazione nel sistema politico di settori di popolazione fino a quel momento esclusi da ogni processo decisionale.

Uno degli aspetti centrali preliminari allo sviluppo della democrazia e di qualsiasi altro tipo di regime politico moderno è la configurazione dello Stato. Com'è possibile costruire delle regole che governano la politica se manca il consenso sullo «stare insieme»? In tal senso, vari autori (Rokkan, 1966; Rustow, 1970; Bendix, 1980; Rueschemeyer, Huber Stephens e Stephens, 1992; Linz e Stepan, 2000a) hanno segnalato l'importanza di una unità territoriale o nazionale. Gli accordi sul carattere dello Stato e sui suoi confini, la soluzione dei problemi di sovranità interna devono essere preliminari alla formazione della democrazia: prima di democratizzare uno Stato, occorre avere uno Stato nel quale sia possibile erigere una democrazia. Le forme moderne di governo hanno nello Stato, con i caratteri assunti nel corso della storia (si veda il Cap. III), il loro territorio e la loro comunità di riferimento. Le democrazie non fanno eccezione e implicano sempre l'esistenza di una comunità politica i cui membri ne accettino la legittimità e di un sistema legale che realizzi e sostenga i diritti e le libertà incluse nella definizione di regime democratico e la tutela degli individui da ogni potere arbitrario. O'Donnell (2007, pp. 2–48) mette in evidenza che la democrazia rappresenta una scommessa di inclusività e di universalismo: ciò implica una definizione di cittadinanza politica come realizzazione e godimento dei diritti e delle libertà che sono parte della democrazia e un ruolo cruciale dello Stato nel promuovere la realizzazione e il sostegno ad una allocazione universalistica di tali diritti. Ne deriva che la cittadinanza politica e il regime democratico presuppongono: a) l'esistenza di uno Stato che delimiti un particolare territorio, all'interno del quale vivono i cittadini che godono dei diritti politici e b) un sistema legale dello stesso Stato, che assegni la cittadinanza politica su basi inclusive e universalistiche. Una democrazia politica, dunque, non può essere definita solo sulla base del regime, ma la presenza di una *polity*, all'interno della quale essa funziona, e del suo sistema legale diviene una condizione preliminare da cui non si può prescindere.

Se manca un consenso sulla fisionomia statale, se la sovranità dello Stato sul territorio non è assicurata e garantita, se le spinte alla secessione da parte di territori rilevanti dello Stato sono incontenibili, se esistono gruppi etnici, linguistici o religiosi che non si riconoscono nella *polity* in cui sono inclusi, allora la costruzione di istituzioni democratiche passa in secondo piano rispetto ad esigenze come la difesa esterna e la sicurezza interna. A questo punto, gli ostacoli sulla via di un normale funzionamento del regime democratico diventano insormontabili: le istituzioni non sono messe in grado di funzionare, i rappresentanti eletti non saranno capaci di far attuare le leggi dalle autorità all'interno di un determinato territorio e non sarà possibile realizzare alcuna *rule of law* e assicurare una convivenza civile (Rustow, 1970; Dahl, 1981; Linz e Stepan, 2000a; Morlino, 2003): la democrazia richiede che si sia in grado di esercitare un monopolio della forza «weberiano» all'interno di un dato territorio, tale da garantire i diritti dei cittadini e la capacità di estrarre risorse.

Il tema dei rapporti tra *state-building*, *nation-building* e *democracy-building* solleva, quindi, alcune questioni cruciali. La prima riguarda le differenze culturali (etniche, nazionali, linguistiche, religiose) all'interno di uno Stato. L'intensità e la forza dei conflitti nazionalisti sono determinati dagli obiettivi e dal grado di politicizzazione dei gruppi che contestano la legittimità dello Stato, da come sono dislocati sul territorio (se concentrati o dispersi), dalla loro entità numerica e compattezza, dalla presenza o meno di un qualche sostegno internazionale. La concomitanza di simili conflitti con un processo di democratizzazione rischia di ritardare quest'ultimo, se non addirittura di provocarne il fallimento. Ogni discussione intorno ad una irrisolta questione di *nation-building* accentua la politicizzazione degli aspetti identitari e di esclusione e mal si concilia, quindi, con la democrazia. Del resto, sono molti i casi storici che mostrano come l'esistenza di una forte rivendicazione di indipendenza nazionale all'interno di uno Stato, o comunque qualunque seria sfida all'integrità dello Stato, renda più difficile il processo di democratizzazione (Rokkan, 1999, tr. it. 2002; Linz e Stepan, 2000a) e il funzionamento di qualsiasi democrazia. Una seconda questione riguarda poi i rischi connessi al principio di autodeterminazione, storicamente molto forte a partire dalle ideologie nazionaliste del XIX secolo. La storia degli ultimi due secoli ci dice che tale principio, per quanto coerente con gli ideali democratici e liberali, oltre certi livelli contribuisce a distruggere una democrazia o ne ostacola la realizzazione (Diamond e Plattner, 1994; Bogdanor, 1995; Grilli di Cortona, 2003).

In caso di contesti multinazionali, una soluzione compatibile con uno sviluppo democratico non può prescindere da accordi e patti tra le parti: un esempio virtuoso in questo senso è stato quello spagnolo degli anni Settanta, il cui punto di arrivo è costituito dalla celebrazione di elezioni «autonomiche» in tredici regioni spagnole (Bosco, 2005, Cap. IV), mentre un caso contrario è quello russo, dove la dimensione consensuale è ridotta e dove, infatti, il processo di democratizzazione ha subito un brusco arresto (si veda il Box 3.1).

5.5 Sviluppo socio-economico e democrazia

Secondo Seymour M. Lipset, lo sviluppo socio-economico è una delle condizioni che favoriscono la democrazia. Scrive, infatti, Lipset (Lipset, 1959, p. 75):

> Forse la più ampia generalizzazione che collega i sistemi politici agli altri aspetti della società è che la democrazia è correlata allo stato dello sviluppo economico. Concretamente, questo significa che più una nazione è benestante, più aumentano le probabilità che essa sostenga un regime democratico.

La tesi muove da una constatazione storica: le democrazie si sviluppano più agevolmente e precocemente laddove il potere delle armi e il potere politico sono costretti a fare i conti con poteri economici autonomi (Tilly, 1991). Per controllare la sua ipotesi, Lipset utilizza una serie di indicatori dello sviluppo economico, come i livelli di ricchezza, di industrializzazione, di urbanizzazione, di istruzione. Ciascuno di questi indicatori, applicati ad alcuni gruppi di paesi (Europa occidentale, mondo anglosassone e America Latina), è misurato attraverso una serie di indici. Tutto sembra confermare che quanto più un paese è benestante, industrializzato, istruito e urbanizzato, tanto più è facile che il regime sia democratico. Un paese povero aumenta le probabilità del nepotismo e del clientelismo; un paese ricco e benestante vede la crescita dei ceti medi e delle organizzazioni indipendenti, vede sdrammatizzare la questione della redistribuzione del reddito e aumentare l'efficienza del sistema nel suo complesso. Non è la ricchezza in quanto tale ad aiutare la democratizzazione, ma i fattori correlati ad essa e allo sviluppo socio-economico, come il più alto livello di istruzione e una più equa distribuzione del reddito. Tutto ciò poi alimenta la legittimità nel sistema. Anche se non è sostenibile che un alto livello di istruzione sia una condizione sufficiente per la democrazia, l'evidenza suggerisce che essa è sempre più una condizione necessaria. Ricchezza e istruzione accrescono le prospettive degli strati più bassi della popolazione e diminuiscono la loro disponibilità a farsi mobilitare da ideologie estremiste. L'esistenza di un'economia di mercato evita che il potere politico costituisca l'unica fonte di ricchezza e minore è la quantità di risorse economiche che lo Stato è in grado di controllare, «maggiori sono le possibilità di una comunità politica libera» (Lipset, 1994, p. 3).

Complessivamente la tesi di Lipset è stata accolta positivamente dalla letteratura delle scienze sociali, anche se non sono mancate obiezioni, dubbi e aggiustamenti. Muller (1988) sottolinea come la distribuzione del reddito possa vanificare gli effetti positivi dello sviluppo economico, confermando l'esistenza di una relazione reciproca: la democrazia, nel lungo periodo, influisce su una migliore redistribuzione del reddito e sull'attenuazione delle ineguaglianze, e questo, a sua volta, rafforza la legittimità democratica. Vanhanen (1997), alla luce di 172 casi esaminati, riconosce l'esistenza di molti fattori che influenzano i processi di democratizzazione ed enfatizza il ruolo della distribuzione delle risorse: quando le risorse economiche, intellettuali e di potere sono ampiamente distribuite, allora si delineano le condizioni favorevoli al sorgere di un regime democratico.

Diamond (1992), dopo aver segnalato la rilevanza della collocazione regionale come variabile interveniente (all'epoca dell'articolo di Lipset, la maggiore concentrazione degli autoritarismi europei era in Europa orientale), suggerisce una serie di conclusioni. Anzitutto, lo sviluppo socio-economico aiuta la promozione della democrazia in due sensi:

dove la democrazia già esiste, esso contribuisce alla sua stabilità e alla sua legittimità; dove ancora non esiste, lo sviluppo socio-economico porta prima o poi alla democratizzazione. In secondo luogo, non è lo sviluppo socio-economico in sé a causare lo sviluppo democratico, bensì quell'insieme di mutamenti sociali che ne sono l'effetto più o meno diretto (crescita del reddito, aumento dell'istruzione, miglioramenti nell'accesso alle cure mediche, fruizione delle comunicazioni di massa). In terzo luogo, lo sviluppo socio-economico favorisce la democrazia solo se incide favorevolmente su quattro variabili intervenienti: la cultura politica, la struttura di classe, le relazioni Stato-società e la società civile. In quarto luogo, la relazione tra sviluppo socio-economico e democrazia non è unilineare, ma somiglia piuttosto a una curva a N: le probabilità di una democrazia crescono tra i paesi poveri e forse in quelli con livelli medio-bassi di reddito, diminuiscono ai livelli intermedi, tornano a crescere tra gli alti livelli di sviluppo. Infine, lo sviluppo socio-economico non è un «pre-requisito» della democrazia, bensì (come del resto scrive lo stesso Lipset) un «requisito»: ciò significa che non è escluso che si sviluppi una democrazia in paesi scarsamente sviluppati, ma che per durare essi dovranno promuovere forme di sviluppo all'interno, riducendo la mortalità infantile, incrementando l'istruzione, accrescendo il benessere. Da ciò un'indicazione chiara circa il possibile ribaltamento della direzione causale della relazione: la democrazia può promuovere lo sviluppo e non solo lo sviluppo promuovere la democrazia.

Huntington (1991, tr. it. 1995), senza negare la rilevanza della correlazione, ne aveva evidenziata la natura spuria: molti paesi ricchi erano ricchi anche prima di diventare democratici, così come molti paesi sono diventati ricchi dopo essere diventati democratici. Przeworski, Alvarez, Cheibub e Limongi (1996) rilevano come lo sviluppo socio-economico sia solo una delle condizioni della stabilità democratica, essendo le altre il grado di uguaglianza nel reddito, il clima internazionale, l'apprendimento politico, la scelta e gli effetti delle istituzioni. La nascita delle democrazie può scaturire da una guerra (Germania, Giappone e Italia dopo la Seconda guerra mondiale), dalla morte del fondatore del regime (Spagna di Franco), da crisi economiche, pressioni straniere (Przeworski, Alvarez, Cheibub e Limongi, 2000). Si conferma, quindi, quanto già rilevato da Diamond (1992), e cioè che una democrazia può sorgere a qualsiasi livello di sviluppo economico e non è necessariamente il prodotto della modernizzazione. Anche per questi autori, dunque, la correlazione può essere ribaltata: una volta instaurata, la democrazia diviene a sua volta un potente fattore di sviluppo economico, grazie alle sue politiche favorevoli all'economia di mercato.

Fisichella (2008, pp. 123–139) solleva un paio di obiezioni. La prima è che lo sviluppo economico è portatore anche di crisi e di conflitti gravi e, come tali, sempre destabilizzanti; la seconda è che la tesi di Lipset trascura alcune eccezioni rilevanti, che mostrano come «nell'area occidentale non tutti i paesi ad alto sviluppo economico hanno fruito di sistemi politici di democrazia stabile»; in conclusione, si propone una correzione alla tesi di Lipset: la stabilità democratica non dipende dallo sviluppo economico e anche dalla legittimità democratica, ma da quest'ultima e poi, semmai, anche dallo sviluppo economico. E infatti il nucleo di molte obiezioni successive a Lipset è determinato dalla constatazione di un sempre maggior numero di eccezioni alla correlazione tra sviluppo economico e democrazia, eccezioni che sono cresciute con la terza ondata di democratizzazioni. La diffusione della democrazia in paesi privi dei requisiti socio-economici di Lipset, come Benin, Botswana, Mongolia, Namibia, Sud Africa, tanto per citare alcuni casi che si aggiungono al caso «classico» dell'India (box 5.1), pone qualche interrogativo: si tratta di eccezioni che «confermano» la regola oppure, dato anche il loro numero crescente, sono eccezioni che confutano la tesi generale, confermando che le cause della democratizzazione sono sostanzialmente diverse da un caso all'altro e da un'epoca all'altra, e che nessun livello o schema di sviluppo economico appare necessario o sufficiente a generare la democratizzazione? Oppure, ancora, si tratta di altrettante conferme dell'asserzione di Diamond (1992) e di altri, e cioè che la relazione si può invertire, nel senso che a volte nascono prima le democrazie e poi, a loro volta, queste promuovono lo sviluppo socio-economico?

Lo sviluppo socio-economico accresce le probabilità della democrazia, perché il mercato e la crescita del benessere alimentano i ceti medi, favoriscono lo sviluppo di un cittadino più istruito, più informato, più partecipativo e quindi più consapevole dei propri diritti e delle proprie capacità di influenzare il potere; inoltre, ne favoriscono i contatti internazionali attraverso la libertà di movimento e l'apertura delle frontiere. Nei dettagli, poi, l'impatto dello sviluppo socio-economico sulla democrazia non solo varia da caso a caso, a seconda degli effetti prodotti sulla società e le élite, ma varia anche in funzione della fase che sta attraversando la democrazia: se la dimensione socio-economica è relativamente poco significativa in una fase di transizione, essa diviene invece rilevante nel consolidamento (Gunther, Puhle, Diamandouros, 1995, p. 3), dal momento che contribuisce ad accrescere la legittimità democratica.

Lipset ha avuto anche il merito di sottolineare il dilemma di molti regimi non democratici: sia la crescita dello sviluppo che il suo declino (Geddes, 1999) arriverebbero a minarne comunque la legittimità. In conclusione, malgrado sia difficile dimostrare l'esistenza di un vero e proprio nesso causale tra sviluppo economico e democrazia (Somaini, 2009, pp. 139–42), nessuna delle ipotesi seguenti può essere esclusa: a) lo sviluppo socio-economico aumenta le probabilità della democrazia; b) la democrazia può a sua volta generare sviluppo; c) democrazia e sviluppo

Box 5.1 – Perché l'India si è democratizzata?

L'India, a parte la breve interruzione 1975–7, costituisce una democrazia già a partire dall'adozione della costituzione del 1950 (quindi in condizioni di povertà, analfabetismo e sottosviluppo economico assai più drammatici delle attuali). È ancora oggi un paese povero, classificato dalla Banca Mondiale come economia a reddito nazionale lordo annuale medio-basso. L'interrogativo di fondo è come sia possibile che la democrazia indiana sia riuscita a sopravvivere in presenza di condizioni considerate normalmente tanto avverse alla democrazia: un paese molto esteso, profondamente diviso all'interno (anche se va ricordato che, dal punto di vista della presenza religiosa, oltre l'80% della popolazione è induista), con forti livelli di diseguaglianza, punte elevate di tensione e di conflitto interni, indici di sviluppo socio-economico relativamente bassi. Quali sono, allora, i punti di forza, capaci di compensare queste mancanze, della democrazia indiana?

Anzitutto, sono proprio le condizioni genetiche della Repubblica indiana a spingere verso la democratizzazione. L'indipendenza dell'India si afferma grazie ad un'élite post-coloniale scaturita da una formazione democratica conseguente all'influenza britannica, che ha saputo attirare sul modello democratico il maggiore consenso interno e che ha dato vita ad un grande partito democratico (il Partito del Congresso), innovatore, stabile e maggioritario (anche grazie ad una opposizione divisa), che si è dimostrato come un solido ancoraggio alla democrazia fin dall'inizio e per molti anni. Si aggiunga poi che l'unità dell'India nasce da un almeno duplice conflitto: prima contro il governo coloniale britannico, poi contro il Pakistan per il possesso del Kashmir (1947); quest'ultimo conflitto è riesploso in momenti successivi (1965–6 e 1971) e non è mai stato completamente sopito, anche se i due paesi hanno ormai stabilito normali relazioni diplomatiche; aspre tensioni sono periodicamente esplose anche con la Cina (per esempio, nel 1962), sempre su questioni relative alla sovranità su territori di frontiera. Non c'è dubbio che questi conflitti abbiano finito per rafforzare l'identità e la coesione nazionali. Inoltre, le stesse grandi dimensioni del paese si convertono in un vantaggio, sia perché spingono fin dal primo momento l'élite ad optare (Costituzione del 1950) per un sistema federale (il solo in grado di tenere insieme l'Unione), sia perché sono proprio le dimensioni dello Stato che hanno consentito di circoscrivere e localizzare i conflitti interni, evitando che si estendessero e generalizzassero. Ciascuno dei 25 stati della Federazione vede al suo interno il dominio di un gruppo etnolinguistico, che però è ulteriormente diviso in caste, sub-caste e ulteriori fratture socio-economiche e religiose: questo reticolo di divisioni e di fratture, che si intersecano tra loro, impedisce che i conflitti da uno Stato si estendano agli Stati vicini e ne agevola la gestione e il contenimento.

Il mantenimento di un permanente stato di tensione all'esterno, riguardante questioni legate alla sovranità dello Stato, ha svolto un ruolo di conservazione dell'unità interna e di rafforzamento della legittimità dello Stato, frenando finora le minacce di frammentazione interna. Inoltre, l'approccio alle questioni dell'identità nazionale è stato dominato da una cultura politica delle élite sostanzialmente moderata e negoziale, che ha consentito di emarginare i settori estremisti, con un sistema partitico che ha fornito un canale di espressione e di partecipazione ai gruppi che si sono mobilitati politicamente. Ancora: una solida tradizione di subordinazione del potere militare a quello civile ha contribuito a rafforzare la scelta democratica iniziale, evitando all'India quell'esperienza di interventismo militare, che caratterizza invece, con una certa continuità, altre arcc regionali post-coloniali.

Infine, Lijphart (1996) attribuisce la longevità e la relativa stabilità della democrazia in India allo sviluppo di un modello di democrazia consociativa, unica possibile in una società divisa. La democrazia consociativa, che in India si sarebbe sviluppata con forza tra il 1947 e il 1967, mantenendo poi una versione più attenuata dopo il 1967, si fonda, come è noto, su quattro caratteri fondamentali (Lijphart, 1968; 1977): a) governi di grande coalizione che includono rappresentanti dei maggiori gruppi linguistici e religiosi; b) autonomia culturale di questi gruppi; c) adozione del criterio della proporzionalità per tutte le cariche, sia elettive che amministrative; d) diritto di veto delle minoranze sulle questioni che le riguardano. L'India presenterebbe, secondo Lijphart, tutte e quattro le condizioni, ritenendo ininfluente la presenza di alcuni fattori devianti dal modello consociativo, come la struttura spesso maggioritaria o quasi maggioritaria dell'esecutivo (con frequenti gabinetti monopartitici), una forma di stato federale ma con un centro molto forte e un sistema elettorale selettivo (*plurality system*).

possono essere insieme il prodotto di altre cause che li hanno generati; d) lo sviluppo economico esercita un'influenza positiva sulla capacità delle democrazie di rafforzare la propria stabilità. Inoltre, e) sia lo sviluppo che il declino socio-economici mettono a rischio la stabilità dei regimi autoritari. A ciò si aggiunga che, con le democratizzazioni della terza ondata, la debolezza di alternative culturali e istituzionali alla democrazia ha abbassato notevolmente la soglia di sviluppo socio-economico che prima si reputava necessaria alla genesi democratica.

Box 5.2 – Perché la Cina non si democratizza?

Dalla fine degli anni Settanta in poi, grazie alle riforme messe in atto dalla leadership post-maoista, la Cina ha sperimentato un'imponente rivoluzione capitalista. Ha avuto un fortissimo sviluppo economico, ha abbandonato l'ideologia comunista proclamando il «socialismo di libero mercato» e si è pienamente integrata nei mercati mondiali. La sua attuale economia ha superato di almeno sei volte quella di vent'anni fa. Quello cinese è stato uno sviluppo economico che, favorito dalle autorità politiche, ha consentito la diffusione del benessere e della ricchezza in molti settori della popolazione: la proliferazione della proprietà privata e delle piccole imprese ha avuto come effetto lo sviluppo di ceti medi e di élite capitaliste a tutti gli effetti; la popolazione urbana sta superando quella delle campagne. L'arricchimento personale, in altre parole, non è più considerato un crimine, ma una fonte di miglioramento per l'intera società.

Questa evoluzione ha alimentato le previsioni più ottimistiche circa una prossima democratizzazione del paese. In effetti, la Cina ha compiuto qualche passo verso la liberalizzazione politica nel corso degli anni Ottanta (Diamond, 1999, pp. 264–267), quando la dirigenza cinese ha discusso ed elaborato un modello di riforme democratiche di modesta portata e quasi tutte le principali riforme istituzionali, come il rafforzamento del corpo legislativo e la legge che stabilisce elezioni di villaggio, sono state varate in quel periodo. Tuttavia, dopo la repressione di piazza Tienanmen, nel giugno del 1989, non solo non è stata più attuata alcuna riforma in senso democratico, ma gli stessi dirigenti cinesi sono ancora oggi molto attenti ad evitare di suscitare aspettative in questo senso. È vero che non tutto è rimasto immobile, che si registrano un clima diverso perfino all'interno del Partito comunista e una maggiore libertà nei media, e che all'interno della Cina operano organizzazioni non governative sostanzialmente tollerate – anche se strettamente controllate – dal regime. Così come è anche vero che i dirigenti comunisti parlano molto di riforme all'estero, nel tentativo di tranquillizzare l'opinione pubblica mondiale e di trasmettere esternamente l'immagine di un paese che non coincida con quella di uno stato di polizia.

Tuttavia, si è avuto di fatto un consolidamento del potere autoritario, come del resto registrano le valutazioni di Freedom House, che dal 1989–90 tornano ad assegnare il punteggio 7 sia ai diritti politici che alle libertà civili, per poi registrare qualche lieve progresso sul versante delle libertà civili (valutate col punteggio 6) a partire dal 1998–99. Le libertà religiosa, sindacale, di stampa non esistono. Il mondo dei media (a cominciare da internet) è sempre strettamente controllato, il potere giudiziario è nelle mani del partito. Editori, giornalisti e docenti universitari devono stare allineati alle posizioni ufficiali. In conclusione, malgrado la presenza di tanti ingredienti tipici dello sviluppo economico capitalista, il sistema politico non ha finora dato segni concreti e significativi di democratizzazione interna.

Come spiegare questa totale impermeabilità del sistema politico cinese alle spinte in direzione della democratizzazione? Una possibile spiegazione passa per le questioni del *nation-building* e dello *state-building*. Nel rapporto tra cambiamento del regime e assetto statale, l'analisi dei processi di democratizzazione ha evidenziato negli ultimi decenni due tipi di percorsi. Nel primo, la «questione nazionale» si presenta in termini di compatibilità con le istanze di democratizzazione: l'affermarsi dei principi di autogoverno, di libertà e di sovranità popolare coincide con i processi di formazione della nazione e dello Stato, o comunque non li mette in pericolo quando questi sono stati superati e risolti da tempo. È il caso dell'India (vedi Box 5.1), dove costruzione delle istituzioni democratiche, affermazione dell'indipendenza nazionale e della sovranità statale e adozione del modello federale e di politiche consociative sono tutti momenti di un unico grande processo, sostanzialmente omogeneo e senza particolari incompatibilità e contrapposizioni.

Il secondo percorso vede, invece, sorgere problemi di compatibilità tra questione nazionale e democratizzazione. Quest'ultima, in altre parole, può contribuire a riaprire vecchie contrapposizioni e mettere a rischio l'integrità dello stato. E ciò può, a sua volta, rafforzare nelle élite la convinzione che liberalizzazione e democratizzazione siano le principali responsabili della disgregazione. Questo secondo percorso spiega molte delle difficoltà incontrate dalle democratizzazioni nell'Europa centro-orientale e in Russia. Una questione nazionale sul tappeto può alimentare concezioni e comportamenti politici miranti a rafforzare le identità nazionali e a mettere in secondo piano i principi di tolleranza, di convivenza e di inclusività propri della democrazia.

In qualche caso questi snodi pericolosi sono superati grazie all'affermarsi di élite animate da moderazione e spirito negoziale, in grado di incanalare il cambiamento in modo da comporre i conflitti: così, per esempio, nei paesi baltici, in Slovacchia, e forse anche in alcune delle democrazie post-jugoslave. In altri casi, invece, le élite si rafforzano nell'idea che ogni apertura politica può costituire un'arma letale nei confronti dell'integrità statale e della coesione nazionale. Questo è sicuramente il caso della Cina oggi, oltre che della Russia (che peraltro rappresenta per i cinesi un modello di riferimento almeno dalla Rivoluzione del 1917).

Nel caso della Cina, dunque, ciò che un regime totalitario e autoritario è riuscito sinora a tenere insieme rischierebbe di disgregarsi in presenza di una eventuale democratizzazione, della quale approfitterebbero tutte quelle minoranze (tibetani, mongoli, uiguri) che, in passato ma anche oggi, hanno avversato in molti modi l'incorporazione nella Repubblica cinese, per chiedere autonomia e indipendenza, e alle quali si assocerebbero sicuramente «entità» incorporate più di recente, come Macao e Hong Kong. La democratizzazione indebolirebbe, dunque, uno stato già debole e poco legittimato e potrebbe avere effetti devastanti sulla coesione dell'attuale Repubblica popolare.

Per quanto il livello di sviluppo socio-economico configuri, dunque, una serie di indicatori che, meglio di altri, fanno prevedere in certi paesi uno sviluppo democratico, non mancano le eccezioni. Infatti, accanto ad autoritarismi che persistono malgrado la presenza di condizioni di grande sviluppo economico (si pensi alla Cina) (box 5.2), vi sono democratizzazioni che hanno successo nonostante condizioni interne negative. L'India e la Mongolia (il primo paese frutto della seconda ondata di democratizzazioni, il secondo della terza) diventano Stati democratici, pur avendo indicatori socio-economici molto bassi. I paesi arabi, al contrario, non sono democratici, pur avendo livelli di reddito molto elevati (si veda il Box 5.3).

Box 5.3 – Democrazia e petrolio

Quando Lipset ha messo in relazione lo sviluppo socioeconomico e la democrazia, aveva ben in mente il fatto che non è la ricchezza in sé ad aumentare le probabilità di uno sviluppo democratico, bensì «certi» suoi effetti, quali l'aumento della scolarizzazione e dell'istruzione, la crescita dei ceti medi, il maggiore accesso ai mezzi di comunicazione, la riduzione delle diseguaglianze. Non tutte le forme di ricchezza sono uguali, dunque, e soprattutto non tutte portano alla democrazia. Anzi, si è ormai affermata la convinzione che quanto più la crescita di reddito è determinata dalla produzione e dalla vendita di petrolio o di altri prodotti combustibili, tanto più si riducono le probabilità della democratizzazione. Tuttavia, la grande maggioranza dei paesi grandi esportatori di combustibili è di religione islamica e ben 12 sui 25 maggiori produttori sono collocati in un'area precisa (il Medio Oriente). Questo potrebbe creare qualche interferenza sulla relazione positiva tra petrolio e autoritarismo: non è che magari la scarsa propensione di questi paesi a democratizzarsi dipende da ragioni culturali (la religione) o dalla presenza di un conflitto come quello che affligge da decenni l'area medio-orientale? Proprio per superare queste obiezioni e non considerare solo i paesi islamici del Medio Oriente, Ross (2001) ha svolto una ricerca su un gruppo molto ampio di paesi (113) tra il 1971 e il 1997.

Da tale ricerca risulta confermata la relazione negativa tra la condizione di paese produttore di petrolio e democrazia: i redditi da esportazione di petrolio ostacolano, e non favoriscono, le democratizzazioni. Uno Stato che percepisce grandi rendite dallo sfruttamento del petrolio (anziché dall'estrazione di risorse dalla popolazione) è uno Stato *rentier* ed è in grado di accrescere il suo potere senza bisogno di far leva sulle entrate fiscali. E, come messo in rilievo dallo stesso Huntington (1991, tr. it. 1995), minore è il livello di tassazione e minori sono le ragioni del pubblico di chiedere rappresentanza. Se al tempo della rivoluzione americana valeva il detto *no taxation without representation*, oggi vale l'opposto: *no representation without taxation*. Senza pressione fiscale, la ricerca del consenso da parte del governo e la domanda di partecipazione e rappresentanza da parte dei cittadini si riducono. Le ingenti ricchezze petrolifere favoriscono una centralizzazione dello Stato, un'espansione del suo ruolo nella società. Ciò pone le leadership al potere nella posizione di spendere molto, di sostenere ampie reti clientelari per impedire la formazione nella società di gruppi indipendenti, frenando così la crescita del dissenso e di movimenti di opposizione, e allo stesso tempo di cooptare con tale meccanismo soggetti sociali che potrebbero prima o poi organizzarsi in opposizione e sfidare il regime.. La ricchezza da petrolio ha bisogno di un forte Stato autoritario e questo ha bisogno del petrolio. La corruzione è un esito altamente probabile e lo sviluppo della *rule of law* diviene più difficile.

Si aggiunga poi che le rendite a disposizione dello Stato sono usate per finanziare gli apparati di sicurezza, le forze armate e le strutture repressive. Il rafforzamento della politica di potenza all'esterno e la conservazione dell'ordine interno mirano alla costruzione di uno Stato forte e impermeabile alle spinte verso la democrazia. I regimi redditieri possono utilizzare le loro rendite, dunque, per mantenere stati di polizia in cui è all'ordine del giorno la repressione del dissenso, e le speranze di sviluppare effettive alternative politiche da proporre alla società sono ridotte al minimo. Inoltre, un regime non democratico che dispone di rendite petrolifere può prolungare la sua vita, fintanto che è possibile sfruttare tali rendite per «comprare», attraverso meccanismi politici e sociali e attraverso l'elargizione di benefici materiali, la passività e la smobilitazione politica dei propri sudditi.

Per le ragioni suddette, la popolazione di questi Stati tende all'inattività politica, a una relativa obbedienza e lealtà al potere: c'è una generale tendenza all'assopimento, se non a una vera e propria neutralizzazione, della società civile. D'altra parte, la presenza di grandi compagnie straniere per lo sfruttamento della risorsa energetica, con i suoi tecnici e funzionari, ostacola la nascita di un ceto imprenditoriale interno, limita lo sviluppo di un ceto operaio e di una classe media e la ricchezza che si forma è frutto di privilegi più che di lavoro e di merito, una ricchezza da rendita e non una ricchezza frutto di attività imprenditoriali fatte di iniziativa individuale, amore per il rischio e voglia di salire la scala sociale: non c'è alcuna «etica protestante» in questo genere di arricchimento. I confini tra pubblico e privato sono difficili da cogliere, poco percepiti e assai confusi.

Il semplice possesso dei giacimenti pone le autorità che li controllano nella condizione di disporre di enormi ricchezze senza particolari oneri: l'estrazione e la produzione petrolifera richiedono infatti grandi capitali e tecnologie, ma piccole quantità di manodopera altamente specializzata, e la forte domanda globale di risorse energetiche fa sì che tali capitali, tecnologie e manodopera possano essere «importati» in cambio di una quota di profitti (Karl, 2004). In compenso, però, petrolio e altre fonti energetiche costituiscono risorse che muovono l'economia mondiale, dotano questi paesi di un enorme potere di ricatto, visto che, agendo sulla quantità di produzione, possono condizionare le economie sviluppate. Ne deriva che, di fatto, il possesso di rilevanti risorse energetiche è una condizione di conservazione del regime, sia che si tratti di una «sporadica» democrazia o di una «ricorrente» dittatura.

La maggior parte degli Stati redditieri risulta costituita da regimi autoritari che riescono a durare nel tempo (si pensi al regime di Saddam Hussein in Iraq, a quello militare nigeriano, all'Indonesia di Suharto, all'Iran dei Reza Palhevi o all'Arabia della dinastia saudita). Laddove deboli democrazie riescono poi a formarsi (come in Venezuela dopo il 1958 o in Russia dopo il 1993), le difficoltà di consolidamento democratico rimangono comunque fortissime, come si vede dagli sviluppi recenti in questi due paesi. Ovviamente la ricchezza da petrolio non può essere la sola spiegazione (per i paesi islamici entra anche la spiegazione culturale-religiosa), ma è certamente quella più efficace, dal momento che i paesi produttori, per un verso subiscono alti livelli di intervento esterno (compagnie petrolifere straniere divengono partner del governo in carica), per un altro verso, proprio perché non alimentano alcuna domanda interna di partecipazione attraverso lo sviluppo di una tassazione, non sono oggetto di pressioni internazionali a favore dell'efficienza burocratica e della democrazia (Karl, 2007, p. 9).

Date queste premesse, un elemento potenziale di fragilità di questi paesi esiste e diventa evidente in coincidenza di periodi di caduta dei prezzi delle risorse energetiche sui mercati mondiali, quando cioè le chiavi della stabilità di tali regimi, ossia le rendite, si riducono a livelli tali da non garantire più il funzionamento dei meccanismi di smobilitazione politica, ponendo le leadership di fronte al dilemma di come far fronte alle incongruenze associate allo sfruttamento e alla distribuzione della ricchezza petrolifera. Altri elementi di fragilità sono poi emersi di recente, in concomitanza della cosiddetta Primavera araba del 2011. Questi paesi hanno istituzioni inefficienti e corrotte, sono afflitti da sprechi cronici di risorse e da tassi di crescita relativamente bassi, oltre che da evidenti sperequazioni nella distribuzione della ricchezza fra i diversi settori della società. Inoltre, lo sviluppo delle comunicazioni (internet e comunicazioni TV soprattutto) hanno reso questi paesi più permeabili alle influenze esterne e occidentali in particolare, col risultato che le nuove generazioni appaiono sempre più insofferenti verso l'ordine politico tradizionale.

Box 5.4 – Quando le elezioni uccidono la democrazia

In che modo gli strumenti della democrazia, se ben utilizzati da forze e movimenti antidemocratici, possono contribuire al suo abbattimento? Quando, all'inizio di questo capitolo, abbiamo fornito la definizione minima di democrazia, al primo posto abbiamo inserito la presenza di «elezioni libere, competitive, ricorrenti e corrette, nell'ambito di un sistema rappresentativo che garantisce l'esercizio della funzione di controllo politico del potere». Tuttavia, in un regime che si fonda sulla sovranità popolare e sulla espressione diretta della volontà dei cittadini attraverso le elezioni, se la maggioranza si pronuncia a favore di un partito antidemocratico e se il parlamento che ne scaturisce è decisamente schierato con una maggioranza antidemocratica, la democrazia è messa seriamente a rischio.

La storia ci fornisce vari esempi. In Germania l'ascesa del Partito nazionalsocialista pose fine alla fragile e vulnerabile democrazia di Weimar. Nel 1928 i nazisti avevano appena il il 2,6% dei voti, ma nel 1930 erano divenuti il secondo partito col 18,3% e i partiti antidemocratici (Partito popolare nazionale tedesco, Partito comunista e Partito nazional socialista) oltrepassavano il 38% dei voti. Alle elezioni del 1932 i nazisti arrivavano al 37,2%, ma i partiti antidemocratici erano ormai la maggioranza assoluta: nazisti, comunisti e tedeschi-nazionali rappresentavano il 57,0% degli elettori. Infine, alle elezioni del *Reichstag* del 1933 i nazisti raggiungono il 43,9%, ma complessivamente l'area dell'opposizione sleale antidemocratica arriva al 64,2% (Lepsius 1978 tr.it 1981). Gli elettori tedeschi hanno dunque deciso di affossare la democrazia.

Se nel caso tedesco si è trattato di un mancato consolidamento di una democrazia instaurata ormai da oltre una dozzina di anni, in Algeria negli anni Novanta la vittoria delle forze antidemocratiche alle uniche elezioni nazionali libere mai tenute nel paese impedisce una transizione democratica che, sia pure con difficoltà e vari ostacoli, era stata avviata. La progressiva ascesa dei movimenti islamisti fin dagli anni Settanta dello scorso secolo aveva indotto il partito unico al potere fin dalla rivoluzione anticoloniale, Il Fronte di Liberazione Nazionale (FLN), ad avviare politiche di apertura del sistema politico. A partire dal 1988, malgrado la volontà espressa dall'FLN di non voler ancora estendere l'apertura anche al multipartitismo, nascono vari partiti che chiedono il riconoscimento, fra i quali il Fronte Islamico di Salvezza (FIS), che non nascondeva l'obiettivo di istituire uno Stato islamico fondato sull'applicazione rigorosa del dettato coranico. Vengono effettuate molte riforme e il sistema sembra avviato verso una prima timida democratizzazione. La vera sorpresa, però, sono i risultati delle prime elezioni locali libere nella storia dell'Algeria, tenutesi il 12 giugno 1990: per il FIS vota oltre il 54% degli elettori, dimostrando, da un lato, il forte radicamento sociale e territoriale conseguito dal movimento islamista e, dall'altro, l'accentuato logoramento dell'FLN dopo 40 anni di gestione del potere. Il FLN cercò di correre ai ripari in vista delle elezioni parlamentari che dovevano tenersi alla fine del 1991. Soprattutto, la nuova legge elettorale (un sistema maggioritario a doppio turno con ballottaggio) fu costruita in modo tale da avvantaggiare i candidati dell'FLN, per esempio garantendo a tale partito una sovra-rappresentanza nei territori dove godeva di un consenso più radicato. Ciononostante, alle prime elezioni legislative libere della storia algerina, che tenutesi il 26 dicembre 1991, il FIS riuscì a conquistare 188 dei 232 assegnati al primo turno. Le prospettive per l'FLN al secondo turno erano disperate, visto che il FIS era arrivato al ballottaggio in 187 collegi su 199 (in 143 era anche il primo partito). L'epilogo della vicenda algerina è stato però ben diverso da quello che ha posto fine alla democrazia di Weimar: il 4 gennaio 1992, prima che si tenesse il secondo turno elettorale, le forze armate algerine prendono il potere, sciolgono l'Assemblea Nazionale, costringono alle dimissioni il Capo dello Stato Chadli e proclamano lo stato d'assedio. La democratizzazione algerina era fallita fin dai primissimi esordi.

Naturalmente sarebbe semplicistico attribuire la fine di una democrazia o il fallimento di una democratizzazione alle sole elezioni vinte da una formazione antidemocratica: l'instabilità delle istituzioni, una carenza di legittimità democratica nella popolazione e nell'élite, una crisi endemica nel rendimento delle istituzioni, un eccesso ripetuto di elezioni (la Repubblica di Weimar è stata aiutata nel suo collasso da ben quattro scioglimenti consecutivi del *Reichstag*, tra il 1930 e il 1933, che peggiorarono soltanto le cose) (Sartori 1995, 172), sono solo alcune delle condizioni in grado di favorire risultati elettorali letali per la democrazia.

5.6 I fattori internazionali e l'esportazione della democrazia

Le numerose missioni militari in atto, intraprese da vari soggetti internazionali (Onu, Nato, Ue, coalizioni di Stati, Usa) in alcune aree difficili, hanno fatto riemergere uno dei temi più controversi della teoria politica internazionale: se, in che modo e con quali limiti la democrazia può essere esportata. In realtà la democrazia è già stata esportata molte volte, anche se la diffusione della democrazia è sempre l'effetto di vari processi e dinamiche, con livelli diversi di intenzionalità da parte degli «esportatori» e di consenso e volontà di accoglienza da parte dei paesi «importatori». Inoltre, la diffusione, l'esportazione e perfino l'imposizione *manu militari* della democrazia possono avere successo solo se si realizzano condizioni favorevoli all'interno dello Stato che ne è oggetto.

Oggi la democrazia costituisce un modello attraente per nazioni culturalmente anche molto distanti. La pressione internazionale a favore della democrazia, tuttavia, va ben al di là della politica estera americana degli ultimi decenni; per quanto vi siano ancora grandi regioni del mondo (in Cina, in Russia, tra i paesi islamici) che respingono esplicitamente i principi della democrazia liberale, le spinte internazionali contrarie alla democrazia si sono ridotte. L'insieme di attività di promozione democratica è ormai divenuto un capitolo di spesa sempre più ingente per i paesi occidentali. Le aree maggiormente beneficiate sono, in ordine decrescente, l'America Latina, il Medio Oriente, l'Africa, i paesi ex sovietici, l'Europa post-comunista. Nell'ultimo decennio del Novecento anche l'Unione europea si impegna in tale direzione, sia pure privilegiando le aree limitrofe e con modalità abbastanza diverse. La voce più frequente riguarda la promozione dei diritti umani, senza trascurare settori come la *governance*, la società civile e le azioni di *peacebuilding*. Anche la Commissione europea ha a suo tempo imboccato questa strada attraverso l'European Iniziative for Democracy and Human Rights.

È difficile orientarsi nella varietà di condizionamenti e pressioni che dall'ambiente internazionale agiscono sui contesti interni, contribuendo in modo più o meno diretto e intenzionale allo sviluppo di istituzioni democratiche. Spesso all'apertura di processi di liberalizzazione e poi di democratizzazione concorrono eventi storici imprevedibili: per restare alla terza ondata, per esempio, fra gli anni Settanta e Ottanta la crisi dell'impero coloniale portoghese, la crisi di Cipro tra Grecia e Turchia, la guerra delle Falklands e l'affermarsi della leadership di Gorbacëv a Mosca hanno favorito l'apertura di processi di democratizzazione, rispettivamente in Portogallo, Grecia, Argentina e tutto l'impero sovietico. Le crisi petrolifere degli anni Settanta colpirono soprattutto i regimi non democratici, privi dei meccanismi di riequilibramento e riallineamento politico, che consentono alle democrazie di assorbire le crisi con maggiore efficacia di regimi dotati di minore flessibilità interna. Tutti questi eventi sono stati cause e acceleratori di transizioni democratiche, favorite anche dalla fine della Guerra fredda e del bipolarismo internazionale. Combinando i due criteri della «intenzionalità» degli attori internazionali coinvolti e del «consenso» da parte dello Stato «bersaglio», la diffusione democratica può assumere prevalentemente le seguenti tre forme: emulazione, promozione e imposizione (Tab. 5.1).

L'emulazione non costituisce un'esportazione intenzionale (non ci sono azioni istituzionalmente deliberate e programmate miranti alla diffusione della democrazia), bensì presuppone che l'esempio esterno indebolisca il regime non democratico, favorisca convergenze verso modelli esterni da imitare e incoraggi le élite interne a rompere con il passato. L'intenzionalità sussiste solo sul versante di chi (regimi, governi, élite) decide di imitare comportamenti, modelli istituzionali, singole decisioni esterne. Non è raro

Tab. 5.1 Tipi di diffusione democratica.

	Intenzionalità degli attori internazionali	**Consenso dello Stato oggetto degli interventi**
Emulazione	NO	SI
Promozione	SI	SI/NO
Imposizione	SI	NO

Fonte: Grilli di Cortona, 2009, p. 106.

che la diffusione della democrazia sia immaginata con la metafora medica di un virus benefico che certi paesi decidono di accogliere e inoculare al loro interno. Di solito, quanto più le democrazie si diffondono in una certa regione, tanto più è probabile che cadano anche gli ultimi baluardi autoritari negli Stati vicini, creando così le condizioni per lo sviluppo delle «ondate».

La diffusione di informazioni e conoscenze diventa strategica, anche perché quanto più maturano le conoscenze sulle altre democrazie e sulla collocazione del proprio paese sulla scala del grado di democrazia (grazie anche al lavoro di Ong e agenzie internazionali come Freedom House, Polity IV, Human Rights Watch, Amnesty International, Transparency International), tanto più crescono la consapevolezza e l'insoddisfazione nelle opinioni pubbliche (qualche volta nelle stesse élite) dei regimi non democratici. L'attrazione della democrazia è, a un tempo, il risultato dell'ammirazione per lo stile di vita esistente nelle democrazie di lungo corso (di cui si vorrebbe riprodurre nel proprio paese, appunto, i livelli di sviluppo e di benessere) e del declino del fascino delle ideologie e dei modelli antidemocratici che hanno avuto spesso molto successo nel corso del Novecento: si pensi al comunismo, al fascismo, al militarismo ecc. Alla fine del Novecento, il nuovo «spirito dei tempi» (Linz e Stepan, 2000) è un vento che spira decisamente a favore della democrazia. Sequenze emulative interessanti sono quelle negli anni Settanta e Ottanta, che muovono dalla penisola iberica fino all'America Latina (Portogallo, Spagna, poi Perù, Ecuador, Argentina, Bolivia, Uruguay, Brasile, seguiti ancora da Cile, Paraguay, Haiti e alcuni paesi dell'America Centrale); alla fine degli anni Ottanta nell'Europa dell'Est (prima Polonia e Ungheria, poi Cecoslovacchia, Germania orientale, Romania, Bulgaria, seguite poi da Albania, Slovenia, Lettonia, Estonia, Lituania); agli inizi dei Novanta nell'Africa del Sud (Namibia nel 1990, Sud Africa nel 1994).

La promozione si ha quando attori esterni si adoperano volontariamente e intenzionalmente per favorire le condizioni della democrazia in un determinato paese. A questo fine si articolano azioni negative e positive. Le prime sono essenzialmente costituite dalle sanzioni: per quanto di dubbio successo (qualche risultato lo hanno ottenuto con il Sud Africa, mentre hanno sempre fallito con Cuba), sono state utilizzate contro la Bielorussia nel 1997 e 2005, il Venezuela e lo Zimbabwe nel 2002, l'Iraq prima del 2003, la Thailandia nel 2006, più recentemente contro l'Iran e la Russia. Finalizzate a punire singoli comportamenti, esse puntano a indebolire il regime e obbligarlo a liberalizzare all'interno o, quanto meno, ad abbandonare certi comportamenti. Le azioni positive includono la condizionalità, nonché ogni altra forma di azione deliberata, diretta verso istituzioni, partiti, leader, gruppi economici, mirante a favorire lo sviluppo di istituzioni democratiche. La condizionalità politica postula che l'adozione di certe decisioni (aiuti economici, sostegno per l'integrazione nell'Ue) sia subordinata all'ottemperanza di certi adempimenti, come lo sviluppo dei diritti politici, il rispetto delle minoranze, l'attuazione dei principi della democrazia liberale, la lotta alla corruzione ecc.

Attori internazionali forniscono dunque aiuti, competenze e assistenza, in grado di contribuire alla crisi di un'esperienza non democratica e all'avvio della democratizzazione; in qualche caso si tratta di spinte esplicite alla sovversione interna, di comportamenti egemonici che articolano sistemi di incentivi/disincentivi, in grado di indirizzare un determinato paese verso la democratizzazione. È noto, per esempio, come la preoccupazione dei paesi della Nato abbia avuto un ruolo importante nel correggere la rotta rivoluzionaria e marxista inizialmente assunta dalla «Rivoluzione dei garofani» portoghese del 1974.

L'imposizione della democrazia avviene invece attraverso mezzi coercitivi, fino all'estremo dell'intervento militare. L'imposizione con la forza e dall'esterno di istituzioni politiche ad un determinato paese è frequente nella storia. L'esito della Seconda guerra mondiale ha avuto come risultato l'imposizione della democrazia in Germania, Italia, Austria e Giappone. Tale modalità di esportazione suscita le maggiori critiche, anche perché gli obiettivi di un intervento in un paese non sono solo quelli dell'instaurazione democratica (che, anzi, può non costituire una priorità). Spesso si mira a risanare una situazione interna che rischia di avere effetti negativi sulla stabilità internazionale, con una priorità tutta particolare per le questioni legate alla sicurezza. Gli obiettivi principali possono essere il reinsediamento di un governo democratico abbattuto da un colpo di stato e il ripristino di un ordine interno (Haiti nel 1994), l'eliminazione di un regime considerato «canaglia» (Panama nel 1989, Afghanistan nel 2001), l'interruzione di una pulizia etnica e la fine di una guerra civile pericolosa per gli equilibri regionali (Serbia nel 1999, Libia 2011), la neutralizzazione di uno Stato nemico che minaccia l'evoluzione democratica di un altro Stato (Grenada nel 1983). Gli interventi militari possono avvenire su invito interno o sulla sola iniziativa esterna, avere il suggello della comunità internazionale (Afghanistan 2001, Libia 2011) o costituire un'azione unilaterale (Grenada 1983, Panama 1989 e Iraq 2003); possono, inoltre, avere finalità intermedie e essere soggetti a limiti ben definiti: essere più passivi (forza di interposizione, *peacekeeping*, assistenza alle forze interne per la tutela dell'ordine pubblico, assistenza umanitaria), oppure più attivi e dotati di finalità militari precise, come la sconfitta di un nemico interno.

La pressione per la democratizzazione, qualunque sia la strategia di esportazione, va sempre collegata agli specifici interessi degli Stati che la promuovono. E a maggior ragione ciò vale per l'imposizione: esiste un ordine di priorità sia negli obiettivi perseguiti che nelle aree privilegiate. La costruzione di istituzioni democratiche diventa poi, sempre più, una scelta inevitabile della comunità internazionale, che deve spesso fare i conti, però, con le tradizioni, le eredità e le resistenze locali, che finiscono per filtrare e riadattare il modello importato. I fattori internazionali, per imporre con successo istituzioni democratiche, dovrebbero non solo contribuire a rimuovere questi ostacoli, ma anche porre le basi dello sviluppo di quel consenso interno, che solo garantisce il radicamento nel tempo della democrazia.

5.7 Le democrazie, come sono oggi

5.7.1 *Micro e macro*

Fin qui abbiamo sempre parlato della democrazia come regime che opera a livello statale. Tuttavia, la democrazia implica la messa in opera di procedure che vedono una loro attuazione almeno a tre livelli: substatale, statale e sovrastatale. Ciò richiama l'attenzione su una prima distinzione di fondo, che vede la realizzazione della democrazia da livelli micro (il consiglio di un istituto scolastico o un consiglio di amministrazione) fino a livelli macro (gli Stati, l'Unione europea). Addirittura c'è chi prevede come possibile o addirittura probabile la formazione di un sistema democratico mondiale, come progetto ambizioso e proiezione futura delle speranze in un mondo unificato, armonico e senza conflitti; si tratta della cosiddetta «democrazia cosmopolitica» (box 5.5).

Box 5.5 – La democrazia cosmopolitica

La globalizzazione si configura come una trasformazione nelle dimensioni dell'organizzazione umana, in forza della quale vengono collegate comunità distanti ed il raggio delle relazioni di potere si estende nelle più diverse regioni del mondo. Essa ha creato processi, modelli di attività e reti che in ogni campo (economico, politico, sociale, legale, ambientale, culturale) travalicano i confini degli Stati e costituiscono una sfida continua al ruolo centrale da essi svolto negli ultimi quattro secoli. Gli Stati, infatti, sono sempre più vincolati da norme, decisioni e condizionamenti che operano a livello sovrastatale e che spesso sfuggono ad ogni reale controllo democratico: dalle politiche monetarie e finanziarie, a quelle sanitarie, alla lotta alla grande criminalità e al terrorismo (per restare ad alcuni esempi), gli Stati appaiono sempre meno autosufficienti.

Anzitutto, questo ha provocato una moltiplicazione degli attori internazionali: accanto agli Stati, operano ormai anche agenzie amministrative, tribunali e organizzazioni internazionali di vario tipo, che hanno dato vita ad una *governance* che costituisce di fatto un sistema multicentrico e multidimensionale. In più, anche la democrazia è soggetta a continue nuove sfide che ne mettono in discussione alcuni fondamenti, obbligata ad adattarsi a una situazione nella quale forze che operano su scala continentale e globale vulnerano continuamente quella corrispondenza tra sovranità statale e comunità politica democratica che fa parte della sua tradizione storica e istituzionale.

Da qui si è sviluppata da tempo (Held, 2005; Archibugi, 2009) l'idea di una democrazia a livello mondiale e cosmopolitica: parzialmente ispirata al progetto kantiano della pace perpetua (Kant, 1996, ed. or. 1795), essa trae spunto dai tanti progetti teorici di governo mondiale elaborati nel corso della storia. Riprende certe suggestioni imperiali del passato, sia pure riproponendole in una chiave democratica e universalistica. Più in dettaglio implica un'unione di Stati che va al di là delle aggregazioni statali fin qui realizzate nella storia. La rappresentanza globale sarebbe garantita sia per gli Stati che per gli individui, e a questi ultimi verrebbe attribuita, insieme alla cittadinanza statale, anche quella globale. La sovranità interna deve essere divisa tra quella degli Stati e quella globale. Nel breve periodo essa implicherebbe uno sviluppo e un consolidamento di istituzioni democratiche ai livelli sovrastatali, per esempio istituendo, o rafforzando là dove sono già operativi, parlamenti regionali, non in sostituzione ma ad integrazione delle preesistenti istituzioni democratiche statali. Nel lungo periodo, invece, la democrazia cosmopolitica dovrebbe prevedere un sistema mondiale unificato di istituzioni democratiche e rappresentative, un'unica grande *constituency* democratica trasversale agli Stati. Fra i loro compiti più importanti tali istituzioni avrebbero quelli di dirimere i conflitti, combattere la povertà e le malattie nelle aree più depresse del globo e affrontare, in uno spirito comunitario globale, emergenze come quella ambientale. L'idea della democrazia cosmopolitica è suggestiva, anche perché lascia intravedere una possibile evoluzione, da molti auspicata e idealizzata, della democrazia e della politica mondiale e una prospettiva capace di suscitare speranze in un mondo migliore e senza conflitti.

Tuttavia, anche prescindendo dalle difficoltà (connesse alla sua natura profondamente idealistica) nella realizzazione di una cittadinanza mondiale, restano quattro gravi limiti della democrazia cosmopolitica (Grilli di Cortona, 2009). Il primo è che, almeno finora, l'ambito di competenza di qualsiasi organizzazione sovranazionale è circoscritto a singole materie, al di fuori delle quali gli Stati detengono ancora una sovranità largamente inviolata: siamo quindi lontani dal materializzarsi di uno Stato mondiale e gli Stati continuano (sia pure con più limiti e vincoli rispetto al passato) ad essere i veri protagonisti della politica mondiale. Si deve peraltro aggiungere che il funzionamento e l'efficacia delle organizzazioni sovranazionali dipendono per lo più dalla volontà degli Stati. Le organizzazioni internazionali non sono il frutto di un'evoluzione spontanea, ma sono creazioni degli Stati stessi. A conferma di questo primo limite viene poi il secondo: l'incapacità delle organizzazioni sovrastatali di applicare sanzioni sufficientemente efficaci da indurre uno Stato refrattario al rispetto delle regole. L'assenza di strumenti coercitivi efficaci e la presenza di processi decisionali farraginosi rendono quasi impossibili, e comunque molto rare, azioni severe e tempestive di intervento; e quando queste vengono effettuate, è in realtà uno Stato grande potenza (gli Stati Uniti, per lo più, o una coalizione di Stati in cui gli Usa sono lo Stato leader) a prendere l'iniziativa e ad assumersene le responsabilità e gli oneri maggiori.

Il terzo limite fa riferimento alle modalità con cui vengono assunte le decisioni. Intanto, ammesso e non concesso che possa realizzarsi una sufficiente omogeneità politica e culturale fra i paesi membri (come avviene in Europa), tale da produrre un sistema istituzionale valido e legittimo per tutti, sappiamo bene quanto sia complicato combinare il principio «uno Stato, un voto», che vorrebbe riprodurre a livello internazionale il classico principio democratico «un uomo, un voto», con quello demografico (uno Stato con 200 milioni di abitanti non può contare sempre allo stesso modo di uno con 500 mila abitanti). Inoltre, l'uso dell'unanimità, procedura decisionale comprensibilmente molto frequente in questi casi, rischierebbe di bloccare ogni processo decisionale, conferendo un potere di veto a singoli Stati.

Un ultimo limite riguarda la congruenza tra l'incidenza spaziale della decisione (chi ne viene toccato) e il controllo sulla decisione stessa. In sostanza, finché le decisioni sono prese all'interno degli Stati e interessano esclusivamente i cittadini residenti entro i loro confini, il controllo su di esse avviene attraverso i noti meccanismi della democrazia (elezioni, rappresentanza, ruolo dell'opposizione, partecipazione). Ma nel momento in cui si decidono politiche che ricadono su comunità enormemente più ampie (perché influiscono sulla finanza mondiale o incidono sul clima globale), si fanno più evidenti le difficoltà nell'esercizio del controllo sulla decisione stessa. In questo caso, il principio liberale, in base al quale chi è interessato ad una decisione (perché ne subisce gli effetti) dovrebbe poter avere voce in capitolo sulla stessa viene violato. A torto o a ragione, obiezioni di questo tipo vengono sollevate già di fronte a certe decisioni prese dalle autorità dell'Unione europea; nel caso di un potere «globale», i rischi di una mancanza di trasparenza e di una difficoltà di esercitare il controllo democratico sarebbero ancora maggiori.

Già da queste prime osservazioni si capisce come microdemocrazia e macrodemocrazia presentino ben pochi elementi di somiglianza. Nella prima, i numeri e gli spazi permettono un rapporto *face to face*, comunicazioni dirette, e un tipo di partecipazione che consente a ogni individuo l'esercizio diretto, in prima persona, della sovranità. Nella seconda, numeri e spazi obbligano alla rappresentanza (integrabile ma non certo sostituibile, con misure più o meno significative di democrazia diretta); inoltre, l'individuo ha un potere di controllo sempre più irrilevante e infinitesimale, via via che le dimensioni del potere si fanno più grandi e che lo stesso potere si allontana dagli individui, fino a diventare sempre più remoto e praticamente irraggiungibile. Ne deriva che la microdemocrazia, come scrive Sartori (1987b, p. 33), non può costituire in alcun modo un modello da imitare per la macrodemocrazia. Al massimo, le associazioni volontarie, i gruppi che articolano la società civile, le forme di autogoverno locale possono costituirne la linfa vitale, ma non possono sostituire la macro-democrazia, fondata su dimensioni almeno statali e, quindi, necessariamente su un'azione incentrata su grandi istituzioni rappresentative. In sostanza, «micro e macro-democrazia sono inversamente correlate»: quanto più cresce l'estensione di una democrazia (in termini demografici, di masse sociali e di territorio), tanto più diminuisce «l'intensità di un autentico convivere democratico, di un autentico e effettivo "decidere insieme"» e la politica si fa più impersonale.

5.7.2 *Democrazie consensuali e democrazie maggioritarie*

Oltre che sul rapporto fra esecutivo e legislativo (che porta alla distinzione fra parlamentarismo, presidenzialismo e semipresidenzialismo, sulla quale rinvio al capitolo decimo sulle forme di governo), le democrazie si possono classificare sulla base di varie dimensioni che portano alla individuazione di due modelli polari: uno basato sul principio maggioritario (decide chi ha la maggioranza) e l'altro sul principio consensuale (si ricerca il consenso più ampio possibile) (Lijphart, 1999, tr. it. 2001). Si parte dal punto di vista che i due principi influenzano tutte le dimensioni rilevanti dei regimi democratici. Queste si possono raggruppare in due insiemi di cinque aspetti ciascuno: il primo insieme riguarda esecutivo e partiti e il secondo l'organizzazione unitaria/federale dello Stato. Ne scaturiscono così due modelli (Tab. 5.2).

Il modello maggioritario prevede: 1) l'accentramento del potere in governi monopartitici a maggioranza risicata (l'esecutivo è, infatti, l'organo dotato di maggior potere); 2) la fusione dei due poteri, con esecutivo presieduto dal leader del partito di maggioranza, che gode della fiducia della Camera e che predomina di fatto sul parlamento; 3) un legislativo monocamerale; 4) un sistema bipartitico; 5) un sistema partitico nel quale prevale una sola linea di frattura (quella di classe); 6) un sistema elettorale maggioritario; 7) un sistema di governo unitario e centralizzato; 8) una Costituzione «non scritta», fondata su una quantità di norme consuetudinarie, convenzioni e leggi fondamentali; 9) una democrazia solo rappresentativa, che esclude possibilità di esercitare direttamente il potere da parte dei cittadini; 10) una banca centrale dipendente dall'esecutivo.

Il modello consensuale, sugli stessi aspetti inerenti i due insiemi, prevede: 1) la condivisione del potere esecutivo fra più partiti; 2) la separazione formale e informale dei poteri esecutivo e legislativo, con un sostanziale equilibrio; 3) un bicameralismo equilibrato, con una camera alta che soddisfa il requisito di una rappresentanza su basi diverse da quella della camera bassa e, sostanzialmente, con gli stessi poteri di questa; 4) un

Tab. 5.2 La strategia polare di Lijphart: democrazia maggioritaria e democrazia consensuale.

	Democrazia maggioritaria	Democrazia consensuale
Dimensione partiti-esecutivo	Concentrazione del potere esecutivo in governi di maggioranza monopartitica	Dispersione del potere esecutivo in ampie coalizioni multipartitiche
	Esecutivo dominante sul legislativo	Equilibrio di poteri tra esecutivo e legislativo
	Sistema bipartitico	Sistema multipartitico
	Sistema elettorale maggioritario e non proporzionale	Sistema elettorale di rappresentanza proporzionale
	Sistema pluralista di rappresentanza degli interessi	Sistema coordinato e corporativo di rappresentanza degli interessi
Dimensione federale-unitaria	Governo unitario centralizzato	Governo federale decentrato
	Concentrazione di poteri legislativi in parlamenti unicamerali	Divisioni di poteri tra due camere ugualmente potenti, ma costituite con modalità diverse
	Costituzione flessibile emendabile da maggioranze semplici	Costituzione rigida modificabile da maggioranze qualificate
	Sistema in cui il parlamento ha l'ultima parola sulla sua legislazione	Sistema in cui le leggi sono soggette al controllo giurisdizionale di corti supreme o costituzionali
	Banca centrale dipendente dall'esecutivo	Banca centrale indipendente

sistema multipartitico; 5) un sistema partitico che scaturisce da diverse dimensioni conflittuali; 6) un sistema elettorale proporzionale; 7) un sistema di governo decentrato; 8) una Costituzione scritta; 9) forme di democrazia diretta; 10) una banca centrale indipendente dall'esecutivo.

Ogni caso viene collocato in una posizione più prossima al modello maggioritario o a quello consensuale, a seconda di come si presentano i dieci aspetti selezionati dall'autore, tenendo però presente che pochi sono i casi puri e che molti presentano invece situazioni miste. Tradizionalmente, la Gran Bretagna costituisce una caso «puro» (oggi sempre meno, per la verità) di democrazia maggioritaria (non a caso denominata anche modello Westminster), mentre Belgio e Svizzera costituiscono casi quasi «puri» di democrazia consensuale.

Domande

1. Illustrare le differenze tra la libertà degli antichi e la libertà dei moderni.
2. Quali sono le differenze tra democrazia prescrittiva o ideale e democrazia descrittiva o reale?
3. Qual è la definizione di democrazia proposta da Joseph Schumpeter?
4. Illustrare la definizione minima di democrazia.
5. Inquadrare storicamente le tre ondate di democratizzazione.
6. Che cos'è la «scatola di Dahl»?
7. Definire la transizione democratica.
8. Quali sono le differenze fra transizione continua e transizione discontinua?
9. Che cos'è l'instaurazione democratica?
10. Quando si può dire acquisito il consolidamento democratico?
11. Illustrare brevemente la teoria dell'ancoraggio di Leonardo Morlino.
12. Quali sono le condizioni storiche della democrazia più note?
13. Illustrare la teoria di Seymour M. Lipset sul rapporto tra sviluppo socio-economico e democrazia.
14. Si può, ed eventualmente in che modo, «esportare» la democrazia?
15. Come si differenziano tra loro le democrazie?
16. Che cos'è la democrazia cosmopolitica?

Élite e classi politiche

CAPITOLO SESTO

6.1 Classi politiche ed élite politiche

La politica contemporanea si manifesta in un numero così elevato di dimensioni da rendere pressoché impossibile coglierla in tutti i suoi aspetti. Accanto ad una sempre più estesa dimensione orizzontale, di comunità, che vede come protagonisti una moltitudine di attori (politici, pubblici funzionari, pubblica opinione, partiti, gruppi, movimenti, singoli individui) e che, nel caso delle democrazie, si materializza in variegate forme di inclusione e di partecipazione, sia convenzionale che non convenzionale (Raniolo, 2008), permane, però, una più tradizionale dimensione verticale, di potere, di rapporti di comando/obbedienza, di esercizio di quella funzione di «direzione di un gruppo politico» (Weber, 1919, tr. it 2001, p. 43), che riguarda sia gli Stati sia «i gruppi di uomini che esso comprende tra i suoi confini» (ivi, p. 45).

In questo capitolo ci occuperemo soprattutto di quest'ultima. Il fenomeno che essa sottintende viene così riassunto da Gaetano Mosca, uno dei fondatori della *scuola italiana di scienza politica* (vedi tra gli altri Calise, 1989; Bobbio, 1994 e 1996):

> in tutte le società regolarmente costituite, nelle quali vi ha ciò che si dice un governo, noi oltre al vedere che l'autorità di questo si esercita in nome dell'universo popolo, oppure di un'aristocrazia dominante, o di un unico sovrano [...], troviamo costantissimo un altro fatto: che i governanti, ossia quelli che hanno nelle mani ed esercitano i pubblici poteri, sono sempre una minoranza, e che, al di sotto di questi, vi è una classe numerosa di persone, le quali non partecipando mai *realmente* in alcun modo al governo, non fanno che subirlo; esse si possono chiamare i governati [Mosca 1884, tr. it. 1982, vol. I, p. 203].

Comunque li si definisca, individui e/o gruppi che svolgono un ruolo di direzione politica sono esistiti ed esistono sempre e ovunque, in tutti i sistemi politici conosciuti. Nei *sistemi politici del passato* la direzione politica veniva esercitata da figure quali il capo tribù, il leader e/o lo stregone del villaggio, l'imperatore e la sua corte, i sovrani e i loro familiari, le aristocrazie ammesse alle corte del sovrano, i mercanti ed i banchieri delle città-stato medievali e rinascimentali, i leader religiosi delle teocrazie, gli ufficiali di vari regimi militari che si sono susseguiti nella storia, e così via. Nei *sistemi politici contemporanei* un po' dappertutto, e non soltanto nelle democrazie, l'attività politica si è professionalizzata, hanno fatto la loro comparsa e sono divenuti centrali attori per definire i quali la terminologia è diversificata. Cosicché, uno dei problemi immediati che lo studioso deve affrontare riguarda la varietà e talvolta la contraddittorietà delle espressioni che sono state adoperate per indicare la realtà di coloro che detengono ed esercitano potere. Dovrà quindi, per forza di cose, misurarsi con alcuni classici del pensiero politico e, in primo luogo, con due dei tre fondatori della *Scuola italiana di scienza politica.* Stiamo parlando di Gaetano Mosca e Vilfredo Pareto (l'altro è Roberto Michels) (Passigli, 1971; Parry, 1972; Bobbio, 1996), che, unitamente a Max Weber, sono indicati come i fondatori delle riflessioni sul tema e della terminologia maggiormente utilizzata (vedi Passigli, 1971, Parry, 1972 e Bobbio, 1996). Infatti, i termini maggiormente utilizzati, spesso come sinonimi, sono quelli di *classi politiche, élite politiche, politici di professione,* che rinviano, nell'ordine, a Gaetano Mosca, Vilfredo Pareto, e Max Weber. Cerchiamo quindi di fare un minimo di chiarezza sul loro significato cominciando ad occuparci dei termini *classe politica* e *élite politiche*, che sono il prodotto di due consolidate tradizioni lessicali: quella che fa capo a Gaetano Mosca (in particolare 1884 e 1896, qui cit. 1982, voll. I e II), che utilizza la prima espressione, e quella che si richiama agli scritti di Vilfredo Pareto (1916, ed. qui cit. 1964, in particolare i capp. VI, IX e XI), che privilegia il termine élite.

Come ci ricorda Giorgio Sola

> di solito, si sottolinea come la differenza tra il lessico moschiano e quello paretiano sia dovuta al fatto che mentre l'espressione «classe politica» fa riferimento alla constatazione oggettiva dell'esistenza di un gruppo di persone che all'interno di una società monopolizza il potere di governo, il termine prescelto da Pareto sembra implicare un giudizio in qualche misura positivo sulla qualità dei membri di questo gruppo (Sola, 2000, p. 15).

Entrambe le tradizioni hanno dovuto fare i conti con le difficoltà incontrate quando si è trattato di individuare i referenti empirici dei fenomeni che il lessico utilizzato voleva racchiudere. Difficoltà che non sono state superate e che hanno dato vita a numerosi dibattiti sul possibile significato della terminologia in questione e ad altrettante numerose rinunce a trovare soluzioni condivise.

a) Classe politica

Più del termine élite, il termine «classe» vanta un utilizzo talmente variegato da rendere molto complicato racchiuderne il significato. Certamente l'espressione classe politica ha un'estensione più limitata, ma non si può, comunque, dire che Mosca fornisca una definizione univoca e chiara della stessa. Egli la mutua da alcuni studiosi politici italiani quali Ruggiero Bonghi, Pasquale Turiello, Pasquale Villari, Luigi Palma e Marco Minghetti (Mosca, 1884, ed. qui cit. 1982, vol.I, pp. 487–488), la preferisce a quella di élite politica, perché, a suo parere, offre il vantaggio di non implicare un giudizio positivo sulle qualità di coloro che fanno parte della minoranza governante, ma la alterna ad altre quali *minoranza governante, minoranza organizzata, classe politicamente dirigente,* senza preoccuparsi di precisarne i contorni (Sola, 2000, pp. 17–20). Non a caso gli studiosi che si sono occupati della questione parlano di utilizzo da parte di Mosca di una «terminologia poco rigorosa e spesso contraddittoria» (Sola, 1982, p. 38) e di termini alternativi utilizzati dallo stesso autore che «più di classe politica delimitano i fenomeni di cui si viene occupando» (Mastropaolo, 1984, p. 203).

Tra gli autori che hanno cercato di fare una qualche chiarezza lessicale su questo tema vanno certamente annoverati Guido Dorso e Raymond Aron. Il primo (Dorso, 1955, p. 126) ha proposto una distinzione tra *classe dirigente* e *classe politica* specificando che il primo temine debba essere inteso in senso sociale e il secondo in senso più strettamente politico. In particolare Dorso specifica che l'espressione classe dirigente può essere impiegata in senso stretto e in senso lato. In senso lato, essa viene a indicare « il potere organizzato che ha la direzione politica, intellettuale e materiale della società, e comprende anche la classe politica propriamente detta » (ivi, p. 127); in senso stretto, l'espressione fa invece riferimento a coloro che, pur non appartenendo alla classe governata, non costituiscono la classe politica. L'espressione classe politica viene, quindi, da Dorso, riservata a quella parte della classe dirigente che ha funzioni strettamente politiche, che costituisce una specie di «comitato direttivo» (Sola, 2000, p. 19). Lo stesso Dorso specifica che la classe politica si suddivide abitualmente in due frazioni: quella che governa il paese e quella che sta all'opposizione (Dorso, 1955, pp. 163–164). La prima viene indicata come *classe politica di governo,* la seconda come *classe politica di opposizione* (*ibidem*).

Raymond Aron (1960, tr. it. 1992, pp. 291–312) si è occupato della equivocità del vocabolario lasciato in eredità da Mosca e Pareto e, dopo aver osservato che l'espressione classe dirigente sembra essere più pertinente ad un'analisi sociologica, mentre l'espressione classe governante o classe politica potrebbe essere congeniale a un'analisi politologica, ha proposto un suo lessico personale.

In primo luogo egli attribuisce ai termini *élite*, *classe politica* e *classe dominante*, significati differenti. Con ciascuno di essi Aron si riferisce a una realtà diversa e li adopera distintamente per affrontare un diverso problema. In particolare, egli utilizza la parola *élite* nel senso più ampio per comprendere tutti coloro che in differenti rami di attività occupano i posti più alti e le posizioni importanti, in base a criteri sia di ricchezza che di prestigio. L'espressione *classe politica* viene riservata alla minoranza di coloro che esercitano funzioni di governo. La *classe dominante* si colloca tra l'élite e la classe politica e comprende quelle persone privilegiate che, pur senza esercitare vere e proprie funzioni politiche, hanno influenza su coloro che governano e su coloro che ubbidiscono, per la propria autorità morale, o per il potere economico e finanziario che detengono (Sola, 2000, p. 20).

Comunque, volendo concludere, si può dire che:

- nelle principali lingue occidentali, oggi l'espressione classe politica viene utilizzata prevalentemente per indicare «l'insieme dei professionisti della politica» (De Mauro, 1999, pp. 104–105) e fa riferimento a coloro che, con continuità e professionalità, detengono il potere politico;
- da questa definizione non si allontana Sartori, quando scrive: «Classe politica è dunque una sottospecie della classe dirigente: quella parte della classe dirigente che si occupa dell'esercizio del potere politico» (1963, p. 281);
- più articolata, ma non in contraddizione con quelle precedenti, è la definizione che viene proposta da Pasquino, che specifica che la classe politica «è composta da persone che vivono prevalentemente di politica, che traggono le risorse per il loro sostentamento dalla loro stessa attività politica e, per lo più, in particolare a sinistra, da persone che sono state selezionate, premiate e promosse per l'attività svolta nei partiti. Ovviamente, la classe politica ricomprende tutti coloro che occupano cariche elettive sia al governo che all'opposizione, anche se non vivono prevalentemente di politica, ma per la politica che è diventata la loro attività preponderante, se non totalmente assorbente» (1999, p. 18).

b) Élite ed élite politiche

Il termine «élite» ha un'etimologia più facilmente individuabile di quella di «classe»: deriva dai termini latini *eligere* ed *electa* (Turi, 2006, p. 181), ed è presente in varie lingue, fra cui l'italiano, per significare una parte selezionata, scelta, migliore. Nel linguaggio comune denota un «ristretto gruppo di persone che si distingue per superiorità culturale, posizione economica o sociale» (De Mauro, 1999, p. 823). Non riguarda, quindi, specificamente l'ambito della politica ed è spesso associato ad una valutazione positiva.

L'autore che ha impiegato il termine coerentemente con il suo significato originario è Vilfredo Pareto che, più di Mosca, si è dimostrato sensibile all'esigenza di far ricorso ad un linguaggio scientifico. Pareto introduce il vocabolo *élite* nelle pagine dei *Systèmes socialistes* (1901–1902) come sinonimo di aristocrazia e con esplicito richiamo alle abilità, capacità e qualità di coloro che occupano il vertice della piramide sociale. Nel *Trattato di sociologia generale* (1916, ed. qui cit. 1964) Pareto lega il termine élite alle «capacità» degli individui, misurate in relazione al grado di successo raggiunto. A tal fine, egli propone di definire l'élite come quella classe di persone che, a giudizio di un esaminatore attento e rigoroso, in cui egli stesso si immedesima, hanno gli indici più elevati di prestazione nel ramo della loro attività (ivi, §§ 2026–2031).

Comunque, sebbene, nell'uso che ne hanno fatto gli scienziati sociali, il concetto di «élite» abbia nel tempo più volte cambiato contenuto ed estensione e sia stato spesso impiegato come sinomino di aristocrazia, oligarchia, minoranza dominante, si può convenire che «in senso lato si dice *élite* un qualunque strato di individui, costituenti una frazione numericamente ristretta della popolazione totale di un sistema sociale, i quali posseggono, in misura segnatamente più elevata del resto della popolazione, una o più caratteristiche che questa valuta positivamente» (Gallino, 2004, p. 277). Anche in questo caso, però, quando si è trattato di individuare i referenti empirici il vocabolo ha comportato non poche difficoltà. Si può dire che esso si è trasformato in un termine molto elastico, in grado di fare indistintamente riferimento a una molteplicità di situazioni. Da qui, l'esigenza di provare a distinguere tra i diversi possibili significati. In tal senso, molto utile si è rilevata la proposta di Sartori, che ha individuato almeno quattro accezioni ricorrenti nell'utilizzo che è stato fatto del termine. Quest'ultimo, secondo Sartori, è stato utilizzato in senso apprezzativo o neutro, largo o stretto (1961, pp. 94–99) (vedi Box 6.1).

Dall'accezione «in senso stretto» individuata da Sartori si può partire per procedere verso un ulteriore passaggio: quello che porta alla distinzione

Box 6.1 – L'utilizzo del termine élite

«In senso apprezzativo il termine élite ha continuato a essere impiegato da autori come Le Bon, Ortega e Mannheim, che postulano l'esistenza di una élite come una necessità normativa. In tale accezione il termine è stato utile a coloro i quali affermano che le società contengono sempre e inevitabilmente dei gruppi che sono "migliori di altri" e, di conseguenza, sostengono che questi gruppi piuttosto che altri abbiano uno speciale diritto a governare. Peraltro l'uso apprezzativo è stato recentemente riabilitato da Sartori che, nella sua teoria della democrazia, ha proposto di considerare l'élite come un "gruppo di riferimento di valore", dotato di capacità ed eccellenza; una definizione che consente di distinguere tra fatto e merito, cioè tra chi è al potere, la classe politica, e chi merita il potere, le potenziali élites politiche. In senso neutro, attualmente l'uso più frequente, il termine élite non viene impiegato come sinonimo di valore, bensì come mero indicatore di uno stato di fatto: occupare le posizioni sovraordinate di una struttura sociale. In tale accezione – che si riscontra in autori come Lasswell, Mills e Aron – il vocabolo è associato a qualunque tipo di gruppo che, *pro tempore*, occupi livelli di preminenza e di vertice nelle diverse gerarchie sociali e politiche.

Tutte le organizzazioni, le istituzioni, le associazioni presentano in questo senso delle élites, delle minoranze gerarchiche.

A questi due significati si accompagnano poi un impiego in senso largo e uno in senso stretto. Adoperata in senso ampio, la parola élite è sinonimo di posizione elevata e viene attribuita a tutti coloro che – di fatto o di diritto, meritatamente o immeritatamente – hanno di più, contano di più, ottengono di più, possono di più. Viceversa, l'uso ristretto porta il più delle volte a identificare le *élites* con la sola *élite del potere*, con una minoranza cioè che in virtù della sua organizzazione interna e della sua relativa omogeneità di composizione vede i propri membri caratterizzati da elevati gradi di coscienza, coerenza e coordinazione; una minoranza che nelle decisioni politiche fondamentali, quando si trova in contrasto con ogni altro possibile gruppo analogo, riesce a far prevalere, comunque e regolarmente, le proprie scelte» (Sola, 2000, pp. 23–24).

tra élite ed *élite politiche* (Turi, 2006, p. 184) Secondo una delle definizioni che raccoglie un certo consenso sia in sociologia che in scienza politica, le «élite politiche sono persone che occupano posizioni strategiche in organizzazioni e movimenti dotati di ampie dimensioni e di potere, tali da metterle in grado di influenzare il processo di decisione politica in modo diretto, sostanziale e regolare» (Higley e Moore, 2001, p. 176; ma vedi anche Dogan e Higley, 1998, p. 15). Si tratta insomma di tutti coloro che hanno «la capacità organizzata di produrre "real political trouble"» (Burton e Higley, 2001, p. 182). Quindi, non solo soggetti che si trovano ai vertici delle istituzioni, ma anche coloro che si trovano alla guida di movimenti, o altri attori che si attivano per esercitare influenza sul sistema politico. Tra di essi Burton e Higley, ad esempio, includono i vertici militari, politici ed economici, quelli dei partiti, delle associazioni professionali, dei sindacati, dei media, dei gruppi di interesse, delle organizzazioni religiose e di altre organizzazioni e movimenti sociali e politici strutturati.

Volendo riepilogare, con le parole di Gianfranco Pasquino, che sembra preferire il lessico moschiano, si può dire che:

> Il termine più generale è *élite*. Appartengono all'élite di una società tutti coloro che eccellono nelle loro attività, che hanno, ciascuno nella sua professione, i punteggi più elevati sulla scala delle capacità, del gradimento, della popolarità, del successo. Dunque, può esistere anche una élite specificamente politica, composta da coloro che eccellono nella particolare specialità che si chiama politica ovvero governo (...). Se *élite* è il termine più generale, quello che viene utilizzato per tutti coloro che eccellono nei rispettivi settori di attività, soltanto una parte di costoro può essere considerata *classe dirigente*. Più precisamente sono classe dirigente coloro che, grazie alle loro posizioni di rilievo nei rispettivi settori di attività, influenzano i comportamenti e le decisioni della classe eletta di governo. Nell'ambito della classe dirigente, tuttavia, soltanto una parte, sicuramente alquanto più ristretta, può essere essa stessa considerata classe eletta di governo, ovvero, più specificamente, ma con qualche ulteriore distinzione, classe politica (...). Quanto alla *classe politica* propriamente intesa, con questo termine appena più comprensivo ci si riferisce sia alla classe eletta di governo che alla classe eletta di opposizione e vi si ricomprendono gli esponenti politici collocati ai vari livelli di governo, nazionale e locale, e, per l'appunto, di opposizione. (Pasquino, 1999, pp. 12–14)[1].

1 Un'accezione simile a quella di Pasquino viene proposta da Klaus von Beyme (1996, pp. 68–87), il quale sostiene che la nozione (moschiana) di «classe politica» deve per forza di cose comprendere l'insieme degli individui interessati alla carriera politica: ovverosia, un insieme certamente più ristretto rispetto alla nozione di «élite» (che tipicamente comprende i vertici sociali, amministrativi, culturali ecc.) ma anche sufficientemente ampio per comprendere, oltre ai meri «decisori», tutti coloro che all'interno o tramite organizzazioni pubbliche esercitano qualche forma di potere.

6.2 L'elitismo classico

Il termine élite viene utilizzato anche per indicare una teoria nota come *teoria delle élite*, ovvero come

> quella teoria secondo cui in ogni società è sempre e soltanto una minoranza quella che detiene il potere, nelle sue varie forme, di contro a una maggioranza che ne è priva. Poiché, fra tutte le forme di potere (di cui quelle socialmente più importanti, o «strategiche», come è stato detto, sono il potere economico, il potere ideologico e il potere politico), la teoria delle élites è nata e si è sviluppata con particolare riguardo allo studio delle élites politiche, essa può essere ridefinita come quella teoria secondo cui in ogni società appartiene sempre a una ristretta cerchia di persone il potere politico, cioè il potere di prendere e di imporre, anche ricorrendo in ultima istanza alla forza, decisioni valevoli per tutti i membri del gruppo (Bobbio, 1983b, p. 373).

La versione classica della teoria (ovvero *l'elitismo classico*) prende forma, tra la fine del XIX e l'inizio del XX secolo, sulla base dei contributi degli autori già indicati nel precedente paragrafo: Gaetano Mosca, Vilfredo Pareto, e Roberto Michels (Turi, 2006, p. 186). Essa viene collegata alla tradizione del *realismo politico*, impersonata da classici del pensiero politico come Hobbes e Machiavelli (vedi Burnham, 1943). In nome del realismo, in effetti, gli elitisti classici conducono una critica delle ideologie che non risparmia la teoria democratica, in particolare quando essa si propone come teoria dell'autogoverno del popolo, e quella socialista, che si propone come egualitaria (Turi, 2006, p. 187). Con percorsi diversi, i tre autori sopra menzionati sottolineano come l'osservazione della realtà dimostri che, sotto l'apparenza esteriore delle istituzioni ufficiali e al di là di quello che prescrivono le teorie e le carte costituzionali, tutte le forme di governo sono riconducibili nella sostanza a delle oligarchie e che i principi, gli ideali e i valori servono, il più delle volte, non a orientare l'azione politica, ma a celare o a mascherare la lotta per la conquista delle posizioni di dominio e a manipolare il consenso dei governati (Sola, 2000, pp. 19–20). Insomma, nella realtà un piccolo numero di persone relativamente coeso controllerebbe e gestirebbe il potere, compreso il potere politico, ed utilizzerebbe le differenti ideologie per giustificare e legittimare – agli occhi delle masse – il potere che detiene di fatto. I fattori che condurrebbero a ciò differiscono in ciascuno dei tre fondatori della scuola italiana di scienza politica.

Per *Gaetano Mosca* (1858–1941), la spiegazione fondamentale, anche se non esclusiva, va ricercata nell'organizzazione: la capacità posseduta da un numero ristretto d'individui di darsi una struttura organizzativa e di coordinarsi porta necessariamente al dominio di una minoranza sulla massa disorganizzata. L'organizzazione non è, però, l'unico fattore. I membri della minoranza che formano la classe politica devono, per Mosca, possedere anche altre qualità, delle quali le masse generalmente non dispongono o credono di non disporre, e che comunque sono apprezzate dal contesto sociale. Alcune di esse si possono ritenere come fisse nel tempo e nello spazio, in quanto rilevanti sempre ed ovunque (come, ad esempio, la «capacità di lavoro» e la «costante volontà di innalzarsi, e restare in alto»); altre invece cambiano nel tempo, essendo espressione dei caratteri socialmente rilevanti per ciascun popolo in epoche diverse: il valore militare, la ricchezza, la nascita, il merito personale. In ogni caso, comunque sia composta, ogni classe politica giustifica il suo potere attraverso un'ideologia che Mosca definisce come *formula politica*. Ad esempio, nei regimi monarchici non democratici, sostenere che coloro che detengono il potere ricevono la loro autorità dal sovrano e che questi la riceve direttamente da Dio significa adottare una specifica formula politica. Allo stesso modo, nei regimi democratici, si fa ricorso a una formula politica quando si sostiene che il potere dei governanti ha il suo fondamento nella volontà popolare (vedi Mosca, 1884 e 1896, ed. qui cit. 1982, vol. I, pp. 226–227, e vol II).

Per *Vilfredo Pareto* (1848–1923), i fattori decisivi ai fini della formazione di minoranze che hanno il sopravvento sulle maggioranze vanno ricercate nelle diverse qualità individuali. Fanno parte della élite coloro che sono più capaci, che «hanno gli indici più elevati nel ramo delle loro attività» (Pareto, 1916, ed. qui cit. 1964, § 2027), coloro che in tali attività hanno ottenuto elevati successi. Si tratta di una ristretta minoranza che, in virtù di predisposizioni psico–biologiche e delle attitudini individuali, diviene la *classe eletta* o *élite*, fortemente minoritaria, che ha il dominio sulla numerosa *classe non eletta*. Avremo così un'*élite (o classe eletta) di governo,* composta da coloro che hanno conquistato le cariche che presiedono all'esercizio dell'attività di governo di una comunità, e un'*élite (o classe eletta) non di governo,* composta da coloro che, pur raggiungendo risultati eccellenti nelle loro specifiche attività, non prendono direttamente parte a tale attività di governo (ivi, §§ 2032, 2034). Per Pareto, della élite o classe eletta di governo fanno parte «ministri, senatori, deputati, capi divisione nei ministeri, presidenti di corte d'appello, generali, colonnelli ecc.» (ivi, § 2035). Pareto è consapevole che l'osservazione della realtà introduce delle aporie nella sua teoria e che fattori quali l'ereditarietà, la ricchezza, le relazioni familiari consentono l'accesso alle posizioni governative di vertice anche di individui che non risultano dotati di grandi capacità individuali, per cui parla di: «eccezioni di chi è riuscito ad imbrancarsi fra costoro senza avere le qualità corrispondenti al cartellino che ha ottenuto» (*ibidem*), ma non indica come superare il problema teorico. Risolve la questione con un'altra teoria, quella della *circolazione delle élite*: l'unica possibilità di ritrovare i più capaci nelle posizioni di vertice è per Pareto legata al continuo ricambio delle élite e al passaggio di individui da una classe all'altra. «La classe eletta di governo è in uno stato di continua e lenta trasformazione, essa scorre come un fiume, e quella d'oggi è diversa da quella di ieri. Ogni tanto si osservano repentini e violenti turbamenti, come sarebbero le inondazioni di un fiume e la nuova classe eletta di governo torna a modificarsi lentamente: il fiume tornato nel suo letto scorre di nuovo regolare» (ivi, § 2056). Insomma, «le aristocrazie non durano. Qualunque ne siano le cagioni, è incontestabile che dopo un certo periodo spariscono. La storia è un cimitero di aristocrazie» (ivi, § 2054).

Per quanto riguarda le giustificazioni a cui i detentori del potere (anche politico) fanno ricorso, un punto cardine della teoria paretiana è che l'umanità agisce principalmente tramite azioni non logiche, ovvero tramite azioni per le quali non c'è alcuna connessione razionale tra i mezzi utilizzati ed i fini perseguiti: sono frutto dell'istinto, dei sentimenti, delle superstizioni, della natura irrazionale degli esseri umani. Il ricorso a tale tipo di azioni (che per coloro che le compiono non sono illogiche) costituisce una costante del comportamento umano a cui Pareto dà il nome di *residui*. Le azioni non logiche necessitano però di giustificazioni che diano ad esse una vernice logica: a tali giustificazioni Pareto dà il nome di *derivazioni*. In ambito politico le derivazioni servono ad attribuire al dominio dei pochi una connotazione di oggettiva necessità sociale (e sono perciò, per sommi capi, assimilabili alla nozione di *formula politica* di Gaetano Mosca) e possono variare da regime a regime, da epoca storica ad epoca storica. Si può dire, insomma, che il dominio dei pochi sui molti e la necessità di attribuire ad esso una qualche giustificazione sono una costante (residui) e che i principi di giustificazione (le derivazioni) sono variabili.

Relativamente a *Roberto Michels* (1876–1936), bisogna subito specificare che oggetto della sua analisi (*La sociologia del partito politico nella democrazia moderna,* ed. or. 1911, prima tr. it. 1912) non è il sistema sociale complessivamente considerato, ma sono i partiti politici di massa e i sindacati. In particolare: il Partito socialdemocratico tedesco e le sue organizzazioni collaterali. Ovvero organizzazioni che Michels conosce bene per avervi militato, ispirate da principi democratici e finalizzate a combattere le disuguaglianze sociali e politiche che, nonostante i proclami originari e l'ideologia egualitaria professata e al di là delle stesse intenzioni originarie degli attori sociali coinvolti, a causa di quella che Michels individua come «legge ferrea dell'oligarchia», finiscono per concentrare il potere in una cerchia ristretta di uomini (o *oligarchia*: termine che deriva dal greco, che significa governo/supremazia di pochi). Quali sono i fattori che portano a tale risultato? Michels condivide con Mosca e Pareto la visione che attribuisce una certa importanza all'apatia delle masse e al loro bisogno di direzione, oltre che al naturale desiderio di potere da parte dei leader, ma individua come cause determinanti gli *imperativi organizzativi* propri di qualsiasi organizzazione. «Chi dice organizzazione dice tendenza all'oligarchia. È insito nella natura stessa natura dell'organizzazione un elemento profondamente aristocratico. Il meccanismo dell'organizzazione, mentre crea una solida struttura, provoca nella massa organizzata mutamenti notevoli, quali il totale capovolgimento del rapporto del dirigente con la massa e la divisione di ogni partito o sindacato in due parti: una minoranza che ha il compito di dirigere e una maggioranza diretta dalla prima» (Michels, 1911, tr. it. 1966, pp. 56–57). Ed ancora, «se esiste una legge sociologica a cui tutti i partiti politici sono sottoposti, essa può essere sintetizzata nella breve formula seguente: l'organizzazione è la madre del potere degli eletti sugli elettori. Ogni organizzazione di partito rappresenta una potente oligarchia che poggia su piedi democratici» (Michels, 1971, p. 39). La formazione di competenze specialistiche, l'esigenza di prendere rapidamente-decisioni, il controllo di risorse importanti come quelle economiche o quelle della stampa di partito, finiscono per rendere semplici rituali le pratiche democratiche che apparentemente continuano a regolare la vita di un partito. Indipendentemente dai fini originari, i partiti organizzati tendono a divenire, sotto la guida dei loro capi, un fine in sé. Vale a dire fine principale di un partito come organizzazione diviene quello di perpetuarsi. I suoi leader, sempre più separati dalla base degli iscritti, sono in grado di sviluppare politiche interne idonee a consolidare e accrescere il loro potere, prioritariamente e prevalentemente rispetto agli stessi interessi dell'organizzazione considerata nel suo insieme. A proposito del ruolo svolto dall'ideologia, inizialmente ugualitaria e democratica nel caso da lui studiato, Michels parla di «eterogenesi dei fini», di effetti non previsti, di conseguenze non intenzionali di azioni intenzionali, indotte da imperativi organizzativi che impongono quale priorità la sopravvivenza dell'organizzazione. Cosicché, l'ideologia egualitaria propria del partito socialdemocratico tende ad essere man mano messa da parte, a divenire sempre più neutra, o almeno più moderata.

6.3 Elitismo, pluralismo, democrazia

Con gli «elitisti classici», la teoria delle élite propone una serie di assiomi (in primo luogo quello che vuole che il dominio sia esercitato sempre da una stretta minoranza) e conoscenze che rimarranno inalterate fino ai nostri giorni. Essa sarà ripresa tanto in Europa che negli Stati Uniti da autori che Sola (2000, pp. 3–42), relativamente al periodo compreso tra le due guerre mondiali, indica come *neo-classici* (tra di essi Schumpeter e gli statunitensi Lasswell e Burnham) e relativamente al periodo che dalla seconda guerra mondiale arriva agli inizi degli anni sessanta, come *post-classici* (tra di essi Riesman, Mills, Aron e Dahrendorf). Vi è infine, nel periodo che dagli inizi degli anni Sessanta del secolo scorso arriva fino ad oggi, che propone «una varietà di stagioni» (ivi, p. 33), una serie variegata di autori che possiamo accomunare sotto l'etichetta di *neo-elitisti*. La prima di questa varietà di stagioni coincide con un grande dibattito, che riguarda la natura stessa della democrazia e che vede coinvolti, soprattutto nella politologia americana, i sostenitori della presenza di un'unica élite del potere, monolitica, unitaria e compatta (elitisti), e coloro che invece mettono in rilievo l'esistenza di una molteplicità di élite eterogenee e concorrenti (pluralisti). Sullo sfondo c'è il complesso rapporto tra teoria delle élites e democrazia. Nei classici, la constatazione dell'esistenza di una minoranza che monopolizza il potere sembrava confutare i principi e gli ideali della dottrina democratica. Come ricorda Bobbio, «la fortuna della teoria delle élite al suo nascere dipese dal fatto che nonostante la sua pretesa di valere come teoria scientifica, anzi come la prima teoria scientifica nel campo della politica, era nata con una fortissima carica polemica anti-democratica e anti-socialista» (Bobbio, 1983b, p. 374). In seguito, anche grazie ad un'evoluzione dello stesso pensiero di Mosca, che si convinse che «la differenza tra regimi aristocratici e autocratici, da un lato, e regimi democratici e liberali, dall'altro, non deve essere più cercata nella presenza o meno di una classe politica ma nel fatto che nei primi vi sono élite chiuse e ristrette e nelle seconde élite aperte ed allargate» (ivi, pp. 374–375), il rapporto cominciò a ricomporsi. Un contributo a tale ricomposizione venne fornito da autori come Weber e Schumpeter, che ritennero l'elitismo compatibile con i caratteri e le procedure di una democrazia intesa come libertà di scelta dei governanti in elezioni libere e competitive e come rappresentatività e responsabilità di questi nei confronti dei governati (vedi Held, 1997, pp. 221–278). Ovvero con una concezione procedurale della democrazia che viene riassunta nella definizione di «metodo democratico» fornita da Schumpeter e ripresa nel Cap. V di questo manuale.

Come ci ricorda Pasquino (1999, p. 23), in situazioni di competitività politico-elettorale esplicita, ricorrente e trasparente, come quelle che caratterizzano le democrazie contemporanee, è improbabile che le classi politiche, di governo e di opposizione, vogliano, sappiano e riescano a trasformarsi in élite del potere. Ovvero che diventi concreta quella «regola delle tre C» (consapevolezza, compattezza, complicità) teorizzata da James H. Meisel (1962). Secondo Meisel, la classe politica per divenire «élite del potere» deve avere una solida consapevolezza dei rapporti che legano i suoi componenti; deve esprimere una forte compattezza nelle sue dichiarazioni, nei suoi comportamenti, nelle sue decisioni (e non-decisioni); deve essere unita da una sorta di complicità nel suo operare, che è anche capacità di mantenere il segreto sulle sue azioni e sui suoi progetti strategici. Cosa questa che, secondo i pluralisti, gli elitisti non sono mai riusciti a dimostrare empiricamente.

Insomma, oggetto dello «scontro» tra elitisti e pluralisti diventano la struttura delle élite, la circolazione delle stesse, l'assenza o la presenza di competizione[2].

---

2 Non a caso George L. Field e John Higley (1980) si inseriscono nel dibattito proponendo un nuovo paradigma interpretativo che, partendo da diversi concetti sviluppati dagli autori «classici», in particolare la nozione di «circolazione delle élite» introdotta da Pareto, cerca di specificare quali possono essere le condizioni che rendono possibile o meno la coesistenza tra la presenza di una o più élite e la democrazia (vedi Turi, 2006, pp. 202–203).

In materia di «struttura dell'élite», un contributo fondamentale viene fornito da Raymond Aron che, nel corso degli anni Cinquanta, prima afferma che: «uno dei tratti più caratteristici della struttura di ogni società è la struttura dell'élite, cioè la relazione fra i gruppi che esercitano il potere, il grado di unione o di disunione fra questi gruppi, il sistema di reclutamento dell'élite e la facilità o difficoltà di entrare a farvi parte» (Aron, 1950, tr. it. 1992, p. 285); e successivamente individua due tipi polari di élite: a) «unitaria o unificata, presente nelle società senza classi che hanno eliminato la proprietà privata e nei regimi di partito unico di tipo sovietico in cui le differenti forme di potere sono manipolate dalle stesse persone», oppure b) «divisa e frammentata dove esiste una differenziazione di gruppi sociali, delle funzioni e delle forme di potere. Un regime costituzionale pluralistico è associato alla presenza di una pluralità di categorie dirigenti eterogenee e in competizione tra loro» (Aron, 1960, tr. it. 1992, p. 303). Insomma, anche per Aron il pluralismo e la competizione fra le élite (indicate volutamente come *categorie dirigenti*) vengono considerate come caratteristiche perfettamente conciliabili con l'esistenza di una liberal-democrazia.

Per quanto numerose indagini che sono seguite a quelle di Aron abbiano dimostrato l'eccessiva semplificazione di configurazioni come quella fornita dallo studioso francese, descrivendo ora élite democratiche propense a trasformarsi in oligarchie coese ed esclusive (Domhoff, 1970 e 1979), ora élite autoritarie attraversate da processi di articolazione interna e costrette alla inclusività di molteplici gruppi presenti nella società (vedi Hammer, 1974), la letteratura ha codificato l'esistenza di due tipi contrapposti di élite politiche. La differenza fra democrazia e autoritarismi viene così ricondotta alla distinzione tra élite che *si propongono* ed élite che *s'impongono*, tra élite eterogenee e concorrenziali ed élite unitarie e monopolistiche, tra élite rappresentative e responsabili nei confronti dei propri amministrati ed élite separate dagli altri gruppi sociali e dalla maggioranza governata. Sul tema, nel corso degli anni (vedi Sola, 2000, pp. 199–218, e Turi, 2006, pp. 202–204) si sono misurati diversi autori (a cominciare da Weber e Schumpeter e per finire con nomi quali Field, Higley, Burton, Etzioni-Halevy), ma la

Fig. 6.1 Concezione del potere in elitisti e pluralisti.

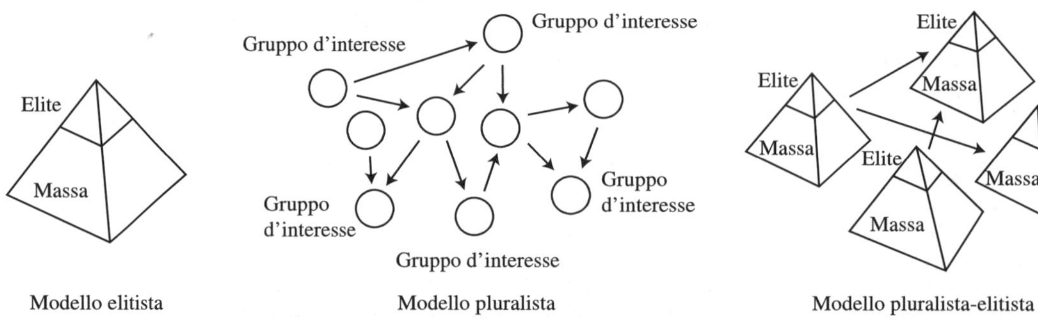

Fonte: G. Sola 1996, p. 194

Box 6.2 – Pluralismo dei gruppi e pluralismo delle élite

L'approccio pluralista fa «riferimento a due distinte impostazioni. Una mette in rilievo la presenza di una molteplicità di élites eterogenee, in competizione tra loro; l'altra preferisce parlare di gruppi di interesse e di pressione anziché di élites e sostiene che il processo politico è il risultato non tanto delle strategie e delle scelte di minoranze più o meno ampie e organizzate quanto dell'interazione di una pluralità di associazioni e gruppi in costante equilibrio tra loro. In definitiva, mentre l'elitismo continua a perpetuare l'immagine ottocentesca della politica come lotta e sopraffazione dei pochi che comandano sui molti che sono comandati, il pluralismo, nelle due distinte accezioni, accredita l'immagine opposta che descrive la politica sia come competizione tra un ampio numero di forze eterogenee sia come mediazione tra i molteplici interessi presenti nella società.

Per i pluralisti il processo politico si presenta come un'arena i cui numerose élites si fanno concorrenza incessantemente oppure come un'area di scambio in cui i diversi interessi, più o meno condivisi dai membri dei gruppi in cui si articola la collettività, si confrontano e si armonizzano, si controllano e si accomodano reciprocamente (...). Nella concezione pluralistica, il potere – inteso come capacità di conseguire i propri scopi in presenza di un'opposizione – non dà luogo ad una struttura gerarchica permanente e la sua distribuzione assume la fisionomia di un assetto variabile, contraddistinto da una costellazione di forze continuamente sottoposte a mutamento. Ciò avviene perché tali forze, che si presentano sotto forma di gruppi di interesse, tendono a modificare frequentemente la loro composizione interna e la natura degli obiettivi difesi, con la conseguenza di rendere instabili i reciproci rapporti di influenza e condizionamento. A fianco della prospettiva dei gruppi di interesse si è fatta strada un'ulteriore configurazione del potere che ha sostituito la molteplicità delle élites alla molteplicità dei gruppi. In questo caso, pur muovendosi all'interno dello stesso approccio, gli studiosi hanno messo l'accento sulla pluralità delle élites che sono al vertice dei vari gruppi sociali e hanno descritto il processo politico come la sede di un complesso gioco di scambi e negoziazioni. Per i pluralisti-elitistici i rapporti di potere non sono mai a "somma zero" bensì a "somma variabile", in quanto il potere di un soggetto può aumentare o diminuire senza che diminuisca o aumenti il potere degli altri soggetti. Per questi studiosi il gruppo dominante di una società o di una comunità è sempre eterogeneo e non strutturato, dal momento che cambia la sua composizione con il cambiare dei problemi affrontati da coloro che assumono le decisioni. Si afferma così la regola – codificata da Dahl – per cui "a decisioni diverse corrispondono diverse coalizioni di potere", con la conseguenza che coloro i quali sono preposti alle decisioni difficilmente riescono a sviluppare una duratura comunanza di interessi, scelte e comportamenti» (Sola, 1996, pp. 192–193).

sintesi dello stesso è racchiusa nella già richiamata contrapposizione tra gli elitisti ed i pluralisti statunitensi. Elitisti e pluralisti statunitensi partono da assunti teorici differenti e nelle numerose ricerche empiriche sulla distribuzione del potere, sia a livello nazionale che a livello di comunità locali, che conducono soprattutto tra gli anni Cinquanta e Sessanta, giungono a risultati che confermano o rafforzano le divergenze iniziali. In particolare, gli elitisti partono da una concezione *sostanzialista* del potere, secondo la quale la fondamentale risorsa sui cui esso si fonda è la *ricchezza economica*, che permetterebbe di cumulare/assoggettare il potere ideologico e quello politico. Inoltre, la distribuzione del potere viene intesa come un gioco a somma zero. Vale a dire che la quantità di potere esistente in una data società viene ritenuta fissa e tendenzialmente immutabile nel tempo, e che ad un aumento del potere di un soggetto si contrappone un'equivalente diminuzione di potere di un altro soggetto. Ne consegue la teorizzazione di un potere *verticistico e monocentrico*: il potere, insomma, sarebbe concentrato nelle mani di pochi, di una minoranza organizzata, coesa, relativamente chiusa e politicamente non responsabile e non ricettiva nei confronti della massa dei cittadini-elettori. In conclusione la democrazia avrebbe una natura solo formale e, comunque, correrebbe seri pericoli.

I pluralisti si propongono in due versioni: quella del *pluralismo dei gruppi d'interesse e di pressione* (vedi Cap. VIII) e quella del *pluralismo delle élite*[3] (vedi Sola, 1996, pp. 191–262 e Box 6.2).

Entrambe propongono una concezione prevalentemente *relazionale* dei rapporti di potere, che sarebbero determinati sia dalle risorse sia dalle abilità possedute dai singoli attori, oltre che dalle specifiche circostanze: si ha potere nella misura in cui si riescono ad utilizzare al meglio le risorse disponibili nelle interazioni con gli altri. La distribuzione del potere non è quindi intesa come un gioco a somma zero, ma è legata alla capacità degli attori di mobilitare risorse in vista del raggiungimento di un obiettivo. È, insomma, a «somma variabile», in quanto il potere di un soggetto può aumentare o diminuire senza che automaticamente diminuisca o aumenti il potere degli altri soggetti. Cosicché, anche per i *pluralisti elitisti*, che la riconoscono e la tengono in conto più di quanto facciano i pluralisti dei gruppi (vedi Cap. VIII), l'ineguale distribuzione delle risorse non conduce necessariamente ad una concentrazione nelle stesse mani dei diversi tipi di supremazia presenti in una comunità. Per i pluralisti il gruppo dominante di una società o di una comunità è sempre eterogeneo e non strutturato, la sua composizione cambia con il cambiare dei problemi affrontati da coloro che assumono le decisioni. Insomma, a decisioni diverse corrispondono diverse coalizioni di potere e si afferma un *modello policentrico*, in cui il potere risulta suddiviso e disperso in una molteplicità di attori e sedi. Cosicché, la democrazia è salvaguardata da quello che in tempi recenti è stato definito come un *gioco dei poteri* (Poggi, 1998), che si presta a strategie, alleanze, vittorie e sconfitte sempre diverse e nel quale non solo il potere economico ma anche quello politico e quello ideologico giocano un ruolo importante e spesso decisivo.

C'è una qualche concordia nell'indicare Charles Wright Mills per gli elitisti e Robert Dahl per i pluralisti, come gli autori più rappresentativi delle due correnti che si sono scontrate tra gli anni Cinquanta e gli anni Settanta, ma, ai fini di una sintesi dei contenuti del dibattito al quale si è brevemente fatto cenno, si può ritenere che un valore paradigmatico abbiano il volume di David Riesman *The Lonely Crowd* (1950) e quello di C. Wright Mills, *The Power Elite* (1956). Oltre alla circostanza di essersi occupati nel giro degli stessi anni del medesimo tema, Riesman e Mills possono essere confrontati per le rappresentazioni della distribuzione del

3 Bentley (1908), Riesman (1950) e Truman (1954) sono tra i più noti sostenitori di una forma di pluralismo che guarda alla moltitudine di gruppi di interesse e di pressione come protagonisti fondamentali del gioco politico, Dahl (1961a e 1966) e Polsby (1963), invece, sono tra i più noti rappresentanti di coloro che non negano l'esistenza di ineguaglianze e preferiscono parlare di moltitudine di élite eterogenee in competizione tra loro.

Tab. 6.1 Struttura del potere negli Stati Uniti d'America e sue conseguenze per la democrazia in Mills e Riesman.

	Elitismo	**Pluralismo dei gruppi**
Autore	Mills (*The Power Elite*, 1956, trad. ital.: *L'élite del potere*, Feltrinelli, Milano 1959)	Riesman e altri (*The Lonely Crowd*, 1950, trad. ital.: *la Folla solitaria*, Il Mulino, Bologna 1971)
Struttura (piramidale o no) del potere	a) élite del potere integrata al vertice della piramide b) pluralità differenziata ed equilibrata di gruppi di interesse al livello intermedio della piramide c) massa di individui non organizzati che non hanno potere sull'élite alla base della piramide	a) assenza di una élite del potere dominante (piramide tronca, senza un vertice) b) pluralità differenziata ed equilibrata di gruppi d'interesse (livello più alto della piramide tronca) c) massa di individui disorganizzati che hanno un certo potere sui gruppi d'interesse (base della piramide tronca)
Mutamenti indotti	a) crescente concentrazione del potere b) manipolazione della base da parte del gruppo al vertice	a) crescente dispersione del potere b) competizione monopolistica tra i gruppi organizzati
Fondamenti della struttura del potere	a) coincidenza d'interessi tra le istituzioni-chiave (economiche, militari, governative) b) somiglianze sociali e affinità psicologiche tra i dirigenti delle istituzioni	a) diversità d'interessi tra i principali gruppi organizzati b) senso di debolezza e di dipendenza sia tra gli strati superiori che tra quelli inferiori
Conseguenze per la democrazia	a) rafforzamento degli interessi dei grandi gruppi economici, dell'apparato militare e del settore esecutivo del governo b) decadenza della politica come dibattito pubblico c) diminuzione della responsabilità e del controllo diretto del potere; perdita di democrazia.	a) nessun gruppo o classe è particolarmente favorito rispetto ad altri b) decadenza della politica come impegno e interesse diretto c) decadenza di una *leadership* efficace, ma permanenza dell'efficacia del metodo democratico, che consente la responsabilità degli eletti nei confronti degli elettori

Fonti: Kornhauser, 1961 (trad. it. 1970, p. 34) citato in Sola, 1996, p. 218, con adattamenti nostri.

potere e della democrazia completamente divergenti che hanno prodotto e, soprattutto, perché sono stati considerati gli iniziatori di due distinte configurazioni della politica americana (vedi Tab. 6.1).

6.4 Il professionismo politico

Una delle prospettive con le quali sono state studiate élite e classi politiche, anch'essa non priva di complicazioni quando si è trattato di passare dal piano teorico a quello empirico, è quella della «professionalizzazione». Per qualsiasi riflessione sul tema, il punto di partenza diventa inevitabilmente la conferenza tenuta da Max Weber nel gennaio 1919 sul tema «Politik als Beruf», che subito dopo diverrà un saggio citatissimo e ancor

Box 6.3 – Weber e la professionalizzazione della politica

Weber distingue tra:

a) *Politici occasionali*. Su di essi scrive: «Tutti noi siamo politici "occasionali" quando andiamo a votare, oppure quando manifestiamo la nostra volontà applaudendo o protestando in una riunione "politica", quando teniamo un discorso "politico", e via dicendo: per molti uomini l'intero rapporto con la politica si limita ad azioni di questo genere» (Weber, 1919, trad. it. 2001, p. 52);
b) *Politici dilettanti*. La traduzione letterale è «quasi – professionali» (*nebenberufliche*) o che svolgono l'attività politica «come professione secondaria», anche se Weber in diversi passaggi utilizza il termine dilettante per riferirsi a tale figura. «Fanno politica come professione secondaria, per esempio, tutti quegli uomini di fiducia e quei dirigenti di associazioni politiche di partito i quali esercitano questa attività – come accade assolutamente di regola – soltanto in caso di necessità, senza "organizzare la propria vita", sia dal punto di vista materiale che da quello ideale, in prima istanza su di essa.» (ivi, p. 52)
c) *Politici di professione*. Weber inserisce in questa categoria coloro che si dedicano alla politica in modo continuativo ed «a titolo di professione principale» (ivi, p. 78). Weber, inoltre, specifica: «Ci sono due modi per fare della politica la propria professione. Si vive "per" la politica oppure "di" politica. Le due alternative non si escludono affatto l'una con l'altra. Al contrario, accade di regola che si facciano – per lo meno idealmente, ma per lo più anche materialmente – entrambe le cose: chi vive "per" la politica costruisce in senso interiore "tutta la propria esistenza intorno a essa": egli gode del puro possesso della potenza che esercita, oppure alimenta il proprio equilibrio interiore e il proprio sentimento di sé con la coscienza di dare un senso alla propria vita per il fatto di servire una "causa". In questo senso interiore ogni uomo serio che vive per una causa vive anche di questa causa. La differenza riguarda anche un aspetto assai più concreto della questione: quello economico. "Della" politica come professione vive colui che cerca di trarre da essa una fonte durevole di guadagno; "per" la politica, invece, colui per il quale ciò non accade» (ivi, pp. 53–54).

oggi di grande attualità[4], poiché contiene un grande affresco di un fenomeno legato all'avvento della politica moderna e alla sua massificazione, ovvero l'entrata in scena di una categoria di persone che *vivono di politica*, che fanno della politica una fonte di guadagno (su questo aspetto vedi anche Sartori, 1987a, pp. 201 e ss.). A questo proposito è utile ricordare che Weber fa una distinzione tra diversi tipi di «politici», in particolare tra politici occasionali, politici dilettanti, e politici di professione; e introduce la tanto citata e spesso equivocata distinzione tra chi vive «per» la politica e chi vive «di» politica (vedi Box 6.3).

Nel parlare di professionalizzazione, Weber guarda in primo luogo alle principali «associazioni politiche» che caratterizzano la politica moderna: gli Stati ed i partiti. Lo studioso tedesco rileva che, nel passaggio dallo «Stato dei ceti» allo «Stato moderno», il funzionario politico (equiparato al politico di professione) si affianca al tradizionale funzionario, che svolge compiti essenzialmente tecnici, e che i processi di democratizzazione determinano una trasformazione e un rafforzamento delle funzioni

4 C'è da ricordare che il termine *Beruf*, che non ha un corrispettivo in italiano, ma, significa tanto «professione» quanto «vocazione», cosicché il titolo del lavoro di Weber può intendersi tanto come «la politica come professione» quanto come «la politica come vocazione».

dei partiti politici, la cui metamorfosi si compie, nell'epoca vissuta dal sociologo tedesco, con il passaggio dal partito dei notabili al partito burocratico di massa (vedi Cap.VII).

Per Weber i politici di professione «sono emersi nel corso della lotta dei principi contro i ceti, ponendosi al servizio dei primi» (1919, trad. it., 2001, p. 63), la vittoria dei quali si tramuta nella nascita di un potere impersonale (quello dello Stato moderno), che viene esercitato da funzionari remunerati che possono essere più «tecnici», come i magistrati, o più «politici», come i prefetti. Inoltre, come ci ricorda Pasquino,

> secondo Max Weber, le trasformazioni politiche, sociali ed economiche della modernità hanno creato le condizioni fondamentali e persino l'esigenza ineludibile per la comparsa di persone che dedichino tutto il loro tempo alla politica. Fintantoché governare un paese costituiva un problema relativamente semplice potevano bastare il re e i suoi consiglieri, i nobili e la corte. Quando governare diventò più complicato e, per varie ragioni, il compito non poté più essere affidato soltanto al re e al suo *entourage,* e quando si cominciò a votare per le cariche parlamentari, risultò necessario che alcune persone dedicassero la maggior parte del loro tempo e delle loro energie all'attività politica (1999, p. 15).

In un ambito più ristretto di quello statuale, ovvero nell'ambito di quelle forme di associazione politica «fondate su un'adesione (formalmente) libera» che sono i partiti (vedi ancora Cap. VII di questo manuale), la professionalizzazione della politica è figlia dell'allargamento dei diritti politici e dell'entrata in scena delle forme moderne di organizzazioni di partito. Quest'ultime

> sono figlie della democrazia, del diritto elettorale di massa, della necessità della propaganda e dell'organizzazione di massa, dello sviluppo della più alta unità della direzione e della più rigida disciplina. Il potere dei notabili e la direzione per mezzo dei parlamentari vengono a cessare. Sono i politici "di professione a tempo pieno" a prendere nelle proprie mani, al di fuori dei parlamenti, l'esercizio della politica (Weber, 1919, tr. it. 2001, pp. 77–78).

In sostanza, la democratizzazione attraversa diverse fasi e ciascuna di esse comporta dei mutamenti nelle figure che assumono compiti d'influenza e/o di direzione politica. Nella fase oligarchico-liberale, caratterizzata da limitata inclusione, chi desiderava occuparsi di politica, sotto forma di governo e di amministrazione della cosa pubblica, doveva procurarsi da solo i mezzi economici per farlo: ovvero, per lo più, semplicemente, già disponeva di quei mezzi. Per qualche tempo la politica poté rimanere dominio riservato di alcune categorie sociali, in particolare dei nobili proprietari di terre, dei *rentiers* che erano in grado di fare affidamento sulle proprie risorse. È, insomma, la stagione dei «notabili», ovvero di quelle figure che godono di notevole prestigio sociale, occupano una posizione di primo piano nella considerazione generale, possono far perno sul loro *status* per acquisire quella quantità limitata di consensi che consente loro di conquistare cariche politiche, svolgere attività politica a titolo onorifico e dare vita alla stagione dei partiti di notabili.

La stagione successiva, caratterizzata dall'allargamento del suffragio e più complessivamente dei diritti civili e politici, da un sempre maggiore ruolo del parlamento e del governo, porta al superamento della figura del notabile e all'entrata in scena di nuove figure, che sono ben riassunte dall'avvocato che fa politica e dal funzionario di partito: il primo come professionista che vive «per» la politica ed il secondo come professionista che vive «della» politica. Per Weber l'avvocato moderno e la democrazia sono, almeno per la fase da lui analizzata, strettamente connessi. Gli avvocati sono portatori di particolari competenze, hanno quella formazione giuridica che è utile per agire politicamente in uno stato di diritto e in una democrazia rappresentativa. Come sottolinea Weber, se la politica dei partiti è rappresentanza ed esercizio degli interessi (*Interessentenbetrieb*), chi meglio di un avvocato è in grado di difendere interessi? In una politica fatta in gran parte di parole, chi meglio di un abile avvocato sa trasformare le cause cattive in cause buone? Attraverso la figura dell'avvocato, già in Weber il discorso sul professionismo politico si incontra con quello della manipolazione della politica.

Weber sottolinea anche che i ruoli di direzione di una democrazia non possono essere occupati solo da chi vive «per» la politica, se questa non vuole rischiare di trasformarsi in plutocrazia, in un regime condizionato dagli interessi delle classi agiate.

> La direzione di uno stato o di un partito a opera di persone le quali vivono (nel senso economico del termine) esclusivamente per la politica, e non della politica, implica necessariamente un reclutamento «plutocratico» dei gruppi politicamente dirigenti (...). Per l'uomo agiato la preoccupazione per la «sicurezza» economica della propria esistenza costituisce per esperienza – consapevolmente o no – un punto cardinale del suo intero orientamento di vita. L'idealismo politico più intransigente e incondizionato si trova invece, se non in modo esclusivo certo in modo prevalente, presso quegli strati che, essendo privi di patrimonio, sono del tutto al di fuori della cerchia di quanti sono interessati alla conservazione dell'ordinamento economico di una determinata società: questo vale principalmente in epoche straordinarie e quindi rivoluzionarie. Tutto ciò significa soltanto una cosa: che un reclutamento non plutocratico di coloro che sono interessati alla politica, del gruppo dirigente e del suo seguito, è legato all'ovvio presupposto che tali persone possano trarre dall'esercizio continuativo dell'attività politica redditi regolari e sicuri (ivi, pp. 55–56).

Non c'è da sorprendersi, quindi, se, qualche anno dopo Weber, un altro intellettuale autorevole come Schumpeter può osservare che «normalmente, il successo personale in politica esige [...] una concentrazione di tipo professionale che riduce le altre attività dell'individuo al rango dell'accessorio o dello strettamente indispensabile» (1942, tr. it. 1994, p. 272) e se nelle democrazie moderne per forza di cose la politica diviene una carriera; e se, inoltre: a) da un lato la figura del funzionario di partito, spesso di origine sociale medio-bassa (Mastropaolo, 1984 e 1993), s'impone quando si tratta di far funzionare quotidianamente le macchine partitiche, specie nei partiti di massa, soprattutto in quelli socialisti e comunisti; b) dall'altro, sotto la spinta dei partiti meno ricchi (in genere i partiti socialisti), come garanzia di equità per la rappresentanza dei ceti meno abbienti, la remunerazione dei parlamentari e delle altre figure che svolgono ruoli politici pubblici diviene la regola.

Le trasformazioni successive nelle figure individuate da Weber possono essere così riassunte:

a) «il funzionariato di partito, dopo essersi gonfiato a dismisura, ha iniziato a restringersi, soprattutto a partire dalla metà circa degli anni Settanta» (Pasquino, 1999, p. 19). Il fenomeno è dovuto a molteplici fattori, tra i quali il fatto che da un lato i suoi costi erano cresciuti a dismisura mentre dall'altro per i partiti erano venute meno, o comunque andavano riducendosi, importanti fonti di finanziamento, quali, ad esempio, quelle derivanti dalle tradizionali quote d'iscrizione;
b) il terreno del professionismo politico è stato visitato e qualche volta occupato da un «ceto di persone definibili, usando la terminologia anglosassone, *politici-gentiluomini* e, in misura quantitativamente inferiore e senza ironizzare, *gentildonne*. Costoro giungono alla politica dopo un'esperienza professionale coronata da successo. Per buona parte della loro vita non hanno vissuto di politica e, in parte, neppure per la politica. Ad un certo momento della loro vita, hanno scelto ovvero accettato di fare attività politica, ben sapendo di godere di una rete di protezione se, per qualsiasi ragione, decidessero di tornare alla loro attività professionale, anche se spesso, peraltro, non lo fanno più» (*ibidem*, pp. 18–19); vale a dire che anche queste persone hanno finito per sviluppare un desiderio di rimanere nella politica attiva e di acquisire cariche sempre più prestigiose.

Tra i risvolti di quanto appena detto, da un lato i partiti sostituiscono i tradizionali funzionari con personale che, magari dopo una più o meno lunga trafila nell'organizzazione di partito, viene eletto nelle istituzioni (parlamentarizzazione dei funzionari di partito) e che può, a quel punto, fare affidamento sulle indennità di ufficio e di carica; dall'altro, molti politici-gentiluomini e le politiche-gentildonne che decidono di rimanere in politica tendono a sviluppare comportamenti di fedeltà e qualche volta di subalternità ai partiti e/o ai loro leader.

Complessivamente, le trasformazioni avvenute nel corso del XX secolo, fanno sì, come ricorda Verzichelli (2010, p. 17), che le categorie messe a punto da Weber non appaiano più sufficienti per cogliere gli sviluppi del fenomeno che stiamo analizzando.

Su tali sviluppi un peso decisivo hanno avuto le trasformazioni che hanno investito i partiti politici. Weber osservava il passaggio dal partito di notabili al partito burocratico di massa, ma la vicenda non si è fermata là. Il successivo avvento del partito pigliatutto, di quello professionale elettorale, di quello mediatico e, infine, del *cartel party*, oltre al crescente ridimensionamento della burocrazia di partito, porta con sé la necessità di nuove competenze e di nuove figure di politici di professione.

Le ricerche empiriche comparate svolte nel contesto europeo hanno fatto emergere come il tipo di professionalizzazione si sia andato diversificando a seconda del tipo di arena presa in considerazione. Heinrich Best e Maurizio Cotta (2000 e 2007), studiando i percorsi che portano all'elezione nei parlamenti nazionali, hanno messo in luce, oltre alla già menzionata riduzione del peso del *funzionariato* partitico e sindacale, la sempre maggiore incidenza degli eletti provenienti dal settore pubblico e la comparsa di *background* relativamente inediti per i politici tradizionali, come l'esperienza manageriale o il peso sempre maggiore di libere professioni diverse da quella forense.

Anche le ricerche che guardano più da vicino a coloro che giungono fino ai vertici governativi, e quindi alla leadership delle democrazie europee, hanno evidenziato diverse nuove tendenze. Innanzitutto una tendenza alla «americanizzazione» (Fabbrini, 1999), alla «personalizzazione» (King, 2002) e alla «presidenzializzazione» (Poguntke e Webb, 2005) della politica europea.

Vale a dire che anche in forme di governo tradizionalmente collegiali, quali i parlamentarismi dell'Europa continentale, sempre più emerge l'autonomia del capo dell'esecutivo e una composizione dei gabinetti che vede i politici generalisti affiancati da *tecnici-politici* o da *politici-tecnici* con diverse funzioni. In particolare, nelle ricerche che riguardano l'accesso alle cariche ministeriali viene sempre più evidenziata la minore rilevanza del tradizionale *cursus honorum* negli apparati partitici e la progressiva affermazione di altre componenti, come l'esperienza nelle amministrazioni politiche locali, la presenza di tecnocrati confluiti nella classe politica o, più spesso, la formazione di un'élite politica con specifiche competenze in dati settori di *policy*, che offre il proprio contributo ricoprendo incarichi coerenti con la propria esperienza (Dowding e Dumont, 2009). Un fenomeno collegato al precedente è quello che vede l'emergere di forme di fidelizzazione dei componenti del governo legata alla persona del leader più che al vertice partitico.

Una seconda tendenza, strettamente collegata alla prima, è quella della «mediatizzazione della politica». I media contribuiscono a ridimensionare il tradizionale ruolo di mediazione dei partiti e ad accentuare caratteristiche come l'«appeal personale», il linguaggio politico diretto, la capacità di comunicazione. Insomma la politica diventa sempre più spettacolo e il reclutamento dei politici finisce spesso per premiare le personalità più abili nel comunicare (Sartori, 1997). Accanto ad una nuova élite di politici «telegenici» emergono nuove figure, che non fanno politica in prima persona ma vivono ugualmente di essa: i commentatori di professione, i consulenti politici, gli esperti di marketing elettorale e di sondaggi di opinione sono alcune di queste.

6.5 Politici in carriera

Come abbiamo appena visto, non sono mancati i tentativi di individuazione di categorie più idonee di quelle proposte da Weber a rispondere ai problemi posti dalla sempre più difficile distinzione tra chi vive «di» politica e chi vive «per» la politica. Anche con questo obiettivo, come ricorda Verzichelli (2010, p. 26), nella tradizione di studi europei sono emerse nozioni come quelle di «carriera politica», che ha assunto una valenza teorica spesso incerta e che muta di significato a seconda dei contesti nazionali nei quali viene inserita, e di «politico in carriera». Tra gli studiosi che hanno contribuito ad introdurre quest'ultima nozione, un posto di rilievo viene generalmente assegnato ad Anthony King che, in un articolo incentrato sull'avvento del professionismo politico in Gran Bretagna, sottolinea la mutazione nel tempo, rispetto al prototipo weberiano, del professionismo politico nei contesti democratici, e propone la seguente definizione: il *politico di carriera* è «quella persona che considera la politica come la propria vocazione, vede il proprio futuro nella politica e cerca nella politica le proprie soddisfazioni. Tale persona sarebbe profondamente frustrata se le circostanze lo obbligassero a lasciare la politica. In poche parole, si tratta di una persona dipendente dalla politica: la politica è la sua vita» (King 1981, p. 256). In particolare lo studio di King, ponendo sotto osservazione i ministri britannici, conferma quanto già emerso da diverse analisi comparate e cioè che la vocazione del politico di carriera nelle democrazie contemporanee si estrinseca in modi diversi, evidenziando una pluralità di combinazioni di caratteristiche e potenziali percorsi. Il moderno politico di carriera presenta dunque un'ampia gamma di caratteri, esperienze e attitudini, spesso supportate da una vocazione che sconfina nella dipendenza dalla politica.

A conclusioni non troppo dissimili giunge Alfio Mastropaolo, che ha proposto una ricognizione comparata sull'evoluzione del professionismo politico nei parlamenti occidentali. Soprattutto con riferimento al caso italiano, Mastropaolo introduce la nozione di «ceto politico», per indicare uno strato «numerosissimo, ramificato e ultraprotetto [che] si è interposto tra cittadini e istituzioni, si è annidato all'interno di queste ultime, ha monopolizzato l'autorità e ha intrecciato intorno a sé una robusta cintura di privilegi» (1993, p. 10), mentre in termini comparativi (ivi, pp. 101–102) individua una scomposizione del professionismo di weberiana memoria in una moltitudine di figure, tra le quali:

1) *i politici di lungo corso*, i quali hanno intrapreso per qualche ragione la carriera politica e hanno rinunciato, parzialmente o del tutto, ad altre attività, perché la politica è un'occupazione sempre più faticosa e assorbente. Sono costoro i parlamentari, gli amministratori locali, i dirigenti di partito rieletti o rinominati più volte, che, spesso, nel tempo hanno affinato o rimodulato la loro expertise originaria, magari specializzandosi nell'esercizio della funzione legislativa;

2) *i tecnici della politica* svincolati da troppo stringenti affiliazioni ideologiche e preoccupati in primo luogo di acquisire potere per sé e per il partito che rappresentano; gli esperti d'organizzazione, di comunicazione, di marketing, di specifici settori di policy, che operano sia nei partiti "pigliatutto" sia nei "partiti professionali elettorali", costituiscono alcuni esempi di un fenomeno che Panebianco (1982) descrive anche come "parlamentarizzazione degli esperti";
3) *i politici "senza qualità"* ovvero di individui che in politica entrano sprovvisti di risorse extrapolitiche proprie (economiche, professionali, di prestigio) e per i quali la politica è in primo luogo un canale di ascesa sociale, per cui sono portati ad allentare i legami con il retroterra che rappresentano facendosi portatori di un linguaggio, di interessi, di principi di riferimento specifici e comuni, che travalicano le distinzione partitiche, al punto da costituire talvolta un gruppo o un "ceto politico" a se stante, come quello riscontrato nel caso italiano (vedi sopra);
4) *i politici in carriera*, con riferimento a coloro che, pur avendo valicato la frontiera che separa l'impegno intenso da quello totale, vivono non necessariamente di politica, ma comunque per la politica, a essa dedicandosi sulla base di una scelta consapevole, pur se non in vista di un qualche astratto ideale, ma soprattutto per conseguire successo e potere (ivi, 102).

Complessivamente, dalle varie ricerche che hanno riguardato le democrazie europee, due caratteristiche sembrano emergere sulle altre:

1) la complessità della politica democratica non ha ridotto (anzi ha incrementato) il novero degli aspiranti alla carriera politica e in definitiva ha ingigantito il numero di persone che vivono di politica;
2) una moltiplicazione dei modelli di professionismo politico che induce a parlare di «professionalizzazione multidimensionale».

Su quest'ultima caratteristica si sofferma in modo particolare Verzichelli, che propone la seguente definizione: «la "carriera politica" consta di una trafila di posizioni coperte con continuità di impegno politico a tempo pieno, attraverso le quali si tende a raggiungere e per qualche tempo mantenere un'influenza pubblica sostanziale, coltivando la propria autonomia finanziaria» (2010, p. 32). Tale definizione, dunque, tiene assieme tre dimensioni: a) il perseguimento di un'autonomia sociale e finanziaria adeguata allo svolgimento di funzioni pubbliche rilevanti; b) l'ambizione di mantenere una sufficiente dose di reputazione e influenza pubblica; c) la volontà di entrare nell'ambito ristretto dei *decision makers*, anche sviluppando nuove competenze. In pratica (*ibidem*, pp. 32–34):

1) l'avvio e soprattutto il successo di una carriera politica in una democrazia contemporanea presuppone la disponibilità di *risorse finanziarie*.

Rispetto ai suoi predecessori, il nuovo politico in carriera, oltre che sulle risorse proprie e/o su quelle sempre meno cospicue delle organizzazioni partitiche, almeno in buona parte dei casi, può e deve contare sui benefit e sui salari (di derivazione pubblica) destinati ai detentori di cariche a vario titolo e/o su finanziatori di varia natura;

2) la ricerca di una sempre maggiore *influenza politica* costituisce ancora il principale elemento che segna il cammino delle carriere politiche. Rispetto al passato, nell'acquisizione e nell'esercizio dell'influenza, le democrazie contemporanee sembrano caratterizzate da un crescente ruolo dei media e da una maggiore attenzione dell'opinione pubblica per una serie di elementi reputazionali e di *problem solving*;
3) proprio quanto appena detto fa si che lo sviluppo di una carriera politica richieda, oltre alla vocazione, una reputazione, una credibilità ("capacità di rendiconto") in materia di possesso e/o capacità di mobilitazione di competenze sempre più complesse, che vengono costantemente sfidate dal rapido mutare del mondo, della conoscenza, della tecnologia.

> Di conseguenza, la classe politica è sempre più impegnata in un fitto scambio con altri attori dotati di expertise, think tank, istituti di ricerca, gli stessi opinionisti presenti ogni giorno nel dibattito con i propri editoriali e le proprie interviste. Ciò fa sì che i percorsi di carriera si intreccino, in modo più disinvolto rispetto al passato, da una piramide sociale all'altra (ad esempio, dalla piramide dei politici a quella degli «esperti») dando vita a modelli sempre più complessi di circolazione delle élite (*ibidem*, p. 34).

Verzichelli (*ibidem*, p. 36) individua alcuni tipi ideali, che possono essere utili per cogliere i caratteri essenziali che hanno contrassegnato l'evoluzione del professionismo politico nelle democrazie europee. In particolare (vedi Tab. 6.2): a) il *politico amatoriale*, nel quale è possibile riconoscere il notabile ottocentesco; b) il *politico d'apparato*, nel quale si può riconoscere quel funzionario di partito che ha caratterizzato buona parte del novecento; c) il *politico in carriera*, al quale è possibile avvicinare buona parte delle variegate figure di politici che caratterizzano le democrazie contemporanee.

I vari studi svolti negli ultimi decenni nei vari contesti europei hanno evidenziato il forte impatto che ancora mantiene la variabile partitica nel modellare i percorsi di carriera, e fatto emergere che, a seconda del tipo di organizzazione partitica e del tipo di evoluzione della stessa, si potevano avere carriere più controllate o «ripiegate» sul partito stesso, oppure carriere basate su percorsi più articolati, su risorse, almeno in parte, diverse da quelle strettamente partitiche, sulle capacità individuali di acquisire e mantenere cariche pubbliche. Anche in tempi recenti, diversi studi hanno evidenziato la capacità dei partiti di uscire spesso vincitori nei confronti di quegli sfidanti che avevano osato mettere in discussione il loro ruolo in materia di selezione dei candidati alle elezioni e di reclutamento politico più in generale (Yanai, 1999; Gallagher, Laver e Mair, 2006).

Tab. 6.2 Fasi della carriera in tre tipi ideali di professionista politico.

	Politico		
	Amatoriale	**Di Apparato**	**In Carriera**
Selezione	Risorse prevalentemente personali	Risorse prevalentemente partitiche	Risorse di origine
	Criteri non formalizzati	Rigidi criteri dettati dall'organizzazione partitica	Criteri formalizzati dai partiti ma con deroghe
	Ingresso laterale	Ingresso dal basso	Diversi punti di accesso
Circolazione	Lotta tra individui	Controllo partitico	Competizione tra individui e «fazioni» con grado diverso di controllo partitico
	Carriere relativamente brevi, ma ampie possibilità di ritorno	Lunga permanenza nel ceto politico	Permanenza lunga nel ceto politico, ma frequente transito verso altre piramidi sociali
Capacità di rendiconto	Incentrata sul prestigio	Incentrata su reputazione politica e consenso nel partito	Incentrata su capacità diverse di leadership generale e di *problem solving* settoriale

Fonte: Verzichelli 2010, 36.

La proposta di Verzichelli aggiorna in diversi punti le conoscenze in materia, rimarcando che, se i due antichi idealtipi (il notabile ed il politico d'apparato)

> presentavano caratteri marcati in tutte le dimensioni sopra indicate, il politico in carriera dei giorni nostri mostra una grande adattabilità e notevole flessibilità di comportamento nella fase di selezione, in quella di circolazione e anche nella fase in cui esibisce la propria capacità di rendiconto. Relativamente alla selezione, le risorse proprie e l'inserimento in un network "personale" di influenza possono fare la differenza, pur rimanendo i partiti politici i principali attori che regolano il flusso di entrata nella sfera politica. La circolazione dei moderni politici in carriera si lega alle personali capacità di adattamento all'establishment e di "navigazione" tra le opportunità offerte dal sistema istituzionale. Infine, la capacità di mantenere una credibilità di leader può svilupparsi attraverso molteplici requisiti, che vanno dal carisma all'accreditamento di qualità di esperto nella risoluzione di determinati problemi (2010, p. 37).

6.6 Sulla qualità della classe politica

Le classi politiche sono spesso criticate (Pasquino, 1999, pp. 51–64) e la ricerca di alternative ad esse, individuate ora nel governo dei «tecnici» o dei «competenti», ora nel governo dei «giudici», ora nel governo degli «onesti», è un esercizio che attraversa la storia del pensiero politico, ma è particolarmente frequente nella vita politica delle democrazie contemporanee. Panebianco (1993) ricorda quanto possano essere illusorie e/o fuorvianti le scorciatoie che propongono di «fare a meno della politica», in quanto, tra le altre cose, almeno nei regimi democratici, bisogna sempre fare i conti con il fatto che la democrazia liberale affida il potere agli eletti e la risoluzione dei conflitti alla mediazione fra gli interessi, che la politica democratica è l'arte di mobilitare impegni intorno a valori e di forgiare consenso costruendo coalizioni fra interessi e che questa essenza del sapere politico può essere coadiuvata, ma non del tutto surrogata da altri saperi[5].

Un altro tema che ritorna spesso nei dibattiti relativi alle democrazie contemporanee è quello della «qualità della classe politica». Ogni discorso sulla qualità delle di tale «classe» non può prescindere dalla considerazione che non si parla di una realtà monolitica, statica, cristallizzata, ma di una realtà in movimento. Ogni élite, pena la sua scomparsa, è soggetta a un processo continuo, la cui entità può essere molto diversa, di sostituzione dei suoi componenti. Questo processo, con le sue caratteristiche, si riverbera necessariamente su tutte le altre qualità dell'élite; anzi si può dire che l'entità e le modalità del rinnovamento di una élite ne costituiscono gli elementi di caratterizzazione primaria.

Non a caso il rinnovamento della classe politica e più complessivamente delle classi dirigenti è una tema che ha sempre interessato tanto le teorie politiche quanto la ricerca empirica. Quest'ultima parla in genere di «reclutamento», «tasso di ricambio», «carriere», «caratteri sociografici» del personale politico, ovvero spesso si occupa di un fenomeno quasi fisiologico di rinnovamento e di reintegrazione dei gruppi dirigenti. La teoria, ed in particolare la classica teoria delle élites, specie con Pareto e Mosca, parla di «circolazione», di «sorgere» e «tramontare», di «ascesa» e di «decadenza» delle classi dirigenti, quasi a sottolineare l'importanza degli eventi di lunga portata storica.

Facendo un bilancio complessivo, non si può dire che esista una vasta letteratura in materia di definizione e «misurazione» della qualità in questione. Il terreno, dunque, non è nuovo, ma resta fortemente scivoloso. In particolare, incamminarsi su di esso implica un elevato rischio di scivolare nei «giudizi di valore», nella confusione tra morale privata e morale pubblica, nelle prescrizioni della filosofia politica piuttosto che nelle descrizioni e nelle spiegazioni della Scienza Politica. Ciò non significa che importanti scienziati sociali non l'abbiano fatto. In queste pagine conclusive del capitolo ci sembra utile proporre brevemente alcune riflessioni, in parte prescrittive in parte descrittive, di alcuni di essi che, per tanti versi, possono essere considerati paradigmatici.

5 Per approfondimenti vedi Panebianco (1993) e Pasquino (1999, in particolare pp. 96–110).

Joseph Schumpeter ha posto l'argomento come particolarmente rilevante per le democrazie, osservando che una delle condizioni essenziali affinché il metodo democratico abbia successo «è che il materiale umano – il personale delle macchine politiche che, eletto in parlamento, di qui sale a funzioni di governo – sia di qualità sufficientemente elevata» (1942, tr. it. 1994, p. 276). È sufficiente, dunque, che ci siano persone competenti e moralmente irreprensibili da contrapporre ad un ceto politico incompetente e moralmente discutibile? Per Schumpeter non basta che in paese esista «un numero sufficiente di uomini dotati di capacità intellettuali e morali adeguate» (*ibidem*), occorre che almeno una parte di costoro sia disponibile a dedicarsi alla politica come ad una professione svolta a tempo pieno e continuativamente. Schumpeter sottolinea che, se è vero che in democrazia gli elettori scelgono i loro governanti, e che, dunque spetta loro scegliere i migliori, è anche vero che tale scelta è limitata a coloro che si presentano candidati alle elezioni, che sovente sono quelli che da tempo hanno scelto la carriera politica e attraverso tappe successive sono giunti fino a guadagnarsi la candidatura in parlamento. Se gli uomini migliori, coloro che sono «dotati di capacità intellettuali e morali adeguate», rifuggono dalla politica e scelgono altre carriere, agli elettori è negata la possibilità di sceglierli. Che cosa può far si che gli uomini migliori si dedichino stabilmente alla politica? Per Schumpeter: «l'esperienza sembra finora suggerire che l'unica garanzia reale sia fornita dall'esistenza di uno strato – prodotto a sua volta di un processo rigorosamente selettivo – al quale venga naturale di darsi alla politica» (*ibidem*, p. 277); e, inoltre, che diventa un elemento di debolezza della democrazia il fatto che individui dotati di capacità intellettuali ed energia rifuggano dalla carriera politica.

Ci sono delle qualità specifiche che un buon politico deve possedere? Una risposta a questa domanda che ha lasciato il segno la fornisce ancora una volta Max Weber, che, nelle pagine di *Politik als Beruf,* scrive: «tre qualità possono dirsi sommamente decisive per l'uomo politico: *passione, senso di responsabilità, lungimiranza*» (1919, tr. it. 2001, p. 94). Passione, specifica Weber, intesa come *Sachlichkeit,* come senso di dedizione appassionata a una causa, di fronte alla quale si deve assumere intera la responsabilità, ovvero fare del senso di responsabilità la guida determinante della propria azione, donde la necessità della lungimiranza, intesa come la capacità di lasciare che la realtà operi su di noi con calma e raccoglimento interiore, il contrario della «mancanza di distacco» *(Distanzlosigkeit),* peccato mortale di qualsiasi uomo politico, e della «vanità», ossia del bisogno di porre in primo piano con la massima evidenza la propria persona. Quando manca di una causa così concreta, il politico rischia continuamente di scambiare la prestigiosa apparenza del potere per il potere reale, e, quando manca del senso di responsabilità, rischia di godere del potere semplicemente per amore della potenza, senza dare a esso uno scopo per contenuto. Per Weber, in particolare, vi sono soprattutto due tipi di peccato mortale sul terreno della politica: l'assenza di una causa e – spesso, ma non sempre, si tratta della stessa cosa – la mancanza di responsabilità. La «vanità», vale a dire il bisogno di porre se stessi in primo piano nel modo più visibile possibile, induce l'uomo politico nella fortissima tentazione di commettere uno di questi due peccati, se non tutti e due insieme» (*ibidem*, p. 96).

In modo indiretto, andando alla ricerca dei criteri che storicamente sono stati utilizzati per distinguere tra buon governo e malgoverno e, quindi, tra buon governante e cattivo governante, anche Norberto Bobbio individua due principi che, anche se risalgono al pensiero greco, possono essere considerati validi sempre e ovunque, anche per le democrazie contemporanee; anche, aggiungiamo noi, per distinguere tra il politico/governante di alta qualità e quello di scarsa qualità o "senza qualita", per utilizzare la categoria utilizzata da Mastropaolo: 1) l'esercizio del potere in conformità di leggi prestabilite e non secondo il proprio capriccio; 2) il perseguire il bene comune e non quello proprio (Box 6.4).

Box 6.4 – I due principali criteri di distinzione tra buongoverno e malgoverno nel pensiero politico antico e moderno, secondo Noberto Bobbio

Scrive Noberto Bobbio: «Attraverso la lezione dei classici ritengo siano emersi sostanzialmente due criteri principali di distinzione tra buongoverno e malgoverno, che, se pure usati spesso promiscuamente, si rincorrono l'un l'altro lungo tutta la storia del pensiero politico. Il primo: buongoverno è quello del governante che esercita il potere in conformità di leggi prestabilite e inversamente malgoverno è il governo di colui che esercita il potere senza rispettare altra legge che quella del proprio capriccio. Il secondo: buon governo è quello del governante che si vale del proprio potere per perseguire il bene comune, malgoverno è quello di colui che si vale del potere per perseguire il bene proprio. Ne derivano due figure tipiche di governante odioso: il signore che dà legge a se stesso, l'autocrate nel senso etimologico della parola; e il tiranno che usa il potere per soddisfare i propri piaceri, i desideri illeciti di cui parla Platone nel IX libro della *Repubblica*. Di entrambe le interpretazioni il pensiero greco classico ci ha lasciato alcuni testi canonici (dico "canonici" nel senso che staccati dal loro contesto storico sono diventati vere e proprie massime da usare nelle piú diverse circostanze). Per quel che riguarda la sottomissione del governante alle leggi, è esemplare un testo platonico tratto dal quarto libro delle Leggi (indipendentemente dalla considerazione che lo stesso Platone nel *Politico* sostiene la tesi contraria): "ho qui chiamati servitori delle leggi quelli che ordinariamente si chiamano governanti, non per amore di nuove denominazioni, ma perché ritengo che da questa qualità soprattutto dipenda la salvezza o la rovina delle città. Difatti dove la legge è sottomessa ai governanti ed è priva di autorità, io vedo pronta la rovina delle città; dove invece la legge è signora dei governanti e i governanti sono i suoi schiavi, io vedo la salvezza delle città e accumularsi su di esse tutti i beni che gli dèi sogliono largire alle città". Cosí, iniziando a parlare delle costituzioni monarchiche, Aristotele pone il problema del rapporto fra le leggi e i governanti sotto forma di dilemma. "È più conveniente essere governati dall'uomo migliore o dalle leggi migliori?" A favore del secondo corno Aristotele enuncia una massima che avrà molta fortuna: "La legge non ha passioni che necessariamente si riscontrano in ogni anima umana". E la enuncia sulla base della osservazione, anch'essa fondamentale, che la legge dà "prescrizioni generali". Peraltro il pensiero politico occidentale è debitore ad Aristotele soprattutto della seconda interpretazione del buon governo, quella che contraddistingue il buono dal cattivo governante in base al criterio del bene comune contrapposto al bene proprio. La famosa classificazione delle costituzioni nelle tre rette e nelle tre corrotte si vale proprio di questo criterio: "Quando uno solo, pochi o i più esercitano il potere in vista dell'interesse comune, allora si hanno necessariamente le costituzioni rette; mentre quando l'uno o i pochi o i più esercitano il potere nel loro privato interesse, allora si hanno le deviazioni"» (Bobbio, 1999, pp. 151–152).

Ed ancora, la contrapposizione fra interesse comune e interesse particolare, fra utilità pubblica e utilità privata, prende in «considerazione non tanto la forma entro cui il potere viene esercitato quanto il fine che deve essere perseguito. Che questo fine sia l'utilità comune non del governante o dei governanti, della classe dominante si direbbe oggi, o dell'élite al potere, deriva dalla natura stessa della società politica (la *koinonía politiké* di Aristotele), la quale deve provvedere a soddisfare bisogni che riguardano tutti i membri e non solo alcuni di essi, quali, secondo i tempi e secondo le concezioni generali del vivere comune e le diverse e spesso opposte ideologie, l'ordine interno e la pace esterna, la libertà e l'eguaglianza, la prosperità dello stato nel suo insieme» (*ibidem*, p. 155).

Juan Linz (2006, pp. 609–613), ragionando sul tema della qualità della democrazia, riparte da Schumpeter e fa notare quanto, sulla qualità della classe politica, possano incidere le istituzioni che strutturano il processo politico, le regole che presiedono alla selezione delle élite politiche, la cultura politica delle élite stesse e quella degli elettori. Relativamente alle istituzioni, Linz evidenzia come il populismo latino-americano non possa essere spiegato senza tener conto dell'impatto di un assetto di governo di tipo presidenziale in contesti caratterizzati dalla frammentazione e dalla irresponsabilità dei partiti rappresentati in parlamento, e che ai fini dell'impatto sulla qualità delle classi politiche, oltre ai sistemi elettorali, andrebbero analizzate anche i meccanismi che incidono sui finanziamenti dei partiti e quelli che possono alimentare la corruzione.

Lo stesso Linz, inoltre, fa osservare che

> anche lo stile del discorso politico nella competizione per il potere potrebbe avere effetti sulla qualità della politica. Ci sono condotte politiche che, per quanto indesiderabili, sono relativamente «normali» in alcune democrazie. Tuttavia, se portate all'estremo e se rimpiazzano le altre forme del dibattito politico, esse contribuiscono a distruggere la fiducia nei politici, nei partiti in genere e perfino ad indebolire la legittimità del processo democratico...... Le condotte alle quali faccio riferimento sono quelle caratterizzate da aggressività, mancanza di rispetto ingiustificata per gli oppositori e le loro motivazioni, dallo stimolo degli appetiti più bassi dell'elettorato, dal pregiudizio e dall'odio, dal rivangare i conflitti passati, l'odio etnico e gli eccidi, dalla demagogia e dalla corsa al rialzo per ingannare gli elettori, dal populismo in alcune sue forme, quando si tenta di contrapporre il «popolo» a «loro», cioè ai cospiratori o ai traditori dell'interesse nazionale (*ibidem*, pp. 611–612).

E, per concludere, Linz sottolinea anche che

> la qualità della classe politica non è indipendente dalla «qualità dell'elettorato» e che si potrebbe stilare un elenco delle caratteristiche negative di quest'ultimo. Non è sempre chiaro se siano i cattivi leader a «corrompere» gli elettori – spesso è così – o se siano questi a perdonare le azioni che vanno a detrimento della qualità della democrazia, quando non si curano di chi li rappresenti e li governi (*ibidem*, p. 613).

Domande

1. Cosa s'intende per «classe politica»?
2. Che significato assume il termine «élite» secondo Vilfredo Pareto e secondo Giovanni Sartori?
3. Cos'è l'elitismo classico e cosa dicono i suoi maggiori rappresentanti?
4. L'elitismo è compatibile con la democrazia?
5. In che cosa consiste la disputa tra elitisti e pluralisti?
6. Quando e perché si sono affermati i «politici di professione»?
7. Quali trasformazioni hanno investito il professionismo politico?
8. Cos'è un «politico in carriera»?
9. Quali sono le principali differenze tra «politici amatoriali», «politici di apparato» e «politici in carriera»?
10. Cosa scrive Joseph Schumpeter a proposito della qualità della classe politica?
11. Quali sono secondo Max Weber le qualità che un «buon politico» deve possedere?
12. Quali sono i due principali criteri di distinzione fra malgoverno e buongoverno individuati da Norberto Bobbio?
13. Quali fattori possono incidere sulla qualità della classe politica secondo Juan Linz?

Partiti e sistemi partitici

CAPITOLO SETTIMO

7.1 Premessa

Fino all'età moderna le società di tipo organico, fondate su meccanismi aggregativi monolitici, riservavano al nemico sconfitto un trattamento che prevedeva una serie di misure restrittive, quali l'ostracismo, l'esilio o la detenzione forzata, senza escludere, in alcuni casi, l'eliminazione fisica. La *ratio* di questi provvedimenti era intesa a ricomporre l'ordine turbato mediante l'espulsione di coloro che avessero vulnerato, con le proprie idee o le proprie azioni, la pacifica convivenza della comunità politica.

Nelle epoche successive, lo sfaldamento della concezione organica del bene comune apre la strada a una visione pluralista della società. I conflitti, a differenza di quanto avveniva in passato, non vengono più considerati distruttivi per la convivenza sociale, al contrario, dal confronto tra i diversi orientamenti presenti all'interno della società inizia ad emergere una nuova forma di lotta politica, espressa dalla *competizione* (Fisichella, 2008). Questa concezione dei rapporti politici, la cui definitiva affermazione può essere storicamente datata intorno alla metà del Settecento, non solo inizia a legittimare una forma di pluralismo embrionale nell'ambito delle istituzioni rappresentative, testimoniato prima dal confronto tra *Giacobini* e *Girondini* in Francia, poi tra *Tories* e *Whigs* in Inghilterra, ma consente progressivamente ai partiti di assumere un ruolo e un significato più ampi della mera fazione politica.

La legittimazione dei partiti come attori fondamentali del sistema politico ha, *de facto*, rappresentato la condizione necessaria affinché l'opposizione uscisse dalla clandestinità (Rokkan, 1970; Dahl, 1971). Per questa ragione, l'origine dei partiti moderni si deve a due processi storici strettamente connessi: lo sviluppo di istituzioni rappresentative e l'espansione del suffragio. In questo quadro, la presenza di più partiti politici, in grado di competere per la conquista del potere nell'ambito delle regole che sanciscono il pluralismo politico, è ancora oggi una delle dimensioni principali della democrazia occidentale (Duverger, 1951; LaPalombara e Weiner, 1966; Epstein, 1967).

Una ricostruzione il più possibile esaustiva della complessa evoluzione che hanno vissuto i partiti a livello organizzativo, funzionale e programmatico, dai primi decenni del XIX secolo fino ad oggi, può prendere in considerazione i seguenti aspetti:

1) la definizione (cos'è un partito);
2) l'origine (come nascono i partiti);
3) l'organizzazione (come sono strutturati);
4) l'evoluzione (come cambiano nel tempo la struttura e le finalità dei partiti);
5) le funzioni (cosa fanno e a cosa servono i partiti);
6) il sistema partitico (come interagiscono tra loro).

7.2 Cos'è un partito politico

Una delle prime definizioni di partito politico si deve ad Edmund Burke, il quale, in un contesto ancora caratterizzato da strutture proto-partitiche, sosteneva la necessità di creare organizzazioni politiche stabili e finalizzate a garantire l'interesse nazionale mediante il confronto ideologico, in contrasto con quanti all'epoca ritenevano, soprattutto in Francia, che le divisioni introdotte da queste «fazioni» avrebbero inevitabilmente indebolito la gerarchia potestativa della monarchia (Sieyès, 1789) o compromesso la formazione della volontà generale (Rousseau, 1762). Burke (1770) aveva invece intuito il ruolo fondamentale che queste associazioni avrebbero potuto svolgere nella battaglia politica: «Un partito è un insieme organizzato di uomini uniti per operare in comune nell'interesse nazionale, secondo il principio particolare sul quale si sono trovati d'accordo» (p. 530).

Un secolo e mezzo dopo, Max Weber (1922b) ribadiva i pregi e i difetti dell'associazionismo, definendo i partiti come «associazioni fondate su un'adesione (formalmente) libera, costituite al fine di attribuire ai propri capi una posizione di potenza all'interno di un gruppo sociale e ai propri militanti attivi possibilità (ideali o materiali) per il perseguimento di fini oggettivi o per il perseguimento di vantaggi personali, o per tutti e due gli scopi» (tr. it. 1974, vol. I, p. 282).

Dopo la Seconda guerra mondiale, il consolidamento della democrazia nella maggior parte dell'Europa occidentale, nonché il riconoscimento del suffragio universale, delimitano i confini concettuali del termine «partito», le cui dimensioni principali vengono individuate: 1) nel carattere associativo; 2) nella presenza di un'organizzazione stabile; 3) nella partecipazione volontaria; 4) nella condivisione di determinati principi e valori; 5) nella finalità di conquistare cariche elettive.

Se per Anthony Downs (1957), che ha privilegiato un approccio razionale allo studio dei fenomeni politici, un partito rappresenta essenzialmente «una compagine di persone che cercano di ottenere il controllo dell'apparato governativo a seguito di regolari elezioni» (p. 25), per Sigmund Neumann (1956), a sua volta più vicino ad una visione «identitaria» del rapporto elettore-eletto, tali organizzazioni assumono il ruolo di «mediatori di idee, attraverso una costante opera di chiarificazione, sistematizzazione e presentazione della teoria del partito» (tr. it. 1971, p. 144).

L'analisi dei partiti politici ha visto, da un lato, contrapporsi varie teorie tese a spiegarne il ruolo, l'origine, le funzioni, la struttura organizzativa; dall'altro lato ha assistito a una trasformazione nel corso del tempo degli stessi referenti empirici: basti pensare al cambiamento che ha subito il Partito comunista italiano prima di approdare all'attuale Partito democratico. Di conseguenza, la difficoltà di individuare una definizione universalmente riconosciuta, in grado di separare i partiti dagli altri soggetti politici (gruppi, movimenti, sindacati) e di collocarli nel proprio contesto, è dovuta a due problemi distinti. Il primo emerge dai tentativi di mascheramento delle organizzazioni partitiche stesse, le quali, per sfuggire alle critiche, talvolta scelgono deliberatamente di chiamarsi alleanze, leghe o raggruppamenti (Pasquino, 2009). Il secondo fa invece riferimento alla natura del contesto – competitivo o non competitivo – nel quale i partiti operano. In questo caso, il partito, come associazione volontaria, strutturata e orientata alla conquista del potere, in un regime democratico realizza il proprio obiettivo mediante la partecipazione alla competizione elettorale, in un regime non democratico piazza semplicemente i propri candidati alle cariche pubbliche senza competere (Janda, 1980; Fisichella, 2011). È vero che la natura più autentica di un partito si coglie soprattutto in riferimento alla competizione elettorale, tuttavia ancora oggi molti regimi al si sotto della soglia democratica ricorrono alle elezioni, che di fatto sono elezioni senza scelta (vedi Cap. IV), e allo strumento che ne legittima lo svolgimento formale, cioè il partito.

La soluzione individuata da Giovanni Sartori, circa trent'anni fa, sembra ancora in grado di delimitare il concetto e facilitare l'inserimento dei singoli referenti empirici. Nel suo classico *Parties and Party Systems*, l'autore definisce il partito come «qualsiasi gruppo politico identificato da un'etichetta ufficiale che si presenta alle elezioni ed è capace di collocare attraverso le elezioni (libere o no) candidati alle cariche pubbliche» (Sartori, 1976, p. 63). Tale definizione si rivela funzionale sia in merito all'individuazione dei soggetti che, a causa di un profondo cambiamento strutturale e/o ideologico o di un mascheramento volontario (es. la Federazione dei giovani democratici in Ungheria, la Lega delle famiglie in Polonia o il Movimento nazionale di Simeone II in Bulgaria), rientrano a pieno titolo nella categoria, sia in merito alla presenza/assenza di una forma di competizione (es. Partito comunista cinese).

7.3 Come nascono i partiti: approccio strutturale

Sotto il profilo strutturale, Maurice Duverger (1951) ha suddiviso i partiti in due grandi categorie: *partiti a origine interna* e *partiti a origine esterna*. I partiti a origine interna nascono all'interno dei parlamenti in una situazione di suffragio ancora ristretto. I parlamentari eletti cominciano a suddividersi in gruppi ideologicamente omogenei al loro interno, i quali, una volta consolidati, iniziano a creare comitati elettorali sparsi sul territorio nazionale con la funzione di sostenere le candidature e raccogliere voti. I partiti a origine interna si presentano sulla scena politica *prima* dei partiti a origine esterna. Esempi di questo tipo sono i partiti conservatori, liberali e radicali.

I partiti a origine esterna nascono fuori dal parlamento, nella società, spesso su basi anti-parlamentari. L'elettorato al quale si rivolgono, infatti, non ha ancora conquistato il diritto di voto. La maggior parte di questi partiti è il prodotto di una preesistente istituzione non partitica: sindacati (partiti socialisti), confessioni religiose (partiti cristiano-democratici), associazioni militari (partiti fascisti, nazionalisti, nazional-socialisti), gruppi clandestini (partiti comunisti, sebbene molti di essi si sviluppino per scissione dai partiti socialisti).

Cronologicamente, lo sviluppo dei partiti, dai primi decenni del XIX sec. fino agli anni Venti, attraversa quattro stadi (Macridis, 1972). Il primo stadio si colloca all'inizio dell'Ottocento e vede la nascita delle formazioni di origine parlamentare, quali i liberali e i conservatori, in una situazione di suffragio ancora censitario. Il secondo, verso la metà dell'Ottocento, è caratterizzato dal rafforzamento delle strutture destinate a collegare i partiti con il proprio elettorato. In concomitanza con le prime estensioni del suffragio, i partiti espandono la propria influenza elettorale e sono in grado di presentare i candidati su tutto il territorio nazionale (nazionalizzazione). La maggior parte delle formazioni radicali ha origine in questa fase.

Durante il terzo stadio, che coincide con gli ultimi decenni del XIX sec., si assiste ad un ulteriore allargamento del suffragio, che consente l'affermazione dei primi partiti di massa. Le formazioni operaie e socialiste, in alcuni paesi quelle cristiano-democratiche, fanno la loro comparsa sulla scena politica in questo periodo. Il quarto stadio, infine, immediatamente successivo alla Prima guerra mondiale, vede la nascita dei partiti più estremisti, quali i fascisti, i nazional-socialisti e i comunisti.

Rimanendo sempre nell'ambito dell'approccio strutturale, è possibile individuare alcune categorie di partito in relazione alle loro caratteristiche istituzionali. La bipartizione più nota è senza dubbio quella introdotta da Weber (1922b), che distingue fra *partiti di notabili* e *partiti di massa* (Capitolo VI). I primi hanno origine in una fase di suffragio elettorale ancora ristretto, sono caratterizzati da personale non professionale, dotato di risorse autonome, e si affidano a strutture di raccordo di tipo intermittente, quali i comitati, attivi esclusivamente durante le campagne elettorali. I secondi, al contrario, intesi come partiti burocratici di massa, si sviluppano con l'allargamento del suffragio e sono caratterizzati da politici di professione, che traggono risorse dall'attività politica, godono di una struttura organizzativa stabile, forte ed estesa su tutto il territorio nazionale, si basano su ideologie ben strutturate, che mobilitano l'elettorato in relazione a specifiche visioni della politica o all'appartenenza a determinate classi sociali (es. partiti socialisti, comunisti, cattolici, fascisti).

Mentre i partiti di notabili si fondano su una *rappresentanza individuale*, orientano cioè la propria azione alla tutela di interessi di un ristretto numero di elettori, i partiti di massa si presentano come organizzazioni di *integrazione sociale*, con il preciso intento di socializzare i propri membri attraverso una serie di strutture che li «seguono» nelle varie fasi della vita quotidiana e li mobilitano anche durante l'intervallo tra un'elezione e l'altra (Neumann, 1956).

Un'altra bipartizione particolarmente nota si deve sempre a Duverger (1951), che rielabora le categorie di Weber e distingue tra *partiti di massa* e *partiti di quadri*, questi ultimi intesi come formazioni prive di una struttura stabile gestita da personale professionista e fondati su relazioni informali, che mirano a riunire i membri per preparare la campagna elettorale e mantenere contatti con i candidati.

L'approccio strutturale appena illustrato ci ha consentito di ricostruire l'evoluzione storica dei partiti, in merito a come e quando le varie famiglie partitiche si presentano sulla scena politica. Il passo successivo è capire perché determinati partiti si sviluppano. In particolare, le domande che ci poniamo sono le seguenti: per quale motivo i partiti si contrappongono per le finalità e per le modalità con le quali le perseguono? Perché alcuni partiti sono presenti solo in certi paesi e in altri no? Quali variabili hanno favorito la nascita della famiglia liberale o di quella socialista?

Per fornire una prima risposta alle cause che hanno determinato le attuali differenziazioni sociali e ideologiche tra i partiti è necessario introdurre il concetto di «frattura».

7.4 Come nascono i partiti: approccio genetico

La prima elaborazione del concetto di *cleavage* (frattura) nell'analisi politologica si deve allo studioso norvegese Stein Rokkan. Nei suoi lavori l'autore analizza la strutturazione della politica di massa in Europa occidentale, allo scopo di individuare le variabili che hanno determinato le attuali costellazioni partitiche dei paesi occidentali. Secondo Rokkan, non si possono spiegare le differenze nella struttura della politica di massa dei paesi europei senza fare riferimento ad una serie di eventi storici che ne hanno condizionato lo sviluppo. In altri termini, l'analisi delle condizioni storiche di ciascun paese è fondamentale per comprendere l'evoluzione e la futura affermazione dei partiti in ogni contesto nazionale. Alla base di queste specifiche condizioni storiche, Rokkan colloca le fratture, intese, in senso lato, come conflitti particolarmente prolungati nel tempo.

Tuttavia, la mancata sistematizzazione del concetto da parte del politologo norvegese, oltre a sollevare un lunghissimo dibattito, ha prodotto una molteplicità di interpretazioni della sua teoria spesso contrastanti.

Rae e Taylor, ad esempio, affermano che «i *cleavages* rappresentano dei criteri mediante i quali è possibile suddividere i membri di una comunità in gruppi» (Rae e Taylor, 1970, p. 1) e ne individuano tre tipi: *attributivi*, inerenti alla razza, all'etnia o alla casta; *attitudinali*, legati alle ideologie o alle preferenze individuali; *comportamentali*, manifestati attraverso specifiche forme di partecipazione, come il voto o l'adesione a determinati gruppi o organizzazioni. La loro analisi, tuttavia, non considera né il conflitto, né l'organizzazione delle condizioni necessarie per l'esistenza del *cleavage*. Una posizione relativamente simile è stata espressa anche da Lane e Ersson, i quali, pur non assimilando il concetto di *cleavage* con quello di conflitto, aggiungono espressamente che «determinati *cleavages* possono trasformarsi in un conflitto, ma un *cleavage* non è necessariamente il risultato di un conflitto. Una divisione di individui, gruppi o organizzazioni rappresenta un *cleavage* se esiste qualche probabilità di conflitto» (Lane e Ersson, 1994, p. 53). Allardt e Pesonen (1967), fanno invece riferimento a una dimensione propriamente *strutturale* delle fratture e attribuiscono particolare rilevanza ai concetti di solidarietà e coesione nella formazione dei gruppi originati dalla differenziazione sociale. Nella loro prospettiva, il processo di stratificazione sociale può produrre delle divisioni all'interno della società in grado di consolidarsi nel tempo, grazie alla presenza di fattori organizzativi (coesione) e fattori culturali (solidarietà).

È soprattutto nei lavori di Bartolini e Mair che il concetto di *cleavage* assume la connotazione di un «conflitto organizzato». La definizione che propongono i due autori, indubbiamente più congeniale allo studio delle costellazioni partitiche, focalizza l'attenzione sulla dimensione sociale dei *cleavages* e mette in relazione tre aspetti: 1) la presenza di linee di divisione che separano gli individui in base a determinate categorie sociali, quali l'occupazione, lo status, l'etnia o la religione; 2) la presa di coscienza della propria identità collettiva da parte dei singoli gruppi sociali e la volontà di mobilitare le proprie forze sulla base di un sentimento di «appartenenza»; 3) l'espressione del *cleavage* in termini organizzativi, inteso come il risultato di una serie di attività condotte da organizzazioni provviste di una struttura formale, come i sindacati, la chiesa, i partiti politici, in grado di produrre delle linee di divisione contrapposte (Bartolini e Mair, 1990; Gallagher, Laver e Mair, 2006; Mair, 1997; Bartolini, 2000).

In questa ottica i *cleavages* non implicano semplicemente una divisione all'interno della società che può sfociare o meno in un conflitto, come è avvenuto ad esempio negli Stati Uniti, dove il confronto capitale/lavoro, che pure si è verificato, non ha mai dato luogo alla nascita di un partito operaio. Al contrario, i *cleavages* sono contrapposizioni che assurgono al livello di fratture *se* e *quando* «diventano organizzati» (Przeworski e Sprague, 1977) e sono in grado di creare allineamenti politici contrapposti (Lawson, 1999; Römmele, 1999).

Lo stesso Rokkan, del resto, collega storicamente e concettualmente l'evoluzione delle costellazioni partitiche allo sviluppo delle linee di

Tab. 7.1 Linee di frattura e famiglie partitiche emergenti.

Fratture	Conflitti prevalenti	Famiglie partitiche	Alcuni casi empirici
Centro/periferia	lingua cultura economia	Etno-regionalisti	CIU in Catalogna; Partido Nazionalista Vasco Minoranza turca in Bulgaria Lega Nord
Stato/Chiesa	istruzione matrimonio	Cristiano-democratici Liberali	DC italiana, CDU tedesca Liberali inglesi
Città/campagna	barriere doganali circolazione prodotti agricoli	Conservatori Contadini	Conservatori inglesi Partito contadino polacco Piccoli proprietari ungheresi
Classe	condizioni di lavoro aumento salari	Operai Socialisti	Laburisti inglesi Socialisti in Germania, Italia, Francia, Spagna

frattura. Nell'elaborazione del suo sofisticato modello, lo studioso norvegese ammette esplicitamente che «le fratture non si traducono da sole in opposizioni partitiche: esistono considerazioni di ordine organizzativo ed elettorale nella strategia partitica; esiste un ampliamento dei guadagni delle alleanze contro le perdite causate dalle divisioni; e si ha un progressivo restringimento del mercato della mobilitazione attraverso le sequenze temporali degli sforzi organizzativi» (Rokkan, 1999; tr. it. pp. 384–385). Per Rokkan, il percorso di ciascun movimento politico che scaturisce da un conflitto socio-culturale intenso e prolungato può favorire la nascita di una opposizione tra partiti, se e quando tale movimento è in grado di rimuovere le barriere che lo separano dal potere esecutivo. Il superamento delle quattro soglie – *legittimazione, incorporazione, rappresentanza* e *potere esecutivo* (vedi Cap. V) – scandisce la sequenza temporale delle condizioni che, in tutti i paesi dell'Europa occidentale, hanno consentito lo sviluppo dei sistemi di partito. È principalmente in questa accezione che possono essere compresi gli effetti prodotti dalle linee di frattura in relazione alla nascita delle varie famiglie partitiche dell'Europa occidentale.

Secondo Rokkan, le differenze nella strutturazione delle linee di frattura tra i vari paesi europei sono dovute all'impatto di due grandi rivoluzioni: la Rivoluzione nazionale e la Rivoluzione industriale. La Rivoluzione nazionale si riferisce al processo di costruzione degli Stati nazionali e ai conflitti che nascono all'interno dello Stato, nello sforzo di uniformare la cultura ai fini della costruzione della nazione sia contro le minoranze che risiedono all'interno del suo territorio, e che si differenziano per lingua, etnia, religione, sia contro la Chiesa, che non vuole perdere i propri privilegi e le proprie competenze sovra-territoriali. Due fratture emergono dalla rivoluzione nazionale: la frattura centro-periferia e la frattura Stato-Chiesa.

La prima (centro-periferia) è il risultato del conflitto tra un centro politico, culturale ed economico, e le aree periferiche che vengono progressivamente incorporate nelle strutture amministrative centrali. Tale frattura esprime soprattutto l'opposizione all'accentramento territoriale dello Stato, simbolizzato spesso nell'affermazione di una lingua nazionale, alla quale le regioni periferiche rispondono con la difesa della propria lingua autonoma, come il gaelico per gli irlandesi, l'euskera per i baschi o il tedesco per il Sud Tirolo. Da questa frattura nascono i partiti etno-regionalisti (vedi Cap. III e Box 7.1).

Box 7.1 – I partiti etno-regionalisti. Il «cleavage» centro-periferia in Italia: le origini della Lega Nord

di *Nicoletta Di Sotto*

Secondo Rokkan e Urwin (1983), i movimenti e i partiti etnoregionalisti sono il risultato del consolidamento di un *cleavage* o frattura centro-periferia all'interno della società. Tali partiti vengono definiti in letteratura come: «partiti la cui principale caratteristica è il tentativo di rappresentare gruppi territoriali etnici e/o regionalmente concentrati, con una identità comune specifica basata su una comunanza di lingua, cultura, territorio, storia, rivendicando un (variabile) livello di autogoverno» (Türsan, 1998, p. 13). Nonostante tali elementi comuni, questa famiglia partitica presenta al proprio interno, a differenza delle altre, un'alta variabilità (Urwin, 1983; Tronconi, 2009). Per evitare che questa disomogeneità crei confusione si possono così definire i confini di questa famiglia partitica: 1. l'origine comune è sempre all'interno della frattura centro-periferia; 2. l'obiettivo politico principale è quello di tutelare gli interessi di diversa natura (linguistici, culturali, economici ecc.), che possono in alcuni casi anche sovrapporsi, di un gruppo che si differenzia dal resto della popolazione nazionale; 3. la richiesta di una variabile forma di autonomia (collocabile lungo un *continuum* che va dalla secessione all'autonomia amministrativa) per il territorio in cui risiede stabilmente il gruppo di riferimento (De Winter, 1998). Tenuto conto della definizione acquisita e considerando i suddetti confini, all'interno della famiglia etnoregionalista si possono trovare partiti profondamente diversi fra di loro, perché taluni fondano il proprio obiettivo politico sulla tutela linguistica di un gruppo (favorendo così la dimensione linguistica, come ad esempio la Südtiroler Volkspartei), mentre altri sostengono principalmente la richiesta di autonomia del territorio di riferimento (favorendo così la dimensione istituzionale, come ad esempio il Partido Nacionalista Vasco).

In Italia per molti anni il *cleavage* centro-periferia è rimasto politicamente latente, grazie, soprattutto, alla capacità dei principali partiti di rappresentare e mediare gli interessi di aree politicamente periferiche (Baldi e Baldini, 2008). Sebbene questa fase della storia italiana sembrasse archiviata dalla memoria politica e collettiva, oggi ci troviamo a fronteggiare nuovamente il problema di una «questione regionale», in questo caso settentrionale, posta dai movimenti autonomisti del nord a partire dalla prima metà degli anni Ottanta (si pensi al fenomeno delle leghe del nord-est). Dopo anni di apparente tranquillità politica, il malcontento diffuso, unito ad un sopito senso di perdita di identità culturale, viene raccolto da un leader politico in grado di dare seguito a ciò che sembrava solo un senso di lontananza verso il governo centrale. Il leader in questione è, fino al recentissimo scandalo che lo ha coinvolto insieme alla sua famiglia, Umberto Bossi e il movimento politico è la Lega Nord Lombarda, dichiaratasi indipendente dalla Liga Veneta nel 1989. Alle elezioni regionali e amministrative del Novanta arriva l'imprevisto successo della Lega, con circa il 21% in Lombardia e poco meno in Veneto e Liguria (Biorcio, 2010). Il voto alla Lega Nord è importante perché porta con sé due conseguenze: 1) la minore efficacia del voto alla Democrazia Cristiana in funzione anti-comunista; 2) il malcontento diffuso, sopito ma mai espresso politicamente, che in Veneto e in Lombardia raccoglie consensi cattolici e operai.

Sebbene la Lega Nord al primo impatto non rientri *tout court* nella classificazione dei partiti etnoregionalisti, mancando il carattere prettamente etnico che identifica la popolazione di riferimento (l'identità culturale e linguistica del cosiddetto «popolo padano» viene costruita politicamente e non è quindi storicamente determinata), essa viene comunemente associata a questa famiglia partitica per le sue origini all'interno della frattura centro-periferia. In tal senso, il territorio, la periferia di riferimento sono il settentrione (geograficamente noto come Padania), mentre il centro è Roma, come simbolo del potere statale contro cui rivolgere la propria azione politica. L'elemento che identifica l'appartenenza e la comunanza della popolazione non è l'etnia o la differenziazione culturale, ma la ricchezza economica della regione (o delle regioni, trattandosi, sotto il profilo giuridico-amministrativo, di più enti territoriali), favorendo la dimensione economica, a fronte di un paese che presenta un centro ed un meridione economicamente meno sviluppati. Tale partito, quindi, rientra all'interno di quei confini individuati poc'anzi.

Particolarmente interessante è il profilo organizzativo di questo partito, che lo avvicina agli altri partiti etnoregionalisti, considerata la presenza di un forte legame con il territorio (ad esempio nel coinvolgimento della popolazione locale in manifestazioni di piazza) e la sua capacità di distribuire ai militanti sia incentivi selettivi (vantaggi materiali o di status) che collettivi (perseguimento di valori condivisi) (Biorcio, 2003). Anche sul piano ideologico, la forte componente di ostilità nei confronti del governo centrale e di altri individui (meridionali e/o extra-comunitari) non riconoscibili come «cittadini padani», rende la Lega Nord strutturalmente simile ai partiti etnoregionalisti. Tuttavia, la sua stabilità politica e la strategia di alleanze con gli altri partiti nazionali la distinguono dal resto dei partiti etnoregionalisti, che, generalmente, tendono ad esaurire nel medio-lungo periodo le proprie risorse politiche (si pensi al caso dello Scottish Nationalist Party), a limitare i successi a livello quasi esclusivamente locale (come per il Bloque Nacionalista Galego) o a conseguire gli obiettivi (ad esempio il Volksunie).

La frattura Stato/Chiesa si verifica quando il processo di costruzione dello Stato nazionale passa attraverso un aspro conflitto con la Chiesa cattolica, che continua a difendere le proprie prerogative nella «formazione delle coscienze», nella gestione delle proprietà ad essa attribuite e nelle attività religiose svolte. Alla base dello scontro c'è il controllo su questioni specifiche, in precedenza di competenza ecclesiastica, quali l'istruzione, il matrimonio, l'organizzazione delle opere di carità, gli ospedali ecc. L'esito di questa frattura è lo sviluppo di partiti laici e confessionali, quali i liberali e i cristiano-democratici.

La Rivoluzione industriale stimola un profondo conflitto tra classi emergenti in merito alle modalità di produzione e alla proprietà dei mezzi di produzione. Cronologicamente, la frattura città/campagna e, successivamente, la frattura di classe, testimoniano i contrasti tra aristocrazia terriera e borghesia imprenditoriale da un lato, e tra capitale e lavoro dall'altro. Più specificamente, la frattura città/campagna esprime il conflitto tra settore primario e settore secondario, ossia tra gli interessi agrari e quelli del nascente capitale industriale, legati ai prezzi dei prodotti agricoli e alla circolazione di questi. L'abbassamento delle barriere doganali, che avrebbe favorito il commercio nei centri urbani, comincia a danneggiare gli interessi dei proprietari terrieri, diminuendo drasticamente i loro profitti. Questo *cleavage* ha dato origine ai partiti conservatori, agrari e contadini.

La frattura di classe, infine, riassume lo storico conflitto tra imprenditori e operai. L'esigenza di questi ultimi di migliorare le proprie condizioni di vita e di lavoro ha dato luogo a un processo di mobilitazione, dal quale nascono i partiti operai e socialisti. Diversamente dalle prime tre fratture,

Box 7.2 – Gruppi parlamentari europei

Il Parlamento Europeo, in seguito alle elezioni che si sono tenute dal 22 al 25 maggio 2014, è suddiviso in sette gruppi ripartiti nel modo seguente:

European People's Party (EEP) – Popolari, che riunisce tutti i partiti europei cristiano-democratici e di centro-destra moderati (221 seggi);

Progressive Alliance of Socialist and Democrats (S&D) – Socialisti, costituito dalle formazioni socialdemocratiche, progressiste e di centro-sinistra (191 seggi);

European Conservatives and Reformist (ECR) – Conservatori, che raggruppano formazioni nazional-conservatrici, liberiste ed euroscettiche moderate (70 seggi);

Alliance of Liberals and Democrats for Europe (ALDE) – Liberali, formato da partiti liberisti e centristi (67 seggi);

European United Left– Nordic Green Left (GUE–ENGL) – Comunisti, formato da partiti socialisti radicali, comunisti e eco-socialisti (52 seggi);

The Greens – European Free Alliance (GREENS–EFA) – Verdi, a sua volta rappresentato da verdi, ecologisti, regionalisti e da partiti orientati alla tutela delle minoranze (50 seggi);

Europe of Freedom and Democracy (EFD) – Euroscettici, populisti di destra e nazionalisti conservatori (48 seggi).

che si sviluppano in periodi precedenti e determinano le differenze tra i vari sistemi partitici europei (es. in Italia e in Germania troviamo partiti cristiano-democratici, in Inghilterra no), la frattura di classe si presenta quando le altre hanno già prodotto i loro effetti e, al contrario di queste, si diffonde in modo relativamente uniforme in tutti i paesi, indirizzando la competizione partitica lungo l'asse destra/sinistra.

Muovendo da queste premesse, Rokkan e Lipset (1967) hanno formulato la cosiddetta *freezing proposition* per sottolineare la progressiva stabilizzazione delle linee di frattura. Secondo i due autori, i sistemi partitici degli anni Sessanta tenderebbero a riflettere, con poche ma significative eccezioni, la struttura delle fratture degli anni Venti. Il dibattito scaturito dalla *freezing proposition*, negli anni successivi, ha tanto confermato l'ipotesi di un congelamento delle linee di frattura, quanto messo in evidenza un panorama più complesso di quello prospettato da Lipset e Rokkan, evidenziando un processo di scongelamento, che avrebbe dato luogo a nuove fratture, in particolare quella ecologista[1]. La diffusione di conflitti originati dall'emergenza di *issues* post-materialiste – oltre alla tutela dell'ambiente ritroviamo le pari opportunità, il disarmo, la qualità della vita, i diritti umani, l'europeismo e l'antieuropeismo – ha progressivamente ridotto la salienza della polarizzazione di tipo classista, sostituendo ai conflitti derivati dalla stratificazione

1 Per ulteriori approfondimenti rinvio a Rose e Urwin, 1970; Lijphart, 1999; Bartolini e Mair, 1990; Cotta, 1992; Mair, 1997, 2001, 2006a; Pennings e Lane, 1998; Evans, 1999; Lane e Ersson, 1994; Karvonen e Kuhnle, 2001.

sociale nuove forme di contrapposizione politica, che non riflettono più le disuguaglianze di status, ma si ispirano a valori non materiali, che possono assumere sia la forma di partiti politici, sia la forma di movimenti sociali (Inglehart, 1977; Merkl 1988; Della Porta e Diani, 1997).

Inoltre, lo sviluppo dei mezzi di comunicazione di massa ha alterato il quadro di riferimento entro il quale si sono tradizionalmente sviluppati i rapporti partiti-elettori, disancorando le scelte elettorali dall'influenza dei fattori di lungo periodo, quali la struttura sociale o l'identificazione partitica (Raniolo, 2004). Paradossalmente, laddove, a livello nazionale, i partiti denotano uno scongelamento delle fratture tradizionali, che in alcuni casi si traduce in derive populiste o personalistiche, a livello sovranazionale, con la sola eccezione dei Verdi, il Parlamento Europeo rappresenta ancora oggi tutti i raggruppamenti emersi dai *cleavages* storici (vedi Box 7.2).

7.5 Come sono organizzati i partiti

Spostandoci sul versante organizzativo, il primo punto di riferimento per analizzare i partiti è la tipologia elaborata da Duverger (1951). Lo studioso francese ha individuato quattro tipi di partito in relazione alla loro organizzazione interna: «comitato», «sezione», «cellula» e «milizia».

Comitato: rappresenta la struttura di base dei partiti che nascono nella prima metà dell'Ottocento (liberali, conservatori, radicali), in una fase politica ancora contrassegnata dal suffragio censitario. È formato da un numero ristretto di persone, che si riunisce saltuariamente, di solito durante il periodo delle campagne elettorali. I membri del comitato appartengono generalmente alle classi sociali superiori: la figura del «politico gentiluomo» è tipica di questa organizzazione, che si fonda sulla «qualità» (estrazione sociale dei propri membri), piuttosto che sulla quantità (numero di simpatizzanti). In sostanza, il comitato rappresenta una struttura organizzativa «precaria», fondata su incontri sporadici, con un'intensificazione delle attività a sostegno delle candidature focalizzata nel periodo elettorale. Dal momento che si sviluppa in una fase politica ancora fortemente elitaria, il comitato si affida a finanziamenti esclusivamente privati: proprietari terrieri, banchieri, industriali, commercianti decidono di sostenere un candidato e finanziarne la campagna elettorale, affinché questo sostenga i loro interessi in parlamento.

Sezione: a differenza del comitato, la sezione è invece una struttura «aperta», che mira a fare proseliti e ad ampliare il numero di iscritti. La sua unità di base è il «territorio»: essa rappresenta la diffusione del partito a livello nazionale. Sebbene diventi la struttura organizzativa dei partiti di massa, la sezione originariamente nasce con i partiti socialisti e si fonda su una struttura amministrativa stabile e centralizzata, dove le cariche corrispondono a una precisa mansione ricoperta all'interno del partito (segretario politico/amministrativo). Il politico gentiluomo viene sostituito dal «burocrate», che trae il proprio sostentamento grazie all'attività svolta presso il partito. Il carattere «permanente» della sezione consente alla leadership di raggiungere due obiettivi: allargare i consensi tramite un'attività di socializzazione e sostegno continua; ottenere finanziamenti dagli iscritti mediante il versamento di piccole quote.

Cellula: costituisce la struttura organizzativa dei partiti comunisti durante le prime fasi del loro sviluppo. Rispetto alla sezione, che riunisce gli elettori in relazione al luogo di residenza, la cellula ha come unità di base la «professione». Gli iscritti sono organizzati in modo tale da garantire contatti sistematici tra di loro sul luogo di lavoro (cellule di fabbrica, di officina, di ufficio, di amministrazione ecc.). Generalmente una cellula è formata da pochi membri (non più di trenta), che si conoscono direttamente e possono incontrarsi sul lavoro senza destare sospetti. Rappresentando l'unità di base dei partiti rivoluzionari, spesso messi fuori legge dalla maggior parte dei governi europei, questo tipo di organizzazione riesce ad adattarsi meglio all'azione clandestina. Ciascuna cellula, infatti, comunica solo con il vertice del partito, proprio per impedire che l'individuazione di una di esse da parte della polizia possa coinvolgere anche le altre.

Milizia: è una struttura di tipo militare, formata da un numero ristretto di membri, spesso ex combattenti, che vengono ordinati gerarchicamente. L'unità di base è dunque la «gerarchia». Coloro che ne fanno parte sono soggetti alla disciplina e all'addestramento dei soldati: svolgono esercitazioni, usano armi, indossano divise. Sebbene si siano spesso verificate delle contaminazioni tra una struttura e l'altra, come è avvenuto nel caso del Partito Comunista Cinese, che in alcune fasi ricorre a modalità organizzative di tipo militare, storicamente la milizia ha rappresentato l'organizzazione di base dei partiti fascisti e nazional-socialisti.

Se passiamo da un'analisi statica dell'organizzazione interna dei partiti, come quella effettuata da Duverger, focalizzata sui differenti meccanismi istituzionali che reggono i vari apparati, a una dinamica, orientata a comprendere le relazioni tra i partiti e l'ambiente e tra le gerarchie interne alla stessa organizzazione, ci accorgiamo che l'equilibrio tra la libertà di manovra della leadership e l'autonomia dell'elettorato cambiano a seconda del periodo storico e dei casi empirici considerati (Wright, 1971). Come ha ricordato Panebianco, un partito, come qualsiasi altra organizzazione, è una struttura in movimento, che subisce evoluzioni e si modifica nel tempo per effetto di fattori ambientali e strutturali. Durante le fasi iniziali, quando la struttura organizzativa è ancora in costruzione, i leader sono in grado di svolgere un ruolo cruciale, in quanto elaborano le finalità ideologiche, selezionano la base sociale e stabiliscono le modalità di finanziamento. Successivamente, con la fase di «istituzionalizzazione» – intesa come «il processo mediante il quale l'organizzazione incorpora valori e scopi dei fondatori del partito» – l'organizzazione si trasforma e acquista valore in sé, al punto che i suoi scopi diventano inseparabili da essa (Panebianco, 1982, p. 111)[2].

Le dimensioni che consentono di misurare il livello di istituzionalizzazione di ciascuna organizzazione, secondo Panebianco, sono due: il grado di autonomia che l'organizzazione riesce a sviluppare rispetto all'ambiente esterno e il grado di coerenza fra le varie parti dell'organizzazione. Ne consegue che un'organizzazione è fortemente istituzionalizzata quando: 1) è in grado di controllare direttamente l'accesso alle risorse senza dipendere da altre organizzazioni; 2) è in grado di controllare a livello centrale l'accesso alle risorse delle sotto-unità locali. Se il partito di massa descritto da Duverger, plasmato sul modello della Socialdemocrazia tedesca o del PCI, rappresenta il tipo ideale di organizzazione fortemente istituzionalizzata, la CDU e il Partito Laburista, al contrario, dipendono dalle organizzazioni esterne per l'accesso alle risorse e concedono ampia autonomia alle sotto-unità locali (ivi).

Posto dunque che i partiti si differenzino tra loro in relazione al grado di autonomia verso l'esterno e di coerenza verso l'interno, i casi empirici dimostrano che, anche quando un partito dispone di un apparato forte, la sua organizzazione non è mai monolitica (Katz e Mair, 1992; Katz e Crotty, 2006). Certamente il grado di istituzionalizzazione può incidere in modo determinante sugli equilibri che si stabilizzano tra le componenti principali del partito, quali:

1) l'apparato (*party in central office*),
2) il gruppo parlamentare (*party in public office*);
3) gli iscritti (*party on the ground*).

Il primo dilemma, ricondotto al dissidio tra efficienza e democrazia, oppone il partito inteso come forza istituzionale, che sostiene le maggioranze parlamentari e le coalizioni di governo, al partito degli iscritti, legato alle istanze della base sociale di riferimento. Allo stesso modo, la tensione apparato/gruppo parlamentare può tradursi, sul piano empirico, in una continua oscillazione tra coesione e fazionalismo, così come la contraddizione apparato/iscritti rinvia alla capacità del partito di penetrare il tessuto sociale e controllare segmenti rilevanti della popolazione (Raniolo, 2004).

È abbastanza plausibile ipotizzare che, in presenza di una forte istituzionalizzazione, la leadership partitica tragga la propria legittimazione dalla base piuttosto che dal gruppo parlamentare. All'opposto, è altrettanto plausibile che un partito poco istituzionalizzato garantisca non solo un grado maggiore di democrazia interna, favorendo il fazionalismo a scapito

2 Sul concetto di istituzionalizzazione si veda anche Huntington, 1968. In merito al rapporto organizzazione/ambiente rinvio a Scott, 1981; Hall, 1982.

della coesione, ma anche un rapporto più debole tra apparato e iscritti. In riferimento al caso italiano, il PCI e la DC hanno rappresentato per decenni due casi polari: la dipendenza del gruppo parlamentare dalla base, il centralismo democratico e la mobilitazione ideologica del primo contrastavano nettamente con il ruolo di governo, il fazionalismo e la visione interclassista della seconda.

Tuttavia, proprio perché i partiti, come si è detto, rappresentano una realtà in continuo movimento, la loro evoluzione non ha riguardato solo il mutamento della base sociale, l'attenuazione del ruolo dell'ideologia o l'introduzione di nuovi meccanismi di reclutamento della leadership. Il processo di trasformazione è stato molto più radicale, ha investito direttamente i modelli organizzativi e ha alterato i rapporti potestativi tra apparato, gruppo parlamentare e iscritti (Katz e Mair, 1994; Panebianco, 2011), evidenziando, nonostante tutto, un'innegabile capacità di adattamento dei partiti alle sfide interne e ambientali.

7.6 Come sono cambiati i partiti

Nonostante lo sviluppo dei partiti di massa abbia costituito un elemento centrale per l'affermazione e il consolidamento della democrazia, l'analisi politologica non ha mancato di sottolineare le sue possibili degenerazioni fin dagli inizi del Novecento. Molti studi storico-comparati si sono concentrati sull'evoluzione dei partiti, mettendo in evidenza una tendenziale successione dei vari modelli in relazione:

1) alla struttura organizzativa;
2) al ruolo dell'ideologia;
3) alla base sociale;
4) al contesto politico-istituzionale;
5) alle modalità di finanziamento.

Roberto Michels (1911) ha introdotto la «legge ferrea dell'oligarchia» per sottolineare la trasformazione dei partiti socialisti da strutture democratiche, aperte e ricettive verso la base, in organizzazioni dominate da un'oligarchia interna formata da un numero ristretto di dirigenti («chi dice organizzazione dice tendenza all'oligarchia»). Fondando il proprio potere sul possesso di competenze specifiche, funzionali alla guida di organizzazioni complesse e caratterizzate da un elevato numero di membri, questa oligarchia si è svincolata progressivamente dalla base, creando all'interno del partito una divisione netta tra una *minoranza dirigente* e una *maggioranza diretta*. L'allontanamento dell'oligarchia dalla massa dei lavoratori si è tradotta non solo nel ridimensionamento delle finalità ideologiche del partito, alle quali si sostituiscono obiettivi contingenti legati al mantenimento delle posizioni personalmente acquisite dai dirigenti, ma l'organizzazione stessa, da mezzo dell'azione politica, si è trasformata in fine. L'inamovibilità della dirigenza professionalizzata, il cui aumento è proporzionale alla crescita dell'organizzazione, porta Michels a formulare una previsione negativa sull'efficacia del controllo democratico esercitato dalla base: «Tutte le azioni dei dirigenti sottostanno in teoria al sempre vigile sguardo dei seguaci: ma lo sviluppo dell'organizzazione rende solo apparente tale possibilità di controllo. (...) La sfera del controllo democratico si restringe ad un ambito sempre più angusto. Si può osservare che in tutti i partiti socialisti, le funzioni che venivano esercitate un tempo dai comitati elettorali passano sempre di più alle direzioni» (Michels, 1911, p. 123).

Qualche anno prima Moisei Ostrogorski (1903) aveva individuato una possibile degenerazione dei partiti di massa nel passaggio da un'organizzazione stabile e coesa ad una condizione di *anarchia interna*. Secondo Ostrogorski, la presenza di un'organizzazione permanente per mobilitare le masse e accaparrare risorse, se nel breve periodo riusciva a stimolare sentimenti di lealtà e di identificazione nei confronti del partito, nel lungo periodo, a causa del professionalismo burocratico, rischia di divenire fine a se stessa, degradando l'ideologia da elemento di unità e di coesione a culto meccanico. L'esito è un processo di lotte interne, scissioni, accordi clandestini che portano all'anarchia interna dei partiti.

Successivamente Samuel J. Eldersveld (1972) ha ventilato la possibilità che il partito di massa si stesse trasformando in una complessa *stratarchia*, fondata sulla proliferazione di strati di comando autonomi e indipendenti, piuttosto che sulla cristallizzazione di un unico centro decisionale. Nella sua ottica il partito diventerebbe una struttura di deferenza reciproca, ove i vari strati di potere si rispettano vicendevolmente, sapendo di poter conservare consistenti margini di manovra.

La questione della fine delle ideologie, già affrontata, come si è visto, da Ostrogorski e Michels, è stata in seguito sviluppata da altri autori che, soprattutto a partire dagli anni Sessanta, hanno a più riprese individuato nuovi modelli organizzativi in grado di soppiantare il «vecchio» partito di massa. Il successo del termine *catch-all party* (partito pigliatutti/o), coniato da Otto Kirchheimer più di quarant'anni fa, si deve proprio alla sua capacità di descrivere il definitivo processo di destrutturazione ideologica e organizzativa che ha attraversato il partito di massa, per effetto dei cambiamenti socio-economici che hanno interessato tutti i paesi occidentali e per l'avvento dei mass media – in particolare la televisione – nella competizione politica. Il *catch-all party* è dunque il risultato di una serie di trasformazioni fondamentali:

1) la drastica riduzione del bagaglio ideologico;
2) l'accentuazione del carattere inter-classista;
3) il ruolo cruciale assunto dai media nelle campagne elettorali;
4) il successo elettorale come obiettivo primario;
5) la perdita di peso politico degli iscritti;

6) il rafforzamento del potere organizzativo del gruppo dirigente;
7) la maggiore apertura all'influenza dei gruppi di interesse e delle organizzazioni collaterali.

Come ha scritto Kirchheimer (1966), se il partito pigliatutti «non può sperare di raccogliere tutte le categorie di elettori, può ragionevolmente cercare di trovare più votanti in tutte quelle categorie che non hanno tra loro evidenti conflitti di interessi. (...) Il partito pigliatutti deve entrare in milioni di menti come un oggetto familiare che svolge in campo politico un ruolo analogo a quello di una marca ben nota di un articolo di consumo di massa universalmente necessario e altamente standardizzato» (Kirchheimer, tr. it. 1971, pp. 186–187).

Sulla scia del *catch-all party*, un'altra alternativa al partito di massa è il cosiddetto partito *professionale-elettorale*. Panebianco ha ricondotto questa categoria alle trasformazioni del tessuto sociale, che hanno favorito una maggiore eterogeneità culturale dell'elettorato, rendendolo meno controllabile dalle organizzazioni partitiche, e ai cambiamenti tecnologici, con l'impatto dirompente della televisione, che altera il rapporto partiti/elettori. Se il partito burocratico di massa rappresentava un'istituzione forte, il partito professionale-elettorale, al contrario, è un'istituzione debole: la sua autonomia rispetto all'ambiente esterno è limitata e di conseguenza assumono maggiore rilevanza i finanziamenti dei gruppi di interesse; il peso dell'elettore è superiore a quello dell'iscritto; i professionisti (intesi come «esperti» dotati di conoscenze specialistiche) soppiantano i burocrati; i parlamentari prevalgono sui dirigenti interni; l'ideologia si diluisce in *issues* elettorali. Come ha scritto Panebianco (1982):

> Cambiano le tecniche di propaganda e ciò comporta un terremoto organizzativo: i vecchi ruoli burocratici perdono terreno come strumenti di organizzazione del consenso; nuove figure professionali acquistano un peso crescente. Alterando le modalità di comunicazione politica a fronte di un pubblico più eterogeneo e mediamente più istruito, i mass media spingono i partiti a campagne «personalizzate», centrate sui candidati, e *issued-oriented*, centrate su temi specifici, ad alto contenuto tecnico, che richiedono di essere confezionate dagli esperti dei vari settori. La televisione, insieme ai gruppi di interesse, diventa una cinghia di trasmissione fra partiti ed elettori più importante (anche se per definizione precaria) delle organizzazioni collaterali tradizionali, dei funzionari, degli iscritti (p. 485).

Il processo di mediatizzazione dei contenuti e delle strategie del partito è all'origine di quello che Gianpietro Mazzoleni (1998) ha definito, non a caso, «partito mediale». Il successo elettorale di Forza Italia alle elezioni del 1994 ne rappresenta l'esempio paradigmatico: da un lato alcune caratteristiche di questo nuovo modello organizzativo si intravedono in contesti diversi da quello italiano (in particolare l'utilizzo di determinate tecniche comunicative); dall'altro è proprio su Forza Italia che è stato costruito lo schema interpretativo. Il partito mediale si caratterizza innanzitutto per la «leggerezza» organizzativa: è privo di radicamento storico e culturale; privilegia un'attività pubblicitaria di tipo mediatico rivolta ad un elettorato inter-classista; ha una gerarchia interna poco strutturata; si fonda sulla personalizzazione della leadership. La funzione essenziale di «partito del presidente» (o «partito personale»: Calise, 2000), dotato di un «apparato personale-patrimoniale» (Maraffi, 1995), si realizza grazie alla visibilità del candidato, la cui legittimazione mediatica non ha più bisogno di passare per i canali burocratici.

Un ulteriore stadio di trasformazione, questa volta inteso come processo di dissoluzione dei partiti in qualità di organizzazioni intermedie tra i cittadini e lo Stato, può essere ricondotto al modello del *cartel party*. Con tale termine, Richard Katz e Peter Mair (1995) evidenziano la crescente collusione tra partiti, che formano appunto dei «cartelli», allo scopo di ottenere risorse pubbliche. Accordandosi fra loro per aumentare il finanziamento pubblico, i partiti sarebbero entrati in rapporti di reciproca complicità, favorita dalla riduzione della distanza ideologica e da una maggiore convergenza nei programmi delle varie coalizioni di governo. In questo quadro, il finanziamento pubblico ai partiti avrebbe rafforzato il progressivo legame tra partiti e Stato, favorendo il passaggio dei partiti da organismi interni alla società (partiti di notabili) a organizzazioni intermedie tra lo Stato e la società civile (partiti di massa), per diventare infine una

Tab. 7.2 Le principali trasformazioni dei partiti nel corso del XX secolo.

	Partito di notabili	**Partito di massa**	**Partito professionale-elettorale**	**Partito mediale**	**Cartel party**
Tipo di organizzazione	comitato	sezione	top-down preminenza parlamentari	incentrata sul leader	top-down preminenza parlamentari
Contesto storico	suffragio limitato	suffragio allargato e universale	suffragio universale	suffragio universale	suffragio universale
Modalità di finanziamento	risorse private	quote iscritti	gruppi di interesse e fondi pubblici	risorse private	fondi pubblici
Caratteristiche dell'élite	politico gentiluomo	burocrate	professionista della politica	leader carismatico	professionista della politica
Rapporto partito-elettori	saltuario	permanente	saltuario	permanente	saltuario
Finalità	interessi di gruppi sociali ristretti	mobilitazione elettorato di appartenenza	mobilitazione elettorato di opinione	mobilitazione elettorato di opinione	ottenere risorse pubbliche
Membership	elitaria	aperta e omogenea	aperta ed eterogenea	aperta ed eterogenea	aperta ed eterogenea
Canali di comunicazione	reticoli interpersonali	strutture partitiche	mass media	mass media	mass media

struttura interna allo Stato (*cartel party*). L'allentamento del rapporto tra partiti e base sociale (Mair, 1997), il carattere secondario dell'ideologia (Evans, 1999), il crescente astensionismo (Lane e Ersson, 1994) avrebbero prodotto una riduzione del numero degli iscritti, che ha avuto come conseguenza finale la necessità di ricorrere a forme alternative di finanziamento (Pinto-Duschinsky, 2011). L'atomizzazione della base avrebbe inoltre accentuato il potere della leadership, favorendo sia il ricorso ai professionisti della politica, sia l'allontanamento dei cittadini dai partiti, erodendone il consenso e la capacità di penetrare il tessuto sociale.

Sebbene tale modello abbia sollevato un ampio dibattito (Raniolo, 2000; Bardi, 2006) e non poche perplessità tra gli studiosi (Kitschelt, 2000), è innegabile la centralità del problema posto da Katz e Mair. Se da un lato la destrutturazione del partito di massa ha indubbiamente indebolito i partiti sotto il profilo organizzativo e ideologico, dall'altro appare altrettanto evidente come la loro posizione si sia rafforzata in virtù delle maggiori risorse statali di cui oggi possono disporre, senza rinunciare ad una distribuzione clientelare degli incentivi.

Le ipotesi di un possibile declino dei partiti, dovuto al calo degli iscritti e alla crescita dell'astensionismo (Dalton e Wattenberg, 2000; Van Haute 2011), troverebbero infatti una prima risposta negativa proprio nel rinnovato vigore che i partiti riuscirebbero ad acquisire accaparrandosi risorse pubbliche. La questione, tuttavia, è particolarmente complessa, come testimoniano i numerosi contributi non sempre favorevoli all'ipotesi di una crisi irreversibile (Gunther, Montero e Linz, 2002; Luther e Müller-Rommel, 2002; Katz e Crotty, 2006; Dalton 2011; Mayhew 2011).

Hans Daalder (2002), ad esempio, ha individuato quattro punti di vista diversi in relazione al presunto declino dei partiti:

1) una visione che giudica negativamente il ruolo dei partiti (*the denial of party*);
2) una visione che seleziona i partiti attribuendo un ruolo negativo solo ad alcuni di essi (*the selective rejection of party*);
3) una visione che seleziona i sistemi partitici, giudicandone alcuni positivamente e altri negativamente (*the selective rejection of party systems*);
4) una visione che considera i partiti un fenomeno transitorio e, dunque, destinato ad estinguersi nel lungo periodo (*the redundancy of party*)[3].

Entrando più nel dettaglio, Piero Ignazi (1996) ha preso in considerazione cinque indicatori per valutare il grado di cambiamento dei partiti in merito ad una loro possibile crisi: gli iscritti; le oscillazioni elettorali; la strutturazione del voto; la selezione del personale politico e governativo; la scrittura

3 Cfr. Weil 2012.

dell'agenda politica. In merito ai primi due punti, l'analisi empirica rileva variazioni abbastanza contenute (iscritti) o comunque non attribuibili direttamente al possibile declino dei partiti (oscillazione del voto). La strutturazione del voto sarebbe rimasta piuttosto stabile, salvo alcune eccezioni, tra cui quella italiana, dovuta alla sua transizione incompiuta. Per quanto riguarda la selezione del personale, i dati confermano che circa tre quarti dei detentori di cariche governative hanno una carriera partitica alle spalle e la presenza di candidati indipendenti in parlamento è spesso guidata dai partiti. Sulla capacità dei partiti di controllare l'agenda politica, le opinioni divergono. Al riguardo, tuttavia, emerge una maggiore difficoltà dei partiti di influire in modo significativo sull'agenda, a causa della proliferazione di altri attori (Ue, gruppi di interesse ideologicamente affini).

In molti paesi, ad esempio, il tentativo di rafforzare il tradizionale meccanismo di rappresentanza attraverso i partiti, ha visto nell'introduzione delle «primarie» un innesto di democrazia diretta nel processo di reclutamento della classe politica (Raniolo, 2008), fornendo un ulteriore stimolo alla partecipazione dei cittadini, grazie alla possibilità di poter scegliere direttamente il candidato premier (vedi Box 7.3).

Box 7.3 – Funzioni e caratteristiche delle elezioni primarie. Le elezioni primarie: un fenomeno globale

di *Antonino Castaldo*

Le primarie possono essere a buon diritto considerate una «invenzione americana». La prima applicazione di questo metodo di selezione dei candidati si ebbe nella contea di Crafword, in Pennsylvania, nel 1847, per iniziativa volontaria del Partito democratico locale. Il primo Stato ad introdurre le primarie per legge fu la Carolina del Sud nel 1896. Nonostante la lunga tradizione, le primarie si sono affermate negli Usa come principale strumento di selezione dei candidati, soppiantando i caucuses ed il ruolo cruciale sino ad allora avuto dalla convenzione federale, solo a partire dagli anni Settanta del secolo scorso, grazie all'impulso del movimento riformatore nato all'interno del Partito democratico. Nonostante si tratti di un'invenzione americana, le primarie non sono caratteristiche dei sistemi presidenziali, poiché, da un lato, esistono presidenzialismi che non le utilizzano e, dall'altro, le primarie sono oggi diffuse anche in sistemi semi-presidenziali e parlamentari. Oltre agli Usa, elezioni primarie per la selezione dei candidati alle cariche pubbliche sono state tenute nel corso delle ultime decadi in Argentina, Cile, Uruguay, Colombia, Bolivia, Costa Rica, Messico, Canada, Spagna, Francia, Germania, Italia, Bulgaria, Finlandia, Armenia, Israele, Corea del Sud ecc.

In Italia l'ultimo decennio ha visto un'esplosione dell'utilizzo di questo strumento per la selezione dei candidati, con il caso più rappresentativo avutosi nel 2005, quando la coalizione di centro sinistra selezionò Romano Prodi quale candidato premier. Tuttavia, la novità più rilevante è la frequenza con la quale si è fatto ricorso allo strumento delle primarie a livello locale, con la Toscana che le ha addirittura regolamentate per legge.

Ma cosa sono le primarie? Storicamente, il termine «elezioni primarie» è stato utilizzato per indicare qualcosa che precede qualcos'altro, vale a dire le elezioni «generali». Questa prima definizione ci dà la possibilità di distinguere le elezioni primarie dalle elezioni «dirette», dal momento che le prime sempre più spesso vengono utilizzate dai partiti per selezionare i propri leader, come, ad esempio, Walter Veltroni, Pierluigi Bersani e Matteo Renzi nel caso del Partito democratico italiano. Infatti, il primo dei due aspetti che definisce l'istituto delle primarie è che sono legate al circuito della rappresentanza istituzionale, con lo scopo di definire il/i candidato/i che si contenderanno la conquista di una o più cariche pubbliche. Al contrario, le elezioni dirette concludono il processo nel quale vengono utilizzate, avendo come scopo principale quello di coinvolgere nella decisione la membership di un partito o l'elettorato.

Per esaurire gli aspetti definitori delle elezioni primarie dobbiamo affiancare alla *natura del processo elettivo* (carica pubblica vs carica partitica) la *dimensione del selectorate* (attore ufficialmente incaricato della selezione), che può essere ristretto (elite, middle-level elite) o allargato (membership, elettorato). Sulla base di questi fattori, possiamo definire le elezioni primarie come quel processo *selettivo* (e non *elettivo*), che si propone due obiettivi: 1) selezionare candidati ad una o più *cariche pubbliche*; 2) favorire il coinvolgimento di un *ampio selectorate*.

Esistono diverse caratteristiche sulla base delle quali è possibile classificare le primarie. Ad esempio, in base al soggetto che le propone, possiamo avere primarie tenute da un singolo partito, di gran lunga il caso più frequente, o da una coalizione di partiti, come accaduto in Italia, Argentina e Cile. In base al soggetto che le regola abbiamo, utilizzando termini di natura giuridica, primarie privatistiche, le quali prevedono l'auto-regolamentazione delle procedure selettive da parte dei partiti/coalizioni che decidono di adottarle, e che costituiscono l'opzione più gettonata, e primarie pubblicistiche, nelle quali è lo Stato a regolare per legge la possibilità/obbligo di tenerle e le loro modalità di svolgimento: il caso emblematico sono gli Stati Uniti, sebbene di recente altri paesi latino-americani si siano avviati su questa strada, come Uruguay (1999), Costa Rica (2001), Colombia (1990, 1994, 2002), Bolivia (1999) e Argentina (2011).

Si possono tenere elezioni primarie per la selezione di candidati a cariche monocratiche (Presidente della Repubblica, Primo ministro, Governatore/capo dell'esecutivo regionale o provinciale, Sindaco ecc.) o collegiali (parlamenti nazionali o sub-nazionali). Nei sistemi elettorali di tipo proporzionale, le primarie possono essere anche utilizzate per determinare i componenti delle liste e per definire, in queste, la posizione dei singoli candidati (molto importante nei casi di liste bloccate).

In base al tipo di elettorato che partecipa alle primarie, la letteratura americana ha elaborato una classificazione a cinque voci: 1) *la primaria chiusa*, nella quale possono partecipare solo gli iscritti al partito; 2) *la primaria chiusa modificata* (o *semi-chiusa*), nella quale anche agli indipendenti (non iscritti), è permesso di votare; 3) *la primaria aperta con dichiarazione pubblica* (o *crossover primary*), nella quale l'elettore non deve registrarsi come iscritto o simpatizzante di un partito ma, semplicemente, dichiarare, il giorno del voto, la primaria del partito alla quale intende partecipare (spesso l'iscrizione di un elettore ad un partito non impedisce la sua partecipazione nelle primarie del partito rivale); 4) *la primaria aperta con scelta privata*, che consente a tutti coloro che si presentano al seggio di votare, e ogni elettore, ricevuta la scheda di ciascun partito, nella segretezza del seggio potrà scegliere a quale primaria partecipare, selezionando il candidato nella scheda relativa e riconsegnandola insieme alle schede degli altri partiti; 5) *la primaria non-partitica* (o *nonpartisan blanket*), dove ogni elettore registrato riceve un'unica scheda nella quale sono riportati gli aspiranti candidati di tutti i partiti, con il simbolo del partito a fianco al loro nome, ed è libero di votare qualunque candidato. In questo caso, se un candidato ha ottenuto la maggioranza assoluta dei voti è eletto direttamente; se, invece, nessuno ha superato la soglia del 50% dei voti, si procede ad un secondo turno fra i due candidati che hanno ottenuto più voti, indipendentemente dalla loro appartenenza partitica.

Uno degli aspetti di maggiore interesse evidenziati dalla letteratura americana più recente sulle primarie è l'elaborazione del concetto di «primaria invisibile». Si tratta di quella fase che precede l'inizio formale del processo di selezione primaria, che può andare anche oltre i 24 mesi, e nella quale un gran numero di candidati testa le proprie possibilità, cercando di acquisire visibilità, consensi nei sondaggi, sostegno economico da parte dei finanziatori e sostegno politico da parte di personalità importanti del partito e della società (*endorsements*); molto spesso è questa la fase nella quale si definisce il successivo vincitore della nomination alla carica pubblica.

Quali sono le funzioni svolte dalle primarie? Le principali sono quelle di: a) selezione; b) legittimazione; c) mobilitazione. La funzione più importante delle primarie è la selezione dei candidati. Questa funzione è realmente svolta solo nel momento in cui l'élite del partito/coalizione non riesce ad accordarsi sul sostegno ad un unico candidato, rinviando la scelta alla membership e/o all'elettorato.

Anche la funzione di legittimazione è più evidente quando l'élite è divisa: il candidato selezionato da un elettorato molto ampio riceve un sostegno forte e genuinamente democratico. Tuttavia, la legittimazione agisce anche quando l'élite si ritrova unita nel sostegno ad un singolo candidato. In questo caso, infatti, la funzione di selezione è superflua per l'assenza di *challengers*, che realisticamente possono contendersi la candidatura, ma non viene meno l'esigenza di conferire ulteriore legittimità al candidato ufficiale dell'élite.

Le primarie, infine, assolvono in ogni caso la funzione di mobilitazione della base di un partito o di una coalizione e del suo elettorato, rientrando a pieno titolo tra quegli strumenti di marketing elettorale, che sempre più spesso vengono utilizzati nelle campagne per le elezioni politiche nazionali e sub-nazionali.

In conclusione, la diffusione delle elezioni primarie appare allo stesso tempo strumento ed indicatore di mutamenti rilevanti dei partiti e dei sistemi politici contemporanei. Il fenomeno evidenzia il problema della crisi di legittimità che i partiti politici e le democrazie stanno subendo negli ultimi decenni. Di fronte a questa crisi, i partiti e la classe politica rispondono anche attraverso l'ampliamento delle opportunità di partecipazione offerte alla membership e all'elettorato *at large*. La diffusione delle primarie indica un potenziale percorso di evoluzione delle democrazie contemporanee, le quali tenderebbero ad integrare elementi di natura elitistica e plebiscitari, al di là delle loro strutture politico-istituzionali.

Alla domanda «perché i partiti sopravvivono?», Gianfranco Pasquino risponde che essi svolgono funzioni essenziali, non assolvibili da altre organizzazioni. Proprio per questa ragione, continua l'autore, «nonostante le critiche e le difficoltà, nelle democrazie occidentali i partiti politici stanno tuttora sicuramente meglio dei loro eventuali occasionali sfidanti e adempiono a compiti che nessuno degli sfidanti saprebbe affrontare» (Pasquino, 2009, p. 185).

7.7 A cosa servono i partiti

Quali sono, dunque, le funzioni svolte dai partiti? In termini molto generali, si può affermare innanzitutto che i partiti organizzano le divisioni presenti nella società e le proiettano all'interno del sistema politico. Storicamente, i partiti, seguendo lo schema di Gabriel A. Almond e G. Bingham Powell (1978), hanno svolto almeno sei diverse funzioni.

Le prime tre si riferiscono prevalentemente alla relazione che si instaura tra i partiti e il proprio elettorato. La funzione preliminare è la cosiddetta *strutturazione delle domande*: i partiti semplificano la complessità degli orientamenti individuali attraverso una selezione delle domande che i cittadini pongono alla classe politica. Votando per un determinato partito, i cittadini sono costretti a scegliere tra un numero di opzioni limitato, poiché è impossibile rappresentare l'intera gamma di orientamenti politici. Da questo punto di vista, i partiti contribuiscono attivamente alla formazione di un interesse collettivo.

Una seconda funzione è la *strutturazione del voto*: il rapporto partito-elettore presuppone un processo di identificazione del secondo nei confronti del primo, che tende a stabilizzare nel lungo periodo i comportamenti elettorali. Attraverso l'elezione dei propri rappresentanti, il partito agisce in qualità di attore in grado di competere per esprimere precise istanze politiche e per gestire direttamente il potere.

Il partito, insieme ad altre istituzioni democratiche, svolge inoltre un'importante funzione di *socializzazione politica*, nella misura in cui contribuisce a modellare e diffondere valori, ad integrare i singoli individui all'interno della comunità politica per mezzo delle proprie strutture organizzative (si pensi al ruolo storico delle sezioni), a favorire la partecipazione dei cittadini alla gestione della cosa pubblica.

Le altre tre funzioni evidenziano il ruolo che il partito svolge nell'ambito delle strutture istituzionali. La funzione basilare consiste proprio nel *reclutamento della classe dirigente*: nelle democrazie contemporanee il personale parlamentare e governativo ha quasi sempre un'affiliazione partitica e, nella maggior parte dei casi, ha svolto la propria carriera nell'ambito del partito.

Un'altra funzione cruciale riguarda il ruolo che il partito ricopre nell'interazione maggioranza/opposizione. A tale proposito si parla di *controllo politico* per sottolineare la funzione che i partiti di opposizione, in modo particolare, possono esercitare all'interno dei parlamenti democratici, in qualità di canali di comunicazione privilegiati tra i cittadini e il governo.

La funzione di *formazione delle politiche pubbliche* sottolinea il loro apporto non solo nell'elaborazione dei programmi presentati durante la campagna elettorale, ma soprattutto nella loro attuazione nel corso della legislatura.

L'individuazione di quali funzioni i partiti hanno svolto, e continuano ancora oggi a svolgere, non può prescindere dall'analisi di come (con quali mezzi) e dove (in quale contesto istituzionale) essi concretamente operano. Se l'evoluzione organizzativa e ideologica dei partiti ha fortemente influenzato la struttura dei parlamenti e dei governi in relazione ai valori, ai modelli di comportamento o ai livelli di istruzione della classe politica, è vero anche il contrario. Sul piano empirico, infatti, la qualità e la frequenza con le quali i partiti svolgono le proprie funzioni sono direttamente vincolate dalle risorse e dai contesti istituzionali che ne circoscrivono l'azione.

In ambito parlamentare, ad esempio, il numero e la distanza ideologica dei partiti (cfr. paragrafo successivo) rappresentano due fattori essenziali per comprendere il grado di autonomia delle strutture rappresentative rispetto alle organizzazioni partitiche. Con l'eccezione del caso americano, dove i partiti rimangono tuttora debolmente strutturati e i parlamentari possono godere di un ampio livello di autonomia, nella maggior parte dei parlamenti contemporanei il ruolo dei partiti è significativo, soprattutto in relazione al processo di semplificazione delle posizioni politiche, che raggiunge la massima efficacia nei sistemi bipartitici (solo due). Nei sistemi multipartitici, al contrario, l'estensione dello spettro politico della coalizione può dare luogo a processi di accomodamento più complessi, che superano la semplificazione governo/opposizione e creano maggioranze diverse a seconda della posta in gioco. I vari casi empirici, comunque, sembrano confermare la diffusione di un modello ibrido, nel quale l'autorità del partito e della sua organizzazione esterna, sia in contesti bipartitici che multipartitici, devono acquisire negozialmente il consenso di una classe parlamentare con risorse autonome non trascurabili in termini di seguito elettorale (Best e Cotta, 2007).

L'impatto dei partiti sulla modellistica costituzionale è un ulteriore aspetto che denota l'importanza che questi assumono nel funzionamento dei sistemi parlamentari o presidenziali (Duverger, 1983; Shugart e Carey, 1992; Linz e Valenzuela, 1994; Cotta, 1994; Mainwaring, 1997; Sartori, 1994, tr. it. 1995).

Nei sistemi parlamentari, ad esempio, la costruzione delle maggioranze di governo tende a seguire percorsi diversi, a seconda che i partiti necessari per formare le coalizioni siano uno o più di uno. Al riguardo è possibile riassumere la complessità del problema facendo riferimento a tre gruppi di studi (Cotta, Della Porta e Morlino, 2008). Il primo ha concentrato l'attenzione sugli effetti dell'instabilità governativa: se la Germania di Weimar, l'Italia pre-fascista, la Spagna della II Repubblica, la IV Repubblica francese hanno messo in evidenza una possibile relazione tra instabilità governativa e crisi democratica (Hermens, 1941), i casi dell'Italia del dopoguerra, della Finlandia, di Israele confermerebbero l'ipotesi opposta. Il secondo gruppo di studi ha indagato sul rapporto tra stabilità governativa e tipo di sistema partitico, postulando inizialmente una relazione positiva con il bipartitismo e una relazione negativa con il multipartitismo (Duverger, 1951). Le ricerche successive, tuttavia, hanno confermato la prima relazione ma non la seconda, come dimostrano le piccole democrazie centro-europee e scandinave (Lijphart, 1999). La teoria delle coalizioni, infine, ha cercato di approfondire la relazione tra le modalità di formazione dei governi e la loro possibile crisi. Il punto di partenza si deve alla teorizzazione della cosiddetta «coalizione minima vincente» (Riker, 1962), caratterizzata da una misura minima di partiti (o individui) necessari per conseguire la maggioranza. Ricorrendo alla teoria della scelta razionale, Riker ipotizzava che il comportamento degli attori politici fosse finalizzato a minimizzare le dimensioni della coalizione, per ridurre il coefficiente in base al quale sarebbero state assegnate le cariche (che di fatto equivaleva al coefficiente di rischio di possibili mutamenti della coalizione). Anche in questo caso, la verifica empirica sembra smentire tale ipotesi, come dimostrano gli studi di Laver e Shepsle (1996) e Laver e Schofield (1990), che evidenziano altre finalità dei partiti oltre alla massimizzazione delle cariche, quali la realizzazione di determinate *policies*. Inoltre, sia le coalizioni minoritarie (Strøm, 1990), come i governi socialdemocratici svedesi o quelli democristiani in Italia, sia le coalizioni sovrabbondanti (Lijphart, 1999), come dimostrano i casi di Olanda, Israele, Svizzera, Italia e Austria, configurerebbero delle situazioni diverse da quelle prospettate da Riker.

Nei sistemi presidenziali, il carattere di «governo diviso» ma non bloccato del caso americano (Fiorina, 1991), è determinato sia dalla reciproca indipendenza e autonomia tra Presidente e Congresso, sia dal compromesso bipartisan, reso possibile dalla scarsa coesione e assenza di polarizzazione dei partiti americani. Come ha sottolineato Sergio Fabbrini, il governo diviso indica una situazione contingente di maggioranze diverse fra Presidente e Congresso, il governo separato è una condizione permanente (Fabbrini, 1993; 2008). Ne consegue che la prassi presidenziale può dipendere tanto dalla colorazione della maggioranza parlamentare (vedi semi-presidenzialismo francese: Sartori, 1994, tr. it. 1995), quanto dalla capacità dei partiti di sostenere o meno l'azione del Presidente (vedi sistemi presidenziali est-europei: Taras, 1997).

L'ultimo aspetto sul quale è necessario richiamare l'attenzione riguarda il ruolo che i partiti possono svolgere nel processo di *policy-making*. Una prima ipotesi attribuisce ai partiti un ruolo predominante rispetto ai governi: l'espressione *party government* (Katz, 1986) evidenzia la dipendenza degli esecutivi sia in termini di partitizzazione del personale ministeriale (Blondel e Thiébault, 1991), sia in termini di influenza sul processo di *policy making* (Castles, 1982; Schmidt, 1982; Budge e Keman, 1990).

Una seconda ipotesi (Cotta e Isernia, 1996; Blondel e Cotta, 2000) sottolinea la maggiore complessità e problematicità di questo rapporto e mette in evidenza i limiti del *party government*. Più specificamente, due variabili incidono in modo significativo sull'azione dei partiti, ostacolando il *party government*. La prima rinvia al carattere selettivo dei loro interessi, nel senso che non tutte le politiche sulle quali il governo è chiamato a decidere presentano un interesse effettivo per i partiti. Il possibile disinteresse dei partiti su questioni specifiche può pertanto consentire ad altri attori (tra i quali la compagine governativa) di recuperare margini di autonomia. La seconda variabile è di ordine pratico: i partiti non dispongono di strutture finalizzate all'elaborazione delle politiche pubbliche.

Ne consegue che i governi, non potendo scegliere il campo d'intervento ed essendo obbligati a fronteggiare una molteplicità di questioni (economia, politica estera, ordine pubblico) che esulano dal controllo partitico e richiedono una risposta immediata (si pensi ai vincoli posti dall'Ue sul deficit pubblico), riescono a svincolarsi sempre più spesso dalle posizioni programmatiche dei partiti.

Il ruolo di «guardiani» piuttosto che di «governanti» (Cotta, Della Porta e Morlino, 2008) svolto dai partiti nel processo decisionale è, dunque, il risultato di una lenta evoluzione che, accanto ai vincoli contingenti posti alla loro azione dalla selettività degli interessi e dalla mancanza di risorse adeguate, si riconnette alle profonde trasformazioni che hanno indebolito la coesione ideologica e la forza organizzativa. Senza contare che oggi, altri attori, quali le organizzazioni sovranazionali, le banche centrali e i gruppi industriali, stanno alterando la capacità di indirizzo dei partiti, con il rischio di compromettere la loro funzione storica: il controllo politico sui governi.

7.8 I sistemi partitici: aspetti generali

Al fine di comprendere più approfonditamente le dinamiche relazionali che si instaurano tra i vari partiti nell'ambito di un determinato contesto nazionale, è indispensabile a questo punto introdurre il concetto di sistema partitico. Un sistema partitico, per utilizzare la terminologia di David Easton (1953), può essere definito come un complesso di interazioni tra le unità che lo compongono (i partiti, appunto). Tale sistema, in linea generale, presuppone una relazione *orizzontale*, competitiva, fra almeno due partiti, e un'interdipendenza *verticale* fra più elementi, quali, oltre ai partiti, l'elettorato, i parlamenti e i governi (Pasquino, 2009).

Dal punto di vista metodologico, il problema fondamentale posto dall'elaborazione di una teoria organica dei sistemi partitici è l'individuazione di criteri in grado di:

contare i partiti (quali assumono rilevanza sistemica);
capire come interagiscono (quali sono le modalità specifiche di interazione tra le varie unità).

A partire dagli anni Cinquanta, la letteratura politologica ha elaborato vari criteri classificatori, con l'obiettivo di mettere in evidenza le caratteristiche di un determinato sistema e rilevare, ove possibile, le differenze tra i vari casi analizzati. La suddivisione dei sistemi competitivi in *bipartitici* e *multipartitici* (Duverger, 1951), sebbene in prima battuta riuscisse a fornire un quadro elementare delle differenze tra Inghilterra e Stati Uniti, da un lato, e Francia e Germania, dall'altro, a un'analisi più approfondita, si è rivelata semplicistica e, soprattutto, fuorviante. Con tale criterio, infatti, i sistemi partitici della Francia della IV Repubblica e della Germania di Weimar rientravano nella stessa casella del Belgio, dell'Olanda, dell'Italia, nonché della Francia della V Repubblica e della Germania di Bonn, sistemi, questi ultimi, molto diversi da quelli che li avevano preceduti.

Neanche il successivo tentativo di Almond (1960) di risolvere il problema, distinguendo i sistemi multipartitici in «funzionanti» (area scandinava e paesi bassi) e «immobilisti» (Italia, Francia IV Repubblica e Repubblica di Weimar), è riuscito a tenere conto di una serie di differenze fondamentali che esulano dal puro criterio numerico. Sulla stessa lunghezza d'onda si è collocato anche il contributo di Giorgio Galli (1966), che ha introdotto la categoria di *bipartitismo imperfetto*, con specifico riferimento al caso italiano.

Più complesso è sicuramente il criterio suggerito da Arend Lijphart (1968), il quale proponeva di contare i partiti esaminando le percentuali cumulative della forza elettorale, secondo un ordine di grandezza decrescente: il partito più votato, i due partiti più votati ecc. Il risultato, anche questa volta, non ha mancato di suscitare perplessità, dal momento che l'Italia, caso emblematico, veniva inserita nella stessa casella della

Svizzera e dell'Olanda, mentre alla Norvegia e alla Danimarca, notoriamente caratterizzate da governi stabili, veniva attribuito un punteggio numerico con uno scarto bassissimo rispetto all'Italia. Lo stesso Lijphart, del resto, nella nota ripartizione dei modelli di democrazia, aveva collocato, non a caso, l'Olanda nel modello consociativo, l'Italia in quello centrifugo, i paesi scandinavi in quello centripeto, gli Usa nel modello depoliticizzato e la Gran Bretagna nel modello maggioritario. Un'altra proposta ha individuato il numero effettivo dei partiti in relazione alla percentuale di voti (Laakso e Taagepera, 1979). La maggiore sofisticatezza dell'indice non ha colmato le lacune del criterio puramente numerico, considerando rilevanti, in alcuni casi, quei partiti che di fatto non concorrevano alla formazione delle maggioranze o alla determinazione del tipo di competizione.

Più successo ha avuto indubbiamente lo studio di Douglas Rae (1967), basato su un complesso meccanismo contabile focalizzato sulle «relazioni competitive» fra i partiti. Introducendo il concetto di *frazionalizzazione,* inteso come il grado di dispersione della forza competitiva fra i partiti che compongono un dato sistema, Rae ha utilizzato due variabili: 1) la *percentuale* di voti ottenuta da ciascun partito (*quota*); 2) l'*uguaglianza* delle quote.

Come mostra l'esempio, un sistema non frazionalizzato ha una sola quota rilevante (sistema A); un sistema poco frazionalizzato ha al massimo due partiti con quote rilevanti (sistema B), un sistema altamente frazionalizzato ha un numero di partiti elevato, con quote che tendono ad essere identiche (sistema C). Sebbene tale criterio consenta di andare al di là del semplice risultato numerico – i sistemi A, B e C hanno tutti tre partiti, ma sono fondamentalmente diversi sotto il profilo della dispersione della forza competitiva – il limite della teoria di Rae consiste nell'assenza di un criterio in grado di differenziare i sistemi partitici in relazione alle caratteristiche culturali delle singole unità (vedi presenza di formazioni anti-sistema). Un sistema come quello dell'Italia repubblicana, infatti, può anche aver avuto un indice di frazionalizzazione simile a quello della Gran Bretagna, dove in entrambi i casi i partiti con le quote più rilevanti erano essenzialmente due (DC e PCI da una parte, Laburisti e Conservatori dall'altra), ma tanto la formazione dei governi, quanto la distanza ideologica tra i partiti, come vedremo, conferivano ai due sistemi caratteristiche opposte.

Tab. 7.3 Esempi di concentrazione/disperazione delle quote partitiche.

A	B	C
90	45	34
9	44	33
1	11	33

Il primo tentativo di colmare tale lacuna si deve a Joseph LaPalombara e Myron Weiner (1966), che hanno proposto, a loro volta, una classificazione a quattro voci fondata su due criteri: 1) il grado di intensità ideologica della competizione (*continuum* ideologia/pragmatismo); 2) le modalità di detenzione del potere (egemonia/rotazione). Il primo criterio si riferisce alle caratteristiche interne delle singole unità (presenza/assenza di partiti estremisti) e al tipo di competizione che ne consegue (ideologica o pragmatica). Il secondo criterio indica la presenza o meno di una possibile alternanza al governo. Combinando i due criteri, si hanno quattro diversi tipi di sistema partitico:

1) egemonico ideologico (Italia);
2) egemonico pragmatico (Giappone; Norvegia; India; Germania);
3) di rotazione ideologico (Francia);
4) di rotazione pragmatico (Gran Bretagna; Usa).

Sul piano empirico, tale classificazione inserisce nella stessa casella egemonica, sebbene nella doppia fattispecie ideologica e pragmatica, l'Italia, la Germania Federale, il Giappone del dopoguerra, l'India e la Norvegia. Tuttavia, mentre nel caso italiano e tedesco il partito più forte poteva contare solo sulla maggioranza relativa ed era costretto a formare governi di coalizione, il Giappone, l'India e la Norvegia si fondavano su governi monocolore. Differenza, questa, che non poteva emergere dalla suddetta classificazione.

Muovendo da questi presupposti, Sartori (1976) ha elaborato uno schema interpretativo che rappresenta ancora oggi la proposta più articolata in materia di sistemi partitici.

7.9 Formato e meccanica: il contributo di Giovanni Sartori

L'elemento di novità che introduce Sartori è la distinzione tra *formato* e *meccanica*. La sua teoria si fonda sull'assunto che solo mediante una differenziazione dei criteri necessari a stabilire il numero dei partiti (formato), rispetto a quelli che determinano il funzionamento (meccanica), sia possibile formulare delle generalizzazioni in grado di reggere alla prova empirica. Per ovviare ai problemi posti dal semplice conteggio numerico, Sartori suggerisce innanzitutto di contare solo i partiti che hanno rilevanza sistemica. Questo significa, in altri termini, che non tutti i partiti che ottengono seggi in parlamento contribuiscono a determinare il formato. Ma quand'è che un partito assume rilevanza sistemica?

Sartori risponde che un partito può essere contato quando possiede un *potenziale di coalizione* (primo criterio) o un *potenziale di ricatto* (secondo criterio). Il potenziale di coalizione indica l'utilità che alcuni partiti, anche piccoli, ricoprono nella formazione delle maggioranze di governo. I liberali italiani, ad esempio, per molti anni hanno contribuito a determinare le maggioranze dei governi democristiani, pur ottenendo pochissimi seggi. I liberali inglesi, al contrario, se si escludono le penultime elezioni, non sono mai stati in grado di esercitare tale potenziale, sebbene elettoralmente fossero molto più consistenti degli omologhi italiani.

Il potenziale di ricatto (o intimidazione) si riferisce invece alla capacità che possono avere alcuni partiti, spesso collocati agli estremi dello spazio politico, di condizionare le strategie degli altri partiti, allontanando i moderati dal centro e imprimendo, in questo modo, una spinta centrifuga alla competizione. Il Movimento Sociale Italiano (Msi), pur non avendo un grosso seguito elettorale, poteva essere contato proprio a causa del suo potenziale di ricatto.

La meccanica funzionale di un sistema partitico, a sua volta, può essere determinata dal grado di *polarizzazione* (terzo criterio), che Sartori definisce come la distanza ideologica che intercorre tra i vari partiti di uno stesso sistema. Se consideriamo il *continuum* destra/sinistra, un sistema altamente polarizzato prevede la collocazione dei partiti in uno spazio politico «lungo», dove ad entrambi gli estremi si collocano formazioni anti-sistema e la distanza fra queste è massima. All'opposto, un sistema non polarizzato si caratterizza per il posizionamento dei partiti in uno spazio politico «corto», dove mancano ad entrambi gli estremi formazioni anti-sistema e, sia a destra che a sinistra, prevalgono posizioni moderate.

Sulla base di queste premesse, Sartori costruisce la seguente classificazione a cinque voci dei sistemi partitici competitivi, distinguendo, come si è detto, il formato dalla meccanica (Tab. 7.4).

Premesso che in entrambi i casi la quinta voce (atomizzazione) indica uno stadio che precede la strutturazione dei partiti e il loro radicamento nell'ambito del territorio nazionale, ne consegue che in tale situazione, come precisa lo stesso Sartori, è impossibile applicare sia i criteri di conteggio che quelli di meccanica. L'inserimento di questa casella si giustifica per due motivi: 1) collocare realtà diverse da quelle occidentali, dove le formazioni politiche sono ancora ad un livello proto-partitico; 2) prevedere un processo dinamico di un sistema che, da una fase iniziale di atomizzazione, approda ad una categoria successiva.

Tab. 7.4 Sistemi partitici competitivi.

Formato numerico	**Meccanica funzionale**
Sistema a partito predominante	Sistema a partito predominante
Sistema bipartitico	Sistema bipartitico
Sistema di pluripartitismo limitato	Sistema di pluripartitismo moderato
Sistema di pluripartitismo estremo	Sistema di pluripartitismo polarizzato
Atomizzazione	Atomizzazione

Per quanto riguarda il formato, il numero di partiti rilevanti, ricavati dall'applicazione dei potenziali di coalizione e di ricatto, può essere uno (sistema a partito predominante); due (sistema bipartitico); da tre a cinque (pluripartitismo limitato); superiore a cinque (pluripartitismo estremo).

Per quanto riguarda la meccanica, è opportuno precisare che questa spiega il tipo di interazione che si sviluppa tra le varie unità del sistema, in termini di polarizzazione ideologica e di modalità di detenzione del potere. Vediamo in dettaglio.

Sistema a partito predominante: un partito conquista per diverse legislature consecutive, ovviamente in una situazione competitiva, la maggioranza assoluta dei seggi in parlamento e governa da solo. La rotazione al potere è ostacolata dallo scarto percentuale tra il partito al governo e gli altri, i quali, anche coalizzandosi, non riescono a raggiungere un numero di seggi tali da poter minacciare il «predominio» del partito più forte. Nessun vincolo di natura strutturale, tuttavia, impedisce ai partiti minori di poter accedere al governo. Esempi: Partito socialdemocratico in Svezia (quasi ininterrottamente al governo dal 1932 al 2006); Partito laburista in Norvegia (1935–65); Partito del Congresso in India (fino agli anni '90); Partito liberal-democratico in Giappone (dal 1865 al 1958); Partido Colorado in Uruguay (fino al 2004).

Sistema bipartitico: due partiti sono in grado di competere per la maggioranza assoluta dei seggi in parlamento e uno di essi la conquista governando da solo. In questo caso, a differenza del sistema a partito predominante, lo scarto tra il primo e il secondo partito è minimo e l'alternanza al potere costituisce un'aspettativa realistica. Esempi: Gran Bretagna, Usa, Canada, Australia, Nuova Zelanda, Spagna (dal 1989), Grecia (1981–2012), Portogallo (dal 1983).

Sistema di pluripartitismo moderato: due coalizioni, generalmente una di centro-destra e una di centro-sinistra, si alternano al potere. Sebbene i governi siano formati da più partiti, in una meccanica moderata (definita anche « bipolare »), la competizione è sempre di tipo centripeto e il grado di polarizzazione ideologico è assente o estremamente basso. Esempi: Francia V Repubblica, Germania Federale, Italia (dopo il '93), Belgio, Olanda, Austria, Repubblica Ceca, Ungheria (fino al 2010).

Sistema di pluripartitismo polarizzato: diversamente dal pluripartitismo moderato, un sistema polarizzato ha invece una meccanica «tripolare» del tipo sinistra/centro/destra. In questo caso, al centro troviamo il partito moderato di maggioranza relativa, che per formare il governo deve poter contare su possibili alleati collocati alle mezze ali del sistema. Agli estremi si collocano i partiti anti-sistema, sia a destra che a sinistra, la cui distanza ideologica verso il centro e, di conseguenza, verso l'estremo opposto, tende a relegarli in una situazione di opposizione permanente. Il grado di polarizzazione ideologica esercita un vincolo strutturale sul tipo di competizione, perché elimina a priori la possibilità che si verifichi un'alternanza al potere. I partiti anti-sistema, definiti tali perché una volta al governo potrebbero cambiare il tipo di regime, sono esclusi dalle coalizioni governative a causa della radicalità dei propri programmi e non per l'impossibilità di ottenere un numero di consensi sufficienti a scalzare la formazione al potere (si pensi alla *conventio ad escludendum* nei confronti del PCI). Il partito di maggioranza relativa, a sua volta minacciato da due opposizioni bilaterali, rimane sempre al potere – in una situazione che può essere definita di «dominio», non di «predominio», per l'assenza della maggioranza assoluta dei seggi – grazie all'appoggio di partiti minori che si alternano al governo, dando luogo a una rotazione solo periferica. Con il governo sempre occupato dallo stesso partito, si determina una situazione di «competizione irresponsabile», dovuta al fatto che né il partito di maggioranza (che sa che rimarrà al potere), né le opposizioni (che sanno di non avere chance), sono chiamati a rispondere del proprio operato. Esempi: Francia IV Repubblica, Germania di Weimar, Italia dal '45 al '93.

Secondo Sartori, inoltre, la corrispondenza tra formato e meccanica non rappresenta affatto una condizione necessaria: un sistema può infatti funzionare secondo una logica diversa da quella bipartitica, e dunque dare luogo a governi di coalizione, anche quando il formato prevede solo due partiti rilevanti, come dimostrano le grandi coalizioni tra socialdemocratici e democristiani che hanno caratterizzato la politica austriaca dal '45 al '66 (Fisichella, 2008). È abbastanza pacifico, poi, che la collocazione di un sistema partitico in una determinata casella possa cambiare nel tempo. Se il passaggio dal pluripartitismo polarizzato al pluripartitismo (quasi) moderato del caso italiano negli anni '90 è uno degli esempi più concreti di come si modifichino le caratteristiche ideologiche e le strategie competitive dei partiti nel corso del tempo, le elezioni inglesi del 2010 hanno temporaneamente scardinato una meccanica bipartitica che si protraeva da circa un secolo e mezzo, peraltro riconfermata con il successo dei Conservatori nel 2015.

Per concludere, infine, restano da analizzare i sistemi partitici non competitivi (si veda la Tab. 7.5 per i casi empirici). Sebbene una realtà monopartitica, per definizione, non rappresenti un sistema per l'assenza di interazioni con altre unità, la letteratura ha preferito, comunque, fare ricorso alla nozione sistemica per agevolare l'applicazione degli strumenti classificatori ai casi empirici (Huntington e Moore, 1970; Sartori, 1976).

Sotto il profilo numerico, i sistemi non competitivi possono essere di due tipi: a *partito unico* (solo a un unico partito è consentito operare, mentre tutti gli altri sono fuori legge) e a *partito egemone*. Come ha sottolineato Jerzy Wiatr (1971), che per primo ha introdotto il concetto di partito egemone, la sua caratteristica è data dalla presenza, in un contesto non competitivo, di altre formazioni che, pur non avendo alcuna possibilità di gestire il potere, contribuiscono all'elaborazione della linea stabilita dal partito al governo. Mentre nel sistema a partito predominante, come si ricorderà, il risultato elettorale, in qualsiasi momento, può premiare le formazioni minori, nel sistema a partito egemone, al contrario, l'egemonia è irreversibile, salvo un mutamento di regime.

Tab. 7.5 Sistemi partitici non competitivi.

Formato numerico	Meccanica funzionale
Sistema a partito unico	Totalitario (Partito nazista, Partito comunista sovietico, Partito comunista cinese) Autoritario ideologico (Partito fascista italiano, Partiti comunisti est-europei) Autoritario pragmatico (Unione Nazionale portoghese, Falange spagnola)
Sistema a partito egemone	Ideologico (Partito operaio unificato polacco) Pragmatico (Partito rivoluzionario istituzionale messicano)

Sotto il profilo funzionale, i sistemi non competitivi assumono una connotazione diversa a seconda del grado di intensità ideologica (*ideologici* o *pragmatici*) e di penetrazione coercitiva (*autoritari* o *totalitari*). I sistemi partitici autoritari ed egemonici possono appartenere sia alla fattispecie pragmatica che a quella ideologica, come mostra la Tab. 7.5, i sistemi partitici totalitari sono sempre ad alta intensità ideologica.

7.10 Una ricostruzione del dibattito successivo

Sebbene la teoria di Sartori abbia rappresentato una pietra miliare nello studio dei sistemi partitici, non sono mancati, negli anni successivi, interventi volti ad integrare o a superare la sua analisi. Se è vero che la maggior parte dei lavori non ha prodotto niente di nuovo, limitandosi a «ritoccare» le categorie sartoriane[4] (Wolinetz, 2006), ciò non toglie che il dibattito che ne è scaturito abbia comunque contribuito all'approfondimento della conoscenza e della comprensione di uno dei settori più rilevanti della scienza politica (Kitschelt, 2009).

Sul versante della possibile integrazione del modello sartoriano, va ricordato il suggerimento fornito da Jean Blondel (1978), il quale, evidenziando il problema degli effetti delle variazioni dell'intensità dei conflitti (politici, economici, culturali) sulle interazioni tra le varie unità, introduceva il contesto ambientale come variabile determinante per spiegare la meccanica funzionale. Secondo Blondel, la competizione espressa nell'800 dai *Tories* e dai *Whigs*, pur essendo bipartitica, non poteva essere assimilata a quella che ha successivamente caratterizzato il confronto tra laburisti e conservatori, perché le differenze, dovute alla natura e all'intensità di quella contrapposizione, erano molto più significative del fatto che i partiti a competere fossero sempre due.

4 Questa posizione, del resto, è espressa nella maggior parte dei manuali di scienza politica italiani: cfr. Fisichella, 2011; Cotta, Della Porta e Morlino, 2008; Pasquino, 2009.

Klaus von Beyme (1987) ha preferito rielaborare la tipologia di Sartori, aggiungendo alcune sottocategorie alle due fattispecie pluripartitiche, sulla base della seguente classificazione:

1) *sistemi bipartitici* (Usa);
2) *sistemi di pluralismo moderato*, a loro volta suddivisi in tre sottogruppi:
   a) i partiti si alternano al governo senza formare coalizioni (Inghilterra, Canada, Austria);
   b) i partiti si alternano formando coalizioni (Germania, Francia, Australia);
   c) i partiti formano grandi coalizioni (Benelux, Svizzera, paesi scandinavi);
3) *sistemi di pluralismo polarizzato*, suddivisi in due sottogruppi:
   a) sistemi tripolari con un centro incapace di governare (Weimar, Seconda Repubblica spagnola);
   b) sistemi tripolari con un centro in grado di governare (Italia, Francia IV Repubblica, Israele, Finlandia);
4) *sistemi a partito dominante* (PRI messicano, India, Giappone).

Sebbene non sorprenda che le obiezioni sollevate a questo tentativo di classificazione si siano concentrate sulla ridondanza del modello, che appesantisce inutilmente l'efficacia euristica della tipologia sartoriana senza aggiungere nulla di rilevante, una delle tendenze maggiormente in voga tra gli specialisti del settore è stata proprio quella di creare nuove categorie da aggiungere alle quattro già contemplate. Sulla scia di von Beyme, un altro tentativo di riformulare e integrare formato e meccanica è stato recentemente effettuato da Alan Siaroff (2000), che ha distinto ben otto tipi di sistema partitico:

1) bipartitismo;
2) sistema a due partiti e mezzo;
3) multipartitismo moderato con un partito dominante;
4) multipartitismo moderato con due partiti più rilevanti;
5) multipartitismo moderato con una situazione di equilibrio tra i due partiti maggiori;
6) multipartitismo estremo con un partito dominante;
7) multipartitismo estremo con due partiti forti;
8) multipartitismo estremo con equilibrio tra i due partiti maggiori.

La parte più proficua del dibattito suscitato dalla teoria di Sartori, tuttavia, è legata all'applicazione del suo modello ai vari casi empirici. Come aveva già più volte sottolineato l'autore stesso, qualsiasi sistema, per effetto di una serie di mutamenti esogeni e/o endogeni, poteva essere soggetto a trasformazioni più o meno profonde, che ne avrebbero cambiato tanto il formato quanto la meccanica.

A tale proposito, Mair (1997) ha ribadito che lo studio dei sistemi partitici non può prescindere dall'analisi delle strutture di competizione che lo caratterizzano. Nella sua prospettiva, le variabili principali sono due: 1) la misura in cui il governo è oggetto di competizione tra le varie forze politiche; 2) la misura in cui tale competizione ha un andamento noto e prevedibile. L'analisi empirica, secondo Mair, confermerebbe l'ipotesi di un indebolimento complessivo delle strutture competitive nella maggior parte dei paesi europei. Dove si sono verificate le trasformazioni più rilevanti, i sistemi partitici mostrerebbero una maggiore tendenza verso lo scongelamento delle precedenti dinamiche competitive. In particolare, i sistemi partitici stanno diventando meno prevedibili (Mainwaring, 1998) proprio perché essi sono al tempo stesso *soggetto* e *oggetto* del processo di trasformazione. Quando il comportamento elettorale diventa più fluttuante, le cause vanno ricercate in due ordini di fattori: da un lato, i cambiamenti socio-economici e istituzionali, o l'alterazione delle precedenti linee di frattura, finiscono per influenzare le scelte dell'elettorato; dall'altro lato, è proprio il modo in cui i partiti competono tra loro per le cariche di governo che può determinare una maggiore incertezza elettorale (Mair, 2006b).

I cambiamenti intervenuti nel sistema partitico italiano, ad esempio, già anticipati da Paolo Farneti (1983) con l'introduzione del cosiddetto *pluralismo centripeto*, per spiegare le peculiarità del sistema dal 1966 al 1979, sono stati giustamente evidenziati dalla letteratura più recente, che non ha mancato di sottolineare tanto la «lentezza» del passaggio verso la meccanica bipolare (Pappalardo, 1996; Morlino, 1996; Cotta e Isernia, 1996; Pasquino, 2002), quanto la profondità del processo di destrutturazione delle strategie di competizione (Bardi, 2006; Morlino e Tarchi, 2006; Cotta e Verzichelli, 2011).

La maggior parte degli studi comparati, per concludere, ha confermato la progressiva diminuzione del grado di polarizzazione dei sistemi partitici occidentali, dovuta, come nel caso italiano, alle pressioni dell'ambiente internazionale (crollo del muro di Berlino) e a una serie di vincoli strutturali (modificazioni del tessuto sociale) e istituzionali (riforme elettorali), che ne hanno mutato le caratteriste interne e le modalità di competizione (Webb, Farrell e Holliday, 2002; Pennings e Lane, 1998; Grilli di Cortona e Pasquino, 2007).

L'area est-europea, al contrario, soprattutto per gli effetti prodotti dalla frattura nazionale, che spesso ha dato vita a complesse coalizioni tra excomunisti e nazionalisti, come si è verificato in Russia, Bulgaria, Romania e Slovacchia, sembra mantenere un grado di polarizzazione più elevato dell'Europa occidentale (Grilli di Cortona, 1997; Kitschelt et al., 1999; White, Batt e Lewis, 2003). In questi casi, le derive populiste che hanno contrassegnato buona parte delle strategie competitive dei sistemi postcomunisti, nel giro di poco più di due decenni hanno impresso una tale fluidità alle linee di contrapposizione, da rendere sempre più difficile qualsiasi tentativo di previsione nel medio e nel lungo periodo (Pisciotta, 2007).

Domande

1 Come si definisce un partito politico?

2 Qual è la differenza tra «partiti a origine interna» e «partiti a origine esterna»?

3 Come si sviluppano i partiti secondo Stein Rokkan?

4 Cosa prevede la *freezing proposition?*

5 Come si differenziano i partiti in relazione alla loro organizzazione interna?

6 Quali sono le componenti principali di un partito e in che relazione si pongono l'una con l'altra?

7 Quali fattori hanno determinato la trasformazione dei partiti?

8 Quali sono le caratteristiche principali del partito professionale-elettorale?

9 Che funzioni svolgono i partiti nei regimi democratici?

10 Quale contributo ha fornito allo studio dei sistemi partitici la teoria di Giovanni Sartori?

I gruppi di interesse

CAPITOLO OTTAVO

8.1 Premessa

L'aggregazione degli individui è un fenomeno diffuso in tutte le società, dai gruppi primari come la famiglia sino a gruppi più strutturati quali i sindacati, le possibilità di associazione e interazione fra gli individui sono molteplici. L'organizzazione degli individui in gruppi dà luogo alla fondazione di una miriade di formazioni, i cui membri condividono i più svariati interessi: professionali, sociali, di orientamento religioso o sessuale, scientifico, ludico, sportivo ecc. La maggior parte dei gruppi sono dunque attori sociali non formati con intenti specificamente politici: molte delle loro attività sono legate all'offerta di servizi, informazioni o agevolazioni ai propri membri. La loro funzione essenziale è quella di articolare, ovvero di razionalizzare, incanalare, e dare visibilità alle domande dei propri membri nei confronti di altri gruppi o attori del sistema sociale (Fisichella, 2011). D'altra parte, quando i gruppi ritengono di non essere più in grado di tutelare gli interessi dei propri associati unicamente entro l'arena sociale possono decidere di spostarsi verso l'arena politica. In tal modo i gruppi, insieme ai partiti politici, rappresentano i principali nodi di collegamento fra la società e il sistema politico. I gruppi sono ritenuti attori di primaria importanza in ciascuna democrazia, sia perché una vasta rete di associazioni volontarie contribuisce alla formazione di una società civile attiva, consapevole e reattiva, sia perché molti gruppi possono rivelarsi autorevoli interlocutori dei governi, ai quali possono fornire informazioni essenziali per l'elaborazione delle politiche pubbliche e aiuto nell'attuazione delle stesse. A questa visione positiva del ruolo dei gruppi, se ne contrappone un'altra, che evidenzia i rischi derivanti dallo sbilanciamento a favore delle organizzazioni detentrici di risorse in grado di garantirgli maggiore influenza sui leader politici, con la conseguenza di generare ineguaglianze e prevalenza di taluni interessi particolari sull'interesse generale (Baumgartner e Leech, 1998, p. XV). Attraverso lo studio dei gruppi si può comprendere come si costruisce socialmente un interesse, come spiegare i fenomeni di mobilitazione, quali mezzi i gruppi investono e utilizzano per i loro fini, quale sia il loro contributo all'introduzione dei temi nell'agenda politica, alla definizione delle politiche pubbliche e all'influenza su di esse, come la loro attività possa permettere di arricchire la teoria della rappresentanza (Offerlé, 1994, p. 14). In questo capitolo si cercherà di dar conto di questi elementi: in via preliminare sarà necessario circoscrivere l'argomento «gruppi» individuandone una definizione, si preciseranno le funzioni che svolgono anche in relazione ad altri attori quali i partiti e i movimenti, se ne proporrà poi una loro tipologia. Prima di passare ad analizzare le modalità attraverso le quali i gruppi cercano l'accesso alle arene decisionali e le strategie che usano per tentare di influenzarle, verranno presentati i principali modelli teorici della politica dei gruppi. Infine si completerà il quadro con alcuni riferimenti al rapporto gruppi–democrazia.

8.2 Gruppi, interessi, pressione, lobby: le definizioni

La scienza politica non è pervenuta a una definizione ampiamente condivisa di gruppo di interesse-pressione. Il disaccordo degli studiosi riguarda sia l'utilizzo dei termini «interesse» e «pressione» sia gli attori che possono essere inclusi nella definizione (Berry, 1989, p. 191; Wilson, 1990, p. 8; Jordan e Richardson, 1987; Grant, 1995). Partiamo dal primo problema, che ci consentirà di specificare perché qui si propenda per l'utilizzo della dicitura «gruppo di interesse» in luogo di «gruppo di pressione», per poi affrontare il problema degli attori. Una volta chiarificati questi aspetti saremo in grado di spiegare perché si è scelta la definizione riportata nel Box 8.1.

Gruppi di interesse e gruppi di pressione. La definizione dei concetti «gruppo di interesse» e «gruppo di pressione» non ha trovato ancora un punto di sintesi. Benché le due locuzioni vengano spesso utilizzate in maniera intercambiabile, in realtà presentano differenze sostanziali: se l'interesse rappresenta ciò che tiene insieme il gruppo, la pressione indica una delle possibili modalità di azione dello stesso. Samuel Finer (1958) ha definito la pressione come l'applicazione o la minaccia di applicazione di una sanzione, qualora una richiesta del gruppo non venga accolta. Questa concezione esaurisce le modalità di azione del gruppo unicamente alla sfera sanzionatoria (minacce di sospendere il sostegno finanziario o elettorale a un partito, scioperi, serrate ecc.), quando, invece, esso può adottare strategie alternative di influenza sui decisori pubblici quali l'offerta di informazioni, la mediazione, la collaborazione all'implementazione di *policies* ecc. (cfr. § 6). Generalmente le strategie volte alla ricerca di un compromesso tendono a prevalere su quelle basate sulla contrapposizione

Box 8.1 – Definizione di gruppo di interesse

Il gruppo di interesse è un'associazione formale di individui o di organizzazioni, ma anche un'istituzione pubblica o privata, che cerca di influenzare a proprio favore le politiche pubbliche senza assumere responsabilità di governo.

e la minaccia (Key, 1964), se così non fosse l'ampia schiera di gruppi non in grado di comminare sanzioni non avrebbe alcuna possibilità di influenzare le decisioni pubbliche. Pertanto qui si propende per l'uso del termine «gruppo di interesse», più neutro e in grado di far riferimento a modalità d'azione più ampie rispetto alla modalità di «minaccia» suggerita dall'utilizzo della locuzione «gruppo di pressione».

Lobby e lobbying. Il termine «lobby» è stato utilizzato nell'ambito politico per la prima volta nel 1640 per indicare il grande atrio della House of Commons britannica, in cui i cittadini erano ammessi al fine di porre appelli o richieste ai loro rappresentanti: ciò ha fatto sì che con lobby si designassero i contatti faccia a faccia fra legislatori e portatori di interessi. Col tempo la parola lobby è stata assunta quale sinonimo di gruppo di interesse-pressione: la «lobby industriale», la «lobby agricola», la «lobby ambientale» ecc.. Da lobby deriva il termine *lobbying*, con il quale si identifica un processo di comunicazione di informazioni rilevanti su interessi specifici, da parte di rappresentanti dei gruppi di interesse nei confronti dei decisori pubblici, al fine di influenzarne le scelte relative alla formazione e all'attuazione delle politiche pubbliche (Milbrath, 1963, pp. 7–8). I gruppi di interesse hanno a loro disposizione una molteplicità di strategie e tattiche di *lobbying* e tendono a utilizzarle in maniera differenziata a seconda dei propri obiettivi (cfr. § 6.2).

Gli attori. Secondo alcuni autori sono definibili gruppi di interesse soltanto le organizzazioni con una dimensione associativa e una membership definita (Olson, 1965), secondo altri una definizione così ristretta esclude una serie di attori che, pur essendo privi della dimensione associativa che li qualifichi quali «aggregati di membri», svolgono un'azione di influenza sui decisori pubblici analoga – se non più forte – dei gruppi associativi: le grandi imprese ne sono l'esempio più rilevante (Lindblom, 1977; Jordan e Richardson, 1987; Grant, 1995). Poiché gli interessi organizzati, associativi e non, operano al fine di influenzare a loro favore le politiche pubbliche, è auspicabile adottare una definizione sufficientemente ampia da includerli entrambi. La definizione proposta nel Box 8.1 risponde a questa esigenza, poiché fa riferimento a tre ampie categorie di interessi organizzati, che saranno maggiormente specificati nel paragrafo 4: 1) i gruppi di interesse di carattere associativo, formati da individui che volontariamente entrano a far parte di un'organizzazione formale, che avrà una ben precisa struttura con una leadership, delle risorse e una più o meno ampia membership (gruppi professionali, sindacali, studenteschi ecc.); 2) i gruppi di interesse di carattere associativo, formati da organizzazioni anziché da individui (associazioni di organizzazioni), in grado di rappresentare tanto settori economici (Confindustria, ad esempio, è un'associazione generale di singole associazioni delle varie categorie industriali: manifattura, elettronica ecc.) quanto settori senza fini di lucro (gruppi ambientalisti, per i diritti umani ecc.); 3) gli interessi istituzionali, non definibili come «gruppi», poiché privi della dimensione associativa, ma come organizzazioni pubbliche (enti locali, burocrazie a vari livelli, enti di pubblica utilità, imprese pubbliche, università ecc.) e private (grandi imprese industriali).

8.3 Gruppi di interesse, partiti e loro funzioni nel sistema politico

È stato osservato che nelle società moderne i gruppi di interesse, insieme ai partiti politici, costituiscono una delle principali interconnessioni fra i governati e i governanti e più in generale fra la società e il sistema politico. Stando alla teoria pluralista classica (§ 5) non ci sarebbe distinzione fra gruppi di interesse e partiti politici, in quanto entrambi sono *species* del *genus* «gruppo». In effetti, entrambi svolgono funzioni ampiamente sovrapponibili, ma una differenziazione importante può essere riscontrabile in almeno tre funzioni svolte esclusivamente dai partiti: la competizione elettorale, la gestione diretta del potere e la funzione di espressione democratica (Fisichella, 1972, p. 21). Ciò ci permette di affermare che i partiti politici (cfr. Cap. VII) sono agenzie politiche che hanno quale obiettivo principale la partecipazione alle elezioni, al fine di conquistare e gestire direttamente il potere politico, al contrario dei gruppi di interesse che perseguono l'obiettivo di influenzare il potere politico. Quanto alle altre funzioni, occorre rilevare che partiti politici e gruppi di interesse sono le principali agenzie di partecipazione, rappresentanza e educazione politica. Vediamo quali siano le differenziazioni fra le due organizzazioni nell'esercizio di ciascuna di esse:

Partecipazione: i gruppi di interesse sono agenzie di partecipazione anche più importanti rispetto ai partiti politici. Se le iscrizioni a questi ultimi hanno subito dappertutto un progressivo calo, i gruppi viceversa hanno fatto registrare un aumento progressivo delle proprie membership, soprattutto dagli anni sessanta in poi. Per fare solo un esempio, un gruppo ambientalista transnazionale come Greenpeace nel 2010 aggregava circa 3 milioni di sostenitori in tutto il mondo. Un'ulteriore differenza fra partiti e gruppi è che i primi possono essere considerati principalmente dei vettori della partecipazione elettorale, i secondi soprattutto della partecipazione inter-elettorale.

Rappresentanza: se il ruolo di rappresentanza dei partiti nelle democrazie si esprime attraverso le elezioni, i gruppi di interesse svolgono un ruolo di rappresentanza attraverso la loro capacità di organizzare le opinioni (interessi e domande) di parti specifiche e più ristrette dell'elettorato (membri del gruppo) ed esprimerle presso il governo, al fine di influenzarne l'operato: in tal modo i gruppi svolgono una funzione di articolazione delle domande. I gruppi possono svolgere altresì una funzione di aggregazione delle domande, intesa come processo di sintesi delle diverse visioni di cui sono portatori i propri membri: si pensi all'azione aggregativa di un'associazione degli industriali rispetto alle variegate posizioni delle singole imprese che la compongono e alla proposta di un unico programma di *policy* da sottoporre ai decisori pubblici. L'aggregazione intesa come conversione delle domande in programmi politici rimane riservata ai partiti, che, a differenza dei gruppi, rappresentando ampi e spesso eterogenei interessi intersettoriali, devono tentarne una armonizzazione anche attraverso compromessi e manipolazioni (Almond e Powell, 1966, tr. it. 1970).

Educazione politica: grazie alla loro azione i gruppi arricchiscono le società democratiche, in quanto forniscono informazioni su una grande quantità di temi, contribuendo notevolmente alla formazione delle opinioni circa specifiche *issues*. Insieme ai partiti politici i gruppi partecipano al dibattito pubblico sulle politiche e sulla democrazia e possono fare da bacino di reclutamento politico dei candidati, i quali, se eletti, potranno essere formidabili alleati dei gruppi di provenienza.

Un quadro delle caratteristiche di gruppi e partiti è contenuta nella Tabella 8.1, nella quale sono stati inseriti anche i movimenti sociali, di cui diremo a breve. Comparando i tre attori in tabella, a fronte di una loro similitudine funzionale, si registra tanto una diversità sul piano strutturale quanto una diversità negli obiettivi e nelle modalità di realizzazione degli stessi.

8.4 I movimenti sociali

I movimenti sociali sono alla base della formazione delle società occidentali, la loro importanza è ampiamente riconosciuta in quanto attori che, attraverso molteplici sforzi collettivi, promuovono nuovi valori, norme e significati tesi a generare un mutamento o a creare un ordine nuovo (Heberle, 1968).

I primi esempi di importanti movimenti collettivi sono quelli operaio e cattolico, sviluppatisi entrambi nella seconda metà dell'Ottocento, attivi rispettivamente per il miglioramento delle condizioni degli operai e per garantire i diritti legali e politici ai cattolici – ad es. in Germania i cattolici erano una minoranza che si contrapponeva ai protestanti, mentre in Italia si contrapponevano alla nuova classe dirigente risorgimentale, laica e anticlericale (Allum, 1991) –. Oltre al movimentismo di emancipazione, nel XX secolo si è sviluppato anche un movimentismo autoritario e populista (fascismo e nazismo), generato dalla necessità di rafforzamento dell'identità collettiva dei ceti medi, in contrapposizione alla rivoluzione socialista propugnata dal movimento operaio (Allum, 1991). L'evoluzione più recente del movimentismo, affermatosi soprattutto nelle ultime decadi del secolo scorso, ha visto lo sviluppo di movimenti ambientalisti, anti-nuclearisti, pacifisti, anti-globalisti, anti-razzisti, femministi ecc. Alcune differenze sostanziali dei «nuovi» movimenti sociali rispetto ai precedenti stanno in una membership di persone prevalentemente giovani, con un buon

Tab. 8.1 Partiti, gruppi e movimenti: una comparazione.

	Partiti Politici	Gruppi di interesse	Movimenti sociali
Definizione e obiettivi	Sono organizzazioni che cercano la conquista del potere attraverso la vittoria alle elezioni e il controllo del governo, per realizzare politiche pubbliche generaliste	Sono associazioni che non perseguono la conquista del potere, non partecipano formalmente alle elezioni ma cercano di influenzare il governo su temi specifici	Sono un insieme di individui e organizzazioni che, senza vincoli formali, partecipano in vari modi all'impegno di realizzare una serie di comuni obiettivi di policy
Mobilitazione	Mobilitano maggioranze, necessarie per vincere le elezioni	– Mobilitano minoranze individuabili dall'interesse particolare che accomuna i membri (gruppi associativi) – Non mobilitano (gruppi non associativi)	Taluni movimenti possono mobilitare maggioranze, anche molto consistenti e transnazionali
Visione delle politiche pubbliche	Ampia e moderata, in ragione del vasto e differenziato seguito necessario alla vittoria elettorale	Ristretta, particolareggiata, centrata su *issues* specifiche	Concentrata su specifiche aree della vita sociale o su ampie issues quali ambiente, energia nucleare, pace, sviluppo economico, interessi delle classi lavoratrici, diritti delle minoranze ecc.
Membership	L'appartenenza a un partito è esclusiva	Possibile contemporanea appartenenza a più gruppi	Non è richiesta una membership stabile o rinnovabile
Struttura organizzativa	– Formalità dell'organizzazione (richiesta di iscrizione o di contributi) – Ampi staff di dipendenti	– La struttura dell'organizzazione è prevalentemente formale a seconda del tipo di gruppo (possono esser richiesti un'iscrizione o dei contributi) – I gruppi più forti e numerosi possono avere ampi staff di dipendenti	– Informalità dell'organizzazione (non sono richiesti né un'iscrizione formale né dei contributi obbligatori). Prevale il concetto di «rete» o di «rete di reti» – Il lavoro volontario e le donazioni sono prevalenti
Responsabilità	Attori responsabili nei confronti degli elettori. Il potere dipende dalla capacità di persuadere una maggioranza di elettori	Attori responsabili soltanto verso i propri membri. Utilizzo di tattiche di lobbying per aggirare le maggioranze	Attori non responsabili
Verifica periodica	Verifica periodica e pubblica della loro forza mediante le elezioni	Non vi è verifica pubblica della loro forza. I leader possono barare sul reale sostegno del gruppo	Assenza di verifica pubblica. Ciclo di vita spesso limitato al conseguimento dell'obiettivo preposto o possibile trasformazione successiva del movimento in gruppo o partito
Disciplina	Sono disciplinati giuridicamente e gli atti sono pubblici	Sono associazioni private: le iscrizioni non sono pubbliche	Assenza di una disciplina formale

Funzioni	– Competizione elettorale – Gestione diretta del potere politico – Rappresentanza – Aggregazione delle domande politiche – Socializzazione politica – Reclutamento politico	– Rappresentanza – Articolazione degli interessi – Aggregazione degli interessi (limitata) – Socializzazione politica – Reclutamento politico	– Articolazione degli interessi e trasmissione della domanda politica – Socializzazione politica – Possibile reclutamento politico
Modalità di azione	– Gestione diretta del potere decisionale, applicazione dei programmi e loro traduzione in politiche pubbliche	– Utilizzo di metodi compromissori con le controparti – Possibile applicazione di sanzioni – Lobbying – Possibile uso di forme di protesta, ma preferenza per la collaborazione – Impostazione di relazioni routinizzate con le istituzioni, volte al riconoscimento del gruppo quale interlocutore	– Utilizzo di metodi non convenzionali, spesso conflittuali (contro-culturali, anti-politici, anti-statali) – Coinvolgimento e partecipazione dal basso – Uso di forme di protesta anche spettacolari – Preferenza per relazioni non istituzionalizzate – Possibile uso della violenza

Fonte: adattamento e integrazioni da Schattschneider (1948), Salisbury (1984), Mattina (2010)

livello educativo e un miglior status economico, che propugnano valori post-materialisti connessi a una migliore qualità della vita (Inglehart, 1990).

La peculiarità dei movimenti sociali è la possibilità di riunire un insieme di individui, associazioni e organizzazioni diverse che interagiscono in assenza di una struttura organizzativa formale. Dal punto di vista definitorio, i movimenti sono «*reti di interazioni prevalentemente informali, basate su credenze condivise e solidarietà che si mobilitano su tematiche conflittuali attraverso un uso frequente di forme di protesta*» (Della Porta e Diani, 1997, Cap. 1). Il riferimento alle credenze condivise concerne l'elaborazione entro i movimenti di visioni del mondo e sistemi di valori alternativi (contro-culturali) rispetto a quelli dominanti, il richiamo alla solidarietà rimanda alla forte e mutua simpatia tra le anime dei diversi movimenti, che spesso si traduce in una sovrapposizione delle membership. La conflittualità, invece, oltre che alla natura contro-culturale, fa riferimento alle dimensioni antipolitica e antistatale dei movimenti, che considerano la politica convenzionale, inquadrata entro i tradizionali canali istituzionali, come pratica di potere. A questa visione vengono contrapposte l'esigenza di coinvolgimento delle comunità dal basso, il decentramento del processo decisionale e l'inclusione in esso dei cittadini. Proprio per via del rifiuto della politica convenzionale e per il carattere conflittuale della loro azione, i movimenti utilizzano modalità di azione di tipo avversariale rispetto alle istituzioni. La protesta, quindi, è da intendersi come forma non convenzionale di azione, perché, oltre che a essere rivolta ai *decision makers*, è rivolta all'opinione pubblica e al tentativo di suo coinvolgimento. Alla democrazia rappresentativa vista come espressione della politica convenzionale viene contrapposta la democrazia partecipativa quale espressione di massimo coinvolgimento dei cittadini (Della Porta e Diani, 1997). L'impatto dei movimenti sociali è più difficile da valutare rispetto a quello che possono avere partiti e gruppi, a causa sia della natura più ampia dei loro obiettivi sia perché spesso partiti politici e gruppi di interesse hanno adottato alcuni obiettivi tipicamente propugnati dal movimento, adattandoli a metodi più convenzionali e pragmatici della protesta. Un esempio è rappresentato dalla nascita dei partiti verdi che, sin dagli anni Settanta, hanno portato le issue ambientaliste entro i canali della politica tradizionale, rendendo più complicata la valutazione sul successo o meno dell'azione movimentista.

8.5 Tipologia dei gruppi di interesse

Il compito di classificazione dei gruppi di interesse non è meno gravoso di quello definitorio, per la indeterminata natura dei gruppi e la molteplicità delle forme che essi possono assumere. Data la vastità delle organizzazioni che possono rientrare nella definizione di gruppo di interesse si è cercato di classificarli sulla base dei criteri più differenti, quali la struttura organizzativa (Almond e Powell, 1978; tr. it. 1988), la collocazione nel processo decisionale (Schattschneider, 1935; Grant, 1995), gli obiettivi (Offerlé, 1994, Schattschneider, 1960). Quest'ultima tipologia, concentrandosi sul contenuto dell'interesse difeso è quella, forse meglio di altre, più in grado di fornire un quadro completo dell'ampiezza del fenomeno dei gruppi. Qui se ne propone un adattamento della sua versione più aggiornata, convincente e rispondente al criterio di esaustività, elaborata da Mattina (2010, pp. 15–19) (Fig. 8.1) che ha altresì il vantaggio di sposarsi con l'ampia definizione di gruppo di interesse proposta nel Box 1. In pressoché tutti i sistemi politici gli interessi organizzati possono essere collocati in tre grandi categorie: gruppi sezionali o economici; gruppi per una causa o promozionali; interessi istituzionali. I gruppi sezionali o economici sono probabilmente fra i più numerosi in tutti i paesi e hanno loro uffici in tutte le capitali, da Washington a Roma sino a Bruxelles. Come si può vedere dalla Figura 8.1 essi rappresentano e difendono gli interessi di vasti strati della popolazione. Tutte le associazioni riportate in figura difendono i rispettivi interessi di categoria (lavoratori, imprese industriali, agricole e commerciali, professioni mediche, ingegneristiche ecc.). I gruppi per una causa hanno come loro scopo principale la difesa di valori o la promozione di specifici ideali non correlati all'occupazione dei membri. Questa categoria è molto ampia e comprende vari tipi di organizzazioni di pubblica utilità o di volontariato, i cui obiettivi possono essere fra i più disparati. All'interno di questa categoria rientrano anche i gruppi di interesse pubblico, che

Fig. 8.1 Tipi di gruppi di interesse.

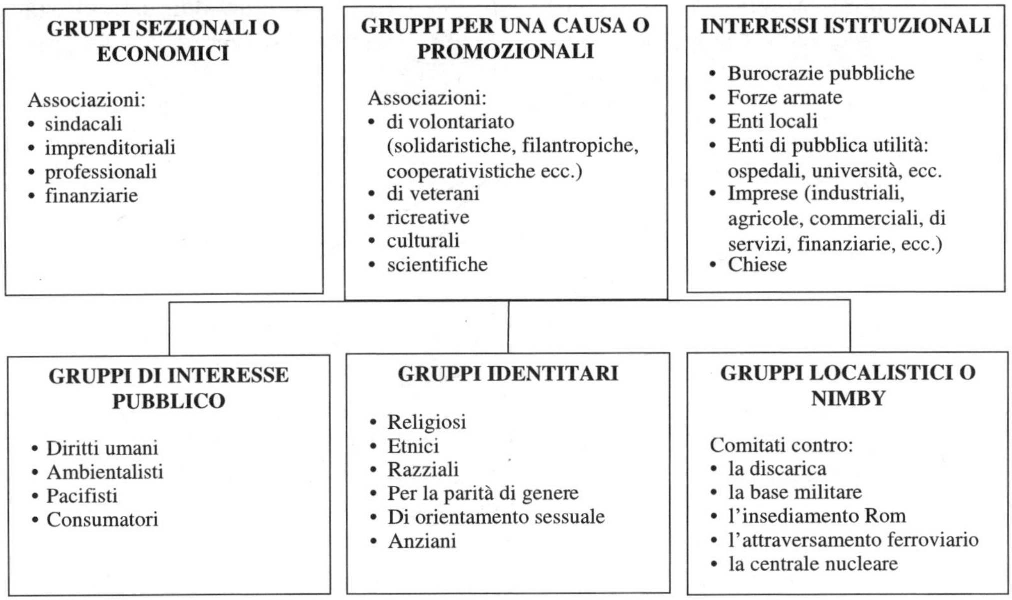

Fonte: Adattamento da Mattina (2010, p. 16).

presentano la particolarità di mirare all'ottenimento di beni pubblici per tutti i cittadini e non solo per i loro membri: si pensi all'azione di organizzazioni come Amnesty International (tutela ed estensione dei diritti umani, abolizione della pena di morte ecc.), Greenpeace e Friends of the Earth (promozione della salvaguardia ambientale) o gruppi di tutela dei consumatori. Nei gruppi per una causa si devono includere ancora i *gruppi identitari*, che puntano ad ottenere il riconoscimento e la tutela di peculiarità derivanti dalla nascita (razza, etnia, genere) o da scelte personali (religione, orientamento sessuale) e i *gruppi localistici* o *Nimby* (*Not in my backyard*), che difendono gli interessi di una membership collocata entro un territorio ben delimitato, però possono trovare sostegno in attori esterni al territorio, che condividono le finalità dell'azione del gruppo nonché forme di partecipazione diretta (Bobbio e Zeppetella, 1999). Gli *interessi istituzionali*, infine, costituiscono una categoria particolarmente importante poiché, pur non essendo dotati della dimensione di gruppo, associativa e di membership, entrano nell'arena politica per influenzare il processo decisionale. Questi attori possono essere pubblici o privati. I primi sono una categoria piuttosto ampia, non collocata nella società civile ma direttamente all'interno dello Stato, e includono le burocrazie pubbliche, le diverse agenzie governative: alcuni dipartimenti di stato, ministeriali, le forze armate o gli enti locali possono intraprendere reciproche azioni di *lobbying* per assicurarsi l'assegnazione di fondi o benefici di diversa natura. I secondi sono imprese industriali di grandi dimensioni, chiese, università ecc. Questi attori presentano una struttura organizzativa di tipo gerarchico con una forte leadership, che decide di entrare nell'arena politica indipendentemente dagli interessi degli individui che possono farvi parte (lavoratori, azionisti, fedeli, pazienti). Per via della loro oggettiva importanza, dell'alto grado di organizzazione, delle risorse tecniche ed economico-finanziarie di cui possono disporre, questi gruppi sono sempre presenti nelle arene decisionali e spesso riescono ad avere un alto grado di efficacia nella loro azione di influenza (Salisbury, 1984).

8.6 Teorie della politica dei gruppi

I due principali modelli teorici che hanno affrontato il tema dell'azione dei gruppi di interesse all'interno dei sistemi politici sono il pluralismo, sviluppatosi primariamente negli Stati Uniti, e il neo-corporativismo, nato come risposta critica dall'Europa al pluralismo. Accanto a questi modelli se ne colloca un terzo, quello delle reti di *policy*, sviluppato dagli analisti delle politiche pubbliche, che, nonostante il tentativo di superamento della contrapposizione fra pluralismo e neo-corporativismo, non ha fatto che riprodurla in un'altra forma. Quest'ultimo modello sarà trattato nel capitolo sulle politiche pubbliche cui si rimanda.

8.6.1 *Pluralismo*

Il pluralismo è considerato l'approccio più importante allo studio dei gruppi di interesse, la sua impostazione di base risale alla filosofia politica liberale di Montesquieu (XVIII secolo), sviluppandosi in diverse tradizioni intellettuali tanto in Europa quanto negli Stati Uniti (Graziano, 1995). All'inizio del XX secolo il pluralismo si afferma in scienza politica grazie all'opera di Arthur Bentley, capostipite del pluralismo classico che si diffonderà negli anni Venti e Trenta. In contrapposizione alle analisi giuridico-formali dominanti e convinto della necessità di fornire una visione realistica del sistema politico, Bentley nel suo *The Process of Government* (1908) pone le basi del *Group approach to politics*, il cui intento è la spiegazione del funzionamento del sistema politico a partire dall'azione dei gruppi sociali sui processi decisionali dei governi. L'assoluta centralità dei gruppi emerge da una celebre affermazione di Bentley che, se per un verso precisa i contorni della sua visione, per l'altro ne evidenzia il «radicalismo epistemologico» (Graziano, 1995, p. 188): «Il grande compito nello studio di ogni forma di vita sociale è l'analisi di questi gruppi (...). Quando i gruppi sono adeguatamente definiti ogni cosa è definita. Dicendo ogni cosa, io intendo ogni cosa» (Bentley, 1908, tr. it. 1983, p. 256). I gruppi sono, dunque, «gli unici effettivi attori della scena politica» (Fisichella, 1970b, p. 274), ogni unità del sistema politico è considerabile un gruppo a se stante e in interazione con gli altri, perciò non ha senso operare una netta distinzione fra gruppi, partiti, esecutivo, burocrazia, corpi legislativi, apparato giudiziario. Secondo questa prospettiva lo Stato ha un mero ruolo arbitrale più che di definizione dei risultati e il processo di governo, lungi dall'essere il risultato di rapporti di potere sbilanciati a favore di uno o pochi gruppi dominanti, è il punto di equilibrio tra interessi che si controllano e si confrontano, arrivando a reciproci accomodamenti: in tal senso l'interesse generale può essere assunto quale risultato della somma degli interessi individuali. L'impostazione bentleyana offre un quadro fin troppo semplificato, che, identificando tutte le unità del sistema politico con i gruppi, non permette di distinguere le specificità di ciascuna di esse sia in termini di funzioni sia di collocazione sistemica (Fisichella, 2011). Ma ad essere trascurati sono anche altri aspetti centrali quali la definizione degli interessi, il rapporto fra militanti e leader dei gruppi, le motivazioni dell'organizzazione e dell'azione degli stessi (Martinelli, 1999). Se i maggiori meriti di Bentley risiedono nel superamento del formalismo giuridico, i suoi maggiori limiti risiedono nell'eccessivo slargamento della definizione di gruppo e nel riduzionismo dell'intera attività politica alla dimensione di gruppo.

Il neo-pluralismo nella versione di David Truman. Lo studio dei gruppi ritrova nuova linfa soprattutto dagli anni Cinquanta in avanti, sotto la spinta della «rivoluzione comportamentista», e il *Group approach* assume un'importanza che travalica i confini americani grazie a una serie di ricerche di tipo comparato che si sviluppano dalla fine degli anni Cinquanta e per tutti gli Sessanta (Ehrmann, 1957; Finer, 1958; Almond, 1958; Eckstein, 1960; Meynaud, 1962; LaPalombara, 1964). L'opera che si pone in decisa continuità con il lavoro di Arthur Bentley, è *The Governmental Process* di David Truman (1951), che pone una speciale enfasi sull'azione benefica dei gruppi di interesse per la democrazia. Come in Bentley l'attività di governo si esplica nella ricerca di un punto di equilibrio tra le richieste dei vari gruppi di interesse all'interno della società, che contano tutti allo stesso modo. Per spiegare l'equilibrio Truman distingue il «gruppo di interesse» dal «gruppo potenziale» (o latente): il primo è considerato un aggregato di persone che sulla base di un «atteggiamento condiviso» (*Shared attitude*) presenta domande ad altri gruppi della società; il secondo è quel gruppo che, pur condividendo un interesse, non si è ancora organizzato per difenderlo, ma può farlo (trasformandosi a sua volta in gruppo di interesse) se si sente minacciato dall'azione di gruppi già organizzati (Truman, 1951, pp. 34–35). L'esistenza dei gruppi potenziali e la possibilità che essi possano attivarsi realmente favorisce, nella visione di Truman, lo sviluppo di un processo di interazione fra i diversi gruppi, volto alla moderazione nelle richieste e all'attivazione di processi negoziali che garantiscano soluzioni dirette a soddisfare potenzialmente tutti gli attori coinvolti. La prevalenza di taluni gruppi non può che essere temporanea, poiché se si prolungasse provocherebbe la mobilitazione dei gruppi latenti che si attiverebbero al fine di ristabilire l'equilibrio. Un secondo meccanismo che contribuisce alla limitazione e al compromesso fra i gruppi è l'«affiliazione sovrapposta» (*overlapping membership*) degli individui a più gruppi, sia già organizzati sia potenziali (Truman, 1951, pp. 157 e ss.). La contemporanea appartenenza a gruppi diversi, se da un lato favorisce la socializzazione e la collaborazione, dall'altro evita un'identificazione stringente soltanto con un'organizzazione che esaurisca tutti gli interessi individuali.

La visione neo-pluralista di Truman, ma anche quella di Earl Latham (1952) paiono eccessivamente ottimistiche relativamente all'equilibrio di un sistema politico in cui tutto il potere è diffuso e i gruppi sono potenzialmente capaci della medesima forza, possibilità di accesso e influenza sul *decision making*. Questa concezione non trova conferme empiriche nella gran parte delle realtà democratiche occidentali e alimenta una serie di critiche interne ed esterne al paradigma pluralista, alle quali ora si rivolgerà l'attenzione.

8.6.2 *Critiche al pluralismo*

Se il pluralismo è considerabile quale approccio dominante allo studio dei gruppi per tutti gli anni Cinquanta e buona parte degli anni Sessanta, è a partire dalla fine di quest'ultima decade che iniziano a svilupparsi critiche molteplici e continue, che muovono tanto da studiosi collocati al suo interno, dando luogo a un pluralismo-revisionista (Dahl e Lindblom, 1953; Lindblom, 1977, tr. it. 1979) e a un pluralismo-elitistico (Schattschneider, 1960; Lowi, 1979; Olson, 1982), quanto da studiosi che si collocano entro approcci alternativi quali il neo-elitismo (Mills, 1956; Hunter, 1953, 1980; Bachrach e Baratz, 1962, 1970) e il neo-corporativismo (Schmitter, 1974; Lehmbruch, 1977, Schmitter e Lembruch, 1977; Lehmbruch e Schmitter, 1982). Le critiche sono il riflesso di una serie di problemi sia teorici che metodologici: mancanza di chiarezza a proposito degli obiettivi, definizioni vaghe, conclusioni conflittuali, utilizzo di tecniche di ricerca non sistematiche, incapacità di spiegare l'assenza di mobilitazione da parte dei gruppi più deboli (Baumgartner e Leech, 1998, p. 50 e *infra*). Queste debolezze non hanno favorito la trasformazione del pluralismo da approccio a vera e propria teoria. Come ha osservato Dahl (1966), non si può parlare di una teoria pluralista poiché mancano delle ipotesi testabili che possano orientare una scuola di ricercatori.

Critiche interne all'approccio pluralista

Elmer Schattschneider (1960) e Theodore Lowi (1964; 1979) sono d'accordo nel rigettare esplicitamente gli assunti pluralisti del potere diffuso e delle istituzioni intese quali meri arbitri degli esiti dei rapporti fra i gruppi, della definizione dell'interesse generale come somma di interessi privati e della possibilità che tutti i gruppi, senza distinzioni, avrebbero di organizzarsi e accedere alle sedi decisionali. Schattschneider evidenzia l'esistenza di gruppi organizzati di interessi speciali che, in ragione dell'alto livello di selettività dei propri membri (appartenenti prevalentemente ad élite socio-economiche), della maggiore consapevolezza dei propri interessi esclusivi e del continuo impegno nel sistema delle pressioni, sono in grado di organizzarsi e rappresentare le proprie istanze in maniera più efficace di qualsiasi altro gruppo. Su questa base Schattschneider arriverà a sostenere che «il lato oscuro del paradiso pluralista è che il coro celeste canta con un forte accento da classe superiore» (Schattschneider, 1960, tr. it. 1998, p. 95). Lowi (1979) condivide la posizione di Schattschneider ed evidenzia che il processo di produzione delle politiche pubbliche non è semplicemente determinato dall'accomodamento fra i diversi interessi in campo e dal sostanziale bilanciamento di potere, poiché l'interazione fra i gruppi varia a seconda del tipo di politiche prodotte e delle arene in cui esse vengono decise e lo Stato in ciascuna di queste arene può svolgere una funzione preminente di promotore di *policies* anziché di mero arbitro.

Anche Robert Dahl, pur convinto della possibilità che i gruppi possano farsi sentire in una qualche fase cruciale del processo decisionale (Dahl, 1956, p. 158), sostiene che da soli non siano in grado di fornire un'immagine completa del funzionamento del sistema politico, sottolineando il fondamentale ruolo giocato da partiti politici e processo elettorale (Dahl, 1961a). Per quel che riguarda l'equilibrio di potere e l'accomodamento fra gli interessi che porterebbe a politiche pubbliche condivise, anche Dahl sottolinea l'evidente forza dei gruppi della *business community* (McFarland, 2010), che possono giocare un ruolo spropositato nel condizionare il processo di *policy* sino all'estremo di appropriarsi di funzioni pubbliche senza essere sottoposti al controllo democratico (Dahl, 1970; 1973; 1977; 1985). D'accordo con Dahl, Charles Lindblom (1977) specifica che sono in particolare le grandi imprese a godere di una posizione privilegiata rispetto agli altri interessi, derivante sia dalla disponibilità di ingenti risorse economiche (utilizzabili in chiave di finanziamento della politica) sia dalle loro decisioni di investimento, che potrebbero essere indirizzate altrove qualora i decisori pubblici non vengano incontro alle loro richieste (Germano 2009; 2011; 2012). L'assunto neo-pluralista di equilibrio e la concezione riduzionista dello Stato sono dunque ampiamente messe in questione dai critici interni all'approccio pluralista.

Un altro assunto pluralista, quello della prevalenza dell'interesse di gruppo sull'interesse individuale e dell'automatica partecipazione degli individui alle azioni collettive promosse dalle proprie organizzazioni a difesa dell'interesse condiviso, è stato criticato da Mancur Olson (1965). Secondo Olson il fondamento dell'agire sociale è identificabile nella primazia dell'interesse individuale rispetto a quello di gruppo, poiché qualsiasi individuo, partendo da un assunto razionale, è pienamente consapevole che la sua partecipazione all'azione collettiva promossa da un gruppo (specialmente se questo è di grandi dimensioni) è irrilevante ai fini del conseguimento dell'obiettivo preposto. Inoltre, se l'obiettivo dell'azione collettiva è l'ottenimento di un bene pubblico indivisibile (cioè di un bene di cui tutti gli appartenenti a un'associazione possono godere, a prescindere dalla loro partecipazione all'azione collettiva), i singoli individui, sulla base di un calcolo costi-benefici, tenderanno a evitare qualsiasi impegno, sforzo, costo o sacrificio implicati dalla partecipazione all'azione del gruppo, comportandosi da *free riders*. L'unico modo per evitare questo comportamento è la previsione di incentivi selettivi positivi (concessione di beni materiali o immateriali ai partecipanti attivi) e negativi (sanzioni verso chi non partecipa). In assenza di incentivi selettivi un gruppo non sarà in grado di catturare il consenso dei singoli soggetti razionali e coinvolgerli in un'azione collettiva. Secondo Olson non tutti i gruppi sono in grado di fornire incentivi selettivi, questa prerogativa è riservata specialmente alle organizzazioni di tipo sezionale e con una membership ridotta rispetto alle organizzazioni di interesse pubblico, che, non potendo predisporre efficaci sanzioni né prevedere benefici specifici, incontrano maggiori difficoltà nell'attivare un'azione collettiva efficace. Dall'analisi di Olson, in definitiva, emerge che la partecipazione attiva degli individui alle organizzazioni di interessi è molto più complessa di come la vedevano i pluralisti, poiché influenzata da una molteplicità di fattori fra cui il numero dei membri potenziali, la natura degli obiettivi dell'azione collettiva, la presenza/assenza di incentivi che il gruppo può fornire per stimolare la partecipazione.

Le critiche neoelitiste e neomarxiste

Si parla di neo-elitismo per distinguerlo dall'elitismo classico della scuola italiana di Mosca, Pareto e Michels (Cap. VI). Il neo-marxismo, invece, si richiama all'utilizzo di un lessico di derivazione marxista (Sola, 1996, p. 576). Entrambi gli approcci, pur nella loro diversità, presentano punti di contatto: in primo luogo, essi sono fortemente influenzati dal contesto europeo (anche se poi, molti dei lavori neo-elitisti, sono di autori americani), particolare importanza è attribuita a concetti trascurati dal pluralismo come lo Stato, le classi e i partiti (Martinelli, 1999, p. 37); in secondo luogo, entrambe si oppongono alla visione eccessivamente ottimistica e semplificata fornita dal pluralismo, in merito all'auto-equilibrio e alla diffusione del potere nella società.

I neo-elitisti ritengono che il potere anziché diffuso sia concentrato nelle mani di una «élite di potere», in grado di orientare a suo favore le principali politiche pubbliche che Hunter (1953), nel suo studio sul potere locale nella città di Atlanta, individua nei vertici economico-imprenditoriali. Mills (1956) estende a livello nazionale le conclusioni di Hunter, sostenendo che il potere è concentrato ai vertici delle grandi imprese, nei politici e nei capi militari. Questa élite è molto coesa, per via della medesima provenienza sociale e per la similitudine nei processi formativi e negli stili di vita. Bachrach e Baratz (1962; 1963; 1970) sottolineano altresì che l'esercizio del potere da parte delle élite possa manifestarsi, oltre che nella capacità di influenzare la formulazione delle decisioni, anche nella loro possibile soppressione, al fine di impedire che *issues* sgradite entrino nell'agenda politica.

I neo-marxisti rilevano la concentrazione del potere nelle mani della classe capitalista dei proprietari detentori delle risorse di produzione, definita «classe dominante». Ciò determina una competizione ineguale fra i gruppi dei proprietari, ai quali è riservato un accesso privilegiato allo Stato, del quale potranno controllare e l'azione e la definizione delle politiche (Miliband, 1969), e i gruppi dei lavoratori cui l'accesso è precluso. Tanto l'impianto elitista quanto quello marxista, pur partendo da concezioni diverse, convergono sulla critica all'idea pluralista di diffusione del potere fra i gruppi e di possibilità potenziale di eguale accesso alle arene decisionali. Queste critiche hanno messo allo scoperto alcuni degli elementi lasciati irrisolti dai pluralisti, favorendo un dibattito critico che all'interno dello stesso approccio pluralista ha portato a riconsiderare il ruolo degli interessi economici: al proposito abbiamo mostrato le posizioni revisioniste di Dahl, Lindblom e Schattschneider. D'altra parte i pluralisti hanno a loro volta criticato l'impianto neo-elitista, evidenziandone la mancanza di rigore metodologico, la debolezza e l'indeterminatezza empirica (Dahl, 1958, tr. it. 1971; 1961a). Nel suo studio empirico sulla struttura del potere locale nella città di New Haven, Dahl (1961a) mostra come il potere risulti disperso fra gruppi eterogenei e in competizione fra loro, tutto al contrario di quanto sosteneva Hunter (1953) per Atlanta.

8.6.3 *Il neo-corporativismo*

Se le radici del pluralismo sono individuabili negli Stati Uniti, quelle del neo-corporativismo si trovano in Europa, dove esso, dalla metà degli anni Settanta e per buona parte degli anni Ottanta, si pone quale esplicita alternativa al modello pluralista di rappresentanza degli interessi, non ritenuto in grado di spiegare esaustivamente alcune caratteristiche peculiari della politica nelle società capitalistiche avanzate (Schmitter, 1974, tr. it. 1981; 1992). L'enorme sviluppo dei sindacati registratosi in molti paesi europei durante gli anni Settanta e il loro crescente coinvolgimento, assieme agli imprenditori, nel processo decisionale avevano spinto molti studiosi a guardare a modelli alternativi al pluralismo per spiegare i rapporti Stato-società. Il neo-corporativismo, pertanto, può essere visto, oltre che sotto il profilo strutturale della rappresentanza degli interessi, anche sotto il profilo funzionale della definizione, formazione e implementazione delle politiche pubbliche.

I neocorporativisti, pur condividendo l'idea pluralista dell'importanza dei gruppi di interesse, sono persuasi della necessità di operare una distinzione fra i gruppi che possono effettivamente influire sul processo decisionale, e quindi anche contribuire alla governabilità del sistema, e gruppi ritenuti secondari. Il sistema di rappresentanza degli interessi è concepito come la risultante dell'interazione dello Stato con poche, grandi e importanti organizzazioni degli interessi funzionali del lavoro (sindacati) e del capitale (associazioni imprenditoriali). Queste interazioni portano alla costituzione di un sistema triangolare di concertazione, volto alla

Fig. 8.2 Sistemi alternativi di rappresentanza degli interessi.

	Pluralismo	Neo-corporativismo
	INPUT	
Unità costitutive	N. non specificato di categorie multiple, volontarie in competizione tra loro, non organizzate gerarchicamente, auto-determinate quanto alla natura degli interessi	N. limitato di categorie uniche, obbligatorie, non in competizione fra loro, organizzate gerarchicamente e differenziate funzionalmente
Relazioni con lo Stato	Assenza di riconoscimento, sovvenzione, creazione da parte dello Stato e impossibilità di esercitare il monopolio della rappresentanza all'interno delle loro rispettive categorie	Riconoscimento, autorizzazione (o anche loro creazione) da parte dello Stato che gli concede deliberatamente il monopolio della rappresentanza all'interno delle loro rispettive categorie
	OUTPUT	
Accesso al *decision-making* e modalità di influenza	Aperto e selettivo attraverso il lobbying	Estremamente selettivo attraverso la concertazione

Fonte: Adattamento da Schmitter (1974, 83-86); Lehmbruch (1979)

definizione e all'implementazione delle politiche pubbliche, soprattutto quelle di carattere economico. La versione di neo-corporativismo che ci permette di esplicitare la sua alternatività rispetto al pluralismo, evidenziando la duplice dimensione strutturale e funzionale, è quella elaborata dal suo primo e più importante esponente, Philippe C. Schmitter (1974, tr. it. 1981), integrata con la versione di Gerhard Lehmbruch (1977, tr. it. 1981; 1979; 1982, tr. it. 1984) e sintetizzata nella Figura 8.2. Schmitter si concentra sul lato dell'input del sistema, ovvero sulla precisazione della strutturazione della rappresentanza degli interessi e sulle caratteristiche delle organizzazioni cui essa è affidata, oltre che sui loro rapporti con lo Stato. Dallo schema di Schmitter emerge che, al contrario del pluralismo, i gruppi in grado giocare un ruolo determinante con i decisori pubblici – grazie alla capacità di monopolizzare la rappresentanza delle proprie categorie e strutturare gli interessi della membership – sono estremamente limitati. L'organizzazione gerarchica dei gruppi e l'adesione obbligatoria sono condizioni necessarie affinché gli accordi neocorporativi possano essere sviluppati, poiché gli accordi triangolari cui si perviene sono vincolanti nei confronti dei membri delle associazioni che li stipulano. Infatti, il processo di intermediazione degli interessi cui fa riferimento Schmitter (1981, tr. it. 1983, p. 431) prevede la possibilità da parte dei capi delle associazioni di riformulare e trasformare gli interessi della membership secondo le esigenze dell'organizzazione. Ciò può tradursi in taluni casi nell'imposizione, anche coercitiva, ai membri del rispetto degli accordi. Focalizzando l'attenzione sul lato dell'output del sistema, Lehmbruch (1979) ha precisato come nel sistema triangolare sopra descritto le organizzazioni di rappresentanza degli interessi, a fronte della concessione del monopolio della rappresentanza nelle proprie categorie, si impegnano a collaborare fra loro e con il governo oltre che nella fase di formazione delle politiche (input) anche in quella di attuazione delle stesse. Pertanto, a differenza del pluralismo, in primo luogo c'è una distinzione fra quei gruppi di interesse in grado di intrattenere legami privilegiati e di stretta collaborazione con lo Stato e gruppi non in grado di farlo. In secondo luogo lo Stato, lungi dall'essere considerato un gruppo al pari degli altri, non svolge una mera funzione arbitrale ma è un soggetto chiave del processo decisionale, con suoi fini autonomi rispetto a quelli dei gruppi di interesse. In terzo luogo, dal momento che il processo decisionale non è aperto all'influenza di tutti i gruppi, il *lobbying* (quantomeno per le politiche dei redditi, del lavoro, del welfare) diventa secondario, poiché a contare sono i rapporti triangolari e di concertazione Stato-sindacati-imprenditori. L'integrazione formale dei gruppi nel processo decisionale tende a istituzionalizzare la relazione tra attori pubblici e organizzazioni private, fino a rendere queste ultime degli organismi «quasi-pubblici» o, se si vuole, dei «governi privati» cui è delegato un potere pubblico. Tali organizzazioni svolgono per un verso una funzione di organizzazione del consenso della propria membership e, per l'altro, contribuiscono alla governabilità del sistema, attraverso la collaborazione all'implementazione di specifiche *policies*. Il neo-corporativismo, dunque, sposta l'enfasi da competizione e ricerca di un equilibrio fra i molteplici gruppi di interessi a collaborazione fra pochi, selezionati gruppi.

La forma di corporativismo fin qui tratteggiata è stata definita come *societario o liberale* (Schmitter, 1974, tr. it. 1981; Lehmbruch, 1977, tr. it. 1981; Panitch, 1977, tr. it. 1981), poiché proveniente dal basso (dalla società) e fondato sul volontario assenso delle categorie di interessi coinvolte negli accordi, per distinguerlo dal *corporativismo statale o autoritario,* imposto dall'alto (dallo stato) nei regimi autoritari fascisti europei e latino-americani.

Svariate ricerche si sono concentrate sull'applicazione empirica del modello neo-corporativo, ne è emerso un quadro che individua nelle piccole democrazie dell'Europa centrale e nordica (Austria, Svezia, Norvegia, Danimarca e Finlandia) il più alto livello di neo-corporativismo. Questa affermazione del modello è dovuta ai seguenti elementi facilitanti: 1) esistenza di associazioni di classe e settoriali ben organizzate e con un alto livello di partecipazione; 2) economie stabili, ampiamente integrate a livello internazionale e orientate all'export; 3) presenza di forti partiti social-democratici; 4) tendenza al compromesso; 5) politiche estere di neutralità (Schmitter, 1992). Se una certa omogeneità di applicazione è riscontrabile per i paesi summenzionati, così non è per le grandi democrazie europee in cui il neo-corporativismo ha avuto un'applicazione limitata a livello nazionale (macro-corporativismo), sviluppandosi maggiormente ai livelli intermedi (meso-corporativismo) e locali (micro-corporativismo).

Scarsa applicabilità a livello «macro» e la limitata diffusione del neo corporativismo sono i due principali limiti del modello cui se ne associano altri: a) privilegio per taluni gruppi ed esclusione dei gruppi non in grado di organizzarsi adeguatamente (Schmitter, 1981, tr. it. 1983); b) importanza esclusiva assegnata solo ad alcune, seppure importanti, politiche (redditi, welfare, lavoro), e sottovalutazione di interi altri settori di *policy* caratterizzati da altre forme di interazione fra gruppi e decisori pubblici; c) gli accordi neo-corporativi, nella misura in cui portano alla mera ratifica *ex-post* da parte dei parlamenti di accordi già conclusi in altre sedi, tendono a sostituire il canale funzionale di rappresentanza al tradizionale canale democratico-rappresentativo-partitico e parlamentare (Schmitter, 1981, tr. it 1983, p. 432); d) ulteriore limitazione all'adozione del modello di contrattazione tripartito, a seguito dei processi di sviluppo dell'integrazione internazionale dei mercati.

In conclusione, l'apporto forse più interessante della teoria neo-corporativista è stato quello di mostrare, in contrapposizione al pluralismo puro, che i gruppi di interesse non sono uguali e che la loro possibilità di accesso e influenza su formulazione, decisione e implementazione delle politiche pubbliche varia notevolmente. Malgrado i limiti tanto del neo-corporativismo quanto del pluralismo, essi permettono di stabilire l'esistenza di due poli di un continuum, entro il quale possono essere collocati i principali regimi democratici, nei quali spesso si può registrare un mix dei due modelli.

8.7 Accesso alle arene decisionali e influenza

Nel momento in cui i gruppi di interesse si portano nell'arena politica hanno quale loro precipuo scopo l'influenza del processo di *policy* a loro favore. L'influenza dev'essere intesa come la capacità di persuasione da parte dei gruppi di interesse sui decisori pubblici e, per quanto sia estremamente complicato darne una misura soddisfacente (Dahl, 1961a, p. 90; Baumgartner e Leech, 1998, pp. 58–61), l'analisi delle tecniche di *lobbying*, delle risorse e della natura interna o esterna al *policy making*, associata all'individuazione dei canali di accesso al sistema politico, costituiscono il modo migliore per cercare di capire l'azione dei gruppi in politica.

8.7.1 *Fattori che favoriscono lo sviluppo e l'azione dei gruppi*

Lo sviluppo e l'azione dei gruppi all'interno dei diversi sistemi politici democratici sono condizionati dalle peculiarità di questi ultimi: il grado di sviluppo socio-economico, la cultura politica, il contesto istituzionale, l'assetto statale, il tipo di sistema partitico, lo stile di adozione delle politiche pubbliche. In relazione alle diverse caratteristiche si possono individuare sistemi tendenzialmente più aperti allo sviluppo e all'azione dei gruppi di interesse e sistemi che lo sono meno (Kitschelt, 1986). Vediamo più specificamente come incidano i singoli fattori sopra richiamati.

Lo sviluppo socio-economico di un paese influisce notevolmente sulla possibilità di evoluzione del sistema dei gruppi di interesse: nelle società più arretrate economicamente la struttura dei gruppi di interesse è più debole e dominata da taluni gruppi più forti; nelle società economicamente avanzate invece i gruppi sono tendenzialmente più numerosi e differenziati, mentre l'accesso alle arene decisionali è potenzialmente più aperto.

La cultura politica è un fattore decisivo, poiché stabilisce la visione che un paese ha dell'azione dei gruppi: la propensione alla formazione di associazioni, il loro coinvolgimento in politica e la legittimità o meno degli stessi. Ad esempio, la cultura politica pluralista statunitense è favorevole alla proliferazione dei gruppi, visti quali attori fondamentali dello sviluppo democratico. Viceversa la cultura politica francese, fortemente influenzata dall'eredità giacobina, è sospettosa nei confronti dei gruppi di interesse, visti come attori che rischiano di minare l'interesse generale in funzione degli interessi particolaristici di cui sono portatori (Wilson, 1987).

Il contesto istituzionale, e in particolare la localizzazione del potere decisionale, definiscono la possibilità di accesso alle arene pubbliche e le tecniche di influenza da adottare (cfr. §§ 6.2 e 6.3). La struttura centralizzata o decentrata dello Stato incide sulle azioni che i gruppi devono mettere in campo: negli Stati unitari come la Francia e il Regno Unito, gli sforzi dei gruppi sono indirizzati essenzialmente sul governo centrale, che è il nucleo del *policy making*, viceversa in sistemi federali come Germania, Stati Uniti e Australia, la strategia di influenza dei gruppi si concentra tanto a livello centrale quanto a livello statale o regionale.

Il tipo di partiti o di coalizioni partitiche al governo possono cambiare notevolmente l'effetto delle azioni dei gruppi di interesse: partiti o coalizioni conservatrici presumibilmente favoriranno i gruppi di interesse imprenditoriali rispetto ai gruppi sindacali, che, in linea teorica, potranno avere una maggiore influenza su governi progressisti o laburisti. Anche la configurazione del sistema partitico può essere determinante: nei sistemi pluripartitici i canali di accesso per i gruppi si moltiplicano, soprattutto in presenza di ampie coalizioni governative, mentre rimangono relativamente ristretti nel caso di sistemi bipartitici. Nel caso di sistemi a partito predominante, invece, i gruppi orienteranno le loro azioni prevalentemente nei confronti del partito maggioritario.

Lo stile di *policy*, infine, è da intendersi come l'insieme delle procedure standardizzate che le istituzioni utilizzano abitualmente per produrre le politiche pubbliche (Richardson, Gustaffson e Jordan, 1982, p. 2). La propensione alla consultazione dei gruppi è maggiore nei sistemi in cui il potere decisionale è diffuso e c'è una dipendenza da parte delle burocrazie pubbliche dalle informazioni tecniche da essi fornite. Viceversa, nei sistemi politici in cui il potere decisionale è più centralizzato e le burocrazie pubbliche sono più autonome, la propensione alla consultazione dei gruppi è inferiore (Atkinson e Coleman, 1989, pp. 52–53; Mattina, 2011). Nella realtà la propensione dei governi alla consultazione dei gruppi varia all'interno del continuum pluralista-neocorporativo, in base al settore e al tipo di politica che dev'essere prodotta.

8.7.2 *Modalità d'azione dei gruppi: «lobbying», status interno/esterno, risorse*

Le tecniche e le strategie di *lobbying* che possono essere messe in campo dai gruppi di interesse variano notevolmente in base alla tipologia cui appartengono, ai loro obiettivi, al riconoscimento da parte dei decisori pubblici di uno status di attori interni (*insiders*) o esterni (*outsiders*) al processo decisionale, alle risorse di cui dispongono. Generalmente i gruppi utilizzano una combinazione di tecniche e tentano di esercitare influenza attraverso diversi canali. Vediamo più specificamente ciascuno di questi elementi.

Lobbisti e «lobbying»

I lobbisti sono professionisti specializzati, delegati dai gruppi di interesse, che, entrando in contatto con i decisori pubblici, li portano a conoscenza di importanti informazioni su interessi particolari, al fine di orientarli in senso favorevole alle richieste del loro gruppo di riferimento (Milbrath, 1963, p. 8). I lobbisti, dunque, devono essere capaci non solo di trasmettere informazioni, ma anche di sottolineare gli elementi salienti per il gruppo, starà poi ai decisori pubblici fare una sintesi delle informazioni ricevute dai diversi portatori di interessi: nelle politiche adottate si potrà trovare il riscontro circa l'efficacia dell'azione di *lobbying* e di quali interessi hanno prevalso (Milbrath, 1965). Il lobbismo, declinato in termini di comunicazione e persuasione, è cosa ben diversa dalla «pratica corruttiva» cui spesso esso viene *tout court* associato, specialmente in paesi come l'Italia in cui pure si è assistito a derive di questo tipo, dovute anche alla mancanza di regolamentazione di un fenomeno sempre più diffuso. Negli Stati Uniti, patria del lobbismo, il *lobbying* ha una codificazione legale e i lobbisti si attengono a una precisa deontologia professionale (Wolpe, 1990, pp. 9–17).

Il *lobbying*, dunque, è da intendersi come un processo complesso, in cui il contatto dei lobbisti con i decisori pubblici è soltanto la fase finale di una catena di azioni, che vanno dalla preparazione alla pianificazione alla ricerca sino al contatto con altre *lobbies* interessate a presentare istanze simili (Graziano, 2002; Nownes, 2006). L'attività di *lobbying* può proseguire anche nella fase di attuazione della politica, pubblica, contribuendo all'adattamento del provvedimento alle caratteristiche dei fruitori finali (Mattina, 2010, p. 154).

I lobbisti possono essere fatti rientrare in due grandi categorie: a) *in house lobbyists*, che appartengono al gruppo rappresentato: presidenti, direttori esecutivi o funzionari appartenenti a un'associazione di categoria come la Confindustria o a una grande impresa come la General Motors, dotate di propri uffici di relazioni istituzionali; b) *contracted lobbyists*, cioè soggetti esterni, inquadrati in società di consulenza specializzate in relazioni istituzionali, assunti per contratto dal gruppo (Thomas, 2004). Benché la prima categoria sia ritenuta quella – per via del rapporto organico che lega il lobbista al gruppo – più efficace e maggiormente ascoltata dai legislatori (Graziano, 2002, p. 23), entrambi i tipi di lobbisti adottano le medesime tecniche e strategie. Vediamone le principali, avendo l'accortezza di osservare che il loro utilizzo è prevalente nell'ambiente istituzionale statunitense, in cui il *lobbying* è un fenomeno particolarmente diffuso e studiato: circa il novanta per cento delle ricerche si sono concentrate in quel paese (Capell e Thomas, 2004, p. 155). D'altra parte, le tecniche di *lobbying* utilizzate negli Stati Uniti sono andate diffondendosi sempre di più anche nel resto dei paesi occidentali e nell'Unione Europea (Box 8.3), assumendo, a seconda dei contesti, caratteri peculiari. Le principali tecniche adottate sono le seguenti:

a) *Rapporti faccia a faccia*: sono riservati prevalentemente ai gruppi di carattere economico che, avendo molte poste in gioco, assiduamente rinegoziate nel processo di *policy making*, hanno necessità di avere una presenza costante nelle arene decisionali (Mattina, 2010). Il rapporto faccia a faccia presuppone una continuità temporale, sulla quale si stabilisce un legame fiduciario e di mutuo vantaggio: informazioni in cambio di udienza da parte dei decisori.
b) *Lobbying di base (grass-roots lobbying)*, è una tecnica di *lobbying* indiretto, che punta a coinvolgere l'opinione pubblica, al fine di creare una massa critica che possa esercitare pressione sui decisori pubblici affinché adottino o modifichino un determinato provvedimento. Questa tecnica è molto usata dai gruppi di interesse del settore non-profit, che dispongono di ampie membership ma scarsi mezzi economici (Graziano, 2002, p. 36).
c) *Coalizioni fra più gruppi di interesse* permettono di aumentare le capacità di influenza dei gruppi che vi partecipano e che perseguono un obiettivo comune come, ad esempio, l'adozione, modifica o abrogazione di una specifica legge (Schlozman e Tierney, 1986, p. 48). Solitamente le alleanze hanno una durata limitata al raggiungimento dell'obiettivo o alla rinuncia previa nel momento in cui fosse chiara la difficoltà di perseguirlo.
d) *Finanziamenti elettorali*, sono una tecnica di influenza adottata dai gruppi di interesse in tutti i sistemi politici, ma che assume contorni particolarmente controversi soprattutto in assenza di precise

legislazioni in merito. Negli Stati Uniti il finanziamento da parte dei gruppi di interesse è regolamentato per legge. I gruppi di interesse che intendono contribuire al finanziamento di una campagna elettorale possono costituire dei Political action committees (Pac), ovvero organizzazioni che hanno il compito di raccogliere e distribuire fondi a favore dei candidati che intendono sostenere. Questi ultimi, se eletti, saranno sensibili alle richieste dei gruppi che hanno contribuito alla loro investitura (Hrebenar, 2004, p. 147). In definitiva, attraverso il finanziamento i gruppi «comprano» accesso presso i rappresentanti, che poi può trasformarsi in influenza in un momento successivo, lontano dai riflettori, soprattutto nelle commissioni parlamentari, in cui il processo legislativo è più discreto e meno visibile (Graziano, 2002, p. 44; Sabato, 1989; Hrebenar, 2004).

Collocazione dei gruppi nel processo decisionale: la tipologia «insider»/«outsider»

Lo status «interno» o «esterno» al processo decisionale riconosciuto dai decisori pubblici a un gruppo di interesse operante in un certo sistema politico può essere cruciale nel determinare l'efficacia della sua azione. L'individuazione delle due categorie di *insider e outsider groups* è dovuta a Elmer Schattschneider (1935) e successivamente a Wyn Grant (1995, pp. 15 e ss.), che ha definito gli *insider groups* quali attori legittimati dal governo e da questo consultati regolarmente e gli *outsider groups* come attori che non vogliono essere inclusi in relazioni di consultazione con i *policy makers,* oppure non sono capaci di guadagnarsi il loro riconoscimento (tab. 8.2). Gli *insider groups* guadagnano il loro status grazie a

Tab. 8.2 La tipologia Insider-Outsider.

	Tipo di gruppo	
Caratteristiche	**Insider**	**Outsider**
Grado di Organizzazione	Ha struttura stabile, con flussi regolari di risorse attraverso incentivi selettivi concessi ai membri	Ha una struttura stabile ma meno solida, in ragione di risorse marginali di sponsor e di sottoscrizioni
Tipo di risorse	Economiche, conoscenze tecniche e professionali, possibili favori elettorali, accesso privilegiato alle arene decisionali	Simboliche, legate alla possibilità di suscitare la protesta sociale e/o coinvolgere l'opinione pubblica
Strategie	Crea dipendenza nei politici e nei burocrati	Rivolge appelli diretti ai cittadini, intenta azioni legali (più in USA che altrove)
Uso dei Media	Evita pubblicità, opera dietro le quinte	Tenta di usare i media per avere accesso
Esempi	Gruppi economici, sindacati, associazioni professionali	Organizzazioni per i diritti civili, movimenti di rivolta fiscale

Fonte: nostro adattamento da Schattschneider (1935).

una molteplicità di ragioni: taluni gruppi sono *insiders* per definizione in quanto gruppi di interesse istituzionali (§ 4.), sono *insiders* anche i gruppi che rappresentano una funzione economica chiave, quelli che possiedono informazioni specialistiche determinanti o quelli che parlano a nome di un'ampia membership. Gli *outsider groups*, invece, sono organizzazioni volte alla progettazione di campagne al di fuori della politica tradizionale e dal processo politico. Le loro strategie, rispetto agli *insiders* sono piuttosto limitate, poiché focalizzate prevalentemente al tentativo di influenzare il cambiamento dell'opinione pubblica. Benché gli *insiders* siano gruppi prevalentemente di tipo sezionale e istituzionale e gli *outsiders* gruppi per una causa (§ 4), non è detto che non possano esserci mutamenti: ad esempio, i sindacati cui i governi di sinistra spesso attribuiscono uno status di *insider* possono essere estromessi dalle consultazioni a seguito di un cambiamento di governo. Viceversa un gruppo ambientalista, cui è attribuito uno status di outsider, durante l'elaborazione di una politica sull'ambiente potrebbe essere frequentemente consultato, divenendo in tal modo *insider*.

Le risorse

Le risorse circoscrivono lo spazio di azione dei gruppi di interesse e contribuiscono notevolmente a determinare la loro influenza sui pubblici poteri. Possono essere così classificate:

a) *Risorse finanziarie*, sono detenute in gran quantità prevalentemente dai gruppi sezionali e istituzionali (§ 4) ma anche da taluni gruppi promozionali[1]. Queste risorse possono essere usate per i più svariati scopi: pagare esperti esterni per produrre rapporti da sottoporre ai decisori pubblici, finanziare campagne elettorali o campagne mediatiche e, in ultima istanza, corrompere i decisori pubblici.
b) *Risorse numeriche*, le hanno tutti i gruppi con un'ampia membership, basti pensare ai lavoratori mobilitabili dai grandi sindacati sia in chiave sanzionatoria (scioperi, manifestazioni ecc.), sia in chiave elettorale.
c) *Risorse di influenza e sanzione*, delle prime dispongono i gruppi con un alto livello di rappresentatività del proprio settore di riferimento (ad es. un sindacato al quale è iscritta la maggior parte della forza lavoro è molto influente); altrettanto influenti sono tanto i gruppi in grado di attivare contatti privilegiati con decisori pubblici, partiti, media, quanto i gruppi che rappresentano interessi collocati in posizioni strategiche nei settori economici (ad es. piloti, controllori di volo, ferrovieri sono in grado di paralizzare il settore dei trasporti). Tutte queste categorie di

1 Ad esempio Greenpeace nel 2013 dichiarava di possedere risorse pari a 288 milioni di euro, con una membership mondiale vicina ai tre milioni di associati http://www.greenpeace.org/international/en/about/reports/.

gruppi basano la loro influenza anche sulla capacità di comminare sanzioni, in ragione della loro centralità nel funzionamento dell'economia nazionale: gli imprenditori possono minacciare di ritirare investimenti o spostarli altrove; i sindacati possono minacciare scioperi o di togliere il sostegno elettorale; i gruppi professionali possono imporre a loro volta blocchi, serrate o scioperi.

d) *Risorse di expertise*, sono prerogativa dei gruppi che hanno conoscenze tecniche essenziali relativamente al settore per il quale devono essere varate le decisioni pubbliche. I gruppi che controllano queste risorse hanno una possibilità maggiore di accesso alle arene, mentre l'influenza può essere dettata dalla capacità di presentare le informazioni di cui dispongono come più dettagliate e convincenti di quelle dei gruppi avversari.
e) *Risorse organizzative*, sono proprie tanto dei gruppi altamente strutturati, in grado di mantenere la coesione interna, mobilitare facilmente i membri e presentare le domande nelle sedi adeguate, quanto degli interessi non associativi quali le grandi imprese.
f) *Risorse simboliche*, riguardano la capacità di un gruppo di declinare le sue rivendicazioni richiamandosi a simboli e valori dominanti in un determinato momento e che giustificano la validità generale delle richieste avanzate: l'esempio è il simbolismo cui si richiamano le associazioni ecologiste. Un altro tipo di risorsa simbolica è la presenza di un leader carismatico che può contribuire all'accrescimento della visibilità del gruppo e dell'interesse per il suo operato.

8.7.3 *I canali di accesso al sistema politico*

I gruppi di interesse possono avere a loro disposizione diversi canali per tentare l'accesso al sistema politico, al fine di influenzare una determinata politica pubblica. Anche in questo caso la scelta dei canali dipende dalle caratteristiche del gruppo e dalle risorse di cui dispone.

Partiti

Quello partitico è un canale indiretto di accesso alle arene decisionali, ciò nonostante può rivelarsi cruciale per l'azione di influenza dei gruppi di interesse. Il contatto con i partiti può facilitare l'accesso alle arene parlamentare e governativa, per influenzare provvedimenti in fase di preparazione o per condizionare l'attuazione di provvedimenti già varati (Mattina, 2010, p. 94). La possibilità dei gruppi di stringere alleanze con i partiti è condizionata dalla presenza/assenza di alcune variabili, quali l'elevata o scarsa affinità ideologica, l'esistenza o meno di comuni canali di reclutamento, l'elevato o scarso livello di sovrapposizione della membership, la presenza o meno di un reciproco sostegno finanziario (Morlino, 1991). È chiaro che un'alleanza è tanto più probabile in presenza di relazioni ideologiche od organizzative (Mattina, 2010, p. 95).

I gruppi possono agire sui partiti in diversi modi: a) attraverso l'appoggio elettorale sia in termini di finanziamento delle campagne che di proposta delle candidature di taluni individui; b) esponenti del gruppo possono fare parte anche del partito, specialmente laddove le formazioni siano vicine ideologicamente; c) i gruppi, disponendo di informazioni specifiche, possono suggerire ai partiti dichiarazioni programmatiche; d) i gruppi possono intervenire a livello decisionale direttamente su esponenti del partito a livello parlamentare e governativo (Morlino, 1991, pp. 19 e ss.). D'altra parte i partiti possono avere bisogno dei gruppi sia per le loro conoscenze tecnico-specialistiche, necessarie alla formulazione di specifiche *policies*, sia del loro appoggio per l'implementazione delle stesse. In definitiva, partiti e gruppi di interesse possono venire a trovarsi in una situazione di scambio di influenze e risorse, in cui i primi, a fronte dell'offerta di un certo tipo di accesso e un eventuale, conseguente successo delle istanze presentate dai secondi, richiedono appoggio sia a livello elettorale sia ad altri livelli. Il tipo e il grado di compenetrazione fra i due attori può essere sintetizzabile in cinque tipi di rapporti (Morlino, 1991; Mattina, 2010, Cap. 5) che possono realizzarsi in maniera differente in base al tipo di sistema politico e sono suscettibili di modificarsi nel tempo:

1) *Simbiosi.* Partito e gruppo hanno una comune base ideologica, leadership e membership sono sovrapposte e si ha un reciproco sostegno finanziario. I due attori si rafforzano vicendevolmente nelle rispettive sfere di attività (Morlino, 1991, p. 22). Questa piena condivisione è una circostanza che si realizza prevalentemente in alcune fasi specifiche, quali la formazione dei sistemi partitici nazionali e nei passaggi dall'autoritarismo alla democrazia (Mattina, 2010, p. 98). Esempi di simbiosi sono i rapporti configuratisi fra partiti cattolici e organizzazioni cattoliche di massa e fra partiti socialisti, social-democratici, comunisti e sindacati operai.
2) *Collaborazione.* Il gruppo sostiene il partito, che però non ne risulta dipendente né sul piano organizzativo né sul piano finanziario. Inoltre, benché il gruppo possa proporre suoi candidati al partito, non si realizza mai una sovrapposizione della leadership. Il gruppo preferisce non stringere rapporti privilegiati con un solo partito ma rivolgere un appello multipartitico, al fine di aumentare la probabilità di successo della propria azione. Un esempio di appello multipartitico è rappresentato dall'azione della Confindustria in Italia negli anni Novanta (Mattina, 1993).
3) *Scambio.* È una variante della collaborazione ed è tipico del sistema americano, in cui i partiti risultano parzialmente dipendenti finanziariamente dai gruppi di interesse. Le interazioni, grazie anche alla modesta affinità ideologica, sono però pragmaticamente votate allo scambio fra gruppi che offrono sostegno finanziario ai partiti che garantiscono accesso alle *issues* dei primi.

4) *Dominio.* Il partito prevale completamente sul gruppo che, anche se risulta portatore di propri interessi ben identificabili, altro non è che una sua struttura ancillare, sia perché il partito ne definisce l'ideologia sia perché lo finanzia. Il gruppo risulta «occupato» dal partito, poiché non può scavalcarlo per accedere alle arene decisionali per mancanza di risorse (Morlino, 1991, p. 21). La situazione più decisiva di dominio si realizza quando il partito è sempre alla guida del governo (da solo o in coalizione con alleati minori) ed è in grado di controllare tutti gli accessi alle arene decisionali, compresa la burocrazia pubblica (*gatekeeping* partitico). L'esempio tipico di dominio è quello della Democrazia Cristiana e delle organizzazioni ancillari del settore agricolo durante il periodo del consolidamento italiano (Morlino, 1991).
5) *Subordinazione.* È la situazione opposta rispetto alla precedente, in cui un gruppo tende ad egemonizzare il partito oppure ne forma uno nuovo, funzionale ai suoi scopi. Tutto ciò che concerne la vita del partito, dal reclutamento all'azione nelle sedi decisionali, è influenzata completamente dal gruppo. Il partito è espressione del gruppo e gli offre un accesso indiretto alle decisioni pubbliche (Morlino, 1991, p. 24). Questo tipo di alleanza è, però, piuttosto raro e generalmente porta alla formazione di piccoli partiti, soprattutto nelle fasi dell'instaurazione dei regimi democratici (Mattina, 2010, p. 112).

In termini generali, si può sostenere che la necessità per i gruppi di stringere alleanze con i partiti diventa tanto maggiore quanto più i secondi si configurano quali controllori dell'accesso (*gatekeepers*) rispetto agli interessi sostenuti dai primi. La possibilità di realizzare diversi tipi di alleanza, come si è già notato, varia anche in base al tipo di sistema partitico. Nei sistemi bipartitici e a pluralismo limitato dovrebbe esserci una prevalenza della collaborazione e dello scambio (USA), favorita dal basso livello ideologico e dalla presenza di burocrazie autonome. Il dominio prevale nei sistemi sia a partito dominante che a coalizione dominante, in presenza di burocrazie subordinate e politicizzate. La simbiosi è più frequente nei sistemi a pluralismo polarizzato, in cui sono favorite alleanze in cui prevalga il collante ideologico fra gruppi e partiti collocati alle estremità del sistema. La subordinazione, invece, è un'alleanza prevalente nei sistemi partitici in corso di formazione, in presenza di sistemi elettorali proporzionali senza correttivi maggioritari (Mattina, 2010, p. 114).

Governo e burocrazie pubbliche

Il governo, in quanto luogo del potere esecutivo, è da considerarsi l'istituzione chiave nel processo decisionale. Tanto nei sistemi presidenziali quanto in quelli parlamentari poter arrivare direttamente allo staff, rispettivamente del presidente o del primo ministro, è sicuramente la strada migliore per un gruppo di interesse. L'accesso a questo canale è però riservato in via quasi esclusiva ai gruppi economici e istituzionali, in ragione della loro centralità nel processo produttivo o delle risorse di influenza di cui dispongono. Generalmente i contatti fra membri del governo e rappresentanti dei gruppi di interesse non si svolgono alla luce del sole, ad eccezione dei casi in cui il rapporto è istituzionalizzato, come nei paesi che adottano sistemi neo-corporativi di rappresentanza. La relazione forse più stretta è quella che si stabilisce fra le alte burocrazie di carriera (non legate al ciclo elettorale) di taluni ministeri e i gruppi industriali e del business. Le élite ministeriali e imprenditoriali possono condividere un comune background sociale ed educativo, spesso si sono formate nelle medesime università (Oxford e Cambridge nel Regno Unito, Harward e Yale negli USA, le Grand écoles in Francia o le Scuole di alta formazione giuridica in Giappone), e tendono ad avere una visione simile degli obiettivi di *policy*. Questa vicinanza fra le élite ha portato in diversi paesi al fenomeno del *revolving door*, che designa il passaggio, come in una porta girevole, di alti burocrati dalla pubblica amministrazione alle grandi imprese, che li reclutano non solo per la loro *expertise* ma anche per i contatti che essi continuano a mantenere all'interno delle arene principali. In tutti questi casi, dunque, si realizza un *accesso riservato* da parte dei gruppi. Un particolare tipo di accesso riservato è quello garantito dai rapporti di parentela e clientela (LaPalombara, 1964, tr. it. 1967, p. 284). La *parentela* è definita come un rapporto di «consanguineità politica» fra il partito (dominante) di governo e taluni gruppi di interesse, in base al quale questi hanno un agevole accesso a una burocrazia pubblica debole e controllata dal partito di governo che, in ragione della sua lunga permanenza al potere, può influenzarne nomine o promozioni interne. Un noto esempio di parentela è quello dell'Azione Cattolica italiana che, negli anni Cinquanta del secolo scorso, in ragione del suo rapporto simbiotico con la Democrazia Cristiana, aveva ampio accesso alle burocrazie ministeriali.

La *clientela* si realizza quando un gruppo di interesse riesce a imporsi quale rappresentante esclusivo di un settore sociale di fronte all'organo burocratico designato a controllarne l'attività (LaPalombara, 1964, tr. it. 1967, p. 245). In questa particolare situazione – osservata sempre nell'Italia degli anni Cinquanta ma proseguita almeno sino agli anni Novanta (LaPalombara, 1994) – una burocrazia ministeriale debole sul piano organizzativo ha bisogno delle informazioni fornite dai gruppi di interesse clienti, altrimenti rischierebbe lo stallo. In questo senso i gruppi possono diventare, di fatto, i centri di produzione delle decisioni amministrative (LaPalombara, 1964, tr. it. 1967, p. 264). In presenza di queste condizioni, si può parlare di «cattura» da parte del gruppo di interesse dell'agenzia governativa che dovrebbe invece controllarlo. L'accesso privilegiato garantito a taluni gruppi non fa che creare squilibri per i gruppi di interesse di tipo non economico, che devono affidarsi ad altri canali per tentare di influenzare le politiche pubbliche.

Parlamento

I gruppi cui è precluso l'accesso alle arene governative e alla burocrazia pubblica possono tentare di utilizzare il canale parlamentare. Ciò non vuol dire che i gruppi più potenti, per il solo fatto di avere accesso alle arene governative, disdegnino il canale parlamentare. L'azione dei gruppi si sviluppa in maniera più o meno intensa nelle arene parlamentari in base alla loro importanza nel sistema politico, alla possibilità che esse hanno di intervenire sulle *policies* e alla forza del sistema partitico. L'esempio degli Stati Uniti risulta particolarmente significativo, poiché il Congresso (Senato e Camera dei rappresentanti) ha una assoluta centralità, insieme all'esecutivo, nel processo di *policymaking*. Il bicameralismo, il forte sistema di commissioni parlamentari in cui vengono discussi aspetti essenziali dei provvedimenti e partiti dipendenti da finanziamenti esterni per le campagne elettorali, sono tutti elementi che contribuiscono a una forte concentrazione del *lobbying* su questa arena. L'influenza è esercitata sia attraverso i contributi finanziari racimolati attraverso i Political Action Committees, sia attraverso le tradizionali tecniche di lobbying e informazione descritte nel § 6.2. Eccezion fatta per il finanziamento esterno ai partiti, che in molti paesi è ritenuto una pratica illegale e non è regolamentato come negli Stati Uniti, anche in sistemi parlamentari come quello italiano possono venire a configurarsi situazioni non dissimili da quella statunitense. Dal Parlamento e dalle sue strutture organizzative interne (commissioni) devono passare tutti i provvedimenti, compresi quelli del governo, e spesso è proprio in quest'arena che vengono decisi i loro dettagli. Singoli deputati, presidenti e segretari delle commissioni parlamentari possono essere contattati dai gruppi di interesse attraverso i propri lobbisti, con l'intento di orientarne i comportamenti di voto su un provvedimento che sta loro a cuore. Nei sistemi bicamerali simmetrici (Italia) i gruppi di interesse hanno poi un ulteriore vantaggio nella lunghezza del percorso legislativo: i diversi passaggi fra i due rami del parlamento permettono ai lobbisti di seguire con estrema cura l'iter di un procedimento legislativo (progetto o disegno di legge) e di intervenire, tanto nelle fasi di creazione dell'agenda e formulazione delle alternative di *policy* quanto in quella decisionale. In altri termini, le maglie larghe della legislazione e la lunghezza dei tempi di approvazione permettono comportamenti tanto pro-attivi quanto reattivi da parte dei gruppi di interesse. Viceversa, nei sistemi parlamentari in cui il governo domina il parlamento (Regno Unito) i gruppi concentrano la loro azione sull'esecutivo.

Corti di giustizia

L'utilizzo di questo canale da parte dei gruppi di interesse è da considerarsi relativamente limitato, soprattutto nei paesi europei, poiché la natura del potere giudiziario si caratterizza per la sua indipendenza tanto dagli altri poteri (esecutivo e legislativo) quanto dalla società civile. Ciò, in linea di massima, dovrebbe rendere le corti di giustizia poco permeabili all'azione dei gruppi, che possono avere su di esse un'influenza solo indiretta attraverso le campagne di opinione. Una situazione diversa è quella degli Stati Uniti, dove le corti giudiziarie hanno un potere di incidere sul *policy making* non riscontrabile in altri paesi (eccezion fatta per l'Unione europea, cfr. Box 3) e, perciò, spesso i gruppi di interesse tendono ad utilizzare anche questo canale.

Corpi sovranazionali

Nei decenni finali del secolo scorso i processi di globalizzazione hanno contribuito al rafforzamento di corpi sovranazionali in grado di affrontare problemi che per la loro dimensione, regionale o mondiale, richiedono un intervento al di fuori della portata statale. Alcuni esempi sono la regolazione del commercio internazionale, l'integrazione economica regionale, la tutela ambientale, la fame nel mondo ecc. In tutti questi casi la creazione di organismi e agenzie sovranazionali ha determinato lo spostamento degli obiettivi di molti gruppi di interesse dal piano «interno» a quello «esterno». I gruppi operanti ai livelli sovranazionale e transnazionale sono sia economici e istituzionali (soprattutto grandi imprese) sia di interesse pubblico. Molti di questi ultimi hanno formale riconoscimento come Organizzazioni non governative (Ong), quelle più forti possiedono propri uffici permanenti nelle principali capitali mondiali. Alcuni esempi sono quelli di Greenpeace, Friends of the Earth, Amnesty International, Human Rights Watch, International Red Cross, Médecines sans Frontières ecc. È superfluo sottolineare che i gruppi in grado di operare ai livelli interno e sovranazionale sono dotati di ingenti risorse economiche. L'esempio forse più importante di spostamento delle attività di *lobbying* verso il piano sovranazionale è quello dell'Unione europea, analizzata nel Box 8.2.

Box 8.2 – Il «*lobbying*» nell'Unione Europea

Il processo di integrazione europea ha subito un'accelerazione subito dopo la firma dell'Atto unico europeo (1986), che ha notevolmente ampliato le competenze delle istituzioni comunitarie. Con la progressiva cessione di porzioni di sovranità da parte degli stati membri alle istituzioni sovranazionali, un numero sempre più ampio di competenze si è spostato dalle arene nazionali a quelle europee: alcuni esempi sono l'agricoltura, il commercio, la tutela del mercato e dell'ambiente. Ciò ha contribuito all'europeizzazione dei gruppi di interesse (Coen, 2007, p. 334) e alla crescita esponenziale di Ong e gruppi sociali (Coen e Richardson, 2009a). Benché il calcolo sia controverso, si stima che a Bruxelles siano attivi tra i quindici e i ventimila lobbisti (Wonka *et. al*, 2009; Coen e Richardson, 2009b; Greenwood, 2011). Come risulta dal *Registro sulla trasparenza* dell'Ue (http://europa.eu/transparency-register/index_en.htm, ultimo accesso il 30–07–15), al quale i gruppi di interesse sono incoraggiati – ma non obbligati – a iscriversi per rendere noto a tutti la propria attività di *lobbying* presso Commissione e Parlamento europei, le organizzazioni più numerose sono quelle della *business community* (1.068 fra grandi imprese industriali e associazioni di commercio, affari e professioni), seguiti dai gruppi di interesse pubblico quali le Ong (659), dalle società professionali di consulenza istituzionale e *lobbying* (267) e da gruppi istituzionali rappresentanti i governi locali, regionali, municipali (122), mentre le organizzazioni sindacali sono appena 65.

I cosiddetti «eurogruppi» presentano caratteristiche peculiari per quel che attiene la membership, le risorse e le capacità di iniziativa (Grande, 2001). La membership degli eurogruppi non annovera individui ma organizzazioni: circa due terzi sono federazioni di gruppi nazionali o gruppi ombrello (Aspinwall e Greenwood, 1998, p. 4): alcuni esempi sono Business Europe che riunisce le confederazioni nazionali dell'industria, European Trade Union Confederation (sindacati), Committee of agricultural organizations. Gli euro-gruppi non risultano particolarmente forti né sotto il profilo finanziario né sotto il profilo dell'iniziativa, in quanto dipendenti dagli scarsi trasferimenti delle rispettive organizzazioni nazionali, che ne condizionano anche le capacità di azione. La debolezza degli euro-gruppi ha portato a una serie di conseguenze: 1) un impegno diretto dei gruppi di interesse nazionali nelle arene europee: Confindustria, ad esempio, ha stabilito propri uffici a Bruxelles per contattare direttamente i funzionari della Commissione, senza passare per Business Europe; 2) soprattutto a partire dagli anni Novanta le grandi imprese hanno costituito loro uffici a Bruxelles per esercitare direttamente azioni di *lobbying* sulle istituzioni europee (Woll, 2006); 3) il numero dei lobbisti di professione è andato aumentando notevolmente, per offrire consulenze specializzate ai gruppi non in grado di permettersi una permanenza fissa a Bruxelles (Grande, 2001). Si è così prodotta una pluralità di gruppi presenti presso le istituzioni europee con, però, un forte sbilanciamento a favore delle azioni dei gruppi di interesse economici – in particolare delle grandi imprese –, che sono divenuti i principali interlocutori delle istituzioni europee (Coen, 1997; 1998).

Dato il carattere multi-istituzionale e multi-livello e il particolare processo decisionale interno, che offre una molteplicità di punti di accesso, l'UE presenta una maggiore similitudine agli Stati Uniti che ai singoli stati membri che ne fanno parte. I canali di accesso al sistema europeo sono i seguenti:

1 – *Commissione europea*. È l'istituzione più importante nei processi di formulazione, decisione e implementazione delle politiche relative al primo pilastro dell'UE, cioè le politiche finalizzate alla formazione del mercato unico. Proprio in ragione della sua multi-funzionalità, la Commissione si apre all'accesso di una molteplicità di gruppi di interesse che possono risultare essenziali per il suo lavoro. Poiché la portata e la natura dei contatti con la Commissione variano in base a fattori quali dimensione, rappresentatività, risorse economiche ed *expertise* del gruppo è evidente che solo relativamente poche organizzazioni, tipicamente quelle della *business community*, riescono a mantenere contatti regolari e al massimo livello con la Commissione, che riconosce loro uno status di *insiders*. Ciò ha fatto parlare dello sviluppo di una forma di pluralismo-elitistico a livello europeo, per cui a incidere effettivamente sulle decisioni della Commissione sono solo i gruppi cui è riservato un accesso privilegiato (Eising, 2007b; Mazey e Richardson, 2006).

2 – *Consiglio dell'Unione europea*, costituito dai ministri degli Stati membri dei paesi dell'Ue, è il protagonista del secondo e terzo pilastro dell'Ue, ovvero le politiche estera e di sicurezza, di giustizia e degli affari interni. Date le sue competenze, il Consiglio è un'arena molto rilevante per taluni gruppi di interesse. Tuttavia il Consiglio si è sempre mantenuto impermeabile all'azione dei gruppi, non solo perché le sue riunioni si svolgono a porte chiuse, ma anche perché le decisioni prese al suo interno concernono negoziati internazionali. I gruppi perciò possono agire soltanto indirettamente, esercitando pressione sui propri governi nazionali al fine di condizionarne l'operato all'interno del Consiglio. Le possibilità di influenza sulle materie oggetto di negoziato risultano limitate ai gruppi che nelle arene nazionali hanno uno status di *insiders* e, quindi, sono consultati regolarmente dai decisori pubblici anche su questioni oggetto di discussione in seno al Consiglio.

3 – *Parlamento europeo*. È considerata un'istituzione relativamente debole poiché non ha (come i parlamenti nazionali) pieni poteri legislativi, che deve condividere con il Consiglio dell'Unione. Tuttavia, a seguito dei Trattati di Maastricht (1993), Amsterdam (1997) e Nizza (2009), che hanno introdotto ed esteso la procedura di codecisione con il Consiglio, il Parlamento si è trasformato da mera arena consultiva a corpo in grado di intervenire su diverse materie. Ciò ha fatto registrare un notevole incremento dell'attività dei gruppi di interesse su di esso e in particolare sulle figure apicali delle commissioni parlamentari (Kohler-Koch, 1998). Generalmente il Parlamento si mostra più aperto agli interessi diffusi, compresi quelli che rappresentano l'ambiente, i consumatori, i pensionati e i disoccupati (Eising, 2007a), mentre i gruppi economici continuano a ritenerlo un'arena secondaria.

4 – *Corte europea di giustizia*. Può svolgere un ruolo simile a quello delle corti americane. Ad essa possono rivolgersi i gruppi che non sono riusciti a far rappresentare le proprie istanze da altre istituzioni europee o nazionali, spostando la propria attenzione su un'arena ritenuta più attenta alle

istanze presentate. Ad esempio, decisioni della Corte su istanze presentate da gruppi ambientalisti e da gruppi per la difesa dei diritti delle donne hanno imposto cambiamenti ai governi nazionali su entrambe le materie (Mattina, 2010).

In conclusione, i gruppi di interesse nell'Ue hanno una possibilità di accesso maggiore rispetto ai gruppi di interesse nei sistemi nazionali, tuttavia; l'estrema complessità sia del sistema europeo che del suo processo decisionale non garantiscono che l'accesso si traduca in influenza, la quale è esercitabile in maniera consistente soprattutto dai gruppi della *business community*, considerati interessi privilegiati all'interno del processo di *policy making* europeo.

Media

Generalmente questo canale è maggiormente sfruttato da tutti quei gruppi che non hanno la possibilità di entrare direttamente in contatto con i *policy makers* (*Outsider groups*, § 6.2.2). Il tentativo può essere duplice: in primo luogo il gruppo può cercare di influenzare l'opinione pubblica attraverso campagne di sensibilizzazione, organizzazione di conferenze stampa, partecipazione a programmi televisivi, al fine di creare un clima generale che contribuisca a condizionare le decisioni pubbliche. In secondo luogo, il gruppo può attirare l'attenzione dei media su uno specifico problema (ambiente, diritti degli animali, problematiche di tipo Nimby ecc.), attraverso manifestazioni, sit-in, scioperi, atti di disobbedienza civile, atti di violenza ecc.

Per quanto quello dei media sia un canale residuale per i gruppi di interesse sezionali e istituzionali, ciò non vuol dire che non venga utilizzato per veicolare un certo tipo di informazione nell'opinione pubblica. Interessi particolarmente forti come le grandi imprese spesso controllano i principali giornali di un paese, analogamente le associazioni imprenditoriali possiedono propri mezzi di informazione.

8.7.4 *Efficacia dell'azione dei gruppi e squilibrio nell'influenza*

Nelle sezioni precedenti abbiamo mostrato in che modo i gruppi agiscono all'interno del sistema politico, le tecniche che adottano, le risorse di cui dispongono e quali canali usano per accedere alle arene ed esercitare la loro influenza. Rimane da affrontare il complesso tema dell'efficacia della loro azione. La complessità deriva dalla difficoltà di misurare l'influenza effettivamente esercitabile dai gruppi, in modo da stabilire una specifica correlazione fra l'azione pressoria e la traduzione dei suoi effetti in una decisione pubblica o, eventualmente, in una non decisione. Recenti ricerche empiriche condotte negli Stati Uniti (Baumgartner *et al.*, 2009) hanno rimarcato l'incertezza e l'imprevedibilità del processo di *lobbying*: l'analisi dell'attività di 1.200 gruppi di interesse attivi a Washington tra 1999 e 2002 ha mostrato che soltanto nel 40% dei casi presi in esame il *lobbying* ha generato un cambiamento di *policy*. I gruppi in grado di conseguire i maggiori successi, non sorprendentemente, sono quelli appartenenti alla *business community* e in particolare le grandi imprese (Baumgartner *et al.*, 2009; Schlozman, 2009), una tendenza questa riscontrata anche per l'Unione europea (Greenwood, 2011; Coen, 2007a e 2009; Eising, 2007b; Coen e Richardson, 2009b). Ciò nonostante, la maggiore capacità di influenza dei gruppi economici trova delle attenuazioni in primo luogo nell'incertezza del processo decisionale, che potrebbe anche avvantaggiare taluni gruppi più deboli; in secondo luogo, sono spesso gli stessi decisori pubblici a favorire l'accesso dei gruppi più deboli; in terzo luogo, un sistema istituzionale che offre pluralità dei punti di accesso permette ai gruppi più deboli di scegliere il canale più adeguato per tentare di raggiungere i propri obiettivi; in quarto luogo, gli interessi dei gruppi della *business community* tendono ad essere concentrati su specifiche arene di *policy*, lasciando la possibilità di accesso e influenza a una molteplicità di gruppi in altre arene di *policy*; infine, le fortune della *business community* sono fluttuanti (Vogel, 1989), così come la capacità di influenza delle grandi imprese, che deve essere assunta come una variabile piuttosto che come una costante (Wilson, 2003, p. 14): perciò lo squilibrio può essere più forte in un certo periodo e in una specifica area di *policy* ma può essere riassorbito in un periodo successivo (Baumgartner e Leech, 1998, pp. 98–99; Mattina, 2010, pp. 220–21). A ciò si deve anche aggiungere la possibilità di alleanze fra gruppi, anche molto disomogenei fra loro, che in una determinata fase possono condividere medesimi obiettivi, in grado di riequilibrare il divario rispetto ai gruppi più forti del mondo economico (Heinz *et al.*, 1993).

8.8 Gruppi di interesse e democrazia

La domanda che ci si deve porre a conclusione dell'analisi sin qui portata avanti riguarda il ruolo svolto dai gruppi di interesse in democrazia (sulla loro azione all'interno dei regimi non democratici si rimanda al Box 8.3). Come abbiamo potuto vedere, la loro azione all'interno dei sistemi democratici è controversa, in quanto a una visione che individua nei gruppi gli attori di un continuo e fruttuoso collegamento fra società e sistema politico e i garanti della diffusione del potere all'interno della società e dello sviluppo e rafforzamento della democrazia, se ne contrappone un'altra che vede il potere concentrato in taluni gruppi e considera ciò come elemento degenerativo, in quanto generatore di diseguaglianze e particolarismi a detrimento dell'interesse generale. Elementi di verità sono presenti tanto nell'una quanto nell'altra posizione, che possono essere così riassunte:

Argomenti a favore dei gruppi di interesse

- di rafforzamento della rappresentanza politica, poiché possono essere avanzate istanze che sfuggono ai partiti politici e che necessitano essere rappresentate nella fase inter elettorale e non solo al momento

Box 8.3 – I gruppi di interesse nei regimi non democratici e di transizione

Un sistema di gruppi di interesse può essere presente anche all'interno della vasta e differenziata categoria dei regimi non democratici. Le caratteristiche che in varie combinazioni possono essere riscontrate in tali regimi sono le seguenti (Thomas, 2004, pp. 324–326):

1 – *Ristretta autonomia dei gruppi di interesse*: dato il limitato o assente pluralismo (Linz, 1964), la libertà di associazione è ridotta (regimi autoritari) o proibita (regimi totalitari) e i gruppi possono risultare soltanto dei burattini controllati dal governo. È questo il caso del corporativismo di Stato, una forma di cooptazione dell'attività dei gruppi da parte dello Stato (Schmitter, 1974). Limitazioni dell'attività dei gruppi possono verificarsi anche nei regimi di transizione o nelle democrazie in formazione (Thomas e Hrebenar, 2008, p. 6).

2 – *I gruppi di interesse sono visti come illegittimi*: la difesa degli interessi di parte è considerata come un'attività che va a detrimento dell'interesse della nazione. Questa attitudine delle élite e delle masse, educate in tal senso, è riscontrabile anche nei regimi in transizione (Evanson e Magstadt, 2001). Queste prime due caratteristiche rappresentano per i regimi di transizione verso la democrazia un'eredità negativa che dev'essere eliminata, al fine di poter sviluppare una solida società civile e un sistema dei gruppi da considerarsi come una risorsa per la democrazia.

3 – *I gruppi informali sono la norma rispetto ai gruppi associativi*: nei regimi autoritari il panorama dei gruppi è ristretto prevalentemente ai gruppi di interesse istituzionali delle alte burocrazie ministeriali, si pensi ad esempio alla polizia segreta, alle agenzie agricole o a quelle della pianificazione economica presenti in Unione sovietica e nei paesi ex comunisti, oppure ai gruppi istituzionali religiosi nei regimi autoritari musulmani. Difficilmente si trovano gruppi associativi di interesse pubblico o per una causa (Thomas, 2011). I regimi di transizione, invece, presentano una crescita nel numero dei gruppi associativi.

4 – *Strategie e tattiche di lobbying meno formalizzate*: come conseguenza del punto precedente è chiaro che le tecniche di *lobbying* più utilizzate sono di tipo informale, prevalgono i contatti e le relazioni personali fra i rappresentanti dei pochi gruppi rilevanti e i decisori. La corruzione, che nel caso dei regimi democratici può essere considerata come una deriva del *lobbying* e usata come *extrema ratio*, spesso nei regimi non democratici è la norma e la forma più efficace di influenza; qualcosa di simile accade anche nei sistemi in transizione.

5 – *Gruppi di interesse sono veicoli di rappresentanza meno significativi*: all'interno dei regimi democratici i gruppi assolvono il fondamentale compito di cerniera fra governati e governanti attraverso le funzioni di articolazione e aggregazione degli interessi. Questo ruolo di rappresentanza di massa, però, non può essere assolto nei regimi non democratici, per quanto detto soprattutto nei punti 1 e 3, piuttosto i gruppi nei regimi autoritari rappresentano segmenti molto ristretti della popolazione. Nei i regimi di transizione, invece, una delle sfide maggiori è lo sviluppo di un solido sistema dei gruppi di interesse che, insieme ai partiti politici, rappresentino i principali vettori della partecipazione politica. In assenza di un sistema di gruppi in grado di garantire la partecipazione inter e intra elettorale non si potrà parlare di consolidamento democratico (Thomas e Hrebenar, 2008, p. 7).

del voto. Altrettanto centrale è la loro capacità di sintetizzare una molteplicità di domande provenienti da specifici settori della società civile e rappresentarle in maniera unitaria presso i decisori pubblici.

- Attraverso la promozione di dibattiti, convegni e varie altre iniziative i gruppi svolgono un fondamentale ruolo educativo, fornendo, così, ai cittadini strumenti in grado di comprendere meglio la politica e rendendoli sempre più consapevoli.
- I gruppi contribuiscono notevolmente alla partecipazione politica dei cittadini e a un loro coinvolgimento «dal basso», offrendogli opportunità alternative rispetto alla mera partecipazione elettorale, forniscono

inoltre un senso di appartenenza e uno scopo da perseguire molto meglio di quanto possano fare i partiti politici che, data la loro trasformazione verso i modelli *catch all* (Kirchheimer, 1966, tr. it. 1979), professionale-elettorale (Panebianco, 1982) o di cartello (Katz e Mair, 1995), hanno visto sempre più allentarsi il rapporto con la loro base sociale.
- Accogliendo una platea differenziata di individui, portatori all'interno della medesima organizzazione di differenti background, i gruppi favoriscono il compromesso, la comprensione e l'accordo piuttosto che la contrapposizione e lo scontro.
- I gruppi sono essenziali canali di comunicazione che mettono in contatto i cittadini fra loro e con i governanti.
- I gruppi possono essere attori formidabili nel fornire ai decisori pubblici informazioni tecniche e conoscenze specialistiche, essenziali sia per la formulazione che per l'attuazione delle politiche pubbliche.
- La rete dei gruppi di interesse svolge un indispensabile compito di controllo dell'operato del governo e di mobilitazione dell'opinione pubblica in caso di sue azioni improprie. Una società civile attiva, vivace e vigorosa è considerata elemento essenziale per qualsiasi democrazia in salute.

Argomenti contro i gruppi di interesse

- I gruppi più potenti (sezionali e istituzionali), dato il possesso di svariati tipi di risorse e le maggiori possibilità di accesso alle arene decisionali, sono favoriti rispetto agli altri gruppi di interesse. Lo squilibrio nell'accesso e nell'influenza genera ineguaglianze e può dar luogo a divisioni in seno alla società.
- L'azione di aggiramento delle maggioranze da parte dei gruppi, specialmente quelli più forti, introduce un elemento di illegittimità della loro azione, poiché possono essere ottenuti benefici per pochi a scapito dell'interesse generale.
- I gruppi, al pari delle altre organizzazioni, non sono esenti dalla legge ferrea dell'oligarchia (Michels, 1911), che porta i loro leader al perseguimento di interessi del vertice a scapito di quelli dalla base.
- Spesso l'azione dei gruppi, specialmente su alcune specifiche issues, non si svolge alla luce del sole e pertanto è sottratta al controllo pubblico.
- La vicinanza fra taluni gruppi (*insiders*) e i decisori pubblici può portare al rischio di «cattura» di questi ultimi, determinandone la perdita di indipendenza.
- L'azione dei gruppi può determinare una frammentazione del processo di *policy making*.
- La presenza di diversi gruppi, specialmente se particolarmente forti, può portare a un sovraccarico di domande sul governo e a un blocco delle sue iniziative.

Domande

1 Come si definisce un gruppo di interesse?

2 Qual è la differenza fra «interesse», «pressione» e «*lobbying*»?

3 Quali sono le funzioni dei gruppi di interesse e in che modo questi ultimi si differenziano dai partiti politici e dai movimenti sociali?

4 Quali sono i principali tipi di gruppo di interesse?

5 Quali sono gli elementi essenziali delle teorie pluralista e neo-corporativista dei gruppi?

6 Quali sono le principali tecniche di *lobbying*?

7 In cosa si differenziano gli *insider groups* dagli *outsider groups*?

8 Come si possono classificare le risorse di cui i gruppi dispongono?

9 Quali sono i canali che i gruppi possono utilizzare per accedere al sistema politico?

10 Perché ci sono posizioni contrastanti a proposito del ruolo dei gruppi di interesse all'interno dei contesti democratici?

Elezioni e sistemi elettorali

CAPITOLO NONO

9.1 Elezioni ed elezioni democratiche

Una delle definizioni maggiormente utilizzate nei manuali di Scienza Politica indica le elezioni quali, «procedure istituzionalizzate per la scelta dei rappresentanti selezionati tra alcuni o tutti i membri ufficialmente riconosciuti di una organizzazione. Sia che l'organizzazione sia un club, una ditta, un partito o un sistema politico [...]» (Rokkan, 1970, tr. it. 1982, p. 231). Guardando specificatamente ai sistemi politici ed ai ruoli di autorità che li riguardano, si può aggiungere che tali procedure rientrano nella variegata famiglia dei *sistemi di investitura,* che storicamente ha proposto una «pluralità di metodi. Oltre alle elezioni possiamo ricordare: la *trasmissione per eredità,* la *cooptazione, l'acquisto attraverso un pagamento in denaro* (come è avvenuto per lungo tempo nell'*ancien régime),* la *nomina,* il *sorteggio,* la *conquista con la* forza, la *selezione su base di merito*» (Cotta, Della Porta e Morlino, 2008, p. 265).

All'interno dell'universo dei sistemi politici contemporanei le elezioni sono lo strumento fondamentale per fare della democrazia rappresentativa quel tipo di regime in cui gli elettori possono scegliere i governanti e, almeno linea di principio, che l'azione di chi governa sia tendenzialmente conforme alla volontà e alle esigenze di chi è governato. È difatti mediante il voto (ma non solo attraverso questo) che una data comunità politica viene chiamata ad esercitare quella sovranità attribuita oggi al popolo e, di conseguenza, a legittimare le scelte di indirizzo e gli atti concreti che gli organi rappresentativi, una volta entrati in carica, andranno a definire e ad attuare.

Non sempre è stato cosi. La diffusione del diritto di voto, ovvero di quel diritto che consente l'espressione della volontà politica del cittadino-elettore, che può manifestarsi attraverso la scelta di una persona, di un partito, o di entrambi, a seconda del tipo di sistema elettorale vigente, è un fenomeno relativamente recente, che si definisce come «suffragio universale», ovvero come presenza di un diritto di voto esteso a tutti, non condizionato da fattori come il luogo di nascita, l'etnia, il genere, le convinzioni politiche o la condizione sociale[1].

---

1 Il fatto che tutte le democrazie adottino il suffragio universale non significa che tutti possono votare, rimangono delle restrizioni che variano da sistema politico a sistema politico e che in genere riguardano il raggiungimento di un'età minima, la salute, la cittadinanza, la residenza, la presenza o meno di condanne penali, l'iscrizione nelle liste degli elettori (che può essere non automatica) (vedi Blais, Massicotte, Yoshinaka, 2001 e 2004).

I passaggi che hanno contrassegnato la progressiva estensione del suffragio vengono cosi riassunti da Bendix (1964, tr. it. 1969, p. 95):

1) criteri di status: l'esercizio del voto era limitato ai capi di unità facenti parte di gruppi di status definiti per legge;
2) criteri di censo: l'esercizio del diritto di voto era limitato in base al valore del reddito o del capitale posseduto o alla quantità di tasse pagate;
3) criteri di «capacità»: presenza di limitazioni legate al grado di alfabetizzazione;
4) criteri di responsabilità familiare: il diritto di voto limitato ai capi-famiglia di sesso maschile;
5) criteri di residenza: il diritto è concesso ai cittadini residenti nel distretto elettorale o nel territorio nazionale per almeno un determinato periodo fissato dalla legge.

Con lo stesso Bendix si può affermare che il passaggio dai criteri di status agli altri fu possibile anche grazie all'avvento della Rivoluzione francese, che «provocò un cambiamento fondamentale nella concezione della rappresentanza» (ivi, p. 116). Nell'*Ancien régime*, in effetti il diritto di voto veniva attribuito alle famiglie, alle corporazioni, agli Stati, mentre dopo la rivoluzione i detentori divennero i singoli cittadini.

In pratica, i parlamenti pre-moderni riflettevano una struttura sociale articolata in ceti legalmente differenziati (Stati) come la nobiltà, il clero, la borghesia cittadina (Hintze, 1930 e 1931), mentre quelli moderni riflettono i principi di cittadinanza che si sono affermati con la Rivoluzione francese, primo fra tutti il principio «una testa un voto». Con passaggi che hanno consentito l'affrancamento prima dalla logica impositiva (che rispondeva al principio «*no taxation without representation*»), poi dalla logica che subordinava la «capacità politica» all'alfabetizzazione ed infine al genere. Il suffragio universale decolla in Europa in momenti diversi, fortemente collegati alla storia politica dei singoli paesi. La Francia, che lo aveva già sancito all'epoca della Rivoluzione del 1789, lo reintroduce nel 1848 e di fatto non lo abolirà più (Piretti, 1998, p. 5). In Germania verrà introdotto nel 1871, in Spagna nel 1890, in Belgio nel 1894, in Gran Bretagna nel 1918. In Italia si parla comunemente di suffragio universale maschile a partire dalla legge del 1912, promossa dall'allora primo ministro Giovanni Giolitti; in realtà, questa normativa escludeva gli analfabeti fino ai 30 anni e dava il diritto di voto a 21 anni solo ai maschi alfabetizzati o che avevano prestato servizio militare. Il suffragio universale maschile vero e proprio, invece, verrà approvato, dietro proposta dell'allora primo ministro Vittorio Emanuele Orlando, nel 1918 (vedi Box 9.1). Le donne, però, dovranno attendere ancora. Il suffragio verrà esteso per la prima volta alle donne in Nuova Zelanda nel 1893, nelle democrazie nordiche, (Norvegia, Danimarca, Finlandia), in Germania e negli Stati Uniti nella seconda decade del

Box. 9.1 – Evoluzione del suffragio in Italia

Il percorso di introduzione ed allargamento del suffragio in Italia parte temporalmente da quando la nazione non era ancora uno stato unitario.

1848 Legge 680/1848 (legge elettorale piemontese su criteri censitari). Fu riconosciuto il diritto di voto agli uomini maggiori di 25 anni che sapessero leggere e scrivere e pagassero almeno 40 lire di imposte. Numericamente questo portava il 2% della popolazione italiana alle urne.

1860 Legge 31 ottobre 1850, n. 4385. Realizzata sulla base della legge elettorale dello Stato Piemontese, stabilisce il diritto di voto per i cittadini maggiorenni alfabeti, in possesso dei diritti civili e politici, che pagassero un censo di imposte dirette non inferiori a 40 lire. La norma delimitò il corpo elettorale, alle prime elezioni politiche italiane del 1861, a 418.696 cittadini, pari all'1,89% dei 22.182.377 abitanti.

1872 La sinistra parlamentare abbassa la soglia della maturità elettorale da 25 a 21 anni. Ammette inoltre al voto tutti i cittadini in grado di leggere e scrivere, ma, in una situazione di analfabetismo come quella italiana, la percentuale di elettori sulla popolazione si alza in maniera poco significativa.

1882 Suffragio allargato con la legge Zanardelli del 24 settembre. Viene riconosciuto il diritto di voto ai maschi maggiorenni (all'epoca la maggiore età veniva raggiunta a 21 anni) alfabeti che versano imposte dirette per una cifra annua di 19,8 lire. Il corpo elettorale viene più che triplicato.

1912 La legge promulgata da Giovanni Giolitti stabilisce un suffragio quasi universale per gli uomini: si prevede infatti che tutti gli uomini capaci di leggere e scrivere con almeno 21 anni possano votare, mentre gli analfabeti possono votare a partire dai 30 anni. Inoltre il voto viene esteso a tutti i cittadini che abbiano già prestato servizio militare.

1919 Viene modificata la legge precedente: possono votare tutti i cittadini maschi di almeno 21 anni di età, viene quindi abolita la distinzione per gli analfabeti. Possono inoltre votare anche tutti i minorenni che abbiano prestato servizio militare nei corpi mobilitati. Il sistema proporzionale sostituisce quello maggioritario a due turni. Il corpo elettorale viene portato a 11 milioni di persone.

1945 Il 31 gennaio il Consiglio dei Ministri a presidenza Ivanoe Bonomi emanò un decreto (decreto legislativo luogotenenziale 2 febbraio 1945, n. 23), che estendeva alle donne il diritto di voto.

1946 Voto universale per uomini e donne che abbiano compiuto la maggiore età (21 anni inizialmente, e 18 anni a partire dal 1975). La prima occasione di voto – la prima in assoluto per le donne in Italia – sono le elezioni amministrative che si tengono in tutta la penisola fra il marzo e l'aprile del 1946; subito dopo, il 2 giugno 1946, gli italiani sono nuovamente chiamati alle urne per il referendum istituzionale tra Monarchia o Repubblica e per l'elezione dell'Assemblea costituente.

Fonte: http://it.wikipedia.org/wiki/Suffragio_universale

XX secolo, nel Regno Unito nel 1928 (nel 1918 per le trentenni), in Spagna nel 1931. Le italiane e le francesi dovranno attendere la fine della Seconda guerra mondiale, mentre le svizzere andranno alle urne solamente a partire dal 1971 (Tab. 9.1).

Le elezioni sono, dunque, uno degli elementi chiave affinché si possa parlare di democrazia rappresentativa, ma non sono il tratto distintivo di tale tipo di regime. Come ci ricorda Pasquino «se non si vota liberamente non c'è democrazia. Naturalmente, non è affatto detto che ovunque si vota ci sia democrazia» (Pasquino, 2009, p. 115). Gli studi sempre più diffusi sui regimi non democratici hanno fatto emergere che le procedure elettorali sono diventate comunissime anche nelle non democrazie (Nohlen,

Tab. 9.1 Anno di introduzione del suffragio (universale) maschile e femminile nelle principali democrazie.

Paese	Suffragio universale maschile	Suffragio femminile
Australia	1901	1902
Austria	1907	1918
Belgio	1893	1948
Canada	1917	1918
Danimarca	1901	1915
Finlandia	1906	1906
Francia	1848	1944
Germania	1869	1919
Giappone	1935	1945
Gran Bretagna	1918	1928
Grecia	1877	1952
Irlanda	1918	1918
Islanda	1915	1915
Israele	1958	1948
Italia	1918	1945
Lussemburgo	1919	1919
Norvegia	1897	1913
Nuova Zelanda	1879	1893
Paesi Bassi	1917	1919
Portogallo	1975	1975
Spagna	1890	1931
Stati Uniti	1870	1920
Svezia	1909	1921
Svizzera	1919	1971

Fonte: Fabbrini, 2008, p. 55, con adattamenti nostri.

Krennerich e Thibaut, 1999; Nohlen, Grotz e Hartmann, 2001; Golder, 2005; Gandhi, 2008). In effetti, circa metà delle elezioni parlamentari e presidenziali che si sono tenute nel mondo tra il 1946 e il 2000 hanno riguardato quest'ultimo tipo di regimi (Golder, 2005, pp. 105–106). È stato calcolato che nel 2007 solo sei paesi – Bhutan, Brunei, Cina, Eritrea, Qatar e Arabia Saudita – non avevano tenuto elezioni nazionali nel periodo postbellico – (Nohlen, Grotz e Hartmann 2001; Clark, Golder e Golder, 2009, tr. it. 2011, pp. 336–337). Le elezioni nei regimi non democratici non hanno, ovviamente, i livelli di competitività e inclusività (Schedler, 2002, 2004, 2006; Howard e Roessler, 2006) tipici delle democrazie, né lo stesso significato;

nella maggior parte dei casi hanno un esito scontato, sono elezioni senza reale possibilità di scelta (quindi non libere), inevitabilmente vinte dal partito di governo o da qualche altro candidato sostenuto dall'élite dominante, con percentuali talvolta strabilianti. Basti dire, ad esempio, che Saddam Hussein è stato dichiarato vincitore delle elezioni tenutesi in Iraq nel 2002, poco prima che iniziasse la seconda guerra del Golfo, avendo ottenuto il 100% dei voti in una consultazione alla quale avrebbe partecipato il 100% degli aventi diritto al voto; alle precedenti elezioni del 1995 aveva ottenuto «appena» il 99,96% dei voti. Insomma, nelle non democrazie le elezioni non sono libere e competitive, quasi sempre sono manipolate e gli elettori possono incidere poco o niente sugli esiti. Ciò non significa che siano sempre inutili e prive di conseguenze politiche. In taluni casi esse sono imposte da attori esterni e si tengono per evitare sanzioni o ottenere risorse finanziarie, ma perlopiù svolgono funzioni che sono rilevanti per stabilizzare il regime. Possono ad esempio essere utili per risolvere i conflitti tra le élite autoritarie (Geddes, 2006; Lust-Okar, 2006); o per fornire informazioni sulla forza relativa dei sostenitori e degli oppositori (Magaloni, 2006); possono contribuire a cooptare gruppi di opposizione, o quantomeno a dividerli e controllarli (Lust-Okar, 2002 e 2005; Gandhi e Przeworski, 2006; Lust-Okar, 2002 e 2005); possono costituire un'efficace strategia di sopravvivenza. Evidenze empiriche in proposito vengono da Gandhi (2008). Utilizzando dati relativi a 512 dittatori che hanno governato 138 paesi tra il 1946 e il 1996, questa studiosa rileva che i dittatori che indicono elezioni rimangono al potere più a lungo di quelli che non chiamano i cittadini alle urne. Dunque le elezioni non sono sinonimo di democrazia e neanche storicamente lo sono state. Ai tempi di Platone e Aristotele la democrazia aveva poco a che vedere con tali procedure. Nella *polis* greca l'investitura dei capi avveniva per sorteggio (cioè estraendo i nomi da un cappello). L'opinione che la democrazia fosse un sistema in cui le cariche politiche vengono assegnate per sorte resistette fino al XVI secolo e i grandi pensatori politici che, a partire dal XVII secolo, si fecero portatori dell'idea del governo rappresentativo non si consideravano sostenitori della democrazia (Rosanvallon, 1995, p. 141). Come ha osservato lo scienziato politico francese Bernard Manin, «un governo organizzato secondo i principi della rappresentanza era considerato, fino alla fine del XVIII secolo, radicalmente differente dalla democrazia, mentre oggi passa per una delle sue forme» (1995, tr. it 2010, p. 15). Anche in questo caso, ovvero nel mutamento di significato che riguarda il termine democrazia, un ruolo decisivo viene svolto dalla Rivoluzione francese. In particolare, è in seguito alle Rivoluzioni francese e americana che governo rappresentativo e democrazia cominciarono a diventare sinonimi (Hanson, 1989; Rosanvallon, 1995, tr. it 2010) e che la scelta dei rappresentanti del popolo tramite procedure elettorali si afferma come l'atto più frequente di partecipazione politica della maggioranza dei cittadini nella maggioranza dei regimi politici democratici. A questo punto il problema diventa: quali connotati contraddistinguono le elezioni democratiche e le differenziano da quelle che si svolgono negli altri tipi di regimi? Una risposta la fornisce implicitamente Pasquino quando sottolinea che le democrazie sono caratterizzate da:

> elezioni *libere, competitive,* tenute *a scadenze prestabilite* (anche quelle che seguono le crisi di governo e gli scioglimenti anticipati dei parlamenti), *significative* (nel senso che definiscono davvero la quantità di rappresentanza e di governo conquistata da candidati e partiti) [...]»; e che il voto democratico è «*universale* (cioè, esteso a tutti), *libero* (cioè, esente da costrizioni), *uguale* (cioè, tale che ogni voto conti quanto ogni altro), *diretto* (cioè, mirato senza intermediazione all'elezione di candidati o all'attribuzione di seggi ai partiti), *segreto* (cioè, espresso al riparo dagli occhi e dalle sanzioni altrui, in particolare da quelli dei detentori del potere politico, economico, sociale, religioso) e *significativo* (cioè, avente effetti sulla distribuzione del potere politico, in termini di cariche e di seggi) (2009, p. 116).

Riassumendo, le elezioni si possono dire democratiche quando, oltre che ricorrenti, risultano:

- *competitive*, ovvero gli elettori si trovano a poter scegliere in presenza di una offerta politica (candidati e/o liste) plurale e di una reale concorrenza tra candidati e/o liste per ottenere il successo (Fisichella, 1970a, 2008);
- *libere*, intendendo con ciò che «gli elettori sono in condizione di operare la loro scelta al riparo da minacce e con un sufficiente grado di informazione sulle alternative; inoltre che ai partiti e candidati in lizza non viene impedito di svolgere la propria campagna e sono garantite sufficienti possibilità di comunicare con gli elettori» (Cotta, Della Porta, Morlino, 2008, p. 267).
- *rilevanti*, in quanto i risultati elettorali incidono significativamente sui processi politici di un paese ed in particolare sulla scelta del governo e sulla sua attività.

A tal fine è utile anche ricordare che, tra le altre cose, le elezioni democratiche consentono la regolare e pacifica successione nelle cariche pubbliche attraverso un meccanismo di delega, tramite il quale gli eletti diventano rappresentanti degli elettori; e dunque che esse svolgono una funzione di legittimazione di un regime politico che propone una soluzione pacifica dei conflitti politici. In altri termini, nonostante i loro tanti difetti, le democrazie sono preferibili agli altri regimi anche perché possono proporre con credibilità la formula: «meglio contare le teste, anziché tagliarle» (come in genere avviene con gli oppositori in presenza di altri tipi di regime).

Mettere l'accento sui requisiti sopra elencati aiuta anche ad evitare quello che Terry Karl (1986) definisce *fallacy of electoralism* (fallacia dell'elettoralismo), ovvero l'errore di limitare la connotazione di un complesso fenomeno come il regime democratico focalizzando l'attenzione esclusivamente su uno degli elementi da cui tale fenomeno è composto:

quello elettorale (su questo vedi anche Schmitter e Karl, 1991). Le moderne liberaldemocrazie sono molto di più (vedi Capitolo V). Esse si preoccupano di limitare ogni tipo di potere, incluso quello degli organi rappresentativi democraticamente eletti, che di norma sono sottoposti alla legge. La vittoria alle elezioni dà il diritto di decidere su molte cose, ma non su tutto, visto che il principio dominante è sì quello maggioritario, ma è temperato dal rispetto dei diritti delle minoranze.

9.2 Sistemi e formule elettorali

Alla domanda «cosa è un sistema elettorale?» la letteratura offre una moltitudine di risposte. Per Cox, ad esempio, «il sistema elettorale è un insieme di leggi e regolamenti che governano la competizione elettorale tra candidati e/o partiti» (1997, tr. it 2010, p. 38); per Rae un sistema elettorale è «l'insieme di norme che regolano il processo attraverso il quale le preferenze sono trasformate in voti e i voti in ruoli di autorità (spesso seggi). È quindi un processo a due stadi, anche se comunemente si dà maggiore risalto alla sua seconda parte» (1967, p. 13). In altre parole, le due definizioni appena viste segnalano che per definire un sistema elettorale si sono diffusi due criteri: in *senso stretto* per sistema elettorale s'intende la «formula elettorale», cioè il meccanismo matematico impiegato per la trasformazione dei voti in seggi; in *senso ampio*, invece, s'intende l'insieme delle regole che disciplinano tutte le operazioni che precedono, accompagnano e seguono lo svolgimento delle elezioni. Con questa locuzione, pertanto, si fa riferimento oltre che alla formula elettorale, anche a tutti gli altri aspetti legati al sistema di elezione (dimensione delle circoscrizioni, finanziamento dei partiti e dei movimenti politici, disciplina della propaganda elettorale, modalità di proclamazione, verifica dei risultati ecc.) (Fisichella, 1970a e 2008; Sartori, 1994, tr. it. 1995; Piretti, 1998; Baldini e Pappalardo, 2004; Pasquino, 2006; Oliviero e Volpi, 2007).

In realtà il sistema elettorale ha diverse dimensioni costitutive che bisognerebbe tenere in conto. Ad esempio, Rae (1967), ritiene che bisogna considerare non solo la formula elettorale, ma anche l'ampiezza dei collegi (il numero di seggi che esprimono)[2] e la struttura della votazione (il tipo di voto disponibile all'elettore)[3]. Altri politologi invitano a considerare anche ulteriori aspetti quali le soglie legali di accesso e l'eventuale

2 La più importante distinzione è tra *collegi uninominali*, che assegnano un solo seggio, e *collegi plurinominali*, che ne assegnano più di uno.

3 Rae a tal proposito fa l'importante distinzione tra voto *ordinale*, con il quale gli elettori possono classificare-ordinare i candidati in base al loro ordine di preferenza, e voto *categorico*, con il quale gli elettori possono esprimere solo una scelta secca (un partito e/o un candidato). Ma della struttura del voto fanno parte diversi elementi come la possibilità di votare per un candidato, per un partito o per entrambi o l'utilizzo di una o più schede, di uno o più turni di votazione.

Box 9.2 – Voto limitato e voto singolo non trasferibile

I sistemi detti di «voto limitato», nacquero alla fine dell'Ottocento, quando vennero utilizzati con poco successo in Italia, Francia e Gran Bretagna, e furono ripresi agli inizi del XX secolo in Portogallo e Spagna (furono, ad esempio, utilizzati dalla Prima repubblica portoghese e dalla Seconda repubblica spagnola). Essi attribuiscono a ogni elettore un numero di voti minore, solitamente di una unità ma talvolta di più, del numero dei candidati da eleggere in un collegio plurinominale. Ad esempio, in una circoscrizione quadrinominale ciascun elettore dispone di tre voti, da attribuire a candidati diversi. Anche nel loro caso la promozione dei candidati avviene a maggioranza relativa. Tali sistemi sono nati nell'ottica di garantire una rappresentanza alle minoranze.. Queste ultime, infatti, rischiavano di ottenere pochi seggi (o addirittura nessuno) nell'ambito dei collegi plurinominali classici, in cui tutti i seggi in palio venivano assegnati al partito o allo schieramento vincitore.

Il voto singolo non trasferibile (VSNT) è sostanzialmente l'equivalente di un sistema plurality (maggioritario a turno unico ed a maggioranza semplice) applicato ai collegi plurinominali. Entrambi i sistemi comportano l'espressione di un singolo voto per un candidato. L'unica differenza è che, in un sistema VSNT, i votanti eleggono più di un candidato in ciascun distretto. Esso differisce dal voto limitato in quanto l'elettore dispone di un solo voto. In sostanza, ogni partito che compete in un distretto presenta una lista di candidati e gli elettori ne votano uno. Vengono eletti i candidati che ottengono il maggior numero di voti. Un sistema VSNT è stato impiegato per le elezioni legislative giapponesi dal 1948 al 1993 e viene utilizzato attualmente per assegnare alcuni seggi al parlamento di Taiwan e per le elezioni legislative della Giordania e dell'isola Vanuatu, nel Pacifico (Clark, Golder e Golder, 2009, trad. it. 2011, pp. 355–356).

esistenza di quote di seggi compensativi (Blais, 1988; Taagepera e Shugart, 1989); oppure l'ampiezza dell'assemblea parlamentare, la possibilità di *malapportionment* (cattiva ripartizione; ad esempio, scarsa corrispondenza tra popolazione e seggi assegnati ad una circoscrizione), lo svolgimento concomitante di elezioni parlamentari e presidenziali, le disposizioni concernenti gli «apparentamenti» di liste (Lijphart, 1994). Tra le altre cose, dalla combinazione tra ampiezza dei collegi e soglie elettorali legali Lijphart (ivi, p. 12) deriva un ulteriore concetto che è parte sua della definizione operativa di sistema elettorale, quello di «soglia effettiva» (*effective threshold*)[4]. Tuttavia i sistemi elettorali sono di solito classificati in tre macro categorie – maggioritari, proporzionale e misti – privilegiando la formula matematica utilizzata per tradurre i voti in seggi. I sistemi elettorali, come meglio vedremo fra poco, si dicono in genere maggioritari se utilizzano le formule *plurality* (a maggioranza semplice), o *majority* (a maggioranza assoluta), mentre si dicono proporzionali se utilizzano le formule d'Hondt, Sainte-Lague, Hare e similari. Infine, si dicono misti se combinano formule maggioritarie e formule proporzionali. Il criterio fondato sulla formula politica ha il pregio della semplicità e della parsimonia, ma tra i suoi difetti annovera quello di non riuscire ad essere esaustivo e/o esclusivo: ad esempio, non c'è accordo quando si tratta di collocare sistemi che utilizzano *il voto singolo non trasferibile* o, più in generale, le tante varianti del cosiddetto *voto limitato* (vedi Box 9.2), e su quali sistemi si

4 Ritorneremo su questi concetti nel paragrafo 9.4.2 (sistemi proporzionali)

debbano considerare misti. Lijphart (1984 e 1994), ad esempio, inserisce il voto limitato e quello singolo non trasferibile in una «terza» categoria di formule/sistemi elettorali, quelle/i «semiproporzionali», ma questa collocazione non trova l'accordo di Cox (1997, tr. it. 1995) e Sartori (1994, tr. it 1995, p. 38)[5]. Qualcosa di simile avviene quando si tratta di collocare il sistema elettorale tedesco, che viene indicato come «un caso esemplare» di sistema misto (Chiaramonte, 2005, p. 35) da coloro che mettono l'accento sulla combinazione di formule utilizzate, ma viene considerato proporzionale da chi guarda agli effetti prodotti (Missiroli, 1994, pp. 155–156) e come qualcosa d'altro da un variegato fronte di esperti di sistemi elettorali (Chiaramonte, 2005, p. 39).

Perché allora il criterio imperniato sulla formula viene preferito ad altri? Nohlen propone l'idea che i concetti di maggioritario e di proporzionale hanno avuto successo perché sono stati in grado di collegare una formula elettorale (elemento empirico-descrittivo) a due principi di rappresentanza polari, per tanti versi incompatibili tra loro (elemento normativo), che connotano buona parte delle democrazie. Per dirla con tale autore:

> Nei sistemi maggioritari l'obbiettivo è di arrivare ad una maggioranza per un partito o per un'alleanza partitica. L'elemento essenziale è far sì che un partito politico che non ha ottenuto la maggioranza dei voti sia comunque in grado di formare una maggioranza di governo. Questo è il fine 'politico' desiderato del principio maggioritario di rappresentanza: un governo monopartitico fondato su una minoranza di voti. La funzione fondamentale di un sistema maggioritario (e il criterio per valutarne gli effetti) è la sua capacità di produrre governi (Nohlen, 1984a, pp. 86–87);

invece

> i sistemi proporzionali hanno l'obbiettivo di riflettere, il più esattamente possibile, i gruppi sociali e le forze politiche della popolazione. Per ciascun partito, la quota di voti e la quota di seggi dovrebbero corrispondere approssimativamente l'una all'altra. Questa è la funzione fondamentale del principio proporzionale di rappresentanza e il criterio di efficacia del sistema proporzionale (*ibidem,* p. 87).

Partendo da Nohlen e tenendo conto anche del contributo di Cox (1997, pp. 58–59 e 100–101; tr. it 2010), Chiaramonte (2005, p. 32) sottolinea come in realtà con le dizioni sistemi elettorali maggioritari e sistemi elettorali

5 Lijphart giustifica questa collocazione in virtù della seguente considerazione: da un lato si tratta di formule che premiano i candidati con il più alto numero di voti (e in questo senso sono dunque maggioritarie); dall'altro si applicano in collegi plurinominali e consentono una qualche forma di rappresentanza delle minoranze e da quest'altro punto di vista sono, dunque, proporzionali.

Tab. 9.2 Le «dimensioni» definitorie dei sistemi elettorali maggioritari e proporzionali.

	Sistema elettorale	
	maggioritario	**proporzionale**
Principio di rappresentanza	Si pone l'obbiettivo di selezionare i rappresentanti che in una serie di confronti territorialmente circoscritti hanno ottenuto il maggior numero di voti. Per questa via, si pone anche l'obbiettivo di produrre, a livello aggregato, un governo di un partito o di una alleanza di partiti agevolandone il conseguimento della maggioranza parlamentare anche in assenza di una maggioranza di voti.	Si pone l'obbiettivo di riflettere, il più esattamente possibile, i gruppi sociali e le forze politiche della popolazione. Per ciascun partito, la quota di voti e la quota di seggi dovrebbero corrispondere approssimativamente l'una all'altra.
Formula elettorale	In una circoscrizione che assegna un numero M di seggi; quest'ultimi sono attribuiti a primi M competitori con più voti in uno o più turni di votazione	In una circoscrizione che assegna un numero M di seggi, quest'ultimi sono attribuiti tra i competitori in proporzione ai rispettivi voti

Fonte: Chiaramonte, 2005, p. 31.

proporzionali si indicano *descrittivamente* una formula elettorale e *normativamente* un principio di rappresentanza. (vedi Tab. 9.2).

Lo stesso autore, utilizzando i due criteri appena menzionati, fornisce una definizione di sistemi misti che magari non è la sola esistente in letteratura[6], che prescinde dagli esiti più o meno proporzionali/maggioritari che tali sistemi conseguono, ma è sufficientemente condivisa (Blais e Massicotte, 1996; Massicotte e Blais, 1999).

Per Chiaramonte, dal punto di vista puramente descrittivo, si può dire che:

> i sistemi elettorali misti sono quei sistemi che impiegano (almeno) due differenti formule – l'una maggioritaria e l'altra proporzionale – simultaneamente in una stessa elezione, a patto che i rappresentanti eletti, grazie a una delle due formule siano almeno il 5% di quelli eletti grazie all'altra [...]. La componente normativa, che è parte integrante di questa definizione, risiede nell'assunzione che i sistemi elettorali misti impieghino due formule diverse per l'assegnazione dei seggi *nel tentativo* di compendiare i principi maggioritario e proporzionale di rappresentanza, ovverosia due logiche distinte di competizione tra i partiti e di selezione del personale politico-parlamentare (2005, p. 32).

Il collegamento tra principi di rappresentanza e formule elettorali è utile anche per collocare la nascita e l'evoluzione dei sistemi elettorali all'interno delle varie fasi che hanno contraddistinto il processo di democratizzazione. Come ci ricorda Maria Serena Piretti:

6 Una definizione diversa, ma non necessariamente inconciliabile, viene, ad esempio, proposta da Shugart eWattemberg (2001, pp. 10–11).

> il sistema classico di traduzione dei voti in seggi utilizzato nell'Ottocento è il sistema maggioritario. Con questo termine si intende stabilire che maggiore spazio deve essere riservato all'interno delle camere rappresentative a coloro che, indipendentemente dal partito di appartenenza, risultano raccogliere maggiore consenso all'interno dei singoli collegi in cui lo Stato è diviso (1998, p. 6).

Invece, quale espressione del principio incarnato dal proporzionale, si può citare il « noto enunciato di Victor Considérant secondo il quale la decisione spetta alla maggioranza, ma la rappresentanza spetta a tutti » (*ibidem*).

In particolare, quale strumento fondamentale per consentire il superamento di quella soglia della rappresentanza di cui parla Rokkan (1970, tr. it. 1982, p. 142), superamento ritenuto cruciale ai fini dello sviluppo dei processi di democratizzazione (vedi Capitolo V), il sistema elettorale proporzionale, o di lista, fu introdotto nel corso del Novecento su spinta delle grandi formazioni politiche di massa, quelle centriste popolari e quelle di sinistra socialiste. Il primo paese ad applicarlo fu il Belgio (nel 1900), patria di uno dei suoi teorizzatori, il giurista e matematico Victor d'Hondt. Si può dire che la sua affermazione segna anche il passaggio da una rappresentanza tutta giocata sulle persone a una in cui i referenti della vita politica diventano partiti espressione di profonde fratture socio-politiche. Non a caso, a partire dagli anni Venti-Trenta e fino all'ultima decade del secolo scorso, i sistemi elettorali operanti nei regimi democratici hanno mostrato una straordinaria continuità. Una volta scelti erano destinati a durare a lungo, tanto che i casi di riforme significative sono stati sporadici in questo arco di tempo. Se non si tiene conto del mutamento intervenuto con il passaggio dalla Quarta alla Quinta Repubblica francese (1958) e di qualche altro caso secondario, si può dire che, come i sistemi partitici strutturatisi intorno alle fratture socio-politiche individuate da Rokkan, anche i sistemi elettorali sono stati « congelati » e sono divenuti uno dei tratti distintivi dei due modelli di democrazia che si sono affermati nel corso del Novecento (Nohlen, 1984b). Dall'inizio degli anni Novanta molto è cambiato. La transizione alla democrazia nei paesi ex comunisti dell'Europa orientale e in alcuni paesi dell'America Latina, dell'Asia e dell'Africa è stata spesso accompagnata da una maggiore fluidità nei principi di rappresentanza incorporati nelle regole elettorali e da tentativi di tenere insieme entrambi i principi classici che hanno interessato anche diverse democrazie consolidate (ad esempio, Italia, Giappone e Nuova Zelanda).

I dati della Tab. 9.3, elaborati dal politologo spagnolo José Ramón Montero sulla base delle informazioni fornite dall'*Institute for Democracy and Electoral Assistance* (IDEA) e relativi agli Stati indipendenti censiti dallo stesso Istituto, forniscono una prima approssimativa idea di quanto avvenuto nella seconda metà del secolo scorso e confermano quanto appena detto: 1) le elezioni non sono procedure che riguardano solo le democrazie; 2) la fine del secolo scorso segna la vera e propria entrata in scena dei sistemi misti.

Tab. 9.3 Evoluzione dei sistemi elettorali nel secondo dopoguerra (1945–1995)*.

	Sistemi maggioritari					Sistemi misti		Sistemi proporzionali		N. Casi (stati indipendenti) censiti da IDEA
Anno	**Plurality**	**Voto di blocco**	**Doppio turno**	**Voto alternativo**	**Voto singolo non trasferibile**	**Dipendenti**	**indipendenti**	**Di lista**	**Voto singolo traferibile**	
1945	4 (13%)	–	1 (3%)	1 (3%)	–	–	–	22 (73%)	2 (6%)	30
1950	6 (14%)	1 (2%)	1 (2%)	1 (2%)	1 (2%)	1 (2%)	–	30 (70%)	2 (4%)	43
1960	17 (25%)	1 (2%)	1 (2%)	1 (2%)	1 (2%)	1 (2%)	–	34 (59%)	2 (4%)	58
1970	24 (33%)	3 (4%)	2 (3%)	2 (3%)	1 (1%)	1 (2%)	2 (3%)	36 (49%)	2 (3%)	73
1980	29 (32%)	4 (4%)	5 (5%)	2 (2%)	1 (1%)	1 (2%)	4 (4%)	43 (47%)	2 (2%)	91
1990	33 (31%)	5 (5%)	7 (6%)	2 (2%)	3 (3%)	2 (2%)	6 6%)	46 (43%)	3 (3%)	107
1995	39 (25%)	9 (6%)	18 (12%)	2 (1%)	2 (1%)	6 (4%)	18 (12%)	57 (37%)	2 (1%)	153

Fonte: Montero J.R. (2010) Ejemplos de sistemas electorales, http://asambleapopularmoncloadebod.wordpress.com/2011/07/05/documentos-i-taller-foro-de-la-reforma-del-sistema-electoral/, con adattamenti nostri.

* L'elaborazione di Montero si fonda su dati IDEA (*Institute for Democracy and Electoral Assistance*) http://www.idea.int/esd/world.cfm. Tali dati sono relativi ai sistemi utilizzati nelle elezioni dei parlamenti (Camera bassa).

9.3 Democrazie e scelta delle cariche monocratiche

Oggetto principale di questo capitolo sono i sistemi democratici e quindi le elezioni democratiche, con particolare attenzione ai livelli nazionali del sistema politico. L'elezione diretta delle cariche monocratiche si sta sempre più diffondendo ai livelli più bassi o intermedi dei sistemi politici (comuni, province, regioni). Relativamente ai vertici, vista la fallimentare esperienza di elezione diretta del premier fatta da Israele (vedi Box 9.3), riguarda essenzialmente il presidente della Repubblica, che può detenere in prima persona il potere esecutivo (sistemi presidenziali), condividerlo con un capo del governo (sistemi semipresidenziali) o svolgere funzioni essenzialmente non esecutive, simboliche-espressive e di garanzia (sistemi parlamentari).

Le modalità con le quali si procede alla elezione di tale figura possono essere differenti. La distinzione più semplice è tra elezione diretta (o come se diretta) ed elezione indiretta (vedi anche Tab. 9.4). Tale distinzione consente di precisare che l'elezione diretta non connota specificamente una particolare forma di governo (vedi anche Tab. 10.4),

Box 9.3 – L'elezione diretta del capo del governo: il caso israeliano

In Israele, la legge sull'elezione diretta del primo ministro è stata varata a seguito di una riforma costituzionale approvata dalla Knesset il 18 marzo 1992 e, quindi, utilizzata per la prima volta nelle elezioni del maggio 1996. Prima della riforma del 1992, il primo ministro era uno dei membri del legislativo, eletto in una lista di partito, e quindi selezionato dalla maggioranza parlamentare, come avviene in tutti i sistemi parlamentari. Sia prima che dopo il 1992, le elezioni per la Knesset (costituita da 120 membri) avvenivano e avvengono con un sistema elettorale proporzionale in un unico collegio nazionale. I partiti presentano una lista di candidati, i quali vengono eletti secondo l'ordine di lista in base al numero di seggi conquistato. [...] Siccome questo sistema elettorale è molto proporzionale, e con soglie d'entrata nel Parlamento assai basse, esso produceva (e continua a produrre) un'alta frammentazione partitica, causa di una instabilità governativa assai deleteria in un paese che si trova nella condizione di una guerra permanente. La Knesset ha dunque pensato di risolvere il problema svincolando il primo ministro dalla (sua) maggioranza parlamentare, ritenendo in questo modo di sottrarlo ai ricatti dei partiti (in particolare di quelli piccoli) costitutivi di quest'ultima. Insomma, invece di intervenire sul sistema elettorale iper-proporzionale che era la causa dell'instabilità, il legislativo israeliano ha scelto di agire sul sistema costituzionale, sperando che tale intervento potesse disciplinare dall'alto il sistema di governo (vista la difficoltà a disciplinarlo dal basso attraverso una riforma elettorale). Di qui la decisione, nel 1992, di emendare la Legge fondamentale per rendere possibile l'elezione diretta del primo ministro, con un sistema elettorale maggioritario a doppio turno con ballottaggio [...] Come avevano previsto alcuni dei suoi critici, la riforma costituzionale in questione non è riuscita a raggiungere il suo obiettivo di disciplinare il sistema partitico. Non avendo modificato il sistema elettorale, la frammentazione partitica e l'instabilità governativa hanno continuato a prosperare. Anzi, i candidati al ruolo di primo ministro, visto il declino dei maggiori partiti politici, hanno cercato di creare coalizioni molto più vaste a sostegno della loro candidatura, incrementando così il potere di veto (o di ricatto) dei partiti piccoli nei confronti delle loro proposte o dei loro programmi. Non può stupire che nel 2001 il sistema dell'elezione diretta sia stato infine abolito, per ritornare, con le elezioni del 2003, alla selezione parlamentare del primo ministro.

Fonte: Fabbrini, 2008, pp. 71–72.

Tab. 9.4 L'elezione del Capo dello Stato nelle democrazie.

Diretta	**Indiretta**
Gli elettori votano ed eleggono direttamente il capo dello Stato.	Un'assemblea precostituita, ed eletta a sua volta, elegge il Capo dello Stato.
L'elezione diretta del presidente della Repubblica può avvenire: – nei regimi PRESIDENZIALI (es. USA, Brasile, Argentina, Cile, Venezuela, Perù, Bolivia); – nei regimi SEMI-PRESIDENZIALI (es. Francia, Portogallo, Ucraina); – nei regimi PARLAMENTARI (es. Austria, Irlanda e Islanda).	Questa modalità di investitura viene utilizzata da gran parte dei sistemi parlamentari (con, ovviamente, esclusione degli Stati monarchici).

ma è un requisito peculiare di presidenzialismi e semipresidenzialismi, anche se alcune specificazioni vanno fatte relativamente agli Stati Uniti, dove l'elezione è formalmente indiretta ma sostanzialmente diretta (vedi Box 9.4).

Per l'elezione diretta del presidente della Repubblica vengono utilizzate una varietà di formule elettorali: a maggioranza relativa, a maggioranza relativa con soglia minima prefissata, a maggioranza assoluta, a turno unico, con ballottaggio e così via. Il sistema maggiormente utilizzato è, comunque, quello del doppio turno con ballottaggio. In generale, infatti, si ritiene utile ed opportuno che il Capo dello Stato eletto abbia ottenuto la maggioranza assoluta dei voti popolari espressi. Se questa non viene raggiunta da nessun candidato al primo turno elettorale, si passa al ballottaggio fra i due candidati che hanno ottenuto il maggior numero di voti, con la certezza che il candidato vincente avrà ottenuto la maggioranza assoluta dei voti espressi (per una visione d'insieme vedi Pasquino, 2009, pp. 118–120). Gran parte dei sempre più numerosi sistemi semipresidenziali (ad esempio, Bulgaria, Croazia, Francia, Lituania, Macedonia, Polonia, Portogallo, Romania, Russia, Ucraina) utilizzano il sistema elettorale a doppio turno con ballottaggio, secondo il modello francese della Quinta Repubblica. Lo stesso sistema è prevalentemente adottato anche nei non numerosi casi di elezione diretta del presidente della Repubblica nell'ambito di una forma parlamentare di governo. Esempi emblematici sono Austria, Irlanda e Islanda. Anche all'interno dei sistemi a doppio turno, tuttavia, vi possono essere casi in cui è sufficiente una maggioranza semplice. La soglia esatta di voti da superare per imporsi al primo turno può variare sensibilmente. Ad esempio, in Venezuela, in Costa Rica, nella Repubblica di Santo Domingo e in Nicaragua per l'elezione è sufficiente la maggioranza relativa purché sia superiore al 40% dei voti (Shugart e Carey, 1992; tr. it. 1995, pp. 121–138); per essere eletto al primo turno delle elezioni presidenziali tenutesi nel 1956 e nel 1963 in Perù, il candidato doveva arrivare primo e ottenere più del 33% dei voti. Per contro, per

Box 9.4 – L'elezione del Presidente degli Stati Uniti

Negli Stati Uniti la data delle elezioni è fissata per legge il martedì successivo al primo lunedì del mese di novembre quattro anni dopo l'ultima elezione del presidente. I cittadini sulla scheda esprimono la preferenza per un candidato presidente, ma in realtà eleggono una lista di *grandi elettori* associati con lui. I voti dei cittadini (detti «voti popolari») si contano Stato per Stato, non a livello nazionale. I *grandi elettori* vengono aggiudicati all'interno di ciascun Stato con un sistema maggioritario secco, che viene definito il «*winner takes all*». Fanno eccezione Nebraska e Maine, gli unici due Stati che hanno scelto di assegnare i loro voti elettorali, rispettivamente cinque e quattro, con il sistema proporzionale. In pratica, in tutti gli Stati meno due, il vincitore prende tutto anche se vince con per uno scarto minimo di voti. Ciascuno Stato elegge un numero di grandi elettori pari al numero di senatori e di deputati che esprime. Ricordiamo che i senatori sono 100 – due per ogni Stato – e i deputati sono 435 – assegnati proporzionalmente alla popolazione residente nello Stato. Ad essi si aggiungono i tre rappresentanti per il Distretto della Columbia, in cui si trova la capitale Washington, che non fa parte di nessun Stato. Il collegio che eleggerà il presidente è quindi composto da 538 elettori ed è, di conseguenza, necessario il voto di 270 di essi per aggiudicarsi la Casa Bianca. Quaranta giorni dopo le elezioni presidenziali i grandi elettori si riunisco nella capitale di ciascun Stato per formalizzare il proprio voto, i risultati del quale vengono trasmessi al presidente del Senato. Spetta a quest'ultimo la dichiarazione relativa al nominativo dell'eletto. Da un punto di vista giuridico gli elettori presidenziali sono liberi di votare per il candidato che preferiscono. Se poi si tiene conto del fatto che la votazione è segreta si capisce come in alcune occasioni qualche grande elettore abbia votato per un candidato diverso da quello per il quale si era dichiarato in un primo momento. Di regola, tuttavia, questo non avviene, anche se qualche incidente di percorso si è riscontrato. Ad esempio nel 1876, quando le elezioni furono perse dal democratico Samuel Tilden che aveva vinto il voto popolare. Se si verifica un verdetto di parità tra due candidati all'interno del Collegio elettorale, la decisione viene demandata alla Camera dei rappresentanti, che sceglie il presidente fra i tre candidati che hanno ottenuto il maggior numero di voti elettorali. La delegazione di ciascuno Stato alla Camera deve esprimere un solo voto, e se non riesce ad esprimere una maggioranza al suo interno il suo voto non verrá conteggiato. Diventa presidente chi ottiene la maggioranza dei voti degli Stati, che è 26. Le elezioni presidenziali sono state decise due volte dalla Camera: nel 1800, quando Thomas Jefferson e Aaron Burr ottennero ciascuno 73 voti del Collegio Elettorale e Jefferson vinse solo al 36esimo ballottaggio. Nel 1824, invece, Andrew Jackson ottenne 99 voti elettorali, John Quincy Adams (che aveva in effetti avuto più voti popolari) 84, William Crawford 41 e Henry Clay 37: dal momento che nessuno aveva raggiunto la maggioranza, decise la Camera e vinse Jackson al primo ballottaggio.

Dato il sistema di scelta utilizzato nei singoli Stati (basta vincere di un solo voto per aggiudicarsi tutti i grandi elettori), può accadere che venga eletto presidente un candidato che in realtà ha ottenuto meno consensi popolari del suo competitore. Questa fenomeno si è storicamente verificato in alcune occasioni, l'ultima delle quali nel 2000, quando il candidato democratico Al Gore ottenne circa mezzo milione di voti in più rispetto al candidato repubblicano George W. Bush, ma tali consensi erano distribuiti in modo più uniforme sul territorio della Federazione, così che il numero di grandi elettori democratici fu inferiore a quello dei repubblicani.

essere eletto al primo turno delle elezioni presidenziali in Sierra Leone, un candidato deve ottenere attualmente più del 55% dei voti. La soglia da superare può essere estremamente complicata in alcuni paesi: oggi in Argentina un candidato può essere dichiarato presidente senza bisogno del secondo turno se: (a) arriva primo e ottiene più del 40% dei voti, o (b) ottiene il 35% dei voti e il 5% in più del concorrente più vicino. Altrimenti si va al ballottaggio. Insomma anche per una elezione che in teoria si presenta come semplice l'elenco dei sistemi elettorali utilizzati si presenta come sufficientemente variegato.

9.4 L'elezione dei parlamenti

Se l'elezione del Capo dello Stato si presta all'applicazione di una varietà di formule elettorali, non sorprende che quando si passa ad analizzare l'elezione dei parlamenti il panorama si complica ulteriormente: il numero dei sistemi elettorali è molto variegato. Un riassunto sufficientemente inclusivo è quello proposto da un manuale di recente pubblicazione (Clark, Golder e Golder, 2009, tr. it. 2011, p. 342) e riportato nella Tab. 9.5.

Gli stessi autori che hanno redatto tale manuale, quando si passa ai tipi di regimi politici, utilizzando le classificazioni di Freedhom House e relativamente al 2004, riportano i dati visibili nella Fig. 9.1, che fanno chiaramente emergere come, fatto salvo il rapporto storico tra democrazie di tradizione anglosassone e sistemi maggioritari, il peso di quest'ultimo tipo di sistemi declina man mano che ci si sposta dai regimi non democratici a quelli democratici. In altre parole, le non democrazie sono molto più inclini delle democrazie a usare sistemi elettorali maggioritari, anche perché risultano più facilmente compatibili con regimi tendenzialmente monopartitici e con le manipolazioni del voto che a tali regimi sono associate (Lust-Okar e Jamal, 2002; Birch, 2007).

La preferenza delle democrazie per sistemi diversi da quelli appartenenti alla famiglia dei sistemi maggioritari (ripetiamo: con molte importanti eccezioni, a cominciare da Gran Bretagna, Stati Uniti e Francia), soprattutto quando si tratta di eleggere le assemblee rappresentative nazionali, è confermata dai dati raccolti e rielaborati da Pasquino, che utilizzando una serie di studi in materia (Gallagher e Mitchell, 2005; Colomer, 2004; Baldini e Pappalardo, 2004; Shugart e Wattenberg, 2001), ed avvalendosi di quell'interpretazione che vede il sistema utilizzato in paesi come la Germania, l'Ungheria o la Lituania come proporzionali o maggioritari anziché misti, riassume i sistemi elettorali utilizzati in buona parte delle principali democrazie, come riportato nella Tab. 9.6.

In queste pagine ci concentreremo sui tipi più rappresentativi e maggiormente utilizzati, guardando soprattutto ai meccanismi di traduzione dei voti in seggi, con incursioni brevi e saltuarie sulle conseguenze che la

Tab. 9.5 Famiglie di sistemi elettorali.

Maggioritario	Proporzionale	Misto
Uninominale a turno unico (MUTU) Sistema a doppio turno (SDT) Voto alternativo (VA) Voto supplementare (VS) Voto di blocco (VB) Voto di blocco di partito (VBP) Voto singolo non trasferibile (VSNT) Conteggio di Borda (CB)	Proporzionale di lista Voto singolo trasferibile (VST)	Dipendente Indipendente

Fonte: Clark, Golder e Golder, 2009, trad. it. 2011, p. 342.

Fig. 9.1 Sistemi elettorali e regimi politici nel 2004 secondo i dati di Freedom House.

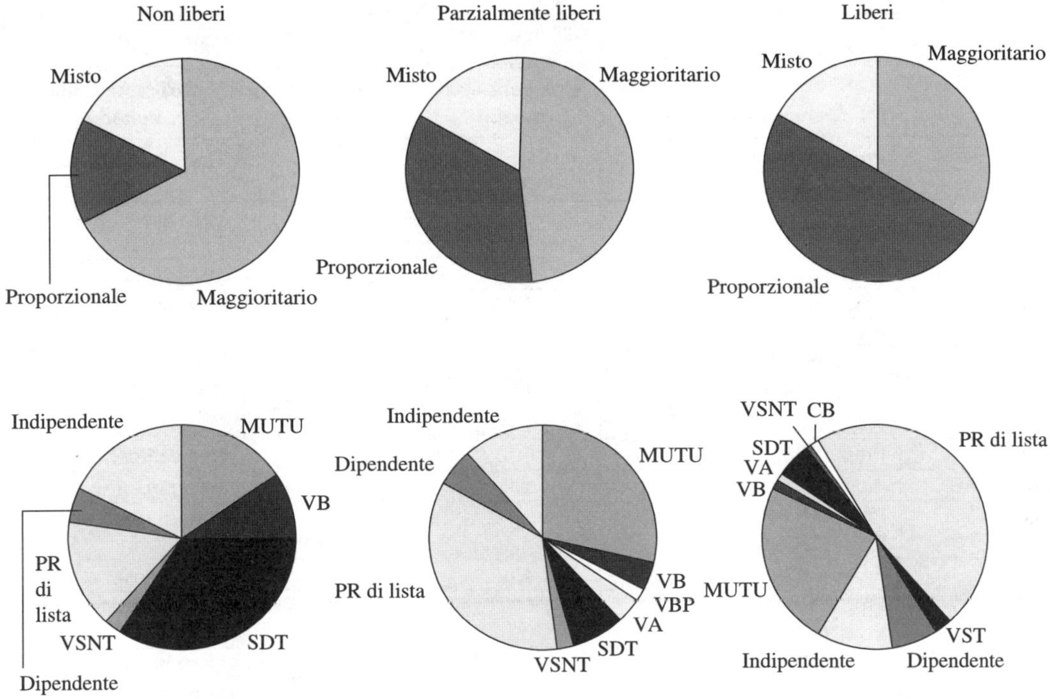

Fonte: Clark, Golder e Golder 2009, trad. it., 2011, p. 383.

scelta di un determinato sistema elettorale può avere sul sistema partitico, sui singoli partiti, sulle opzioni di voto offerte agli elettori. Cominciamo con i sistemi maggioritari.

9.4.1 *I sistemi maggioritari*

Tra quelli indicati nella Tab. 9.5, i sistemi maggioritari più noti e più utilizzati nelle democrazie contemporanee sono i primi tre: 1) il sistema maggioritario a turno unico (detto anche *plurality*); 2) il sistema maggioritario a doppio turno (o *majority*); 3). il sistema del voto alternativo. Tutti e tre si applicano generalmente in collegi uninominali, nei quali si elegge un solo rappresentante; per il primo è sufficiente una maggioranza semplice, per gli altri no.

Il plurality system, ovvero il sistema maggioritario uninominale a turno unico

Il sistema uninominale a turno unico e a maggioranza semplice (*plurality*) è il sistema elettorale maggioritario più comunemente utilizzato nel mondo. Esso è figlio della tradizione anglosassone. Le sue origini vengono, infatti, fatte risalire alla Gran Bretagna del XV secolo, quando é già utilizzato

Tab. 9.6 I sistemi elettorali utilizzati per la elezione dei parlamenti in alcune delle principali democrazie contemporanee.

Paese	Sistema elettorale	Dimensione della circoscrizione (media)	Soglia legale di esclusione (%)	Struttura della scheda
AUSTRIA	Prop. (d'Hondt) Prop. (Hare)	91,5 20,3-	 4	Voto di preferenza
BELGIO	Prop. (d'Hondt) Prop. (Hare)	23,5 7,5	–	Voto di preferenza
CIPRO	Prop. (Hare)	9,0	1,8	Lista bloccata
DANIMARCA	Prop. (Hare) Prop. (St. Lagué modificata)	17,5 7,9	 2	Voto di preferenza
ESTONIA	Prop. (d'Hondt)	9,0	5	Voto di preferenza
FINLANDIA	Prop. (d'Hondt)	14,3	–	Voto di preferenza
FRANCIA	Majority	1,0	12,5	Voto singolo
GERMANIA	Prop. (Hare)	598,0	5	Due voti per elettore
GRAN BRETAGNA	Plurality	1,0	–	Voto singolo
GRECIA	Prop. (Hare) Prop. (Droop)	22,2 5,1	3	Voto di preferenza
IRLANDA	Prop. (Droop)	4,0	–	Voto singolo trasferibile
ISLANDA	Prop. (d'Hondt) Prop. (Hare)	60,3 6,3	–	Lista bloccata
ISRAELE	Prop. (d'Hondt)	120,0	–	Lista bloccata
ITALIA (2005–2015)	Prop. (Hare) + premio di maggioranza	24,0	4	Lista bloccata
LETTONIA	Prop. (St. Lagué)	20,0	5	Voto di preferenza
LITUANIA	Majority[b]	1,0 e 70,0	5 (per parte prop.)	Voto singolo Voto di preferenza
LUSSEMBURGO	Prop. (Droop)	15,0	–	Aperta
MALTA	Prop. (Droop) + premio di maggioranza	5,0	–	Voto singolo trasferibile
NORVEGIA	Prop. (St. Lagué) Prop. (St. Lagué)	165,0 8,3	4	Lista bloccata
PAESI BASSI	Prop. (d'Hondt)	150,0	0,67	Lista bloccata
POLONIA	Prop. (St. Lagué modificata)	11,2	5	Voto di preferenza
PORTOGALLO	Prop. (d'Hondt)	10,5	–	Lista bloccata
REPUBBLICA CECA	Prop. (d'Hondt)	8,0	5	Voto di preferenza
ROMANIA	Prop[a]	10,0	5	Voto singolo e lista bloccata
SLOVACCHIA	Prop. (Droop)	38,0	5	Voto di preferenza
SLOVENIA	Prop. (d'Hondt)	6,0	4	Voto di preferenza
SPAGNA	Prop. (d'Hondt)	6,7	3	Lista bloccata
STATI UNITI	Plurality	1,0	–	Voto singolo
SVEZIA	Prop. (St. Lagué modificata)	12,0	4	Voto di preferenza
SVIZZERA	Prop. (d'Hondt)	7,7	–	Aperta, voto cumulativo
UNGHERIA	Propa	10,0 e 1,0	5 (per parte prop.)	Lista bloccata Voto singolo

a) Proporzionale con seggi maggioritari aggiuntivi.
b) Majority con seggi proporzionali aggiuntivi.
Fonte: Pasquino 2009, p. 121, con adattamenti nostri.

per l'elezione dei rappresentanti della Camera dei Comuni (House of Commons). In realtà, fino agli inizi del Settecento esso si applicava in collegi plurinominali. Il collegio uninominale viene importato dall'esperienza statunitense, e si diffonde progressivamente fino a diventare la regola alla fine dell'Ottocento (Massari, 1994a). Oggi il plurality è impiegato principalmente nel Regno Unito e in ex colonie britanniche come il Belize, il Canada, l'India, il Nepal, la Nigeria, Trinidad e Tobago, oltre che negli Stati Uniti. Il suo funzionamento è molto semplice. Il territorio nazionale viene suddiviso in tanti collegi uninominali (che eleggono, cioè, un solo rappresentante) quanti sono i seggi parlamentari da assegnare. All'interno di ogni collegio vince il candidato che ottiene il maggior numero di voti (il sistema viene anche definito *first past the post,* che significa «il primo che taglia il traguardo»), indipendentemente dal margine di distacco nei confronti dei perdenti e dal raggiungimento o meno della maggioranza assoluta dei voti. Basta un solo voto in più del secondo arrivato. Gli sconfitti, indipendentemente dalla misura della sconfitta, non hanno alcuna forma di «compensazione» da far valere per un eventuale recupero di voti (vedi. Tab. 9.7).

Per conquistare un seggio occorre, in genere, una forte concentrazione di voti a livello di singolo collegio (quindi i partiti etnici o localisti possono, a determinate condizioni, trarne vantaggio), mentre per conquistare la maggioranza dei seggi è necessaria una diffusione omogenea, maggioritaria, su ampie aree del paese (cosa che caratterizza tradizionalmente i due principali partiti britannici: i laburisti e i conservatori). In pratica, tale sistema tende a dar vita, nei contesti tendenzialmente bipartitici come quello britannico, ad una maggioranza monopartitica dotata di un numero di seggi più elevato rispetto alla percentuali di voti ottenuti, in grado di esprimere un governo stabile di un solo partito, guidato proprio dal leader di tale partito.

I sistemi di plurality trovano in letteratura sia sostenitori che detrattori. I sostenitori sottolineano la semplicità e l'incisività della scelta degli elettori. In un sistema che ha di per sé una meccanica sostanzialmente bipartitica, l'elettore votando per un candidato e nello stesso tempo per un partito (o viceversa) contribuisce a scegliere anche il governo (Massari, 1994b). Gli scienziati politici associano spesso tale sistema a stretti legami tra rappresentati e rappresentanti ed alla formazione di *governi responsabili.* Infatti, governi di maggioranza monocolore o monopartitici consentono

Tab. 9.7 Il funzionamento del *plurality system.*

	N. Voti	**% Voti**	**Risultato**
Candidato del partito A	42.000	42,0%	Eletto
Candidato del partito B	38.000	38,0%	sconfitto
Candidato del partito C	15.000	15,0%	sconfitto
Candidato del partito D	5.000	5,0%	sconfitto
TOTALE	100.000	100%	

agli elettori di individuare più agevolmente i responsabili della politica nazionale e di chiederne loro conto. Tali governi, di regola, sono governi di legislatura, molto stabili.

I detrattori li accusano di produrre risultati poco rappresentativi. Generalmente si vince senza ottenere la maggioranza assoluta, e terzi partiti che ottengono importanti quantità di consensi a livello nazionale, come regolarmente capita nel Regno Unito al Partito Liberale (Massari, 2007), finiscono per ottenere quantità irrisorie di seggi. Basti ricordare, ad esempio, che nelle elezioni legislative britanniche tenutesi nel 1983 la coalizione composta dal Partito Socialdemocratico e dal Partito Liberale, denominata Alleanza, ottenne il 25,4% dei voti nazionali, ma conquistò appena il 3,5% dei seggi, mentre il Partito Laburista, che, tra l'altro, perse le elezioni, con il 27, 6% dei voti conquistò il 32,2% dei seggi.

Il sistemi maggioritari uninominali a doppio turno

Restando nell'ambito dei sistemi maggioritari uninominali, una risposta parziale alle critiche rivolte ai sistemi che consentono di vincere senza aver ottenuto una maggioranza almeno qualificata, viene dai sistemi a doppio turno, indicati come *majority systems* perché in gran parte dei casi, per vincere il seggio al primo turno, richiedono la maggioranza assoluta. Se nessun candidato o nessun partito la ottiene, si tiene un secondo turno elettorale, normalmente una o due settimane dopo. Per quanto molto utilizzato nel periodo che va dalla fine dell'Ottocento fino alla Prima guerra mondiale da paesi come Germania, Italia, Austria, Belgio, Norvegia, Olanda, Svizzera, si può tranquillamente dire che l'esperienza più rilevante e continuativa di doppio turno è quella francese. A tale sistema la Francia ha fatto ricorso prima nel periodo del Secondo Impero, poi dal 1873 al 1936 (salve le elezioni del 1919 e del 1924 che si tengono con un sistema misto, il quale tenta di conciliare scrutinio di lista e formula maggioritaria assoluta), e ne fruisce attualmente, avendolo la Quinta Repubblica riproposto a partire dalle elezioni per l'Assemblea Nazionale del 23–30 novembre 1958[7] (Fisichella, 2011, p. 268).

Ma ritorniamo alla formula. I sistemi a doppio turno per l'elezione delle assemblee rappresentative si propongono in diverse vesti, di cui due sono le principali: i sistemi a maggioranza assoluta o di ballottaggio (*majority-runoff*), e quelli a maggioranza semplice o relativa (*majority-plurality*),

7 Si tenga peraltro presente che, con la legge 10 luglio 1985, n. 85-690, è stato introdotto per l'elezione dei deputati un sistema a scrutinio di lista e rappresentanza proporzionale, senza *panachage* né voto preferenziale, nonché con una clausola di esclusione che ammette alla ripartizione dei seggi solo le liste che abbiano ottenuto almeno il 5 per cento dei suffragi espressi, nell'ambito di circoscrizioni corrispondenti ai dipartimenti. Con tale legge si sono svolte le elezioni dell'Assemblea nazionale del 16 marzo 1986. Il sistema maggioritario a doppio turno è stato reintrodotto con due successive leggi (rispettivamente in data 11 luglio e 24 novembre 1986), mantenendo fermo il numero dei deputati, elevato nel 1985 da 491 a 577, e procedendo a un nuovo ritaglio territoriale dei collegi. Col doppio turno si sono svolte tutte le elezioni politiche successive.

che, a differenza dei primi, al secondo turno non richiedono la maggioranza assoluta.

Abbiamo già visto come il sistema con ballottaggio sia quello maggiormente utilizzato per le cariche monocratiche. Esso viene utilizzato anche per le elezioni legislative di paesi quali la Repubblica Centrafricana, le Comore, Haiti, il Kirghizistan e l'Ucraina. Il meccanismo di funzionamento è simile a quello descritto nelle Tabb. 9.8. e 9.9.

Sempre in linea generale, quando viene adottato per l'elezione delle assemblee rappresentative, il secondo turno è aperto ed a maggioranza semplice. I criteri su cui si fonda l'apertura possono essere i più diversi. Si possono ammettere tutti i candidati del primo turno o addirittura ammetterne di nuovi. Da questo punto di vista, la Francia è il più importante laboratorio storico. Nella Terza Repubblica francese (1870–1940) il doppio turno veniva utilizzato senza clausola di esclusione per il passaggio dal primo al secondo turno e, addirittura, con la possibilità, qualche volta sfruttata, di presentazione al secondo turno persino di candidati che non avevano preso parte al primo turno. In linea generale, comunque, come avviene nella Francia della Quinta Repubblica, si utilizza una soglia di esclusione per il passaggio al secondo turno. Nell'esperienza francese, dopo avere sperimentato prima una soglia del 5% dei votanti nel 1958 e poi del 10% degli aventi diritto nel 1967, l'assestamento è stato trovato al livello del 12,5% degli aventi diritto a partire dal 1976. In ogni caso, col doppio turno a maggioranza semplice, il secondo turno funziona come un plurality: vince chi arriva primo. In questa versione lo si definisce *majority/plurality*. Il meccanismo di funzionamento dell'attuale modello francese è simile a quello indicato nelle Tabb. 9.10 e 9.11.

Tab. 9.8 Funzionamento del primo turno nei sistemi con ballottaggio.

	N. Voti	% Voti	Risultato
Candidato del partito A	42.000	42,0%	Ammesso al secondo turno
Candidato del partito B	38.000	38,0%	Ammesso al secondo turno
Candidato del partito C	15.000	15,0%	Eliminato
Candidato del partito D	5.000	5,0%	Eliminato
TOTALE	100.000	100%	

Tab. 9.9 Funzionamento del ballottaggio.

	N. Voti	% Voti	Risultato
Candidato del partito A	44.000	50,6%	Eletto
Candidato del partito B	43.000	49,4%	Sconfitto
TOTALE	87.000	100%	

Si ipotizza che al ballotaggio i votanti diminuiscano di 13.000 unità rispetto al primo turno.

Tab. 9.10 Il funzionamento del primo turno francese.

	N. Voti	% Voti	Risultato
Candidato del partito A	42.000	42,0%	Ammesso al secondo turno
Candidato del partito B	38.000	38,0%	Ammesso al secondo turno
Candidato del partito C	15.000	15,0%	Ammesso al secondo turno
Candidato del partito D	5.000	5,0%	Eliminato
TOTALE	100.000	100%	–

Tab. 9.11 Il funzionamento del secondo turno francese.

	N. Voti	% Voti	Risultato
Candidato del partito A	42.500	44,7%	Sconfitto
Candidato del partito B	42.800	45,1%	Eletto
Candidato del partito C	9.700	10,2%	Sconfitto
TOTALE	95.000	100%	–

Si ipotizza che al secondo turno i votanti diminuiscano di 5.000 unità rispetto al primo turno.

I fattori che possono incidere sugli esiti del secondo turno, anche fino a capovolgerne il risultato (ma questa non è la regola), sono diversi. Tra di essi va indicato il fatto che, a differenza di quanto avviene con gli altri tipi di sistemi elettorali, l'elettore ha due opportunità di scelta a distanza di una o due settimane: può, quindi, utilizzare il *voto sincero*, ovvero il voto per il candidato o per il partito preferito, al primo turno, e quello *strategico*, ovvero per il candidato o il partito meno sgradito, al secondo. Per dirla con Sartori, tale sistema

> consente all'elettore, al primo turno, la stessa libertà di scelta che gli dà il sistema proporzionale. Da notare, inoltre, che siccome il primo turno è una *selezione,* non una elezione (a meno che un candidato non consegua immediatamente la maggioranza assoluta), il primo turno è un po' un equivalente funzionale delle primarie: è un meccanismo che sceglie i candidati maggiormente preferiti dalla maggior parte degli elettori. E in questa assimilazione il doppio turno esce, direi, vincente. Perché il primo turno è una elezione primaria che evita i problemi che affliggono le primarie americane (1994, tr. it. 1995, p. 78).

Un secondo fattore possono essere gli accordi di *desistenza* tra partiti: dopo il primo turno, partiti elettoralmente vicini possono negoziare il ritiro dei propri candidati, cosicché nei singoli collegi un partito può far convergere i suoi voti sul candidato dell'altro partito, sapendo che quest'ultimo farà la stessa cosa in un altro collegio. In Francia capita spesso che al secondo turno elettorale partecipino solo due candidati, anche se altri potrebbero legalmente gareggiare. Si può assistere in qualche caso anche al fatto che il candidato secondo piazzato rinunci a rimanere in lizza al secondo turno per facilitare la convergenza di voti su un candidato della coalizione alla quale appartiene che ha maggiori possibilità di vincere in quel collegio. La desistenza è praticabile anche preventivamente, al primo turno, qualora i partiti coalizzati temano che la dispersione di voti su più candidati della propria coalizione impedisca addirittura l'accesso al secondo turno di almeno uno di loro. Non casualmente, uno dei difetti al doppio turno aperto sono gli eccessi di «mercanteggiamento» (qualche volta si parla di «mercato delle vacche»), soprattutto tra primo e secondo turno[8].

Il voto alternativo → voto ordinale

Il sistema più semplice per consentire ai sistemi maggioritari uninominali a turno unico di produrre vincitori che hanno ottenuto la maggioranza assoluta è l'utilizzo del *voto ordinale*, che consente agli elettori di classificare i candidati in ordine di preferenza e che è tipico di un sistema etichettato come *voto alternativo*. Anche tale sistema si può ricondurre alla tradizione britannica, ma si è affermato in alcune (ex) colonie piuttosto che in madrepatria. Quando lo si utilizza, gli elettori mettono dei numeri accanto ai nomi dei candidati per indicare, in corrispondenza di ciascun nome, quale candidato rappresenta la loro prima scelta, la seconda, la terza e così via. Se gli elettori devono classificare in ordine di preferenza tutti i candidati ci troviamo di fronte a *sistemi totalmente ordinali*, quando devono classificare in ordine di preferenza solo alcuni candidati, o almeno uno solo, ci troviamo di fronte a *sistemi parzialmente ordinali*. Il sistema di voto alternativo viene anche etichettato come «ballottaggio istantaneo» (*instant-runoff voting*) perché propone qualcosa che assomiglia ad una serie di ballottaggi in cui a ogni turno viene eliminato il candidato che ha ottenuto meno voti finché qualcuno non riceve la maggioranza assoluta dei consensi. In particolare, se nessun candidato ottiene la maggioranza assoluta con la prima preferenza, il candidato con minori prime preferenze cede le sue seconde preferenze ai candidati rimasti in corsa. Nel caso questa prima cessione non risulti sufficiente, si procede alla riallocazione delle seconde preferenze del penultimo e così via, fino al raggiungimento della maggioranza assoluta da parte di uno dei candidati (vedi Tab. 9.12). Tra le caratteristiche di questo sistema, dunque, vi è il fatto che «per essere eletti i candidati devono essere non solo i più apprezzati (come prima scelta), ma anche graditi come *second best*. È chiaro che questa dinamica tende a sfavorire i partiti più estremi, verso i quali coloro che non li votano, presentano spesso pregiudiziali abbastanza nette, con dinamiche simili a quelle riscontrate nel caso francese» (Baldini e Pappalardo, 2004, p. 29).

8 Un'altro difetto che viene associato sia ai sistemi con ballottaggio che a quelli con secondo turno aperto è la caduta della partecipazione di voto al secondo turno.

Tab. 9.12 Esempio di possibile funzionamento del sistema di voto alternativo in Australia.

	Prime preferenze	% voti	Dopo ripartizione seconde preferenze del candidato D	% voti	Dopo ripartizione seconde preferenze del candidato C	% voti	Risultato
Candidato A	49.000	41,5%	52.000	44,1%	58.900	49,9%	Eliminato
Candidato B	42.000	35,6%	45.000	38,1%	59.100	50,1%	Eletto
Candidato C	18.000	15,3%	21.000	17,8%	Eliminato	–	–
Candidato D	9.000	7,6%	Eliminato	–	–	–	–
TOTALE	118.000	100%	118.000	100%	118.000	100%	–

L'Australia è probabilmente il più noto fra i paesi che utilizzano il sistema del voto alternativo, che fu introdotto nel Queensland nel 1893, per poi estendersi rapidamente alle altre colonie australiane ed essere utilizzato per eleggere la Camera dei Rappresentanti australiana a partire dal 1919. Gli elettori australiani devono classificare in ordine di preferenza tutti i candidati in lizza, perché utilizzano un sistema totalmente ordinale. Il sistema viene anche utilizzato in India, in Papua Nuova Guinea e nelle Isole Fiji, oltre che per la Camera alta britannica. L'Irlanda utilizza questo sistema per eleggere il suo Presidente.

Complessivamente considerati, come accade a tutti i sistemi elettorali, i sistemi maggioritari hanno sostenitori e detrattori. Chi consiglia questi sistemi sostiene che essi sono da preferire ai sistemi proporzionali in quanto favoriscono: a) maggiore stabilità degli esecutivi e maggiore governabilità, poiché inducono una tendenza al bipartitismo (o al bipolarismo nel caso in cui la competizione elettorale avvenga tra due coalizioni di partiti), che spesso si traduce nella formazione di solide maggioranze di governo; b) maggiore responsabilità delle forze di opposizione, in quanto favoriscono l'alternanza e forniscono quindi alle opposizioni concrete possibilità di andare al governo nelle successive elezioni; possibilità che si traducono in un invito a non sposare soluzioni radicali che le condannerebbero alla sconfitta; c) maggiore capacità dell'elettore di indirizzare l'azione di governo: in un sistema bipartitico o bipolare l'elettore, mediante l'esercizio del diritto di voto, impegna il partito o la coalizione di partiti vincenti a dare concreta attuazione al programma presentato durante la campagna elettorale.

Chi sconsiglia i sistemi maggioritari fa notare che essi: a) mal si adattano ad una comunità socialmente ed economicamente eterogenea, dato che non riescono a rappresentare adeguatamente le minoranze, le quali, non potendo superare la soglia della rappresentanza, potrebbero essere indotte ad adottare forme violente ed extralegali di tutela dei propri interessi; b) può portare al governo un partito (o una coalizione) diverso da quello che ha ottenuto i maggiori consensi. Vincendo di misura in molti collegi e perdendo largamente in altri, oppure vincendo in collegi meno densi dal punto di vista demografico e perdendo in quelli più densi, questo fenomeno diventa qualcosa in più di una probabilità statistica. Per le cariche monocratiche si è verificato nelle elezioni presidenziali statunitensi, per le assemblee legislative si è verificato in Gran Bretagna negli anni Sessanta.

9.4.2 *I sistemi proporzionali*

Relativamente ai sistemi proporzionali, i dati della Tab. 9.5 potrebbero indurre a ritenere che ci si trovi di fronte ad una famiglia poco numerosa e semplice da classificare. La realtà, invece, offre una varietà pressoché sterminata di combinazioni e di variazioni dei due principali elementi che caratterizzano questi sistemi:

1) l'utilizzo di collegi o circoscrizioni plurinominali. Se è vero che non di rado anche i sistemi maggioritari utilizzano collegi plurinominali, è anche vero che senza questi ultimi è matematicamente impossibile ripartire proporzionalmente i seggi;
2) l'utilizzo di formule matematiche (quella del *quoziente* e quella del *divisore*, qualche volta anche in combinazione) che consentono un ripartizione proporzionale dei seggi, ma anche gradi diversificati di proporzionalità.

All'interno della famiglia dei *sistemi proporzionali di lista* è possibile individuare due principali categorie: quella in cui sono inseriti i sistemi a rappresentanza proporzionale di lista, largamente prevalente, e quella del cosiddetto voto singolo trasferibile (vst), largamente residuale. La prima è incentrata sui partiti che presentano una lista di candidati e la ripartizione dei seggi avviene in base ai voti ottenuti dalle liste; la seconda è incentrata sui candidati: a determinare la conquista dei seggi è la quantità di voti attribuiti a ciascuno di essi.

I sistemi proporzionali di lista

I tipi di lista di candidati che gli elettori votano in presenza di un sistema proporzionale di lista sono diversi. La distinzione più semplice è tra: la lista chiusa, la lista aperta, la lista libera.

La *lista chiusa* è sinonimo di lista bloccata, di ordine dei candidati da eleggere determinato dal partito e di impossibilità per gli elettori di esprimere uno o più voti di preferenza per i candidati[9]. Utilizzato in Italia nel 2006, nel 2008 e nel 2013, questo tipo di lista è presente in diversi paesi

9 Generalmente le schede utilizzate nei sistemi con lista chiusa non contengono i nomi dei singoli candidati e gli elettori votano il nome e il simbolo del partito. Non mancano però le eccezioni. L'elettore nicaraguense, ad esempio, trova anche i nomi dei singoli candidati e le loro posizioni sulla lista.

(vedi Tab. 9.6) perché offre sia vantaggi che svantaggi. Tra i vantaggi va segnalato il fatto che le liste chiuse consentono l'elezione di candidati (ad esempio tecnici indipendenti, rappresentanti di minoranze etniche o linguistiche, donne), che potrebbero avere difficoltà ad essere eletti in presenza di un voto di preferenza; o il fatto che contribuiscono alla coesione dei partiti in parlamento ed evitano costose competizioni tra fazioni interne ai partiti; oppure, che rendono difficile l'occupazione dei partiti da parte di lobby esterne. Tra i difetti, il fatto che l'elezione viene trasformata in nomina da parte delle ristrette oligarchie di partito, spesso propense a premiare qualità diverse dal merito e dalle competenze.

Gli elettori si trovano, invece, di fronte ad una *lista aperta* quando possono esprimere anche un voto di preferenza per uno (preferenza unica) o più (preferenza multipla) candidati di partito. In paesi come il Brasile, la Finlandia e l'Olanda gli elettori *devono* votare per il candidato di un partito, poiché il numero totale dei seggi conquistati da ciascun partito è determinato dal numero totale dei voti attribuiti ai suoi candidati, e l'ordine in cui i candidati di ciascun partito *ricevono* questi seggi è determinato dal numero di voti individuali che ottengono. Questo aspetto accomuna i sistemi a lista aperta: gli eletti saranno coloro che all'intermo della lista conquisteranno più preferenze (per approfondimenti, vedi Reynolds, Reilly ed Ellis, 2005). Relativamente ai pregi ed ai difetti, per tanti versi si può dire quello già detto per le liste chiuse, capovolgendolo. Ad un maggior potere di scelta degli elettori, si contrappongono un minor controllo dei leader di partito sugli eletti, la possibilità di frazionismo e fazionismo interno ai partiti, gli incentivi al *personalismo* e al clientelismo.

I sistemi a *lista libera* offrono agli elettori la possibilità di allocare le preferenze a loro piacimento, all'interno di una singola lista di partito o su liste diverse, e qualche volta anche di sostituire i candidati presenti con altri da loro preferiti o di aggiungerne di nuovi a quelli proposti dalle liste dei partiti. Il termine utilizzato per indicare questa modalità di voto è *panachage* (Cox 1997, tr. it 2010, p. 43). Il *panachage* è previsto in paesi quali il Lussemburgo e la Svizzera. L'elettore svizzero ha anche la possibilità di attribuire due dei voti di preferenza a sua disposizione allo stesso candidato, ovvero di esprimere un «*voto cumulativo*». Applicato in un collegio plurinominale il sistema di voto cumulativo, infatti, consente all'elettore che può disporre di più preferenze di concentrarne più di una (in qualche caso anche tutte) su un solo candidato.

E veniamo alle formule che nei sistemi proporzionali vengono utilizzate per la traduzione dei voti in seggi. I metodi maggiormente utilizzati sono due: 1) il metodo del quoziente e/o dei resti più alti; 2) il metodo del divisore e/o delle medie più alte. Ciascuno di essi presenta diverse varianti, che vengono per lo più identificate con i nomi di coloro che le hanno proposte (vedi Tabb. 9.13 e 9.16).

Quando si utilizza il *metodo del quoziente*, il passaggio cruciale è proprio quello del calcolo del quoziente, ovvero del numero di suffragi necessari per ottenere direttamente un seggio da parte delle varie liste. Nel caso della formula più semplice, ovvero della formula di Hare, esso è dato dal rapporto tra il totale dei voti validamente espressi in una circoscrizione e il numero dei seggi messi in palio nella stessa circoscrizione: si parla allora di *quoziente naturale*, ovvero di quoziente *non corretto*. Il

Tab. 9.13 Metodi del quoziente e/o dei resti più alti (ordinati in base al grado di proporzionalità offerto).

Denominazione delle formula	**Calcolo del quoziente**	**Esempi di democrazie che utilizzano o che hanno utilizzato questa formula**
Hare	Q = V/S	Italia Camera e Senato dal 2006, Austria, Belgio, Benin, Brasile, Germania
Hagenbach-Bishoff	Q = V/S + 1	Lussemburgo, Nicaragua
Droop	Q = (V/S + 1) + 1	Irlanda, Lussemburgo, Slovacchia, Svizzera
Imperiali	Q = V/S + 2	Italia fino al 1992

Q = Quoziente, ovvero il numero di voti necessari per conquistere un seggio nella circoscrizione.
V = Totale voti validi attribuiti alle liste nella circoscrizione.
S = Numero di seggi da assegnare.

Tab. 9.14 Esempio di applicazione del quoziente di Hare in una circoscrizione che pone 8 seggi in palio per 118.000 votanti. Quoziente naturale: 118.000/8 = 14750.

Partiti	**Suffragi espressi**	**Seggi assegnati col quoziente**	**Voti utilizzati**	**Resti di voti**	**Seggi assegnati con i resti più alti**	**Totale seggi**
Partito A	49.000	3	44.250	4.750	0	3
Partito B	38.000	2	29 500	8.500	1	3
Partito C	22.000	1	14.750	7.250	0	1
Partito D	9.000	0	0	9.000	1	1
Totale	118.000	6	88.500	29.500	2	8

Tab. 9.15 Esempio di applicazione del quoziente Imperiali in una circoscrizione che pone 8 seggi in palio per 118.000 votanti. Quoziente corretto: 118.000/10 = 11800.

Partiti	**Suffragi espressi**	**Seggi assegnati col quoziente**	**Voti utilizzati**	**Resti di voti**	**Seggi assegnati con i resti più alti**	**Totale seggi**
Partito A	49.000	4	47.200	1.800	0	4
Partito B	38.000	3	35.400	2.600	0	3
Partito C	22.000	1	11.800	10.200	0	1
Partito D	9.000	0	0	9.000	0	0
Totale	118.000	8	88.500	23.600	0	8

quoziente naturale può essere abbassato introducendo delle correzioni: a tal fine i metodi più usati sono la formula di Hagenbach-Bishoff, quella di Droop e quella Imperiali, che consistono rispettivamente nell'aumentare il denominatore di una unita, nell'aggiungere un voto al quoziente calcolato con la formula appena detta, nell'aumentare il denominatore di 2 o 3 (in quest'ultimo caso saremmo di fronte ad una formula «Imperiali rafforzata»). Ovviamente, quanto maggiore è la correzione, tanto più diminuisce il quoziente e aumentano le possibilità per i partiti medio-piccoli di conquistare il primo seggio (con un quoziente intero). Per ragioni di ordine aritmetico, però, questo non si traduce in maggior grado di proporzionalità, in quanto, di norma, la completa assegnazione dei seggi del collegio richiede l'adozione di formule supplementari per l'utilizzazione dei resti, cioè dei voti non risultati utili per determinare un quoziente intero. La formula più utilizzata per l'assegnazione dei seggi residui è generalmente quella dei resti più alti, ma in diversi casi viene utilizzata la formula d'Hondt della media più alta. Le Tabb. 9.13, 9.14 e 9.15 mostrano esemplificativamente come funzionano tali sistemi e perché la formula di Hare è considerata più proporzionale rispetto alle altre.

Quando si utilizza il metodo *del divisore e/o della media più alta*, i seggi vengono attribuiti mediante la divisione dei voti ottenuti da ciascuna lista (la cifra elettorale di lista) per una serie di numeri successivi (ad es. successivamente per 1, 2, 3, 4, 5...) denominati *divisori*. I risultati ottenuti vengono poi ordinati in senso decrescente e i seggi assegnati in base ai valori più alti. La serie di numeri (divisori) varia a seconda delle varie formule adottate, che sono numerose. Quelle più utilizzate sono il metodo d'Hondt (la cifra elettorale di lista viene divisa successivamente per 1, 2, 3, 4, 5...) e il metodo di Sainte-Lagüe (i divisori sono in questo caso tutti dispari: 1, 3, 5, 7, 9...), che viene usato anche in versione modificata (1.4, 3, 5, 7, 9...) (vedi Tabb. 9.16, 9.17, 9.18, 9.19). A differenza di quello del quoziente, il metodo del divisore non richiede ulteriori formule di complemento, in quanto consente l'assegnazione di tutti i seggi della circoscrizione senza la necessità di far ricorso ai resti.

La scelta di adottare un sistema invece di un altro non è ininfluente sul risultato: minore è l'intervallo tra i divisori, maggiore è il vantaggio per i

Tab. 9.16 Il metodo del divisore e della media più alta (formule ordinate in base al grado di proporzionalità).

Formula	Divisori	Esempi di democrazie in cui è stato o è utilizzato
Sainte-Laguë	1, 3, 5, 7...	Lettonia
Sainte-Laguë modificata	1.4, 3, 5, 7...	Norvegia 1953–88, Svezia 1952–69
d'Hondt	1, 2, 3, 4...	Finlandia, Spagna, Bulgaria, Capo Verde, Paesi Bassi, Italia Senato 1948–92, Italia Camera 1994–2001

Tab. 9.17 Esempio di applicazione del Metodo d'Hondt in una circoscrizione di 118.000 votanti che pone in palio 8 seggi.

Partiti	Voti ottenuti	Divisori								Seggi ottenuti
		1	2	3	4	5	6	7	8	
Partito A	49 000	**49 000**	**24 500**	**16 333**	**12 250**	9 800	8 166	7 000	6 125	**4**
Partito B	38 000	**38 000**	**19 000**	**12 666**	9 500	7 600	6 333	5 428	4 750	**3**
Partito C	22 000	**22 000**	11 000	7 333	5 500	4 400	3 666	3 142	2 750	**1**
Partito D	9 000	9 000	4 500	3 000	2 250	1 800	1 500	1 285	1 125	**0**

In grassetto le medie più alte che consentono l'assegnazione di un seggio.

Tab. 9.18 Esempio di applicazione del Metodo Sainte-Lague modificato in una circoscrizione di 118.000 votanti che pone in palio 8 seggi.

Partiti	Voti ottenuti	Divisori								Seggi ottenuti
		1,4	3	5	7	9	11	13	15	
Partito A	49 000	**35 000**	**16 333**	**9 800**	7 000	5 444	4 455	3 769	3 267	**3**
Partito B	38 000	**27 143**	**12 667**	**7 600**	5 429	4 222	3 455	2 923	2 533	**3**
Partito C	22 000	**15 714**	**7 333**	4 400	3 143	2 444	2 000	1 692	1 467	**2**
Partito D	9 000	6 429	3 000	3 000	1 286	1 000	818	692	600	**0**

In grassetto le medie più alte che consentono l'assegnazione di un seggio.

Tab. 9.19 Esempio di applicazione del Metodo Saint-Lague in una circoscrizione di 118.000 votanti che pone in palio 8 seggi.

Partiti	Voti ottenuti	Divisori								Seggi ottenuti
		1	3	5	7	9	11	13	15	
Partito A	49 000	**49 000**	**16 333**	**9 800**	7 000	5 444	4 455	3 769	3 267	**3**
Partito B	38 000	**38 000**	**12 667**	**7 600**	5 429	4 222	3 455	2 923	2 533	**3**
Partito C	22 000	**22 000**	7 333	4 400	3 143	2 444	2 000	1 692	1 467	**1**
Partito D	9 000	**9 000**	3 000	1 800	1 286	1 000	818	692	600	**1**

In grassetto le medie più alte che consentono l'assegnazione di un seggio.

grandi partiti. Non a caso, come si vede dalla comparazione dei risultati di un ipotetico esempio di applicazione delle tre formule allo stesso risultato elettorale, ogni sistema produce una ripartizione dei seggi diversa dall'altro.

In linea generale le formule basate sul quoziente e sui resti più alti sono considerate più proporzionali di quelle basate sulla media più alta, con la formula di Hare a primeggiare per grado di proporzionalità offerto. La formula d'Hondt è invece quella che più favorisce i partiti maggiori a danno di quelli più piccoli, quindi è la meno proporzionale.

È, dunque, evidente che, per ragioni aritmetiche (i seggi da assegnare sono sempre pochi o relativamente pochi), anche i sistemi proporzionali conseguono effetti non proporzionali. Sulla loro non proporzionalità non incide solo la formula elettorale. Sartori, ad esempio, osserva che essa aumenta se tali sistemi «sono applicati a piccoli collegi, stabiliscono una soglia di accesso alla rappresentanza, o attribuiscono un premio» (1994, tr. it. 1995, p. 53). Pasquino (2009, pp. 132–139), oltre che sulla dimensione delle circoscrizioni e le clausole di accesso alla distribuzione dei seggi, mette l'accento sul numero di parlamentari da eleggere (su questo si sofferma anche Lijphart, 1994).

Per *dimensione della circoscrizione (o magnitudo),* come abbiamo già avuto modo di dire, si intende il numero di seggi attribuiti a quella specifica circoscrizione. A parità di altre condizioni, quanto più grande è la dimensione della circoscrizione tanto più elevata sarà la proporzionalità del sistema elettorale, e viceversa. Le circoscrizioni reali più grandi in assoluto sono quelle che coprono l'intero territorio nazionale, come avviene in Israele e nei Paesi Bassi. In questi due casi si registra il massimo di proporzionalità fra voti espressi e seggi conseguiti, con soglie di accesso effettive calcolate intorno all'1,5% in Israele e allo 0,67% nei Paesi Bassi. Il risultato opposto si ottiene in presenza di piccole circoscrizioni. A questo proposito un esempio paradigmatico viene considerato quello spagnolo, per il quale si parla di «proporzionale con effetti maggioritari» (Caciagli, 1994), favoriti da una formula d'Hondt utilizzata per eleggere un dei Deputati di dimensioni relativamente piccole (350 deputati) in un numero elevato circoscrizioni provinciali (52 in tutto), con una dimensione media inferiore a 7 (Box 9.5).

Box 9.5 – Spagna: un sistema proporzionale «quasi maggioritario»

Il sistema elettorale spagnolo presenta un'importante particolarità in prospettiva comparata. L'utilizzo di circoscrizioni di dimensioni molto ridotte, associato alla formula elettorale meno proporzionale tra quelle viste in precedenza (il metodo del divisore d'Hondt) ne fanno un sistema proporzionale *con effetti maggioritari* (...).

L'attuale legislazione elettorale spagnola risale al ritorno alla democrazia successivo al decesso di Franco avvenuto alla fine del 1975. Nel corso della transizione, le forze politiche si accordarono per l'utilizzo del proporzionale, successivamente ratificato con una legge del 1985. Più in dettaglio, il sistema elettorale combina i seguenti punti:

1) formula elettorale d'Hondt;
2) dimensione media della circoscrizione tra le più basse in Europa (eccezion fatta per il Vst);
3) lista chiusa senza espressione di voto di preferenza;
4) soglia legale del 3% a livello di circoscrizione, «superata» da una soglia effettiva in molti casi ben più elevata;
5) coincidenza dei confini delle circoscrizioni con il territorio delle 50 Province spagnole (più Ceuta e Melilla, *enclave* spagnole sulle coste del Marocco), con conseguente profonda difformità per «costo dei seggi» tra territori urbani e rurali.

[...]. I primi 25 anni di elezioni hanno portato a una triplice dinamica: maggioritaria e tendenzialmente premiante verso i due maggiori partiti (il Psoe e Alianza popular, poi Partido popular), maggioritaria penalizzante nei confronti della sinistra comunista (Pce, poi Izquierda unida), sostanzialmente proporzionale per i partiti regionalisti/nazionalisti, che svolgono un ruolo importante nel sistema politico e partitico spagnolo di rappresentanza delle radicate identità «nazionali» catalane e basche.

Fonte: Baldini e Pappalardo, 2004, pp. 45–46, con addatamenti nostri.

La *soglia di esclusione*, invece, rappresenta il livello minimo di consensi che deve ottenere un partito per ottenere la rappresentanza parlamentare. Le soglie possono essere *esplicite* o *implicite*. Le prime sono le *soglie legali* ed indicano la percentuale di voti (2, 3, 5% ecc.) che per legge un partito deve superare per partecipare alla distribuzione dei seggi (e che solitamente gli permette di conquistare uno o più seggi). Le soglie implicite (o effettive), invece, indicano la percentuale minima di voti che permette ad un partito, mediamente, di ottenere la rappresentanza parlamentare, indipendentemente dalla presenza o meno della soglia legale. Esse sono un sottoprodotto matematico di certe caratteristiche del sistema elettorale. Sono quindi sempre presenti, anche se possono essere più alte o più basse a seconda delle dimensioni (o magnitudo) della circoscrizione (ovvero del numero di seggi assegnati nella circoscrizione). Ad esempio, in una circoscrizione in cui si attribuiscono 10 seggi la soglia effettiva è del 10% (100/10). Ai fini della consistenza delle soglie effettive, il numero di parlamentari da eleggere non è secondario (Taagepera, 2007). Come ricorda Pasquino:

> spesso trascurato, quest'ultimo elemento, vale a dire il numero complessivo dei parlamentari da eleggere, incide anch'esso sulla proporzionalità dell'esito [...]. Risulta intuitivo che quanto più piccolo è il numero dei parlamentari tanto minore sarà la proporzionalità, e viceversa (2009, p. 137).

Le soglie legali possono essere applicate a livello nazionale, a livello di singola circoscrizione o su entrambi i livelli. Esse sono del 3% a livello circoscrizionale in Spagna e a livello nazionale in Grecia, paese nel quale la clausola è stata introdotta con le elezioni del 1993; del 4% in Norvegia e Svezia; del 5% in Germania (come vedremo tra poco); mentre in Turchia, i partiti politici devono ottenere più del 10% dei voti nazionali per essere rappresentati in parlamento. In Italia (vedi Box 9.6) la legge elettorale approvata nel 2005, che introduceva un particolare sistema etichettato come *proporzionale con premio di maggioranza eventuale*, per la Camera prevedeva una soglia del 4% per i partiti non coalizzati (si dimezzava per quelli coalizzati, a condizione che la coalizione avesse superato il 10%), quella approvata nel 2015 prevede,invece, una soglia del 3%.

Questo tipo di soglie sono spesso introdotte nel tentativo di ridurre la frammentazione del sistema partitico, impedendo ai partiti piccolissimi di ottenere la rappresentanza parlamentare. Per esempio, l'imposizione di una soglia del 5% in Germania ha rappresentato una forma di reazione al sistema partitico frammentato e instabile della Repubblica di Weimar tra le due guerre.

Il voto singolo trasferibile

Il voto singolo trasferibile è un sistema proporzionale che presenta caratteristiche particolari: si tratta dell'unico sistema proporzionale incentrato sul candidato. Sulla scheda elettorale gli elettori trovano il nome di singoli

Box 9.6 – Il sistema elettorale utilizzato in Italia nelle elezioni del 2006, del 2008 e del 2013 e quello introdotto nel maggio 2015.

Dalla fine del 2005 e fino al maggio del 2015 l'elezione del parlamento italiano è stata regolata dalla legge elettorale 21 dicembre 2005 n. 270 (conosciuta anche con il dispregiativo "Porcellum"). Per quanto riguarda la Camera dei deputati, tale legge stabiliva che: a) i seggi venivano ripartiti secondo la formula proporzionale; b) le liste di partito erano bloccate, cioè non si potevano esprimere preferenze; c) era previsto un premio di maggioranza alla coalizione (o alla singola lista) che avesse ottenuto il maggior numero di voti validi a livello nazionale, ma non la maggioranza necessaria per raggiungere la quota di 340 deputati (su 630 membri di quella Camera). La legge elettorale prevedeva diverse soglie di esclusione, a seconda che i partiti facessero parte o meno o di una coalizione. Per la Camera dei deputati, le liste non collegate a una coalizione conquistavano seggi soltanto se superavano la soglia del 4% dei voti, mentre per il Senato questa soglia si alzava all'8%. Per i partiti che facevano parte di una coalizione, invece, la soglia di sbarramento alla Camera era del 2%, mentre quella del Senato era del 3%. Infine, esistevano anche soglie di esclusione per le coalizioni: 10% dei voti validi alla Camera (purché contenessero una lista con almeno il 2% dei voti) e 20% al Senato, calcolato su base regionale (purché al loro interno vi fosse una lista che avesse raggiunto almeno il 3% dei voti.) Per il Senato i seggi erano ripartiti tra le regioni sulla base dei risultati dell'ultimo censimento generale della popolazione, riportati dalla più recente pubblicazione ufficiale dell'ISTAT, con due eccezioni: la Valle d'Aosta, che costituiva un unico collegio uninominale, e il Trentino-Alto Adige, che manteneva sei collegi uninominali. L'assegnazione dei seggi tra le liste/coalizioni veniva effettuata in misura proporzionale, con l'eventuale attribuzione del premio di maggioranza su base regionale. Nel caso in cui nessuna lista/coalizione avesse raggiunto il 55% dei seggi regionali spettava all'ufficio elettorale regionale il compito di assegnare alla coalizione di liste o alla singola lista che avesse ottenuto il maggior numero di voti il premio di maggioranza, ossia gli ulteriori seggi necessari per raggiungere la quota del 55 per cento. Allocando il premio di maggioranza su differenti basi territoriali (su base nazionale alla Camera dei deputati e su base regionale al Senato), e in presenza di un bicameralismo paritario, questo sistema elettorale ha fatto sì che la maggioranza emersa dalle elezioni del 9–10 aprile 2006 avesse dimensioni diverse alla Camera dei deputati e al Senato; mentre dalle elezioni del 24–25 maggio 2013 una maggioranza in grado di proporre un governo è emersa solo alla Camera ma non al Senato. Nel primo caso il risultato non ha favorito la stabilità del governo Prodi ed è stato una delle cause della sua caduta e del ricorso a nuove elezioni nel 2008, nel secondo caso il leader (Pierluigi Bersani) della coalizione vincente di misura alla Camera non è riuscito a formare un governo ed ha dovuto cedere il passo ad altri protagonisti (prima Enrico Letta, poi Matteo Renzi) che hanno formato governi non espressione di un voto popolare. Le elezioni del 2008 hanno, invece, assegnato alla coalizione guidata da Berlusconi una chiara maggioranza sia alla Camera che al Senato, maggioranza che si è progressivamente sfaldata, con il risultato che il governo Berlusconi nato dopo le elezioni è stato, nel novembre 2011, sostituito da un "governo tecnico" guidato da Mario Monti. Complessivamente, le tre elezioni regolate dal "Porcellum" hanno confermato le previsioni dei critici di tale sistema, che ritenevano alte le probabilità che esso non fosse idoneo a formare maggioranze coerenti in entrambe le camere e ponesse, invece, le basi per una scarsa qualità degli eletti (per lo più "nominati" dai ristretti vertici nazionali dei partiti), a causa delle liste bloccate e della scarsa democrazia interna ai partiti. Da qui varie proposte di cambiamento che si sono susseguite nel tempo. A dare una spinta decisiva verso l'introduzione di un nuovo sistema elettorale è stata la Corte Costituzionale che con una sentenza pubblicata nel gennaio 2014 ha dichiarato incostituzionale quella parte della legge del 2005 che prevedeva l'assegnazione di un premio di maggioranza indipendentemente dal raggiungimento di una soglia minima di voti e liste bloccate senza preferenze (che non rendevano i candidati riconoscibili all'elettore). Con tale sentenza, quindi, il sistema elettorale vigente venne trasformato in proporzionale puro con un voto di preferenza (e venne soprannominato *Consultellum*, in quanto prodotto di una sentenza della Consulta). La riforma del sistema elettorale introdotto nel 2005 avviene con la legge 6 maggio 2015, n. 52, che disciplina l'elezione della sola Camera dei Deputati a decorrere dal 1° luglio 2016. La regole contenute da tale legge riguardano, dunque, solo la Camera bassa, in quanto parte integrante di un pacchetto di riforme costituzionali che, una volta approvate definitivamente, dovrebbero trasformare il Senato italiano in assemblea non direttamente elettiva, spogliata del potere di investitura del governo. Il sistema elettorale introdotto dalla nuova legge è stato soprannominato

"Italicum", perché è un sistema proporzionale a doppio turno a correzione maggioritaria, con premio di maggioranza, soglia di sbarramento e 100 collegi plurinominali con capilista "bloccati", che ha pochi riscontri nel mondo (solo in Grecia e a San Marino esistono regole elettorali assimilabili) e si pone, invece, per diversi aspetti, in linea di continuità con il con due leggi elettorali italiane del passato (la legge Acerbo del 1923 e la cosiddetta "legge truffa" del 1953, che, a differenza della legge 270, prevedevano, entrambe, soglie minime per assegnare premio di maggioranza) e con vari sistemi elettorali utilizzati nei governi sub-nazionali italiani a partire dal 1993 (Chiaramonte e Tarli Barbieri, 2011).
La nuova legge prevede:

- premio di maggioranza di 340 seggi (55%) alla lista (e non alla coalizione di liste) in grado di raggiungere il 40% dei voti al primo turno;
- ballottaggio tra le due liste più votate nel caso in cui nessuna lista dovesse raggiungere la soglia del 40%, senza possibilità di apparentamento tra liste. Il vincitore ottiene 340 seggi;
- soglia di sbarramento unica al 3% su base nazionale per tutti i partiti, non essendo più previste le coalizioni;
- suddivisione del territorio nazionale in venti circoscrizioni, che vengono a loro volta ripartite in 100 piccoli collegi plurinominali nei quali si assegnano da un minimo di 3 ad un massimo di 9 seggi;
- designazione di un capolista "bloccato" in ogni collegio da parte di ciascun partito, con possibilità per i capilista di candidarsi in massimo di 10 collegi;
- possibilità per gli elettori di esprimere due preferenze "di genere" (obbligatoriamente l'una di sesso diverso dall'altra, pena la nullità della seconda preferenza) per i candidati non capilista;
- garanzia dell'alternanza di genere grazie all'obbligo di designare capilista dello stesso sesso per non più del 60% dei collegi nella stessa circoscrizione (regione) e di compilare le liste seguendo l'alternanza uomo-donna.

Dunque con l'Italicum i seggi vengono assegnati proiettando le percentuali ottenute dai partiti a livello nazionale sui 100 collegi; alla lista che raggiunge almeno il 40% dei voti al primo turno o che vince al ballottaggio vengono automaticamente assegnati i 340 seggi derivanti dal premio di maggioranza, mentre i 277 seggi restanti (si escludono infatti quello della Valle d'Aosta e i 12 della circoscrizione Estero) vengono divisi fra le altre liste che superano lo sbarramento seguendo il metodo proporzionale, e precisamente il Metodo Hare-Niemar dei quozienti interi e dei resti più alti.

candidati in competizione tra di loro, anche se appartengono ad uno stesso partito. Ciascuno di essi cerca di conquistare per sé le prime preferenze degli elettori. Il vst viene generalmente utilizzato in circoscrizioni plurinominali di piccole dimensioni (tre/cinque seggi) e questo lo differenzia dal voto alternativo utilizzato in Australia, con il quale condivide una caratteristica che in genere viene utilizzata in presenza di formule maggioritarie (ad esempio con il voto supplementare e con il conteggio di Borda): il voto ordinale (Box 9.7).

Gli elettori devono, cioè, classificare almeno un candidato in ordine di preferenza. Per conquistare uno dei seggi disponibili i candidati devono raggiungere un determinato quoziente, che nel caso più conosciuto in cui questo sistema viene utilizzato (elezioni irlandesi a vari livelli ed in particolare per l'elezione dei deputati)[10] viene calcolato utilizzando

10 Il sistema a voto singolo trasferibile viene utilizzato anche per eleggere il senato australiano ed il parlamento unicamerale maltese.

Box 9.7 – Altri sistemi con voto ordinale

Il *voto supplementare* è un sistema elettorale incentrato sul candidato che si utilizza in collegi uninominali in cui gli elettori devono classificare come minimo un candidato e come massimo due in ordine di preferenza. Il candidato che ottiene la maggioranza assoluta delle prime preferenze viene eletto automaticamente. Se nessun candidato ottiene tale maggioranza, vengono eliminati tutti i candidati tranne i primi due. Le seconde preferenze di coloro che sono stati eliminati vengono riallocate e risulta vincitore chi dei due candidati rimasti in lista arriva primo, considerando anche le seconde preferenze

Il *conteggio di Borda* viene utilizzato sia in collegi uninominali che in collegi plurinominali; spesso utilizzato per attribuire premi sportivi, lo troviamo anche nelle elezioni parlamentari a Nauru, Kiribati e in Slovenia. Si tratta di un sistema di voto ordinale e ponderato: i voti si pesano. Gli elettori ordinano i candidati e alle loro preferenze vengono assegnate valori diversi. Ad esempio 1 alla prima, 0,9 alla seconda, 0,8 alla terza e così via. I punteggi si sommano e a vincere sarà/saranno il candidato o i candidati che ha/hanno ottenuto i voti più «pesanti».

la formula di Droop (divisione della somma dei voti validi espressi nel collegio per il numero dei seggi da attribuire aumentato di uno, ed aggiungendo un'ulteriore unità alla cifra così ottenuta). Se un numero insufficiente di candidati raggiunge, con i voti ottenuti come prima scelta, il quoziente necessario per coprire tutti i seggi del distretto, si procede con un criterio similare a quello utilizzato per il voto alternativo: il candidato che riceve il minor numero di voti come prima scelta viene eliminato ed i suoi voti, insieme a quelli in eccedenza attribuiti ai canditati già eletti, vengono poi riallocati (considerando le seconde scelte) ai candidati rimasti in lizza. Il processo continua finché un numero sufficiente di candidati non raggiunge il quoziente necessario per coprire tutti i seggi disponibili. Facciamo un esempio banale che, però, riassume parte rilevante del complicato meccanismo di attribuzione dei seggi (vedi Tab. 9.20). Consideriamo una circoscrizione in cui vengono assegnati due seggi ed in cui i candidati sono quattro (Neri, Bianchi, Rossi, Verdi). Supponiamo che i quattro candidati che si sono presentati abbiano raccolto un totale di voti validi pari a 270. Il quoziente necessario è dato dal numero di votanti (270) diviso per il numero dei seggi attribuiti più uno (2 + 1 = 3), e il risultato (90) deve essere incrementato di una ulteriore unità, per un

Tab. 9.20 Ordinamento completo delle preferenze espresse dagli elettori.

Classe	Voti	Candidati (in ordine di preferenza)			
A	91	Neri	Bianchi	Rossi	Verdi
B	64	Rossi	Verdi	Bianchi	Neri
C	20	Verdi	Rossi	Bianchi	Neri
D	45	Verdi	Bianchi	Rossi	Neri
E	50	Bianchi	Rossi	Verdi	Neri

totale pari a 91 voti. L'ordinamento completo delle preferenze espresse dagli elettori è così riassumibile: 91 elettori hanno votato attribuendo la prima preferenza a Neri, la seconda a Bianchi, la terza a Rossi, la quarta a Verdi; 64 hanno attribuito la prima preferenza a Rossi, la seconda a Verdi, la terza a Bianchi, la quarta a Neri e così via. Neri, con 91 voti validi, viene eletto con le sole prime preferenze, senza riallocazione dei voti. Non essendoci *surplus* di prime preferenze, si procede eliminando il candidato Bianchi, che ha ottenuto solo 50 prime preferenze. Queste sono attribuite al candidato di seconda scelta Rossi, che con la riallocazione riesce a superare il quoziente necessario: Rossi con 114 voti conquista l'altro seggio. Il sistema di voto singolo trasferibile è considerato una delle migliori varianti di rappresentanza proporzionale, poiché garantisce una relativa proporzionalità dell'esito (nonostante la dimensione mediamente piccola delle circoscrizioni) e allo stesso tempo consente all'elettore di valutare i singoli candidati e di avere un controllo sul destino delle gerarchie da lui stabilite. Come osservano Gallagher, Laver e Mair (2006, pp. 360–361),

> ciò distingue il vst da tutti i sistemi di lista, dove la preferenza accordata al candidato di un partito potrebbe finire per giovare a un altro candidato dello stesso partito che magari non piace all'elettore. Nel vst, gli elettori possono continuare a dare preferenze dopo la prima, sapendo che una preferenza accordata a un candidato non può mai favorirlo a scapito di un altro candidato a cui l'elettore ha dato una preferenza più elevata.

Ovviamente anche i sistemi di vst non sono esenti da critiche. Tra di esse vi è quella di indebolire l'unità interna dei partiti, visto che i candidati dello stesso partito possono avere interesse a fare campagna elettorale l'uno contro l'altro. Un'altra critica riguarda il fatto che tali sistemi sono difficili da gestire in presenza di grandi circoscrizioni. Per vari motivi. In primo luogo quelli tecnici: i nomi da inserire nella scheda potrebbero essere troppi. Basti dire che la scheda utilizzata nel Nuovo Galles del Sud per le elezioni al Senato australiano del 1995 conteneva i nomi di 99 candidati ed era lunga quasi un metro. In secondo luogo perché è difficile che la gran parte degli elettori sia in grado di avere informazioni sufficienti per classificare un numero elevato di candidati. Non a caso, dunque, i sistemi a voto singolo trasferibili vengono generalmente associati a circoscrizioni relativamente piccole: l'ampiezza massima dei collegi elettorali in Irlanda e a Malta è cinque.

Complessivamente, quando si tratta di fare una valutazione, i sostenitori dei sistemi proporzionali ritengono che essi siano da preferire ai sistemi maggioritari perché garantiscono: 1) maggiore tutela delle minoranze, e per questo sono più adatti per contesti caratterizzati da una forte eterogeneità politico-sociale, in particolare per quelle società in cui sono presenti consistenti minoranze etno-linguistiche e/o religiose; 2) maggiore capacità di favorire il rinnovamento politico, perché consentono più facilmente di superare la soglia della rappresentanza a nuove compagini partitiche. I critici invece sostengono che essi tendono: 1) a favorire il frazionismo partitico e contribuiscono ad incentivare l'aumento del numero di partiti; 2) a favorire la formazione di governi instabili e frutto di negoziazioni post-elettorali tra partiti piuttosto che delle scelte operate dagli elettori.

9.4.3 *I sistemi elettorali misti*

Abbiamo già accennato al fatto che quello misto è un sistema elettorale in cui i votanti eleggono i loro rappresentanti utilizzando contemporaneamente (con una o più schede) due sistemi diversi, e in particolare uno che utilizza una formula maggioritaria e l'altro che utilizza una formula proporzionale. Questo sistema, dopo essere stato per molto tempo un prototipo utilizzato solo in Germania (vedi Tab. 9.3), si è diffuso negli ultimi decenni e gli ultimi censimenti individuano oltre 30 paesi[11], in gran parte democratici, che lo utilizzano. Le combinazioni tra i due tipi di formule che sono state sperimentate sono tante e gli esiti sono stati i più diversificati. Tutto ciò ha fornito spunti per una moltitudine di denominazioni e per una disputa sulla loro classificazione (Massicotte e Blais, 1999; Shugart e Wattemberg, 2001b; Chiaramonte, 2005), in particolare tra coloro che guardano alla combinazione di formule utilizzate e coloro che mettono l'accento sugli esiti, in qualche caso perfettamente proporzionali (è il caso tedesco, dove, però, come sappiamo, opera ed incide l'alta soglia di sbarramento).

Un modo per superare, almeno in parte, le divergenze è quello di dividere i sistemi misti in due categorie: i sistemi *indipendenti* e i sistemi *dipendenti* (Clark, Golder e Golder, 2009, tr. it. 2011, pp. 574–377). Nel primo caso ci troviamo di fronte a sistemi nei quali l'applicazione di una formula elettorale non dipende dal risultato dell'altra. Anche per questo essi vengono spesso definiti come sistemi *paralleli*. Un esempio di utilizzo di un sistema di questo tipo si ha in Russia, dove i 450 deputati della Duma (la camera dei deputati) sono eletti per metà (225) con un sistema plurality e per l'altra metà con un proporzionale di lista in un unico collegio nazionale. La quantità di seggi distribuita dalle due componenti del sistema non sempre è equilibrata, anzi spesso è diversa. Solo Andorra e l'Ucraina imitano la Russia (Reynolds, Reilly ed Ellis 2005, p. 104). Relativamente alle opportunità che la struttura del voto offre all'elettore: alcuni paesi (ad esempio la Corea del Sud) offrono una sola possibilità di scelta, valida per entrambe le componenti, altri (ad esempio il Giappone e la Lituania)

11 Secondo il censimento effettuato da Chiaramonte (2005, p. 62) un sistema misto viene utilizzato in Albania, Andorra, Armenia, Azerbajgian, Bolivia, Camerun, Ciad, Corea del Sud, Filippine, Georgia, Germania, Giappone, Guinea, Kazakistan, Kirghizistan, Italia (elezioni dal 1994 al 2001), Lesotho, Lituania, Madagascar, Messico, Niger, Nuova Zelanda, Panama, Russia, Senegal, Seychelles, Tagikistan, Taiwan, Thailandia, Tímor Est, Tunisia, Ucraina, Ungheria, Venezuela.

Box 9.8 – Il sistema utilizzato per l'elezione del Bundestag tedesco

L'elettore tedesco ha a disposizione, sulla stessa scheda, due voti. Il primo voto *(Erststimme)* è quello per il candidato del collegio uninominale. Il secondo *(Zweitstimme)* è un voto alla lista (chiusa) di partito, che viene formata a livello dei 16 *Lander* (si definisce infatti *Landesliste*) di cui si compone la Germania dopo l'unificazione del 1990. È consentita la doppia candidatura sia nel collegio uninominale che nella lista di partito. Il candidato che ottiene il maggior numero di voti nel collegio è eletto (tecnicamente questo si definisce un *Direktmandate*). Ma è il voto di lista a determinare quanti seggi spettano a ciascun partito: il secondo voto è quindi più importante del primo. Per essere ammessi alla distribuzione dei seggi, i partiti devono avere superato una delle due seguenti clausole: il 5% dei voti a livello nazionale o tre vittorie nei collegi uninominali. La formula utilizzata per l'assegnazione dei seggi è quella del quoziente Hare.

In ognuno dei 16 *Lander,* dal numero di seggi ottenuti nel riparto proporzionale vengono sottratti i seggi ottenuti nel primo voto, quello dei collegi uninominali. I seggi restanti vengono assegnati fino a coprire la percentuale di voti che spetta a ciascun partito sulla base del secondo voto, quello proporzionale. Tra le varie denominazioni del sistema elettorale, quella di sistema a membro aggiuntivo *(additional member system)* coglie proprio questo punto: la disparità tra il voto maggioritario e quello proporzionale viene colmata a vantaggio di quest'ultimo attraverso la distribuzione di tutti quei seggi non ancora effettuata nel voto uninominale (i membri aggiuntivi) che spettano al partito sulla base del conteggio proporzionale. Infine, e qui sta l'ultima particolarità del sistema, nel caso un partito abbia conquistato più seggi uninominali rispetto a quelli che gli spettano dal conteggio proporzionale, li può conservare (sono i cosiddetti *Uberhangmandaten).* Questi ultimi vanno ad aggiungersi al numero tradizionale di seggi di cui si compone il Bundestag, il Parlamento federale tedesco.

Fonte: Baldini e Pappalardo, 2004, pp. 41–42.

offrono la possibilità di esprimere due voti, uno per la componente maggioritaria e l'altro per la componente proporzionale. Supponendo che la quantità di voti conquistati dal candidato nella competizione maggioritaria e quelli conquistati dal suo partito nella competizione proporzionale coincidano, il meccanismo di traduzione dei voti in seggi è riassunto nella Tab. 9.21, che fa emergere come i seggi conquistati da un partito con la formula maggioritaria semplicemente si sommano a quelli conquistati con l'altra formula. Il partito A, essendo arrivato primo, conquista tutti i collegi

Tab. 9.21 Esempio di traduzione dei voti in seggi con un sistema elettorale indipendente misto in una circoscrizione che attribuisce 10 seggi.

	Voti ottenuti in ciascun distretto (collegio) elettorale					Voti ottenuti nel distretto (collegio) nazionale	% di voti	Seggi conquistati		
	1	**2**	**3**	**4**	**5**			**Collegi uninominali**	**PR di LISTA**	**TOTALE**
Partito A	3000	3000	3000	3000	3000	15000	60	5	3	8
Partito B	2000	2000	2000	2000	2000	10000	40	0	2	2
Totale	5000	5000	5000	5000	5000	25000	100	5	5	10

Fonte: Clark, Golder e Golder, 2009, trad. it. 2011, p. 375.

maggioritari, ed avendo ottenuto il 60% dei voti conquista 3 dei 5 seggi assegnati dalla componente proporzionale. Ciò non sarebbe avvenuto se fosse stato utilizzato un sistema dipendente misto.

In quest'ultimo caso l'applicazione della formula proporzionale dipende dalla distribuzione dei seggi o dei voti prodotta dalla formula maggioritaria. Cosicché, quando si è in presenza di un sistema dipendente, la componente proporzionale viene utilizzata per compensare, del tutto o in parte, i risultati prodotti dalla componente maggioritaria. Per essere applicati, in genere, i sistemi dipendenti misti comportano l'utilizzo di formule maggioritarie e proporzionali in due livelli elettorali separati: il collegio uninominale ed una circoscrizione di livello superiore per la componente proporzionale. Nella maggior parte dei casi gli elettori hanno così a disposizione due voti: il primo per un candidato del collegio uninominale, il secondo per una lista presente nella circoscrizione. È possibile, quindi, fornire un voto disgiunto: vale a dire votare per il candidato di un partito e per la lista di un altro partito. Vi sono tuttavia, anche in questo caso, sistemi che mettono a disposizione dell'elettore un solo voto, che vale sia per il candidato di collegio che per la lista di partito. Sistemi indipendenti vengono utilizzati in paesi quali l'Albania, la Germania e la Nuova Zelanda. Il meccanismo di funzionamento è simile a quello descritto nella Tab. 9.22. Il partito A conquista tutti i collegi uninominali, ma la sua percentuale totale di seggi dipende dalla percentuale di voti conquistata nella componente proporzionale. Per cui, avendo ottenuto il 60% dei voti, ai 5 seggi conquistati tramite la componente maggioritaria ne può aggiungere solo un altro nella componente proporzionale. Gli altri partiti, invece, utilizzano tutti i loro voti conquistati nella parte proporzionale e ottengono seggi compensativi che riequilibrano il risultato finale.

Ne consegue che il risultato della consultazione elettorale è di norma più proporzionale nel sistema dipendente misto che nel sistema indipendente, e ciò significa che i sistemi dipendenti risultano più idonei a raggiungere i

Tab. 9.22 Esempio traduzione dei voti in seggi con un sistema elettorale dipendente misto in una circoscrizione che attribuisce 10 seggi.

	Voti ottenuti in ciascun distretto (collegio) elettorale					**Voti ottenuti nel distretto (collegio) nazionale**	**% di voti**	**Seggi conquistati**		
	1	**2**	**3**	**4**	**5**			**Collegi uninominali**	**PR di LISTA**	**TOTALE**
Partito A	3000	3000	3000	3000	3000	15000	60	5	1	6
Partito B	2000	2000	2000	2000	2000	10000	40	0	4	4
Totale	5000	5000	5000	5000	5000	25000	100	5	5	10

Fonte: Clark, Golder e Golder, 2009, trad. it. 2011, p. 376.

loro obiettivi quando tra di essi vi è quello di ridurre la disproporzionalità creata dalla componente maggioritaria. Nell'utilizzo concreto di questo tipo di sistema sono emersi due tipi di problemi. Il primo è legato al fatto che i candidati che competono per un seggio di collegio sono spesso presenti anche nella lista di partito. In questo caso se un candidato vince un seggio di collegio mantiene quello e il suo nome viene cancellato dalla lista di partito. Se non vince il seggio di collegio ed è collocato in una posizione utile nella lista di partito viene eletto. Se non è collocato in una posizione utile non viene eletto. Il secondo problema è conseguenza del fatto che può accadere che uno o più partiti ottengano nella competizione maggioritaria più seggi di quanti ne giustificherebbe la competizione proporzionale. Ad esempio, nel tipo di competizione da noi ipotizzata, in presenta di tre partiti, il partito A col 40% dei voti (vedi Tab. 9.23) potrebbe conquistare tutti i 5 seggi di collegio e, se si applicasse alla lettera il principio di compensazione, non solo non avrebbe diritto ad alcun seggio di circoscrizione ma dovrebbe addirittura restituirne uno.

La soluzione a questo problema può essere quella dei *seggi fluttuanti* (o dei *mandati aggiuntivi*). Vale a dire che nella circoscrizione viene assegnato un numero di seggi superiore rispetto a quelli normalmcntc previsti. Nel nostro caso il numero totale dei seggi assegnati sarebbe di 11, anche se l'ampiezza originaria della circoscrizione ne prevedeva 10. Questo seggio extra prende il nome di «seggio fluttuante» (o di mandato aggiuntivo). Come conseguenza, il parlamento nazionale sarà formato da una quantità di eletti superiore a quella normalmente prevista di tante unità quanti saranno i seggi fluttuanti assegnati. In varie occasioni è capitato così che nel Bundestag tedesco sedessero più deputati di quelli normalmente previsti (5 in più nel 2002) e qualcosa di simile è, in varie occasioni, avvenuto per il parlamento della Nuova Zelanda, che è normalmente composto da 120 eletti. In genere, comunque, i sistemi misti dipendenti producono risultati simili a quelli prodotti dai normali sistemi proporzionali di lista.

Tab. 9.23 Esempio di traduzione dei voti in seggi con un sistema dipendente misto e seggi fluttuanti utilizzati in una circoscrizione che dovrebbe attribuire 10 seggi.

	Voti ottenuti in ciascun distretto (collegio) elettorale					**Voti ottenuti nel distretto (collegio) nazionale**	**% di voti**	**Seggi conquistati**		
	1	**2**	**3**	**4**	**5**			**Collegi uninominali**	**PR di LISTA**	**TOTALE**
Partito A	3000	3000	3000	3000	3000	15000	40	5	0	5
Partito B	2250	2250	2250	2250	2250	11250	4	0	3	3
Partito C	2250	2250	2250	2250	2250	11250	30	0	3	3
Totale	7500	7500	7500	7500	7500	37500	100	5	6	10+1

Fonte: Clark, Golder e Golder, 2009, trad. it. 2011, p. 376.

Pertanto condividono molti dei vantaggi e degli svantaggi che la letteratura attribuisce a quest'ultimi, anche se va rilevato che il collegio uninominale consente un più stretto rapporto tra elettori ed eletti. Tuttavia non mancano osservatori che fanno notare come ciò possa contribuire a creare due categorie di legislatori, una che risponde a un distretto geografico, ad una *constituency*, e una che è più condizionata dal partito.

9.5 Sugli "effetti" dei sistemi elettorali sui sistemi di partito: cenni

Sono molti gli studiosi dei fenomeni politici che ritengono che ci sia una relazione tra sistemi elettorali e formato dei sistemi di partito. Non tutti, però, sono d'accordo sulla direzione del nesso di causalità. O meglio, una parte importante di essi ha sostenuto e sostiene che i sistemi elettorali non costituiscono la variabile indipendente e che i loro effetti sono al massimo incerti. Basti ricordare che già nel 1967 Lipset e Rokkan affermavano che «nella maggior parte dei casi ha poco senso trattare i sistemi elettorali come variabili indipendenti ed i sistemi dei partiti come variabile dipendente» (1967, 30). Sartori (1984; 1994, trad. it. 1995) sostiene che tale conclusione è affrettata e, comunque, non esclude assolutamente quella che vuole che la variabile indipendente sia il sistema elettorale. Su quest'ultima premessa si fonda quell'"ingegneria elettorale" che ha trovato molti cultori. Essa ha certamente un precursore in Maurice Duverger (1951, trad. it. 1961)[12], che é stato il primo a proporre possibili generalizzazioni (poi conosciute come "leggi") sull'influenza dei sistemi elettorali sui sistemi di partito, la prima delle quali asserisce che i sistemi maggioritari ad un turno tendono al dualismo partitico ed é seguita da un'altra che afferma che il sistema maggioritario a doppio turno e quello proporzionale tendono al multipartitismo, hanno, cioè, un effetto moltiplicativo del numero di partiti. Il destino delle "leggi" di Duverger é stato quello di essere criticate da quasi tutti coloro che sono intervenuti nel dibattito successivo senza però mai essere completamente "falsificate".

Sartori fa dell'argomento in questione uno dei suoi preferiti intervenendo in diverse occasioni ed introducendo correttivi ed innovazioni alle elaborazioni di Duverger. In particolare, lo studioso italiano specifica che in materia di effetti del sistema elettorale sul numero dei partiti é opportuno parlare in primo luogo di *effetto riduttivo* «poiché o il loro numero viene ridotto oppure il sistema elettorale risulta inefficace» (1994, trad. it 1995, 47), e in ogni caso non c'è «alcun *effetto moltiplicativo*» (ibidem). Sartori considera quelle di Duverger come "leggi" che al massimo individuano una «tendenza» e che, per non risultare errate, devono essere

12 Una prima formulazione delle leggi di Duverger é del 1946. La versione più nota é quella contenuta nel volume sui Partiti Politici, la cui prima edizione francese é del 1951.

Tab. 9.24 Effetti combinati dei sistemi elettorali e partitici.

Sistema partitico	**Sistema elettorale**	
	Forte	**Debole**
Forte (strutturato)	(I) Effetto riduttivo del sistema elettorale	(II) Effetto controbilanciante-bloccante del sistema partitico
Debole (non strutturato)	(III) Effetto riduttivo-bloccante a livello di collegio	(IV) Nessuna influenza

Fonte: Sartori 1994, trad, it. 1995, p. 57.

meglio e più rigorosamente formulate. Per introdurre maggior rigore, Sartori, accanto al sistema elettorale (*condizione sufficiente primaria ma non esclusiva*), prende in considerazione altre potenziali variabili indipendenti o intervenienti (*condizioni necessarie*) che producono effetti sulla variabile dipendente *numero di partiti*. Tra le variabili intervenienti da lui prese in considerazione e che assumono, quindi, un particolare rilievo nella determinazione del numero di partiti vi sono la *distribuzione delle preferenze degli elettori*[13] e la *la strutturazione del sistema partitico*[14]. E' soprattutto quest'ultima ad assumere, nella proposta sartoriana, un peso decisivo. Per il politologo italiano «non é solo il sistema elettorale, ma anche il sistema partitico ad influenzare l'elettore» e, quindi, «non si possono valutare correttamente gli effetti dei sistemi elettorali senza valutare allo stesso tempo le proprietà manipolative e canalizzatrici del sistema partitico» (1994, trad. it. 1995, 51). A seconda di quanto sono condizionanti nei confronti degli elettori e riduttivi nei confronti dei partiti, egli distingue i sistemi elettorali in «forti» (fortemente influenti) e «deboli» (poco efficaci)[15]. Lo stesso procedimento utilizza nei confronti dei *sistemi partitici*, che possono a loro volta essere «forti» e «deboli» a seconda che siano strutturati o non strutturati. Ne derivano le combinazioni riassunte nella tab. 9.24, che riassumono una parte rilevante del contributo di Sartori in materia di effetti combinati dei sistemi elettorali e partitici.

13 Particolarmente rilevante viene consideratala presenza o meno di minoranze geograficamente concentrate e politicamente non rassegnate.

14 Non si può dire che Sartori definisca dettagliatamente cosa siano i "sistemi partitici strutturati". Nella sostanza, però, egli rinvia alla *freezing proposition* (Capitolo VII) di Lipset e Rokkan (1967). Per Sartori, «un sistema partitico diventa strutturato quando l'elettore non segue più "il notabile" ma si orienta in funzione di immagini astratte di partito o delle ideologie di cui i partiti sono portatori. In concreto, un sistema partitico é strutturato quando é fatto di, o da, partiti di massa» (Sartori, 1984, 19-20); invece, se «l'elettore vota puramente e semplicemente per il notabile locale o per qualche sorta di capo (...) i partiti rimangono etichette di poco o nessun conto.» (1994, trad. it. 1995, 51).

15 Sartori specifica che «i sistemi elettorali forti includono non soltanto, come è ovvio, la formula maggioritaria, ma anche le formule di rappresentanza proporzionale fortemente impure (...). Viceversa, i sistemi elettorali deboli si riferiscono alle formule proporzionali pure o relativamente poco impure» (1998, 56).

Come si vede le combinazioni possibili sono quattro: I) forte sistema elettorale e forte sistema partitico, II) sistema elettorale debole e sistema partitico forte, III) sistema elettorale forte e sistema partitico debole, IV) debole sistema elettorale e debole sistema partitico.

Nel primo caso l'effetto combinato é *riduttivo* del numero di partiti, nel secondo caso *bloccante e controbilanciante*, nel terzo si produce *solamente a livello di collegio*, nel quarto *inesistente*.

Ricapitolando, per quanto riguarda l'influenza dei sistemi maggioritari uninominali a turno unico, Sartori precisa e riformula la prima "legge" di Duverger asserendo che affinché tale sistema costituisca una condizione sufficiente per il costituirsi per un sistema bipartitico deve accompagnarsi a due condizioni necessarie: una forte strutturazione del sistema partitico (vale a dire che i due maggiori partiti devono essere consolidati) e una non elevata dispersione dei voti fra i diversi collegi (vale a dire che gli eventuali concorrenti dei due partiti maggiori non devono essere fortemente concentrati in alcuni collegi soltanto). Insomma, «un sistema maggioritario non può produrre di per sé un formato bipartitico (...) nazionale, ma aiuterà in ogni caso a *mantenerlo* una volta che c'è» (Sartori, 1994, trad. it 1995, p. 54); invece,

> un formato bipartitico è *impossibile* - quale che sia il sistema elettorale - qualora minoranze razziali, linguistiche, ideologicamente alienate, monotematiche, o similmente incoercibili (che rifiutano di farsi rappresentare dai due maggiori partiti di massa) siano concentrate in alte proporzioni in determinati collegi o in particolari aree geografiche (ibidem).

Per quanto riguarda il sistema proporzionale, Sartori rifiuta l'idea dell'«effetto moltiplicativo», che altro non sarebbe se non una illusione ottica risultante dalla sequenza storica dei sistemi elettorali. La proporzionale rispecchia «in proporzione», «fotografa», lascia ai partiti la libertà di moltiplicarsi, non penalizzandoli. Quindi non moltiplica, casomai rimuove i precedenti ostacoli alla moltiplicazione dei partiti, gli effetti frenanti che erano stati frapposti dai sistemi elettorali che l'hanno preceduta. Quelli moltiplicativi sono, quindi, non effetti della proporzionale ma conseguenze collaterali dovute alla rimozione degli ostacoli precedenti.

> Il preteso effetto moltiplicativo della proporzionale é, al massimo, un effetto *indiretto* e, per la stessa ragione, un effetto *incerto*. Dunque non c'é alcuna stranezza nel fatto che l'introduzione della proporzionale *può non* produrre più partiti. Per ricapitolare, la proporzionale pura è un sistema elettorale *senza-effetto*. Viceversa, la proporzionale incide sul sistema partitico nella misura in cui è *non-proporzionale*, e ciò in una varietà di modi: dalla piccola dimensione delle circoscrizioni, alle clausole di esclusione, ai premi di

maggioranza e, da ultimo, alle traduzioni disproporzionali dei voti in seggi. Ne consegue che quando la proporzionale dispiega effetti manipolativi, questi effetti sono restrittivi, non moltiplicativi. Pertanto l'influenza della proporzionale si configura semplicemente come un indebolimento della stessa influenza esercitata dai sistemi maggioritari» (Sartori, *1994*, trad. it., pp. 60–61).

Piuttosto controversa é la questione relativa all'effetto del doppio turno. Sia perché si tratta di un sistema con molte varianti, che può essere applicato sia in collegi uninominali che in collegi plurinominali, sia perché i casi empirici che i politologi hanno tenuto particolarmente presenti (in particolare la Francia della III e della V repubblica) sono quantitativamente limitati e, comunque, suscettibili di letture diverse. Sufficientemente condivisa é la constatazione di Fisichella secondo il quale «la formula di doppio turno non predispone di per se ad alcun formato partitico» (Fisichella 2011, 287). Vale a dire che di per sé non ha né effetti moltiplicativi né effetti riduttivi sul sistema partitico. Per Fisichella, e non solo per lui, infatti, gli effetti del doppio turno "alla francese" derivano dalla (elevata) soglia di accesso al secondo turno. In presenza di tale tipo di soglia, il doppio turno di collegio ha una notevole effetto riduttivo nei confronti dei piccoli partiti, che sono costretti ad aggregarsi se vogliono sopravvivere, e una notevole efficacia dis-rappresentativa, soprattutto per i partiti estremi e/o estremisti, che, anche quando superano la soglia di accesso, hanno scarsa capacità di attrarre nuovi elettori al secondo turno. Inoltre, sempre in presenza di una soglia elevata, i partiti sono incentivati ad aggregarsi a dar vita a coalizioni politico-elettorali.

Sartori, pur convenendo sulla impossibilità di pervenire ad una conclusione generalizzante in materia di effetti del doppio turno, ritiene che alcuni tipi di tale sistema, a determinate condizioni, possano anche avere effetti riduttivi[16].

Per lo stesso autore il sistema in questione fornisce, tuttavia, alcune certezze:

1) se non *quanti partiti*, si può prevedere *quali partiti* (quale genere di partito) risulteranno sottorappresentati. Il doppio turno penalizza fortemente i partiti estremisti, estremi e/o isolati;

2) nel caso di un passaggio da un sistema proporzionale che ha consentito il radicamento di un multipartitismo estremo ad un sistema maggioritario, il doppio turno é preferibile al maggioritario ad un turno, perché consente di trovare formulazioni efficaci per conseguire un effetto

16 Per Sartori (1984, 37-40) l'effetto riduttivo del doppio turno è forte quando opera in collegi uninominali, riduce la competizione a due candidati, richiede la maggioranza assoluta. E' forte-debole (caso intermedio) quando é caratterizzato da una bassa soglia di esclusione per il passaggio al secondo turno. E' debole quando opera in collegi plurinominali e consente a tutti (o quasi) i candidati di accedere al secondo turno.

Tab. 9.25 Le condizioni necessarie e gli effetti dei sistemi elettorali sui sistemi di partito secondo Sartori.

Tipo di sistema elettorale	Precondizione/condizione necessaria	Effetto
Maggioritario uninominale ad un turno	Sistema partitico strutturato. Assenza di minoranze geograficamente concentrate e politicamente non rassegnate.	Bipartitismo
Maggioritario uninominale a doppio turno	Elevata soglia di accesso al secondo turno. Sistema partitico non strutturato. Capacità di "manovra" (di costruire alleanze) dei principali partiti.	Effetto riduttivo nei confronti dei piccoli partiti e/o dei partiti estremisti, estremi e/o isolati.
Proporzionale pura	Sistema partitico strutturato.	Nessun effetto
Proporzionale impura (circoscrizioni piccole, clausole di esclusione, premi di maggioranza).	Sistema partitico non strutturato, costi d'ingresso troppo elevati per i piccoli partiti.	Riduttivo

riduttivo. In particolare in società e sistemi partitici altamente polarizzati, il doppio turno penalizzando i partiti estremi facilita la riduzione del numero dei partiti e della polarizzazione; e, per ciò stesso, la governabilità. In complesso le posizioni di Sartori possono essere sintetizzate come nella tab. 9.25.

Domande

1 Come si possono definire le elezioni?

2 Da quali passaggi è stata contrassegnata l'estensione del suffragio?

3 Quando le elezioni si possono definire democratiche?

4 Cos'è un sistema elettorale?

5 Cosa sono le formule elettorali?

6 Quando un sistema elettorale si può definire maggioritario, proporzionale o misto?

7 Quali sistemi vengono in genere utilizzati per la scelta delle cariche monocratiche?

8 Quali sono e come funzionano i principali sistemi maggioritari?

9 Cosa distingue il sistema di voto alternativo dagli altri sistemi maggioritari?

10 Quali sono i pregi e i difetti dei sistemi maggioritari?

11 Quali sono i principali elementi che caratterizzano i sistemi proporzionali?

12 Quali tipi di lista vengono utilizzati nei sistemi proporzionali?

13 Cosa differenzia i metodi del quoziente da quelli del divisore?

14 Quali elementi possono incidere sul grado di proporzionalità di un sistema proporzionale?

15 Cosa differenzia i sistemi a voto singolo trasferibile dai sistemi di lista?

16 Quali sono i principali tipi di sistemi elettorali misti? In cosa differiscono?

17 Cosa sono i «mandati aggiuntivi» e quali effetti hanno sulla dimensione dei parlamenti?

18 Quali sono gli "effetti" dei sistemi elettorali sui sistemi di partito?

Parlamenti, governi, ingegneria costituzionale

CAPITOLO DECIMO

10.1 I parlamenti

Nonostante la letteratura parli ciclicamente di crisi, degenerazione e perdita di funzioni, i parlamenti rimangono l'«istituzione principe» della rappresentanza nelle democrazie contemporanee. Ma cos'è un parlamento? Mastropaolo e Verzichelli (2006, p. 3), riprendendo alla lettera la definizione riportata in un autorevole dizionario della lingua italiana (Battaglia, 1984, p. 615), indicano il parlamento tipico della democrazia rappresentativa come un «organo istituzionale fondamentale a base rappresentativa [...], che esercita in posizione di indipendenza rispetto agli altri poteri (esecutivo e giudiziario) dello Stato e spesso con una preminenza più o meno forte ed effettiva nei confronti del potere esecutivo, il potere legislativo e funzioni di controllo e indirizzo politico». Tale definizione sintetizza gran parte dei connotati tipici dei parlamenti democratici ma non specifica una serie di elementi che li differenziano tra di loro. In questo paragrafo cercheremo di fornire qualche approfondimento in materia, soffermandoci su: 1) definizione di parlamento e parlamenti democratici; 2) dimensioni e numero di camere dei parlamenti; 3) le funzioni tipiche dei parlamenti democratici.

10.1.1 *Parlamento e parlamenti democratici*

Il termine italiano *parlamento* deriva da quello francese *parlement*, che fa riferimento all'azione del parlare: inteso in questo senso, un parlamento è quindi un luogo dove si discute e si dibatte per giungere a delle decisioni. Anche se non mancano studi che evidenziano la presenza di pratiche assembleari in contesti storici e culturali distanti nello spazio e nel tempo, il termine di cui stiamo parlando circola in Europa da circa un millennio, in una serie di varianti (*parlamentum*, *parliament*, *parlamento*), soprattutto per indicare un fenomeno che nasce e si sviluppa in tale continente. La nascita dei parlamenti viene, infatti, fatta risalire al continente europeo e ai secoli XI–XII e trova una prima formalizzazione nell'istituzione da parte delle monarchie medioevali di un consiglio – la cosiddetta *curia regis* – di cui facevano parte vassalli, dignitari, consiglieri e servitori del re, che avevano il compito di assistere quest'ultimo nella sua attività di governo, di informarlo circa l'andamento dell'amministrazione del regno e di assicurargli la deferenza dei sudditi (Poggi, 1994; Mastropaolo e Verzichelli, 2006). In determinate circostanze, in particolare quando si trattava di decidere di questioni belliche e/o questioni fiscali: «I monarchi prendono l'abitudine di adunare a corte, e attorno a sé, in assemblee più vaste, i *meliores et maiores terrae:* l'aristocrazia feudale, l'alto clero, la bassa nobiltà, le magistrature più elevate, ma anche le élite cittadine» (Mastropaolo e Verzichelli, 2006, p. 5). Man mano che veniva allargata, la *curia regis*, quantunque seguitasse a dipendere per la sua convocazione e la sua attività dalla volontà esclusiva del re e dalle sue esigenze, tende a trasformasi in curia generale o solenne, colloquio, consiglio, e magari anche in *parlamentum e magnum parlamentum.* Insomma, i baroni, i prelati, ma anche i cavalieri e i notabili cittadini, vengono progressivamente sospinti a costituirsi in entità collettive – i ceti, gli *états,* gli *Stände,* le *cortes* – che interagiscono con il re anche per il tramite di rappresentanti da loro espressi (Hintze, 1930; D'Agostino, 1980), che talvolta fungono da contraltare al potere della corona, specie sulle questioni fiscali. Cosicché, se è vero che il parlamentarismo moderno, con la concezione della rappresentanza che che lo caratterizza, le procedure elettorali, le competenze decisionali, i rapporti con gli altri organi dello Stato (ad esempio capo dello Stato e governo), è un fenomeno che trae le sue basi dalla Rivoluzione francese, è anche vero che esso è frutto dell'evoluzione del parlamentarismo premoderno ed in particolare di

> una partita, accanitamente giocata tra il monarca e suoi interlocutori, la cui posta fondamentale era di natura fiscale e militare a un tempo. Il monarca richiedeva mezzi finanziari, di vario genere e per le più svariate finalità, ma nient'affatto immotivate, ovvero per sostenere le ambizioni d'allargamento del regno e le sue esigenze di difesa. Insieme, pretendeva uomini per i suoi eserciti. I suoi interlocutori inizieranno a negoziare con lui e ad avanzare le loro pretese, nutrendo un fondamentale obiettivo: quello di estorcergli almeno qualche quota del potere politico che egli andava accentrando (Mastropaolo e Verzichelli, 2006, p. 6).

La grande maggioranza degli Stati contemporanei è, dunque, dotata di un'istituzione che, seppur variamente denominata da paese a paese (congresso, parlamento, assemblea nazionale, stati generali, consiglio ecc.), viene comunemente definita «parlamento». L'assenza completa di tale istituzione è oggi un fatto eccezionale. Si può quindi dire che «laddove non esiste un parlamento possiamo essere certi che non esiste nessun ordinamento democratico» (Pasquino e Pellizzo, 2006, p. 13), ma non senza precisare che la semplice esistenza di un parlamento non basta a caratterizzare come democratico un regime politico. A fare di un'assemblea un *parlamento democratico* contribuiscono diversi fattori, primo fra tutti il fatto che esso è stato costituito attraverso procedure elettorali democratiche. Da lì per forza di cose bisogna partire per risalire a quelle che sono considerate le altre proprietà generalmente attribuite ai parlamenti democratici (Cotta, Della Porta, Morlino, 2008, pp. 300–301), e in particolare:

- la *natura assembleare e collegiale*, ovvero la condizione essenzialmente paritaria e non gerarchica dei componenti l'istituzione;
- il *carattere permanente*, vale a dire il loro essere in grado di produrre un flusso decisionale continuo e di non dipendere da altri organismi in materia di convocazione e organizzazione della propria attività;
- il *pluralismo interno*, che consente a tali istituzioni di esprimere un pluralismo di orientamenti e all'opposizione di fruire di uno spazio istituzionale;
- il *periodico rinnovo nella composizione*, visto che il mandato di coloro che li compongono è temporalmente definito e viene attribuito in seguito ad elezioni libere, corrette, competitive, ricorrenti.

Cosicché, come definizione minima di parlamento democratico si può accettare quella che lo indica come «un'assemblea rappresentativa a competenza generale, pluralistica e permanente ma rinnovata nella sua composizione tramite elezioni a scadenze regolari» (*ibidem*); tenendo presente che quando una o più delle proprietà sopra elencate viene a mancare o viene svuotata, ci troviamo di fronte a parlamenti di un *genus* differente. Rispetto ai parlamenti pre-moderni, i parlamenti democratici differiscono, dunque, per tanti aspetti (per approfondimenti rinviamo a Cotta, Della Porta, Morlino, 2008, pp. 306–308). Qui mettiamo l'accento soprattutto su uno: *la concezione della rappresentanza* (su questo vedi Fisichella, 1983 e 1996; Sartori, 1987a). I parlamenti pre-moderni esprimevano un *pluralismo di status* che rifletteva diseguaglianze legalmente riconosciute, quelli democratici riflettono un *pluralismo di opinioni e di interessi* di soggetti formalmente uguali. Con una formula sintetica si può dire che i primi offrivano rappresentanza di tipo corporativo, mentre i secondi offrono una rappresentanza di tipo individualistico; ed ancora, che i componenti delle assemblee medioevali erano in gran parte dei fiduciari di vari corpi sociali[1] che agivano su mandato imperativo, spesso con istruzioni scritte, mentre la rappresentanza moderna prevede il superamento dei corpi sociali (ceti, corporazioni di mestiere, città), attraverso un sistema che ammette solo un'unica unità politica: il «corpo elettorale». I moderni rappresentanti rappresentano la popolazione nella sua globalità, come corpo unitario che dà forma a una nazione. Essi non sono più legati a vincoli di mandato e istruzioni scritte, ma cercano di interpretare secondo coscienza gli interessi generali della nazione. La concezione della rappresentanza (Pitkin, 1972) che esprimono si avvicina molto di più a quella che Sartori (1987a) indica come «responsabilità» e «ricettività» (Box 10.1).

1 In buona parte dei vari parlamenti pre-moderni l'alta nobiltà e l'alto clero si «autorappresentavano» intervenendo di persona, mentre gli altri ceti – bassa nobiltà, basso clero, borghesia urbana e di campagna – delegavano, con mandato imperativo, dei rappresentanti per tutelare i propri interessi.

Box 10.1 – Possibili significati della nozione di «rappresentanza»

«Etimologicamente parlando, rappresentare sta per dire: presentare di nuovo e, per estensione, rendere presente qualcosa o qualcuno che non è presente. Da qui la teoria della rappresentanza si svolge in tre direzioni diverse, a seconda che venga associata: a) con l'idea di *mandato*, o di *delega*; b) con l'idea di rappresentatività, vale a dire di *somiglianza* e *similarità*; c) con l'idea di *responsabilità*» (Sartori, 1987a, p. 267). Detto in altri termini «un'assemblea può offrire rappresentanza perché è rappresentativa da un punto di vista sociologico della società in generale. In questo caso, l'assemblea rappresenta proprio perché la sua composizione sociale assomiglia, nei limiti del possibile e senza forzature "corporative", a quella della società in generale. Un'assemblea può anche offrire rappresentanza perché ha ricevuto, in quanto i suoi componenti hanno a loro volta ricevuto, il mandato di prendere delle decisioni per conto, e nell'interesse, dei cittadini elettori. In questo caso, la nozione di rappresentanza corrisponde all'idea di mandato o delega. Infine, un'assemblea può offrire rappresentanza perché è "responsabile", vale a dire è attenta e sensibile alle necessità, alle domande e alle preferenze dei cittadini elettori. In questo terzo, e ultimo caso, la nozione di rappresentanza corrisponde a quella di responsabilità o, come dice Sartori, di ricettività» (Pasquino e Pellizzo, 2006, p. 75).

Rispetto ai molti regimi non democratici che popolano la realtà contemporanea e che evidenziano anche la presenza di un parlamento (Gandhi, 2008), la differenza sta principalmente nella qualità dell'investitura (Howard e Roessler, 2006), nel grado di autonomia e nella rilevanza. In quest'ultimo tipo di regimi il peso dell'istituzione parlamentare è spesso marginale, essa non è in grado di far emergere un'opposizione al governo in carica e a incidere in modo rilevante sulla politica nazionale. Non si può però dire che sia del tutto inutile. Come le elezioni, la presenza di un parlamento può essere utile per conferire legittimità – nazionale e internazionale – al regime, per integrare parte dell'opposizione o il centro e la periferia, per far emergere nuove élite.

Un tipo particolare di parlamenti si è recentemente proposto in paesi che, in seguito alla terza ondata di democratizzazione, hanno intrapreso un percorso verso una liberaldemocrazia, senza però averlo ancora portato a termine (vedi Capp. IV e V). In tali paesi, non di rado capita che parlamenti eletti con modalità almeno parzialmente democratiche non riescano a svolgere funzioni che normalmente svolgono i parlamenti democratici: ad esempio il controllo sui governi, specie là dove presidenti eletti direttamente governano in modo arbitrario. Come fa notare Diamond, in molte «nuove democrazie», in particolare in quelle sudamericane, spesso i «parlamenti sono privi di organizzazione, risorse finanziarie, servizi di informazione, membri e personale d'esperienza perché possano fungere da punto di deliberazione maturo e autonomo nel processo politico» (1999).

10.1.2 *Dimensione dei parlamenti, monocameralismi, bicameralismi*

Jean Blondel (1973) scrive che due sole cose è possibile dire con relativa certezza di ogni parlamento: quanti membri e quante camere lo compongono. I primi, in particolare il numero dei seggi nella camera principale là dove le camere sono due, indicano le dimensioni del parlamento, che generalmente riflettono in qualche misura quelle della popolazione nazionale. Anche per questo la Cina, paese non democratico più popoloso al mondo, ha una «Assemblea nazionale del popolo» composta da quasi tremila membri; il Parlamento di Tuvalu, isola del Pacifico meridionale (che nel 2013 aveva solo 9.876 abitanti), ne conta appena quindici; Italia, Francia e Regno Unito propongono numeri non molto diversi (vedi Tab. 10.1). L'elevata o la ridotta dimensione non indicano la forza o il peso politico di un parlamento. Vale tuttavia la pena segnalare che le assemblee mastodontiche rischiano di essere impotenti e incontrano difficoltà quando si tratta di operare con continuità, mentre quelle di piccole dimensioni, soprattutto in paesi che dal punto di vista demografico tali non sono, certamente perdono in rappresentatività. Insomma non sempre le piccole dimensioni indicano una scelta virtuosa.

La classificazione più semplice dei parlamenti è quella che guarda al numero di camere che li compongono, che si traduce nella classica dicotomia tra *monocameralismi* e *bicameralismi*. Se il parlamento è costituito da due camere, una viene tradizionalmente denominata *Camera alta*, l'altra *Camera bassa*. Per quest'ultima (che è l'unica camera dei parlamenti monocamerali) le denominazioni più utilizzate sono *Camera dei rappresentanti, Camera dei deputati, Assemblea legislativa, Assemblea nazionale*, ed i componenti vengono spesso indicati come *deputati*, mentre per la camera alta la denominazione di gran lunga più utilizzata è quella di *Senato*, i cui membri sono detti *senatori*; in certi ordinamenti federali la camera alta è detta *Consiglio degli Stati* ed i componenti definiti *consiglieri*.

Oggi la configurazione più diffusa è quella del parlamento unicamerale: nel 2009, 114 dei 191 parlamenti nazionali (sia di paesi democratici che non) esistenti nel mondo prevedevano una sola Camera (Hague e Harrop, 2011, pp. 254–255). Il progressivo aumento dei parlamenti unicamerali è un fenomeno della seconda metà del Novecento ed è dovuto anche al fatto che molte piccole democrazie (ad esempio Nuova Zelanda nel 1950, la Danimarca nel 1954, la Svezia nel 1971, l'Islanda nel 1991) hanno optato per l'abolizione della seconda Camera e che verso il monocameralismo si sono indirizzati sia diversi paesi che hanno conquistato/riconquistato l'indipendenza sia diversi paesi ex comunisti. Le assemblee bicamerali sono tipiche dei paesi più grandi e delle democrazie consolidate e perlopiù rispondono ad esigenze, in parte attuali in parte superate[2], di bilanciare diverse forme di rappresentanza. Esse sono normalmente presenti negli Stati federali (ad esempio, Stati Uniti, Germania, Canada, Australia, Austria, Svizzera), nei

2 Tra le esigenze ora venute meno a cui ha risposto il bicameralismo vi sono state quelle di mitigare, soprattutto nella prima fase della democratizzazione, l'impatto del tipo di rappresentanza prodotta dal suffragio universale, conservando alcuni tratti di quella tipica dei parlamenti premoderni. Questa esigenza è spesso sfociata nella istituzione di «Camere alte» di tipo aristocratico (la Camera dei Lords inglese, la Camera dei Pari francese della Restaurazione e del 1830, quella ungherese) oppure di nomina regia (come il Senato dello Statuto Albertino).

Tab. 10.1 I parlamenti nelle principali democrazie contemporanee.

Democrazie	Camere basse			Camere alte		
	Denominazione	N. Seggi	Durata (anni)	Denominazione	N. Seggi	Durata (anni)
AUSTRALIA	House of Representatives	150	3	Senate	76	6
AUSTRIA	Nationalrat	183	4	Bundesrat	62	5–6
BELGIO	Chambre des représentants/ Kamer van volksvertegenwoo-rdigers	150	4	Sénat/Senaat	71	4
CANADA	House of Commons	308	5	Senate	100	Continua(a)
DANIMARCA	Folketinget	179	4	–	–	–
FINLANDIA	Eduskunta/ Riksdagen	200	4	–	–	–
FRANCIA (V REP.)	Assemblée nationale	577	5	Sénat	331	6
GERMANIA	Deutscher Bundestag	630	4	Bundesrat	69	Varia
GIAPPONE	Shugiin	480	4	Sangiin	242	6
GRAN BRETAGNA	House of Commons	650	5	House of Lords	790 nel 2015	A vita
GRECIA	Voulȋ ton Ellinon	300	4	–	–	–
IRLANDA	Dáil Éireann	166	5	Seanad Éireann/Senate	60	5
ISLANDA	Albingi	63	4	–	–	–
ISRAELE	Knesset	120	4	–	–	–
ITALIA	Camera dei deputati	630	5	Senato	315(b)	5
LUSSEMBURGO	Chambre des députés	60	5	-	-	-
NORVEGIA	Stortinget	169	4	-	-	-
NUOVA ZELANDA	House of Representatives	120	3	-	-	-
PAESI BASSI	Tweede Kamer der Staten-Generaal	150	4	Eerste Kamer der Staten-Generaal	75	4
PORTOGALLO	Assembleia da República	230	4	–	–	–
SPAGNA	Congreso de los diputados	350	4	Senado	259	4
SATI UNITI	House of Representatives	435	2	Senate	100	6
SVEZIA	Riksdagen	349	4	–	–	–
SVIZZERA	Nationalrat	200	5	Ständerat	46	27

(a) Il membro del Senato canadese perde la carica nel caso in cui non partecipi a due sessioni consecutive.
(b) Una riforma in fase di approvazione prevede la riduzione a 100.
– Parlamento monocamerale.
Fonte: Fabbrini 2008, p. 109 e 111.

Box 10.2 – Elezione/nomina della camere alte

«Le tre tecniche più adottate sono: 1) elezione diretta (riguarda il 35% di tutti i seggi nelle Camere alte mondiali); 2) elezione indiretta per mezzo di amministrazioni locali o regionali (anch'essa riguarda il 35 % dei seggi); 3) nomina, generalmente affidata al Governo (27% dei seggi). Anche quando i seggi della Camera alta vengono assegnati con elezione diretta, in genere si adotta una differenziazione rispetto alla Camera bassa: ossia, si assegna ai suoi membri un mandato più lungo – normalmente cinque o sei anni, contro i quattro o cinque dell'altra (vedi Tab. 10.1). Si possono anche adottare delle date sfalsate per le elezioni: il mandato dei senatori americani è di sei anni, ma ogni due anni un terzo dei seggi viene riassegnato. Tutti i membri della Camera bassa statunitense, invece,devono sottoporsi a nuova elezione alla scadenza (insolitamente ravvicinata) dei due anni. [.......]. Correlata alla forma federale è anche una naturale distinzione tra le due Camere: a eccezione del Canada, il voto alla Camera alta è su base statale (e gli Stati più piccoli sono volutamente sovrarappresentati). Il Senato statunitense conta due eletti per ciascuno dei cinquanta Stati, il che significa che la California (36,8 milioni di abitanti) e il Nevada (2,6 milioni) sono egualmente rappresentati. Anche nelle federazioni più recenti la rappresentanza premia gli Stati minori, ma meno vistosamente» (Hague e Harrop, 2011, pp. 255–256).

quali alla Camera alta viene di regola attribuito il compito di rappresentare gli Stati federati e di rispondere, dunque, ad una doppia esigenza rappresentativa (rappresentare gli individui nella Camera bassa e i «territori» nella Camera alta). In altri casi sono il prodotto di una lunga tradizione costituzionale del paese (ad esempio, Francia, Gran Bretagna, Giappone, Italia) o di vicende storiche che hanno fatto ritenere preferibile la soluzione bicamerale (Pasquino e Pellizzo, 2006).

Nei parlamenti democratici la Camera bassa è sempre eletta attraverso il suffragio universale diretto e in gran parte dei casi è la *Camera politica*, quella che ha più potere e conferisce l'investitura ai governi parlamentari, mentre la Camera alta è suscettibile di notevoli mutamenti, sia nell'elezione (Tsebelis e Money, 1997, p. 46; vedi anche Clark, Golder e Golder, 2009, tr. it. 2011, pp. 462–463), sia nella composizione, che nei poteri, che in genere, con le dovute eccezioni, sono inferiori a quelli della Camera bassa (Box 10.2).

Su composizione, modalità di elezione e poteri attribuiti alle singole camere, un peso notevole hanno, quindi, fattori come la forma di Stato (unitario/federale; accentrato/decentrato) e le forme di governo (come vedremo tra poco). Per questo, molti scienziati politici preferiscono parlare di bicameralismi anziché di bicameralismo e, partendo dalle elaborazioni di Lijphart (1999, tr. it. 2001), distinguono da un lato tra bicameralismi *congruenti* e *incongruenti* e dall'altro tra bicameralismi *simmetrici* e *asimmetrici*. La prima dicotomia guarda alla composizione delle due camere e alle categorie di cittadini che vi sono rappresentate, la seconda alla distribuzione del potere. La congruenza o l'incongruenza del bicameralismo dipendono da come vengono eletti i rappresentanti e da chi o cosa rappresentano. Se si usano gli stessi metodi per eleggere i membri di ciascuna Camera ed entrambe le Camere rappresentano lo stesso insieme di cittadini, la composizione politica si può considerare congruente. In caso contrario saremo di fronte ad un bicameralismo incongruente. Quanto alla distribuzione del potere, se le due Camere hanno la stessa «quantità» di potere allora il bicameralismo è simmetrico, mentre quando una prevale chiaramente il bicameralismo è asimmetrico.

Ai fini della congruenza/incongruenza, visto che in pressoché tutti i paesi democratici i membri della Camera bassa vengono eletti a suffragio universale e rappresentano il corpo elettorale nel suo insieme, a fare la differenza sono quindi l'elezione e la composizione della Camera alta, che, come già accennato, nella stragrande maggioranza dei casi risponde a criteri di rappresentanza diversi da quelli della Camera bassa (ad esempio, la rappresentanza delle unità territoriali sub-nazionali, delle minoranze linguistiche o di altro tipo e cosi via). Il bicameralismo congruente è relativamente raro. Ljiphart (1999, tr. it. 2001, p. 231) ritiene che, alla fine degli anni Novanta, ad essere caratterizzate da un bicameralismo congruente fossero Austria, Bahamas, Barbados, Irlanda, Italia, Giamaica, Giappone, Norvegia, Olanda, Filippine e Trinidad (vedi Tab. 10.2). Anche il bicameralismo simmetrico, ovvero quel tipo di bicameralismo che vede le due camere avere un potere costituzionale identico o pressoché identico, è piuttosto raro. Lijphart lo individua come ancora presente in paesi quali la Colombia, l'Italia (dove, però, è in corso di approvazione una riforma che dovrebbe portare al suo superamento), la Svizzera e gli Stati Uniti. Paesi come Danimarca e Svezia, che potevano affiancarli, hanno, come già detto, abolito la Camera alta, mentre il Belgio ha ridotto il potere del Senato nel 1994, quando si è trasformato in Stato federale. I paesi in cui le due Camere hanno un potere analogo, ma non identico, includono l'Australia, la Germania, il Giappone e l'Olanda. Una forma di bicameralismo congruente e (se non del tutto, almeno in parte) simmetrico accomuna alcune democrazie non-accentrate federali (come il Belgio), federo-regionali (come i Paesi Bassi), o regionalizzate (come l'Italia, dove, però, come appena detto, è in corso di approvazione una riforma che dovrebbe attenuare entrambi i caratteri). Secondo

Tab. 10.2 Tipi di bicameralismo e casi.

		Distribuzione dei poteri	
		Simmetrica	**Asimmetrica**
Composizione e rappresentanza	Congruente	Italia, Olanda, Giappone	Austria, Irlanda, Giamaica
	Incongruente	Australia,Stati Uniti, Germania, Svizzera	Regno Unito, Francia, Spagna, Canada, India, Venezuela

Fonte: Pellizzo e Pasquino 2006, p. 36, con adattamenti; Lijphart 1999, trad. it. 2001, p. 231.

Fabbrini, nel loro caso la simmetria è dovuta all'appartenenza alla categoria delle *democrazie consensuali*, per le quali «l'esistenza di due Camere investite di identici poteri e prerogative costituisce una condizione di tutela reciproca fra i partiti che rappresentano le fratture socioculturali del paese. In queste democrazie il compito rappresentativo del legislativo si sostanzia nella capacità di dar voce a tutte le opzioni politiche presenti nella società nazionale» (2008, p. 110).

Il bicameralismo asimmetrico è molto comune nelle democrazie contemporanee ed è conseguenza del fatto che le Camere alte hanno, di regola, come già detto, una quantità di potere inferiori rispetto alle Camere basse; con qualche eccezione, tra le quali risalta il caso statunitense, nel quale il Senato è molto forte, forse più della Camera dei rappresentanti. Bisogna specificare che spesso sull'asimmetria incidono anche le modalità di elezione/selezione dei membri delle Camere alte, che portano quest'ultime a godere di una legittimazione popolare inferiore. Esempio emblematico è quello della Gran Bretagna: la debolezza della Camera dei Lord e la sua subalternità nei confronti della Camera dei comuni derivano anche dal fatto che nessuno dei suoi componenti viene scelto con voto popolare.

10.1.3 *Le funzioni dei parlamenti*

Le principali funzioni svolte dai parlamenti democratici sono: 1) rappresentativa; 2) legislativa; 3) di controllo sull'operato dei governi (su questo aspetto vedi Cotta, Della Porta e Morlino, 2008, pp. 318–328; Pasquino, 2009, pp. 178–183). Esse riassumono quelle che quasi un secolo e mezzo fa (e precisamente nel 1867), l'autorevole studioso e commentatore politico Walter Bagehot indicò come le funzioni tipiche di un parlamento che operava nel contesto di una democrazia parlamentare in embrione: quella britannica. In tale contesto il parlamento svolgeva in primo luogo una funzione *elettiva,* in quanto dava vita all'esecutivo, il quale era responsabile di fronte ad esso. In secondo luogo, il parlamento svolgeva una funzione *espressiva,* nel senso che al suo interno trovavano espressione i grandi orientamenti dell'elettorato e della pubblica opinione. Al terzo posto Bagehot metteva la funzione *educativa* dei cittadini, assolta tramite i dibattiti che si svolgono nelle aule parlamentari; al quarto posto la funzione *informativa,* visto che il parlamento rendeva pubblici sia i punti di vista delle minoranze che quelli della maggioranza. La quinta e sesta funzione erano in qualche modo complementari: si tratta della funzione *legislativa* (che i primi parlamenti moderni, come vedremo, esercitavano in modo diverso da come la si intende oggi) e quella *finanziaria,* ovvero quella relativa alla discussione/approvazione di imposte e bilanci, che è stata alla base della nascita dei parlamenti moderni. Si può dire che la seconda, terza e quarta funzione di Bagehot siano riconducibili alla funzione rappresentativa, la quinta e la sesta alla funzione legislativa, la prima e anche la sesta al controllo sul governo. Ovviamente nel corso di un secolo e mezzo molte cose sono cambiate. C'è, tuttavia, una certa concordia nel ritenere che l'elenco formulato da Bagehot sia ancora valido e che una funzione merita maggior risalto rispetto alle altre: « quella rappresentativa ». È questa funzione che sta alla base dell'atto costitutivo dei parlamenti moderni: simbolicamente i componenti del parlamento rappresentano un'intera nazione ed agiscono in suo nome. Tramite le procedure elettorali democratiche il legame tra cittadini e loro rappresentanti diventa istituzionalizzato e sistematico e consente al parlamento di riassumere in scala ridotta una parte significativa della pluralità di interessi, opinioni e punti di vista presenti nella società. Cosicché esso diviene il luogo privilegiato in cui i conflitti che dividono la società vengono canalizzati ed in qualche modo addomesticati, o comunque sottoposti a vincoli e procedure che, se non li risolvono, ne depotenziano i possibili connotati distruttivi.

Collegato alla principale funzione del parlamento è il dibattito intorno al significato del termine rappresentanza, che abbiamo in parte già preso in considerazione (Box 10.1). Si può aggiungere che i parlamenti democratici sono considerati rappresentativi non perché sociologicamente simili all'elettorato di cui sono espressione, ma perché tramite il mandato elettorale i loro componenti hanno ottenuto la delega a rappresentare, nel senso di stare per, di stare al posto degli elettori. Più precisamente. come sottolinea Sartori (1987a), pur senza ricevere un mandato imperativo, i rappresentanti hanno la delega per prendere decisioni per conto degli elettori, di fronte ai quali sono responsabili e ai quali devono rendere conto del loro operato. In altri termini i parlamenti democratici non devono solo rappresentare, devono anche « fare ». Fare cosa? E qui veniamo alle altre funzioni elencate all'inizio del paragrafo, nello svolgimento delle quali non tutti i parlamenti sono uguali. A tal proposito la differenza fra parlamenti che operano in un sistema parlamentare e Congressi (così vengono spesso etichettati) che operano in sistemi presidenziali è notevole.

Per quanto riguarda la « funzione legislativa », c'è da ricordare che in base alla teoria della divisione dei poteri, si potrebbe pensare che ai parlamenti spetti la funzione legislativa, ovvero l'elaborazione di norme generali, e ai governi (cioè al capo del governo e ai suoi ministri) quella esecutiva, cioè l'attuazione in concreto di tali norme generali. La realtà è spesso diversa e la stessa teoria della separazione dei poteri si presta a interpretazioni diversificate. Ad esempio, per Sartori (*ibidem,* pp. 201 e ss.), almeno nei sistemi parlamentari, il fatto che ai parlamenti venga assegnata la funzione legislativa non significa che sia di loro competenza assoluta ed esclusiva l'iniziativa legislativa, vale a dire la facoltà di introdurre disegni e progetti di legge. Per lo studioso fiorentino, e non solo per lui, i parlamenti sono in primo luogo destinatari del compito di esercitare il controllo politico sulle iniziative legislative di origine governativa e, quindi, del potere di valutare, approvare, emendare e, qualora necessario, rigettare le iniziative legislative del governo. Nel corso del tempo, tuttavia, parlamenti e parlamentari hanno finito con il produrre regole e prassi che li portano ad esercitare un potere legislativo nel senso più stretto, introducendo loro iniziative e conducendone una parte fino alla approvazione. L'esercizio della funzione legislativa secondo la prima o la seconda modalità appena descritte è divenuta una variabile rilevante nella caratterizzazione dei parlamenti. Anche se in alcuni casi, come quello italiano, a prevalere è stata, almeno per lunghi periodi, la seconda modalità (vedi Capano e Giuliani, 2001), di fatto, un po' dappertutto, ed in particolare nelle democrazie parlamentari ed in quelle semipresidenziali, gli esecutivi hanno ricondotto la funzione alla prima modalità (esercizio del controllo politico), riconquistando o mantenendo il loro primato in materia. Nelle democrazie contemporanee è soprattutto il governo che predispone le norme che il parlamento provvede ad adottare (non senza talora emendarle), dettando spesso anche i tempi per farlo. Nei sistemi parlamentari, e qui cominciamo ad entrare nell'analisi della terza funzione, l'esecutivo acquisisce la legittimità ad agire tramite un rapporto di fiducia *esplicito* (vale a dire suffragato da un voto) o *implicito* (vale a dire presunto fino a prova contraria, non esplicitamente espresso tramite un voto) (Strøm, Bergman e Müller, 2003; Pasquino 2005; Cheibub, 2007) con il parlamento. In taluni casi (Belgio, Grecia, Irlanda, Italia, Spagna, Svezia e Svizzera), il governo entra in carica mediante un esplicito voto di investitura, mentre in molti altri paesi (Austria, Danimarca, Finlandia, Francia, Germania, Islanda, Lussemburgo, Malta, Norvegia, Olanda e Regno Unito) l'investitura formale non è necessaria, giacché si ritiene che il governo goda della fiducia del parlamento fino a quando non venga esplicitamente sfiduciato. A prescindere da ciò, nei sistemi parlamentari, in genere l'iniziativa legislativa spetta in primo luogo al governo, mentre al parlamento spetta il compito di controllare, discutere, emendare quando possibile ed approvare. Questo significa che le leggi, chiunque sia il proponente, non possono dirsi tali senza l'approvazione del parlamento; e che difficilmente il parlamento può fare leggi contro il parere del governo, anche perché il requisito della fiducia o della non sfiducia presuppone che non esista in parlamento una stabile maggioranza contraria al governo.

Nei sistemi presidenziali la situazione è, almeno in parte, diversa. Innanzitutto, perché i Congressi non hanno la facoltà di scegliere il governo né di dare ad esso alcun indirizzo politico. Però, in virtù del principio della separazione dei poteri, spetterebbe ad essi, se non in via esclusiva almeno in buona parte, il potere di esercitare in proprio l'iniziativa legislativa. Come vedremo meglio nel paragrafo 5 di questo capitolo, non in tutti i casi ciò significa la stessa cosa, ma è significativo che ancora oggi il presidente degli Stati Uniti non disponga, in base alla Costituzione, del potere di introdurre alcuna legislazione e quindi, almeno formalmente, non ha la possibilità di dare inizio al procedimento legislativo. C'è anche da aggiungere che nei regimi presidenziali la separazione dei poteri può essere ulteriormente rafforzata dalla condizione di « Governo diviso » (che si materializza quando il partito che esprime il Presidente è in minoranza in almeno una delle due Camere), perché in tal caso il Congresso sarà ancor meno propenso ad approvare le iniziative legislative promosse dall'esecutivo. Sotto quest'ultimo aspetto c'è da precisare, però, che, nonostante la teoria della separazione dei poteri, in buona parte dei sistemi presidenziali il potere di preparare un disegno di legge spetta, tramite l'utilizzo di diverse modalità, all'esecutivo e che, per quanto concerne il Congresso statunitense, se è vero che la facoltà di presentare un disegno di legge è riservata ai membri di tale assemblea è anche vero che il Presidente può affidare tale compito a un parlamentare a lui « vicino ». Comunque, le difficoltà incontrate dai presidenti statunitensi (e di altri paesi) in materia di approvazione delle iniziative da loro proposte delineano un contrasto marcato con la prassi dei regimi parlamentari, dove il partito (o la coalizione) di Governo esercita un controllo più stretto sul meccanismo legislativo.

Per quanto riguarda la formazione ed il « controllo sull'operato del governo », forse più che per le altre funzioni, l'elenco proposto da Bagehot deve fare i conti con una serie di mutamenti intervenuti nel frattempo. Abbiamo appena accennato al fatto che nei sistemi parlamentari il governo nasce dal parlamento. In presenza di tali sistemi, non c'è dubbio che quella di esprimere un governo rimane, una volta eletto, un compito fondamentale del parlamento, che è tanto più rappresentativo quanto più è in grado di dar vita a un governo conforme alla volontà dell'elettorato. Non è cosi, invece, nei sistemi presidenziali: negli Stati Uniti e da molte altre parti sono gli elettori che scelgono direttamente il capo del governo e quest'ultimo nomina i suoi ministri senza alcuna necessità di chiedere l'autorizzazione al parlamento.

Con specifico riferimento ai poteri di controllo (Pasquino e Pellizzo, 2006, pp. 101–104), possiamo dire che le assemblee parlamentari e congressuali svolgono in generale almeno tre tipi di controllo sull'attività di governo. In primo luogo il *controllo legislativo*, che coincide con parte di quella funzione legislativa discussa precedentemente. Nei sistemi parlamentari, soprattutto ai rappresentanti della maggioranza, spetta un secondo tipo di controllo: indirizzare il governo e controllare che esso si attenga agli indirizzi forniti dal parlamento. Tale forma di controllo viene pertanto definita di *indirizzo*. Una terza forma di controllo esercitata dalle assemblee sia nei sistemi parlamentari che nei sistemi presidenziali è rappresentata dal *controllo politico*, più precisamente dal controllo che l'opposizione esercita sull'operato del governo. A quest'ultimo fine gli strumenti più importanti sono l'attività ispettiva (interrogazioni ed interpellanze), i dibattiti straordinari e il voto di sfiducia, le commissioni d'inchiesta (vedi Box 10.3). La presenza e l'efficacia di questi strumenti variano a seconda che il sistema sia parlamentare o presidenziale. Nei sistemi parlamentari,

Box 10.3 – Gli strumenti del controllo parlamentare sul governo

«Con *interrogazione parlamentare* si intende un quesito rivolto direttamente a esponenti del Governo. In molti sistemi parlamentari, le interrogazioni costituiscono il caposaldo della funzione di supervisione. [...] In vari Paesi continentali (tra cui Finlandia, Francia, Germania e Italia) esiste un sistema alternativo, quello *dell'interpellanza parlamentare*. Attraverso un'interpellanza, esponenti del Parlamento interrogano il Governo su questioni di spessore, esigendo una rapida risposta, a cui seguono un breve dibattito e infine il voto, per giudicare se la risposta del Governo sia o no soddisfacente. Il *dibattito straordinario* è un altro mezzo, di più alto profilo, con cui l'assemblea può chiedere conto all'Esecutivo. In genere per convocare un tale dibattito sono necessari un numero minimo di richiedenti e l'approvazione del presidente della Camera (in certi ordinamenti denominato *speaker*). In genere l'operazione si conclude con la vittoria del Governo, ma il suo peso politico intrinseco risiede nella discussione e nella stessa convocazione del dibattito: un dibattito straordinario attira interesse e reclama una risposta ponderata del Governo. In un regime parlamentare, *il voto di sfiducia* è l'esame più impegnativo a cui l'assemblea può sottoporre il Governo. Si tratta di una decisione per stabilire se il Governo possa restare in carica o meno. Anche qui le regole sono variabili: per dichiarare lo stato di sfiducia, in Francia e Svezia è richiesto il voto della maggioranza assoluta dei parlamentari (non solo dei votanti in aula). In altri Paesi, una mozione di sfiducia non nasce espressamente come tale, ma è così classificabile qualsivoglia voto che induca il Governo, se sconfitto, a dimettersi: per esempio la mancata approvazione del bilancio. In certi Paesi (vedi la già citata Svezia e l'Italia), il voto di fiducia può riguardare singoli ministri o l'intero Governo. Il più risolutivo e dettagliato strumento di controllo a diposizione dell'assemblea (sia nei sistemi presidenziali sia in quelli parlamentari) è il ricorso alle *commissioni di controllo (o d'inchiesta)*. Esemplare è il caso statunitense: eccezionalmente la Costituzione assegna al Congresso (non all'Esecutivo) competenza su materie importanti quali normativa commerciale, valuta, difesa e politica fiscale. Chiaramente il Parlamento non espleta da solo queste funzioni, ma delega il compito alla burocrazia. Tuttavia, considerando il ruolo assegnatogli dalla Carta Costituzionale (da cui deriva l'autorità sul budget), il Congresso vanta poteri intrinseci di controllo. Un funzionario ministeriale britannico può permettersi di guardare a una interrogazione parlamentare con un certo distacco, mentre il direttore di una qualsiasi agenzia governativa statunitense sa che il budget (e gli stipendi) dell'anno prossimo possono dipendere dal mantenimento di buone relazioni con il Congresso. Siccome l'aula parlamentare è una sede inappropriata per le valutazioni di dettaglio, sono proprio queste commissioni il cuore operativo della suddetta attività ispettiva» (Hague e Harrop 2011, p. 261).

di fronte ad una maggioranza forte e coesa, è difficile per l'opposizione esercitare il controllo politico. Al contrario, nei sistemi presidenziali, proprio per la separazione dei poteri e per il fatto che la permanenza in carica del governo non è messa seriamente a rischio da questo tipo di attività, i parlamenti hanno maggiori opportunità di esprimere critiche.

10.2 Il governo: il termine, la funzione, l'istituzione

La nascita di molte delle istituzioni di cui si compongono i sistemi politici contemporanei può essere collocata in un contesto spazio-temporale determinato. Abbiamo visto che cosi è per il parlamento, e che qualcosa di simile si può dire per partiti, elezioni e tutti gli apparati dello Stato. Non è cosi per il governo. Esso rappresenta un *elemento costante* della politica, in particolare della dimensione verticale della politica, della politica intesa come *esercizio di direzione ed autorità*. Tanto è vero che nel corso dei secoli non di rado è capitato che i termini «governo» e «politica» si siano sovrapposti: nel medioevo con il termine *gubernaculum* si indicava il concetto stesso di politica e qualcosa di simile avviene nel mondo contemporaneo con il termine inglese *government* che, in genere, viene utilizzato sia per designare il governo come istituzione che lo studio complessivo delle istituzioni politiche.

In verità nell'uso comune la parola «governo» ricorre spesso sia per indicare un'attività, una funzione, che per designare un soggetto politico, un'istituzione. Dal punto di vista etimologico essa deriva dal verbo greco *kubernao*, che significa «dirigere con il timone», ossia assumersi la responsabilità di guidare una nave verso la sua destinazione. Ma alla nave si possono sostituire dei luoghi, delle strutture, delle comunità, dei partiti, dei sistemi politici, ed allora governo e governare diventano sinonimi di *esercizio di un'autorità suprema e responsabilità del benessere dei sottoposti a questa autorità* (Cotta, Della Porta, Morlino, 2008, p. 330). In altri termini, governo significa svolgere una specifica funzione che accomuna tutti i sistemi politici: «governare significa essenzialmente assumersi le responsabilità finali di fronte alla comunità politica e ai suoi problemi. Non è detto che governare significhi risolvere questi problemi. Ma chi governa è investito del compito (e dell'autorità) di tentare di fornire una risposta, reale o elusiva che essa sia» (*ibidem*, p. 332).

Lo svolgimento di tale funzione è stato un compito assegnato a strutture/istituzioni che nel corso dei secoli sono mutate: una qualche struttura di governo è sempre esistita, nello spazio e nel tempo sono cambiate le forme, le vesti sotto le quali si è materializzata. Per rimanere all'epoca moderna, si può dire che se si guarda al rapporto tra le istituzioni di governo e le altre istituzioni del sistema politico si può andare da un polo estremo, quello dello Stato assoluto, dove il governo (individuabile in un governante individuale quale il sovrano assoluto) è «tutto» o quasi, al polo opposto dei regimi liberaldemocratici, dove l'istituzione specificamente denominata *governo* è soltanto una tra le tante, forse la più importante, in cui si articola il sistema politico e che include il capo del governo (presidente del consiglio, premier, primo ministro, cancelliere, ecc.) e i suoi ministri, ciascuno dei quali è a capo di una branca importante della pubblica amministrazione (ministero).

Si può ribadire ancora una volta che, soprattutto nei regimi liberaldemocratici, per indicare il governo si utilizza anche l'espressione «potere esecutivo» o semplicemente «esecutivo». Tale terminologia è un prodotto della teoria della separazione dei poteri (legislativo, esecutivo, giudiziario), che tra le sue prescrizioni ha quella della «subordinazione del "governo" alla legge». Tale teoria è recepita da gran parte delle costituzioni liberaldemocratiche, che indicano il legislativo e l'esecutivo come le due principali istituzioni politiche. Essa può essere erroneamente semplificata nell'idea che il legislativo fa le leggi e l'esecutivo le applica. Abbiamo visto già che la realtà è diversa. In primo luogo perché le attività svolte dagli esecutivi sconfinano in ambiti talvolta non derivati o solo parzialmente derivati dalla legislazione (ad esempio in politica estera o in politica monetaria); in secondo luogo perché, in gran parte dei casi, è proprio il governo a dare l'*input* alla produzione legislativa. Pertanto si può dire che nelle liberaldemocrazie l'azione del governo è certamente delimitata e regolamentata dalle leggi, e in primo luogo dalla legge fondamentale, ovvero dalla Costituzione, ma anche che in misura significativa essa si concretizza attraverso le leggi di cui lo stesso governo è promotore. L'approccio «giuridico-formale» è comunque utile anche agli scienziati politici quando si tratta di guardare alle varie modalità secondo le quali nelle democrazie contemporanee sono organizzati i rapporti tra le principali istituzioni politiche di vertice. Tali rapporti sono alla base delle classificazioni delle democrazie imperniate sulle forme di governo.

10.3 Le forme di governo

L'accezione *forma di governo* ha, dunque, una provenienza giuridico-costituzionale. Con essa si fa riferimento alle modalità secondo le quali «fra gli organi di una comunità politica organizzata si distribuisce il potere di indirizzo politico, cioè il potere di indirizzarla verso determinati fini generali» (Barbera e Fusaro, 2008, p. 178). Gli organi a cui si riferisce sono soprattutto il capo dello Stato (il presidente della repubblica o il monarca), il governo, le assemblee rappresentative, il corpo elettorale. Si parla così di *democrazie parlamentari*, quando il parlamento è l'unica istituzione direttamente eleggibile, alla quale spettano le funzioni di rappresentanza delle opinioni politiche e di controllo dell'operato governativo; di *democrazie presidenziali*, quando il parlamento eletto con voto popolare (in questo caso spesso denominato Congresso) si trova a convivere con un presidente (anch'egli espresso da voto popolare), secondo una logica di *check and balance*, ossia di pesi e contrappesi, consistente in un controllo reciproco che fa sì che il primo non possa sfiduciare il secondo e questo non possa sciogliere il primo; di *democrazie semipresidenziali,* quando al presidente (anche in questo caso espresso dal voto popolare) vengono riconosciuti ampi poteri politici, sebbene egli debba condividere la funzione esecutiva con un primo ministro da lui nominato e dal parlamento «fiduciato».

Le democrazie parlamentari sono quelle che si incontrano più facilmente nel mondo. I dati di Clark Golder e Golder (2009, tr. it. 2011, pp. 286–287) indicano che nel 2002 (vedi Fig. 10.1) quasi la metà (56 su 114) delle democrazie erano parlamentari, ma anche che l'incidenza di tale tipo di democrazie ha assunto negli anni un tendenza decrescente: infatti,

Fig. 10.1 Democrazie parlamentari, presidenziali e semipresidenziali nel mondo, dal 1946 al 2002 (%).

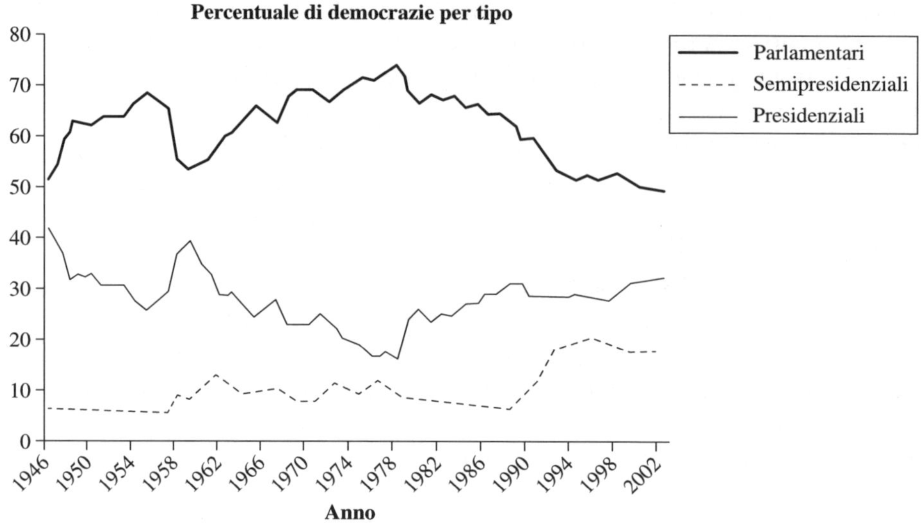

Fonte: Clark, Golder e Golder, 2011, 286.

se nel 1978 le democrazie parlamentari erano il 74% del totale delle democrazie, nel 2002 circa un terzo (37 su 114) delle democrazie erano presidenziali e circa un quinto (21 su 114) semipresidenziali[3]. Nel lungo periodo la tendenza sembra andare verso una crescita dei semipresidenzialismi. Nel 1946, su un totale di 36 democrazie censite, solo 2 (la Finlandia e l'Islanda) erano assimilabili ad una forma semipresidenziale, che in realtà si afferma compiutamente solo a partire dal 1958, quando viene disegnato il prototipo che, a causa del suo positivo impatto, farà scuola: quello francese (Ceccanti, Massari e Pasquino, 2006).

Non di rado capita che non ci sia accordo tra gli studiosi sulla classe in cui inserire talune democrazie, specie quando esse adottano un sistema di governo che può essere considerato di tipo semipresidenziale (Shugart e Carey, 1992, tr. it. 1995; Elgie, 1999; Lijphart, 1999, tr. it. 2001; Strøm, Bergman e Müller, 2003; Cheibub, 2007). Un quadro definitorio sufficientemente accettato in scienza politica, anche perché non ne sono emersi di migliori (Box 10.4), e che noi seguiremo in queste pagine, è quello riportato nella Tab. 10.3, basato sulle indicazioni di due autorevoli scienziati politici quali Duverger (1980) e Sartori (1994, tr. it. 1995), che hanno tenuto conto dei dettati costituzionali, ma non solo di essi.

3 Clark, Golder e Golder (2009, tr. it. 2011, p. 287), relativamente al 2002, inseriscono in questa classe Armenia, Croazia, Francia, Haiti, Islanda, Lituania, Madagascar, Mali, Moldavia, Mongolia, Niger, Polonia, Portogallo, Repubblica Centrafricana, Romania, Russia, Sao Tomé e Principe, Senegal, Sri Lanka,Taiwan, Ucraina.

Box 10.4 – Un tentativo di definizione alternativa: il governo di partito

La scienza politica, anche nell'ambito delle classificazioni delle forme di governo, ha cercato talvolta di emanciparsi dalle categorie utilizzate dai giuristi. Una delle categorie alternative che hanno avuto un qualche successo è quella di *governo di partito*. Tra le definizioni di tale concetto vi è quella di Lowi, che con tale espressione indica quella forma di governo in cui «uno o più partiti detengono il monopolio dell'accesso al personale, alle risorse e alle politiche di governo» (Lowi, 1992, p. 299). Una definizione di successo è quella di Katz (1986, pp. 37–39) che specifica che vi è *governo di partito* là dove esistono almeno tre condizioni basilari: 1) le principali decisioni sono prese da individui selezionati in elezioni condotte lungo linee di partito, verso i quali poi essi sono responsabili; 2) le politiche adottate sono decise all'interno del partito, o dei partiti, di governo; 3) il capo ed i membri dell'esecutivo sono di provenienza partitica. Per Pasquino «tutti i governi delle democrazie occidentali, con l'eccezione parziale degli Stati Uniti (eccezione resa tale a causa dell'impatto congiunto fra debolezza strutturale dei partiti statunitensi e la forza del sistema istituzionale presidenziale) sono stati e sono governi di partito» (1997, p. 179). Utili tentativi di ridurre l'estensione del concetto e quindi di classificare i diversi tipi di governo di partito si incontrano in Calise, 1994, Fabbrini, 1999 e Fabbrini e Vassallo, 1999.

Tab. 10.3 Definizioni delle principali «forme di governo» tratte dalla letteratura politologica[1].

	Presidenzialismo	Parlamentarismo	Semipresidenzialismo
1		Il governo deve essere insediato e sostenuto dal parlamento, che è «sovrano»	
2	Il capo dello Stato (presidente) emerge da un'elezione popolare		Il capo dello Stato viene eletto a suffragio universale
3	Il capo dello Stato è [anche] capo del governo o comunque lo dirige e ne nomina i componenti		Esistono anche un capo del governo e dei ministri che assolvono funzioni esecutive
4	Durante il suo mandato, di durata prestabilita, il capo di governo (e capo dello Stato) non può essere estromesso da un voto parlamentare [allo stesso modo il mandato di componente dell'assemblea legislativa ha una durata non modificabile e indipendente dalla durata dell'esecutivo]	Per restare in carica il governo deve godere della fiducia del parlamento, che può sfiduciarlo [quindi il parlamento viene sciolto se non è in grado di esprimere un governo]	Il capo del governo e l'esecutivo rimangono in carica solo se il parlamento non si oppone [quindi il parlamento viene sciolto se non è in grado di esprimere un governo]
5			Il capo dello Stato possiede notevoli poteri

1) Le definizioni di presidenzialismo e parlamentarismo qui riportate sono tratte da Sartori (1994, trad it. 1995, pp. 98 e 115). La definizione di semipresidenzialismo è invece quella fornita da Duverger (1980). Il testo tra parentesi quadra è stato aggiunto da Vassallo, 2005.
Fonte: Vassallo, 2005, p. 18, con adattamenti nostri.

C'è da dire che il quadro offerto dalle esperienze che si sono realizzate nelle democrazie contemporanee è variegato e non sempre facilmente riconducibile alle macrocategorie della tripartizione classica, all'interno delle quali è possibili individuare varie sub-categorie (Vassallo, 2005, pp. 16–27). La Tab. 10.4 ne fa emergere alcune, applicando le definizioni

Tab. 10.4 Criteri di classificazione delle forme di governo riferiti alle sole norme costituzionali.

CASI	Il capo dello stato è anche capo del governo?	I cittadini eleggono direttamente il capo dello Stato?	I cittadini eleggono direttamente il capo del governo?	Il governo può rimanere in carica anche se non ha la fiducia dei legislativo?	La Costituzione assegna al capo dello Stato «notevoli» poteri?	FORMA DI GOVERNO
[a] Australia, Belgio, Canada, Giappone, Regno Unito, Spagna, Svezia; [b] Grecia, Germania, Repubblica Ceca, Ungheria, India, Italia, Olanda, Israele (pre 1996 e post 2001)	NO	NO[1]	NO	NO	NO	**PARLAMENTARE**
Austria, Bulgaria, Finlandia, Irlanda, Islanda, Romania, Slovacchia, Slovenia	NO	SÌ	NO	NO	NO	Parlamentare con elezione popolare del capo dello Stato
Israele (1996–2001)	NO	NO	SÌ	NO	NO	Parlamentare con elezione popolare del capo del governo
Portogallo, Polonia, Francia (post 1958), Ucraina	NO	SÌ	NO	NO	SÌ	**SEMIPRESIDENZIALE**
Sud Africa[4], Svizzera[5]	SÌ	—[NO]—		SÌ	SÌ	Assemblea indipendente
Bolivia[3]	SÌ	—[SI/NO]—		SÌ	SÌ	Assemblea indipendete
Guyana, Sud Corea, Sri Lanka	NO	SÌ	NO[2]	SÌ	SÌ	Presidenziale
Argentina, Brasile, Cile, Colombia, Costa Rica, Filippine, Messico, Stati Uniti, Uruguay, Venezuela	SÌ	SÌ		SÌ	SÌ	**PRESIDENZIALE**

1) Nel primo gruppo di paesi [a], il capo dello Stato è un monarca per diritto ereditario o un suo delegato, nel secondo [b] è eletto dal parlamento o da uno speciale collegio.
2) Nominato e revocato dal capo dello Stato.
3) Il presidente viene eletto dal legislativo se nessuno dei candidati nell'elezione presidenziale ottiene la maggioranza.
4) il parlamento può decretare il proprio scioglimento, facendo in questo modo decadere anche il presidente. La Costituzione prevede infatti che il presidente venga eletto all'inizio di ogni legislatura.
5) Il presidente viene eletto dal parlamento ed il suo mandato ha la durata di un solo anno. Deve essere scelto, a rotazione,tra i componenti dell'esecutivo, che è un organo collegiale (direttorio) e viene eletto anch'esso dal parlamento all'inizio di ogni legislatura.
Fonte: Vassallo 2005, p. 19, con riadattamenti nostri.

proposte da Sartori e Duverger ad un significativo campione di democrazie e trasformando le dimensioni individuate dai due politologi nelle seguenti cinque domande:

1) I cittadini eleggono direttamente il capo dello stato?
2) Il capo dello stato è anche capo del governo?
3) I cittadini eleggono direttamente il capo del governo?
4) Il governo può rimanere in carica anche se non ha la fiducia del legislativo?
5) La Costituzione assegna al capo dello stato «notevoli» poteri?

Dalle risposte a tali domande emerge che i tre i tipi di democrazia fin qui individuate diventano almeno otto, che alcuni paesi (ad esempio la Svizzera – vedi Box 10.5 – e il Sud Africa) sfuggono alla tripartizione classica, altri ancora (ad esempio, il Portogallo, la Polonia, e la Romania) vengono da taluni studiosi inseriti tra i parlamentarismi e da altri tra i semipresidenzialismi. Problemi di classificazione vengono posti anche da Guyana, Sud Corea e Sri Lanka, che adottano una forma di governo che prevede la separazione dei ruoli di capo dello Stato e capo del governo, ma quest'ultimo non dipende dalla fiducia parlamentare e di fatto è un esecutore della volontà di presidenti eletti direttamente. Un caso a parte viene considerato anche l'Israele del periodo 1996–2001 (vedi Capitolo IX, Box 9.3), quando ha sperimentato l'elezione diretta del primo ministro all'interno di un sistema di governo parlamentare. Nei paragrafi che seguono approfondiremo sia i problemi di classificazione sia quelli relativi al concreto operare dei governi. Lo faremo guardando in primo luogo alle *istituzioni formali* (governi e parlamenti) e alle *regole formali* (leggi costituzionali ed elettorali), che influiscono direttamente sulla distribuzione delle risorse politiche tra le prime. Chiameremo queste «variabili di tipo giuridico-formale», perché comprendono sia il «disegno costituzionale» sia le eventuali norme giuridico-regolamentari che lo integrano. In secondo luogo, al fine di valutare il diverso possibile impatto di uno stesso disegno costituzionale in contesti diversi, prenderemo in considerazione quelle che chiameremo «variabili di tipo contestuale». Tra queste ultime, particolare

Box 10.5 – Svizzera: una forma di governo definita «direttoriale»

La Svizzera propone un esecutivo collegiale molto raro, che viene etichettato come «direttoriale». L'esecutivo elevetico viene denominato «consiglio federale» ed «è costituito da sette membri *nominati* dalle due Camere, che rimangono in carica per quattro anni. Si dice che tale esecutivo collegiale viene selezionato sulla base di una formula cosiddetta magica, cioè di una ripartizione fra i quattro maggiori partiti (secondo la logica 2-2-2-1), a sua volta rappresentativa delle tre principali comunità linguistiche (secondo la logica 4-2-1). Per di più, il ruolo di presidente del consiglio federale (o presidente della confederazione) viene esercitato a rotazione annuale fra alcuni membri di quel consiglio» (Fabbrini, 2008, p. 95).

attenzione presteremo a quelle che riguardano il tipo di attori politici (in particolare il sistema partitico e le unità partitiche che lo compongono) e la configurazione/distribuzione delle preferenze degli elettori, oltre alle convenzioni che si riscontrano in singoli sistemi politici ma non in altri. Insomma, per dirla in breve, ci misureremo, seppur in modo sintetico, anche con quella che Sartori (1994, tr. it. 1995) definisce «ingegneria costituzionale comparata».

10.4 Il parlamentarismo

Il parlamentarismo propone il parlamento nelle vesti di «sovrano» e ha un suo modello originario ed una dottrina ispiratrice: il modello è Westminster, la dottrina è quella della democrazia rappresentativa. Se dalle teorie e dai modelli si passa alla realtà, non si può non prendere atto della grande eterogeneità dei casi che possono essere classificati come parlamentarismi. Di solito si concorda nell'identificare nel rapporto fiduciario tra governo e parlamento, nell'esistenza di qualche forma di responsabilità del governo verso il parlamento, «l'unico elemento sicuramente caratterizzante la forma di governo parlamentare, [...] il minimo comune denominatore di una categoria molto eterogenea» (Ceccanti, 1997, p. 8).

10.4.1 *Tipi di parlamentarismo*

Una distinzione tra parlamentarismi può essere fatta partendo dalle concrete relazioni tra potere esecutivo e potere legislativo. Al di là delle formule *condivisione del potere* (Sartori, 1994, tr. it. 1995, p. 115) o *fusione del potere* (Bagehot, 1867, tr. it. 1995, p. 52), con le quali si sintetizzano tali rapporti, e dell'astratta *sovranità del parlamento*, i singoli casi di parlamentarismo possono essere collocati lungo un *continuum* che ad un estremo prevede la netta prevalenza del potere esecutivo sul parlamento e dall'altro la netta prevalenza del parlamento sul governo. Infatti, Sartori parla di *semi-parlamentarismi* per contrassegnare i casi di prevalenza dell'esecutivo e di *parlamentarismi puri* per contrassegnare i casi in cui prevale il parlamento. Utilizzando poi anche la «struttura d'autorità entro la quale il capo di un esecutivo di un governo parlamentare ha il potere di agire» quale indicatore della distribuzione del potere tra governo e parlamento, Sartori (1994, tr. it. 1995, p. 116) individua quattro sottotipi reali di parlamentarismo, che riassumono gran parte dei casi di governo parlamentare: 1) il premierato; 2) il cancellierato; 3) il parlamentarismo ordinario; 4) la forma estrema di parlamentarismo, ovvero l'assemblearismo. Nei primi due sottotipi si ha la prevalenza del governo (in forma netta nel primo caso, meno netta nel secondo); nei secondi si ha la prevalenza del parlamento (mediata dai partiti nel primo caso, senza alcuna mediazione partitica nel secondo).

Il premierato. Il termine premierato sottolinea la condizione di preminenza del capo dell'esecutivo, che si configura come un *primo "sopra" ineguali*, essendo il leader del partito che ha vinto le elezioni in un sistema bipartitico, e per questo, quindi, difficilmente «rovesciabile» da un voto di sfiducia dei parlamentari del suo partito. Egli nomina e sostituisce con una certa discrezione i ministri. «Il sistema fondato sulla premiership [...] è illustrato al meglio dal sistema inglese di governo» (ivi, p. 118) e presuppone un governo monopartitico, una rigida disciplina di partito (senza la quale si favorirebbe l'opposizione), un sistema elettorale maggioritario uninominale. Si può certamente aggiungere che il premierato individuato da Sartori poco o nulla ha a che vedere con l'elezione diretta del premier sperimentata da Israele e di cui abbiamo già parlato (vedi Cap. IX, Box 9.3).

Il cancellierato. Nel caso del cancellierato la premiership è espressa da un *primo "tra" ineguali*, vale a dire da un «cancelliere» che resta in carica, di solito, anche quando cambiano i membri del suo gabinetto, poiché può dimettere i suoi ministri ma non può essere defenestrato da loro. La sua leadership è più debole di quella del premier, ma comunque visibile ed istituzionalizzata. Il caso empirico più noto di cancellierato è quello tedesco (al quale si ispira quello spagnolo), che è caratterizzato anche dalla presenza di un sistema partitico di «pluralismo moderato» che è riuscito, salvo brevi periodi, a produrre governi bipartitici con leadership visibile esercitata da un cancelliere proveniente dal maggior partito della coalizione. Va anche ricordato che il cancelliere tedesco è eletto nel e dal parlamento; riceve così una fiducia personalizzata – vale a dire non indirizzata all'intero governo – che consente di parlare di governo del cancelliere e di premiership riconoscibile. La sua stabilità è favorita dal meccanismo della «sfiducia costruttiva» (vedi Box 10.6). Inoltre, data anche la natura del sistema partitico, i candidati cancellieri sono designati dalle coalizioni prima delle elezioni e godono di fatto, anche grazie al formato del sistema partitico, di una forma di «investitura» popolare.

Box 10.6 – La sfiducia costruttiva in Germania

In Germania il meccanismo della sfiducia costruttiva, successivamente adottato anche dalla Spagna, fu introdotto dalla Legge fondamentale per via della drammatica esperienza della Repubblica di Weimar che precedette l'avvento del regime totalitario (nazista): Repubblica di tipo semipresidenziale in cui il cancelliere era divenuto la vittima sacrificale del presidente della Repubblica, che poteva destituirlo indipendentemente dal Parlamento. Nella Repubblica di Bonn (cioè nella Germania federale) ciò fu impedito, non solo riportando nel Parlamento il compito di dimissionare il cancelliere, ma anche e soprattutto imponendo al Parlamento di dimissionare un cancelliere in carica solamente in presenza di una maggioranza capace di sostenere un cancelliere alternativo (pena lo scioglimento del legislativo).

Fonte: Fabbrini, 2008, 117.

Il parlamentarismo ordinario. In questo caso il presidente del consiglio è un *primo tra eguali,* in un gabinetto composto da ministri non scelti da lui, ma imposti per lo più dai partiti che formano la coalizione di governo e sui quali non ha un grande controllo. Si tratta quindi di una leadership debole. Vi rientrano una serie di casi molto diversi tra loro, nei quali né le variabili di carattere giuridico-costituzionale, né quelle di carattere contestuale consentono la realizzazione di una primazia dell'esecutivo sul parlamento ed una personalizzazione della leadership governativa. Nonostante ciò, alcuni di essi sono stati in grado di assicurare un certo rendimento, grazie a fattori da ricondurre in primo luogo al formato del sistema partitico e alle caratteristiche dei singoli partiti ed in secondo luogo alle qualità e/o alle scelte delle élite politiche. Esempi da citare possono essere quelli della Norvegia e del Giappone, nei quali un sistema a partito predominante ha consentito per decenni governi monopartitici caratterizzati da stabilità e efficacia, pur senza essere in grado di esibire quel *surplus* prodotto dall'alternanza e dalla rotazione al governo; casi come quelli dell'Italia della Prima Repubblica, in cui la presenza di partiti forti e strutturati ha *in alcuni periodi* consentito un parlamentarismo sufficientemente efficace; casi come quelli delle piccole «democrazie consociative» (Austria, Belgio, Olanda), in cui élite cooperative hanno temperato le tendenze all'instabilità ed all'inefficacia indotte da multipartitismi fondati su fratture socio-politiche stabili e profonde.

L'assemblearismo. L'assemblearismo è per certi versi la versione estrema del tipo definito da Miglio come «parlamentarismo integrale» (1984) e che porta alle estreme conseguenze la dottrina della sovranità del parlamento. In questo caso la leadership governativa ha caratteristiche simili a quella del parlamentarismo ordinario, ma è ulteriormente indebolita dal fatto che deve essere esercitata in presenza di un parlamento atomizzato e di partiti deboli e/o scarsamente disciplinati, i cui singoli parlamentari hanno interesse a far cadere continuamente il governo ed a favorire il turn-over di ministri e sottosegretari. Il prototipo del governo assembleare è considerata la Terza Repubblica francese, nota come la «repubblica dei deputati», sorta in un periodo in cui i grandi partiti di massa non si erano ancora affermati ed il parlamento era un'assemblea composta da notabili. Ad esso vengono qualche volta avvicinati i casi della Quarta Repubblica francese e della Prima Repubblica italiana, soprattutto (relativamente al caso italiano) per quelle fasi in cui le propensioni assembleari non sono state controllate dalla presenza di partiti in grado di svolgere «il ruolo di principio ordinatore dei lavori parlamentari e, naturalmente, dei parlamentari medesimi» (Calise, 1994, p. 61), in grado cioè di realizzare e far funzionare quella fusione dei poteri che è considerata il segreto del parlamentarismo inglese e delle democrazie parlamentari funzionanti. Le caratteristiche dell'assemblearismo sono così riassunte da Sartori (1994, tr. it. 1995, p. 125):

i) il gabinetto non guida la legislatura; *ii*) il potere non è unificato ma diffuso e atomizzato; *iii)* la responsabilità si annebbia; *iv)* la disciplina partitica è quasi inesistente, se non del tutto assente; *v)* i primi ministri e i loro governi non sono in grado di agire né rapidamente né risolutamente; *vi)* le coalizioni raramente risolvono i loro disaccordi interni e non hanno mai la certezza del sostegno legislativo; e *vii)* i governi non possono quasi mai agire e parlare con una sola voce.

10.4.2 *Incidenza delle variabili di tipo giuridico-formale*

I parlamentarismi sono considerati forme di governo dotate di flessibilità e adattabilità e, per questo, in grado di fornire risposte soddisfacenti alle necessità di consolidamento di democrazie difficili e di «non trasformazione» delle crisi di governo e di governabilità in crisi di regime. Ad essi però non viene automaticamente associato il requisito della stabilità e dell'efficacia decisionale, il quale è considerato un attendibile indicatore di «buon funzionamento» e «governabilità» (Cotta, 1986, pp. 366–372; Sartori, 1994, tr. it. 1995, pp. 125–128). Tale requisito, tuttavia, non è escluso a priori.

Alle luce dei rendimenti forniti in passato dalle democrazie (su questo aspetto vedi anche Pappalardo e Mattina, 1999), Sartori ritiene che un sistema con un primo ministro *primus inter pares,* che non può controllare i suoi ministri, che non li può né scegliere né licenziare, difficilmente potrà produrre un esito di «governabilità». Tale esito diviene pressoché impossibile nel caso dell'assemblearismo.

> Ne risulta che le formule di condivisone del potere che promettono governabilità sono i) il primo sopra ineguali e ii) il primo tra ineguali. Il che equivale a dire che i casi funzionanti di governo parlamentare sono i sistemi fondati sulla *premiership* la cui gamma va dall'Inghilterra alla Germania. Ciò non significa che tutte le altre forme di parlamentarismo siano da respingere (Sartori, 1994, tr. it. 1995, pp. 117–118).

Le condizioni che hanno consentito la formazione ed il buon funzionamento del premierato inglese (che, come è noto, opera in assenza di una costituzione scritta) sono tre, tra loro interconnesse e possono essere gerarchicamente così ordinate:

1) elezioni con maggioritario semplice;
2) bipartitismo;
3) partiti fortemente disciplinati.

Quelle che, invece, hanno consentito la buona riuscita del sistema di cancellierato tedesco sono nell'ordine:

i) la messa fuori legge dei partiti anti-sistema;
ii) lo sbarramento elettorale;
iii) la sfiducia costruttiva.

In entrambi i casi, decisive sono state, sempre secondo Sartori, le prime due. Senza il maggioritario uninominale, il sistema inglese avrebbe molte probabilità di trasformarsi radicalmente; senza la messa fuori legge, da parte della Corte costituzionale tedesca, del partito neonazista (nel 1953) e del partito comunista (nel 1956), difficilmente si sarebbe attivato il circuito virtuoso alla cui realizzazione hanno contribuito anche gli altri fattori.

A tal proposito c'è da dire che la ricerca comparata (Vassallo, 2005, p. 52) ha messo in evidenza che, soprattutto in termini di stabilità degli esecutivi, ma anche in termini di efficacia della loro azione, possono incidere due importanti fattori: 1) la presenza o l'assenza di dispositivi istituzionali che rafforzano la posizione del governo ed in particolare del primo ministro nei confronti del parlamento; 2) la presenza o l'assenza, in caso di governi di coalizione, di convenzioni consolidate che disciplinano i rapporti tra i componenti della maggioranza (ad esempio, gli accordi vincolanti sul programma di governo). Per quanto riguarda i primi, si parla di «razionalizzazione» del rapporto tra legislativo ed esecutivo a favore di quest'ultimo (Ceccanti, 1997; Ieraci 2003; Strøm, Müller e Bergman, 2003); per i secondi, di *coalition governance* (Müller e Strøm, 2000). I dispositivi e le convenzioni normalmente disponibili e utilizzati in diverse democrazie parlamentari sono riassunti/e nella Tab. 10.5.

Tab. 10.5 Dispositivi e convenzioni a difesa della stabilità e dell'efficacia dei governi parlamentari.

Paese	Investitura implicita o «negativa»	Fiducia individuale al primo ministro	Incompatibilità tra incarichi parlamentari e di governo	Accordo vincolante sul programma di governo	Sfiducia costruttiva	Scioglimento del parlamento a disposizione del governo
Spagna		+			+	+
Regno Unito	+					+
Grecia		+				+
Germania		+			+	+
Olanda	+		+	+		+
Svezia[1]	+		+			+
Austria	+			+		
Belgio[2]		+	+	+	+	+
Ungheria					+	
Repubblica Ceca	+					

1) A partire dal 1975 è previsto un voto di investitura negativo, attraverso il quale viene verificato che non esista una maggioranza di parlamentari che si oppone al conferimento dell'incarico al candidato a primo ministro indicato dallo Speaker del Riksdag. Prima del 1975 non era previsto alcun voto.

2) L'incompatibilità tra i ruoli di governo e parlamentari e il meccanismo della sfiducia costruttiva è stata introdotta con la riforma costituzionale varata nel 1993 ed entrata in vigore nel 1995. Prima del 1995 il governo aveva un potere discrezionale di scioglimento del parlamento (anche se formalmente lo scioglimento veniva dichiarato dal monarca). Dal 1995 il potere di scioglimento è attivabile solo nel caso in cui il governo riceva un voto di sfiducia meramente «distruttivo».

Fonte: Vassallo, 2005, p. 53, con riadattamenti nostri.

Come ricordano Fabbrini e Vassallo (1999, pp. 30–36), la «razionalizzazione» riguarda in primo luogo la regolazione del rapporto fiduciario. Tra sue espressioni più importanti vi è la sostituzione della *fiducia esplicita* con *quella implicita*, vale a dire l'abolizione del passaggio parlamentare della fiducia esplicita. Essa è formalizzata in paesi come Svezia, Olanda (oltre che nella Francia semipresidenziale, dove ha avuto l'impatto più radicale e significativo) e viene, anche se non formalizzata, normalmente utilizzata in Gran Bretagna, dove il formato bipartitico consente al monarca di autorizzare il leader del partito che ha vinto le elezioni ad iniziare immediatamente la sua azione di governo. Tra le ripercussioni di tale istituto vi è quello di consentire al premier di decidere la data dello scioglimento del parlamento e delle elezioni senza passare attraverso il dibattito parlamentare della sfiducia. Altro fattore di razionalizzazione del rapporto tra legislativo ed esecutivo è *la fiducia individuale*, ovvero l'attribuzione della fiducia al primo ministro (come singolo individuo) e non al governo (come entità collettiva). Ne risulta così rafforzata l'autorità del primo ministro, che in paesi come la Germania e la Spagna concentra su di sé il potere di nomina e di revoca dei ministri. Un terzo importante fattore è *la sfiducia costruttiva*, che consente la sostituzione del capo dell'esecutivo solo se contestualmente emerge una maggioranza in grado di conferire la fiducia ad un altro capo del governo. Questo tipo di sfiducia viene normalmente associato al cancellierato (vedi Box 10.6). È stato introdotto, infatti, dalla Costituzione tedesca del 1949 ed in seguito (nel 1978) è stato recepito nella Costituzione della Spagna democratica. Quarto fattore di razionalizzazione è la *semplificazione delle procedure di fiducia*, riconoscendo, in presenza di bicameralismo, alla sola Camera bassa il potere di fornire e/o di ritirare la stessa. È ciò che avviene, ad esempio, in Germania, Spagna e Gran Bretagna. Infine, vi è la *incompatibilità tra cariche ministeriali e cariche parlamentari*. Questa è tipica delle forme di governo fondate sulla separazione dei poteri, quindi dei sistemi presidenziali come quello statunitense, ma è stata fatta propria anche da sistemi semipresidenziali come quello francese e quello portoghese e da sistemi parlamentari come quelli svedese, olandese e belga, nei quali è tipica la fusione dei poteri. Essa si è rivelata utile nei casi delle «democrazie consociative» poiché, in presenza di maggioranze instabili e partiti indisciplinati, ha frenato le ambizioni personali dei parlamentari, che sono uno dei fattori che possono condurre all'assemblearismo.

Il ridimensionamento del ruolo del parlamento a favore dei governi può anche riguardare l'arena legislativa, con meccanismi che favoriscono la primazia del governo e che possono essere sia di ordine regolamentare che costituzionale (Ieraci, 2003). Un ulteriore strumento di razionalizzazione è la disponibilità in mano al governo del potere di scioglimento del parlamento. Dal punto di vista costituzionale esso non è tipico dei parlamentarismi, che generalmente attribuiscono tale potere al capo dello Stato (Pasquino, 2005), anche se non mancano eccezioni (ad esempio la Spagna). Le convenzioni, le prassi e le altre variabili di carattere contestuale, però, in molti casi, hanno finito per indirizzare il potere di scioglimento verso il capo del governo, cosicché in paesi come Gran Bretagna, Germania, Spagna, Svezia, Grecia «il capo del governo può, formalmente o di fatto, chiedere elezioni anticipate a sua discrezione» (Vassallo 2005, p. 56). In ogni caso, l'importanza delle variabili contestuali porta Sartori ad affermare che:

> la costruzione di un sistema di *premiership* sfugge largamente alla presa dell'ingegneria costituzionale. Le varianti britannica o tedesca di parlamentarismo limitato (di semi-parlamentarismo) funzionano soltanto per la concomitante presenza di condizioni favorevoli. Se il sistema inglese non fosse più un sistema bipartitico (...) o se il sistema tedesco diventasse più frammentato e polarizzato, in tal caso entrambi i «modelli» entrerebbero in crisi (1994, tr. it. 1995, p. 150).

Insomma, almeno per Sartori, anche il buon funzionamento dei parlamentarismi razionalizzati «dipende dalle circostanze e, soprattutto, dal numero dei partiti» (1998, p. 30). Chi vuole ottenerlo, quindi, deve «prima ridurre drasticamente il numero dei partiti». Tutti gli altri accorgimenti che si possono trasporre da un sistema all'altro «sono solo di contorno. Se ci sono troppi partiti tutta l'impalcatura crolla» (*ibidem*, p. 26). Ne consegue che la «costruzione» di un sistema semi-parlamentare funzionante deve far leva in primo luogo sul sistema elettorale.

10.4.3 *Incidenza delle variabili di tipo contestuale*

Quanto fin qui detto evidenzia l'importanza delle variabili di tipo contestuale nella determinazione del successo o dell'insuccesso del parlamentarismo. Il problema allora diventa: quali variabili contestuali? Quasi tutti gli studiosi mettono l'accento in primo luogo sui caratteri dei partiti e del sistema partitico. Particolarmente adatti vengono ritenuti i sistemi partitici strutturati, e soprattutto i sistemi bipartitici o quelli di multipartitismo moderato, che possono dar vita ad una competizione bipolare centripeta e a governi responsabili anche nei confronti degli elettori. Inadatti invece vengono considerati i sistemi di multipartitismo estremo e quelli atomizzati e/o frammentati, e, per quanto riguarda la meccanica, quelli di pluralismo polarizzato (vedi Capitolo VII).

Dato che la forma di governo di cui stiamo parlando non può prescindere da un continuo sostegno parlamentare, fondamentale è, dunque, la presenza di partiti in grado di organizzare e fornire tale sostegno. Come fa notare Calise «è grazie allo sviluppo del partito politico che una assemblea litigiosa di rappresentanti del popolo si trasforma in un numero limitato di gruppi parlamentari, tenuti insieme dai medesimi valori e interessi e, soprattutto, dalla consapevolezza che solo unendosi in partito era possibile conquistare il governo e tenere saldamente in pugno le redini» (1994, p. 63).Tutti i partiti sono in grado di far ciò? Sartori sostiene che, «nei sistemi centrati sul parlamento è sicuro che occorrono partiti *parlamentary fit*, idonei, e che partiti disciplinati nei loro comportamenti di voto costituiscono parte integrante di quella "idoneità"» (1994, tr. it. 1995, p. 203); inoltre, che:

> la democrazia parlamentare non può funzionare – in tutte le sue varietà – se non viene assecondata da partiti *parlamentary-fit*, adatti, vale a dire partiti che sono stati «socializzati» (da fallimenti, durata e incentivi appropriati) a funzionare come corpi coesi e/o disciplinati. [.....]. Partiti disciplinati sono *condizione necessaria* per il funzionamento dei sistemi parlamentari. Per partiti disciplinati si intendono quei partiti che sono tali in parlamento, che sono in grado di votare all'unisono e riescono ad esercitare il controllo parlamentare dei loro membri. Con partiti indisciplinati i sistemi parlamentari ridiventano sistemi assembleari e, alla stessa stregua, organismi disfunzionali» (*ibidem*, pp.108–109).

Vale a dire che «tanto più c'è disciplina di partito, tanto più un governo si giova di una maggioranza stabile, tanto più otteniamo un parlamentarismo in grado di funzionare» (Sartori, 1998, p. 25).

Poco adatti a garantire un buon funzionamento sono ritenuti i «parlamenti senza partiti», sia che si presentino come assemblee di notabili, come ad esempio nella fase storica precedente alle democrazie di massa, sia che si presentino nelle vesti di quei parlamenti frammentati ed «atomizzati» che fanno seguito alla crisi/trasformazione dei partiti. Non preludono alla governabilità quei parlamenti nei quali molti componenti cambiano partito in continuazione, votano spesso diversamente dalla linea del partito di appartenenza e rifiutano la disciplina partitica in nome della libertà di rappresentare i propri elettori. Cosa può sostituire il partito «idoneo» nell'obiettivo di produrre una disciplina di voto? Non sembra che ci siano molte alternative alle misure di tipo regolamentare-legislativo· Ma tali misure si scontrano con i problemi relativi all'incompatibilità tra rappresentanza democratica e vincoli di mandato (mandato imperativo), oltre che con le contromisure degli eletti. Ciò non ha vietato che in alcuni paesi (ad esempio, Spagna e Portogallo) misure tese a eliminare il fenomeno siano state utilizzate e abbiano fornito qualche risultato.

10.5 Il presidenzialismo

Non di rado capita che l'elezione diretta, o come se diretta, del capo dello Stato venga erroneamente ritenuta sufficiente per definire i presidenzialismi. Invece essa, da sola, non basta. Sartori precisa che «un sistema politico è presidenziale se, e soltanto se, il capo dello Stato (Presidente) *i)* risulta da una elezione popolare, *ii)* non può essere sfiduciato durante il suo mandato prestabilito da un voto parlamentare e *iii)* presiede o altrimenti dirige i governi da lui nominati. Quando queste tre condizioni sono soddisfatte congiuntamente, allora abbiamo senza dubbio un sistema presidenziale puro» (1994, tr. it. 1995, p. 98).

Nella definizione di Sartori il modello di riferimento, quello che poi ha ispirato tutti gli altri, è quello statunitense. Comunque, fatta salva qualche lieve differenza e/o qualche «anomalia»[4], che rendono dubbio l'inserimento dei singoli casi in una classe o in un'altra, si può dire che i presidenzialismi condividono i caratteri seguenti. Anzitutto, un presidente che trae una sua autonoma legittimità dal voto popolare; ne consegue che la sua durata in carica è fissata dalla costituzione e che non può essere rimosso dal Congresso, salvo che per eventi eccezionali (ad esempio per *impeachment,* ovvero per la messa in stato d'accusa). In secondo luogo, una separazione-divisione tra potere esecutivo e assemblea legislativa che ha diversi risvolti. Nella sostanza, l'assemblea legislativa trae anch'essa un'autonoma investitura dal voto popolare, ma non ha il potere di fornire fiducia o sfiducia al governo (in questo caso al capo dell'esecutivo, cioè al presidente), che esiste come entità autonoma. Allo stesso modo il presidente non ha il potere di sciogliere l'assemblea. Presidente ed assemblea, però, condividono una serie di poteri, ed in particolare il potere legislativo. Infine, terzo carattere del presidenzialismo è un presidente che è sia capo dello Stato che capo dell'esecutivo, con il potere di nominare e revocare con una certa discrezionalità gli altri membri del governo (che possono essere definiti ministri o altro). Nel caso del prototipo di presidenzialismo, vale a dire nel *modello Washington*, si parla di esecutivo monocratico e di «concentrazione del potere in una sola persona, in un *primus solus* [...] (il cui governo è solo il suo gabinetto privato)» (*ibidem*, p. 117). Il presidente, ovviamente, deve tener conto delle variabili contestuali. Come fa notare Pasquino, il presidente eletto gode abitualmente di ampia discrezionalità nella scelta dei ministri, specie quando il suo partito controlla la maggioranza assoluta dei seggi in parlamento, ma in casi come Cile, Brasile e Argentina, dove spesso i presidenti eletti non dispongono di una maggioranza partitica coesa, debbono selezionare il personale di governo tenendo conto di «assemblee parlamentari relativamente frammentate e poco disciplinate. Naturalmente, anche i presidenti degli Stati Uniti nell'ultimo quarantennio hanno avuto i loro problemi di *governo diviso* per la prevalenza nel Congresso di una maggioranza a loro ostile» (1997, p. 174). Cosa ha rilevato l'analisi comparata a proposito del concreto funzionamento di questa forma di governo, che da sempre ha suscitato non poco interesse (da ultimo vedi Cheibub e Limongi, 2002; Cheibub, Przeworski

4 Che si può riscontrare, ad esempio, nel caso del Cile, la cui costituzione del 1989 ha assegnato al presidente un *surplus* di potere in materia di scioglimento della Camera dei deputati (art. 32, sez. 5). Il potere di scioglimento è infatti tipico dei sistemi semipresidenziali, ma pressoché assente nei regimi presidenziali.

e Saiegh, 2004; Amorim Neto, 2006; Cheibub, 2007)? Quanto su tale funzionamento hanno inciso le variabili di tipo giuridico-costituzionale e quanto quelle di tipo contestuale?

Un tentativo di risposta a tali quesiti deve tener conto di due considerazioni. Anzitutto, ai presidenzialismi è generalmente associata l'aspettativa che realizzino, in qualche misura, l'ideale della democrazia diretta su larga scala e producano un governo responsabile direttamente verso gli elettori e, nello stesso tempo, stabile, forte ed efficace, più di quanto non siano in grado di produrre i sistemi parlamentari. Oltre che sul principio della responsabilità si insiste anche sia sulla *identificabilità*, ovvero sulla maggiore capacità degli elettori di identificare prima delle elezioni i probabili governi alternativi che potranno emergere dopo le elezioni, sia su una maggiore possibilità di *controllo reciproco* tra potere esecutivo e potere legislativo, derivante dalla separazione netta tra i due poteri. Una seconda considerazione riguarda la convinzione abbastanza diffusa che, con qualche eccezione, in primo luogo quella degli Stati Uniti, se spesso il presidenzialismo ha raggiunto obiettivi di relativa stabilità, meno efficace è stato nella soddisfazione delle altre aspettative.

10.5.1 *Incidenza delle variabili di tipo giuridico-formale*

Il disegno costituzionale offre, dunque, una soluzione al problema della formazione e della durata degli esecutivi. Alla elezione diretta del capo dell'esecutivo e, quindi, alla sua autonoma legittimazione, alla impossibilità delle sua rimozione, al suo potere discrezionale nella scelta dei ministri, si aggiunge in qualche caso (ad esempio negli Stati Uniti) anche un meccanismo che consente di risolvere i conflitti legati alla selezione delle candidature, coinvolgendo direttamente gli elettori: quello delle primarie (Valbruzzi, 2006; vedi anche Box 7.3, Cap. VII). Gran parte dei problemi dell'arena esecutiva vengono quindi risolti da misure legate al disegno costituzionale. Alcuni dispositivi di tipo costituzionale sono stati concepiti anche per favorire l'efficacia decisionale. In particolare, i presidenti sono stati costituzionalmente dotati di una serie di poteri legislativo-governativi, che variano da un caso all'altro, ma che dappertutto devono scontare il fatto che il presidenzialismo opera in regime di separazione dei poteri. Separazione che nel caso degli Stati Uniti implica, come già rilevato, che il presidente non può presentare direttamente suoi progetti di legge al Congresso e che quando vuole introdurre politiche che richiedono interventi legislativi (ad esempio in materia sanitaria) deve promuoverne la presentazione da parte di congressisti del suo partito e contrattare prima con questi e poi con l'intero Congresso. In altri casi la situazione è diversa ed ai presidenti sono riconosciuti poteri maggiori, specie sotto forma di «poteri d'emergenza». Nel complesso i poteri legislativo-governativi dei presidenti possono essere così riassunti (Sartori, 1994, tr. it. 1995, pp. 175–186; Shugart e Carey, 1992, tr. it. 1995, pp. 205–230):

1) *il potere di veto* che serve al presidente per difendersi da eventuali sconfinamenti del legislativo e che costituisce una tipica caratteristica dei sistemi presidenziali;
2) *il potere di iniziativa legislativa*, che va oltre il normale potere di tutti i governi di sottoporre, nelle forme consentite dalla costituzione, proprie iniziative legislative al parlamento, che li può approvare respingere o emendare. Infatti nei sistemi presidenziali le «competenze esclusive» dell'esecutivo in questo ambito sono generalmente più estese che negli altri sistemi. Ne consegue una maggiore possibilità di far ricorso a quello che dovrebbe essere uno strumento d'emergenza: il *decretismo*, ovvero quel governare per decreti e «scavalcando» il parlamento, divenuto il simbolo delle patologie dei regimi presidenziali dell'America Latina (Mainwaring e Shugart, 1997), e che è definito da Sartori come «una risposta disfunzionale a sistemi non funzionanti» (Sartori, 1994, tr. it. 1995, p. 179);
3) *il ricorso al referendum,* che non è previsto nel caso statunitense, ma possibile in molti casi latino-americani. Esso dovrebbe avere la funzione di superare l'ostruzionismo parlamentare ed è stato spesso utilizzato. Il confine tra l'uso e l'abuso è stato però spesso valicato e quest'arma ha finito per rivelarsi a doppio taglio;
4) *il potere di scioglimento del parlamento.* Questo, dato il carattere imprescindibile della separazione dei poteri, è considerata un'arma tipica dei semipresidenzialismi, più che dei presidenzialismi. È stata però adottata da qualche sistema presidenziale nel tentativo di rafforzare ancora di più il potere del presidente nei confronti di un parlamento poco collaborativo e si è rivelato più un deterrente che un potere effettivamente esercitato.

Una variabile ritenuta importante ai fini della buona riuscita di quasi tutti i disegni costituzionali è il tipo di sistema elettorale. Nel caso dei presidenzialismi, dando per scontato che è opportuno che il presidente raccolga il consenso della maggioranza assoluta dei votanti, sono decisivi i sistemi adoperati per l'elezione delle assemblee legislative. Un sistema elettorale maggioritario in circoscrizioni uninominali opera negli Stati Uniti, mentre una varietà di sistemi proporzionali o misti opera nelle repubbliche presidenziali latino-americane. Alla luce dei risultati fin qui ottenuti, risultano nettamente preferibili i sistemi elettorali «forti», ovvero quelli che contrastano e/o riducono la frammentazione partitica. Secondo Sartori «è un errore combinare il presidenzialismo con la proporzionale [...], se si desidera la proporzionale allora non si dovrebbe desiderare un sistema presidenziale» (*ibidem*, p. 192).

Piuttosto controversa è la questione relativa alla preferibilità di elezioni asincrone o sincronizzate tra arena presidenziale e arena parlamentare. Si ritiene che la possibilità di una maggioranza identica sia più probabile con elezioni sincronizzate, ma anche che la scelta migliore derivi dalla graduatoria delle priorità. Secondo Sartori, « se riteniamo che la governabilità e le maggioranze indivise siano meno importanti della « responsività » e della sintonia con l'opinione popolare, allora è da preferire l'asincronia. Se invece riteniamo che il bisogno preminente del nostro tempo sia di avere governi funzionanti e responsabili, allora dovremmo optare per elezioni sincronizzate » (*ibidem*, p. 193).

Uno dei paradossi delle forme di governo presidenziali è che mentre sempre più si parla di « presidenzializzazione del governo democratico » (Poguntke e Webb, 2005; Di Giovine e Mastromarino, 2007; Frosini, Bassu e Petrillo, 2009), ovvero di quella tendenza verso la personalizzazione degli esecutivi che fa sì che anche le democrazie parlamentari si distacchino dai parametri costituzionali di riferimento, facendo proprie le modalità di funzionamento dei presidenzialismi, i regimi presidenziali «veri» continuano ad essere oggetto di critiche, talvolta feroci, provenienti dagli studiosi che ne hanno osservato il funzionamento. Le critiche (Shugart e Carey, 1992, tr. it. 1995, pp. 49–72; Linz e Valenzuela, 1994, tr. it. 1995) riguardano soprattutto tre aspetti:

1) *la rigidità temporale*, in particolare la durata fissa e prestabilita del mandato presidenziale, che farebbe sì che il presidente non possa essere rimosso neanche quando offre una cattiva prova di sé, si dimostra incompetente, viene meno la fiducia degli elettori, o abusa dei suoi poteri e si scontra con la maggioranza al Congresso; Congresso che, in regime di separazione dei poteri, non può, nella quasi totalità dei casi, essere sciolto neanche in situazioni di paralisi programmatica;
2) *gli eccessi di tendenze maggioritarie*. Questo aspetto è sottolineato soprattutto da studiosi che ritengono il presidenzialismo distorcente in materia di rappresentatività e di rappresentanza delle minoranze, poiché si fonda su un gioco in cui il vincitore prende tutto. Proprio per tali eccessi, il presidenzialismo viene giudicato inadatto per società attraversate da profonde divisioni politiche e caratterizzate da un sistema partitico frammentato (Mainwaring, O'Donnell e Valenzuela, 1992; Mainwaring, 1993);
3) *la doppia legittimazione democratica*, ovvero le conseguenze della divisione dei poteri tra un presidente (esecutivo) ed un'assemblea, entrambi eletti direttamente; conseguenze che, soprattutto quando le due istituzioni non sono disposte a compromessi, possono portare a situazioni che vanno dallo stallo alla crisi di regime. In effetti, due circuiti distinti di elezione e di legittimazione costituiscono un forte incentivo al « voto disgiunto » e creano i presupposti per il cosiddetto *governo diviso*. La presenza di tale fenomeno è divenuta una condizione quasi fisiologica di molti presidenzialismi (Box 10.7).

Insomma, dato che tutti i governi devono in primo luogo tradurre le decisioni politiche in leggi e che di conseguenza il sostegno parlamentare è indispensabile per governare, si capisce perché i problemi del presidenzialismo

Box 10.7 – Il «governo diviso» nei presidenzialismi

Il governo diviso si riscontra quando la maggioranza che ha eletto il presidente è di colore diverso da quella esistente al Congresso. Non tutti i giudizi sul governo diviso coincidono. Diversi sono gli autori che ne sottolineano i lati positivi. Come ricorda Pasquino: «La sua persistenza viene giustificata, almeno negli Stati Uniti, in base a due tipi di ragionamento. Il governo diviso corrisponde in pratica alla visione istituzionale dei padri fondatori. Le "istituzioni separate che condividono il potere" sono state disegnate così proprio per evitare la concentrazione di potere in una sola istituzione [...]. Se il governo non fosse diviso e condiviso, ma unitario e concentrato, violerebbe le aspettative e i desideri dei padri fondatori. Il secondo ragionamento si basa sulle preferenze degli elettori. Il governo non è diviso soltanto a livello federale: da qualche tempo è diviso anche a livello dei singoli stati. Se gli elettori non lo volessero, potrebbero cessare di "spezzare" il loro voto tra il candidato Presidente, oppure governatore, di un partito e i candidati parlamentari dell'altro partito. Poiché gli elettori, almeno quel cinquanta per cento circa di elettori statunitensi che votano, continuano, anzi insistono a spezzare il voto, ciò significa che anch'essi ritengono fondate le preoccupazioni dei padri fondatori: nessuna concentrazione di potere. In verità, non sono molti gli elettori statunitensi che spezzano davvero il loro voto, probabilmente meno di un quinto dei votanti, ma sono sufficienti a consentire (anche grazie alla sfasatura temporale e alla durata differenziata dei mandati senatoriale, presidenziale e congressuale) l'esito "governo diviso". Anche con queste giustificazioni costituzionali ed elettorali, i problemi politici del governo diviso nelle repubbliche presidenziali rimangono» (1997, pp. 185–86). Pasquino evidenzia anche un altro problema, che riguarda il procedimento democratico-elettorale. Egli ricorda, infatti, che: «se il governo è diviso, allora Presidente e Congresso entrano in una zona grigia di competizione/collaborazione e l'elettore chiamato a esprimere il suo voto non è in grado di attribuire responsabilità specifiche. L'elettore non saprà premiare e punire a ragion veduta e il governo diviso, in mancanza di sanzioni politico-elettorali efficaci, si conserverà. Il governo diviso, in altre parole, impedisce l'identificabilità dei responsabili del buon governo o del malgoverno» (*ibidem*, p. 186).

risiedono soprattutto nell'arena legislativa. Il conflitto tra potere esecutivo e potere legislativo sembra essere diventato un connotato fisiologico di molte democrazie presidenziali; cosicché l'immobilismo, il decretismo (abuso dell'uso dei decreti legge), le difficoltà di consolidamento delle nuove democrazie che hanno adottato tale sistema, le tendenze plebiscitarie e populistiche e perfino, soprattutto in America Latina (Linz e Valenzuela, 1994, tr. it. 1995; Mainwaring e Shugart, 1997), le crisi culminate in colpi di stato militari o rivoluzioni, sono tra i fenomeni che producono quelle critiche di cui i presidenzialismi non riescono a liberarsi e che fanno sì che studiosi come Sartori ne sconsiglino l'esportazione, adducendo che: «il sistema americano funziona (a suo modo) perché gli americani sono determinati a farlo funzionare. Il che non toglie che gli americani hanno una macchina costituzionale fatta per finire in stallo; un difetto che si mostra in tutta la sua evidenza quando il loro presidenzialismo viene esportato» (1994, tr. it. 1995, p. 105).

10.5.2 *Incidenza delle variabili di tipo contestuale*

Perché il modello Washington ha funzionato? Perché in alcuni momenti ha funzionato al meglio ed in altri ha funzionato a regime ridotto? Quali sono le condizioni che hanno consentito di superare i problemi che esso incontra nell'arena legislativa? Perché il presidenzialismo ha funzionato raramente nei paesi in cui è stato esportato? Quanto appena detto sulle variabili di tipo giuridico-formale fa ritenere che un suo peso abbia avuto l'equilibrio tra poteri forgiato da prassi maturate nel tempo e da una struttura federale dello Stato che lascia a Washington un ambito decisionale importante ma limitato; tutto ciò rinvia anche al ruolo e al peso delle variabili di tipo contestuale. La letteratura mette l'accento soprattutto su quattro fattori.

Il primo fattore è la *presenza di maggioranze indivise*. Ciò significa che la parte politica maggioritaria in parlamento è la stessa che esprime il presidente e che questi, dunque, gode di una maggioranza congressuale a suo favore. In questo caso, alta è la probabilità che tutto proceda bene e che il presidente riesca, anche in presenza del naturale dualismo con il Congresso, ad agire efficacemente. Il rischio semmai è quello delle «presidenze imperiali», ovvero di un presidente che, forte di una solida maggioranza, governa schiacciando l'opposizione e in presenza di deboli contrappesi e pochi controlli; nonostante questo rischio, che può essere limitato da partiti che siano in grado di mediare tra esecutivo e legislativo, gran parte delle opinioni convergono sul fatto che «più abbiamo una struttura di poteri divisi, più c'è bisogno di un governo unito, ossia di una stessa maggioranza che controlli l'esecutivo e il Congresso» (*ibidem*, p. 101).

Il secondo fattore è costituito dall'*esistenza di partiti capaci di «strutturare» il voto e di essere disciplinati al momento delle votazioni congressuali*. La presenza di questo tipo di partiti in un certo periodo della storia Usa ha consentito di far fronte alle spinte verso il *governo diviso* ed a predisporre funzionali canali di intermediazione tra potere esecutivo e potere legislativo, oltre che di smussare i potenziali eccessi delle «presidenze imperiali» (ovvero dei Presidenti che sono leaders dello stesso partito che ha la maggioranza al Congresso o che si misurano con un Congresso debole e atomizzato, non in grado di bilanciare il loro potere e di rendere praticabile la "separazione" tra potere esecutivo e potere legislativo). Non è un caso che, a Costituzione sostanzialmente immutata, alla presenza di questo tipo di partiti, gli Stati Uniti abbiano vissuto un lungo periodo (dalla fine del XVIII secolo agli inizi del XX) caratterizzato da governi indivisi e da separazione dei poteri con (stabile) predominio congressuale. Nel caso statunitense, alla crisi di questo tipo di partiti ed alla successiva presenza di partiti deboli e scarsamente strutturati ha fatto seguito un lungo periodo (dagli anni Quaranta-Cinquanta del XX secolo fino ai nostri giorni) in cui il governo diviso è stato prevalente e il predominio presidenziale stabile (Fabbrini e Vassallo, 1999, pp. 4–5). Non è neanche un caso che la quasi inesistente strutturazione dei partiti sudamericani incoraggi regolarmente la personalizzazione della presidenza ed un'appropriazione personale, da parte del Presidente, dell'esecutivo, che talvolta sfociano nel populismo e nelle prepotenze presidenziali, ma raramente nell'efficacia decisionale.

Il terzo fattore è rappresentato dai *sistemi partitici non frammentati*. Il sostanziale bipartitismo degli Stati Uniti ha aiutato, almeno per lunghi periodi, il buon funzionamento del presidenzialismo; la frammentazione partitica e la presenza di partiti «volatili», o presi in «affitto» (Sartori 1994, tr. it. 1995, p. 109) da singoli candidati, ha contribuito, invece, alla formazione di parlamenti atomizzati che è stata alla base della non buona prova fornita da molti presidenzialismi latino-americani.

Il quarto fattore è l'*assenza di polarizzazione ideologica*. La presenza di profonde ed inconciliabili divisioni ideologiche, infatti, esaspera gli elementi di naturale separazione-contrapposizione insite nel modello (Linz, 1990, p. 52), mentre la presenza di una cultura pragmatica tende a smussarli.

A questo punto inevitabile è un'ulteriore domanda: quali sono le condizioni che consentono al presidenzialismo di funzionare, magari a bassi livelli di rendimento, anche in presenza del governo diviso? Una delle risposte possibili viene ancora da Sartori che, osservando gli Stati Uniti, fa notare che ai due secoli di pratiche costituzionali e para-costituzionali che hanno abituato i cittadini-elettori a convivere con tale sistema e alla sua sostanziale accettazione, occorre aggiungere tre ulteriori condizioni: l'assenza di radicate divisioni ideologiche, partiti deboli e indisciplinati e una politica di concessioni localistiche. «Grazie a questi fattori, un presidente può ottenere i voti che gli occorrono elargendo favori locali. Ma così giungiamo alla istituzionalizzazione del *pork-barrel*, della politica di scambi clientelari» (Sartori 1994, tr. it. 1995, p. 103); e alla crescente frammentazione localistica dei partiti che operano nel Congresso. In conclusione, in quali condizioni i sistemi presidenziali operano meglio? Per Sartori:

> la risposta è che il presidenzialismo bipartitico è più funzionale di quello multipartitico, e che – via via che le differenze ideologiche declinano – una semplificazione bipolare, se non bipartitica, è favorita da; i) centralità e effettività del potere presidenziale; ii) partiti che operano soprattutto per vincere la presidenza; iii) presidenti eletti da una maggioranza assoluta; iv) la coincidenza di elezioni parlamentari e presidenziali [...]. Se queste condizioni non sussistono, il presidenzialismo senza speranza dovrebbe considerare la sua trasformazione o in sistema semipresidenziale o in un sistema di presidenzialismo intermittente (*ibidem*, 193–194).

10.6 Il semipresidenzialismo

La categoria «semipresidenzialismo» fu coniata da Duverger (1980 e 1983) e la sua specificità consiste soprattutto nel fatto che presidenti eletti con suffragio popolare coesistono e condividono il potere esecutivo con gabinetti dipendenti dalla fiducia dell'assemblea. Duverger

(1980), guardando alla Quinta Repubblica francese, ne ha così elencato le caratteristiche:

1) il presidente viene eletto con voto popolare;
2) il presiedente possiede notevoli poteri;
3) esistono anche un premier ed un gabinetto, soggetti alla fiducia dell'assemblea, che assolvono funzioni esecutive.

Sartori a sua volta, ispirandosi sempre al modello francese, e premettendo che «non è facile afferrare una struttura a due teste che esibisce anche variazioni significative fra i suoi casi», propone di definire

> semipresidenziale un sistema politico che presenti congiuntamente le seguenti proprietà o caratteristiche:
>
> *i)* il capo dello Stato (il Presidente) è eletto con voto popolare – direttamente o indirettamente – per un periodo prestabilito;
> *ii)* il capo dello Stato condivide il potere esecutivo con un primo ministro, entrando così a far parte di una struttura ad autorità duale;
> *iii)* il Presidente è indipendente dal parlamento, ma non gli è concesso di governare da solo o direttamente: le sue direttive devono pertanto essere accolte e mediate dal suo governo;
> *iv)* specularmente, il primo ministro e il suo gabinetto sono indipendenti dal Presidente nella misura i cui sono dipendenti dal parlamento e cioè soggetti sia alla fiducia sia alla sfiducia parlamentare (o a entrambe), e necessitano del sostegno di una maggioranza parlamentare;
> *v)* la struttura ad autorità duale consente diversi equilibri e anche mutevoli assetti di potere all'interno dell'esecutivo, purché sussista sempre l'«autonomia potenziale» di ciascuna unità o componente dell'«esecutivo» (1994, tr. it. 1995, pp. 145–46).

Tra i problemi legati alla classificazione dei sistemi semipresidenziali, vi è, in effetti, il fatto che non sempre è facile operazionalizzare il concetto di «notevoli poteri» affidati al presidente e che la loro diffusione nelle nuove democrazie ha avuto tra i suoi risvolti l'esistenza di notevoli differenze sia nei disegni costituzionali approntati, sia nelle modalità con le quali gli attori coinvolti hanno «implementato» il modello. In particolare i poteri di governo del presidente eletto si sono dimostrati variabili sia nei dettati costituzionali sia nel loro effettivo utilizzo da parte dei titolari (Duverger, 1980; Sartori, 1994, tr. it. 1995; Pegoraro e Rinella, 1997; Shugart e Carey, 1992, tr. it. 1995; Ceccanti, Massari e Pasquino, 1996; Pegoraro e Rinella, 1997; Passarelli, 2008; Costa Lobo e Amorim Neto, 2009; Pasquino e Ventura 2010). Ne sono derivate definizioni e classificazioni diverse, che hanno portato lo stesso caso a essere talvolta, da studiosi diversi, inserito in tutte e tre le macrocategorie classiche. Comunque, a prevalere è la tesi che il semipresidenzialismo sia una specifica forma di governo in cui un presidente della Repubblica eletto con suffragio popolare condivide il potere esecutivo con un primo ministro, nominato dal presidente stesso ma che deve ottenere la fiducia, o almeno la non sfiducia, del parlamento. Il primo ministro, quindi, è, in quasi tutti i semipresidenzialismi, ma non necessariamente in tutti, doppiamente responsabile: nei confronti del presidente e nei confronti del parlamento. Insomma, tornando alla terminologia di Sartori, ci troviamo di fronte ad un meccanismo a doppio motore che, poiché i due motori operano simultaneamente, deve evitare che spingano in direzioni opposte, che si mettano a funzionare uno contro l'altro.

10.6.1 *Incidenza delle variabili di tipo giuridico-formale*

Forse anche a causa del fatto che il semipresidenzialismo francese è frutto di una operazione di ingegneria costituzionale che ha avuto successo, sono numerosi coloro che sostengono la bontà del modello. Bontà che, tra l'altro, sembra dimostrata dalle tendenze analizzate nel paragrafo 10.3. In particolare, a tale forma di governo viene riconosciuta da un lato la potenzialità di contemperare il potere e produrre una leadership visibile, e nello stesso tempo la capacità di far fronte, senza eccessivi danni, alla eventualità di una maggioranza presidenziale non coincidente con quella parlamentare; dall'altro lato una certa flessibilità e nello stesso tempo una capacità di far fronte ai problemi di instabilità e di inefficacia tipiche di molti parlamentarismi; inoltre, ad essa viene attribuita una idoneità a fronteggiare quelle degenerazioni assembleari dei parlamenti che talvolta affliggono sia i parlamentarismi che i presidenzialismi. Ancora una volta, per sintetizzare le qualità del semipresidenzialismo, significativo è quanto afferma Sartori:

> quello che mi fa apprezzare il semi-presidenzialismo è che ha risolto il problema del governo di minoranza o in minoranza. In questo sistema, l'esecutivo ha sempre la maggioranza, o meglio c'è sempre un esecutivo che si procura una sua maggioranza (1998, p. 29);

inoltre, il semipresidenzialismo può contare su

> una struttura d'autorità flessibile, e cioè su un esecutivo bicefalo la cui "prima testa" muta (oscilla) al mutare delle combinazioni maggioritarie. Con una maggioranza unificata il Presidente prevale sul primo ministro. [...] Viceversa, e alternativamente, con maggioranza disgiunta è il primo ministro sostenuto dalla propria maggioranza parlamentare a prevalere (Sartori 1994, tr. it. 1995, p. 139).

L'adattabilità del modello ai casi non significa che non ci siano dei capisaldi che devono essere tenuti fermi affinché si possa parlare di semipresidenzialismo e nello stesso tempo si abbiano dei buoni risultati dalla sua adozione. Pasquino (1996) ne individua alcuni. In primo luogo, il presidente della Repubblica deve essere eletto con la maggioranza assoluta dei suffragi.

A tal fine il doppio turno con ballottaggio è da considerare il sistema elettorale che offre maggiori garanzie. Esso in genere favorisce l'elezione del candidato maggiormente preferito dagli elettori; inoltre, può incanalare la competizione politica verso il bipolarismo e, quindi, incentivare da un lato la formazione di coalizioni mirate alla formazione di maggioranze tese a governare e dall'altro la riduzione della eventuale frammentazione del parlamento. In ogni caso, l'elezione popolare diretta con maggioranza assoluta (associata al potere di scioglimento) è utile anche per creare un contrappeso ad un eventuale parlamento frammentato e per attutire gli effetti negativi di questo. Inoltre, il presidente deve avere poi poteri veri. È anche questo che si sottintende quando si parla di struttura dualistica dell'esecutivo. Uno dei poteri più importanti riguarda la formazione e la dissoluzione dei governi. È nell'esercizio di tale potere, oltre che nell'esistenza di alcuni ambiti più o meno riservati (generalmente in materia di politica estera e di difesa), che si materializza gran parte della «riserva» di potere esecutivo del presidente. Particolarmente importante è il potere di nomina del primo ministro e l'accettazione delle sue dimissioni. Questo potere, indipendentemente dalle norme costituzionali relative alla possibilità di presiedere o meno il Consiglio dei ministri, convive con notevoli margini di discrezionalità e fa, con qualche eccezione (ad esempio nel caso portoghese), dovuta più allo stile presidenziale adottato che ai poteri effettivamente attribuiti, del presidente il vero capo dell'esecutivo in caso di maggioranze consonanti; è fortemente vincolato e diviene di tipo quasi notarile in caso di maggioranze parlamentari diverse da quelle presidenziali. In quest'ultimo caso è il primo ministro la figura centrale, quella su cui si concentra gran parte del potere reale. In questa possibile oscillazione sta il principale elemento di flessibilità del sistema: sono gli elettori i veri arbitri nel dualismo istituzionale. Il potere di nomina del presidente è una risorsa importante anche in caso di parlamento frammentato ed incapace di esprimere una vera maggioranza politica. In questo caso, grazie al prestigio conferitogli dalla legittimazione popolare ed ai meccanismi di razionalizzazione del rapporto governo-parlamento, oltre che al possesso del potere di scioglimento, il capo dello stato può dar vita a «governi del presidente» che possono essere di minoranza o comunque non avere una maggioranza costituita.

Alcuni poteri del presidente limitano quelli del parlamento. Tra questi si può annoverare quello di indire referendum su materie delimitate e secondo procedure previste nella costituzione. L'opportunità o meno della sua estensione introduce una delle questioni delicate del semipresidenzialismo: l'attribuzione-distribuzione dei poteri legislativi fra presidenti, primi ministri e parlamenti. Il potere di indire referendum riguarda anche eventuali iniziative legislative presidenziali. Al fine di evitare conflitti una chiara ed equilibrata distribuzione diventa dunque un requisito fondamentale. Per rimanere in questo ambito, un altro importante attributo del presidente è il potere di veto in materia legislativa, non previsto nel caso francese, ma che da diversi autori è considerato requisito qualificante sia dei presidenzialismi che dei semipresidenzialismi. Ai fini di una buona funzionalità, Sartori consiglia che il veto sia parziale (selettivo) e limitato alle leggi che il parlamento ha approvato e non allargato ai disegni di legge (1998, p. 33).

Altro potere importantissimo attribuito al presidente è quello di sciogliere il parlamento. La valutazione e l'ampiezza di questo potere non possono prescindere dalla durata dei mandati presidenziali e cioè dall'esistenza di elezioni sincroniche o sfalsate. Dato che è comunque difficile mantenere elezioni contestuali anche in caso di mandati di durata equivalente, poiché ci vorrebbero le dimissioni forzate del presidente in caso di elezioni anticipate e lo scioglimento automatico del parlamento in caso di dimissioni o destituzione del presidente, si ritiene preferibile l'accettazione del principio della non coincidenza delle elezioni. Anche per questo è bene che la Costituzione specifichi le condizioni che consentono al presidente di esercitare il potere di scioglimento. Secondo Pasquino «è bene che il presidente "nuovo" abbia il potere di sciogliere il parlamento "vecchio" (ma sarà bene che si rassegni ad un Parlamento nuovo ed ostile). Ugualmente, il Presidente può sciogliere un Parlamento relativamente nuovo se non è operativo ed in grado di costruire una maggioranza a sostegno di qualsivoglia Primo Ministro» (1996, p. 117). Lo stesso autore considera un'efficace codificazione del potere del presidente in questo campo quella contenuta nell'art. 12 della Costituzione della Quinta Repubblica francese, che stabilisce che il presidente può esercitare il potere di scioglimento consultati il primo ministro ed i presidenti delle assemblee, ma non può farlo per tutto l'anno successivo alla elezione di un nuovo parlamento.

In terzo luogo, il potere del parlamento deve essere ridimensionato. Più precisamente «in un sistema semipresidenziale il ruolo del parlamento risulta alquanto più ridotto rispetto a quello possibile, anche se non sempre esercitato, in un sistema parlamentare» (*ibidem*, pp. 119–120). Diversi sono gli istituti idonei a tale scopo. Per quanto riguarda i poteri in materia legislativa e di revoca e/o di conferimento della fiducia ai governi, un caso estremo è costituito dal parlamento francese, il cui potere è fortemente ridotto da istituti come la fiducia implicita, il voto in blocco, la «ghigliottina» (su tali istituti, vedi Sartori, 1994, tr. it. 1995 pp. 180–81) e dalle misure in materia di delegificazione.

In quarto luogo, può essere utile un sistema elettorale con effetti riduttivi nei confronti del numero dei partiti. Uno degli obiettivi dichiarati da coloro che hanno progettato il semipresidenzialismo francese era quello di creare istituzioni solide, stabili e funzionanti in ogni caso, anche a prescindere dai partiti. Anche in questo senso vanno letti i poteri del presidente e gli istituti, in qualche caso brutali, mirati a proteggere il governo dalle degenerazioni del parlamento dei partiti che aveva prodotto la Quarta Repubblica. Tuttavia nel buon funzionamento del sistema della Quinta Repubblica non devono essere sottovalutati gli effetti benefici dovuti alla trasformazione del precedente sistema partitico in « quadriglia bipolare » (Di Virgilio, 1994; Fabbrini, Vassallo, 1999, pp. 113–115; Ventura, 2007) o comunque in un sistema di pluralismo moderato. Si ritiene che ai fini di tale esito un ruolo non secondario abbia giocato l'associazione tra doppio turno con ballottaggio per l'elezione del presidente e doppio turno con elevata soglia d'accesso per l'elezione del parlamento. Come ricorda Ceccanti (1996, pp. 91–92), in Francia,

> il nocciolo duro del positivo passaggio tra Quarta e Quinta Repubblica deve essere correttamente individuato nell'indissolubile triangolo di ferro costituito da: elezione diretta del Presidente [...]; sistema uninominale maggioritario a doppio turno, con elevato sbarramento, per l'Assemblea [...]; scioglimento discrezionale previsto dall'art. 12.

Non sempre il sistema semipresidenziale è stato associato ad un sistema elettorale maggioritario per l'arena parlamentare; ma anche là dove è stato associato ad un sistema proporzionale (ad esempio, in Polonia o in Portogallo), ai fini della stabilità e dell'efficacia decisionale, favorevolmente hanno giocato le misure tese a ridurre la frammentazione del sistema partitico-parlamentare. In presenza di un sistema elettorale proporzionale e di un sistema partitico-parlamentare frammentato aumentano gli spazi per l'attivismo dei presidenti. Ciò, ad esempio, è avvenuto, almeno in taluni periodi, in Polonia ed in Portogallo (Ceccanti, Massari, Pasquino, 1996; Passarelli, 2008; Lanza, 2012). L'insegnamento che sembra venire dall'osservazione di questi casi è che un puntuale disegno/ridisegno dei poteri, anche tramite una revisione della Costituzione, aiuta ad evitare gli sconfinamenti ed i potenziali conflitti.

Una potenziale debolezza viene ritenuta incorporata nel semipresidenzialismo: *la coabitazione* tra un presidente espressione di una maggioranza e un capo del governo espressione di un'altra maggioranza. In particolare, cosi come nei presidenzialismi, la durata diversa dei mandati e l'istituzionalizzazione di elezioni non contestuali favorirebbero la formazione di maggioranze divise, che potrebbero sfociare o in una non facile coabitazione o nel consociativismo. Insomma, a causa della condivisione del potere esecutivo, e quindi del fatto che le elezioni di un organo condizionano direttamente la composizione e/o il grado di legittimazione dell'altro, la coabitazione rappresenterebbe un potenziale elemento di debolezza incorporato nei semipresidenzialismi. Essa viene considerata un esito più probabile nel caso di elezioni asincrone (o disgiunte) ed in genere è associata al fatto che il vincitore della competizione più recente pretende per sé il quasi-monopolio del potere esecutivo. Per questo, il potere di scioglimento dell'assemblea assegnato al presidente può contribuire a risolvere il problema quando le « elezioni più recenti » sono quelle presidenziali; nel caso inverso molto importante è il comportamento degli attori, ed in particolare modo la rinuncia al primato presidenziale.

10.6.2 *Incidenza delle variabili di tipo contestuale*

La robustezza delle variabili di tipo costituzionale e la possibilità di adattarle ai casi non annulla l'importanza delle variabili di tipo congiunturale. Abbiamo avuto modo di far cenno all'importanza del sistema partitico ai fini dell'ottimizzazione dei risultati. Si deve aggiungere che anche operando sulle variabili giuridico-formali non si è sicuri di trovare una soluzione certa al problema della formazione di maggioranze non coincidenti, che è favorita comunque dalle elezioni disgiunte, dalla non coincidenza dei mandati e dall'esistenza di sistemi multipartitici. Diventa allora importante anche il ruolo degli attori politici. In quest'ottica Pasquino (1997, p. 187) individua due elementi di temperamento delle tensioni e dei conflitti possibili in caso di coabitazione: uno di carattere più specificamente personale e l'altro di carattere più specificamente politico-partitico. Il primo è costituito dalle ambizioni dei due leader che ricoprono le cariche di presidente e di primo ministro. Il presidente, volendo essere rieletto, sarà portato a non forzare a suo favore la coabitazione, per non apparire irrispettoso nei confronti di quegli elettori che hanno votato per una maggioranza parlamentare diversa da quella che aveva sostenuto la sua elezione. Stessa cosa farebbe il primo ministro, che tra le sue ambizioni annovera certamente quella di candidarsi alla presidenza. Quindi le due ambizioni contrapposte sono portate a controbilanciarsi e a non produrre una paralisi decisionale. Il secondo è costituito dal ruolo assegnato al sistema partitico. Quest'ultimo sistema è in grado di offrire al semipresidenzialismo una risorsa che si traduce in una flessibilità che il presidenzialismo non ha. Infatti, grazie alla funzione di «raccordo» tra le varie istituzioni svolta da un sistema partitico funzionante, il primo ministro può contare sempre, o quasi, sul sostegno del parlamento, ovvero della sua maggioranza in parlamento. Insomma, un sistema partitico funzionante è in grado di produrre sempre o quasi una maggioranza a sostegno del primo ministro, indipendentemente dal tipo di maggioranza presidenziale. In mancanza di un sistema partitico di tal genere il pallino del gioco passa sempre al presidente, che può contare sulla sua autonoma legittimazione e sui suoi poteri.

Domanda

1 Cos'è un parlamento?

2 Cosa differenzia un parlamento democratico dagli altri parlamenti?

3 Quali sono le principali differenze tra le *camere alte* e le *camere basse?*

4 Quando un bicameralismo si dice congruente/incongruente e quando si dice simmetrico/asimmetrico?

5 Quali sono le principali funzioni svolte dai parlamenti?

6 Come e quanto la forma di governo può incidere sulle funzioni dei parlamenti?

7 Come si realizza il controllo del parlamento sul governo?

8 Cos'è il governo?

9 Quali sono le principali forme di governo?

10 Quali sono i principali tipi di parlamentarismo?

11 Quali sono i principali dispositivi per razionalizzare i parlamentarismi?

12 Quali variabili di tipo contestuale incidono sul successo o sull'insuccesso dei parlamentarismi?

13 Quando un sistema politico si dice presidenziale?

14 Cosa ha rilevato l'analisi comparata a proposito del concreto funzionamento dei presidenzialismi?

15 Quali critiche sono state mosse ai sistemi presidenziali?

16 Perché il «modello Washington» ha funzionato?

17 Come definiscono il semipresidenzialismo Maurice Duverger e Giovanni Sartori?

18 Quali pregi vengono riconosciuti alla forma di governo semipresidenziale?

19 Quali sono i capisaldi istituzionali ritenuti necessari affinché un sistema semipresidenziale offra buoni risultati?

20 Cos'è la coabitazione? Quali elementi consentono, secondo Pasquino, l'attenuazione delle sue possibili conseguenze negative?

Burocrazia e amministrazione pubblica

CAPITOLO UNDICESIMO

11.1 Introduzione

Come abbiamo potuto vedere nel capitolo precedente, la dottrina costituzionale liberal-democratica legittima la visione secondo cui il governo, con il concorso del parlamento, determina la linea politica giungendo a decisioni pubbliche, e la burocrazia pubblica (pubblica amministrazione) — intesa come l'insieme delle organizzazioni dello Stato composte da personale permanente e retribuito pubblicamente — applica quella linea, dandone esecuzione e realizzazione. Se questa visione di netta separazione fra politica e burocrazia è valida per gli Stati moderni, che avevano la necessità di creare apparati incaricati di «amministrare» il potere politico, con il passare del tempo l'aumento della complessità dei sistemi sociali, politici ed economici ha reso il processo decisionale sempre più articolato. Politica e burocrazia interagiscono, si influenzano, si accordano o si scontrano. Oggi, è risaputo che natura e comportamento delle burocrazie pubbliche influenzano la politica e il governo in pressoché tutti i sistemi politici. Il ruolo preminente delle burocrazie nell'attuazione delle politiche pubbliche può fare la differenza tra successo e fallimento, efficienza e inefficienza di un provvedimento politico. Le burocrazie esercitano una grande influenza attraverso la capacità di emanare provvedimenti con funzione regolamentare, che implicano scelte politiche anche molto sensibili che tendono progressivamente a sostituirsi alle leggi. Queste ultime, infatti, non entrano nello specifico, lasciando ai regolamenti la definizione di aspetti spesso estremamente rilevanti, si pensi alla definizione delle soglie di tolleranza per le emissioni di talune tipologie di industrie, la valutazione dell'impatto ambientale e la sua regolazione, le modalità di costruzione di infrastrutture e così via.

Nessun sistema moderno, indipendentemente da storia, cultura o basi ideologiche su cui è fondato, potrebbe funzionare efficacemente senza una burocrazia. Sebbene la sua necessità possa essere colta nella fase dell'attuazione delle politiche di governo, è anche evidente che le sue funzioni non sono limitate solo a quello. La natura del lavoro dei burocrati li porta ad avere continui contatti non solo con la politica ma anche con gli attori sociali ed economici da essa serviti e regolati. Questa circostanza, unita alla competenza tecnica di cui la burocrazia è detentrice, la rende un attore potente in grado di dare un fondamentale contributo all'intero processo di produzione delle decisioni e delle politiche pubbliche. È su questo attore di fondamentale importanza che adesso concentreremo la nostra attenzione, partendo dall'analisi del concetto di burocrazia: ne individueremo funzioni e struttura organizzativa, per passare ad esaminare i rapporti con la politica e infine concludere cercando di individuare quale siano le dinamiche evolutive che la caratterizzano.

11.2 Il concetto di burocrazia

Il termine «burocrazia» è ambiguo e utilizzato con significati molto diversi, qui ci limiteremo a prenderne in considerazione i principali. Una prima accezione fa riferimento alla definizione originaria del termine, coniato nel XVIII secolo da un economista liberale, Vincent de Gournay (1712–1759) per designare il potere di quel corpo di funzionari e impiegati dell'amministrazione statale costituito con compiti specializzati sotto la monarchia assoluta e dipendente dal sovrano (Giglioli 1990). Questa accezione di burocrazia presenta una chiara connotazione negativa, in quanto Gournay, lamentando l'invadenza degli uffici e dei funzionari, ne stigmatizza il formalismo, l'arroganza e lo spirito di corpo non di certo orientati al conseguimento dell'interesse pubblico (Fisichella 2007). Questo significato di burocrazia, intesa come «cattiva amministrazione» che produce inefficienza, spreco di risorse, lentezza, si è istituzionalizzato nel linguaggio comune arrivando sino a oggi. Un'accezione opposta del termine identifica la burocrazia quale sistema specifico di organizzazione che massimizza l'efficienza nel perseguire gli scopi grazie alla gerarchia, alla suddivisione razionale del lavoro, alla continuità nelle prestazioni. Una terza accezione, quella letterale, identifica la burocrazia come forma di dominio derivante dal comando dei funzionari. Infine, un'ultima accezione è quella che rimanda all'idea di burocrazia come amministrazione di funzionari stipendiati che ne individua le caratteristiche strutturali e organizzative. Il vantaggio di quest'ultima accezione è di scorporare dalla definizione tanto l'aspetto dell'efficienza quanto l'aspetto del potere (Panebianco 1986a). Il modello di riferimento della burocrazia intesa come amministrazione di funzionari stipendiati è l'idealtipo di burocrazia legale-razionale elaborato da Max Weber (1922) che descrive ciò che egli considera le caratteristiche fondamentali di una forma di organizzazione che sarebbe poi esistita in tutte le società moderne.

Il modello weberiano di burocrazia

La concettualizzazione weberiana della burocrazia dev'essere necessariamente inquadrata nella sua analisi sui tipi di potere. Per Weber potere e amministrazione sono strettamente legati: «Ogni potere si manifesta e funziona come amministrazione; e ogni amministrazione, [...] richiede in qualche modo il potere» (Weber 1922b, trad. it. 1974, vol. II). Secondo elemento centrale è la legittimità, giacché «ogni potere cerca di suscitare e coltivare la fede nella propria legittimità» (Weber 1922b, trad. it 1974, vol. I). A partire da questi assunti, Weber distingue tre tipi di potere legittimo, cui associa una tipologia degli apparati amministrativi:

- Potere carismatico: la legittimità deriva dal riconoscimento delle qualità eccezionali del capo (obbedienza al capo). L'apparato di riferimento è formato dalla cerchia dei seguaci da lui scelti.
- Potere tradizionale: la legittimità deriva dalla credenza nel carattere sacro delle tradizioni valide da sempre (obbedienza al signore designato dalla tradizione). L'apparato può assumere forme tanto patrimoniali quanto feudali.
- Potere razionale-legale: la legittimità deriva dall'esistenza di norme legali, formali e astratte che danno il diritto di comando a coloro che sono chiamati a esercitare il potere (obbedienza all'assetto impersonale-legale) L'apparato è una burocrazia.

La burocrazia può, quindi, essere definita come l'insieme di organizzazioni che funzionano secondo il principio delle competenze di autorità attribuite a uffici e specificate attraverso regole impersonali e universali (Weber 1922b, trad. it. 1974, vol. II p. 260 e ss.). Questa definizione rimanda alla concezione della burocrazia idealtipica, legata alla nascita e allo sviluppo dello stato moderno (Mayntz 1982; cfr. cap. III). In termini più specifici, la burocrazia razionale-legale, secondo Weber, deve avere le seguenti caratteristiche:

- Esistenza di regole astratte che vincolano chi detiene il potere, l'apparato amministrativo e i governati. La legittimità dell'esercizio del potere deriva dal rispetto dell'ordinamento giuridico senza che esso venga travalicato. L'obbedienza è dovuta solo entro i limiti fissati dall'ordinamento stesso, che delimita precisamente anche i mezzi di coercizione eventualmente consentiti.
- Organizzazione gerarchica delle posizioni, che prevede l'esistenza di sfere di competenza chiaramente definite, una elevata divisione del lavoro, una netta separazione fra persona e ufficio, per cui i funzionari e gli impiegati non possiedono le risorse amministrative a titolo personale ma ne devono rendere conto. Inoltre, le funzioni amministrative sono standardizzate e formalizzate sulla base di documenti scritti.
- Il personale impiegato da una struttura burocratica è reclutato attraverso liberi concorsi pubblici, assunto con contratto sulla base di specifiche qualificazioni tecniche, viene compensato con uno stipendio fisso, ha la possibilità di avanzamento di carriera e considera il proprio lavoro come un'occupazione a tempo pieno.

Come sottolineato a più riprese da Weber, è difficile che i tipi ideali si presentino, storicamente, in forma pura. Perciò, le caratteristiche appena individuate non sono rintracciabili se non con minore o maggiore approssimazione in concreti casi storici. Dunque, se si possono individuare specifiche cause storiche che hanno favorito il sorgere e l'estensione della forma burocratica di amministrazione nell'Occidente moderno, è difficile affermare che tutti gli Stati abbiano configurato lo stesso modello di amministrazione pubblica perché lo sviluppo delle amministrazioni pubbliche è fortemente legato alla particolare evoluzione di ciascuno Stato.

Il modello weberiano di burocrazia è particolarmente importante perché, sebbene rappresenti un idealtipo, i suoi principi sono applicati, con gradi diversi, nella maggior parte dei sistemi politici democratici. È, perciò, possibile che all'interno di una stessa organizzazione coesistano elementi organizzativi burocratici e non burocratici, come nel caso delle amministrazioni in cui persistono forme di *spoils system* (cfr. box 11.1 e § 11.7).

Un secondo aspetto di rilevanza del modello weberiano è la capacità di isolare caratteristiche che permettono di identificare le burocrazie quali attori attivi del processo di produzione delle politiche pubbliche. Infine, l'idealtipo weberiano fa da riferimento non solo per l'individuazione teorica della burocrazia, ma anche per misurare il grado di accostamento/deviazione della realtà empirica dal modello. Ciò, fra l'altro, consente di evidenziare, oltre agli effetti positivi di una tale forma di organizzazione, anche i suoi possibili effetti perversi.

Chiariti questi aspetti, occorre sottolineare che, indipendentemente dal fatto che si consideri l'amministrazione in quanto burocrazia, o in un'accezione più ampia, essa può essere definita sostanzialmente su due piani, tra loro strettamente legati: uno funzionale e uno strutturale (Peters 1978). Il primo rimanda alle attività che conducono all'attuazione di norme generali, quindi ai molteplici compiti svolti dalle amministrazioni; il secondo fa riferimento agli apparati organizzativi deputati allo svolgimento delle funzioni di attuazione su cui ci concentreremo nei prossimi paragrafi.

BOX 11.1 – Modelli di amministrazione pubblica

La nascita delle burocrazie pubbliche è legata allo sviluppo dello Stato moderno. La necessità di concentrazione e di centralizzazione del potere nelle mani dei sovrani è alla base della formazione e della successiva espansione degli apparati pubblici. I paesi europei continentali che hanno sviluppato forme di monarchia assoluta, hanno anche costruito importanti apparati burocratici usati quali strumenti di potere attraverso i quali si stabilizza il centralismo della monarchia assoluta (Mayntz 1982, 34). Con il passare del tempo le burocrazie si sottrarranno al potere personale del sovrano assoggettandosi al parlamento e alla legge durante le fasi dell'età liberale (XIX sec.) e poi della democrazia di massa, quando la struttura burocratica venne mantenuta nel suo nucleo centrale, caricandosi di ulteriori compiti (Freddi 1989; Panebianco 1986a, 394–5; D'Amico 1992). A differenza dei paesi dell'Europa continentale, ove le burocrazie nate durante l'assolutismo seguono un percorso analogo — anche se le differenze in termini di organizzazione e funzionamento di un paese rispetto all'altro sono consistenti —, nei paesi anglosassoni che non hanno conosciuto l'assolutismo, l'evoluzione amministrativa è stata diversa. In termini molto generali, dunque, possono essere individuati due grandi modelli di burocrazia: quello continentale e quello anglosassone.

La Francia è il paese che fa da vero punto di riferimento per il primo modello, fin dal XVI secolo va formandosi un'amministrazione professionale, gerarchizzata e centralizzata. È poi con Napoleone che si ha l'istituzione della prima, vera pubblica amministrazione, non soltanto in Francia ma anche in tutti i paesi dell'Impero napoleonico. La razionalizzazione dell'amministrazione centrale attraverso l'istituzione dei ministeri e il controllo centralizzato delle periferie grazie all'istituzione dei prefetti e dei dipartimenti, la riorganizzazione delle forze armate, la razionalizzazione del sistema di riscossione delle imposte, l'introduzione del bilancio e dei sistemi di contabilità, il varo del codice civile napoleonico (1807), la costituzione delle *Grandes Écoles* amministrative, in cui veniva formata la dirigenza burocratica che sviluppava un forte spirito di corpo. Il modello francese ebbe una evidente influenza sulla gran parte dei paesi europei, compresa la Prussia, quando, a seguito della sconfitta di Jena ad opera di Napoleone (1806), il sistema burocratico prussiano fu riorganizzato su base razionale-legale a seguito delle riforme di Stein e Hardenberg, principali fautori di un modello che concilia la necessità di centralizzazione amministrativa con il decentramento politico che poi caratterizzerà la Germania (Clark 2007).

Il modello anglosassone è costituito dai casi inglese e statunitense. Sia l'uno sia l'altro presentano proprie peculiarità. Nel caso inglese la mancata affermazione del centralismo assolutista fece sì che l'ambito centrale e quello locale si presentassero come separati e reciprocamente indipendenti, con scarse interferenze dell'uno sull'altro (*Dual polity*). Per quanto il potere centrale fosse fortemente concentrato, le élite nazionali hanno mostrato sempre scarso interesse per le attività concrete e minute dei governi locali preferendo la concentrazione sulla «alta politica». Ciò ha perpetuato, fino al tardo XIX secolo, il vecchio sistema amministrativo basato sul *self government*, che concedeva grande autonomia alle élite aristocratiche locali rispetto a un governo centrale che presentava solo una divisione funzionale e l'assenza di qualsivoglia organo amministrativo intermedio che consentisse una strutturazione verticistica in grado di garantire il controllo del centro sulla periferia. Le funzioni burocratiche erano esercitate dalla stessa *gentry* in maniera dilettantistica e non remunerata. Sarà solo a metà del XIX secolo che, a seguito del rapporto Northcote–Trevelyan del 1854 (Pilkington 1999), e della successiva democratizzazione del sistema parlamentare inglese che in Inghilterra si avrà lo sviluppo di un'amministrazione moderna, simile a quella europea continentale e organizzata per ministeri ai cui vertici è posta una burocrazia, formata nelle università di Oxford e Cambridge, caratterizzata da un forte etilismo ma anche da minori competenze tecniche e maggiori tratti di generalismo, rispetto alle più professionalizzate burocrazie continentali in presenza, anche qui come nel resto del continente di una netta separazione fra le categorie impiegatizie e quelle dirigenziali.

Gli Stati Uniti non sperimentando, al pari della Gran Bretagna, l'assolutismo, sviluppano una burocrazia professionale a livello federale soltanto alla fine del XIX secolo. Con il Pendelton act (1883) inizia la progressiva introduzione del nuovo sistema di reclutamento dei funzionari su base meritocratica in parziale sostituzione del cosiddetto *spoils system* che attribuiva uffici e funzioni dell'amministrazione centrale e di quella periferica ai membri del partito al potere anziché a personale di carriera. Pur presentando alcuni tratti ereditari del sistema britannico, il sistema statunitense si caratterizza per peculiarità derivanti dalla sua struttura federale, che favorisce una frammentazione amministrativa, e per la presenza di una forma di governo presidenziale che lega le funzioni di governo con quelle amministrative in un contesto in cui la burocrazia è meno professionalizzata, più permeabile all'azione dei gruppi di interesse e caratterizzata da una maggiore mobilità lungo la scala gerarchica e un interscambio fra il settore pubblico e quello privato.

11.3 Le funzioni della burocrazia

Come detto all'inizio del capitolo, la funzione principale della burocrazia è l'esecuzione e attuazione delle politiche prodotte dall'esecutivo e le leggi fatte dai parlamenti. In altri termini, la fase implementativa del processo di produzione delle politiche pubbliche (cfr. cap. 12) spetta ai burocrati, sebbene essi dipendano dai politici. In base alla logica weberiana, mondo politico e mondo amministrativo sono da intendersi come separati e, in questa prospettiva, i burocrati sono visti, impersonalmente, come ingranaggi di una macchina razionale, amministratori affidabili ed efficienti che operano all'interno di una gerarchia fissa e secondo regole ben definite. La realtà è, però, molto diversa. Nonostante la loro subordinazione formale e la presunta imparzialità, i burocrati esercitano una notevole influenza sul processo di *policy* (cfr. §11.7) sia per quel che riguarda la possibilità di condizionare le decisioni politiche a monte sia per quel che concerne la notevole discrezionalità nella fase di attuazione delle decisioni, amplificata dalla ampiezza dei settori coinvolti. Rispetto al primo punto, la burocrazia svolge un'essenziale funzione di consulenza nei confronti dei decisori politici; rispetto al secondo, svolge il ruolo di riscossione e redistribuzione, erogazione e regolazione. Queste funzioni, anche se possono subire variazioni da un paese all'altro — in ragione, per es., del peculiare sviluppo che i moderni apparati hanno conosciuto nei diversi contesti (cfr. Box 11.1) —, possono tuttavia essere riscontrabili quasi dappertutto, perlomeno nell'ambito dei paesi democratici. Nei contesti politici particolarmente instabili, quali i paesi in via di sviluppo o anche in taluni contesti non democratici (Box 11.2) le burocrazie possono svolgere funzioni di stabilizzazione e continuità nel primo caso, e di sostituzione della politica nel secondo, diventando i principali decisori pubblici grazie alle specifiche competenze possedute. Per esempio ciò può avvenire in tutti i sistemi politici che presentino esecutivi deboli e frequenti cambiamenti delle coalizioni di governo, ma possono darsi anche situazioni in cui sono i governi a delegare le decisioni per via dell'alto livello tecnico delle questioni in campo. Ma vediamo più specificamente le singole funzioni:

Consulenza

Le burocrazie, in quanto detentrici di conoscenze tecnico-specialistiche, svolgono una funzione fondamentale di informazione e consulenza nei confronti dei decisori politici. Esse rappresentano, infatti, il primo fornitore di informazioni in merito alle policy disponibili per il governo. Gli alti burocrati hanno contatti continui e diretti con i politici, mentre i funzionari, collocati nelle posizioni intermedie della gerarchia, svolgono funzioni più routinarie (cfr. § 11.4). Su un piano formale i burocrati dovrebbero definire le opzioni di policy a disposizione dei decisori politici e revisionare le proposte ricevute per valutarne il probabile impatto e le conseguenze, rimanendo, come previsto dal modello weberiano, imparziali. Nella realtà, come vedremo in seguito, la situazione è più complessa (§.11.6).

Riscossione delle imposte e redistribuzione del reddito

In tutti i sistemi politici è necessaria la presenza di un sistema di riscossione delle imposte che consenta le attività di governo. Agenzie burocratiche specializzate in tal senso sono dunque presenti ovunque. Il prelievo diretto e indiretto di risorse private non serve soltanto a garantire il funzionamento delle attività di governo ma anche a reindirizzare risorse a beneficiari individuali o collettivi. Esempi in tal senso sono i sistemi pensionistico, della previdenza sociale, antinfortunistico, e tutti i programmi progettati per aiutare le persone in difficoltà. Si pensi alle misure miranti a offrire sostegno economico a lavoratori che hanno perso il posto di lavoro (ammortizzatori sociali quali la cassa integrazione, i fondi di solidarietà, ecc.). Si ha redistribuzione anche nei casi in cui si attivano misure volte a finanziare le attività di sviluppo. In tutte queste aree così specifiche i burocrati giocano un ruolo fondamentale.

Erogazione di servizi

Molti importanti servizi non possono sempre e dappertutto essere forniti efficacemente dal settore privato, perciò il governo eroga direttamente beni e servizi attraverso gli impiegati della pubblica amministrazione, remunerati con denaro pubblico. Spesso possono darsi situazioni in cui taluni servizi vengono forniti da una combinazione di organizzazioni pubbliche, semi pubbliche o anche completamente private, ma sottoposte a regole, controlli e indirizzi pubblici.

La funzione di erogazione diretta risulta particolarmente importante, perché costituisce un macro settore estremamente rilevante nel generare la ricchezza nazionale. Basta citare i seguenti esempi di erogazione per rendersene conto: la difesa nazionale, la pubblica sicurezza, l'istruzione, la sanità, la previdenza sociale, le infrastrutture, i trasporti, la gestione del suolo pubblico. L'entità del coinvolgimento pubblico, tuttavia, varia considerevolmente tra i diversi sistemi politici: nei paesi europei continentali, tendenzialmente, le burocrazie forniscono una gamma di servizi maggiore rispetto agli Stati Uniti, in cui la presenza del privato nella fornitura di molti dei servizi sopra menzionati è più spiccata.

Regolazione

La regolazione è un processo o attività con cui un governo richiede o prescrive una certa azione o un comportamento all'individuo o alla collettività attraverso agenzie di regolazione finalizzate allo scopo (Reagan 1987, 17). Alcuni tra i molti scopi possibili sono i seguenti: garantire la sicurezza dei prodotti di consumo e dei luoghi di lavoro, la protezione ambientale, il mantenimento dell'equità della concorrenza nel mercato, ecc. Il mancato adeguamento alle prescrizioni regolative comporta una sanzione. La maggior parte dell'attività di regolazione è costituita da provvedimenti amministrativi, elaborati all'interno delle burocrazie pubbliche, in ottemperanza a leggi generali prodotte dai governi, e gestite da ministeri e/o specifiche agenzie governative specializzate o da autorità amministrative indipendenti. La regolazione è di particolare importanza perché è attraverso essa che vengono stabiliti precetti che incidono direttamente sulla vita dei cittadini, investendo i suoi più svariati aspetti.

Una forma di regolazione particolarmente estensiva si configura quando imprese o attività economiche di altro tipo sono di proprietà pubblica. Le regole coprono tutta l'attività di una organizzazione e lo Stato-proprietario è in grado di agire a proprio piacimento (Mitnick 1980). Il profitto può non essere necessariamente l'obiettivo primario di queste imprese, le quali, inoltre, possono essere inefficienti, dato che non sono soggette al fallimento, avendo lo stato alle spalle che garantisce le perdite. Le ondate di privatizzazioni cui si è assistito in diversi paesi e a più riprese hanno rappresentato la necessità di interrompere questa tendenza e aprire le imprese alla competizione. L'amministrazione di queste imprese rappresenta, in base al grado di partecipazione statale, una parte rilevante delle attività delle burocrazie.

Stabilizzazione e sostituzione

Nei paesi instabili politicamente, spesso i paesi in via di sviluppo, ma anche in diversi contesti autoritari, la burocrazia civile e quella militare, insieme o separatamente, oppure congiuntamente ad altri attori o strutture, possono svolgere funzioni e ricoprire ruoli direttamente politici, sostituendo completamente o solo in parte la classe politica (Fisichella 2007). È il caso di taluni regimi militari e soprattutto burocratico-autoritari o tecnocratico-militari (Box 11.2) In tutti questi casi l'esistenza di apparati burocratici formati da funzionari di carriera addestrati può rappresentare l'unica garanzia di affidabilità e supplenza di fronte alla presenza di governi molto instabili. È evidente che in questi casi viene vanificata la nozione di neutralità e non intervento burocratico nella politica attiva.

BOX 11.2 – Burocrazie e autoritarismo

Nell'ambito dei regimi autoritari (cfr. cap. IV) vi è un particolare tipo di regime in cui le burocrazie rivestono un ruolo peculiare nella produzione delle politiche pubbliche. Il «regime burocratico-autoritario» designa un particolare tipo di stato che dev'essere distinto dagli altri tipi di stato autoritario per alcune importanti peculiarità:

a) le posizioni di vertice dei governi sono occupate da persone che ci arrivano dopo aver svolto carriere di successo in organizzazioni complesse e altamente burocratizzate: forze armate, burocrazie pubbliche, grandi imprese private.
b) Esclusione politica mirante alla chiusura dei canali di accesso politico agli interessi del settore popolare e ai suoi alleati al fine di disattivarli politicamente non solo attraverso mezzi repressivi ma anche attraverso l'imposizione di controlli verticali (corporativi) su ciascuna organizzazione come i sindacati.
c) Esclusione economica degli interessi del settore popolare, in quanto promuove un modello di accumulazione del capitale fortemente sbilanciata in favore di grandi gruppi oligopolistici di capitale privato e alcune istituzioni statali. Le disuguaglianze preesistenti sono quindi aumentati.
d) chiusura dei canali per la rappresentanza degli interessi popolari e della classe operaia. L'accesso è limitato a coloro che stanno al vertice delle organizzazioni di grandi dimensioni (pubbliche e private), in particolare le forze armate, le grandi imprese, e di alcuni segmenti della burocrazia civile dello Stato. Spoliticizzazione attraverso la riduzione delle istanze sociali e politiche a "problemi tecnici" da risolvere attraverso le interazioni fra le alte sfere delle organizzazioni sopra citate. (O'Donnell 1973)

Lo svuotamento delle istituzioni democratiche porta al dominio dei militari insieme a élite burocratiche. Durante gli anni 1960 e 1970, i leader militari presero il potere in alcuni dei paesi più economicamente sviluppati dell'America Latina (Brasile, Argentina, Cile, Uruguay).

I militari in carica hanno un approccio burocratico al governo, acquisito nell'amministrazione militare, e spesso attribuiscono la colpa di molti dei problemi del paese ai politici, ai partiti, e, più in generale, alla democrazia stessa. Il disprezzo per il parlamento, il legame fra le diverse élite e l'esclusione di importanti gruppi sociali conduce a un atteggiamento pragmatico alla soluzione dei problemi, che accorda fiducia ai "tecnocrati" civili, ovvero di burocrati con specifiche formazioni di tipo tecnico, economico o giuridico che, possono imporre ricette estreme per modernizzare il paese, protetti dall'utilizzo di mezzi repressivi dei militari.

11.4 Organizzazione e struttura

Per organizzazione si intende un gruppo di persone, che lavora al conseguimento di obiettivi e che sviluppa e mantiene modelli di comportamento relativamente stabili e prevedibili anche se le persone al suo interno possono cambiare (Tosi, Rizzo, e Carroll 1998). L'organizzazione, dunque, è una costruzione collettiva, che cerca di unire i contributi di ciascun individuo che la compone al fine di conseguire un obiettivo (Crozier e Friedberg 1977). Questa operazione è, però, sottoposta a incertezza. L'incertezza è direttamente proporzionale alla dimensione dell'organizzazione: quanto più essa è grande tanto più difficile è l'operazione di coordinamento e convergenza dei singoli apporti in un'azione collettiva. Affinché un'organizzazione possa dirsi tale è necessario che presenti i caratteri della formalità e della complessità: il primo riguarda il suo riconoscimento attraverso un criterio legale che ne formalizzi la natura giuridica, gli scopi, le modalità organizzative; il secondo rimanda al criterio che ne definisce la specializzazione. Formalità e complessità sono le caratteristiche che aiutano a ridurre l'incertezza.

La struttura organizzativa riguarda sia l'assetto dei rapporti fra gli individui e le rispettive unità di assegnazione (uffici) all'interno di un'organizzazione, sia i rapporti fra le diverse organizzazioni che compongono un apparato amministrativo. La riduzione dell'incertezza nel passaggio dall'azione individuale all'azione collettiva entro un'organizzazione passa attraverso la sua capacità di stabilire le posizioni e relazioni degli individui che possono facilmente essere rimpiazzati. Questa impostazione rimanda, evidentemente, ai rapporti di forza presenti nell'organizzazione e all'esercizio di potere al suo interno che ha la caratteristica di non essere discrezionale ma razionale legale (cfr. *supra*) allo scopo di disciplinare il comportamento dei singoli affinché le loro azioni possano avere effetti prevedibili e che vadano a favore dell'organizzazione. Queste considerazioni valgono tanto per i rapporti fra individui quanto per i rapporti fra le organizzazioni, così ad es. a livello territoriale lo Stato sarà la struttura organizzativa che riflette i rapporti di forza politici all'interno della società. Perciò è da esso che verrà organizzato il sistema delle relazioni e delle attività fra le organizzazioni (Lippi e Morisi, 2005).

L'organizzazione delle burocrazie è particolarmente rilevante per ancora un paio di motivi: essa influenza l'efficienza amministrativa dei governi e determina il grado in cui la responsabilità (*accountability*) pubblica e il controllo politico possono essere conseguiti. Guardando all'organizzazione del governo centrale, si può notare che i sistemi amministrativi presentano disegni organizzativi che seguono lo sviluppo storico che i paesi hanno avuto (cfr. Box 11.1). I due modelli principali sono quello unitario e quello a dispersione. Nel primo caso ci troviamo di fronte al classico modello gerarchico-funzionale di stampo weberiano in cui l'amministrazione è un apparato servente del governo. L'altro modello è più flessibile poiché, accanto o in sostituzione all'assetto gerarchico, operano apparati autonomi denominati agenzie, riscontrabili soprattutto nella realtà americana, ma estesesi anche altrove a seguito dei processi di riforma amministrativa degli anni '80-'90. Il disegno organizzativo, inoltre, è decisamente influenzato dai rapporti fra centro e periferia e dall'importanza attribuita ai diversi livelli di governo. Ogni livello di governo esistente in ciascun paese richiederà l'esistenza di un'amministrazione al suo servizio. Dal punto di vista territoriale, dunque, ogni paese avrà una amministrazione centrale e delle amministrazioni locali. Il grado di centralizzazione/decentramento è molto variabile da un paese all'altro: a fronte di amministrazioni fortemente centralizzate (Francia), ne esistono altre estremamente decentrate (es. Stati Uniti).

Quasi ovunque, nonostante le strutture e i nomi loro assegnati siano variabili da un paese all'altro, gli apparati all'interno dei quali si definiscono le politiche pubbliche di specifiche aree: difesa, educazione, finanze, ecc. sono i ministeri o dipartimenti. Il loro numero è variabile nel tempo, da stato a stato e in base al modo in cui le responsabilità funzionali sono divise o combinate. Perciò si possono avere suddivisioni ministeriali per direzioni generali, divisioni, sezioni, dipartimenti, uffici, servizi. Queste entità organizzative rappresentano le unità operative in cui si trovano figure altamente qualificate che contribuiscono alla formazione e all'attuazione delle politiche. Infine, l'ibridazione fra i modelli ha portato all'importazione anche negli apparati unitari di corpi pubblici non ministeriali, variamente denominati, che hanno la caratteristica di essere organismi semi indipendenti o del tutto indipendenti, con compiti sia di gestione ed erogazione dei servizi, in base a convenzioni con i dicasteri di riferimento (agenzie, moduli, centri di costo, ecc.) sia con compiti veri e propri di *policy making* (autorità amministrative indipendenti) (Gualmini 2003).

La presenza di questa varietà di organismi amministrativi pubblici o semi-pubblici è il frutto della progressiva trasformazione degli assetti ministeriali e dei processi di riforma amministrativa derivanti dall'esigenza di razionalizzazione e contenimento dei costi, favoriti dall'influenza del New *public management* (cfr. § 11.8) e che si sono dipanati fra gli anni '80 e '90.

Ministeri, dipartimenti, divisioni, agenzie

I ministeri sono il prototipo dell'organizzazione burocratica moderna. Il loro numero è molto variabile da un paese all'altro: negli Stati Uniti ci sono 15 ministeri (*Departments*), 16 in Francia; 13 in Italia e Spagna; 14 in Germania 24 nel Regno Unito ecc. In generale, quasi ovunque si possono trovare ministeri dell'interno, esteri, difesa, giustizia, finanze ed economia, educazione, agricoltura, trasporti e infrastrutture, lavoro, industria, salute, ecc. I ministeri e le loro denominazioni possono variare nel corso del tempo, a seguito delle trasformazioni e delle nuove esigenze emergenti nella società.

In linea di principio, gli apparati ministeriali nei paesi in cui prevale il modello unitario sono caratterizzati dalla struttura gerarchico-funzionale, al contrario dei paesi in cui prevale il modello della dispersione, dove i ministeri sono basati su una logica divisionale riscontrabile tipicamente nelle organizzazioni del settore privato. Tuttavia, le esigenze di razionalizzazione e riduzione dei costi hanno indotto all'adozione (o all'adattamento) anche in taluni sistemi unitari di modelli più flessibili basati sull'organizzazione, tipicamente statunitense, per dipartimenti e agenzie (Gualmini 2003). Le agenzie nel sistema americano sono organizzazioni che presentano un collegamento con le strutture ministeriali (dipartimenti) che delegano loro l'implementazione delle politiche e la gestione dei servizi pubblici. Le figure apicali di questi corpi sono nominate dal governo, ma hanno una possibilità di operare autonomamente sia sul piano gestionale sia su quello funzionale: alcuni esempi sono la *Central Intelligence Agency* (CIA) o la *National Aeronautics and Space Administration* (NASA) e la *Environmental Protection Agency* (EPA). Questo tipo di organizzazione è andata espandendosi nel corso del tempo, assumendo sempre maggior importanza intorno agli anni '80 anche nei paesi Europei. Il Regno Unito è il paese in cui già dalla fine degli anni '80, sull'onda delle teorie del *New public management* (cfr. § 11.8) si è assistito al processo della cosiddetta *agencification*, che ha portato alla creazione di agenzie con compiti esecutivi, separate dai Dipartimenti e guidate da direttori generali, spesso provenienti dall'esterno dell'amministrazione, nominati e delegati dai ministri. Le agenzie svolgono funzioni prima esercitate dagli apparati ministeriali, ai quali sono collegate da un accordo quadro in base al quale vengono fissate le risorse, gli obiettivi e i criteri di valutazione del loro operato. Anche in Italia dal 1999 sono state introdotte le agenzie collegate all'apparato ministeriale di riferimento, cui sono devoluti compiti e servizi perseguibili in maniera più flessibile, anche se la loro subordinazione ai ministeri è maggiore rispetto ad altre realtà come quella inglese o svedese.

Sul versante dell'organizzazione dei ministeri in Italia, come in Francia, pur rimanendo prevalente il carattere unitario, si sono registrati importanti cambiamenti perché, alla tradizionale organizzazione gerarchico-funzionale, è stata affiancata l'organizzazione dipartimentale che si fonda su una logica divisionale. È perciò possibile trovare ministeri che adottano il cosiddetto modello per Direzioni generali, basato su un organigramma gerarchico funzionale in cui al di sotto del Ministro, che è coadiuvato da sottosegretari, si trova un alto funzionario, il segretario generale, che collega il vertice politico con l'apparato burocratico. Il ministro ha poi delle staff, gli uffici di diretta collaborazione (ufficio di gabinetto, ufficio legislativo, ufficio stampa, ecc.). La struttura organizzativa all'interno di questo modello, poi, si diparte in Direzioni generali che hanno competenza specifiche, ad esempio le DG musei, archeologia, spettacolo, cinema, turismo in seno al ministero per le attività culturali. Il modello Dipartimentale, invece, è basato su una logica divisionale. In questo caso il ministero è suddiviso per Dipartimenti che raggruppano diverse direzioni generali (o divisioni) che svolgono funzioni omogenee, benché differenziate, orientate al prodotto o al servizio. In questo caso il segretario generale è sostituito dai capi dipartimento, responsabili delle risorse umane e finanziarie afferenti alla propria struttura, nonché degli obiettivi raggiunti. Si tratta, dunque, di una struttura più decentrata e reticolare rispetto alla struttura gerarchico-funzionale (Gualmini 2011, 62–3).

Corpi pubblici non ministeriali

La prevalenza del modello ministeriale è un dato di fatto in diversi paesi dell'Europa continentale, tuttavia si registra una tendenza verso un modello di dispersione, favorito dalla necessità di snellire gli apparati ministeriali attraverso il trasferimento di diverse funzioni politico-amministrative dal centro verso un organismo periferico dell'amministrazione centrale (deconcentrazione) e di separazione delle attività politico-strategiche da quelle gestionali.

A contribuire alla frammentazione degli apparati amministrativi, oltre ai fenomeni richiamati, è stato anche lo sviluppo di una serie di altre amministrazioni ed enti pubblici di vario tipo che assumono denominazioni differenziate a seconda dei contesti di riferimento, identificabili quali corpi pubblici non ministeriali. Per quanto ciascuno di essi possa presentare differenze da un paese all'altro, all'interno della categoria si possono far rientrare organismi quali le agenzie di prestazione di servizi, le agenzie regolative o autorità amministrative indipendenti (così denominate in Francia e Italia), organi consultivi, imprese di proprietà pubblica, enti pubblici non economici. Le motivazioni che hanno condotto alla formazione di questo tipo di corpi pubblici sono diverse e vanno dalla necessità di isolare la gestione dall'interferenza politica nelle attività quotidiane alla possibilità di maggiore flessibilità alla riduzione dei costi rispetto alle strutture ministeriali.

11.5 Il personale

Il reclutamento del personale che lavora nelle pubbliche amministrazioni è avvenuto, almeno fino agli anni '80 del secolo scorso, sulla base del modello weberiano, seguendo, però, percorsi differenziati nei paesi di *civil law* rispetto ai paesi di *common law* (cfr. *infra*). Le riforme amministrative degli anni '80 e '90 hanno visto una importante trasformazione dei modelli di base grazie all'introduzione di tecniche e modelli gestionali tipicamente adottati nel settore privato.

Il modello burocratico di pubblico impiego risponde all'esigenza di eliminare l'incertezza derivante dalla delega di autorità a personale non controllabile né dalla politica né dal corpo elettorale. Perciò, la creazione di strutture in cui i funzionari agiscono entro uno schema predeterminato, in cui la discrezionalità è ridotta per legge, permette di risolvere il problema. L'amministrazione è un corpo servente della politica e i funzionari ne sono uno strumento.

Il modello di pubblico impiego burocratico ha assunto configurazioni alternative nei paesi dell'Europa continentale rispetto ai paesi anglosassoni. Nel primo caso si parla di pubblico impiego a integrazione regolativa, nel secondo di pubblico impiego a integrazione professionale, dove per «integrazione» si intende la logica attraverso la quale i dipendenti pubblici vengono regolati, organizzati e disciplinati per lo svolgimento della funzione pubblica (Lippi e Morisi 2005, 160 e ss).

Modello burocratico regolativo

Il pubblico impiego è un insieme di persone acefalo, disciplinato, obbediente. Il dipendente fa parte di una macchina impersonale e imparziale, è un esecutore passivo la cui vita è minuziosamente disciplinata da regole che intervengono su molteplici aspetti:

- reclutamento basato su concorsi pubblici che verificano la competenza e l'idoneità;
- mansioni e collocazione nella pianta organica (livello gerarchico);
- retribuzione, tipologia di contratto di assunzione e modalità di previdenza e pensionamento;
- carriera: accesso ai ruoli dirigenziali e avanzamento per scatti di anzianità; disincentivo alla mobilità intra e inter-organizzativa.
- disciplina dell'attività quotidiana di lavoro (comportamento, orari, permessi, malattia, ferie, ecc.);
- ambiente di lavoro, strumenti, tecnologie.

Questa minuzia di regole determina una rigidità che riduce la discrezionalità sia dei lavoratori, rendendoli intercambiabili, sia dei dirigenti che non sono autonomi nel modificare la struttura organizzativa a loro piacimento, perciò c'è una supremazia dell'organizzazione sugli individui.

Modello burocratico professionale

In questo caso si assiste a una valorizzazione dell'individuo che viene integrato nell'organizzazione grazie alla sua fedeltà e alla sua competenza professionale. Perciò si ha una situazione inversa di supremazia dell'individuo sull'organizzazione. Il dipendente pubblico è quindi un professionista che sceglie di prestare servizio nella amministrazione offrendo la sua competenza in cambio di retribuzione. Ciò comporta una rinuncia a perseguire fini individuali e una dichiarazione di fedeltà verso lo Stato. Le regole allora diventano meno importanti perché i comportamenti che esse disciplinano sono interiorizzate dal funzionario che giura fedeltà. Ne discendono i seguenti caratteri peculiari:

- il reclutamento fa riferimento a competenze diversificate e in grado di rispondere alle esigenze dell'organizzazione, perciò avviene una selezione pubblica su figure in possesso di quelle competenze;
- mansioni e collocazione nella pianta organica sono flessibili e adattabili in base alle competenze dell'individuo e sulla sua capacità di adattamento ai compiti;
- la retribuzione avviene sulla base di contratti collettivi e tiene conto del merito individuale (possibilità di premi e gratificazioni);
- la carriera si fonda sul merito e sulle capacità mostrate ai superiori in ordine gerarchico;
- la disciplina si fonda sul senso etico del lavoratore e sulla sua obbedienza ai superiori;
- la mobilità organizzativa è incentivata all'interno dell'organizzazione e tra le organizzazioni ed è favorita da merito e fedeltà.

Modello del pubblico impiego contrattuale

Le trasformazioni introdotte dal *New public management* (§ 11.8) hanno contribuito all'omogeneizzazione fra impiego pubblico e privato attraverso l'introduzione, anche nelle realtà caratterizzate dalla presenza del modello burocratico, di principi di diritto comune all'interno del settore pubblico che hanno condotto alla contrattualizzazione (Chiarini 2007). Questo tipo di pubblico impiego permette, da un lato, di rispondere all'esigenza di responsabilizzare l'individuo rispetto alle funzioni svolte e alle capacità di rispondere del proprio operato di fronte tanto agli organi politici quanto ai cittadini. Dall'altro lato, consente di ridurre i costi attraverso uno snellimento degli apparati burocratici. Il criterio di integrazione diventa la prestazione dell'operatore rispetto agli obiettivi assegnati attraverso un contratto. Il conseguimento dei risultati determina il ruolo del pubblico impiego.

I caratteri peculiari di questa forma di integrazione sono i seguenti:

- reclutamento basato essenzialmente sulle capacità e sulle attitudini a svolgere una determinata mansione. Pertanto può essere caratterizzato da concorsi ma anche da chiamate dirette.

- mansioni flessibili, in modo da utilizzare il personale in base alle competenze possedute e alle esigenze dell'organizzazione.
- compiti individuali eseguiti in maniera discrezionale, in base alla competenza.
- retribuzione, basata non più solo su contratti collettivi ma anche individuali, la remunerazione è attribuita in base al contratto stipulato da integrare con indennità legate al merito.
- carriera fondata sul merito, in base ai risultati conseguiti
- disciplina basata sulla responsabilizzazione e prestazione, rispetto del criterio del raggiungimento dei risultati in termini di produttività
- mobilità fondata sul conseguimento dei risultati.

Le figure professionali

Le figure che operano all'interno di ciascuna amministrazione, a prescindere dal modello di pubblico impiego, sono identificabili sostanzialmente in tre tipologie di figure: i dirigenti, i funzionari, gli specialisti e i burocrati di base.

Quello dirigenziale è un ruolo centrale e di grande complessità perché, come visto, connette la dimensione politica con l'apparato formato dalle figure intermedie dei funzionari e degli operatori a diretto contatto con i cittadini. I dirigenti amministrativi ricoprono certamente un ruolo decisionale di primaria importanza ma, al tempo stesso, garantiscono l'attuazione delle politiche. Quindi le loro responsabilità sono notevoli e il loro operato si riflette in maniera determinante sull'azione di governo. L'evidente rilevanza dei ruoli dirigenziali e l'alto livello di competenza richiesto per lo svolgimento di quei compiti richiamano alla necessità di un loro accurato reclutamento. La Francia è il paese in cui storicamente si è prestata grande attenzione al reclutamento degli alti dirigenti. La burocrazia francese è caratterizzata da un alto livello di coesione, spirito di corpo, convinzione della supremazia dell'interesse pubblico sugli interessi privati, omogeneità sociale degli alti dirigenti, formati presso l'*École nationale d'administration* (ENA), una scuola di alta formazione post universitaria nella quale vengono formate le classi dirigenti del paese. I dirigenti formati all'ENA occupano tanto la dirigenza dei ministeri quanto la dirigenza delle aziende di stato (ma anche private) con una mobilità che si manifesta con il passaggio temporaneo dalla dirigenza pubblica al vertice di imprese (il cosiddetto *pantouflage*).

Negli altri paesi i dirigenti pubblici possono essere reclutati direttamente da università prestigiose (es. Oxford e Cambridge nel Regno Unito v. box 11.1) oppure provenire dai vertici delle imprese private. Nel corso del tempo, anche il reclutamento dei dirigenti ha subìto processi di ibridazione a seguito delle riforme.

I funzionari sono le fasce medio-alte della gerarchia burocratica e il loro numero è elevato. Essi svolgono funzioni di raccordo fra l'alta dirigenza e i burocrati di base. Sono reclutati attraverso concorsi pubblici e i loro contratti sono essenzialmente collettivi con retribuzioni fisse. Gli specialisti sono figure professionali specializzate, appartenenti a diversi settori e con competenze articolate (tecnici, esperti di comunicazione, marketing, informatica, ecc.) che hanno il compito di coadiuvare i dirigenti nel prendere le decisioni. Si tratta di figure introdotte più recentemente a seguito delle trasformazioni che le amministrazioni hanno subìto negli ultimi decenni.

I burocrati di base, o *street level bureaucrats* (Lipsky 1980) sono gli operatori inquadrati in mansioni operative e rappresentano i terminali del processo di attuazione delle politiche pubbliche. Queste figure hanno un contatto diretto con il pubblico, in aree come la polizia, i servizi sociali, la sanità ecc. Ritenere i burocrati di base quali meri e passivi esecutori di programmi e politiche provenienti dall'alto è però una «grossolana semplificazione» (Lipsky, 1980, 9) perché la mansione di relazione è assolutamente centrale nel processo di attuazione: da essa dipende la qualità delle prestazioni fornite e ciò, evidentemente, può incidere su tutto il programma progettato dalla dirigenza amministrativa. Inoltre, questi operatori esercitano una importante discrezionalità nella fase implementativa perché devono sviluppare un insieme di regole informali che consentano loro di incasellare entro certi schemi dei casi che concretamente si trovano a dover trattare. Perciò il successo o meno di un programma di politiche pubbliche molto spesso passa proprio attraverso questo livello.

11.6 I processi

Un processo può essere definito come l'insieme dei modi mediante i quali un'amministrazione si organizza per trasformare le intenzioni politiche a monte delle politiche pubbliche in risultati di *policy* che producano un impatto trasformativo sulla realtà.

Seguendo la logica tipica del modello burocratico weberiano, questo processo di trasformazione o conversione di intenzioni in risultati segue uno schema lineare e procedimentale in base al quale tutto è stato preordinato nel rispetto delle norme, è sufficiente il loro rispetto per giungere al risultato desiderato. La razionalità della legge è superiore perché è impersonale, astratta e non influenzabile da interessi particolari che possono caratterizzare gli individui (Weber 1922 ed. it. 1974). La burocrazia, dunque, è nata per seguire i procedimenti che prestabiliscono come deve avvenire la conversione. I processi generalmente sono inquadrati in procedure, ovvero in sequenze di operazioni preordinate da eseguire rigidamente al fine di raggiungere lo scopo desiderato senza l'esercizio di razionalità soggettive. A differenza dei procedimenti, le procedure non richiedono una normazione specifica ma accordi o tecniche definite da una figura dirigenziale o da un tecnico che definiscono precisamente la successione dei passaggi da seguire (Lippi e Morisi 2005). In base a questa logica i processi decisionali che si attivano all'interno delle arene burocratiche seguono uno schema pienamente razionale in base al quale se si segue la procedura stabilita si giunge ai risultati sperati. Nella realtà, però, i processi decisionali possono seguire logiche variabili dalla razionalità pura alla completa irrazionalità (v. cap. 12).

Tanto i processi decisionali quanto quelli attuativi non possono essere individuati come un qualcosa di fisso nel tempo ma mutano in base alle trasformazioni che si realizzano all'interno dei sistemi politici e della società. Questa evoluzione viene identificata come processo di istituzionalizzazione, attraverso essa le amministrazioni tendono a prendere dall'esterno principi, valori, e anche razionalità diverse rispetto a quelle che le avevano caratterizzate originariamente. In tal modo le amministrazioni tendono a flessibilizzarsi ma, al tempo stesso, rischiano di perdere il loro scopo originario di organismi serventi degli organi politici. Quanto più aumenta la discrezionalità decisionale delle amministrazioni tanto più esse diventano organismi decisionali a sé stanti. Un particolare processo di istituzionalizzazione è l'isomorfismo istituzionale (Di Maggio e Powell 1983) identificabile come il processo mediante il quale un'organizzazione, sotto certe specifiche condizioni, al fine di raggiungere i propri obiettivi e assicurare la sua conservazione, si uniforma a un'altra assorbendone i valori al suo interno. Il concetto di isomorfismo istituzionale è di particolare importanza perché descrive molto bene l'andamento delle amministrazioni odierne: il modello burocratico tradizionale è stato progressivamente influenzato da strumenti e procedure assunti dall'universo privato. I principi del *New Public Management* (cfr. § 11.8) sono diventati un riferimento obbligato per le riforme di tutti i sistemi amministrativi (Pollit e Bouckaert 2011). Queste trasformazioni, che hanno accresciuto le interazioni fra l'amministrazione e gli attori esterni, hanno avuto ricadute importanti anche sui processi decisionali sia a livello politico sia a livello amministrativo, andando a modificare i tradizionali equilibri fra politica e amministrazione.

11.7 Politica e Amministrazione

La concezione classica dei rapporti fra politica e amministrazione rimanda all'idea di separazione dei ruoli politici rispetto ai ruoli amministrativi in base alla quale le decisioni di carattere politico vengono prese discrezionalmente, a differenza delle decisioni amministrative che, invece, sono esecutive. L'idea classica di neutralità burocratica è stata messa in discussione da diversi autori sia sul piano teorico (Beck 1932, Burnham 1941, Selznick 1948) sia sul piano empirico (Kingsley 1944, Appleby 1949, Lipset 1950) che hanno evidenziato come la burocrazia, lungi dall'essere l'obbediente esecutore individuato dall'idealtipo weberiano, riveste un ruolo dominante in tutte le fasi del processo di produzione delle politiche pubbliche (cfr. cap. successivo). La prospettiva economica della *public choice*, per esempio, ha evidenziato che i burocrati debbono essere considerati dei massimizzatori del potere (Downs 1964; 1967).

Diverse sono le proposte di sistematizzazione dei rapporti fra politica e burocrazia (Putnam 1973; Aberbach, Putnam e Rockman 1981; Page 1985; Peters 1988) per molti aspetti sovrapponibili. Guy Peters (1988) ha individuato cinque possibili modelli di configurazione dei rapporti fra politica e burocrazia, variabili in base ai diversi contesti di riferimento: formale; *village life*; funzionale; avversariale; stato amministrativo.

Nel **modello formale** si realizza la subordinazione gerarchica della burocrazia nei confronti della politica secondo i dettami weberiani. Il politico ha un ruolo discrezionale, il burocrate ha un ruolo esecutivo e procedurale in base a principi di neutralità e imparzialità. Esempi di questo modello sono riscontrabili storicamente nell'Italia sino al Secondo dopoguerra, nella Francia della Seconda e Terza Repubblica, nel Secondo Reich Tedesco e nel Regno Unito. Il modello è andato fortemente modificandosi nel corso del tempo e oggi è riscontrabile soprattutto nei sistemi inglese e tedesco.

Il **modello *village life*** rimanda all'idea dell'integrazione di valori e obiettivi fra le élite politiche e amministrative derivanti dalla socializzazione e dal reclutamento. Il mantenimento del governo e il buon funzionamento del ramo esecutivo rappresentano probabilmente il valore più fortemente condiviso (Mayntz, 1982). La dimensione decisionale, allora, è caratterizzata da un equilibrio fra il politico, specializzato nell'emettere giudizi di valore, e il burocrate, specializzato nell'emettere giudizi di fatto. L'integrazione dei due deriva dalla condivisione e dal consenso. Questa estrema vicinanza sociologica fra élite politiche e amministrative fa sì che si possano realizzare elevati e frequenti scambi fra la carriera politica e quella amministrativa. Il caso francese rappresenta il miglior esempio di questo modello. Anche se i *Grand Corps* sono costituiti da dipendenti pubblici di ruolo, essi si muovono liberamente da posizioni amministrative e posizioni e funzioni politiche formando una sorta di élite per tutti gli usi, con frequenti passaggi anche dal settore pubblico a quello privato (Suleiman 1978, 1985). Anche in Germania è riscontrabile una rotazione fra élite politiche e amministrative (Derlien 1985).

Il **modello funzionale** presenta similitudini rispetto al modello *village life* relativamente al consenso e alla condivisione delle decisioni fra le élite, con la differenza che mentre in quel caso si ha un'integrazione orizzontale fra élite politiche e amministrative, da considerarsi in tutte le alte sfere del governo, il modello funzionale individua un'integrazione verticale tra le élite lungo linee funzionali. Quindi ci sono legami stretti fra le élite politiche e amministrative all'interno della stessa area funzionale (es. difesa, istruzione, salute) nella quale insistono anche collegamenti con altri attori quali i gruppi di interesse e le commissioni parlamentari. Il modello prevede l'attivazione di una competizione fra le élite politiche e amministrative di un certo settore rispetto a quelle facenti capo ad altri settori. I conflitti possono sorgere su svariate questioni: attribuzione di finanziamenti o personale, tempistiche legislative, ecc.. Un'ulteriore caratteristica del modello, che lo differenzia rispetto al precedente, sono i contatti con la società o con sezioni specifiche di essa. I paesi in cui si attivano assetti neocorporativi (diversi paesi europei), o lo sviluppo di triangoli di ferro negli Stati Uniti (cfr. cap. 12) rappresentano alcuni esempi di prevalenza del modello funzionale.

Il **modello avversariale** è l'opposto del modello *village life*. I politici e i burocrati competono per il potere e il controllo sulle politiche pubbliche. Il conflitto, riconosciuto come elemento costitutivo del modello avversariale, può sorgere per diverse motivazioni. In primo luogo può essere dovuto a passività: anche se non c'è una opposizione diretta da parte della burocrazia alle volontà politiche l'inerzia burocratica e l'abitudine a certe prassi possono frenare qualsiasi intento trasformativo portato dalla dirigenza politica. Il conflitto può poi insorgere per motivi intenzionali, in primo luogo la divergenza di opinioni in merito al contenuto di specifiche politiche pubbliche. Ciò porta a possibili ritardi nell'implementazione e certe politiche per essere realizzate richiedono governi forti, competenti e duraturi in grado di contrapporsi ai burocrati. Un'altra possibile fonte di conflitto è la sopravvivenza dell'organizzazione, laddove i dirigenti politici non sono in grado di sostenerla in termini di finanziamento, dotazione di personale o questioni politiche ritenute essenziali dai suoi membri, possono trovare forti resistenze da parte dell'apparato che può tentare anche di lavorare attivamente per la rimozione dei politici stessi. Infine, ci può essere una forma di conflitto partigiano tra funzionari pubblici e dirigenti politici derivante dalla politicizzazione delle burocrazie. Questa può avere una natura involontaria e derivante per esempio dalla persistenza al governo di un singolo partito politico. A seguito del cambiamento del partito di governo la burocrazia può essere popolata da persone che sono d'accordo con le politiche del governo precedente creando resistenze alle politiche del nuovo governo. La politicizzazione dei funzionari pubblici può derivare anche dall'accettazione di incarichi politici. Infine, le burocrazie possono politicizzarsi per resistere a espliciti attacchi alla loro esistenza da parte delle dirigenze politiche.

Il **modello dello stato amministrativo** rappresenta l'opposto del modello formale. Esso riflette una percezione sempre più diffusa secondo cui il processo decisionale sarebbe dominato dalla burocrazia. I motivi per cui ciò avverrebbe sono rintracciabili nella crescita progressiva del lavoro dei governi che diventa al tempo stesso anche più complesso dal punto di vista tecnico. Organi legislativi e dirigenti politici non professionalizzati specificamente non sono in grado di gestire il carico di lavoro richiesto dal governo moderno e, di conseguenza, lo demandano alla burocrazia, che arriva, così, a dominare il processo decisionale. Anche se gli esecutivi e i parlamenti formalmente sono responsabili del governo, la burocrazia ha una capacità di controllo formidabile derivante da una serie di vantaggi: maggiore accesso alle informazioni su cui basare le decisioni; padronanza e controllo delle procedure attraverso le quali può strutturare, accelerare o ritardare le decisioni; longevità dei burocrati all'interno degli uffici. Secondo Peters, non bisogna guardare a questo modello come generato da una sorta di complotto burocratico per la conquista del potere, perché l'abdicazione di autorità da parte dei leader politici può essere vista come volontaria e, forse, anche come di interesse pubblico, se le decisioni tecnicamente superiori sono il risultato. In definitiva, la sfera politica svolge un ruolo di ratifica di decisioni discrezionalmente raggiunte nell'ambito burocratico.

Peters fa notare come i modelli individuati sopra siano da intendersi quali idealtipi: poiché la realtà è molto più complessa e articolata, i rapporti fra politica e burocrazia possono configurarsi, di fatto, in maniera diversa a seconda delle circostanze. La realtà empirica mostra una interazione continua fra ruoli politici e ruoli amministrativi con una tendenza all'ibridazione, tanto da divenire pressoché intercambiabili nelle diverse fasi del processo di *polcymaking* (Aberbach, Putnam e Rockman 1981). I processi decisionali sono complessi, frutto di interazioni multiple fra una pluralità di attori (politici, partiti, burocrati, gruppi di interesse, ecc.) e non solo delle interazioni fra due figure specifiche. Questa complessità genera la difficoltà di identificare distintamente il ruolo e il rilievo rispettivo di politici e burocrati (Freddi 1968). Ciò ha fatto parlare di *politica burocratica* (Panebianco 1986a) che indica la crescente complessità dei processi decisionali dovuta a una contemporanea politicizzazione dei rapporti burocratici e una burocratizzazione dei processi politici, in base alle quali si registra un aumento della propensione della burocrazia a occupare ruoli e compiti prima specificamente politici, e dall'altro lato una politicizzazione dei ruoli burocratici (cfr. *supra*).

L'aumento della complessità della maggioranza dei sistemi politico-burocratici rimanda a una prospettiva in cui non è possibile ridurre il rapporto fra politica e burocrazia a una logica di separazione o di conflitto. Piuttosto, l'interazione fra politica e burocrazia dev'essere vista come sistema complesso di interazioni e negoziazioni che possono presentare, a seconda delle circostanze, dei contesti e delle situazioni, tratti cooperativi o competitivi che, però, necessitano di una integrazione tra le figure politiche e quelle burocratiche.

Ruolo delle burocrazie nel processo di policymaking

Poc'anzi abbiamo fatto notare che diverse analisi teoriche ed empiriche hanno mostrato come le burocrazie pubbliche, a differenza di quanto la teoria classica faccia pensare, non sono impegnate unicamente nella fase di implementazione del processo di produzione delle politiche pubbliche (cfr. cap. 12), ma occupano una posizione strategica nell'intero processo di policy, dalla definizione dell'agenda politica alla formulazione delle alternative di policy sino alla valutazione delle stesse. Ci sono diversi motivi per i quali i burocrati possono influenzare il processo di produzione delle politiche nei suoi diversi stadi. In primo luogo la suddivisione in fasi del processo di policy è artificiale e realizzata per comodità analitica, nella realtà la sovrapposizioni tra fasi e attori è elevata.

In secondo luogo, la burocrazia ha una conoscenza di lungo corso delle questioni pubbliche e istituzionali oltre a essere dotata di una notevole competenza tecnica, pertanto viene coinvolta direttamente già nelle prime fasi di definizione dell'agenda decisionale. Come osservato in precedenza, nella loro funzione di consulenti dei vertici politici, i burocrati controllano importanti risorse informative utili per il processo decisionale e valutativo, decidendo quali indicazioni diffondere e quali no. In tal modo le opzioni di policy possono essere presentate in maniera tale da indirizzare la decisione in una certa direzione. Le preferenze dei burocrati, dunque, possono strutturare il dibattito di policy influenzando l'ambiente nel quale le decisioni vengono prese. Politiche ad alto contenuto tecnico, come quella di bilancio, sono un esempio classico di coinvolgimento della burocrazia nel processo decisionale (Wildavsky 1979a, 1986).

In terzo luogo la burocrazia, proprio perché il processo decisionale è diventato progressivamente più complesso, e per il suo ruolo di collegamento fra il governo e la società, si trova continuamente a interagire con i gruppi di interesse economici e sociali. Le relazioni sono molteplici perché la burocrazia non è considerabile un'entità unitaria, ma eterogenea e composta da una miriade di organizzazioni, ciascuna con specifici interessi di policy che, spesso, coincidono con quelli di taluni gruppi di pressione. La trasformazione dei sistemi amministrativi, a seguito delle riforme che negli anni '80 e '90 hanno portato alla creazione di organizzazioni autonome o semi autonome che svolgono funzioni pubbliche, ha ulteriormente favorito i contatti fra burocrazie e gruppi di interesse. Questi contatti spesso sono necessari tanto ai gruppi quanto alle burocrazie: queste ultime possono aver bisogno di informazioni importanti, detenute dai primi, al fine di svolgere i loro compiti; i gruppi, invece, possono aver bisogno delle burocrazie per avere accesso al processo di policy. Questi mutui bisogni hanno portato a cooperazioni frequenti fra burocrazie e gruppi che sono state classificate in relazioni: a) legittime, b) di clientela, c) di parentela, d) illegittime (Peters 1995).

a) Relazioni legittime sono consentite o esplicitamente richieste. I gruppi sono ufficialmente inclusi nel processo di produzione delle politiche pubbliche e vengono a contatto con le amministrazioni all'interno dei *policy network* e delle *policy communities* (cfr. cap. 12). Le interazioni legittime possono avvenire tanto nella fase di formulazione, quando per esempio dei corpi amministrativi che preparano nuove regolamentazioni si consultano esplicitamente con i gruppi di interesse rilevanti in una specifica area di policy sollecitandone le opinioni o la fornitura di informazioni. Interazioni legittime sono riscontrabili nella fase attuativa, dove i gruppi di interesse possono essere usati quali agenti di implementazione delle politiche pubbliche. In questi casi i gruppi fungono da braccio semi-ufficiale del sistema politico nell'implementare alcuni programmi sui quali si ritiene che essi abbiano conoscenze esperte e specifiche abilità.

b) Relazioni di clientela sono state individuate da La Palombara (1967) (cfr. cap. 8) si realizzano quando un gruppo diviene l'esclusivo rappresentante di un settore, essendo perciò il solo al quale sarà concesso l'accesso al decision making. Con la clientela prevalgono dunque pochi interessi e l'interesse pubblico si perde. Una burocrazia amministrativa debole ha bisogno di informazioni, consulenza e supporto da parte del gruppo di riferimento che glieli fornisce al fine di avere accesso al processo di *decision making* garantito dall'agenzia burocratica, la quale, in tal modo può essere «catturata» (Selznick 1949; Huntington 1952; Bernstein 1955; Stigler 1971).
c) Relazioni di parentela, anche queste identificate da LaPalombara (1967), e definite come relazioni di consanguineità fra un partito di governo e taluni specifici gruppi che garantisce loro un accesso riservato alla burocrazia pubblica debole e controllata dal partito stesso attraverso le nomine e le promozioni interne. Queste relazioni si realizzano sotto specifiche condizioni, come accaduto in Italia durante la cosiddetta «Prima repubblica» (cfr. cap. 8).
d) Relazioni «illegittime» identificano la presenza di gruppi di interesse non riconosciuti dal governo o esclusi per varie motivazioni. Questo stile di interazione può essere dovuto sia alla peculiare natura del sistema politico, che esplicitamente nega l'accesso a taluni gruppi, sia alla natura dei gruppi stessi considerati non legittimi rappresentanti dei settori sociali che pretendono di rappresentare. Di fronte a questa impossibilità di accesso tali gruppi esercitano forme di pressione diverse (azioni di protesta, dimostrazioni o addirittura atti violenti). Sono in sostanza azioni tipiche di quelli che altrove abbiamo definito *outsider groups* (cfr. cap. 8).

Le relazioni delle burocrazie con i gruppi di interesse possono essere estremamente variabili da un contesto all'altro. Da tutti i tipi di interazione risulta comunque la strategicità della posizione occupata dalle burocrazie non solo nel processo decisionale ma anche dopo: anche quando una decisione è stata presa, poiché i burocrati controllano l'implementazione hanno una possibilità di reinterpretare il contenuto della decisione stessa o anche di ritardarla, diluirla od ostacolarla, magari a seguito di legami o richieste dei gruppi di interesse.

In quarto luogo i burocrati di solito occupano i loro posti permanentemente o, comunque, per più tempo dei politici, ciò gli consente di avere una visione di lungo termine dei problemi pubblici e delle conseguenti politiche. Inoltre, a causa del progressivo aumento dei carichi di lavoro dei politici che occupano posizioni di vertice all'interno dei ministeri — i quali hanno agende fittissime che comprendono non solo riunioni di governo ma anche un'ampia attività di rappresentanza in eventi esterni oltre che di comunicazione — la possibilità di dedicare il tempo sufficiente a tutti gli aspetti delle politiche che lo richiederebbero è ridotta. Anche i ministri che affrontano il loro incarico con più abnegazione e impegno sanno di poter fornire un contributo di orientamento strategico dovendo demandare alla burocrazia i molteplici e delicati dettagli e tutti gli aspetti operativi di una certa politica pubblica.

Infine, i burocrati, in quanto reclutati sulla base delle loro competenze e delle conoscenze specialistiche possono godere di notevole rispetto anche per lo status che possono ricoprire. Abbiamo avuto già modo di vedere come in alcuni sistemi (Francia, Germania, Giappone) i burocrati collocati nelle posizioni di vertice di un'amministrazione pubblica sono considerati una élite meritocratica che la legittima a ricevere importanti incarichi e responsabilità nell'interesse nazionale.

In sintesi, i burocrati hanno un ruolo fondamentale nel processo di *policymaking* all'interno del quale possono esercitare una notevole influenza. Questa può dipendere anche da altri fattori quali le eredità storiche, i sistemi politici o le strutture della *governance*, la Costituzione o le leggi più importanti. Inoltre, in uno stesso paese, il livello di influenza può variare nel tempo a seconda della disposizione e delle preferenze in diversi momenti temporali (Poocharoen 2013).

Il controllo delle burocrazie

L'importanza e l'influenza delle burocrazie nei processi decisionali mettono in evidenza un problema che già Max Weber (1922) si era posto, ovvero la necessità di un loro controllo. Se il potere politico ha una responsabilità nei confronti degli elettori, cui è chiamato a rispondere nel momento elettorale, il burocrate a chi risponde? Un potere burocratico incontrollato porterebbe alla fine del governo politico rappresentativo e responsabile. Per questo motivo i burocrati devono risultare responsabili delle loro azioni di fronte ai politici che, appunto, rispondono ai cittadini. È dunque necessario stabilire forme di controllo politico dell'operato della burocrazia. Ci sono diverse possibili forme di controllo delle burocrazie statali, variabili in base ai contesti ma anche sovrapponibili gli uni agli altri: a) controllo ministeriale; b) controllo parlamentare; c) controllo giudiziale; d) politicizzazione della burocrazia; e) utilizzo di consulenti esterni; f) forme esterne di controllo.

- Il controllo ministeriale è di natura gerarchica, previsto dal modello di separazione politici-burocrati. Nelle democrazie liberali, specialmente quelle parlamentari, il controllo politico viene esercitato attraverso la dottrina della responsabilità ministeriale in base alla quale il Ministro è responsabile dell'operato dei propri funzionari è così nel caso tedesco ma anche nel caso inglese, in cui la catena di responsabilità (*accountability*) si allunga sino al parlamento: i burocrati rispondono ai ministri i quali rispondono al parlamento che, a sua volta, risponde all'elettorato. Un efficace controllo ministeriale è difficile da realizzare sostanzialmente per le stesse motivazioni (complessità del lavoro, agende serrate) che impediscono ai ministri di occuparsi adeguatamente della produzione delle politiche. Inoltre, anche nei sistemi che prevedono la responsabilità ministeriale diretta è raro trovare ministri disposti a dimettersi per errori o malfunzionamenti dei loro apparati burocratici.

- Il controllo parlamentare si realizza in tutti quei casi in cui i burocrati sono chiamati a rendere conto del loro operato di fronte a specifiche commissioni parlamentari. Negli Stati Uniti il Congresso ha il potere di fornire fondi ai Dipartimenti e alle agenzie esecutive le cui attività possono essere sottoposte ad attente verifiche che possono evidenziare casi di cattiva amministrazione o eventuali altre storture. D'altra parte un adeguato controllo parlamentare può essere realizzato solo in presenza di sufficienti competenze ma anche della volontà politica di eseguire i controlli. Non va dimenticato che proprio negli Stati Uniti — ma anche in altri sistemi — le commissioni parlamentari e le burocrazie ministeriali unite a specifici gruppi di interesse vanno a formare i cosiddetti "triangoli di ferro" (cfr. cap. 12).
- Il controllo giudiziale caratterizza i paesi di diritto amministrativo, in cui sono presenti tribunali amministrativi incaricati di risolvere le controversie tra la burocrazia di governo e i cittadini. In Francia e in Italia esiste il Consiglio di Stato, ovvero il massimo organo di consulenza giuridico-amministrativa e di tutela della giustizia nell'amministrazione pubblica. Esso è un organo costituzionale indipendente e giudice amministrativo supremo che esercita un controllo su tutta l'amministrazione con funzioni consultive e giurisdizionali.
- La politicizzazione della burocrazia. I governi possono mantenere un effettivo controllo sulla burocrazia attraverso lo *spoils system*, che risponde a una logica in base alla quale al partito vincitore delle elezioni spetta nominare i funzionari pubblici. Si stabilisce un rapporto fiduciario fra la politica che nomina direttamente le alte cariche burocratiche. In questo modo il confine fra politica e burocrazia tende a sfumare: i vertici decisionali condividono gli orientamenti circa le decisioni da prendere, decisori e dirigenti di loro nomina sono legati da uno stretto legame personale. I vertici amministrativi, avendo un mandato che coincide con quello politico presentano un'elevata rotazione che, tra l'altro, non consente la formazione di una classe autonoma di dirigenti pubblici. Lo *spoils system*, nato negli Stati Uniti nel XIX secolo è stato notevolmente ridimensionato con il Pendelton act (1883) a causa dei problemi di clientelismo (*patronage*) e corruzione generati. Tuttavia, ancora oggi — sebbene ulteriormente ridimensionato

dall'istituzione di agenzie di sorveglianza sulle modalità di assunzione nelle amministrazioni pubbliche — trova ampia applicazione non solo negli Stati Uniti, ma è stato adottato anche in Italia, e Francia, Spagna e Germania (Di Mascio 2012). Francia e Regno Unito rappresentano due modelli opposti (Cassese 2003) Nel primo le élite politica e amministrativa, sono amalgamate, una buona parte dei vertici politici e parlamentari proviene dalla formazione amministrativa fornita dall'ENA (cfr. *supra*) in cui si cementano amicizie, legami e visioni comuni. Le nomine politiche, dunque, soprattutto per quel che riguarda gli alti ranghi dell'amministrazione sono frequenti tanto da somigliare a un mosaico di alleanze fra fazioni (Meny e Surel 2009). Nel Regno Unito, in base al già richiamato sistema di responsabilità ministeriale, prevale la rigida separazione fra politica e amministrazione. I burocrati di alto rango non possono candidarsi alle elezioni né esprimere giudizi politici in pubblico e sono selezionati in base a principi meritocratici. Ciò nonostante, con Margaret Thatcher e anche successivamente, si è derogato a tale principio non senza malumori e critiche. In Germania, infine, prevalendo la concezione del funzionario pubblico neutrale politicamente lo *spoils system* è contenuto ma ai ministri è permesso interdire dall'esercizio delle sue funzioni un burocrate indesiderato, nominandone un altro garantendo però al primo il mantenimento dello status e del trattamento economico.

Una burocrazia politicizzata ha sicuramente il vantaggio della lealtà, tuttavia ha il rischio di generare collusioni che possono creare una disfunzionalità generale del sistema e, anche in assenza di gravi storture, una burocrazia nominata non potrà accumulare esperienza di lungo termine e trasversale. Inoltre, un altro problema può riguardare le capacità dei burocrati nominati, la fedeltà politica non sempre si sposa con le capacità professionali. Infine la partigianeria dei burocrati può risultare deleteria anche in merito alla difficoltà di analizzare le opzioni di policy nella maniera distaccata consentita dai rapporti formali di separazione.

- Utilizzo di consulenti. In molti sistemi, un meccanismo di controllo delle burocrazie ufficiali e di contrappeso a esse è legato alla nomina di figure professionali altamente specializzate, di stretta collaborazione dei vertici politici in grado di supportarli nelle decisioni. In paesi di diritto amministrativo come la Francia, l'Italia e la Spagna, ad esempio, è previsto il cosiddetto gabinetto ministeriale, da intendersi quale centro nevralgico di elaborazione dell'indirizzo politico, composto da una squadra di 10–20 persone coordinate da un direttore scelto personalmente dal ministro, responsabile del coordinamento dei consiglieri tecnici che aiutano a formulare la politica, assistere nella supervisione delle attività ministeriali e aiutare i ministri a svolgere le loro varie altre responsabilità (Gualmini 2003). Altrove, in assenza di gabinetti, vengono utilizzati consulenti esterni nonché specifici *think tanks* (cfr. cap. 12.) Se gabinetti scelti dal ministro e consulenti esterni hanno la funzione di compensare lo squilibrio tra le burocrazie composte da esperti e i politici dilettanti, bisogna anche rilevare che il rischio della costituzione di squadre ad hoc di consulenti possa portare a duplicazioni di strutture, con conseguenti sprechi, ma anche conflitti fra di esse. In tal modo si possono anche generare sovrapposizioni che rischiano di complicare anziché risolvere i problemi. A ciò si associa il rischio per i ministri di circondarsi di "yes man" pronti a dire loro quello che si vogliono sentir dire anziché pronunciarsi obiettivamente.

- Forme esterne di controllo. Il ruolo dei mass media e dei gruppi di interesse nell'esercitare un controllo sull'operato burocratico è andato crescendo progressivamente. Programmi televisivi, inchieste giornalistiche e tutta la pubblicistica connessa possono essere efficaci nell'evidenziare la farraginosità, la corruzione, l'inettitudine burocratica — sul caso italiano si vedano ad es. le interessanti inchieste giornalistiche di Stella (2014) e Mania e Panara (2014) o sul caso americano Sekulow (2015) —. Tutto ciò può contribuire a danneggiare la reputazione e status degli alti burocrati, tuttavia queste forme di controllo sono legate alla velocità che le comunicazioni hanno assunto e se in taluni casi possono contribuire a evidenziare le storture, raramente attraverso questi mezzi si arriva a riforme strutturali. I gruppi di interesse, invece, se hanno relazioni legittime con la burocrazia (Peters 1995), sono fra i primi controllori dell'operato dei burocrati per evitare che le politiche vengano implementate in maniera difforme dai loro interessi specifici.

11.8 New public management e oltre

La crescita delle dimensioni e del potere degli apparati burocratici tra gli anni '40 e '80 del secolo scorso ha portato a un aumento dei costi per gli stati, inefficienze e crisi. La necessità di arrivare a un superamento di questi problemi ha condotto, nelle ultime due decadi del secolo scorso, all'elaborazione di una concezione che, partendo da una profonda critica all'idea weberiana di burocrazia, afferma la necessità di riformare completamente le pubbliche amministrazioni ridimensionando il settore pubblico, aumentando il controllo sulle burocrazie e introducendo principi di mercato per la fornitura dei servizi pubblici. Privatizzazioni, deregolamentazione, introduzione di tecniche di gestione aziendale, orientamento al mercato sono gli elementi portanti alla base del cosiddetto *New public mangement* (NPM) che ha come intento la «reinvenzione del governo». Alla base di queste idee si possono trovare diverse tradizioni, dalla *public choice* (Niskanen 1974), alla *Chicago school of economics* sino alle ideologie della Nuova Destra americana (Saint-Martin 2004; Pollitt e Bouckaert 2004) e molte altre (per un quadro completo si veda Lane 2005). Il libro che, però, ha avuto un forte impatto sul movimento di riforma statunitense, poi diffusosi soprattutto negli altri paesi anglofoni, è *Reinventing Government* di Osborne e Gaebler (1993).

I principi cardine sui quali si sono basate le riforme del settore pubblico possono essere sintetizzati nei seguenti punti (Lane 2005):

- Enfasi posta non sugli input del sistema ma su *output* e *outcomes*. L'enfasi è posta sulla *performance* degli uffici e degli individui, guardando non alle regole ma ai benefici per la società derivante dall'implementazione delle policies.
- Produttività ed effettività: valutazione dell'efficacia interna (o gestionale) di un programma, misurata attraverso il grado di conseguimento degli obiettivi programmati ed efficacia esterna in base alla quale gli esiti di un programma sono messi in relazione con i bisogni che l'avevano generato.
- Servizio ai consumatori: apprezzamento da parte dei cittadini (consumatori) per un programma pubblico messo in campo.
- *Downsizing* ed economicità: riduzione delle dimensioni degli apparati e riduzione generale degli impegni e dei programmi sovradimensionati rispetto alle risorse disponibili al fine di risparmiare risorse.
- Deregolamentazione e ri-regolamentazione: la prima serve a favorire la competizione e l'eliminazione di eventuali barriere all'ingresso (tariffe, prezzi). Tuttavia, si produce una nuova regolamentazione mirante a garantire che la competizione sia in linea con elevati standard qualitativi.
- Decentralizzazione: la devoluzione di funzioni dall'apparato amministrativo centrale a quelli locali è considerata una strategia essenziale nella riforma del settore pubblico attraverso processi di decentramento e deconcentrazione.
- Privatizzazione o partnership pubblico/privato: riguarda l'individuazione di organizzazioni di natura giuridica privata che assorbono compiti precedentemente svolti da poteri pubblici. Oppure si dà luogo a società miste o, ancora, si dà luogo a processi di liberalizzazione attraverso l'apertura di mercati e settori prima protetti.
- Contrattazione esterna: il governo decide di raggiungere obiettivi attraverso strutture organizzative esterne rispetto all'apparato esistente mediante l'adozione di contratti. Le funzioni sono trasferite all'esterno per convenienza o risparmio.
- Organizzazioni snelle: le pletoriche organizzazioni burocratiche di un tempo vengono notevolmente sfoltite assumendo un'articolazione interna simile a quella di molte imprese. Le catene di comando vengono ridotte, i manager intermedi vengono rimossi a favore dei manager di più basso livello cui vengono assegnati nuovi compiti.

La rivoluzione manageriale ha investito gran parte delle democrazie tra gli anni '80 e gli anni 2000, tuttavia le valutazioni sui suoi effetti sono contrastanti. I difensori dell'approccio sostengono che la creazione di agenzie esterne di fornitura di servizi permettono agli alti burocrati di dedicarsi, in collaborazione con i decisori pubblici, al policy making piuttosto che del controllo e della supervisione sulla fornitura di servizi. Più in generale, la pervasività del potere burocratico è andata declinando (Wilson 2008). Inoltre, i servizi forniti da agenzie in competizione fra loro risulterebbero più adeguati alle esigenze dei cittadini. Agenzie depoliticizzate e dotate di personale reclutato attraverso il merito sono altri elementi a favore delle riforme.

I detrattori dell'approccio, invece, sostengono che i benefici del NPM sono stati ampiamente esagerati perché le burocrazie tradizionali continuano a dominare e molte funzioni, specialmente in alcuni paesi, anziché essere esternalizzate continuano a essere da esse svolte. Inoltre, i costi da sostenere per smantellare i vecchi sistemi a favore dei nuovi possono essere più alti dei benefici complessivamente ottenibili. A ciò va aggiunto anche che la creazione di svariate agenzie può determinare una frammentazione eccessiva dell'azione di governo, con un effetto disfunzionale per l'intero sistema. Infine, un punto particolarmente dolente, è legato a uno degli assi portanti del NPM, ovvero il processo di deregolamentazione che nel 2008 ha ampiamente contribuito al crollo finanziario prima in Usa e Regno Unito, poi estesosi a livello globale, tanto da evidenziare la necessità di ritorno a controlli, norme, procedure e regole come teorizzato dai fautori dell'approccio *Neo Weberiano* (Pollit e Boukaert 2011).

I principi del NPM hanno, dunque, avuto un impatto differenziato nei diversi paesi, più forte nei paesi anglofoni meno nei paesi con una tradizione di diritto amministrativo in cui comunque hanno avuto alterne vicende. Paesi come la Svezia, l'Olanda o la Finlandia hanno presentato una rapida transizione ai principi del NPM, paesi, invece come la Francia e l'Italia hanno fatto registrare una transizione media verso tali principi in quanto ancora forti sono i vincoli riguardo la pubblica amministrazione ma i decisori pubblici hanno varato riforme nella direzione della managerializzazione. In paesi come la Germania e la Spagna, invece, le resistenze sono risultate maggiori.

Se il paradigma di rifermento per la trasformazione delle pubbliche amministrazioni fino ai tardi anni '90 è stato il NPM, seppure con diverse variazioni cross-nazionali, successivamente sono venuti a svilupparsi paradigmi che integrano, piuttosto che sostituire, gli indirizzi del NPM attraverso un ritorno al controllo centrale al fine di ridurre la frammentazione degli apparati amministrativi (Chiarini 2013).

Il nuovo indirizzo è quello della *governance*, concetto che fa riferimento alle strutture e ai processi attraverso i quali una pluralità di attori sociali interagiscono al fine di prendere decisioni, stabilire regole e condividere il potere entro un network di scambi e negoziazioni. A differenza del NPM il paradigma della *governance*, recupera l'importanza del ruolo assegnato alla burocrazia, pur spingendo in direzione di un suo miglioramento ed evoluzione (Lynn 2001). Una burocrazia di qualità ed efficace può essere in grado di gestire e manovrare i policy network nella direzione, però, dell'interesse pubblico. In particolare le burocrazie, insieme a partner del settore privato e alle organizzazioni no profit possono fornire beni e servizi pubblici in co-produzione e con essi fissare regole per una *governance* collaborativa (Ansell e Gash 2008). In base a queste concezioni il ruolo delle burocrazie può essere contenuto a favore del coinvolgimento di attori non statali entro i network decisionali.

11.9 Quali evoluzioni?

Abbiamo potuto notare che il modello burocratico weberiano rappresenta un imprescindibile punto di riferimento per qualsiasi discussione sulla burocrazia e il suo ruolo nel processo politico. I grandi cambiamenti sviluppatisi soprattutto nelle tre decadi del secolo scorso e per tutta la prima parte del nuovo mostrano che le burocrazie hanno un elevato livello di adattabilità ai cambiamenti dei sistemi politici, sociali ed economici nonostante esse siano intese come rigide e gerarchiche. Con l'evoluzione della *governance* la burocrazia deve agire all'interno di una articolata rete di attori lungo tutte le fasi del processo di produzione delle politiche. La capacità di adattamento risulta ancor maggiore, oggi, specialmente, all'interno del contesto europeo, in cui tutte le amministrazioni hanno dovuto fronteggiare l'espansione delle competenze comunitarie e la necessità di creare uffici in grado di attuare le norme comunitarie. La crescente rilevanza di regimi e organismi internazionali porta i diversi sistemi amministrativi a un adeguamento sia di carattere organizzativo, che passa attraverso la costituzione di nuovi uffici o l'adattamento di uffici già esistenti, sia di carattere funzionale dovuto alla diffusione di procedimenti multilivello o misti. Le burocrazie devono perciò cercare un certo livello di convergenza e codici comuni continuando a rivestire un ruolo di primo piano nei processi decisionali che si dipanano a tutti i livelli.

Domande

1. Quali sono le caratteristiche della burocrazia weberiana?
2. Quali sono i tipi di potere legittimo definiti da Weber e perché sono importanti per l'amministrazione?
3. Perché si sviluppano modelli diversi di amministrazione pubblica?
4. Cosa sono l'organizzazione e la struttura?
5. Quali sono le caratteristiche salienti dei tre modelli di pubblico impiego?
6. Cos'è l'isomorfismo Istituzionale?
7. Quali sono i modelli di configurazione dei rapporti fra politica e burocrazia?
8. Quali tipi di relazioni possono instaurarsi tra burocrazie e gruppi di interessi?
9. In che modo può essere eseguito il controllo sull'attività della burocrazia?
10. Quali sono i principi cardine del *New Public Management?*

Politiche pubbliche e processo decisionale

CAPITOLO DODICESIMO

12.1 Politica, politiche e processo decisionale

Abbiamo avuto modo di vedere nei capitoli precedenti come la politica possa essere intesa in termini di conquista e gestione del potere (*politics*) ma la essa non è solo questo, essa è da intendersi anche come attività decisionale degli attori politici che propongono **programmi d'azione** volti all'elaborazione delle soluzioni a problemi di rilevanza collettiva. Le decisioni indirizzate ad affrontare e risolvere i problemi della comunità caratterizzano l'azione di governo e hanno ricadute dirette e indirette su individui, gruppi, imprese, e anche su altri paesi. Le decisioni pubbliche, però, non sono unicamente il frutto della volontà di attori dotati di potere formale - derivante dall'esito elettorale - quanto il prodotto delle loro interazioni con una serie di altri attori privati e pubblici, collettivi e individuali. In questo senso, l'attore politico formale sarà soltanto una delle componenti di un più ampio processo attraverso il quale le decisioni vengono prodotte e attuate. La decisione finale è un atto formale di scelta, che discrimina fra possibili soluzioni alternative al problema e rappresenta solo il momento terminale di una complessa e articolata sequenza caratterizzata da: individuazione delle modalità attraverso le quali si intende definire il problema pubblico; interazione tra attori diversificati; predisposizione di progetti di soluzione del problema; adozione di atti specifici o dalla voluta inerzia. Questi articolati processi decisionali danno luogo alle **politiche pubbliche**.

L'analisi del processo che porta alla produzione delle politiche pubbliche (processo di *policymaking*), si configura come specifica modalità di studio della politica che trova le sue origini nell'opera di Harold Lasswell (1956) sviluppandosi poi durante il secolo scorso nel cosiddetto *policy approach*. Questo nuovo approccio ha segnato una vera e propria «rivoluzione concettuale», che ha dato vita a un linguaggio specifico, a uno stile di ricerca peculiare e a un nuovo orientamento nei confronti dei fenomeni politici (Sola, 1996). Al centro della sua attenzione è posto lo studio dei processi mediante i quali vengono affrontati, interpretati e risolti i problemi collettivi. Il suo impeto rivoluzionario risiede soprattutto nel rovesciamento dell'assunto in base al quale la politica – intesa come definizione degli assetti di potere fra soggetti dotati di autorità (*politics*) – determinerebbe gli output del sistema, cioè le politiche pubbliche (*policies*); al contrario, le politiche pubbliche non sono considerabili meri «prodotti» (*output*) del sistema decisionale e dell'azione politica perché in esse sono presenti elementi politici in grado di condizionare gli attori e i processi che le avrebbero prodotte. In questo senso, seguendo l'impostazione di Lowi (1972), la politica (*politics*) diventa la variabile dipendente, mentre le politiche pubbliche (*policies*) vengono considerate le variabili indipendenti: *policy determines politics*. In base a questa concezione, la distribuzione e l'esercizio del potere possono assumere conformazioni diverse a seconda del tipo di politica pubblica da produrre e dell'arena all'interno della quale vengono prese le decisioni (Lowi, 1964, 1972; Wildavsky, 1979b). Ciò vuol anche dire che il contenuto della decisione pubblica è il fattore in grado di prevedere gli attori che saranno più influenti nell'assunzione della scelta.

In questo capitolo sarà fornito un quadro degli articolati processi che conducono alla produzione delle politiche pubbliche, individuandone gli attori principali, i modelli di interazione, i modelli concettuali del *decision making* e i modelli di attuazione delle politiche. L'attenzione sarà poi concentrata sulle peculiarità nazionali di formazione delle politiche pubbliche e sull'incidenza dei fattori internazionali nel processo di policymaking. Prima di tutto, però, è necessario soffermarsi sull'aspetto definitorio per capire le diverse possibili sfaccettature che può assumere il concetto di «politica pubblica».

12.2 Cos'è una politica pubblica?

Un alto dirigente della pubblica amministrazione inglese, Sir Charles Cunningham (1963, 229) ha efficacemente affermato che «una politica pubblica è un po' come l'elefante - lo riconosci quando lo vedi, ma non puoi facilmente definirlo». Ne emerge che il concetto di politica pubblica è intuitivo ma terribilmente difficile da definire con precisione. Robert H. Salisbury (1968, 153) ha evidenziato che «la politica pubblica è necessariamente un'astrazione. Più che atti separati e isolati, sono gli schemi di comportamento a costituire una politica pubblica». Su questa stessa linea Hugh Heclo (1972) ha sottolineato che le politiche pubbliche, più che fenomeni che si autodefiniscono, sono categorie analitiche i cui contenuti vengono stabiliti dall'analista più che dal *policy maker*. Poiché le politiche sono una costruzione analitica, le definizioni che ne sono state date sono fra le più svariate. Nel Box 12.1 riportiamo solo alcuni fra i molti possibili esempi. Le definizioni, dalle più puntuali alle più ampie, riflettono la mancanza di consenso fra gli studiosi su una formulazione unanimemente condivisa. Ciò nonostante è possibile individuare alcuni fra gli attributi centrali della politica pubblica:

- realizzata in risposta a un problema pubblico e
- orientata all'obiettivo (soluzione del problema)
- realizzata nell'interesse pubblico

- realizzata da attori pubblici, anche se le idee per la soluzione del problema possono provenire dall'esterno oppure essere il frutto dell'interazione fra attori governativi e non governativi
- implementata non solo da attori pubblici ma anche da attori privati
- è ciò che il governo sceglie di fare o non fare.

Ciò che rende «pubblica» la politica è che essa riguarda un'ampia varietà di cittadini e interessi rispetto al coinvolgimento implicato dalle decisioni private. Poiché il "pubblico" è la fonte dell'autorità politica, ovvero dell'autorità di agire nell'interesse pubblico, è evidente il motivo per cui il governo sia il nucleo all'origine della produzione delle politiche pubbliche. Sono le autorità pubbliche che, in risposta a problemi di rilevanza collettiva, prendono (o si astengono dal prendere) decisioni che risultano vincolanti per la collettività. Con le loro scelte i decisori pubblici possono assegnare le poste in gioco tra diversi contendenti, ridurre o acuire i conflitti, affrontare, ritardare o mettere in secondo piano un problema. Proprio per questi motivi le politiche pubbliche possono essere spesso molto controverse.

Il fatto che la politica pubblica sia prodotta dalle autorità pubbliche non vuol dire che la si debba far coincidere *sic et simpliciter* con la legge. Le politiche pubbliche non si manifestano solo attraverso atti formali (leggi o regolamenti) ma anche tramite testi, pratiche, simboli e discorsi che definiscono e attribuiscono valori che includono beni e servizi ma anche regolamentazioni, rendite, prestigio o altri attributi positivamente o negativamente valutati (Schneider e Ingram 1997, 2). In altri termini, anche quando la politica pubblica assume la forma della legge, il processo decisionale non può

Box 12.1 – Definizioni di «Politica pubblica»

Definizione	**Autore**
Qualunque cosa un governo decida di fare o non fare	Dye (1972)
Una politica pubblica si presenta sotto forma di un programma d'azione tipico di una o più autorità pubbliche o governative	Thoenig (1985)
Le azioni, gli obiettivi, i pronunciamenti dei governi su questioni specifiche, i passi che essi compiono (o non riescono a compiere) per l'implementazione, e le spiegazioni che forniscono su quanto accade (o non accade).	Wilson (2006)
Un corso d'azione o inazione intenzionale intrapreso da un attore o da un insieme di attori per affrontare un problema o una questione di interesse.	Anderson (1994)
Un insieme di decisioni interrelate, prese da un attore politico o da un gruppo di attori, sulla selezione degli obiettivi e dei mezzi atti al loro raggiungimento all'interno di una situazione specifica in cui gli attori hanno, in linea di principio il potere di prendere tali decisioni	Jenkins (1978)
La somma delle attività di governo, nella sua azione diretta oppure attraverso agenti, che abbia un'influenza sulla vita dei cittadini	Guy Peters (1999)

dirsi terminato perché la *policy* continua a essere realizzata a mano a mano che gli attori che la implementano (la mettono in atto) continuano a prendere decisioni a proposito di chi beneficerà della politica e chi, eventualmente, ne può risultare svantaggiato (Birkland 2010). Quest'ultima considerazione ci consente di tratteggiare un quadro di sintesi per cui si può affermare che:

a) le politiche pubbliche non si esauriscono in una mera e unica decisione, piuttosto, è previsto il compimento di una serie di azioni che implica l'attivazione di una rete decisionale su un periodo temporale che può essere anche piuttosto lungo, in cui oltre alle decisioni hanno grande rilevanza anche le non-decisioni.
b) le politiche pubbliche non possono essere viste come piani coerenti e lineari perché è possibile il palesarsi di effetti non previsti (positivi o negativi) che possono portare a una discrasia fra le azioni formali messe in campo dalle autorità per la realizzazione di un determinato programma (output) e gli effetti reali che quelle azioni hanno sulla collettività.
c) Le politiche pubbliche non sono solo atti formali: molte si basano non tanto su quello che la legge prescrive, quanto su quello che non vieta. Ciò vuol dire che, in molti campi di intervento pubblico, il peso di fattori quali la negoziazione tra le parti, le campagne di persuasione, l'attivazione di incentivi materiali o anche simbolici ecc., è più significativo del mero dettato legislativo nel determinare il risultato finale (Regonini 2001, 28).

In conclusione, pur in assenza di una definizione precisa e universale di "politica pubblica" si può guardare a essa come a un modo di collegare tra loro eventi eterogenei, che avvengono in differenti contesti istituzionali, e spesso si dipanano per lunghi periodi di tempo, con molteplici protagonisti. La politica pubblica collega le **intenzioni** -ciò che il governo dice di voler fare per fronteggiare un problema collettivo-, le **azioni** -ciò che il governo fa per avviare la soluzione del problema o deliberatamente non fa adoperandosi a negare la rilevanza del problema e accantonare ogni provvedimento - e i **risultati** -conseguenze dell'azione o inazione governativa- (Regonini 2001; Heywood 2007).

La produzione delle politiche pubbliche è, dunque, da intendersi come un processo complesso che consta di diverse fasi nelle quali agiscono, oltre agli attori istituzionali, anche una molteplicità di attori non istituzionali.

12.3 Il processo di produzione delle politiche pubbliche

12.3.1 *Gli attori del «policy making»*

L'identificazione delle categorie di attori più rilevanti in uno specifico processo di *policy* comporta la verifica delle figure che hanno ricoperto ruoli significativi nel denso intrico di contatti, collegamenti, pressioni, negoziazioni, ostruzionismi che caratterizzano la produzione di una policy dalla sua fase di genesi alla valutazione finale. Le categorie di attori che rivestono un ruolo determinate nel processo di *policy making* sono due: istituzionali e non istituzionali. I primi partecipano al processo di *policy making* in quanto soggetti legalmente riconosciuti (Parlamenti, Governi, Burocrazie pubbliche collocati ai livelli sovranazionale, nazionale, locale). I secondi, invece, pur non essendo esplicitamente menzionati dalla legge, prendono parte al processo di produzione delle politiche pubbliche (partiti politici, gruppi di interesse, movimenti sociali, *think tanks*, media ecc.) e difficilmente si potrebbe prescindere da essi. In ogni sistema politico, e in ogni settore di policy, può essere registrata la compresenza di entrambe le tipologie di attori summenzionati, le cui interazioni e i cui ruoli sono molto variabili: in alcune politiche potranno prevalere alcuni attori sugli altri, in altre potrebbe esserci un maggiore consensualismo (Capano 1996).

Prima di passare all'esame delle singole fasi in cui è suddiviso convenzionalmente il processo di policy, vediamo brevemente le peculiarità di ciascuno dei principali attori che possono prendere parte alla definizione delle politiche pubbliche.

Governi

I governi sono certamente gli attori istituzionali più importanti: in quanto centro principale dell'autorità politica essi si trovano a dover affrontare una considerevole quantità di problemi che si generano all'interno della società. Una volta che un determinato problema entra nell'agenda istituzionale, sono in primis i governi a dover trovare le soluzioni, decidere quale possa essere la migliore politica e garantirne l'implementazione.

Rispetto ad altri attori, il governo ha una serie di vantaggi: in primo luogo può gestire una mole di informazioni, indisponibili ad altri, che può utilizzare in maniera difforme a seconda delle circostanze o della policy in questione; in secondo luogo, dispone della burocrazia sia per quel che concerne pareri tecnici sia per dar luogo alla propria azione di implementazione; in terzo luogo, la rilevanza delle politiche di cui il governo si occupa gli consente di controllare in maniera stringente l'agenda politica e di dettare i tempi di presentazione delle proprie proposte nelle assemblee parlamentari; in quarto luogo, ha una maggiore capacità rispetto a qualsiasi altro attore istituzionale di guadagnarsi l'accesso ai media per presentare i propri programmi e pubblicizzare la propria azione.

Parlamenti

I parlamenti sono attori centrali nel processo di *policy making* sia perché è al loro interno che una ampia parte delle politiche pubbliche prodotte assume la forma di legge, sia perché sono consessi cruciali al cui interno vengono avanzati i problemi sociali e richieste le soluzioni ad essi. I parlamenti possono, dunque, giocare un ruolo centrale in quasi tutte le fasi del processo di *policy making*. Il funzionamento dei parlamenti è notevolmente influenzato dai rapporti che intercorrono con i governi: nella misura in cui questi dispongono di una maggioranza parlamentare stabile, che sono in grado di controllare strettamente, il peso delle assemblee nel processo di produzione delle politiche pubbliche sarà ridotto. Viceversa, in presenza di governi deboli, con una maggioranza parlamentare fragile e frammentata, il peso degli attori parlamentari nella produzione delle *policies* si accresce notevolmente poiché essi avranno una maggior capacità di negoziazione. Nei sistemi parlamentari, in cui i governi sono formati da un partito di maggioranza, solitamente i disegni di legge governativi sono sostenuti dai parlamentari appartenenti al partito di governo. In presenza di un governo formato da una coalizione di partiti, la possibilità di portare il governo al compromesso si accrescono. Nei sistemi presidenziali, invece, dato che i parlamenti sono costituzionalmente autonomi rispetto ai governi, anche se la maggioranza parlamentare è formata dallo stesso partito che ha espresso il Presidente, questi, pur detenendo un ampio potere discrezionale, deve negoziare con l'organo legislativo per evitare stalli.

Un ultimo elemento da sottolineare riguarda l'articolazione dei lavori parlamentari in commissioni competenti per materia. Questi forum ristretti, grazie alla loro specializzazione, alla tendenza al compromesso dei suoi appartenenti (favorita anche dalla lontananza dai riflettori dell'aula) e ai rapporti con gli interessi, possono svolgere un ruolo determinante nella produzione di *policies*.

Burocrazie pubbliche

Il compito istituzionale dell'apparato burocratico-amministrativo è quello di mettere in atto le decisioni assunte nelle sedi governativa e parlamentare. Attribuire alle burocrazie pubbliche un ruolo di mere esecutrici, tuttavia, significherebbe limitare le reali funzioni che questo attore svolge anche nelle altre fasi del processo di *policy making* (Lewis, 1980; Peters, 1981; Suleiman, 1984). In quanto detentrice di importanti risorse, soprattutto di tipo informativo, conoscitivo e di expertise, la pubblica amministrazione dispone di discrezionalità nella sua azione: prendere decisioni autonome senza l'esplicito consenso governativo. D'altra parte la burocrazia non può essere vista come un attore unitario, le molteplici branche a essa riconducibili possono essere portatrici di interessi propri da tutelare: talvolta all'interno di una stessa organizzazione (ad es. un ministero) le posizioni, gli interessi e le modalità d'azione possono essere anche difficilmente conciliabili.

Partiti politici

I partiti politici hanno un ruolo di influenza indiretta sul processo di produzione delle politiche pubbliche. Tuttavia, in ragione della loro importanza nel controllo della competizione elettorale e della centralità nell'organizzazione del parlamento secondo linee partitiche, quanto nella formazione dei governi, essi assumono una funzione essenziale anche nel *policy making*. Definizione dell'agenda, formulazione delle alternative di *policy* e decisione vera e propria (si veda oltre per la specificazione delle fasi) sono i momenti in cui più sono presenti. In particolare, soprattutto per quel che concerne le democrazie europee, è stato definito il cosiddetto *party government* (di cui è stato dato conto nel capitolo sui partiti), ovvero una modalità in base alla quale tutte le principali decisioni politiche vengono prese all'interno del partito di governo, che le attua attraverso rappresentanti alle cariche più elevate scelti al suo interno (Katz 1986). Questo il modello generale, per le specificazioni anche in ragione della trasformazione del ruolo dei partiti si rimanda al capitolo VII.

Gruppi di interesse, movimenti sociali e «think tanks»

Fra gli attori non istituzionali di primo rilievo nel processo di produzione delle politiche pubbliche, ci sono una vasta schiera di soggetti sociali portatori di interessi particolari: i gruppi di interesse, dai più vasti, che raccolgono ampie membership (sindacati, associazioni imprenditoriali), sino ai più ristretti (talune associazioni di categoria, singole grandi imprese industriali); i movimenti sociali che promuovono *issues* molto varie (ambiente, nucleare, diritti delle minoranze ecc.); i *think tanks*, ovvero organizzazioni di ricerca indipendenti che hanno l'intento di incidere su specifiche aree di policy. Dell'importanza dei primi due attori si è ampiamente trattato nel capitolo VIII, cui si rimanda e dal quale emerge la consistenza dei gruppi in pressoché tutte le fasi del processo di policy e del ruolo più circoscritto dei movimenti solo a talune fasi. Ai *think tanks*, invece, data la loro crescente importanza nel processo di *policy* è stato dedicato il Box 12.2.

Media

I media si pongono come importante raccordo fra la società e i problemi in essa generatisi e i decisori pubblici che quei problemi devono tentare di risolvere. Perciò i media giocano una parte importante soprattutto nella fase di definizione dell'agenda poiché ciò che da essi viene presentato può essere un importante input per il processo di policy (Kennamer, 1992; Spitzer, 1993; Alger, 1996). I media aiutano a espandere talune issues, sottolineandone l'importanza, da un ambito relativamente ristretto, all'attenzione del grande pubblico e di conseguenza all'attenzione dei decisori politici. Il ruolo dei giornalisti, degli editori e, in maniera sempre più importante, dei blogger sul web, può essere determinante nel selezionare le notizie da far passare come particolarmente rilevanti. D'altra parte i media possono essere utilizzati dai decisori pubblici a loro favore, come si accennava precedentemente, specialmente i governi possono decidere quali informazioni dare o meno ai media in maniera funzionale alla propria azione.

Box 12.2 – Think Tanks e politiche pubbliche

I Think tanks (TT) sono organizzazioni di ricerca indipendenti intellettualmente, organizzativamente e finanziariamente da governo, partiti politici e gruppi di interesse, che si occupano della ricerca e dell'analisi di una particolare area di policy o di un ampia schiera di issues di policy al fine di informare e consigliare i *decision makers* o dare forma al dibattito pubblico sui problemi di politica pubblica (Stone, 2007; Pautz, 2011). I TT si pongono all'incrocio fra accademia e politica cercando di interconnettere l'analisi delle politiche pubbliche e la produzione delle stesse. Accanto all'attività analitica, alla produzione di rapporti e studi e alla pubblicazione di libri e articoli, i TT svolgono una serie di attività collaterali che servono ad amplificare la portata delle loro analisi presso l'opinione pubblica (organizzazione di seminari, incontri pubblici, convegni ecc.) e a volte spingere i loro programmi entro le cerchie politiche e decisionali attraverso la comunicazione strategica con le burocrazie pubbliche, i *decision makers*, il mondo degli affari (Stone 2007, 149; Pautz 2011). I TT presentano se stessi quali detentori di una *expertise* in specifici settori di policy in ragione della quale sono in grado di elaborare piattaforme programmatiche da sottoporre all'arena politica (Ricci 1993; Stone 1996). In questa loro azione i TT non agiscono come entità politiche, non esercitano azioni di lobbying sui pubblici poteri, piuttosto si propongono di promuovere un cambiamento delle *policies* attraverso argomentazioni di carattere intellettuale legate alle loro competenze, alla possibilità di fornire conoscenze esperte ai *policymakers*, creare connessioni fra diversi settori di *policy* e i rispettivi destinatari non quali intermediari passivi ma come fornitori di discorsi concettuali per il *policy making* (Stone, 2007; Pautz, 2011). L"attività dei TT, dunque, non è un mero esercizio intellettuale ma è orientata all'azione, volta a sviluppare legami strategici con il governo in qualità di intermediari di policy in grado di affermarsi su altri TT competitori all'interno del vasto «mercato delle idee» (Stone 1996; 2007).

Dal punto di vista del loro sviluppo, i TT sono un fenomeno nato ed evolutosi principalmente negli Stati Uniti, soprattutto dalla metà degli anni Settanta del secolo scorso in avanti. Fra i più noti TT americani vanno citati: Brookings (www.brookings.edu); Council on Foreign Relations (www.cfr.org); Carnegie Endowment for International Peace (http://carnegieendowment.org/); Center for Strategic and International Studies (http://csis.org); RAND corporation (www.rand.org).

Nei paesi europei continentali si è invece assistito a un diverso sviluppo dei TT che rispetto ai loro corrispettivi americani presentano una relativa debolezza derivante dall'interazione di diversi fattori: 1) aspetti di natura istituzionale limitano i punti d'accesso al processo di *policy making* (Diletti, 2011); 2) La cultura burocratico-amministrativa statunitense, è orientata alla consultazione di esperti o consulenti esterni rispetto all'orientamento di una buona parte dei paesi europei continentali, in cui le burocrazie tendenzialmente sono in grado di provvedere autonomamente alla ricerca di informazioni e proporre soluzioni di *policy* «interne»; 3) nei paesi europei rispetto agli Stati Uniti i partiti hanno una maggiore capacità di pianificazione delle *policies* (Medvetz, 2011); 4) in Europa sono stati gli stessi partiti a formare strutture interne di ricerca identificabili come TT.

Molti TT americani insieme ad altri, come l'inglese Chathamhouse (www.chathamhouse.org), non si configurano unicamente come TT nazionali ma, a seguito dei processi di globalizzazione e regionalizzazione, hanno progressivamente trasformato le proprie agende di ricerca spostando l'interesse da issues interne a issues internazionali (Stone, 2007), abbracciando aree di *policies* che vanno dalla sicurezza agli affari internazionali, dall'economia e sviluppo interni e internazionali alle politiche ambientali, sociali, della salute pubblica e tecnologiche sino alle politiche per la trasparenza e la buona *governance*.

Da quanto detto si evince che i TT hanno come loro obiettivi principali i decisori pubblici ai livelli locale, nazionale e sovranazionale e che svolgono una molteplicità di funzioni che possono essere esplicitate nel loro ruolo di «agenzie di servizi» per: a) la produzione di conoscenza specializzata in grado di fornire competenze di base su istanze politiche, soluzioni di policy, operazioni di marketing delle idee; b) ricerca di accesso ai *decision makers* anche attraverso l'aiuto alla riduzione della complessità dei problemi di *policy* e alla sintesi e semplificazione dei dibattiti scientifici; c) acquisizione di influenza sulla formazione dell'agenda politica e difesa di specifiche posizioni di *policy* (Stone, 2007; Diletti, 2011, p. 354). Relativamente a quest'ultimo punto bisogna rilevare che I TT non beneficiano di accesso politico diretto e automatico, pertanto i loro suggerimenti non necessariamente hanno un'immediata ricaduta sulla produzione delle politiche pubbliche. Analisi recenti (Stone e Denham, 2004) tendono a evidenziare che il ruolo dei TT è quello di «ingranaggi» all'interno della più ampia «macchina della governance» (Stone, 2007, p. 154) che possono avere una fluttuante e mutevole influenza a seconda della loro capacità di interagire nel corso del tempo all'interno delle comunità epistemiche, delle *advocacy coalitions* e dei *policy networks* nazionali e internazionali.

Fig. 12.1 Le fasi del ciclo di policy.

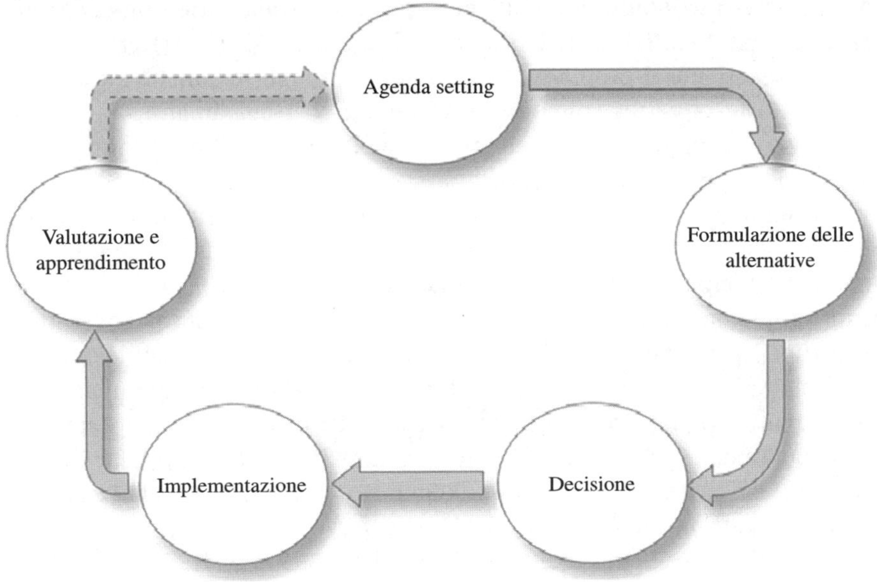

12.3.2 *Le fasi del ciclo di «policy»*

Quello del ciclo di *policy* è uno schema che consente di ordinare in fasi il processo di produzione delle politiche pubbliche. Il modello originario sviluppato da Lasswell (1956) è stato migliorato successivamente da Jones (1970), Anderson (1975) e Ripley (1985), la sua rappresentazione grafica (Fig. 12.1) potrebbe far pensare a una linearità razionale delle sequenze che nella realtà non è riscontrabile (Lindblom e Woodhouse, 1993). Ciò nonostante il modello è molto utile per comprendere la complessità del processo di produzione delle *policies* e ha permesso agli studiosi di approfondirne in modo articolato ciascun momento (Capano, 2008, p. 67).

Agenda setting

Quando si parla di «Agenda» si fa riferimento all'insieme dei problemi, alle conoscenze delle cause, alle soluzioni, ai simboli e ad altri elementi dei problemi pubblici che vengono all'attenzione dell'opinione pubblica e dei decisori politici. Ma in che modo i problemi generano un interesse? Perché certi problemi sono considerati rilevanti abbastanza da meritare una soluzione e altri no? Chi stabilisce che la soluzione a un problema debba essere pubblica piuttosto che privata? La crucialità di questa prima fase del processo di policymaking sta nella necessità di confrontarsi con queste domande. La buona definizione di un problema e l'individuazione delle sue cause sono alla base della sua possibile soluzione, questa operazione però non è né pacifica né imparziale perché riflette le diverse e alternative interpretazioni che ne possono dare i diversi attori, istituzionali e non istituzionali, coinvolti nel processo. Nella forte competizione fra le diverse definizioni del problema l'attore (o gli attori) che meglio riesce a descrivere il problema sarà con ogni probabilità anche quello che ne definirà le possibili soluzioni, prevalendo così nel dibattito pubblico. Allo stesso tempo possono esserci attori che lottano per il mantenimento di talune questioni fuori dall'agenda.

La definizione del problema è certamente un passaggio necessario per far sì che esso venga individuato da opinione pubblica e decisori politici in quanto problema collettivo, ma ciò non è sufficiente. La mera esistenza di un problema pubblico non garantisce che effettivamente il governo se ne occupi seriamente. Affinché l'azione pubblica diventi probabile, attorno al problema si deve mobilitare un supporto tale da fargli raggiungere un livello piuttosto elevato nell'agenda. L'esistenza di un problema percepito come pubblico, però, può anche comportare la volontà esplicita di non affrontarlo (Schattschneider 1960; Cobb e Ross 1997), si pensi ad esempio all'opposizione in alcuni paesi, di diverse forze civili e politiche al varo di disposizioni su alcuni diritti civili quali i matrimoni fra persone dello stesso sesso. Un problema potrebbe anche non essere affrontato per l'azione di attori elitari in grado di convogliare l'attenzione pubblica su talune questioni, spostandola da altre per le quali si preferisce evitare che vengano prese decisioni (Bachrach e Baratz 1970).

Dinamica dell'agenda setting

Da un punto di vista analitico vanno distinti tre tipi di agenda: sistemica, istituzionale e decisionale (Cobb e Elder 1972 e 1983; Kingdon 1984; Birkland 2011). L'agenda sistemica (pubblica), contiene tutti i problemi in discussione che richiedono l'attenzione pubblica; l'agenda istituzionale (formale) è composta da una piccola parte di problemi presenti nell'agenda sistemica, per i quali i decisori pubblici riconoscono la necessità di intervenire; l'agenda decisionale, infine, contiene tutti i problemi sui quali i decisori pubblici effettivamente intervengono al fine di giungere a una decisione. Il processo di agenda setting segue dunque una dinamica in cui si arriva a una progressiva selezione dei problemi che saranno effettivamente trattati dai decisori politici. Questo processo è in continuo divenire ed è influenzato in grande parte dalle specificità di ciascun sistema politico, dalla peculiare cultura politica di un paese nonché dalla congiuntura storica, politica ed economica. Ad esempio, ci si può aspettare che negli stati unitari con sistemi partitici forti e/o in presenza di assetti neocorporativi le arene istituzionale e decisionale siano meno permeabili rispetto a stati federali con partiti relativamente più deboli e in presenza di assetti pluralistici (cfr. Cap. VIII) dove la maggiore e possibilità di accesso da parte dei gruppi di interesse dovrebbe permettere una maggiore capacità di spostamento delle issues dall'agenda sistemica a quella istituzionale e decisionale.

Il passaggio dall'agenda sistemica all'agenda istituzionale e l'eventuale approdo all'agenda decisionale prevede quattro fasi, che si sviluppano in maniera diversa all'interno di tre modelli distinti (Cobb, Ross e Ross, 1976). La prima fase è la posizione delle *issues*, ovvero la richiesta di soluzione di un problema ai decisori pubblici, la seconda è la specificazione delle soluzioni possibili al problema, la terza è l'espansione del supporto alla issue, la quarta è l'ingresso della *issue* nell'agenda istituzionale (Cobb, Ross e Ross, 1976, pp. 127-136). I modelli individuati da Cobb e collaboratori sono tre:

1) *Outside initiation model.* Una determinata *issue* è sviluppata da un gruppo all'interno della società, esso cerca di allargare l'interesse di altri gruppi verso la *issue* proposta, in modo da darle visibilità tale da spostarla nell'agenda sistemica. L'abilità del gruppo nello stringere alleanze con altri gruppi potenzialmente interessati alla *issue* e la disponibilità di vari tipi di risorse (cfr. Cap. VIII) sono fattori che concorrono a spingere la *issue* verso l'agenda istituzionale, anche se ciò non vuol dire che i decisori pubblici prenderanno necessariamente una decisione in favore del gruppo che ha proposto la issue.
2) *Mobilization model.* Gli attori pubblici che intendano avviare una politica la collocano entro l'agenda istituzionale ma, al fine di costruire il supporto necessario alla sua realizzazione, cercano di suscitare l'interesse per la issue.
3) *Inside initiation model.* In questo caso le proposte entrano in agenda direttamente per iniziativa degli attori interni al sistema politico amministrativo, oppure provengono da gruppi di interesse che hanno un accesso privilegiato alle arene decisionali (cfr. cap. VIII, § 8.4).

Come si può desumere dalla modellistica appena individuata, i problemi effettivamente iscritti nell'agenda decisionale provengono in buona parte da attori interni o, comunque, molto vicini al circuito politico-amministrativo. Questo non esclude una continua interazione fra attori interni ed esterni e la possibilità di ridefinizione di problemi e soluzioni formalizzati.

Il controllo dell'agenda politica può essere molto variabile nel corso del tempo. Il caso europeo è al proposito emblematico. I partiti politici con una forte connotazione ideologica hanno avuto un peso determinante nella definizione dell'agenda dei problemi politici; il loro successivo declino (Katz e Mair, 1995) (cfr. Cap. VII) ha contribuito alla crescita di importanza sempre maggiore di attori quali i gruppi, i movimenti e i media.

Formulazione

Quando un problema riesce ad affermarsi nell'agenda decisionale, i governi devono stabilire quale corso d'azione seguire per tentare di risolverlo. A tal fine devono prendere in analisi le alternative di *policy* possibili, avviando il processo di formulazione delle politiche pubbliche. Questa seconda fase del ciclo di *policy* comprende la discussione, definizione, accettazione o rigetto delle opzioni disponibili. La formulazione, dunque, implica necessariamente la definizione degli obiettivi che la politica pubblica si propone di raggiungere e gli strumenti più adeguati per farlo. Poiché il processo di formulazione è tutt'altro che lineare, la ricerca di una soluzione al problema è spesso oggetto di contenzioso e pressioni di diverso tipo, che vanificano i tentativi di considerare le opzioni di *policy* razionalmente. Il processo di formulazione delle *policies* è quindi complesso, variabile da caso a caso e sottoposto a vincoli politici sia sostanziali sia procedurali: i primi sono vincoli insiti nella natura del problema, i secondi riguardano le procedure derivanti dall'adozione o dal compimento di un'opzione. Tali vincoli possono inibire la scelta di talune opzioni di *policy* e favorirne altre (Howlett e Ramesh, 2003).

Rispetto alla fase di definizione dell'agenda politica, alla formulazione sono ammessi a partecipare soltanto gli attori che effettivamente possono dire qualcosa in merito al problema in esame. Dal punto di vista formale, la formulazione avviene nelle sedi istituzionali: gli apparati amministrativi curano l'elaborazione tecnica delle possibili alternative di policy mentre nelle arene governative e parlamentari si cerca di costruire il consenso attorno a esse (Ripley 1985). Dal punto di vista sostanziale, invece, la formulazione avviene anche negli uffici dei gruppi di interesse e in organizzazioni quali i *think tanks* (Dye, 2005, p. 42). Diverse concettualizzazioni hanno focalizzato l'attenzione sull'intreccio di relazioni fra attori istituzionali e non istituzionali nella fase di formulazione, Griffith (1939) parla di "vortici" (*whirlpools*) che attraggono nella stessa orbita attori diversi, interessati però a uno stesso problema. L'idea di rete di relazioni alla base del concetto di ***policy networks*** trova le sue origini nell'idea di *web of decisions* elaborata da Easton (1953), sulla quale si è poi innestata tutta la letteratura successiva — *policy subsystem* (Freeman, 1955); *subgovernment* (Cater, 1964; deHaven-Smith e Van-Horn, 1984) — e fa riferimento alle interazioni che uniscono gli attori dello Stato e della società nel processo di produzione delle politiche pubbliche (Katzenstein, 1977, Rhodes, 1984, Capano, 2008, p. 59). Lo sviluppo dell'approccio delle reti di politiche è stato favorito dalla frammentazione dello Stato e dalla sua relativa perdita di importanza rispetto al passato, a seguito delle crisi economiche e dei processi di globalizzazione che hanno fortemente inciso sulle sue tradizionali interazioni con le organizzazioni di una società, a sua volta, divenuta sempre più complessa (Le Galès, 1995). La segmentazione statale ha avuto un effetto diretto sul processo di *policy making,* che a sua volta si è frammentato in una serie di reti di *policy* (Rhodes e Marsh, 1992). Secondo gli studiosi di questo approccio, a contare è la struttura settoriale del *policy making* di cui né il pluralismo (che propone la visione di uno stato debole che media fra gli interessi in competizione) né il neo-corporativismo (che identifica in uno stato forte che incoraggia la cooperazione fra pochi forti

Tab. 12.1 Tipologia delle principali reti di politiche pubbliche.

	Tipo di rete		
	Triangoli di ferro	**Issue networks (Reti tematiche)**	**Policy communities**
Numero di attori	Limitato: Dipartimenti governativi e ministeri Gruppi di interesse Commissioni e sottocommissioni parlamentari	Molteplice: Burocrazie pubbliche Gruppi di interesse Associazioni pubbliche Esperti Rappresentanti dei movimenti	Limitato: Dipartimenti governativi, ministeri e relativi gruppi clientelari Gruppi di interesse
Tipo di relazioni	Strette, stabili nel tempo, cooperative e mutuamente vantaggiose per i partecipanti	Labili, instabili nel tempo, cooperative o conflittuali a seconda delle alleanze che si costituiscono	Strette, stabili nel tempo, consensuali. Condivisione di una percezione comune rispetto alla soluzione dei problemi di policy.
Grado di apertura verso l'esterno	Nullo	Massimo	Molto basso
Caratteristiche della rete di policy	Fermo controllo sul processo di policy e sua possibile «cattura». Forte istituzionalizzazione dei rapporti fra attori.	Reti costituite ad hoc su una specifica tematica. Debole istituzionalizzazione dei rapporti fra attori pubblici e privati.	Comunità costituite su politiche settoriali. Forte istituzionalizzazione dei rapporti fra attori.
Efficacia	Gioco a somma positiva	Gioco a somma variabile	Percezione di un gioco a somma positiva
Esempi	Politiche per gli armamenti in USA	Issue ecologiche, etiche, fiscali ...	Politiche industriali, Politiche salariali

gruppi di interessi) riescono a dare conto. L'approccio delle reti di *policy* ha la capacità di focalizzare l'attenzione su aspetti empirici più facilmente verificabili delle strutture relazionali che danno luogo alla formulazione delle politiche. (Le Galès, 1995). La nozione di *policy network* è però generica e si riferisce a una molteplicità di possibili interazioni che si stabiliscono fra Stato e società, le cui principali sono i «triangoli di ferro» (Cater, 1964; Ripley and Franklin, 1981), gli «*issue network*» (Heclo, 1978) e le «*policy communities*» (Richardson e Jordan, 1979; Rhodes e Marsh, 1992), le loro caratteristiche principali sono sintetizzate nella Tab. 12.1. I **triangoli di ferro** sono una realtà riscontrabile essenzialmente negli Stati Uniti, dove, in talune aree di *policy,* tendono a svilupparsi relazioni di forte cooperazione fra specifici attori pubblici e privati che gestiscono la formulazione in arene isolate dall'influenza di altri attori statali o esterni. La struttura rigida e impenetrabile suggerita dai triangoli di ferro secondo Heclo (1978) non rappresenta adeguatamente il sistema politico che, invece, risulta più frammentato e decisamente dinamico. Perciò, la formulazione in gran parte dei settori avverrebbe attraverso lo sviluppo degli ***issue network***, reti molto fluide, formate sulla base di una spinta emotiva da attori estremamente differenziati, uniti da un mutuo interesse per una particolare arena di policy. Se i diversi attori coinvolti nella rete riescono a trovare rapidamente il consenso relativamente alla specifica issue portata al centro dell'agenda, possono essere in grado di esercitare una notevole influenza nel processo di formulazione della policy. D'altra parte, l'assenza di relazioni stabili fra gli attori e l'aumento di complessità della issue possono incrementare la volatilità e lo sbilanciamento in favore degli esperti di policy (*technopols*) che, soprattutto quando la issue diventa più complessa, possono esercitare un notevole potere.

L'idea di comunità individuata nel concetto di ***policy communities*** — ma presente anche in concettualizzazioni alternative quali quelle di *Advocacy coalitions* (Sabatier, 1987; Sabatier e Jenkins-Smith, 1993); *Epistemic communities* (Haas, 1992); *Interest niches* (Baumgartner e Leech, 2001) — rimanda a una concezione di maggiore stabilità rispetto allo *issue network*, e a una maggiore effettività dell'azione dei membri che non solo condividono il medesimo interesse per uno specifico settore di policy e un mutuo riconoscimento ma parlano anche lo stesso linguaggio specialistico.

Grazie alla concentrazione sulla struttura settoriale del processo di *policy*, l'approccio delle reti offre strumenti analitici migliori rispetto agli approcci pluralista e neocorporativista che, come visto nel cap. 8, si presentano quali modelli alternativi oltre che sotto il profilo strutturale della rappresentanza degli interessi, anche sotto il profilo funzionale della produzione delle politiche pubbliche. L'approccio delle reti, dunque, permette di comprendere meglio il processo di formulazione delle politiche pubbliche, tuttavia, anziché rappresentare un effettivo superamento della dicotomia pluralismo/neo-corporativismo, tende a riprodurla in un'altra forma. Se si guarda alla tipologia proposta in Tabella 12.1, si può vedere che se le caratteristiche degli *issue network* ben si adattano al pluralismo, quelle dei triangoli di ferro (accezione più forte) e delle *policy community* (accezione relativamente più debole) tendono a riprodurre l'impianto neo-corporativo.

Decisione

Una volta predisposte le possibili alternative di *policy* volte a risolvere un problema, si apre la fase decisionale nella quale le istituzioni di governo devono scegliere di adottare solo una o alcune delle opzioni (Brewer e DeLeon, 1983). Questo è lo stadio più specificamente politico del ciclo di *policy*, poiché vengono prese decisioni autoritative riservate unicamente ad attori istituzionali (governo, politici, burocrazie ministeriali, giudici). La decisione può anche consistere nel non intraprendere alcun corso d'azione, ovvero una non decisione (Bachrach e Baratz, 1963). La scelta di non adottare alcuna *policy* è da considerarsi pertanto una decisione a tutti gli effetti e può essere dettata dalle opportunità del momento: a volte la *issue* da trattare può essere sentita come fortemente controversa; in altri casi una eventuale *policy* potrebbe trovare una energica opposizione da parte di gruppi con capacità di veto; in altri casi ancora potrebbe essere dannoso per il governo prendere una decisione che può essere più opportuno rimandare a un periodo successivo alle nuove elezioni (Newton e van Deth, 2005). Per quanto le non decisioni siano parte integrante delle azioni di governo, non sono facilmente individuabili empiricamente: ciò, pertanto, rende sfuggente l'individuazione della causa specifica che può aver portato alla mancata adozione di decisioni specifiche su una determinata *issue*.

Si è già osservato che gli attori coinvolti in questa fase sono unicamente quelli istituzionali. Rimane da fare una considerazione a proposito del fatto che tali attori, pur mantenendo un alto grado di discrezionalità nell'operare la scelta, sono sottoposti a loro volta al rispetto di regole, che da un lato fanno da cornice alla loro azione e dall'altro definiscono le procedure e le routine da seguire per poter prendere una certa decisione. Le regole definiscono altresì le sedi entro le quali le decisioni debbono essere prese e le modalità decisionali. Quanto alle prime è evidente che si tratta di sedi istituzionali, quali i palazzi governativi e parlamentari oltre che, in taluni casi, le sedi giudiziarie. Quanto alle seconde, invece, varieranno notevolmente in base al tipo di politica da adottare (si veda oltre) e all'analisi costi-benefici ad essa connessa. A tal proposito occorre sottolineare che, spesso, le decisioni formali prese da attori istituzionali entro sedi istituzionali altro non sono che ratifiche di decisioni prese in altre sedi, nelle quali diversi fattori contribuiscono alla riduzione delle alternative di *policy*: il tipo di maggioranza a sostegno di una certa opzione, che può essere più o meno ampia a seconda delle *policies*, arrivando addirittura a essere bipartisan; la coesione interna del partito di governo o della coalizione dei partiti che lo sostengono (Bowler, Farrel e Katz, 1999); gli interessi delle *constituencies* eventualmente interessate.

Un ulteriore elemento che incide notevolmente sull'adozione di una specifica opzione di *policy* dipende dall'assetto istituzionale del sistema politico: il processo decisionale muta a seconda che ci si trovi in sistemi presidenziali o parlamentari con assetti unitari o federali. L'autorità decisionale tenderà sempre a concentrarsi nelle mani degli esecutivi con un mix variabile del ruolo dei parlamenti, che possono giocare un ruolo più o meno determinante a seconda delle combinazioni. Tendenzialmente, in un sistema parlamentare come quello britannico il potere decisionale è concentrato nelle mani dell'esecutivo che controlla il parlamento; viceversa in sistemi presidenziali come quello statunitense il potere decisionale è diffuso e diverse politiche vengono negoziate fra presidenza e ministeri da un lato e parlamento dall'altro, con un ruolo centrale giocato anche dagli organi giudiziari, che possono rovesciare talune decisioni valutandone la compatibilità con la Costituzione (Howlett e Ramesh, 2003, p. 147).

La fase della decisione è quella più studiata dai politologi che si occupano di politiche pubbliche, i quali, per spiegare le modalità con cui le autorità arrivano alle decisioni pubbliche, hanno individuato quattro principali modelli che ora prenderemo in esame.

Modelli decisionali

I quattro modelli in questione sono: il modello razionale sinottico, il modello a razionalità limitata; il modello incrementale e il modello del «bidone dei rifiuti» –*garbage can model* – (Tab. 12.2)

Il ***modello razionale sinottico*** prevede una serie di operazioni che il decisore deve seguire per arrivare a una scelta efficace ed efficiente: 1) raccolta e analisi accurata di tutte le informazioni rilevanti per una certa decisione, individuazione delle priorità e degli obiettivi; 2) esplorazione e individuazione precisa di tutte le strategie alternative per raggiungere tali obiettivi; 3) valutazione delle conseguenze principali di ciascuna delle strategie individuate, attraverso la comparazione dei costi-benefici della strategia adottata con quelli delle strategie alternative; 4) scelta dei mezzi in grado di minimizzare i costi e massimizzare i benefici.

Questo è un modello prescrittivo, la cui razionalità sta nel fatto che le procedure individuate, se seguite in maniera quanto più vicina allo schema sopra riportato, porteranno alla scelta dei mezzi più efficienti per conseguire l'obiettivo di *policy*. Il modello, sviluppatosi particolarmente all'interno della teoria economica, applicato al *policy making*, per poter funzionare dovrebbe presupporre la presenza di un unico decisore che possegga tutte le informazioni necessarie per conseguire i propri obiettivi, che conosca e sia in grado di valutare tutte le alternative possibili. Condizioni che, però, si danno difficilmente nella realtà. Le principali critiche al modello sono venute da Herbert Simon (1947), che ha invece proposto il ***modello a razionalità limitata***, fondato sulla consapevolezza che il decisore non può avere mai una conoscenza completa di tutte le informazioni, le alternative, le

Tab. 12.2 Modelli decisionali.

Modello	Decisore	Condizioni Cognitive	Attività di ricerca della soluzione	Modalità di scelta	Criterio decisionale
Razionale sinottico	Unitario	Certezza	Analisi completa di alternative e conseguenze	Calcolo	ottimizzazione
Razionalità limitata	Unitario	Incertezza	Analisi sequenziale	Confronto rispetto alle aspettative	soddisfazione
Incrementale	Decisori partigiani	Parzialità	Comparazioni limitate successive	Muto aggiustamento partigiano	accordo
Bidone dei rifiuti	Decisori variabili	Ambiguità	Nessuna in particolare	Incontro di problemi e soluzioni	Caso

conseguenze, perché esistono limiti cognitivi alle sue capacità di prendere in considerazione tutti gli elementi richiesti dal modello razionale puro. Dati i loro vincoli cognitivi, nella realtà i decisori pubblici fermeranno il processo di ricerca delle alternative alla prima che appaia più soddisfacente. Perciò la decisione continua a seguire canoni razionali, anche se meno serrati rispetto al modello puro, nella consapevolezza che le decisioni pubbliche non massimizzano i benefici rispetto ai costi, ma puntano a soddisfare criteri ritenuti soddisfacenti dai decisori. Dato il suo maggior realismo, il modello della razionalità limitata è in grado di spiegare meglio di quello sinottico il processo decisionale.

Il modello incrementale nasce dalla convinzione che i modelli razionali siano poco realistici e non in grado di spiegare come le decisioni vengano effettivamente prese in situazioni reali. La sua elaborazione è dovuta a Charles Lindblom (1959; 1965; 1979), che ha fatto notare come nella realtà le decisioni non vengono prese in ragione di chiari e definiti obiettivi, quanto per rispondere a problemi e rimediare a difetti. Poiché le decisioni pubbliche comportano sempre un alto grado di incertezza e possono dar luogo a conseguenze inattese, è meglio avere un approccio più graduale procedendo per piccoli aggiustamenti successivi. Questo approccio tiene conto anche del fatto che la decisione non è il frutto di un decisore singolo quanto il prodotto di interazione, negoziato e compromesso fra una molteplicità di attori partigiani, che spesso non condividono il medesimo obiettivo ma che necessitano comunque di trovare un accordo. La negoziazione fra gli attori conduce a un mutuo accordo partigiano che orienta alla scelta di un'alternativa di *policy* che si scosti solo marginalmente da quelle già esistenti. Pertanto il processo decisionale, anziché seguire uno schema razionale, va avanti per aggiustamenti e continue comparazioni con politiche già esistenti, dettati dal cambiamento delle circostanze. I decisori pubblici prenderanno in considerazione soltanto poche (e non tutte le possibili) alternative di *policy*, scegliendo quella che si scosta solo marginalmente dalle esistenti; allo stesso modo, valuterà soltanto alcune fra le principali conseguenze comportate dalla *policy* in questione. Le politiche così prodotte sono sottoposte a un continuo processo di revisione, aggiustamento e adattamento, senza che si vada alla ricerca della soluzione migliore ma di quella che, fra le alternative più vicine, permette un accomodamento fra le varie forze in campo. Quindi per Lindblom a prevalere è il *muddling through*, ovvero la capacità dei decisori di «sfangarsela».

Uno schema decisionale alternativo tanto al razionalismo quanto all'incrementalismo è il cosiddetto ***modello del bidone dei rifiuti*** *(garbage can model)*. La metafora del bidone della spazzatura è stata usata da March e Olsen (1976), che hanno evidenziato come il processo decisionale non segua un procedimento razionale in cui si fissano gli obiettivi e poi si va alla ricerca delle soluzioni migliori, né si giunge alle decisioni a partire da politiche già esistenti, procedendo per aggiustamenti incrementali. Poiché il livello di imprevedibilità è molto elevato, le decisioni sono prese in maniera sostanzialmente casuale. È allora più verosimile considerare un'attività di scelta come un bidone della spazzatura, nel quale i partecipanti gettano contemporaneamente diversi problemi e diverse soluzioni. In ciascun bidone, perciò, ci sarà un mix di «spazzatura», dipendente dalle etichette che si possono trovare sul bidone oltre che dal tipo di rifiuti prodotti in un determinato momento, dal tipo di bidoni disponibili e dalla frequenza con la quale la spazzatura viene ritirata (March e Olsen, 1976, p. 26). Problemi e soluzioni si accoppiano in maniera casuale molte più volte di quanto si possa pensare. Sicuramente il modello *garbage can* è un'estremizzazione del processo decisionale, ha però contribuito a evidenziare che le decisioni, anche quelle importanti, possono essere prese in maniera molto caotica. Il modello ha inoltre contribuito a mostrare che gli obiettivi non sono chiari a priori, perché spesso le preferenze degli attori possono formarsi (oppure mutare) nel corso del processo decisionale, lo stesso dicasi per i nessi causali che portano a una determinata decisione.

In conclusione, il processo decisionale può variare notevolmente a seconda del numero dei decisori pubblici, del tipo di problema oggetto della decisione, delle informazioni di cui si può disporre, del tempo utilizzabile per decidere. La combinazione di queste variabili muta notevolmente, assumendo a volte (anche se più raramente) i tratti di decisioni razionali, a volte i tratti di decisioni incrementali e a volte i tratti di decisioni casuali.

Contenuto della decisione e tipologie

Quando vengono selezionate le opzioni di policy i decisori sono propensi a pensare a esse in termine di strumenti a loro disposizione. Ad esempio, se il loro intento è la riduzione del consumo dei carburanti essi avranno varie opzioni: potranno decidere di adottare un provvedimento di aumento della tassazione sui derivati del petrolio oppure potranno adottare un provvedimento di regolazione volto all'imposizione del rispetto di standard energetici rigorosi nella costruzione dei motori dei veicoli. Come si può intuire dall'esempio, l'impatto di un'opzione di policy rispetto all'altra sarà molto diverso, per questo motivo è importante comprendere le differenze tra le scelte di policy compiute, gli attori coinvolti e le condizioni politiche che spingono in una direzione piuttosto che in un'altra. La comprensione degli effetti che le politiche pubbliche producono è essenziale a spiegare e prevedere gli aspetti chiave della politica (politics) alla base di tali politiche. Questo intento è alla origine dell'elaborazione delle tipologie di politiche pubbliche.

Tipologia di Lowi

La prima e più nota tipologia delle politiche pubbliche è dovuta all'influente contributo di Theodore Lowi (1964; 1972) che ha individuato l'esistenza di quattro tipi di politiche:

1) *Politiche distributive*: erogano beni o servizi ad alcuni segmenti specifici della società, i cui costi non ricadono su gruppi individuabili

specificamente ma sull'intera collettività dei contribuenti sottoposti a prelievo fiscale, ciò fa sì che l'attuazione di tali *policies* comporti un conflitto politico relativamente basso. Esempi di politiche distributive sono i sussidi concessi a settori quali l'agricoltura e l'industria o l'erogazione di servizi pubblici come la scuola.

2) *Politiche regolative*: condizionano il comportamento individuale attraverso la previsione di limitazioni, proibizioni, obblighi e sanzioni. Tali *policies* individuano specificamente i soggetti o i gruppi sottoposti alla limitazione, in nome dell'interesse pubblico o al fine di tutelare altre categorie: per tale motivo queste sono *policies* altamente conflittuali. Esempi di politiche regolative sono le imposizioni di standard ecologici alla produzione di taluni beni, al fine di tutelare la salute pubblica, oppure le legislazioni antimonopolista o a tutela dei consumatori.
3) *Politiche redistributive*: spostano ricchezza o benefici verso un gruppo, una categoria o una classe della società a scapito di altri gruppi, categorie o classi specificamente individuabili che ne sostengono i costi; ciò comporta una decisa contrapposizione fra gruppi avvantaggiati e svantaggiati, rendendo fortemente controversa l'adozione di tali *policies*. Esempi sono taluni provvedimenti fiscali o le politiche del welfare.
4) *Politiche costituenti*: sono quelle che stabiliscono quali debbano essere le regole per l'adozione delle decisioni pubbliche. Con esse vengono create delle autorità regolative (es. l'antitrust) oppure si avviano riforme istituzionali o amministrative, questo tipo di politiche ha perciò solo un effetto indiretto sui cittadini.

Lowi sottolinea come per i primi tre tipi di *policies* mutino i luoghi nei quali esse vengono decise, gli attori protagonisti del processo decisionale e le modalità di azione. Le *policies*, per essere attuate dall'amministrazione pubblica, possono implicare l'uso del potere coercitivo di cui essa ha il monopolio legittimo (Weber, 1922b). L'uso della coercizione può essere immediato, quando per garantire l'applicabilità della politica pubblica sono previste sanzioni dirette, o remoto, quando non sono previste sanzioni se non in maniera indiretta. La coercizione inoltre può essere applicata all'azione del singolo individuo, per limitarla o ridurne l'autonomia delle scelte, oppure all'ambiente in cui il soggetto agisce. Incrociando le due

Tab. 12.3 Tipologia di Lowi.

		Applicazione della coercizione	
		All'azione individuale	**All'ambiente dell'azione**
Probabilità della coercizione	**Remota**	Politiche distributive (log rolling)	Politiche costituenti (?)
	Immediata	Politiche regolative (negoziato)	Politiche redistributive (logica maggioritaria)

dimensioni Lowi ottiene uno schema (Tab. 12.3) dal quale risulta che le politiche distributive sono caratterizzate da una coercizione bassa o inesistente, dei benefici della *policy* godono direttamente gli individui. Per quel che riguarda il luogo, gli attori e le loro modalità di interazione, va sottolineato che queste politiche generalmente sono decise all'interno del parlamento e più precisamente nelle commissioni parlamentari, attraverso processi consensuali di mutuo accomodamento (*log rolling*). Viceversa, nelle politiche redistributive la probabilità di coercizione è elevata e immediata, ma è rivolta ai gruppi anziché agli individui: gli attori che giocano un ruolo centrale in questo caso sono gli esecutivi e i presidenti, perciò la logica decisionale prevalente sarà quella maggioritaria più che l'accomodamento. Nelle politiche regolative, invece, si ha un'elevata possibilità di coercizione diretta sugli individui: in questo caso la logica decisionale è la ricerca del compromesso attraverso il negoziato e l'arena chiave per gli esiti decisionali è il parlamento. Infine, nelle politiche costituenti la probabilità di coercizione è remota e la *policy* è applicata all'ambiente in cui operano i gruppi: in questo caso è difficile individuare la logica decisionale caratteristica di queste politiche.

La tipologia di Lowi chiarisce in maniera definitiva che le politiche pubbliche non possono essere considerate semplici prodotti della politica (*politics*), funzione di input sistemici e del comportamento delle istituzioni e delle organizzazioni politiche, perché esse sono qualcosa che dà forma ed è a sua volta formato dal conflitto politico, la cui natura e visibilità differirà notevolmente in base al tipo di politica pubblica di riferimento.

Tipologia di Wilson

La tipologia di Lowi, nonostante la sua oggettiva importanza sia sul piano esplicativo sia per il mutamento di prospettiva che comporta, è stata sottoposta a critiche che hanno evidenziato la difficoltà di identificare le *policies* unicamente con una delle quattro categorie individuate. Alcune *policies*, infatti, possono avere attributi sia redistributivi sia regolativi, come nel caso delle riforme sanitarie (Birkland, 2005; Dente, 2011). La risposta alle critiche mosse alla tipologia di Lowi è venuta da James Q. Wilson (1973, 1980, 1995), che, approfondendo l'analisi-costi benefici insita nella tipologia di Lowi, ha proposto una nuova tipologia in grado

Tab. 12.4 Tipologia di Wilson.

		Benefici	
		Concentrati fra pochi individui	**Distribuiti fra diversi individui**
Costi	**Concentrati fra pochi individui**	*Interest group politics*	*Entrepreneurial politics*
	Distribuiti fra diversi individui	*Client politics*	*Majoritarian politics*

di eliminare le ambiguità relative ai tipi di *policy* (Tab. 12.4). Wilson evidenzia come le politiche pubbliche comportino benefici e costi materiali e immateriali per alcune sezioni della società, che, a seconda delle *policies*, possono essere concentrati e diffusi: si avranno benefici concentrati quando a goderne sarà una sezione ristretta della società (una categoria specifica di cittadini, un'azienda); si avranno benefici diffusi se a usufruirne sarà tutta la società o una sua ampia maggioranza. Analogamente si sarà in presenza di costi concentrati quando a pagarli saranno soltanto alcune categorie di cittadini, mentre si avranno costi diffusi quando saranno pagati da tutti. La combinazione di queste dimensioni dà luogo a quattro tipi di politiche:

1) *Interest group politics*: comporta una concentrazione di costi e benefici, determinando un conflitto fra i gruppi beneficiari e i gruppi svantaggiati. In questo caso si ha un gioco a somma zero, per cui taluni gruppi guadagnano quanto altri gruppi perdono. Un esempio di questo tipo di politica sono le leggi sulla sicurezza sui posti di lavoro, che vede contrapposti i gruppi sindacali a quelli dei datori di lavoro.
2) *Client politics*: i benefici sono a favore di gruppi molto ristretti (spesso gruppi economici) che li ottengono grazie alle relazioni clientelari con i *policy makers*. I costi in tal modo sono scaricati sull'intera collettività. Un esempio in merito sono le decisioni sull'assegnazione delle frequenze televisive, in cui i gruppi delle emittenti premono sui *decision makers* affinché non assegnino nuove frequenze, mantenendo il numero di televisioni fisso a spese dei cittadini, per i quali sarebbe preferibile la presenza di un numero maggiore di *broadcasters*.
3) *Entrepreneurial politics*: è la situazione opposta rispetto alla precedente. Questo tipo di politiche, imponendo vincoli all'attività di taluni settori produttivi, mirano a fornire un beneficio all'intera collettività. Sono però di difficile realizzazione, perché i loro costi ricadono su gruppi ristretti e molto bene organizzati rispetto alla collettività indifferenziata, che necessita di essere mobilitata al fine di conseguire un certo obiettivo. A tal fine i decisori pubblici debbono comportarsi come «imprenditori» in grado di stimolare la pubblica opinione, coinvolgere i cittadini, mobilitarli e cercarne il sostegno. L'esempio più indicativo è sicuramente quello delle politiche di liberalizzazione, che garantirebbero ampi benefici a tutta la popolazione ma che vedono la contrapposizione di potenti *lobbies* interessate al mantenimento dello *status quo*. I decisori pubblici, in questi casi, devono adoperarsi per spiegare all'opinione pubblica i vantaggi sistemici di tali politiche, nel difficile tentativo di mobilitare a loro sostegno una vasta maggioranza di cittadini. La difficoltà di conseguimento di tale obiettivo sta nel fatto che, anche se i consumatori lamentano le disfunzionalità e il costo dei servizi che si vogliono liberalizzare, difficilmente sono

mobilitabili in massa. Viceversa le *lobbies*, facenti capo a quei settori, possono facilmente mobilitare i propri membri e minacciare serrate o interrompere servizi essenziali (farmacie, taxi, ordini professionali come gli avvocati ecc.).

4) *Majoritarian politics*: destinatari di benefici e costi si trovano in una situazione di equilibrio, perciò questo tipo di politiche difficilmente produrrà scontri. L'assenza di un forte confronto fra gruppi contrapposti denota una sorta di apatia, che si traduce nella formulazione di politiche deboli o ambigue. L'esempio portato da Wilson è quello delle leggi antitrust: poiché ci sono poche imprese pronte a creare un trust, la loro percezione dei costi di una legge in tal senso è piuttosto bassa; al tempo stesso è elevata la percezione da parte dei cittadini dei benefici diffusi di una tale legge, in termini di creazione di un ambiente più competitivo e di possibilità di freno del potere delle grandi imprese. L'assenza di scontro fra gruppi contrapposti porta a leggi formulate in maniera estremamente debole e generica.

In conclusione, le due tipologie qui presentate hanno il pregio di mettere in evidenza come le politiche pubbliche non possano essere considerate meri output del sistema di governo, ma il frutto di interazioni più complesse, in cui sono i tipi di politiche stesse a determinare la configurazione degli assetti di potere, gli attori coinvolti nel processo decisionale e le dinamiche di consenso e conflitto che possono instaurarsi fra essi.

Implementazione

Quando una decisione politica viene formalizzata in un atto giuridico non inizia a produrre immediatamente effetti. Affinché lo faccia è necessario che avvenga un ulteriore, fondamentale passaggio di conversione della legge (regolamento, delibera, ecc.) in pratica. Questo processo viene definito «implementazione» o attuazione. L'attore tradizionalmente preposto all'attuazione delle *policies* è la pubblica amministrazione. Dal punto di vista teorico si può parlare di un'implementazione ideale quando la politica pubblica viene attuata dalla burocrazia alla lettera, come nelle intenzioni dei *decision makers,* seguendo un modello che va dall'alto verso il basso (*modello top down*). Affinché possa esserci un'implementazione ideale devono essere presenti una serie di condizioni: gli obiettivi della politica devono essere chiari; il sistema amministrativo deve essere unitario e uniforme; deve esserci obbedienza da parte dell'amministrazione e perfetto controllo su di essa da parte dei decisori pubblici; perfette comunicazione, informazione e coordinamento e, infine, dev'esserci tempo sufficiente (Hood, 1976; Sabatier, 1986). Nella realtà queste sono condizioni che difficilmente possono realizzarsi tutte insieme: Pressman e Wildavsky (1973) hanno mostrato che il gap tra politica pubblica e sua attuazione spesso è enorme e che una politica può essere completamente stravolta durante il processo. Ciò può avvenire perché la pubblica amministrazione, soprattutto quella a più stretto contatto con i cittadini (*street level bureaucracy*), al contrario delle alte burocrazie ministeriali, può avere una visione più concreta rispetto ai legislatori e pertanto interpretare la *policy* in maniera flessibile, adattandola alla realtà cui è rivolta. Questo, tuttavia, contribuisce alla modifica degli obiettivi originari della politica (Lipsky, 1980). D'altra parte, la stessa burocrazia pubblica è portatrice di interessi specifici, che possono indurla a implementare la *policy* in base a propri obiettivi: perciò, a seconda delle circostanze, ci potrà essere una facilitazione, un rallentamento se non addirittura uno stallo nel processo di messa in opera. Una situazione simile può essere determinata anche dall'intervento dei gruppi di interesse che, attraverso rapporti privilegiati con le burocrazie pubbliche, possono condizionare a loro favore l'implementazione di una politica. Di altrettanta importanza può essere il ruolo giocato dai destinatari della politica, che possono condizionarne positivamente o negativamente l'attuazione attraverso comportamenti cooperativi o avversariali. Questa visione, che riflette la maggiore complessità del processo di implementazione, evidenziando il coinvolgimento di una molteplicità di attori, organizzazioni e delle loro interazioni, suggerisce che la messa in opera non seguire unicamente uno schema *top-down*, ma alla sua fase discendente se ne associa una ascendente. Procedendo a ritroso dall'ambiente cui la *policy* è indirizzata, individuando le molteplici interrelazioni fra i destinatari della decisione e gli attori preposti alla sua attuazione e risalendo sino ai decisori pubblici, il *modello bottom up* (Hjern e Porter, 1993) è in grado di dar conto del perché le politiche pubbliche possono subire modificazioni consistenti rispetto all'impianto originario. Il pregio maggiore del modello è di stabilire che l'attuazione è funzione di tre fattori: caratteristiche del programma da attuare, comportamenti degli esecutori, reazioni dei destinatari. La combinazione dei modelli *top down* e *bottom up* permette dunque di avere una visione più completa del processo attuativo

Altri due elementi fondamentali che condizionano il processo di implementazione sono da un lato il tipo di politiche da mettere in pratica, dall'altro il tipo di sistema politico di riferimento. Quanto al primo aspetto, sembra abbastanza evidente la diversità nell'attuazione di politiche distributive, redistributive, regolative o costituenti, poiché cambiano sia gli attori coinvolti, sia i destinatari, sia il tipo di possibili *outcomes* delle politiche stesse. Rispetto al secondo elemento, invece, la messa in opera è distinta nel caso di sistemi politici ad assetto federale o regionale e quelli ad assetto unitario. Mentre in quest'ultimo caso gli attori che devono implementare una direttiva governativa sono relativamente pochi, nei governi multilivello il numero di attori che concorrono all'attuazione cresce, facendo aumentare la complessità dell'intero processo.

Valutazione

Quando la politica pubblica viene implementata dalla burocrazia e dopo che essa è attiva da un tempo sufficiente affinché possa esperire i suoi effetti, si può passare all'ultima fase del processo di *policy*: la valutazione. Questo stadio è particolarmente importante, poiché si possono stimare l'efficacia (conseguimento degli obiettivi prefissati) e l'efficienza (utilizzo corretto delle risorse e ottenimento dei massimi benefici) della *policy* attuata. L'analisi degli *outcomes*, cioè delle conseguenze attese e inattese delle politiche attuate (*outputs* del sistema) dice molto sulla bontà o meno di una politica e fornisce informazioni essenziali su un suo adattamento o una sua riformulazione. Viene così attivato un processo di retroazione (*feedback*) (Fig. 12.1) che identifica nuovi problemi, contribuendo a innescare un ciclo continuo di *policy*, in cui l'apprendimento della lezione delle precedenti politiche può portare verso diversi esiti: il mantenimento dello *status quo*; un affinamento delle policies; un loro completo ripensamento; la loro estinzione, dovuta o al conseguimento dell'obiettivo preposto o alla palese inadeguatezza della *policy* (DeLeon, 1983).

Il processo di valutazione è estremamente complesso e diversificato, sia per quanto riguarda gli attori che lo eseguono sia per quel che concerne la razionalità o meno dell'operazione di valutazione. La valutazione può essere amministrativa, giudiziaria e politica: nel primo caso a eseguirla sono il governo e la burocrazia, le metodologie seguite mirano a stimare efficienza ed efficacia sulla base di svariate tecniche manageriali applicate alla pubblica amministrazione, i cui risultati, però, non sono considerati soddisfacenti, poiché basati sull'analisi razionale della quale non sono riusciti a superare i limiti (Howlett e Ramesh, 2003). La valutazione giudiziaria varia molto da paese a paese, generalmente è volta a verificare che non ci sia contrasto fra gli atti del governo (*policies*) e le disposizioni costituzionali. In alcuni paesi come gli Stati Uniti, le corti oltre a valutare vizi di diritto, come avviene nella maggior parte degli altri paesi, possono valutare anche eventuali vizi di fatto prodotti da una determinata politica. La valutazione politica, infine, è eseguita da tutti gli attori che si interessano di politica, in questo caso le valutazioni non sono di natura tecnica e generalmente sono parziali e faziose e il loro obiettivo deliberato è quello di appoggiare o contrastare una certa politica a seconda degli attori che la stanno eseguendo. Ciò nonostante esse hanno una loro importanza, perché possono portare comunque a una reazione del governo alle critiche ricevute attraverso una modifica o un suo adeguamento. Il momento elettorale, evidentemente, è uno di quelli in cui può essere fatta valere la valutazione politica, da intendersi, però, più come una valutazione complessiva sull'operato generale del governo che come un giudizio su una singola *policy*.

12.4 Stili nazionali di «policy»

L'analisi sul ciclo di *policy* ha evidenziato la complessità di ciascuna delle sue fasi: se in termini generali ciò vale per tutti i sistemi politici, resta da chiedersi se non esista un carattere nazionale del processo di produzione delle politiche pubbliche. Per cercare di rispondere a questa domanda gli studiosi di politica comparata hanno sviluppato una serie di ricerche empiriche, la prima delle quali è stata condotta da Jeremy Richardson (1982) prendendo quali casi di esame i principali paesi dell'Europa occidentale. Innanzitutto il concetto di *policy style* fa riferimento alle pratiche e alle scelte degli attori che partecipano al processo di *policy making* e di implementazione (Richardson, Gustaffson e Jordan, 1982, p. 12). Due sono le dimensioni individuate dai ricercatori, a loro volta suddivisibili in due coppie: a) l'approccio dei decisori alla soluzione dei problemi in agenda, che può essere anticipatorio o reattivo; b) il tipo di rapporti tra i decisori pubblici e i destinatari delle politiche, che possono a loro volta essere consensuali o impositivi. La combinazione di queste variabili può portare alle diverse situazioni individuabili nella tabella 12.5, dalla quale emerge che ciascun paese fra quelli analizzati presenta uno stile distinto: nel caso tedesco, ad esempio, si cercano soluzioni improntate al razionalismo, al fine di anticipare il problema e, al contempo, si cerca il consenso attraverso consultazioni con i destinatari della politica; nel caso britannico, l'approccio alla soluzione dei problemi è incrementale, tende alla conservazione delle *policies* e a reagire a nuovi problemi piuttosto che ad anticiparli, ciò nondimeno viene ricercato il consenso dei destinatari; il caso francese è caratterizzato da uno stile anticipatorio ma si sviluppa attraverso l'imposizione e in assenza di consultazioni con i destinatari; nel caso olandese, infine, l'approccio alla soluzione dei problemi ha una natura incrementale e tendente alla reazione, però le modalità con le quali si esplica sono impositive, determinando una situazione maggiormente conflittuale fra decisori e destinatari della *policy*. La tipologia proposta da Richardson e collaboratori, ma anche altri sforzi tipologici (Meny e Thoenig, 1989; Van Waarden, 1995; Howlett e Ramesh, 2003), sono utili a fornire informazioni sulle differenti

Tab. 12.5 Tipologia degli stili decisionali.

		Approccio alla soluzione dei problemi	
		Anticipatorio	**reattivo**
Rapporto decisori/ destinatari	**consensuale**	Consenso razionale Germania)	Negoziazione consensuale (Regno Unito)
	impositivo	Concertazione (Francia)	Negoziazione conflittuale (Olanda)

Fonte: adattamento da Richardson et al. (1982).

modalità con le quali vengono disegnate le politiche o sui distinti modi di implementazione, oltre che sui rapporti fra decisori e destinatari: tuttavia sarebbe errato etichettare il governo di un certo paese come completamente attivo o reattivo o improntato a rapporti consensuali e impositivi (Howlett e Ramesh, 2003). Lo stesso Richardson (1982) ha evidenziato che all'interno di ciascun contesto nazionale possono coesistere diversi *policy styles,* sia ai vari livelli di governo sia nei diversi settori di *policy.* Anche se non si può parlare di un *policy style* riscontrabile in maniera uniforme in tutte le aree di *policy*, ogni paese ne ha uno prevalente in molte di esse (Jordan e Schubert, 1992, p. 10) che dipende delle peculiarità degli assetti istituzionali, legali e culturali. Una sfida agli stili nazionali di *policy* può venire dall'impatto dei fattori internazionali che ora prenderemo in considerazione.

12.5 Fattori internazionali e processo di «policy making»

Il processo di produzione delle politiche pubbliche non è influenzato unicamente da fattori interni ma anche da fattori internazionali, che col tempo sono andati assumendo un'importanza sempre maggiore. La creazione di istituzioni internazionali e il loro progressivo rafforzamento condiziona fortemente il *policy making* nazionale, non solo in settori tradizionalmente internazionali quali il commercio estero o la difesa, ma anche in settori privi di connessioni internazionali come le politiche sociali (Howlett e Ramesh, 2003). Holzinger e Knill (2005) hanno individuato la presenza di quattro fattori, attraverso i quali l'internazionalizzazione può incidere in maniera diversa su ciascuno stato e su ciascun settore di *policy*: 1) imposizione delle politiche; 2) armonizzazione internazionale; 3) regolazione della competizione; 4) comunicazione transnazionale. L'*imposizione delle politiche* si verifica in tutte le situazioni in cui taluni paesi o delle istituzioni internazionali sono in grado di costringere altri paesi all'adozione di specifiche politiche. L'imposizione è basata su un'asimmetria di potere politico o economico e può essere di tipo unilaterale, benché questa sia una situazione infrequente e che tende a realizzarsi nei casi di guerra, oppure condizionale, quando vengono imposte condizioni da parte di istituzioni internazionali a paesi che aspirano all'ottenimento di certi benefici. Due esempi possono chiarificare la questione: il Fondo monetario internazionale condiziona la concessione di prestiti a certi paesi all'attuazione di programmi di riassetto strutturale che ne vincolano fortemente le scelte di *policy*; l'Unione Europea ha imposto ai paesi candidati all'ottenimento della membership l'adozione dell'*acquis communautaire*, ovvero del corpus di norme prodotte dalle istituzioni europee nel corso del tempo, attraverso uno stringente processo di condizionalità volto all'allineamento delle normative nazionali con quelle sovranazionali.

L'*armonizzazione internazionale* avviene quando le politiche interne vengono accordate ai dettami di leggi emanate da istituzioni internazionali o sovranazionali, di cui i singoli paesi fanno volontariamente parte. In questo caso le scelte di *policy* dei governi sono condizionate dalla necessità di risolvere problemi comuni attraverso processi di cooperazione internazionale, che presuppongono il sacrificio di legiferare indipendentemente su taluni settori di *policy*.

La *regolazione della competizione* fa riferimento ai processi di mutuo aggiustamento e omogeneizzazione delle politiche dei singoli paesi, derivanti dalle pressioni competitive generate dall'accrescimento dell'integrazione economica globale. Tale aggiustamento presuppone l'integrazione economica fra i paesi e, nella misura in cui è attuato, attraverso istituzioni sovranazionali, tende a evitare che ci sia una rincorsa al ribasso fra i diversi paesi nell'adozione di politiche nazionali volte all'accrescimento della competizione e attrarre così investimenti esteri. Nel caso dell'Europa, per esempio, relativamente alla produzione industriale in diversi settori, gli standard nazionali sono stati sostituiti da standard europei, per evitare la creazione di squilibri fra paesi che utilizzavano standard meno rigorosi (ambiente, inquinamento) – e quindi risultavano più attrattivi per le imprese che avrebbero potuto produrre a costi più bassi – e paesi che adottavano standard più rigorosi. D'altra parte, l'adozione di standard omogenei induce tutti i paesi extra europei che intendono penetrare nel mercato a produrre secondo le regole imposte, con un vantaggio in termini di qualità dei prodotti. Se la regolazione della competizione induce i governi a una modifica di talune politiche nazionali e al loro allineamento sovranazionale, non è detto che altre politiche volte a favorire la competitività del paese non possano essere attuate.

La *comunicazione transnazionale*, infine, è identificata da Holzinger e Knill come l'insieme di processi di comunicazione fra i vari paesi che possono indurre un cambiamento delle politiche nazionali; essi sono: a) il *lesson drawing*, un processo di apprendimento da parte dei decisori pubblici di un paese, che porta all'adozione di politiche simili a quelle che in altri contesti si sono dimostrate efficaci; b) il *transnational problem-solving*, nasce dalla necessità di affrontare problemi interni simili attraverso l'attivazione di reti transnazionali di esperti, comunità epistemiche (Haas, 1992)[1], istituzioni internazionali in grado di suggerire soluzioni adottabili in ciascun paese; c) l'emulazione, che deriva dalla volontà di conformità, da parte dei decisori pubblici di un paese, delle politiche interne rispetto a quelle di altri paesi; d) la promozione transnazionale di modelli di *policy*, che è affidata a istituzioni internazionali quali l'Ue o l'Ocse, che propongono l'ampia diffusione di certe politiche e ne caldeggiano l'adozione da parte dei singoli paesi.

I fattori internazionali fin qui presi in considerazione non solo incidono sulla produzione domestica di politiche pubbliche ma, come è già

1 Le comunità epistemiche sono definite come una «rete di professionisti di provata esperienza e competenza in un certo settore e dotati di autorevolezza nel campo di una specifica *policy*» (Haas, 1992, p. 3)

emerso dalla loro trattazione, portano a forme di convergenza cross-nazionale delle politiche (Knill, 2005). Al proposito la letteratura distingue tra i concetti di trasferimento, diffusione e convergenza. Il *trasferimento di politiche* (*policy transfer*) è definito come l'insieme di «processi attraverso i quali le conoscenze circa le politiche, gli arrangiamenti amministrativi, le istituzioni e le idee in un sistema politico (passato o presente) sono usate nello sviluppo di politiche, arrangiamenti amministrativi, istituzioni e idee in un altro sistema politico» (Dolowitz e Marsh, 2000, p. 5). Il *policy transfer* può essere di quattro tipi: a) copia delle *policy*, in questo caso il trasferimento è totale; b) emulazione, si ha quando vengono trasferite alcune idee da un certo programma di *policy* a un altro; c) combinazioni, quando c'è una mescolanza di differenti politiche; d) ispirazione, quando si fa riferimento a un programma di *policy* ma la politica adottata presenta risultati diversi dall'originale (Dolowitz e Marsh, 2000, p. 13).

Per *diffusione di policy* si intende la crescente estensione di *policies* simili, tra e all'interno dei diversi sistemi politici, mediato dalla società, in cui i processi di comunicazione e influenza possono essere determinanti (Rogers, 1995; Elkins e Simmons, 2005). Come si può notare, i concetti di trasferimento e diffusione sono simili, tuttavia ci sono differenze fra loro dal punto di vista analitico: se gli studi sul trasferimento si concentrano sulle specifiche cause e sui contenuti dei singoli processi di scambio di *policies*, gli studi sulla diffusione partono da una prospettiva più generale, analizzando i modelli che portano all'estensione fra e all'interno dei sistemi politici, esaminandone gli aspetti spaziali, strutturali e socioeconomici (Knill, 2005). Sia il *policy transfer* che la *policy diffusion* possono portare a un processo di *convergenza di policy*, che può essere definita come «ogni aumento nelle similitudini tra una o più caratteristiche di una certa policy (ad es. obiettivi di policy, strumenti di policy, setting delle policies) che si verifica attraverso un insieme di giurisdizioni (istituzioni sovranazionali, stati, regioni, governi locali) e in un dato periodo di tempo. La *policy convergence* descrive il risultato finale di un processo di cambiamento di *policy* nel corso del tempo verso alcuni punti comuni a prescindere dai processi causali» (Knill, 2005, p. 768). Dalla definizione emerge che, dal punto di vista analitico, gli studi improntati all'esame della convergenza si concentrano sugli effetti del cambiamento delle politiche interne piuttosto che – come fanno gli studi su trasferimento e diffusione – sui processi che hanno portato al cambiamento stesso. In secondo luogo, i tre concetti differiscono nella loro variabile dipendente: mentre la convergenza intende spiegare i cambiamenti nelle similitudini delle *policies* nel corso del tempo, gli studi sul trasferimento vogliono spiegare contenuti e processi dello stesso; gli studi sulla diffusione, invece, intendono spiegare l'adozione dei modelli di *policy* nel corso del tempo.

I concetti di trasferimento, diffusione e convergenza contribuiscono notevolmente a spiegare diverse dimensioni dell'influenza esterna sul processo di produzione delle politiche pubbliche nazionali. Pur tenendo conto delle differenze analitiche dei tre concetti summenzionati, sono stati individuati due gruppi di fattori che possono facilitare il grado di convergenza cross-nazionale delle politiche (Knill, 2005, pp. 770–771). Il primo gruppo di fattori fa riferimento alle similitudini fra il paese in cui si realizzano processi di diffusione, convergenza o trasferimento delle *policies* e quello che fa da modello di riferimento: la convergenza tende a realizzarsi più facilmente fra paesi che presentano forti similitudini sotto i profili istituzionale, culturale, socio-economico. Il secondo gruppo di fattori riguarda le caratteristiche delle *policy*: le politiche redistributive, che generalmente danno luogo ad alti livelli di conflittualità fra le coalizioni degli attori interni, tenderanno ad avere gradi più bassi di diffusione e convergenza rispetto alle politiche regolative che presentano livelli comparativamente ridotti di conflittualità. Un secondo aspetto legato alle caratteristiche della *policy* riguarda il suo paradigma di riferimento: un processo di convergenza poiché comporta un cambiamento delle idee degli attori interni può essere tanto più difficoltoso quanto più forti sono i convincimenti della bontà del modello di *policy* sottoposto al cambiamento. Meno forti, invece, possono essere le resistenze al cambiamento degli strumenti di *policy* e al loro *setting*, dato che in questi casi non è richiesto un mutamento del modello di riferimento, la convergenza su queste dimensioni potrebbe essere facilitata.

12.6 Conclusione

Il contributo della *policy science* alla scienza politica, sin dalla sua fondazione, che si fa coincidere con l'opera di Lasswell (1942) e Lerner e Lasswell (1951), è andato progressivamente accrescendosi nel corso del tempo. Tutti i contributi susseguitisi hanno evidenziato l'estrema complessità del processo di produzione delle politiche pubbliche, nel quale sono coinvolti una molteplicità di attori (istituzionali e non), che partecipano alla selezione dei problemi ritenuti più rilevanti fra quelli presenti all'interno della società. Taluni attori devono, poi, approntare le soluzioni più adeguate ai problemi proposti, prendendo una serie di decisioni articolate che implicano l'utilizzo di vari strumenti. La suddivisione in fasi del processo di policy (§ 12.4.2), è risultato particolarmente utile perché – anche se nella realtà non si riscontra la linearità, l'uniformità e la sequenzialità proposta dal modello teorico – ha permesso di scomporre e analizzare individualmente ciascuno degli stadi che concorrono alla formazione delle politiche. In tal modo sono stati indagati aspetti sconosciuti o sottostimati del fenomeno politico (Capano, 2008). Gli studi sulle singole fasi del processo di policy hanno permesso sia di identificare gli attori rilevanti che si attivano in base al tipo di politica e la loro azione in ciascuno stadio, gli interessi in gioco e le possibilità di pervenire a compromessi, i vincoli, gli assetti di potere che vengono a determinarsi.

Questo quadro riflette l'idea del *policy making* che viene a realizzarsi nell'ambito interno, con la tendenza a sviluppare uno stile peculiare di fare le politiche. Tuttavia, come si è mostrato (§ 12.6), il processo di *policy* è sempre più influenzato dall'internazionalizzazione, che fornisce impulsi le cui conseguenti reazioni non sono uniformi e dipendono dagli stili nazionali di *policy* che non sempre, e non necessariamente, portano verso una convergenza nelle politiche pubbliche tra i vari paesi.

Per quanto considerata una branca della scienza politica che tende, rispetto ad altre, a un'eccessiva settorializzazione e allo sviluppo di concettualizzazioni specifiche e orientate al proprio scopo, la *policy science* presenta una gran vitalità, come mostra l'ulteriore consolidamento teorico e la grande quantità di studi empirici soprattutto di taglio comparato.

Domande

1 Che cosa è una politica pubblica?

2 Quali sono i principali attori coinvolti nel processo di *policy*?

3 Quali sono le fasi del processo di produzione delle politiche pubbliche?

4 Qual è la differenza fra agenda sistemica e agenda istituzionale?

5 Cosa sono i *policy networks* ?

6 Quali sono i principali modelli decisionali e in cosa si differenziano?

7 Quali sono i principali tipi di politiche pubbliche e quali sono le loro implicazioni?

8 Cosa sono i modelli *top-down* e *bottom-up*?

9 Qual è l'importanza del processo di valutazione?

10 In che modo i fattori internazionali influenzano il processo di *policy making*?

Riferimenti bibliografici

Bibliografia

Aberbach, J.D., R.D. Putnam BA. Rockman 1981, *Bureaucrats and Politicians in Western Democracies*, Harvard University Press, Cambridge, MA.

Agüero F., 1992, *The Military and the Limits to Democratization in South America*, in S. Mainwaring, G. O'Donnell e J.S. Valenzuela (a cura di), *op. cit.*, pp. 153–198.

Agüero F., 1995, *Democratic Consolidation and the Military in Southern Europe and South America*, in R. Gunther, P.N. Diamandouros, H.J. Puhle (a cura di), *op. cit.*, pp. 124–165.

Alger D.E., 1996, *The Media and Politics*, Wadswort, Belmont, CA.

Allardt E. e Pesonen P., 1967, *Clevages in Finish Politics*, in *Party Systems and Voters Alignments: Cross-National Perspectives*, a cura di S.M. Lipset e S. Rokkan, New York, The Free Press, pp. 325–366.

Allum P., 1991, *Democrazia reale. Stato e società civile nell'Europa occidentale*, Liviana, Pa-dova.

Almond G. e Powell G.B., 1966, *Comparative Politics. A Developmental Approach*, Little Brown, Boston, Mass. (tr. it. *Politica Comparata*, Il Mulino, Bologna, 1970).

Almond G. e Powell, G.B., 1978, *Comparative Politics. System, Process and Policy*, Little Brown, Boston (tr. it. *Politica Comparata. Sistemi, processi e politiche*, Il Mulino, Bologna, 1988).

Almond G.A. e S. Verba, 1963, *The Civic Culture*, Princeton University Press, Princeton.

Almond G.A., 1956, *A Functional Approach to Comparative Politics*, in *The Politics of the Developing Areas*, a cura di G.A. Almond e G.S. Coleman, Princeton University Press, Princeton.

Almond G.A., 1958, *Research note*: *Comparative Studies of Interest Groups and Political Process*, «American Political Science Review», 52, 1, pp. 270–282.

Almond G.A., 1960, *A Functional Approach to Comparative Politics*, in *The Politics of the Developing Areas*, a cura di G. Almond e J.S. Coleman, Princeton University Press, Princeton, pp. 3–64.

Almond G.A., 1990, *A Discipline Divided. Schools and Sects in Political Science*, Sage, London.

Almond G.A., Flanagan S.O., Mundt R.J., 1973, *Crisis, Choice and Change*, Little Brown, Boston.

Amorim Neto O., 2006, *The Presidential Calculus: Executive Policy Making and Cabinet Formation in the Americas*, «Comparative Political Studies», 39, pp. 415–440.

Anderson J.E., 1975, *Public Policy Making*, Praeger, New York.

Anderson, J.E., 1994, *Public Policymaking: An Introduction,* 2nd ed. Houghton Mifflin, Geneva, IL.

Andreatta F. (cura di), 2007, *La moneta e la spada. La sicurezza europea tra bilanci della difesa e assetti istituzionali*, Il Mulino, Bologna.

Andreatta F., 2004, *Alla ricerca dell'ordine mondiale. L'Occidente di fronte alla guerra?,* Il Mulino, Bologna.

Andreatta F., 2005, *Democrazia e politica internazionale*, «Rivista italiana di scienza politica», 35, 2, pp. 213–259.

Appleby P., 1949, *Policy and Administration*, University of Alabama Press, Tuscaloosa, AL.

Archibugi D., 2009, *Cittadini del mondo. Verso una democrazia cosmopolitica*, Il Saggiatore, Milano.

Arendt H., 1999³, *Le origini del totalitarismo*, Edizioni di Comunità, Torino.

Aron R., 1950, *Social Structure and the Ruling Class: Parts 1 and 2*, «British Journal of Sociology», I, 1–2, pp. 1–16 e 126–143 (tr. it. *Struttura sociale e classe dominante,* in R. Aron, *La politica, la guerra, la storia,* a cura di A. Panebianco, Il Mulino, Bologna, 1992, pp. 277–289).

Aron R., 1958, *Sociologie des sociétés industrielles. Esquisse d'une théorie des régimes politiques*, Centre de documentation universitaire, Paris.

Aron R., 1960, *Classe sociale, classe politique, classe dirigeante,* «Archives européennes de sociologie», I, pp. 260–281 (tr. it. *Classe sociale, classe politica, classe dirigente,* in R. Aron., *La politica, la guerra, la storia,* a cura di A. Panebianco, Il Mulino, Bologna, 1992, pp. 291–312).

Aron R., 1965, *Démocratie et totalitarisme*, Gallimard, Paris.

Aron R., 1967, *What is a Theory of International Relations?*, «Journal of International Affairs», 21, pp. 185–206 (tr. it. *Che cos'è una teoria delle relazioni internazionali?* in *Le relazioni internazionali*, a cura di M. Cesa, Il Mulino, Bologna, 2004, pp. 113–136).

Aron R., 1968², *Paix et guerre entre les nations*, Callmann-Lévy, Paris (tr. it. *Pace e guerra tra le nazioni*, Comunità, Milano, 1970).

Aspinwall, M. e Greenwood J., 1998, *Conceptualising Collective Action in the European Union*, in *Collective Action in the European Union*, a cura di J. Greenwood. e M. Aspinwall, Routledge, London, pp. 1–30.

Atkinson M.M. e Coleman W.D., 1989, *Strong States and Weak States: Sectorial Policy Networks in Advanced Capitalist Economies*, «British Journal of Political Science», 19, 1, pp. 47–67.

Attinà F. e Natalicchi G., 2010, *L'Unione europea. Governo, istituzioni, politiche*, Il Mulino, Bologna.

Attinà F., 2000, *Integrazione e democrazia: un'analisi evoluzionista dell'Unione Europea*, «Rivista italiana di scienza politica», 30, 2, pp. 227–256.

Attinà F., 2003, *Il sistema politico globale. Introduzione alle relazioni internazionali,* Laterza, Roma-Bari.

Attinà F., 2005, *La Pesc: una politica comune «fuori dal comune»*, in *Quale Europa? L'Unione Europea oltre la crisi,* a cura di G. Baldini, Rubbettino, Soveria Mannelli, pp. 223–247.

Attinà F., 2010, *European Propensity of Peacekeeping and Minilateralism: a Quantitative Analysis of Four EU Countries and ESDP Operations*, in *Multilateral Security and ESDP Operations*, a cura di F. Attinà e D. Irrera, Ashgate, Farnham, pp. 105–124.

Bachrach P. e Baratz M., 1962, *The Two Faces of Power*, «American Political Science Review», 56, 4, pp. 947–952.

Bachrach P. e Baratz M., 1963, *Decisions and Non-Decisions: an Analytical Framework*, «American Political Science Review», 57, pp. 632–642 (tr. it. *Decisioni e non decisioni*, in *Le due facce del potere*, P. Bachrach e M. Baratz, Liviana, Padova, 1986, pp. 69–79).

Bachrach, P. e Baratz, M., 1970, *Power and Poverty. Theory and Practice*, New York, Oxford University Press (tr. it. *Le due facce del potere*, Padova, Liviana, 1986).

Badie B., Berg-Schlosser D., Morlino L. (a cura di), 2011, *International Encyclopedia of Political Science*, 8 voll., Sage, London.

Bagehot W., 1867, *The English Constitution*, Oxford University Press (tr. it. *La Costituzione inglese,* Il Mulino, Bologna, 1995).

Baldi B. e Baldini G., 2008, *Italia,* in *Da Stato Unitario a Stato federale*, a cura di S. Ventura, Il Mulino, Bologna.

Baldini G. e Pappalardo A., 2004, *Sistemi elettorali e partiti nelle democrazie contemporanee*, Laterza, Roma Bari.

BARACANI E. (a cura di), 2010, *Democratization and Hybrid Regimes. International Anchoring and Domestic Dynamic in European Post-Soviet States*, European Press Academic Publishing, Firenze.
BARACANI E., 2010, *Introduction*, in E. Baracani (a cura di), *op. cit.*, pp. 1–22.
BARAHONA DE BRITO A., AGUILAR P., GONZÁLEZ C., 2004, *Introdução*, in A. Barahona de Brito, C. González-Enriquez, P. Aguilar Fernández (a cura di), *op. cit.*, pp. 31–62.
BARAHONA DE BRITO A., GONZÁLEZ-ENRIQUEZ C., AGUILAR FERNÁNDEZ P. (a cura di), 2004, *Política da Memória. Verdade e Justiça na Transição para a Democracia*, Imprensas de Ciências Sociais, Lisboa.
BARBERA A. e FUSARO C., 2008, *Corso di diritto pubblico*, Il Mulino, Bologna.
BARDI L. (a cura di), 2006, *Partiti e sistemi di partito. Il « cartel party » e oltre*, Il Mulino, Bologna.
BARTOLINI S. e MAIR P., 1990, *Identity, Competition and Electoral Availability: The Stabilisation of European Electorates 1885–1985*, Cambridge University Press, Cambridge.
BARTOLINI S., 1986, *Metodologia della ricerca politica*, in Pasquino G. (a cura di), *Manuale di Scienza della politica*, il Mulino, Bologna, pp. 39–82.
BARTOLINI S., 2000, *The Political Mobilization of the European Left, 1860–1980. The Class Cleavage*, Cambridge University Press, Cambridge.
BARTOLINI, S., 2005, *Restructuring Europe. Centre Formation, System Building, and Political Structuring between the Nation State and the European Union*, Oxford University Press, Oxford.
BATTAGLIA S., 1984, *Grande dizionario della lingua italiana,* vol. XII, Utet, Torino.
BATTERA, F., 2010, *La sostenibilità della democrazia in Africa. Condizioni e possibilità di consolidamento*, EUT, Trieste.
BAUMGARTNER F. e JONES B., 2009, *Agendas and Instability in American Politics*, The University of Chicago Press, Chicago.
BAUMGARTNER F. e LEECH B., 1998, *Basic Interests: The Importance of Groups in Politics and in Political Science*, Princeton University Press, Princeton, NJ.
BAUMGARTNER F. e LEECH B., 2001, *Interest Niches and Policy Bandwagons: Patterns of Interest Groups Involvement in National Politics*, « Journal of Politics », 63, 4, pp. 1191–1213.
BECK J.M., 1932, *Our Wonderland of Bureaucracy: A Study of the Growth of Bureaucracy in the Federal Government, and Its Destructive Effect upon the Constitution*, Macmillan, New York
BELLIGNI S., 2003, *Cinque idee di politica*, Il Mulino, Bologna.
BENDIX R., 1964, *Nation Building and Citizenship: Studies of Our Changing Social Order*, Wiley e Son, New York, (tr. it. *Stato nazionale e integrazione di classe*, Laterza, Roma-Bari, 1969).
BENDIX, R., 1980, *Re o popolo. Il potere e il mandato di governare,* Feltrinelli, Milano.
BENTLEY A., 1908, *The Process of Government*, The University of Chicago Press, Chicago (tr. it. *Il processo di governo: uno studio sulle pressioni sociali*, Giuffrè, Milano, 1983).
BERMEO N., 1997, *Myths of Moderation. Confrontation and Conflict During Democratic transitions*, « Comparative Politics », 29, 3, pp. 305–322.
BERNSTEIN M., 1955, *Regulating Business by Independent Commissions*, Greenwood Press, Westport, CT.
BERRY J., 1989, *The Interest Group Society*, Longman, New York.
BEST H. e COTTA M. (a cura di), 2000, *Parliamentary Representatives in Europe, 1848–2000*, Oxford University Press, Oxford.
BEST H. e COTTA M. (a cura di), 2007, *Democratic Representation in Europe: Diversity, Change, and Convergence,* Oxford University Press, Oxford.
BEYME VON K., 1987, *I partiti nelle democrazie occidentali*, Zanichelli, Bologna.
BIORCIO R., 2010, *La rivincita del Nord. La Lega Nord dalla contestazione al governo*, Laterza, Roma-Bari.
BIORCIO R., 2003, *The Lega Nord and the Italian Media System*, in G. Mazzoleni, J. Stewart, B. Horsfield (a cura di), *The Media and Neo-populism. A Contemporary Comparative Analysis*, Westport, Praeger, pp. 71–94.

BIRCH S., 2007, *Electoral Systems and Electoral Misconduct*, «Comparative Political Studies», 40, pp. 1533–1556.

BIRKLAND T., 2011, *An Introduction to the Policy Process. Theories, Concepts, and Models of Public Policy Making 3rd ed.*, M.E. Sharpe, Armonk, NY.

BLAIS A. e MASSICOTTE L., 1996, *Electoral Systems,* in L. Le Duc, R. Niemei e P. Norris (a cura di) *Comparing Democracies: Elections and Voting in Global Perspective*, Sage, Thousand Oaks, pp. 49–81.

BLAIS A., 1988, *The Classification of Electoral Systems*, in «European Journal of Political Research», 16, pp. 99–110.

BLAIS A., MASSICOTTE L., YOSHINAKA A., 2001, *Deciding Who has the Right to Vote: Election Laws in Democracies*, «Electoral Studies», 20, pp. 41–62.

BLAIS A., MASSICOTTE L., YOSHINAKA A., 2004, *Establishing the Rules of the Game. Election Laws in Democracies,* University of Toronto Press, Toronto.

BLAU P., 1964, *Exchange and Power in Social Life*, Wiley, New York.

BLONDEL J., 1973, *Comparative Legislatures*, Prentice-Hall, Englewood Cliffs, N.J.

BLONDEL J., 1978, *Political Parties. A Genuine Case for Discontent?*, Wildwood House, London.

BLONDEL J. e COTTA M., 2000, *The nature of Party Government*, Macmillan, London.

BLONDEL J. e THIÉBAULT J.L. (a cura di), 1991, *The Profession of Government Minister in Western Europe*, Macmillan London.

BOBBIO L. e ZEPPETELLA A. (a cura di), 1999, *Perché proprio qui? Grandi opere e opposizioni locali*, Franco Angeli, Milano.

BOBBIO N. (a cura di), 1994, *Mosca. La classe politica*, Laterza, Roma-Bari.

BOBBIO N., 1963, *La scienza politica in Italia: insegnamento e autonomia disciplinare*, «Tempi moderni», 6, pp. 45–52.

BOBBIO N., 1971, *Considerazioni sulla filosofia politica*, «Rivista italiana di scienza politica», 1, 2, pp. 367–379.

BOBBIO N., 1983a, *Politica*, voce in *Dizionario di politica*, a cura di N. Bobbio, N. Matteucci e G. Pasquino, TEA-Utet, Milano.

BOBBIO N., 1983b, *Teoria* delle *élites*, voce in *Dizionario di politica*, a cura di N. Bobbio, N. Matteucci e G. Pasquino, Utet, Torino.

BOBBIO N., 1995, *Il futuro della democrazia*, Einaudi, Torino.

BOBBIO N., 1996, *Saggi sulla scienza politica in Italia*, Laterza, Roma-Bari.

BOBBIO N., 1999, *Teoria generale della politica*, Einaudi, Torino.

BOGDANOR V., 1995, *Overcoming the Twentieth Century: Democracy and Nationalism in Central and Eastern Europe*, «The Political Quarterly», 66, 1, pp. 84–97.

BONANATE L., 1990, *Politica internazionale e politica interna: reciproche limitazioni*, in *Teoria e analisi nelle relazioni internazionali*, a cura di L. Bonanate e C.M. Santoro, Il Mulino, Bologna, pp. 91–111.

BONANATE L., 1997, *Elementi di relazioni internazionali: principi di analisi e di teoria*, Giappichelli, Torino.

BÖRZEL T., 1998, *Le reti di attori pubblici e privati nella regolazione europea*, «Stato e Mercato», 54, 3, pp. 389–432.

BOSCO A., 2005, *Da Franco a Zapatero. La Spagna dalla periferia al cuore dell'Europa*, Il Mulino, Bologna.

BOUDON R. e BOURRICAUD F., 1991, *Dizionario critico di sociologia*, Armando, Roma.

BOUDON R., 1984, *La place du désordre. Critiques des théories du changement sociale*, Puf, Paris (tr. it. Il *posto del disordine. Critica delle teorie del mutamento sociale*, Il Mulino, Bologna, 1985).

BOWLER S., FARREL D.M. e KATZ R., 1999, *Party Discipline and Parliamentary Government*, Ohio State University Press, Columbus, OH.

BRADY H.E. e COLLIER D. (a cura di), 2004, *Rethinking Social Inquiry. Diverse Tools, Shared Standard*, Rowman & Littlefield Publishers, Lanham.

BRATTON M. e VAN DE VALLE N., 1994, *Neopatrimonial Regimes and Political Transitions in Africa*, «World Politics», 46, 4, 453–489.

BREWER G. e DELEON P., 1983, *The Foundations of Policy Analysis*, Dorsey, Homewood, IL.

BROWNLEE J., 2007, *Authoritarianism in an Age of Democratization*, Cambridge University Press, New York.

BROWNLEE J., 2009, *Portents of Pluralism: How Hybrid Regimes Affect Democratic Transitions*, «American Journal of Political Science», 53, 3, pp. 515–532.

BRUBAKER R., 1992, *Citizenship and Nationhood in France and Germany*, Harvard University Press, Cambridge and London, (tr. it. *Cittadinanza e nazionalità in Francia e Germania*, Il Mulino, Bologna, 1997).

BRUMBERG D., 2002, *The Trap of Liberalized Autocracy*, «Journal of Democracy», 13, 4, pp. 56–68.

BRUSCHI A., 1999, *Metodologia delle scienze sociali*, Bruno Mondadori, Milano.

BRZEZINSKI Z., 1956, *The Permanent Purge. Politics in Soviet Totalitarianism*, Harvard University Press, Cambridge, Mass.

BUDGE I. e KEMAN H., 1990, *Parties and Democracy. Coalition Formation and Government Functioning in Twenty States*, Oxford University Press, Oxford.

BURKE E., 1770, *Thoughts on the Cause of the Present Discontents*, Printed for J. Dodsley in Pall-Mall, London.

BURNHAM J., 1941, *The Managerial Revolution*, John Day, New York.

BURNHAM J., 1943, The *Machiavellians, Defenders of Freedom*, John Day Company, New York, (tr. it., *I difensori della libertà*, Mondadori, Milano, 1947).

BUZAN B., 1983, *People, States and Fear: The National Security Problem in International Relations*, Wheatsheaf, Brighton.

BUZAN B., 1991², *People, State, and Fear. An Agenda for International Security Studies in the Post-Cold War Era*, Harvester Wheatsheaf, Hemel Hempstead.

BUZAN B., 1995, *The Level of Analysis Problem in International Relation Reconsidered*, in *International Political Theory Today*, a cura di K. Booth e S. Smith, Polity Press, London, pp. 195–215.

CACIAGLI M. e BOLGHERINI S., 2008, *La politica comparata. Strategie e ricerche*, Le Lettere, Firenze.

CACIAGLI M., 1994, *Spagna: proporzionale con effetti (finora) maggioritari*, in *Rappresentare e governare*, a cura di O. Massari e G. Pasquino, Il Mulino, Bologna, pp. 129–154.

CALISE M., 1989, *Le élites politiche*, in *Scienza politica*, a cura di L. Morlino, Edizioni della Fondazione Giovanni Agnelli, Torino, pp. 181–198.

CALISE M., 1994, *Dopo la partitocrazia*, Einaudi, Torino.

CALISE M., 2000, *Il partito personale*, Laterza, Roma-Bari

CAPANO G. e GIULIANI M. (a cura di), 1996, *Dizionario di politiche pubbliche*, NIS, Roma.

CAPANO G. e GIULIANI M. (a cura di), 2001, *Parlamento e processo legislativo in Italia,* Il Mulino, Bologna.

CAPANO G., 1996, *Attori*, voce in *Dizionario di politiche pubbliche*, a cura di G. Capano e M. Giuliani, NIS, Roma, pp. 35–42.

CAPANO G., 2008, *L'analisi delle politiche pubbliche. Per dire la verità al potere,* in *Non solo potere: le altre facce della politica*, a cura di G. Capano, Il Mulino, Bologna, pp. 55–81.

CAPELL E. e THOMAS C., 2004, *The Role of Lobbyists*, in *Research Guide to U.S. and International Interest Groups*, a cura di C. Thomas, Praeger, London, pp. 154–160.

CAPOCCIA G., 2005, *Defending Democracy. Reactions to Extremism in Interwar Europe*, The Johns Hopkins University Press, Baltimore-London.

CAPORASO J.A., 2000, *The European Union: Dilemmas of Regional Integration*, Westview Press, Boulder.

CARBONE G., 2005, *L'Africa. Gli stati, la politica, i conflitti*, Bologna, Il Mulino.

CARMENT D., 2003, *Assessing State Failure: Implications for Theory and Policy*, «Third World Quarterly», 24, 3, pp. 407–427.

CAROTHERS T., 2002: *The End of the Transition Paradigm*, «Journal of Democracy», 13, 1, pp. 5–21.

CASSESE S., 2003, *La costruzione del Diritto amministrativo: Francia e Regno Unito*, in Cassese S. (a cura di) *Trattato di diritto amministrativo. Diritto amministrativo generale*, Milano, Giuffrè.

CASSESE S., 2014, *Governare gli italiani. Storia dello Stato*, Il Mulino, Bologna.

CASTLES F.G. (a cura di), 1982, *The Impact of Parties: Politics and Policies in Democratic Capitalist States*, Sage, London-Beverly Hills.

CATER D., 1964, *Power in Washington: A Critical Look at Today's Struggle in the Nation's Capital*, Random House, New York.

CECCANTI S., 1996, *Il sistema semipresidenziale francese: cosa dice la costituzione, come funziona nella realtà*, in *Semipresidenzialismo*, a cura di S. Ceccanti, O. Massar ie G. Pasquino, Il Mulino, Bologna, pp. 55–98.

CECCANTI S., 1997, *La forma di governo parlamentare in trasformazione*, Il Mulino, Bologna.

CECCANTI S., MASSARI O., PASQUINO G., 1996, *Semipresidenzialismo,* Il Mulino, Bologna.

CHABOD F., 1961, *L'idea di nazione*, Roma-Bari, Laterza, 1995.

CHEHABI H.E. e LINZ J.J. (a cura di), 1998, *Sultanistic Regimes*, The Johns Hopkins University Press, London.

CHEIBUB J.A. e LIMONGI F., 2002, *Modes of Government Formation and the Survival of Democratic Regimes: Presidentialism and Parliamentarism Reconsidered*, «Annual Review of Political Science», 5, pp. 151–179.

CHEIBUB J.A., 2007, *Presidentialism, Parliamentarism, and Democracy*, Cambridge University Press, New York

CHEIBUB J.A., PRZEWORSKI A. e SAIEGH S., 2004, *Government Coalitions and Legislative Success under Presidentialism and Parliamentarism* «British Journal of Political Science», 34, 4, pp. 565–587.

CHIARAMONTE A., 2005, *Tra maggioritario e proporzionale: l'universo dei sistemi elettorali misti*, Il Mulino, Bologna.

CHIARAMONTE R. e TARLI BARBIERI G. (a cura di), 2011, *Il premio di maggioranza. Origini, applicazioni e implicazioni di una peculiarità italiana*, Carocci, Roma.

CHIARINI R. (2007), *La riforma del pubblico impiego nell'Italia degli anni '90*, Soveria Mannelli, Rubbettino.

CHIARINI R. (2013), *La «riforma Brunetta» dalla concertazione sociale alla logica maggioritaria*, Soveria Mannelli, Rubbettino.

CHRYSSOCHOOU D.N., 2000, *Democracy in the European Union*, I.B. Tauris & Co, London.

CLAPHAM C., 2004, *The Global-Local Politics of State Decay*, in *When States Fail: Causes and Consequences*, a cura di R.I. Rotberg, Princeton University Press, Princeton N.J., pp. 76–93.

CLARK C., 2007, *Iron Kingdom: The Rise and Downfall of Prussia, 1600–1947*, London, Penguin.

CLARK W.R, GOLDER M., GOLDER S.N., 2009, *Principles of Comparative Politics*, CQ Press, Washington DC, (tr. it. *Principi di Scienza Politica*, McGraw-Hill, Milano, 2011).

CLEMENTI M., 2011, *Primi fra pari. Egemonia, guerra e ordine internazionale*, Il Mulino, Bologna.

COBB R.W. e ELDER C.D., 1972, *Participation in American Politics: The Dynamics of Agenda Building*, Allyn and Bacon, Boston, Mass.

COBB R.W. e M.H. ROSS, 1997, *Cultural Strategies of Agenda Denial: Avoidance, Attack, and Redefinition*, University Press of Kansas, Lawrence.

COBB R.W., ROSS J.K. e ROSS M.H., 1976, *Agenda Building as a Comparative Political Process*, «American Political Science Review», 70, 1, pp. 126–138.

Coen D. e Richardson J. (a cura di), 2009a, *Lobbying the European Union. Institutions, Actors, and Issues*, Oxford University Press, Oxford.

Coen D. e Richardson J., 2009b, *Learning to Lobby the European Union: 20 Years of Change*, in *Lobbying the European Union*, a cura di D. Coen e J. Richardson, *op. cit.*, pp. 3–18.

Coen D., 1997, *The Evolution of the Large Firm as a Political Actor in the European Union*, «Journal of European Public Policy», 4, 1, pp. 91–108.

Coen D., 1998, *The European Business Interest and the Nation State: Large Firm Lobbying in the European Union and Member States*, «Journal of Public Policy», 18, 1, pp. 75–100.

Coen D., 2007a, *Lobbying the European Union: Institutions, Actors and Policy*, Oxford University Press, Oxford.

Coen D., 2007b, *Empirical and Theoretical Studies in EU Lobbying*, «Journal of European Public Policy» 14, 3 April, pp. 333–345.

Coen D., 2009, *Business Lobbying in the European Union*, in *Lobbying the European Union*, a cura di D. Coen e J. Richardson, op. cit., pp. 145–168.

Cohen R., 1994, *Pacific Union: A Reappraisal of the Theory that «Democracies do not go to War with Each Other»*, «Review of International Studies», 20, 2, pp. 207–223.

Collier D. e Levitsky S., 1997, *Democrazia con aggettivi. L'innovazione concettuale nella ricerca comparata*, in «Rivista italiana di scienza politica», 27, 3, pp. 449–476.

Colombo A., 2005, *L'Alleanza Atlantica tra globalizzazione e marginalizzazione*, in *L'Occidente diviso. La politica e le armi*, a cura di A. Colombo, Università Bocconi, Milano, pp. 3–32.

Colombo A., 2012, *Stato e relazioni internazionali*, in *Relazioni internazionali*, a cura di F. Andreatta *et al.*, Il Mulino, Bologna, pp. 15–46.

Colomer J.M. (a cura di), 2004, *Handbook of Electoral Systems Choice*, Palgrave Macmillan, London-New York.

Constant B., 1819, *De la liberté des anciens comparée a celle des modernes* (tr. it. *La libertà degli antichi paragonata a quella dei moderni*, Einaudi, Torino, 2001).

Costa Lobo M., Amorim Neto O. (a cura di), 2009, *O Semipresidencialismo nos Países de Língua Portuguesa*, Imprensa de Ciências Sociais, Lisbona.

Cotta M. e Isernia P. (a cura di), 1996, *Il gigante dai piedi di argilla*, Il Mulino, Bologna.

Cotta M. e Verzichelli L., 2011, *Il sistema politico italiano*, Il Mulino, Bologna.

Cotta M., 1986, *Governi*, in *Manuale di scienza politica*, a cura di G. Pasquino, Il Mulino, Bologna, pp. 329–382.

Cotta M., 1992, *Continuità e discontinuità nei sistemi partitici europei*, in *Come cambiano i partiti*, a cura di M. Calise, Il Mulino, Bologna, pp. 207–241.

Cotta M., 1994, *The Rise and Fall of the «Centrality» of the Italian Parliament. Transformations of the Executive-Legislative Subsystem After the Second World War*, in *Parliaments in the Modern World, Changing Institutions*, a cura di G. Copeland e S. Patterson, University of Michigan Press, Ann Arbor, pp. 59–84.

Cotta M., Della Porta D. e Morlino L., 2008, *Scienza politica*, Il Mulino, Bologna.

Cowles M.G., Caporaso J. e Risse T. (a cura di), 2001, *Transforming Europe: Europeanization and Domestic Change*, Cornell University Press, Ithaca, NY.

Cox G.W., 1997, *Making Votes Count: Strategic Coordination in the World's Electoral Systems*, Cambridge University Press, New York (trad. it *I voti che contano: il coordinamento strategico nei sistemi elettorali*, Il Mulino, Bologna, 2005).

Cox R.W., 1987, *Production, Power and World Order*, Columbia University Press, New York.

Coxall B., 2001, *Pressure Groups in British Politics*, Longman, Essex.

Croissant A. e Merkel W., 2004a, *Introduction: Democratization in the Early Twenty-First Century*, «Democratization», 11, 5, pp. 1–9.

Croissant A. e Merkel W., 2004b: *Conclusion: Good and Detective Democracies*, «Democratization», 11, 5, pp. 199–213.

Crozier M. e Friedberg E., 1977, *L'acteur et le système. Les contraintes de l'action collective*, Seuil, Paris (tr. it. *Attore sociale e sistema*, Etas Libri, Milano, 1978).

Cunningam, C. 1963, *Policy and Practice*, in «Public Administration», Volume 41, Issue 3, pp. 229–238, September.

D'Agostino G. (a cura di), 1980, *Le istituzioni parlamentari nell'Ancien Régime,* Guida, Napoli.

D'Amico R., 1992, *Manuale di Scienza dell'Amministrazione*, Edizioni Lavoro, Roma.

Daalder H., 2002, *Parties: Denied, Dismissed or Redundant? A Critique*, in *Political Parties. Old Concepts and New Challenges,* a cura di R. Gunther, J.R. Montero e J.J. Linz, Oxford University Press, Oxford, pp. 39–57.

Dahl R.A. e Lindblom C.E., 1953, *Politics, Economics, and Welfare*, Harper & Row, New York.

Dahl R.A., 1956, *A Preface to Democratic Theory*, The University of Chicago Press, Chicago, IL (tr. it. *Prefazione alla teoria democratica*, Milano, Comunità, 1994).

Dahl R.A., 1958, *A Critique of the Ruling Elite Model*, «American Political Science. Review», 52, pp. 463–469 (tr. it. *Critica al modello dell'élite dominante* in *Potere ed élites politiche*, a cura di S. Passigli, Il Mulino, Bologna, 1971, pp. 133–140).

Dahl R.A., 1961a, *Who Governs?*, Yale University Press, New Haven, Conn.

Dahl R.A., 1961b, *The Behavioural Approach in Political Science. Epitaph for a Monument to a Successful Protest*, «American Political Science Review», 55, pp. 763–772.

Dahl R.A., 1966, *Further Reflections on «The Elitist Theory of Democracy»*, «American Political Science Review», 60, pp. 296–305.

Dahl R.A., 1970, *After the Revolution? Authority in a Good Society*, Yale University Press, New Haven, Conn.

Dahl R.A., 1971, *Poliarchy*, Yale University Press, New Haven, Conn. (tr. it., *Poliarchia. Partecipazione e opposizione*, Milano, Angeli, 1980).

Dahl R.A., 1973, *Governing the Giant Corporation*, in *Corporate Power in America*, a cura di R. Nader e M.J. Green, Grossman Publishers, New York.

Dahl R.A., 1977, *On Removing Certain Impediments to Democracy in the United States*, «Political Science Quarterly», 92, 1, pp. 1–20.

Dahl R.A., 1985, *A Preface to Economic Democracy*, University of California Press, Berkley (tr. it. *La democrazia economica*, Il Mulino, Bologna, 1989).

Dahl R.A., 2000, *Sulla democrazia*, Laterza, Roma-Bari.

Dahl R.A., 2001, *Politica e virtù. La teoria democratica nel nuovo secolo*, Laterza, Roma-Bari.

Dalton R.J. e Wattenberg M.P. (a cura di), 2000, *Parties without Partisans. Political Change in Advanced Industrial Societies*, Oxford University Press, Oxford.

Dalton, R.J., Farrell D.M., McAllister I. (2011), *Political Parties and Democratic Linkage: How Parties Organize Democracy*, Oxford University Press, Oxford.

De Felice R., 1990, *Mussolini l'alleato, 1940–45. 1. L'Italia in Guerra, 1940–43. 2. Crisi e agonia del regime*, Einaudi, Torino.

De Felice R., 1997, *Mussolini l'alleato, 1940–45. 2. La Guerra civile, 1943–45*, Einaudi, Torino.

De Mauro T. (a cura di), 1999, *Grande dizionario italiano dell'uso, vol. II*, UTET, Torino.

De Winter L. e H. Türsan (a cura di), 1998, *Regionalist Parties in Western Europe*, Routledge, London-New York.

De Winter L., 1998, *Conclusion. A Comparative Analysis of the Electoral, Office and Policy Success of Ethnoregionalist Parties*, in L. De Winter e H. Türsan (a cura di), *Regionalist Parties in Western Europe*, Routledge, London-New York, pp. 204–247.

DEHAVEN-SMITH L. e C.E. VAN-HORN, 1984, *Sub government Conflict in Public Policy*, «Policy Studies Journal», 12, n. 4, pp. 627–642.

DEHIO L., 1948, *Gleichgewicht oder Hegemonie*, Krefeld, Scherpe, (tr. it. *Equilibrio o egemonia. Considerazioni sopra un problema fondamentale della storia politica moderna*, Il Mulino, Bologna, 1988).

DELEON P., 1983, *Policy Evaluation and Program Termination*, «Policy Studies Review», 2, 4, pp. 631–647.

DELLA PORTA D. e DIANI M., 1997, *I movimenti sociali*, NIS, Roma.

DELLA PORTA D., 2006, *La politica locale. Potere, istituzioni e attori tra centro e periferia*, Il Mulino, Bologna.

DELLA PORTA D., 2008, *Introduzione alla scienza politica*, Il Mulino, Bologna.

DENTE B., 1989, *Il governo locale*, in *Scienza dell'amministrazione e analisi delle politiche pubbliche* a cura di G. Freddi, NIS, Roma, pp. 123–169.

DENTE B., 2011, *Le decisioni di policy*, Il Mulino, Bologna.

DERLIEN H.U., 1985, *Politicization of the Civil Service in the Federal Republic of Germany: Facts and Fables*, in F. Meyers, ed., *La politisation de l'administration*, International Institute of Administrative Sciences, Brussels.

DEUDNEY D. e IKENBERRY G.J., 1992, *The International Sources of Soviet Change*, «International Security», 16, 3, pp. 74–118.

DEUTSCH K., 1966, *External Influences on the Internal Behaviour of State*, in *Approaches to Comparative and International Politics*, a cura di R. Farrell, Northwestern University Press, Evanston, pp. 5–26.

DEUTSCH K., 1972, *I nervi del potere*, Etas Kompass, Milano.

DI GIOVINE A. e MASTROMARINO A. (a cura di), 2007, *La presidenzializzazione degli esecutivi nelle democrazie contemporanee*, Giappichelli, Torino.

DI MASCIO F., 2012, *Partiti e Stato in Italia. Le nomine pubbliche tra clientelismo e spoils system*, Il Mulino, Bologna.

DI SOTTO N., GRILLI DI CORTONA P., 2012, *No state, no democracy. Fragilità statale e democratizzazioni nella terza ondata*, «Rivista italiana di scienza politica», 42, 1, pp. 59–91.

DI VIRGILIO A., 1994, *Francia: doppio turno e Quinta Repubblica*, in *Rappresentare e governare*, a cura di O. Massari e G. Pasquino, Il Mulino, Bologna, pp. 91–128.

DIAMOND L. e LINZ J.J., 1989, *Introduction: Politics, Society, and Democracy in Latin America*, in *Democracy in Developing Countries,* Vol. 4*: Latin America*, a cura di L. Diamond, J.J. Linz, S.M. Lipset, pp. 1–58.

DIAMOND L. e PLATTNER M. F. (a cura di), 1994, *Nationalism, Ethnic Conflict, and Democracy*, The Johns Hopkins University Press, Baltimore and London.

DIAMOND L. e PLATTNER M.F., 1994, *Introduction*, in L. Diamond e M.F. Plattner (a cura di), *op. cit.*, pp. IX-XXX.

DIAMOND L., 1992, *Economic Development and Democracy Reconsidered*, in *Re-examining Democracy: Essays in Honour of Seymour Martin Lipset*, a cura di L. Diamond e G. Marks, Sage, London.

DIAMOND L., 1999, *Developing Democracy. Towards Consolidation*, The Johns Hopkins University Press, Baltimore and London.

DIAMOND L., 2002, *Thinking About Hybrid Regimes*, «Journal of Democracy», 13, 2, pp. 21–35.

DIAMOND L., LINZ J.J. e LIPSET S.M. (a cura di), 1989, *Democracy in Developing Countries. Vol. 3: Asia,* Lynne Rienner Publishers, Boulder, CO.

DIAMOND L., PLATTNER M.F. e BRUMBERG D. (a cura di), 2003, *Islam and Democracy in the Middle East*, The Johns Hopkins University Press, Baltimore and London.

DILETTI M., 2011, *I think tank al confine tra conoscenza, valori e interessi*, «Rivista Italiana di Politiche pubbliche», n. 2, pp. 345–375.

DOGAN M. e J. HIGLEY, 1998, *Elites, Crises, and Regimes in Comparative Analysis*, in *Elites, Crises, and the Origins of Regimes*, a cura di M. Dogan e J. Higley, Rowman and Littlefield, Boulder, CO, pp. 3–28.

DOLOWITZ D. e MARSH D., 2000, *Learning from Abroad: The Role of Policy Transfer in Contemporary Policy Making*, «Governance», 13, pp. 5–24.

DOMHOFF G.W., 1970, *The Higher Circles: Governing Class in America*, Vintage Books, New York.

DOMHOFF G.W., 1979, *The Powers that Be*, Vintage Books, New York.

DOMHOFF G.W., 1999, *Who Rules America 2000*, Simon and Schuster, New York.

DORAN C., 1989, *Systemic Disequilibrium, Foreign Policy Rule, and the Power Cycle: Challenge for Research Design*, «Journal of Conflict Resolution», 33, 3, pp. 371–401.

DORSO G., 1955, *Dittatura, classe politica e classe dirigente*, a cura di C. Muscetta, Einaudi, Torino.

DOWDING K. e DUMONT P. (a cura di), 2009, *The Selection and Deselection of Ministers in Europe*, Routledge, London.

DOWNS A., 1957, *An Economic Theory of Democracy*, Harper & Row, New York (tr. it., *Teoria economica della democrazia*, Il Mulino, Bologna, 1988).

DOWNS A., 1964, *Inside Bureaucracy*, RAND Corporation, Santa Monica, CA.

DOWNS, A., 1967, *Inside Bureaucracy*, Little Brown, Boston.

DOYLE M.W., 1983, *Kant, Liberal Legacies and Foreign Affairs*, «Philosophy and public Affairs», Vol. 12, pp. 205–235 e 323–353.

DROR Y., 1964, *Muddling Through: Science or Inertia?*, «Public Administration Review», 24, pp. 153–157.

DURKHEIM E., 1897, *Il suicidio*, Rizzoli, Milano, 1994.

DUVERGER M., 1951, *Les partis politiques*, Colin, Paris (tr. it. *I partiti politici*, Comunità, Milano, 1961).

DUVERGER M., 1980, *A New Political System Model: Semi-Presidential Government*, «European Journal of Political Research», 8, 2, pp. 165–187.

DUVERGER M., 1983, *La nozione di regime «semi-presidenziale» e l'esperienza francese*, «Quaderni costituzionali», 3, pp. 259–275.

DYE T.R., 1972, *Understanding Public Policy*, Prentice Hall, Englewood Cliffs, N.J.

DYE T.R., 1976, *Policy Analysis: What Governments Do, Why they Do It, and What Difference It Makes*, The University of Alabama Press, Tuscaloosa, AL.

DYE T.R., 1978, *Oligarchic Tendencies in National Policy-Making: The Role of the Private Policy-Planning Organizations*, «Journal of Politics», 40, 2, pp. 309–31.

DYE T.R., 2005[11], *Understanding Public Policy*, Pearson Prentice Hall, Upper Saddle River, NJ.

DYSON K. e FEATHERSTONE K., 1999, *The Road to Maastricht: Negotiating Economic and Monetary Union*, Oxford University Press, Oxford.

DYSON S.B., 2006, *Personality and Foreign Policy: Tony Blair's Iraq Decisions*, «Foreign Policy Analysis», 2, 3, pp. 289–306.

EASTON D., 1953, *The Political System. An Inquiry into the State of Political Science*, Knopf, New York (tr. it. *Il sistema politico*, Comunità, Milano, 1963).

ECKSTEIN H, 1960, *Pressure Group Politics: The Case of The British Medical Association*, Stanford University Press, Stanford.

EHRMANN H.W., 1957, *Organized Business in France*, Princeton University Press, Princeton NJ.

EHRMANN H.W., 1958, *Interest Groups on Four Continents*, University of Pittsburgh Press, Pittsburgh.

EISING R., 2007a, *Institutional Context, Organizational Resources and Strategic Choices. Explaining Interest Group Access in the European Union*, «European Union Politics», 8, 3, pp. 329–362.

EISING R., 2007b, *The Access of Business Interests to EU Institutions: Towards Elite Pluralism?*, «Journal of European Public Policy» 14, 3, pp. 384–403.

ELAZAR, D.J., 1987, *Idee e forme e del federalismo*, Milano, Mondadori, 1998.

ELDERSVELD S.J., 1972, *Le proprietà del partito*, in *Partiti e gruppi di pressione*, a cura di D. Fisichella, pp. 91–98.

ELGIE R. (a cura di), 1999, *Semi-Presidentialism in Europe,* Oxford University Press, Oxford.

ELGIE R. e ZIELONKA J., 2001, *Constitutions and Constitution-Building: A Comparative Perspective*, in J. Zielonka (a cura di), *op. cit.*, pp. 25–47.

ELKINS Z. e SIMMONS B., 2005, *On Waves, Clusters and Diffusions: A Conceptual Framework*, in *The Rise of Regulatory Capitalism: The Global Diffusion of a New Order*, a cura di J. Jordana e D. Levi-Faur special issue of «The Annals of the American Academy of Political and Social Science», 598, pp. 33–51.

ELSTER J., 1996, *The Roundtable Talks and the Breakdown of Communism*, Chicago University Press, Chicago.

ELSTER J., 2008, *Chiudere i conti. La giustizia nelle transizioni politiche*, Il Mulino, Bologna.

ELSTER J., OFFE C. e PREUSS U.K., 1999, *Institutional Design in Post-communist Societies. Rebuilding the Ship at Sea*, Cambridge University Press, Cambridge.

EMERSON R.M., 1962, *Power Dependence Relations*, «American Sociological Review», 27, pp. 31–40.

EPSTEIN L.D., 1967, *Political Parties in Western Democracies*, Praeger, New York.

ETZION-ALEVY A., 1967, *Mixed Scanning: A Third Approach to Decision Making*, «Public Administration Review», 27, 5, pp. 387–392.

EVANS G. (a cura di), 1999, *The End of Class Politics? Class Voting in Comparative Context*, Oxford University Press, Oxford

EVANS P.B., 1993, *Building an Integrative Approach to International and Domestic Politics*, in *Double-Edged Diplomacy*, a cura di P.B. Evans, H.K. Jacobson e R.D. Putnam, University of California Press, Berkeley, pp. 397–430.

EVANS R.J.W., 1981, *Felix Austria. L'ascesa della monarchia asburgica, 1550–1700*, Il Mulino, Bologna.

EVANSON R.K. e MAGSTADT T.M., 2001, *The Czech Republic: Party Dominance in a Transitional System* in *Political Parties and Interest Groups: Shaping Democratic Governance*, a cura di C. Thomas, Lynne Rienner, Boulder, CO.

EYESTONE, ROBERT, 1971, *The Threads of Public Policy: A Study in Policy Leadership*, Bobbs-Merrill, Indianapolis.

FABBRINI S. (a cura di), 2002, *L'Unione Europea. Istituzioni e attori di un sistema sopranazionale*, Laterza, Roma-Bari.

FABBRINI S., 1993, *Il presidenzialismo degli Stati Uniti*, Laterza, Roma-Bari.

FABBRINI S., 1999, *Il principe democratico. La leadership nelle democrazie contemporanee,* Roma-Bari, Laterza.

FABBRINI S., 2004, *L'Unione Europea come democrazia composita?*, «Rivista italiana di scienza politica», 34, 1, pp. 13–42.

FABBRINI S., 2008, *Politica comparata*, Laterza, Roma-Bari.

FABBRINI S., VASSALLO S., 1999, *Il governo,* Laterza, Roma-Bari.

FAINSOD M., 1963², *How Russia is Ruled*, Harvard University Press, Cambridge.

FARNETI P., 1983, *Il sistema dei partiti in Italia 1946–1979*, Il Mulino, Bologna.

FARRELL R. (a cura di), 1966, *Approaches to Comparative and International Politics*, Northwestern University Press, Evanston.

FERRERA M. e GIULIANI M. (a cura di), 2008, *Governance e politiche nell'Unione Europea*, Il Mulino, Bologna.

FIELD G. e J. HIGLEY, 1980, *Elitism*, Routledge, London.

FINER S., 1958, *Anonymous Empire: A Study of the Lobby in Great Britain*, Pall Mall, London.

FINER S.E., 1970, *Comparative Government*, Penguin Books, New York.

FINER S.E., 1980, *Militari e politica nel Terzo Mondo (1958–1980)*, «Rivista italiana di scienza politica», 10, pp. 5–52.

FINLEY M.I., 1982, *Politics in Ancient World*, Cambridge University Press, Cambridge.

FIORINA M.P., 1991, *Divided Government*, Allyn and Bacon, Boston.

FISICHELLA D., (a cura di), 1985, *Metodo scientifico e ricerca politica*, La Nuova Italia Scientifica, Roma.

FISICHELLA D., (a cura di), 1986, *La rappresentanza politica*, Giuffrè, Milano.

FISICHELLA D., 1970a, *Sviluppo democratico e sistemi elettorali*, Sansoni, Firenze.

FISICHELLA D., 1970b, *Introduzione*, in Sartori, G., (a cura di), *Antologia di Scienza politica*, Bologna, Il Mulino, pp. 271–283.

FISICHELLA D., 1972, (a cura di), *Partiti e gruppi di pressione*, Il Mulino, Bologna.

FISICHELLA D., 1983, *Sul concetto di rappresentanza politica*, in *La rappresentanza politica*, a cura di D. Fisichella, Giuffrè, Milano, pp. 3–51.

FISICHELLA D., 1994, *Epistemologia e scienza politica*, NIS, Roma.

FISICHELLA D., 1996, *La rappresentanza politica*, Laterza, Roma-Bari.

FISICHELLA D., 2000a, *Il denaro e la democrazia. Dall'antica Grecia all'economia globale*, Il Mulino, Bologna.

FISICHELLA D., 2000b, *Totalitarismo*, in *Enciclopedia del Novecento*, Istituto della Enciclopedia Italiana, Roma, pp. 453–465.

FISICHELLA D., 2002, *Totalitarismo. Un regime del nostro tempo*, Carocci, Roma.

FISICHELLA D., 2008, *Elezioni e democrazia. Un'analisi comparata*, Il Mulino, Bologna.

FISICHELLA D., 2011, *Lineamenti di Scienza politica.* Carocci, Roma.

FISICHELLA D., 2014, *Dittatura e monarchia. L'Italia tra le due guerre*, Carocci, Roma.

FLIKKE G., 1999, *Patriotic Left-Centrism: The Zigzags of the Communist Party of the Russian Federation*, «Europe-Asia Studies», 2, pp. 275–298.

FOX W.T.R., 1959, *The Use of International Relation* Theory, in *Theoretical Aspects of International Relations*, a cura di W.T.R. Fox, University of Notre Dame Press, Notre Dame, pp. 29–50.

FREDDI G., 1968, *L'analisi comparata dei sistemi burocratici pubblici*, Giuffré, Milano.

FREDDI G., 1989, *Burocrazia, democrazia e governabilità*, in Freddi G. (a cura di), *Scienza dell'Amministrazione e politiche pubbliche*, NIS, Roma, pp. 19–65.

FREEMAN J.L., 1955, *The Political Process: Executive-Bureaucratic-Legislative Relations*, Doubleday & Company, New York.

FRIEDEN J. e LAKE D.A. (a cura di), 2000, *International Political Economy: Perspectives on Global Power and Wealth*, St. Martin's Press, New York.

FRIEDRICH C. (a cura di), 1953, *Totalitarianism*, Harvard University Press, Cambridge.

FRIEDRICH C. e BRZEZINSKI Z., 1956, *Totalitarian Dictatorship and Autocracy*, Harvard University Press, Cambridge.

FRIEDRICH C., 1966, *Intranational Politics and Foreign Policy in Developed (Western) Systems*, in *Approaches to Comparative and International Politics*, a cura di R. Farrell, Northwestern University Press, Evanston, pp. 97–119.

FRIEDRICH C., 1968, *Totalitarianism: Recent Trends*, «Problems of Communism», XVII, pp. 32–43.

FROSINI T.E., BASSU C., e PETRILLO P. (a cura di), 2009, *Il presidenzialismo che avanza: come cambiano le forme di governo,* Carocci, Roma.

FUKUYAMA F., 2004, *State-building. Governance and World Order in the 21st Century*, Cornell University Press, Ithaca (tr. it. *Esportare la democrazia. State-building e ordine mondiale nel XXI secolo*, Lindau, Torino, 2004).

GALLAGHER M. e MITCHELL P. (a cura di), 2005, *The Politics of Electoral Systems*, Oxford University Press, Oxford.

GALLAGHER M., LAVER M. e MAIR P., 2006, *Representative Government in Modern Europe: Institutions, Parties, and Governments*, McGraw-Hill, New York.

GALLI G., 1966, *Il bipartitismo imperfetto. Comunisti e democristiani in Italia*, Il Mulino, Bologna.

GALLINO L., 2004, *Dizionario di sociologia*, UTET, Torino.

GANDHI J. E PRZEWORSKI A., 2006, *Cooperation, Cooptation, and Rebellion under Dictatorships*, «Economics and Politics», 18, 1, pp. 1–26.

GANDHI J., 2008, *Political Institutions under Dictatorship*, Cambridge University Press, Cambridge.

GÄRTNER H., HYDE-PRICE A., REITER E. (a cura di), 2001, *Europe's New Security Challenges*, Lynne Rienner Publishers, Boulder.

GEDDES A., 2000, *Immigration and European Integration: Towards Fortress Europe?*, Manchester University Press, Manchester.

GEDDES B., 1999, *What Do We Know About Democratization After Twenty Years?*, «Annual Review of Political Science», 2, pp. 115–144.

GEDDES B., 2006, *Why Parties and Elections in Authoritarian Regimes*? Paper presentato al Congresso annuale della American Political Science Association. Washington, DC, 1–4 sett.

GEDDES B., 2007, *What Causes Democratization?*, in *The Oxford Handbook of Comparative Politics*, a cura di C. Boix e S.S. Stokes, Oxford University Press, Oxford, pp. 317–338.

GELLNER E., 1994², *Nazioni e nazionalismo*, Editori Riuniti, Roma.

GENTILE E., 1995, *La via italiana al totalitarismo. Il partito e lo Stato nel regime fascista*, NIS, Roma.

GENTILE E., 2003, *Il fascismo e la modernità totalitaria*, in *Cos'è il fascismo? Interpretazioni e prospettive di ricerca*, a cura di A. Campi, Ideazione Editrice, Roma, pp. 37–66.

GERMANO L., 2009, *Governo e grandi imprese. La Fiat da azienda protetta a global player*, Il Mulino, Bologna.

GERMANO L., 2011, *Fiat, ancora un interesse privilegiato? L'evoluzione delle politiche governative per il settore auto*, «Rivista Italiana di Politiche Pubbliche», 2, pp. 275–310.

GERMANO L., 2012, *Fiat Goes it Alone: the Italian Car Industry, the Government and the Crisis of 2000s*, «South European Society and Politics», 17, 1, March, pp. 65–86.

GERMANO L., GRILLI DI CORTONA P. E LANZA O., 2014, *Come cadono i regimi non democratici. Primi passi verso la democrazie dei paesi della «Terza ondata»*, Editoriale Scientifica, Napoli.

GERSCHENKRON A., 1965, *Il problema storico dell'arretratezza economica*, Einaudi, Torino.

GIANNETTI D., 2002, *Teoria politica positiva. L'approccio razionale alla politica*, Il Mulino, Bologna.

GIGLIOLI P., 1990, *Burocrazia*, voce in *Dizionario di Politica*, a cura di Bobbio N., Matteucci N. e Pasquino G., Utet, Torino.

GILLINGHAM J., 2003, *European Integration 1950–2003. Superstate or New Market Economy*, Cambridge University Press, Cambridge.

GILPIN R., 1989, *Guerra e mutamento nella politica internazionale*, Il Mulino, Bologna.

GILPIN R., 2001, *Global Political Economy. Understanding the International Economic Order*, Princeton University Press, Princeton. (tr. it. *Economia politica globale*, Università Bocconi Editore, Milano 2003).

GLAD B., 2002, *Why Tyrants Go Too Far: Malignant Narcissism and Absolute Power*, «Political Psychology», 23, 1, pp. 1–2.

GOLDER M., 2005, *Democratic Electoral Systems around the World, 1946–2000*, «Electoral Studies», 24, pp. 103–121.

GOUREVITCH P., 1978, *The Second Image Reversed: The International Sources of Domestic Politics,* «International Organization», 32, pp. 881–911.

GOUREVITCH P., 1984, *La rottura con l'ortodossia: un'analisi comparata delle risposte alla Depressione degli anni '30,* «Stato e mercato», 4, 2, pp. 229–274.

GOZI S., 2011, *Il governo dell'Europa*, Il Mulino, Bologna.

GRANDE E., 2001, *Institutions and Interests: Interest Groups in the European System of Multi-Level Governance*, paper prepared for the panel on «Changing EU Business-Government Relations», ECSA International Conference, May 31–June 2, Madison, Wisc.

GRANT W., 1995², *Pressure Groups, Politics and Democracy in Britain*, Harvester Wheatsheaf, New York.

GRASSI D., 2008, *Le nuove democrazie. I processi di democratizzazione dopo la caduta del Muro di Berlino,* Il Mulino, Bologna.

GRAZIANO L. (a cura di), 1986, *La scienza politica in Italia*, Angeli, Milano.

GRAZIANO L., 1995, *Lobbying, pluralismo, democrazia*, NIS, Roma.

GRAZIANO L., 2002, *Le lobbies*, Laterza, Roma-Bari.

GREENWOOD J., 2011, *Interest Representation in the European Union*, Palgrave Macmillan, Basingstoke.

GRIFFITH E.S.,1939, *The Impasse of Democracy*, Harrison-Hilton, New York, NY

GRILLI DI CORTONA P. e LANZA O. (a cura di), 2011, *Tra vecchio e nuovo regime. Il peso del passato nella costruzione della democrazia*, Il Mulino, Bologna.

GRILLI DI CORTONA P. e PASQUINO G. (a cura di), 2007, *Partiti e sistemi di partito nelle democrazie europee*, Il Mulino, Bologna.

GRILLI DI CORTONA P., 1980, *Modelli d'interpretazione del sistema sovietico*, «Rivista italiana di scienza politica», 10, 3, pp. 485–520.

GRILLI DI CORTONA P., 1989, *Le crisi politiche nei regimi comunisti. Ungheria, Cecoslovacchia e Polonia da Stalin agli anni Ottanta*, Angeli, Milano.

GRILLI DI CORTONA P., 1991, *Rivoluzioni e burocrazie. Continuità e mutamento negli Stati rivoluzionari*, Angeli, Milano.

GRILLI DI CORTONA P., 1997, *Da uno a molti. Democratizzazione e rinascita dei partiti in Europa orientale*, Il Mulino, Bologna.

GRILLI DI CORTONA P., 2000, *Transizioni di regime e istituzioni burocratiche in prospettiva comparata,* in *Istituzioni, amministrazione, politica. Analisi istituzionale e ruolo degli apparati amministrativi*, a cura di L. Lanzalaco, ESI, Napoli, pp. 99–140.

GRILLI DI CORTONA P., 2007, *Il cambiamento politico in Italia. Dalla Prima alla Seconda Repubblica*, Carocci, Roma.

GRZYMALA-BUSSE A., 2006, *Authoritarian Determinants of Democratic Party Competition. The Communist Successor Parties in East Central Europe*, in «Party Politics», 12, 3, pp. 415–437.

GUALMINI E., 2003, *L'amministrazione nelle democrazie contemporanee*, Laterza, Roma-Bari.

GUALMINI E., 2011, *I Ministeri e gli enti pubblici non economici*, in Capano G. e Gualmini E. (a cura di) *Le Pubbliche amministrazioni in Italia* 2a ed, Il Mulino, Bologna.

GUALTIERI R. e RHI SAUSI J.L. (a cura di), 2011, *La difesa comune europea dopo il Trattato di Lisbona. Rapporto 2011 sull'integrazione*, Il Mulino, Bologna.

GUNTHER R., DIAMANDOUROS P.N., PUHLE H.J. (a cura di), 1995, *The Politics of Democratic Consolidation. Southern Europe in Comparative Perspective*, The Johns Hopkins University Press, Baltimore and London.

GUNTHER R., MONTERO J.R. e LINZ J.J (a cura di), 2002, *Political Parties. Old Concepts and New Challenges,* Oxford University Press, Oxford.

GUNTHER R., PUHLE H.J., DIAMANDOUROS P.N., 1995, *Introduction*, in R. Gunther, P.N. Diamandouros, H.J. Puhle (a cura di), *op. cit.*, pp. 1–32.

HAAS P., 1992, *Introduction: Epistemic Communities and International Policy Coordination*, «International Organizations», 46, 1, pp. 1–37.

HAGUE R. e HARROP M., 2011, *Manuale di Scienza Politica*, McGraw-Hill, Milano.

HALL R., 1982, *Organization: Structure and Process*, Prentice Hall, Englewood Cliffs, N.J.

HAMILTON A., MADISON J., JAY J., 1787–1789, *The Federalist Papers*, a cura di C. Rossiter, New American Library, New York, 1961, n.e. 2003.

HAMMER D., 1974, *U.S.S.R.: The Politics of Oligarchy*, Dryden Press, Hinsdale.

HANKISS E., 1990, *East European Alternatives*, Clarendon Press, Oxford.

HANSON R.L., 1989, *Democracy*, in *Political Innovation and Conceptual Change*, a cura di T. Ball, J. Farr, R.L. Hanson, Cambridge University Press, New York, pp. 68–89.

HARTLIN J., MCCOY J., 2006, *Observer Paradoxes: How to Assess Electoral Manipulation*, in Schedler A. (a cura di), *op. cit.*, pp. 41–54.

HASSNER P., 2008, *Russia's Transition to Autocracy*, «Journal of Democracy», 19, 2, pp. 5–15.

HEBERLE R., 1968, *Types and Functions of Social Movements*, in *International Encyclopaedia of Social Sciences*, voll. XIII-XIV, Macmillan & Free Press, New York.

HECLO H., 1972, *Review Article: Policy Analisys*, in «British Journal of Political Science», 2.

HECLO H., 1978, *Issue Network and the Executive Establishment*, in *The New American Political System*, a cura di A. King, American Enterprise Institute for Public Policy Research, Washington, DC, pp. 87–124.

HEINZ J.P., LAUMANN E.O., NELSON R.L. e SALISBURY R.H., 1993, *The Hollow Core. Private Interests in National Policy Making*, Harvard University Press, Harvard.

HELD D. e MCGREW A., 2003², *Globalismo e antiglobalismo*, Il Mulino, Bologna.

HELD D., 1997, *Modelli di democrazia*, Il Mulino, Bologna.

HELD D., 2005, *Governare la globalizzazione. Un'alternativa democratica al mondo unipolare*, il Mulino, Bologna.

HERBST, J., 2004, *Let Them Fail: State Failure in Theory and Practice*, in, *When States Fail: Causes and Consequences*, a cura di R.I. Rotberg, Princeton, NJ, Princeton University Press, pp. 302–318.

HERMAN R.G., 1996, *Identity, Norms, and National Security: The Soviet Foreign Policy Revolution and The End of the Cold War*, in *The Culture of National Security: Norms and Identity in World Politics*, a cura di P.J. Katzenstein, Columbia University Press, New York, pp. 271–316.

HERMENS F.A., 1941, *Democracy or Anarchy?*, Notre Dame University Press, Notre Dame, Ind.

HERMET G., ROSE R., ROUQUIÉ A. (a cura di), 1978, *Elections without Choice*, Halsted, New York.

HEYWOOD A, 2007, *Politics*, London, Palgrave.

HIGLEY J. e BURTON M.G., 1989, *The Elite Variable in Democratic Transitions and Breakdowns*, «American Sociological Review», 54, 1, pp. 17–32.

HIGLEY J. e BURTON M.G., 2001, *The Study of Elite Transformations*, «International Review of Sociology», 11, 2, pp. 181–200.

HIGLEY J. e GUNTHER R., 1992, *Elites and Democratic Consolidation in Latin America and Southern Europe*, Cambridge University Press, Cambridge.

HIGLEY J., KULLBERG J. e PAKULSKI J., 1996, *The Persistence of Post-communist Elites*, «Journal of Democracy», 7, 2, pp. 133–147.

HILL C., 2003, *The Changing Politics of Foreign Policy*, Palgrave Macmillan, Basingstoke.

HINTZE O., 1930, *Typologie der Standischen Verfassungen des Abendlandes*, «Historische Zeitschrift», 141, pp. 229–248.

HINTZE O., 1980, *Stato e società*, Zanichelli, Bologna.

HINTZE O., 1990, *Storia, sociologia e istituzioni*, a cura di G. Di Costanzo, Morano, Napoli.

HINTZE, O., 1931, *Weltegeschichtliche Bedingungen der Reprasentativverfassung*, in «Historische Zeitschrift», 143, pp. 1–47.

HIRSCHMAN A.O., 1978, *Exit, Voice, and the State*, «World Politics», 1, pp. 90–107.

HIX S., 1999, *The Political System of the European Union*, St. Martin's Press, New York.

HJERN B. e PORTER D.O., 1993, *Implementation Structures: A New Unit of Administrative Studies*, in *The Public Policy Process: A Reader*, a cura di M. Hill, Harvester Wheatsheaf, London, pp. 248–265.

HOFFMANN-LANGE U., 1998, *Germany: Twentieth Century Turning Points*, in *Elites, Crises, and the Origins of Regimes*, a cura di M. Dogan e J. Higley, Rowman & Littlefield Publishers, New York, pp. 169–188.

HOLSTI O., 1962, *The Belief System and National Images: A Case Study*, «Journal of Conflict Resolution», 6, pp. 244–252.

HOLZINGER K. e KNILL C., 2005, *Causes and Conditions of Cross-National Policy Convergence*, «Journal of European Public Policy», 12, 5, pp. 775–796

HOOD C.C., 1976, *The Limits of Administration*, Wiley, London.

HOWARD M.M. e ROESSLER P.G., 2006, *Liberalizing Electoral Outcomes in Competitive Authoritarian Regimes,* «American Journal of Political Science», 50, 2, pp. 365–381.

HOWLETT M. e RAMESH M., 1995, *Studying Public Policies: Policy Cycle and Policy Subsystems*, Oxford University Press, Oxford (tr. it. *Come studiare le politiche pubbliche*, Il Mulino, Bologna, 2003).

HREBENAR R., 2004, *Political Action Committees*, in *Research Guide to US and International Interest Groups*, a cura di C. Thomas, Praeger, Westport, CT e London, pp. 147–149.

HUNTER F., 1953, *Community Power Structure*, University of North Carolina Press, Chapel Hill, NC.

HUNTER F., 1980, *Community Power Succession: Atlanta's Policy Makers Revisited*, University of North Carolina Press, Chapel Hill, NC.

HUNTINGTON S.P. e MOORE C.H. (a cura di), 1970, *Authoritarian Politics in Modern Societies. The Dynamics of Established One-Party System*, Basic Books, New York-London.

HUNTINGTON S.P., 1952, *The Marasmus of the ICC: The Commission, the Railroads, and The Public Interest*, in «Yale Law Journal», 614, pp. 467–509

HUNTINGTON S.P., 1957, *The Soldier and the State*, Vintage Books, New York.

HUNTINGTON S.P., 1968, *Political Order in Changing Society*, Yale University Press, New Haven (tr. it. *Ordinamento politico e mutamento sociale*, Franco Angeli, Milano, 1975).

HUNTINGTON S.P., 1970, *Social and Institutional Dynamics of One-Party Systems*, in *Authoritarian Politics in Modern Society. The Dynamics of Established One-Party Systems*, a cura di S.P. Huntington e C.H. Moore, Basic Books, New York, pp. 5–47.

HUNTINGTON S.P., 1984, *Will More Countries Become Democratic?*, «Political Science Quarterly», 99, pp. 193–218.

HUNTINGTON S.P., 1991, *The Third Wave*, University of Oklahoma Press, Norman and London (tr. it. *La terza ondata*, Il Mulino, Bologna, 1995).

HUNTINGTON S.P., 2000, *Lo scontro delle civiltà e il nuovo ordine mondiale*, Garzanti, Milano.

IERACI G., 2003, *Teoria dei governi e democrazia. Ruoli, risorse e arene istituzionali*, Il Mulino, Bologna.

IGNAZI P., 1996, *The Crisis of Parties and the Rise of New Political Parties*, «Party Politics», 2, 4, pp. 549–566.

INGLEHART R., 1977, *The Silent Revolution: Changing Values and Political Styles among Western Politics*, Princeton University Press, Princeton.

INGLEHART R., 1990, *Values, Ideology, and Cognitive Mobilization in New Social Movements*, in *Challenging the Political Order*, a cura di R.J. Dalton e M. Kuechler, Polity Press, Cambrdge, pp. 43–66.

IQBAL, Z. e H. STARR, 2008, *Bad Neighbours: Failed States and Their Consequences*, «Conflict Management and Peace Science», 25, pp. 315–331.

ISHIYAMA J.T., 1995, *Communist Parties in Transition. Structures, Leader, and Processes of Democratization in Eastern Europe*, «Comparative Politics», 27, 2, pp. 147–166.

ISHIYAMA J.T., 2012, *Comparative Politics. Principles of Democracy and Democratization*, Wiley-Blackwell, Oxford.

JACKSON K.D., 1989, *The Philippines: The Search for a Suitable Democratic Solution, 1946–1986*, in Diamond, Linz, Lipset (a cura di), *op. cit.*, vol. III, pp. 231–265.

JANDA K., 1980, *Political Parties. A Cross National Survey*, Free Press, New York.

JANOWITZ M., 1977, *Military Institutions and Coercion in the Developing Nations*, University of Chicago Press, Chicago.

JENKINS W.I., 1978, *Policy Analysis: A Political and Organizational Perspective*, Martin Robertson, London.

Jervis R., 1976, *Perception and Misperceptions in International Politics*, Princeton University Press, Princeton.

Jones C.O., 1970, *An Introduction to the Study of Public Policy*, Duxbury Press, Belmont.

Jordan A.G. e Richardson J., 1987, *Government and Pressure Groups in Britain*, Clarendon Press, Oxford.

Jordan G. e Schubert K., 1992, *A Preliminary Ordering of Policy Network Labels*, «European Journal of Political Research», 21, 1–2, pp. 7–27.

Kant I., 1795, *Per la pace perpetua*, Editori Riuniti, Roma, 1996.

Kaplan M., 1957, *System and Process in International Politics*, John Wiley & Sons, New York.

Karl T.L., 1986, *Imposing Consent? Electoralism versus Democratization in Latin America, 1980–1985*, in *Elections and Democratization in Latin America*, a cura di P. Drak e E. Silva, University of California Press, San Diego, 1986, pp. 9–36.

Karl T.L., 1990, *Dilemmas of Democratization in Latin America*, «Comparative Politics», 23, pp. 1–21.

Karl T.L., 2004, *Oil-Led Development: Social, Political, and Economic Consequences*, in *Encyclopedia of Energy Technology and the Environment*, 4, pp. 661–672.

Karl T.L., 2007, *Democracy Over a Barrel: Oil, Regime Change and War*, The Eckstein Lecture on Democracy, University of California.

Karvonen L. e Kuhnle S. (a cura di), 2001, *Party Systems and Voter Alignments Revisited*, Routledge, London.

Kassof A., 1964, *The Administered Society. Totalitarianism without Terror*, «World Politics», XVI, pp. 558–575.

Katz R.S. e Crotty W. (a cura di), 2006, *Handbook of Party Politics*, Sage, London.

Katz R. e Mair P. (a cura di), 1992, *Party Organizations: A Data Handbook on Party Organizations in Western Democracies, 1960–1990*, Sage, London.

Katz R., 1986, *Party Government: A Rationalistic Conception*, in *Visions and Realities of Party Government*, a cura di F.G. Castles e R. Wildenmann, de Gruyter, Berlin, pp. 31–71.

Katz R.S. e Mair P. (a cura di), 1994, *How Parties Organize. Change and Adaption in Party Organizations in Western Democracies*, Sage, London.

Katz R.S. e Mair P., 1995, *Changing Models of Party Organization and Party Democracy. The Emergence of Cartel Party*, «Party Politics», 1, 1, pp. 5–28.

Katzenstein P., 1977, *Conclusion: Domestic Structures and Strategies of Foreign Economic Policy*, «International Organization», 31, 4, pp. 879–920.

Keating M., 2001, *So Many Nations, so Few States: Territory and Nationalism in the Global Era*, in *Multinational Democracies*, a cura di A.G. Gagnon e J. Tully, Cambridge University Press, Cambridge, pp. 39–64.

Keating M., 2011, *Nationalism*, in *International Encyclopedia of Political Science* a cura di, B. Badie, D. Berg-Schlosser, L. Morlino, Sage, London, Vol. 5, pp. 1653–1658.

Kelsen H., 1955, *La democrazia*, Il Mulino, Bologna, 1984.

Kennamer D. (a cura di), 1992, *Public Opinion, the Press, and Public Policy*, Praeger, Westport.

Keohane R.O. e Milner H.V, (a cura di), 1996, *Internationalization and Domestic Politics*, Cambridge University Press, Cambridge.

Keohane R.O. e Nye J.S, 1977, *Power and Interdependence: World Politics in Transition*, Little Brown, Boston.

Key V.O., 1942–1964, *Politics, Parties and Pressure Groups*, Crowell, New York.

King A., 1981, *The Rise of the Career Politician in Britain and its Consequences,* «British Journal of Political Science», 11, 3, pp. 249–285.

King A., 2002, *Leader's Personalities and the Outcomes of Democratic Elections*, Oxford University Press, Oxford.

KING G., KEOHANE R.O. e VERBA S., 1994, *Designing Social Inquiry: Scientific Inference in Qualitative Research*, Princeton University Press, Princeton.

KINGDON J.W. 1984, *Agenda, Alternatives, and Public Policies*, 2nd ed. 1995, Harper Collins, New York.

KINGSLEY J.D., 1944, *Representative Bureaucracy*, Antioch University Press, Yellow Springs, OH.

KIRCHHEIMER O., 1966, *The Transformation of the Western European Party Systems*, in *Political Parties and Political Development*, a cura di J. LaPalombara e M. Weiner, Princeton University Press, Princeton N.J., pp. 177–200 (tr. it. *La trasformazione dei sistemi partitici dell'Europa occidentale*, in *Sociologia dei partiti politici*, a cura di, G. Sivini, Il Mulino, Bologna, 1979[2], pp. 243–267).

KITSCHELT H. MANSFELDOVA Z., MARKOWSKI R., TOKA G., 1999, *Post-Communist Party Systems. Competition, Representation, and Inter-Party Cooperation*, Cambridge University Press, Cambridge.

KITSCHELT H., 1986, *Political Opportunity Structures and Political Protest: Anti-nuclear Movements in Four Democracies*, «British Journal of Political Science», 16, pp. 57–85.

KITSCHELT H., 2000, *Citizens, Politicians, and Party Cartellization: Political Representation and State Failure in Post-industrial Democracies*, «European Journal of Political Research», 37, 2, pp. 149–179.

KITSCHELT H., 2009, *Party Systems*, in *Oxford Handbook of Comparative Politics,* a cura di C. Boix e S. Stokes, Oxford University Press, Oxford, pp. 522–554.

KNILL C., 2005, *Introduction: Cross-National Policy Convergence: Concepts, Approaches and Explanatory Factors*, «Journal of European Public Policy», 12, 5, pp. 764–774.

KOHLER-KOCH B., 1998, *Organized Interests in the EU and the European Parliament*, in *Lobbysme, pluralisme et intégration européenne*, a cura di P.H. Claeys, I. Smets, P. Winand e C. Gobin, European Interuniversity Press, Bruxelles, pp. 126–158.

KOZHEMIAKIN A.V., 1998, *Expanding the Zone of Peace? Democratization and International Security*, Macmillan, London.

KRASNER S.D. e PASCUAL C., 2005, *Addressing State Failure*, «Foreign Affairs», 84, 4, pp. 153–163.

KRASNER S.D., 1978, *Defending National Interest*; Princeton University Press, Princeton.

KRASNER S.D., 1982, *Structural Causes and Regime Consequences: Regimes as Intervening Variables,* «International Organization», 36, 2, pp. 185–205 (tr. it. *Cause strutturali e conseguenze del concetto di regime,* in *Teoria e analisi delle relazioni internazionali,* a cura di L. Bonanate e C.M. Santoro, Il Mulino, Bologna, 1986).

KRIESBERG L., 1998, *Constructive Conflicts: From Escalation to Resolution*, Rowman & Littlefield, Lanham.

LAAKSO M. e TAAGEPERA R., 1979, *Effective Number of Parties: A Measure with Application to West Europe*, «Comparative Political Studies», 12, 1, pp. 3–27.

LADRECH R., 1994, *Europeanization of Domestic Politics and Institutions: The Case of France*, «Journal of Common Market Studies», 12, 1, pp. 3–27.

LAITIN D.D., 2007, *Nations, States and Violence*, Oxford University Press, Oxford.

LAKE D.A., 2006, *American Hegemony and the Future of East-West Relations*, «International Studies Perspectives», 50, 1, pp. 23–30.

LAMBORN C., 1991, *The Price of Power*, Unwin Hyman, London.

LANDMAN T., 2007, *Issues and Methods in Comparative Politics*, Routledge, London.

LANE J.E. e ERSSON S.O., 1994, *Politics and Society in Western Europe*, Sage, London.

LANE J.E., 2005, *Public Administration and Public Management. The Principle-agent Perspective*, Routledge, London-New York.

LANE J.E., 2008, *Comparative Politics. The Principle-Agent Perspective*, Routledge, London and New York.

LANZA O., 2012, *Eredità del passato e democrazia. La Spagna ed il Portogallo*, Rubbettino, Soveria Mannelli.

LANZALACO L., 1998, *Forma di governo e struttura amministrativa in Otto Hintze: metodi, ipotesi e prospettive di analisi*, Paper presentato al Convegno SISP, Milano.

LAPALOMBARA J. e WEINER M. (a cura di), 1966, *Political Parties and Political Development*, Princeton University Press, Princeton.

LAPALOMBARA J., 1964, *Interest Groups in Italian Politics*, Princeton University Press, Princeton (tr. it. *Clientela e parentela. Studio sui gruppi di interesse in Italia*, Comunità, Milano, 1967).

LAPALOMBARA J., 1994, *Clientela e parentela rivisitato*, in *L'Italia fra crisi e transizione*, a cura di M. Caciagli, F. Cazzola, L. Morlino e S. Passigli, Laterza, Roma-Bari, pp. 23–44.

LASSWELL H.D., 1942, *Relation of ideological Intelligence to Public Policy* «Ethics», 53, pp. 25–34.

LASSWELL H.D., 1950, *Power and Society*, Yale University Press, New Haven.

LASSWELL H.D., 1956, *The Decision Process*, University of Maryland, College Park.

LASSWELL H.D., 1968, *The Future of Comparative Method*, «Comparative Politics», 1, pp. 3–18.

LATHAM E., 1952, *The Group Basis of Politics*, Cornell University Press, Ithaca.

LAVER M. E SCHOFIELD N., 1990, *Multiparty Government: the Politics of Coalition in Europe*, Oxford University Press, Oxford.

LAVER M. e SHEPSLE K.A., 1996, *Making and Breaking Governments: Cabinets and Legislatures in Parliamentary Democracies*, Cambridge University Press, Cambridge.

LAWSON K. e MERKL P.H. (a cura di), 1988, *When Parties Fail: Emerging Alternative Organizations*, Princeton University Press, Pinceton.

LAWSON K., 1999, *Cleavages, Parties, and Voters*, in *Cleavages, Parties, and Voters: A Study from Bulgaria, the Czech Republic, Hungary, Poland, and Romania*, a cura di K. Lawson, A. Römmele e G. Karasimeonov, Praeger Publishers, Westport, pp. 19–36.

LAWSON K., RÖMMELE A. e KARASIMEONOV G. (a cura di), 1999, *Cleavages, Parties, and Voters: A Study from Bulgaria, the Czech Republic, Hungary, Poland, and Romania*, Praeger Publishers, Westport.

LE GALÈS P., 1995, *Introduction: les réseaux d'action publique entre outil passe-partout et théorie de moyenne portée*, in *Les réseaux de politique publique. Débat autour des policy networks*, a cura di P. Le Galès e M., Tatcher, L'Harmattan, Paris.

LEHMBRUCH G. e SCHMITTER P.C. (a cura di), 1982, *Patterns of Corporatist Policy Making*, Sage, London (tr. it. *La politica degli interessi nei paesi industrializzati*, Bologna, Il Mulino, 1984).

LEHMBRUCH G., 1977, *Liberal Corporatism and Party Government*, «Comparative Political Studies» 10, 1, pp. 91–125 (tr. it. *Corporativismo liberale e governo dei partiti* in *La società neocorporativa*, a cura di M. Maraffi, Il Mulino, Bologna, 1981, pp. 163–198.

LEHMBRUCH G., 1979, *Consociational Democracy, Class Conflict and the New Corporatism*, in *Trends Towards Corporatist Intermediation* a cura di G. Lehmbruch e P.C. Schmitter, Sage, Beverly Hills-London, pp. 53–61.

LEHMBRUCH G., 1982, *Introduction: Neo-Corporatism in Comparative Perspective*, in *Patterns of Corporatist Policy Making*, a cura di G. Lehmbruch e P.C. Schmitter, op. cit. (tr. it. *La politica degli interessi nei paesi industrializzati*, op. cit., pp. 7–40).

LEHMBRUCH G., 1984, *Concertation and the Structure of Corporatist Networks*, in *Order and Conflict in Contemporary Capitalism*, a cura di J.H. Goldthorpe, Clarendon Press, Oxford, pp. 60–80 (tr. it. *Ordine e Conflitto nel Capitalismo moderno*, Bologna, Il Mulino, 1989, pp. 115–143).

LEHMBRUCH G., 1996, *German Federalism and the Challenge of the Unification*, in V. Wright and J.J. Hesse (a cura di) Federalizing Europe? Oxford University Press, Oxford.

LEIBFRIED S. e PIERSON P. (a cura di), 1995, *European Social Policy: between Fragmentation and Integration*, Brooking, Washington, D.C.

LERNER D., LASSWELL H.D. (a cura di), 1951, *The Policy Sciences: Recent Developments in Scope and Method*, Stanford University Press, Stanford.

LEPSIUS M. RAINER, 1978, *From Fragmented Party Democracy to Government by Emergency Decree and National Socialist Takeover: Germany*, in J.J. Linz and A. Stepan (a cura di), *The Breakdown of Democratic Regimes: Europe*, Johns Hopkins University Press, Baltimore, pp. 34–79, trad. it., *La caduta dei regimi democratici*, il Mulino, Bologna 1981.

LEVITSKY S. e WAY L.A., 2002, *The Rise of Competitive Authoritarianism*, «Journal of Democracy», 13, 2, pp. 51–65.

LEVITSKY S. e WAY L.A., 2010, *Competitive Authoritarianism. Hybrid Regimes After the Cold War*, Cambridge University Press, Cambridge.

LEWIS E., 1980, *Public Entrepreneurship: Toward a Theory of Bureaucratic Political Power*, Indiana University Press, Bloomington.

LIJPHART A. e WAISMAN C.H. (a cura di), 1996, *Institutional Design in New Democracies. Eastern Europe and Latin America*, Westview Press, Boulder.

LIJPHART A., 1968a, *Typologies of Democratic Systems*, «Comparative Political Studies», 1, 1, pp. 3–44.

LIJPHART A., 1968b, *Consociational Democracy*, in «World Politics», 21, pp. 205–25.

LIJPHART A., *Democracy in Plural Societies: A Comparative Explanation,* Yale University Press, New Haven.

LIJPHART A., 1984, *Trying to Have the Best of Both Worlds: Semi-proportional and Mixed. Systems*, in *Choosing an Electoral System: Issues and Alternatives*, a cura di A. Lijphart e B. Grofman, Praeger, New York, pp. 207–213.

LIJPHART A., 1985, *Caratteri del metodo comparato*, in *Metodo scientifico e ricerca politica*, a cura di D. Fisichella, NIS, Roma, pp. 269–292.

LIJPHART A., 1994, Electoral Systems and Party Systems: *A Study of Twenty-Seven Democracies, 1945–1990*, Oxford University Press, Oxford.

LIJPHART A., 1996, *The Puzzle of Indian Democracy: a Consociational Interpretation*, in «American Political Science Review», 90, 2, pp. 258–68.

LIJPHART A., 1999, *Patterns of Democracy. Government, Forms and Performance in Thirty-Six Countries*, Yale University Press, New Haven (tr. it. *Le democrazie contemporanee*, Il Mulino, Bologna, 2001).

LINDBLOM C.E. e WOODHOUSE E.J., 1993, *The Policy Making Process (3rd ed.)*, Prentice Hall, Englewood Cliffs, NJ.

LINDBLOM C.E., 1959, *The Science of Muddling Through*, «Public Administration Review», 19, 2, pp. 78–88.

LINDBLOM C.E., 1965, *The Intelligence of Democracy: Decision Making though Mutual Adjustment*, New York, The Free Press.

LINDBLOM C.E., 1977, *Politics and Markets: The World's Political Economic Systems*, Basic Books, New York (tr. it. *Politica e mercato. I sistemi politico-economici mondiali*, Etas Libri, Milano, 1979).

LINDBLOM C.E., 1979, *Still Muddling Not Yet Through*, «Public Administration Review», 39, 6, pp. 517–552.

LINZ J.J. e STEPAN A., 2000a, *Transizione e consolidamento democratico*, Il Mulino, Bologna.

LINZ J.J. e STEPAN A., 2000b, *L'Europa post-comunista*, Il Mulino, Bologna.

LINZ J.J. e VALEZUELA A. (a cura di), 1994, *The Failure of Presidential* Democracy, Baltimore, Md, Jhons Hopkins University Press (Tr. it. *Il fallimento del presidenzialismo*, Il Mulino, Bologna, 1995).

LINZ J.J., 1964, *An Authoritarian Regime: The Case of Spain*, in *Cleavages, Ideology and Party Systems*, a cura di E. Allart e Y. Littunen, Westermarck Society, Helsinki.

LINZ J.J., 1975, *Totalitarian and Authoritarian Regimes*, in *Handbook of Political Science: Macro-political Theory*, vol. III, a cura di Greenstein F. e Polsby N., Addison-Wesley, Reading, Mass. (tr. it. *Sistemi totalitari e regimi autoritari. Un'analisi storico-comparativa*, Rubbettino, Soveria Mannelli, 2006).

Linz J.J., 1978, *The Breakdown of Democratic Regimes: Crisis, Breakdown and Reequilibration*, The Johns Hopkins University Press, Baltimore and London (tr. it. *La caduta dei regimi democratici*, Il Mulino, Bologna, 1981).

Linz J.J., 1990, *The Perils of Presidentialism*, «Journal of Democracy», 1, pp. 51–69.

Linz J.J., 1993, *State Building and Nation Building*, «European Review», I, 4, pp. 355–369.

Linz J.J., 1995, *Plurinazionalismo e democrazia*, «Rivista italiana di scienza politica», 24, 1, pp. 21–50.

Linz J.J., 2003, *Fascismo, totalitarismo e autoritarismo*, in *Cos'è il fascismo? Interpretazioni e prospettive di ricerca*, a cura di A. Campi, Ideazione Editrice, Roma, pp. 188–210.

Linz J.J., 2006, *Democrazia e autoritarismo*, Bologna, Il Mulino.

Linz J.J., Stepan A. e Gunther R., 1995, *Democratic Transition and Consolidation in Southern Europe, with Reflections on Latin America and Eastern Europe*, in Gunther, Diamandouros, Puhle (a cura di), 1995, *op. cit.*, pp. 77–123.

Lippi A. e M. Morisi, 2005, *Scienza dell'amministrazione*, Il Mulino, Bologna

Lipset S.M. e Lakin J.M., 2004, *The Democratic Century*, University of Oklahoma Press, Norman.

Lipset S.M. e Rokkan S. (a cura di), 1967, *Party Systems and Voters Alignments: Cross-National Perspectives*, The Free Press, New York.

Lipset S.M. e Rokkan S., 1967, *Cleavage Structures, Party Systems and Voters Alignments: An Introduction*, in *Party Systems and Voters Alignments: Cross-National Perspectives*, a cura di S.M. Lipset e S. Rokkan, The Free Press, New York, pp. 1–64.

Lipset S.M., 1950, «Bureaucracy and Social Cahnge», cap. 12, in ID. *Agrarian Socialism. The Cooperative Commonwealth Federation in Saskatchewan*, University of California Press, Berkley–Los Angeles, CA, pp. 307–331.

Lipset S.M., 1963, *L'uomo e la politica. Le basi sociali della politica*, Comunità, Milano.

Lipset S.M., 1994, *The Social Requisites of Democracy Revisited*, «American Sociological Review», 59, pp. 1–22.

Lipsky M., 1980, *Street Level Bureaucracy. Dilemmas of the Individual Public Services*, Sage, London-New York.

Lipski M., 1982, *Street Level Bureaucracy*, Russell Sage, New York.

Lowenthal R., 1965, *The Revolution Withers Away*, «Problems of Communism», XIV, pp. 10–17.

Lowi T.J., 1964, *American Business, Public Policy, Case-Studies, and Political Theory*, «World Politics», 16, pp. 677–715.

Lowi T.J., 1972, *Four Systems of Policy, Politics, and Choice,* «Public Administration Review», vol. 33, pp. 298–310 (tr. it., *Politiche pubbliche, case studies e teoria politica*, in T.J. Lowi *La scienza delle politiche*, Il Mulino, Bologna, 1999, pp. 5–36).

Lowi T.J., 1979, *The End of Liberalism. The Second Republic of the United States*, Norton, New York.

Lowi T.J., 1992, *Governo di partito e regime presidenziale*, in *Come cambiano i partiti*, a cura di M. Calise, Il Mulino, Bologna, pp. 299–324.

Lust-Okar E. e Jamal A.A., 2002, *Rulers and Rules: Reassessing the Influence of Regime Type on Electoral Law Formation*, «Comparative Political Studies», 35, 3, pp. 337–366.

Lust-Okar E., 2005, *Structuring Conflict in the Arab World: Incumbents, Opponents, and Institutions,* Cambridge University Press, New York.

Lust-Okar E., 2006, *Elections under Authoritarianism: Preliminary Lessons from Jordan*, «Democratization», 13, pp. 456–471.

Luther K.R. e Müller-Rommel F. (a cura di), 2002, *Political Parties in the New Europe. Political and Analytical Challenges*, Oxford University Press, Oxford.

Lynn, L.E. Jr. 200,1 *The Myth of the Bureaucratic Paradigm: What Traditional Public Administration Really Stood For*, «Public Administration Review» 61(2): 144–60.

MACRIDIS R.C., 1972, *Stadi di sviluppo dei partiti*, in *Partiti e gruppi di pressione*, a cura di D. Fisichella, *op. cit.*, pp. 49–65.

MAGALONI B., 2006, *Voting for Autocracy: The Politics of Party Hegemony and its Demise*, Cambridge University Press, Cambridge.

MAGEN A. e MORLINO L, 2008, *Hybrid Regimes, The Rule Of Law, And External Influence On Domestic Change*, in A. Magen e L. Morlino (a cura di), *op. cit.*, pp. 1–25.

MAGEN A. e MORLINO L. (a cura di), 2008, *International Actors, Democratization and the Rule of Law. Anchoring Democracy?*, Routledge, London-New York.

MAINWARING S. (a cura di), 1997, *Presidentialism and Democracy in Latin America*, Cambridge University Press, Cambridge.

MAINWARING S. E SHUGART M. (a cura di), 1997, *Presidentialism and Democracy in Latin America*, Cambridge University Press, Cambridge.

MAINWARING S., 1992, *Transitions to Democracy and Democratic Consolidation: Theoretical and Comparative Issues*, in Mainwaring S., O'Donnell G. e Valenzuela J. S. (a cura di), *op. cit.*, pp. 294–335.

MAINWARING S., 1993, *Presidentialism, Multipartism and Democracy: The Difficult Combination,* «Comparative Political Studies», 26, 2, pp. 198–228.

MAINWARING S., 1998, *Party Systems in the Third Waves*, «Journal of Democracy», 9, 3, pp. 67–81.

MAINWARING S., O'DONNELL G. e VALENZUELA J.S. (a cura di), 1992, *Issues in Democratic Consolidation: The New South American Democracies in Comparative Perspective*, University of Notre Dame Press, Notre Dame.

MAINWARING S., O'DONNELL G. e VALENZUELA J.S., 1992, *Introduction*, in S. Mainwaring, G. O'Donnell e J.S. Valenzuela (a cura di), *op. cit.*, pp. 1–16.

MAIR P., 1997, *Party System Change*, Clarendon Press, Oxford.

MAIR P., 2001, *The Freezing Hypothesis: An Evaluation*, in *Party Systems and Voter Alignments Revisited*, a cura di L. Karvonen e S. Kuhnle, Routledge, London, pp. 27–44.

MAIR P., 2006a, *Cleavages*, in *Handbook of Party Politics*, a cura di R.S. Katz e W. Crotty, Sage, London, pp. 371–375.

MAIR P., 2006b, *Party System Change*, in *Handbook of Party Politics*, a cura di R.S. Katz e W. Crotty, Sage, London, pp. 63–73.

MANIA R. e M. PANARA, 2014, *Nomenklatura. Chi comanda davvero in Italia?*, Laterza, Roma-Bari.

MANIN B., 1995, *Principes du Gouvernement Représentatif*, Calmann-Lévy, Paris (tr. it. *Principi del governo rappresentativo*, Il Mulino, Bologna, 2010).

MANSFIELD E.D. e BUSCH M., 1995, *The Political Economy of Non-Tariff Barriers: A Cross-National Analysis*, «International Organization», 49, 4, pp. 723–49.

MANSFIELD, E.D. e SNYDER J., 1995, *Democratization and the Danger of War*, «International Security», 20, 1, pp. 5–38.

MAOZ Z. e ABDOLALI N., 1989, *Regime Type and International Conflict, 1817–1976*, «Journal of Conflict Resolution», 33, 1, pp. 3–35.

MARAFFI M., 1995, *Forza Italia*, in *La politica italiana. Dizionario critico 1945–1995*, a cura di G. Pasquino, Laterza, Roma-Bari, pp. 247–259.

MARCH J.C. e OLSEN J.P. (a cura di), 1976, *Ambiguity and Choice in Organizations*, Universitetsforlaget, Oslo.

MARCH J.C. e OLSEN J.P., 1992, *Riscoprire le istituzioni. La basi organizzative della politica*, Il Mulino, Bologna.

MARRADI A., 1980, *Concetti e metodi in scienza politica*, La Giuntina, Firenze.

MARRADI A., 1985, *Natura, forme e scopi della comparazione: un bilancio*, in D. Fisichella (a cura di), *op. cit.*, pp. 293–321.

Martinelli A., 1999[3], *La rappresentanza degli interessi organizzati*, in *L'azione collettiva degli imprenditori italiani*, a cura di A. Martinelli, Comunità, Milano, pp. 15–83.

Massari O., 1994a, Come le istituzioni regolano i *partiti*: *modello Westminster e partito laburista*, Il Mulino, Bologna.

Massari O., 2007, *Gran Bretagna*: *ancora il bipartitismo?*, in *Partiti e sistemi di partito nelle democrazie europee* a cura di P. Grilli Di Cortona e G. Pasquino, Il Mulino, Bologna, pp. 19–48.

Massari, O., 1994b, *Gran Bretagna*: *un sistema funzionale* al *governo di partito responsabile,* in *Rappresentare e governare*, a cura di O. Massari e G. Pasquino, Il Mulino, Bologna, pp. 25–53.

Massicotte L. e Blais A., 1999, *Mixed Electoral Systems: A Conceptual and Empirical Survey,* «Electoral Studies», 18, 6, pp. 341–366.

Mastropaolo A. e Verzichelli L., 2006, *Il Parlamento*, Laterza, Roma-Bari.

Mastropaolo A., 1981, *Stato*, in *Il mondo contemporaneo*, vol. X: *Gli strumenti della ricerca* 1, La Nuova Italia, Firenze, pp. 350–393.

Mastropaolo A., 1984, *Saggio sul professionismo politico*, Franco Angeli, Milano.

Mastropaolo A., 1993, *Il ceto politico. Teoria* e *prassi,* NIS, Roma.

Mattina L., 1993, *Abete's Confindustria: From Alliance with the Dc to the Multiparty Appeal*, in *Italian Politics: A Review*, a cura di S. Hellman e G. Pasquino, Pinter Publisher, London.

Mattina L., 2010, *I gruppi di interesse*, Il Mulino, Bologna.

Mattina L., 2011, *Interest Groups* in *International Encyclopedia of Political Science* a cura di, B. Badie, D. Berg-Schlosser D., L. Morlino, Sage, London, Vol. 4, pp. 1219–1230.

May P.J., 1991, *Reconsidering Policy Design: Policies and Publics*, «Journal of Public Policy», 11, 2, pp. 187–206.

Mayhew, D.R. (2011), *Partisan Balance: Why Political Parties Don't Kill the U.S. Constitutional System*, Princeton University Press, Princeton.

Mayntz R., 1982, *Sociologia della pubblica amministrazione*, Bologna, Il Mulino (ed. or. 1978)

Mazey S. e Richardson J., 2006, *Interest groups and EU Policy-Making: Organizational Logic and Venue Shopping*, in *European Union: Power and Policy-Making*, a cura di J. Richardson, Routledge, London-New York, pp. 247–65.

Mazzoleni G., 1998, *La comunicazione politica*, Il Mulino, Bologna.

McFarland A., 1987, *Interest Groups and Theories of Power in America*, «British Journal of Political Science», 17, pp. 129–147.

McFarland A., 2010, *Interest Group Theory*, in *The Oxford Handbook of American Political Parties and Interest Groups,* a cura di L.S. Maisel e J.M. Berry, Oxford University Press, Oxford, pp. 37–56.

McFaul M., 2002: *The Fourth Wave of Democracy* and *Dictatorship. Non Cooperative Transitions in the Postcommunist World*, «World Politics», 54, pp. 212–244.

McGann J.G. e Weaver R.K. (a cura di), 2000, *Think Tanks and Civil Societies: Catalysts for Ideas and Action*, Transaction Press, Somerset, N.J.

McGann J.G., 2011, *The Global Go To Think Tanks Report 2011. The Leading Public Policy Research Organizations in the World*, disponibile all'indirizzo: http://www.gotothinktank.com/wp-content/uploads/2012/01/2011-Global-Go-To-Think-Tanks-Report.pdf.

Mearsheimer J., 2001, *The Tragedy of Great Power Politics*, Norton, New York (tr. it. *La logica di potenza. L'America, le guerre, il controllo del mondo*, Università Bocconi Editore, Milano 2003).

Medvetz Thomas, 2011, *Think tanks* in «Blackwell Encyclopedia of Sociology» a cura di George Ritzer, Blackwell Publishing, 2007. Blackwell Reference Online. 16 September 2011 <http://www.sociologyencyclopedia.com/subscriber/tocnode?id=g9781405124331_yr2010_chunk_g978140512433126_ss1–63>.

MEISEL J.H., 1962, *The Myth of the Ruling Class: Gaetano Mosca and the «Elite»*, University of Michigan Press, Ann Arbor.

MEISSNER B., 1966, *Governo totalitario e trasformazione sociale*, «L'Est», II, pp. 157–169.

MENY Y. e SUREL Y., 2009[8], *Politique Comparée. Les Démocraties Allemagne, États-Unis, France, Grande-Bretagne, Italie*, Montchrestien, Paris.

MENY Y. e THOENIG J.C., 1989, *Politiques Publiques*, PUF, Paris (tr. it. *Le politiche pubbliche*, Il Mulino, Bologna, 1991).

MERKL P.H., 1988, *The Challenger of the Party Systems*, in *When Parties Fail: Emerging Alternative Organizations*, a cura di K. Lawson e P.H. Merkl, Princeton University Press, Princeton, pp. 561–588.

MEYNAUD J., 1962, *Nouvelle études sur les groupes de pression en France*, Colin, Paris.

MICHELS R., 1911, *Zur Soziologie des Parteiwesens in der modernen Demokratie. Untersuchungen über die oligarchischen Tendenzen des Gruppenlebens*, Werner Klinkhard, Leipzig, (tr. it., *La sociologia del Partito politico nella democrazia moderna. Studi sulle tendenze oligarchiche degli aggregati politici*, Il Mulino, Bologna, 1966).

MICHELS R., 1971, *Democrazia formale e realtà oligarchica*, in *Sociologia dei partiti politici*, a cura di G. Sivini, Il Mulino, Bologna, pp. 27–44.

MIGLIO G., 1984, *Le contraddizioni interne del sistema parlamentare-integrale*, «Rivista italiana di Scienza Politica», 2, pp. 209–222.

MIGLIO G., 2011, *Lezioni di politica*, vol. II, *Scienza della politica,* Il Mulino, Bologna.

MILBRATH W.L., 1963, *The Washington Lobbyists*, Rand McNally, Chicago.

MILBRATH W.L., 1965, *Lobbying as a Communication Process*, in *Information, Influence, Communication*, a cura di O. Lerbinger e A.J. Sullivan, Basic Books, London.

MILIBAND R., 1969, *The State in Capitalist Society*, Winfield & Nicolson, London (tr. it. *Lo stato nella società capitalistica*, Roma-Bari, Laterza, 1970).

MILL J.S., 1843, *A System of Logic. Ratiocinative and Inductive*, Longman, London (tr. it. *Sistema di logica*, Ubaldini, Roma, 1968).

MILLS C.W., 1956, *The Power Elite*, Oxford University Press, New York (tr. it. *L'élite di Potere*, Feltrinelli, Milano, 1959).

MISSIROLI A., 1994, *Germania: proporzionale personalizzata e cancellierato*, in *Rappresentare e governare*, a cura di O. MASSARI E G. PASQUINO, Il Mulino, Bologna, pp. 155–180

MITNICK B.M. 1980, *The political economy of regulation: Creating, designing, and removing regulatory forms*, Columbia University Press, New York.

MODELSKI G. e THOMPSON W.R., 1987, *Testing Cobweb Models of the Long Cycles*, in *Exploring Long Cycles*, a cura di G. Modelski, Lynne Rienner, Boulder, CO, pp. 85–111.

MODELSKI G., e THOMPSON W.R., 1996, *Leading Sectors and World Powers: The Coevolution of Global Economics and Politics*, University of South Carolina Press, Columbia.

MONTERO J.R., 2010, *Ejemplos de sistemas electorales*, disponibile all'indirizzo: http://asamblea-popularmoncloadebod.wordpress.com/2011/07/05/documentos-i-taller-foro-de-la-reforma-del-sistema-electoral/

MOORE B. JR., 1966, *The Social Origins of Dictatorship and Democracy. Lord and peasants in the Making of the Modern World*, Beacon Press, Boston (tr. it. *Le origini sociali della dittatura e della democrazia*, Einaudi, Torino, 1969).

MORAVCSIK A., 1993, *Integrating International and Domestic Theories of International Bargaining*, in *Double-Edged Diplomacy*, a cura di P.B. Evans, H.K. Jacobson e R.D. Putnam, University of California Press, Berkeley, pp. 3–42.

MORGENTHAU H.J., 1948, *Politics Among Nations: the Struggle for Power and Peace*, Knopf, New York (tr. it. *Politica tra le nazioni*, Il Mulino, Bologna 1997).

MORGENTHAU H.J., 1974, *Scientific Man vs Power Politics*, University of Chicago Press, Chicago.

MORINI M., 2007, *Russia: stabilità apparente o instabilità latente?*, in P. Grilli di Cortona e G. Pasquino (a cura di), *op. cit.*, pp. 243–272.

MORLINO L. (a cura di), 1991, *Costruire la democrazia. Gruppi e partiti in Italia*, Il Mulino, Bologna.

MORLINO L. e SADURSKY W. (a cura di), 2010, *Democratization and the European Union: Comparing Central and Eastern European Post-Communist Countries*, London, Routledge.

MORLINO L. e TARCHI M. (a cura di), 2006, *Partiti e caso italiano*, Il Mulino, Bologna.

MORLINO L., 1980, *Come cambiano i regimi politici*, Angeli, Milano.

MORLINO L., 1996, *Crisis of Parties and Change of Party System in Italy*, «Party Politics», 2, 1, pp. 5–30.

MORLINO L., 1998, *Democracy between Consolidation and Crisis. Parties, Groups, and Citizens in Southern Europe*, Oxford University Press, Oxford (tr. it. *Democrazie tra consolidamento e crisi*, Il Mulino, Bologna, 2008).

MORLINO L., 2003, *Democrazie e democratizzazioni*, Il Mulino, Bologna.

MORLINO L., 2005, *Introduzione alla ricerca comparata*, Il Mulino, Bologna.

MORLINO L., 2006, *Europeizzazione e rappresentanza: perché i fondi strutturali*, in *Europeizzazione e rappresentanza territoriale. Il caso italiano*, a cura di V. Fargion, L. Morlino e S. Profeti, Il Mulino, Bologna, pp. 11–60.

MORLINO L., 2011, *Changes for Democracy: Actors, Structures, Processes*, Oxford, Oxford University Press.

MORLINO, L., 2008, *Regimi ibridi o regimi in transizione?*, in «Rivista italiana di scienza politica», 38, 2, pp. 169–189.

MORLINO, L., 2009, *Are there Hybrid Regimes? Or are they just an Optical Illusion*, «European Political Science Review», 1, 2, pp. 273–296.

MOSCA G., 1884, *Teorica dei governi e governo parlamentare*, Loescher, Torino, ora in *Scritti politici di Gaetano Mosca,* Vol. I, a cura di G. Sola, Utet, Torino, 1982.

MOSCA G., 1896, *Elementi di scienza politica*, Bocca, Torino, ora in *Scritti politici di Gaetano Mosca,* Vol. II, a cura di G. Sola, Utet, Torino, 1982.

MULLER E.N., 1988, *Democracy, Economic Development, and Income Inequality*, «American Sociological Review», 53, Feb., pp. 50–68.

MÜLLER W.C., STRØM K. (a cura di), 2000, *Coalition Governments in Western Europe,* Oxford University Press, Oxford.

MUNCK G.L. e SKALNIK LEFF C., 1997, *Modes of Transition and Democratization. South America and Eastern Europe in Comparative Perspective*, «Comparative Politics», vol. 29, 3, pp. 343–362.

NEUMANN F., 1973, *Lo Stato democratico e lo Stato autoritario*, Il Mulino, Bologna.

NEUMANN S., 1956, *Toward a Comparative Study of Political Party*, in *Modern Political Parties*, a cura di S. Neumann, University of Chicago Press, Chicago, pp. 395–424 (tr. it. parziale *Sociologia dei partiti politici*, Il Mulino, Bologna 1971, pp. 143–154).

NEWTON K. e VAN DETH J., 2005, *Foundations of Comparative Politics*, Cambridge University Press, Cambridge.

NINCIC M., 1992, *Democracy and Foreign Policy*, Columbia University Press, New York.

NISKANEN W.A., 1974, *Bureaucracy*, Aldine Press, Chicago.

NODIA, G.O., 1996, *How Different Are Post-Communist Transitions?*, in «Journal of Democracy», 7, 4, pp. 15–29.

NOHLEN D. 1984b *Changes and Choices in Electoral Systems,* in *Choosing an Electoral System: Issues and Alternatives*, a cura di A. Lijphart e B. Grofman, Praeger, New York, pp. 217–224.

NOHLEN D., 1984a, *Two Incompatible Principles of Representation*, in *Choosing an Electoral System: Issues and Alternatives*, a cura di A. Lijphart e B. Grofman, Praeger, New York, pp. 83–89.

NOHLEN D., GROTZ F. e HARTMANN C., 2001, *Elections in Asia and the Pacific.* A *Data Handbook,* Oxford University Press, New York.

NOHLEN D., KRENNERICH M., THIBAUT B., 1999, *Elections in Africa: A Data Handbook,* Oxford University Press, Oxford.

NORDLINGER E.A., 1978, *I nuovi Pretoriani: l'intervento dei militari in politica*, Etas Libri, Milano.

NORTH R.C., 1990, *War, Peace, Survival: Global Politics and Conceptual Synthesis*, Westview Press, Boulder, CO.

NOWNES A., 2006, *Total Lobbying. What Lobbyists Want (and How They Try to Get It)*, Cambridge University Press, Cambridge.

NUGENT N., 2011, *Organizzazione politica europea*, Il Mulino, Bologna.

NYE J.S., 2004, *Soft Power. The Means to Success in World Politics*, Basic Books, New York.

O'DONNELL G., 1973, *Modernization and Bureaucratic Authoritarianism: Studies in South American Politics*, University of California, Institute of International studies Berkley.

O'DONNELL G., 1992, *Transitions, Continuities, and Paradoxes*, in S. Mainwaring, G. O'Donnell e J.S. Valenzuela (a cura di), *op. cit.*, pp. 17–56.

O'DONNELL G., 1996, *Illusions and Conceptual Flaws*, «Journal of Democracy», 7, 4, pp. 160–168.

O'DONNELL G., 2007, *Dissonances. Democratic Critiques of Democracy*, University of Notre Dame Press, Notre Dame.

O'DONNELL G., SCHMITTER P. e WHITEHEAD L. (a cura di), 1986, *Transitions from Authoritarian Rule: Prospects for Democracy*, The Johns Hopkins University Press, Baltimore.

O'DONNELL G., SCHMITTER P.C., 1986, *Transitions from Authoritarian Rule. Tentative Conclusions about Uncertain Democracies*, in G. O'Donnell, P.C. Schmitter e L. Whitehead (a cura di), *op. cit.*, parte IV, pp. 1–78.

OFFE C., 1981, *The Attribution of Public Status to Interest Groups: Observations on the West German Case*, in *Organized Interests in Western Europe* a cura di S. Berger, Cambridge University Press, Cambridge (tr. it. *L'attribuzione dello stato pubblico ai gruppi di interesse: osservazioni sul caso della Germania*, in *L'organizzazione degli interessi nell'Europa occidentale*, Il Mulino, Bologna, 1983, pp. 165–216).

OFFERLE M., 1994, *Sociologie des groupes d'intérêt*, Montchrestien, Paris.

OGDEN C. K. e RICHARDS A., 1946, *The Meaning of the Meaning*, Harcourt Brace Jovanovich, New York.

OLIVIERO M. e VOLPI M. (a cura di), 2007, *Sistemi elettorali e democrazie*, Giappichelli, Torino.

OLSEN J.P., 2002, *The Many Faces of Europeanization*, «Journal of Common Market Studies», 40, 5, pp. 921–952.

OLSON M., 1965, *The Logic Of Collective Action. Public Goods and the Theory of Groups*, Harvard University Press, Cambridge, Mass. (tr. it. *La logica dell'azione collettiva*, Feltrinelli, Milano, 1983).

OLSON M., 1982, *The Rise and Decline of Nations: Economic Growth, Stagflation, and Social Rigidities*, Yale University Press, Yale, Conn. (tr. it. *Ascesa e declino delle nazioni. Crescita economica, stagflazione e rigidità sociali*, Il Mulino, Bologna, 1984).

ONUF N.G., 1995, *Levels*, «European Journal of International Relations», 1, 1, pp. 35–58.

OPPENHEIM F.E., 1961, *Dimensions of Freedom: An Analysis,* St. Martin's Press, New York.

ORWELL G., 1949, *Nineteen eighty-four*, London, Secker & Warburg, ed. Penguin Classics, London, 2000.

OSBORNE D E T. GAEBLER, 1992, *Reinventing Government. How the Entrepreneurial Spirit is Trasforming the Public Sector*, New York, Addison-Wesley.

OSTROGORSKI M., 1903, *La démocratie et l'organisation des partis politiques*, Calmann-Lévy, Paris.

OWEN J., 1994, *How Liberalism Produces Democratic Peace*, in «International Security», 19, 2, pp. 87–125.

PAGE E.C., 1985, *Political Authority and Bureaucratic Power. A Comparative Analysis*, New York, Harvester, trad. it., *Burocrazia, amministrazione e politica*, Il Mulino, Bologna 1990.

PAGE E.C., 1991, *Localism and Centralism in Europe. The Political and Legal Bases of Local Self-Government*, Oxford University Press, New York.

PAHL R. e WINKLER J.T., 1974, *The Coming Corporatism*, in «New Society», 10, pp. 72–76.

PANEBIANCO A., 1982, *Modelli di partito*, Il Mulino, Bologna.

PANEBIANCO A., 1986a, *Burocrazie pubbliche*, in *Manuale di scienza politica*, a cura di G. Pasquino, Il Mulino, Bologna, pp. 383–430.

PANEBIANCO A., 1986b, *La dimensione internazionale dei processi politici*, in *Manuale di scienza politica*, a cura di G. Pasquino, Il Mulino, Bologna, pp. 431–499.

PANEBIANCO A., 1988, *Introduzione. Le scienze sociali e la politica*, in *L'analisi della politica*, a cura di A. Panebianco, Il Mulino, Bologna, pp. 69–102.

PANEBIANCO A., 1993, *La tentazione di fare a meno della politica*, «Il Mulino», XLII, 348, pp. 637–645.

PANEBIANCO A., 1997, *Guerrieri democratici. La democrazia e la politica di potenza*, Il Mulino, Bologna.

PANEBIANCO A., 2004, *Il potere, lo stato, la libertà. La gracile costituzione della società libera*, Il Mulino, Bologna.

PANEBIANCO A., 2011, *Party Organization*, in B. Badie, D. Berg-Schlosser, L. Morlino (a cura di), *op. cit.*, pp. 1817–1821.

PANITCH L., 1977, *The Development of Corporatism in Liberal Democracies* «Comparative Political Studies» 10, 1, pp. 61–90 (tr. it. *Lo sviluppo del corporativismo nelle democrazie* liberali, in *La società neocorporativa*, a cura di M. Maraffi, Il Mulino, Bologna, 1981 pp. 133–162).

PAPPALARDO A., 1996, *Dal pluralismo polarizzato al pluralismo moderato. Il modello di Sartori e la transizione italiana*, «Rivista italiana di scienza politica», 26, 1, pp. 103–145.

PAPPALARDO A., MATTINA L., 1999, *Democrazie e decisioni*, Carocci, Roma, 1999.

PARETO V., 1916 ed. or., *Trattato di sociologia generale,* Edizioni di Comunità, Milano, 1964.

PARRY G., 1972, *Le élites politiche,* Il Mulino, Bologna.

PARSI V.E., 1998, *Interesse nazionale e globalizzazione*, Jaca Book, Milano.

PARSI V.E., 2003, *L'alleanza inevitabile. Europa e Stati Uniti oltre l'Iraq*, Università Bocconi, Milano.

PARSONS T., 1969, *Politics and Social Structure*, The Free Press, New York (tr. it. *Sistema politico e struttura sociale*, Giuffrè, Milano 1975.

PASQUINO G. (a cura di), 2002, *Dall'Ulivo al governo Berlusconi. Le elezioni del 13 maggio 2001 e il sistema politico italiano*, Il Mulino, Bologna.

PASQUINO G. (a cura di), 2005, *Capi di governo*, Il Mulino, Bologna.

PASQUINO G. e PELLIZZO R., 2006, *Parlamenti democratici*, Il Mulino, Bologna.

PASQUINO G. e VENTURA S. (a cura di), 2010, *Una splendida cinquantenne: la quinta repubblica francese*, Il Mulino, Bologna.

PASQUINO G., 1974, *Militari e politica in America latina*, Il Mulino, Bologna.

PASQUINO G., 1995, *Politica,* in *Alla ricerca della politica. Voci per un dizionario*, a cura di A. d'Orsi, Bollati Boringhieri, Torino, pp. 266–284.

PASQUINO G., 1996, *Duetti e duelli, l'adattabilità del semipresidenzialismo* in *Semipresidenzialismo*, a cura di S. Ceccanti, O. Massari, G. Pasquino, Il Mulino, Bologna, pp. 99–148.

PASQUINO G., 1997, *Corso di scienza politica*, Il Mulino, Bologna.

PASQUINO G., 1999, *La classe politica*, Il Mulino, Bologna.

PASQUINO G., 2006, *I sistemi elettorali*, Bologna, Il Mulino.

PASQUINO G., 2009, *Nuovo corso di scienza politica*, Il Mulino, Bologna.

PASQUINO G., 2010, *Le parole della politica*, Il Mulino, Bologna.

PASSARELLI G., 2008, *Monarchi elettivi? Dinamiche presidenziali in Francia e Portogallo*, Bononia University Press.

PASSERIN D'ENTRÈVES E., 1967, *La dottrina dello Stato*, Giappichelli, Torino.

PASSIGLI S., 1971, (a cura di) *Potere ed élites politiche,* Il Mulino, Bologna.

PAUTZ H., 2011, *Revisiting the Think-Tank Phenomenon*, «Public Policy and Administration», 26, 4, pp. 419–435.

PEGORARO L. e RINELLA A. (a cura di), 1997, *Semipresidenzialismi*, Cedam, Padova.

PELLICANI L., 2004a, *I due volti del totalitarismo: Lenin e Hitler*, in «MondOperaio», marzo-aprile, pp. 74–91.

PELLICANI L., 2004b, *Rivoluzione e totalitarismo*, Marco Editore, Lungro di Cosenza.

PENNINGS P. e LANE J.E. (a cura di), 1998, *Comparing Party System Change*, Routledge, London.

PERLMUTTER A., 1977, *The Military and Politics in Modern Times*, Yale University Press, New Haven.

PETERS B.G., 1978, *The Politics of Bureaucracy*, Longman, New York.

PETERS B.G., 1981, *The Problem of Bureaucratic Government,* «Journal of Politics», 43, pp. 56–82.

PETERS B.G., 1988, *Comparing Public Bureaucracies. Problems of Theory and Method*, The University of Alabama Press, Tuscaloosa

PETERS B.G., 1995 *The Politics of Bureaucracy*, 4th edn., Longman, New York.

PETERS B.G., 1999, *American Public Policy: Promise and Performance*, Chatham House, Chappaqua, N.Y.

PETERS B.G., 2001, *Politica comparata*, Il Mulino, Bologna.

PEVEHOUSE J.C., 2002, *With a Little Help from My Friends? Regional Organizations and the Consolidation of Democracy*, «American Journal of Political Science», 46, 3, pp. 611–626.

PIERSON P., 1996, *The Path to European Integration. A Historical Institutionalist Analysis*, «Comparative Political Studies», 29, 2, pp. 123–63.

PILKINGTON C., 1999, *The Civil Service in Britain Today*, Manchester University Press, Manchester.

PINTO-DUSCHINSKY M., 2011, *Party Finance*, in B. Badie, D. Berg-Schlosser, L. Morlino (a cura di), *op. cit.*, pp. 1803–1806.

PIRETTI M.S., 1998, *La fabbrica del voto: come funzionano i sistemi elettorali*, Laterza, Roma-Bari.

PISCIOTTA B., 2002, *Istituzioni europee e consolidamento democratico. Le politiche di privatizzazione e tutela della concorrenza in Polonia, Ungheria e Repubblica Ceca*, ESI, Napoli.

PISCIOTTA B., 2007, *Alle origini dei partiti post-comunisti. La frattura di classe nell'Europa centro-orientale*, Rubbettino, Soveria Mannelli.

PITKIN H.F., 1972, *The Concept of Representation,* University of California Press, Berkeley.

POGGI G., 1978, *La vicenda dello stato moderno*, Il Mulino, Bologna.

POGGI G., 1992, *Lo stato. Natura, sviluppo, prospettive*, Il Mulino, Bologna.

POGGI G., 1998, *Il gioco dei poteri*, Il Mulino, Bologna.

POGUNTKE T. e P. WEBB, 2005, (a cura di) *The Presidentialization of Politics: A Comparative Study of Modern Democracies,* Oxford University Press, Oxford.

POLLACK M.A., 2003, *Unilateral America, Multilateral Europe?* in *Reinforcing the Transaltantic Relationship*, a cura di J. Peterson e M.A. Pollack, Routledge, London.

POLLITT C. E G. BOUCKAERT, 2004, *Public Management Reform: A Comparative Analysis.* Oxford, Oxford University Press.

POLLITT C. E G. BOUCKAERT, 2011, *Public Management Reform: A Comparative Analysis,* Oxford University Press, Oxford.

POLSBY N., 1963, *Community Power and Political Theory*, Yale University Press, New Haven.

POOCHAROEN O., 2013, *Bureaucracy and the Policy Process* , in E. Araral Jr., S. Fritzen, M. Howlett, M. Ramesh, X. Wu (eds) *Routledge Handbook of Public Policy*, Routledge, London-New York pp. 331–346.

POPPER K.R., 1994, *Poscritto alla logica della scoperta scientifica. Il realismo e lo scopo della scienza*, Il Saggiatore, Milano.

PORTINARO P.P., 1999, *Stato,* Il Mulino, Bologna.

POWELL B., 1982, *Contemporary Democracies. Participation, Stability, and Violence*, Yale University Press, New Haven.

PRESSMAN J.L. e WILDAVSKY A., 1973, *Implementation*, University of California Press, Berkley.

PRIDHAM G., 1995, *The International Context in Democratic Consolidation: Southern Europe in Comparative Perspective,* in R. Gunther, P.N. Diamandouros, H.J. Puhle (a cura di), *op. cit.*, pp. 166–203.

PRIDHAM, G., 1997, *The International Dimension of Democratization: Theory, Practice and Inter-Regional Comparisons*, in *Building Democracy? The International Dimension of Democratization in Eastern Europe*, a cura di G. Pridham, E. Herring e G. Sanford, Leicester University Press, Leicester, pp. 7–29.

PRZEWORSKI A. e TEUNE H., 1970, *The Logic of Comparative Social Inquiry*, Wiley, New York.

PRZEWORSKI A., 1999, *Minimalist Conception of Democracy: A Defence*, in *Democracy's Value*, a cura di I. Shapiro e C. Hacker-Cordon, Cambridge University Press, Cambridge, pp. 23–54.

PRZEWORSKI A., ALVAREZ M.E., CHEIBUB J.A. e LIMONGI F., 1996, *What Make Democracy Endure?*, «Journal of Democracy», 7, 1, pp. 39–55.

PRZEWORSKI A., ALVAREZ M.E., CHEIBUB J.A. e LIMONGI F., 2000, *Democracy and Development. Political Institutions and Well-being in the World, 1950–1990,* Cambridge University Press, Cambridge.

PRZEWORSKI, A. e J. SPRAGUE, 1977, *A History of Western European Socialism*, Paper presentato al convegno annuale dell'American Political Science Association, Washington, D.C.

PUTNAM R.D., 1973, *The Political Attitudes of Senior Civil Servants in Western Europe*, «British Journal of Political Science», 3, 275–90.

PUTNAM R.D., 1988, *Diplomacy and Domestic Politics: The Logic of Two-level Games*, «International Organization», 42, 3, pp. 427–460.

RADAELLI C.M., 2000, *Whither Europeanization? Concept Stretching and Substantive Change*, «European Integration Online Papers», 4, 8, http://eiop.or.at/eiop/texte/2000–008.htm.

RAE D.W. e TAYLOR M., 1970, *The Analysis of Political Cleavages*, Yale University Press, New Haven-London.

RAE D.W., 1967, *The Political Consequences of Electoral Law*, Yale University Press, New Haven.

RAGIN C.C. E RUBINSON N., 2011, *Comparative Methods*, in *International Encyclopedia of Political Science* a cura di, B. Badie, D. Berg-Schlosser D., L. Morlino, Sage, London, Vol. 2, pp. 331–341.

RAGIN C.C. e ZARET D., 1983, *Theory and Method in Comparative Research: Two Strategies*, «Social Forces», 61, 3, pp. 731–754.

RAGIN C.C., 1987, *The Comparative Method. Moving Beyond Qualitative Strategies*, University of California Press, Berkeley.

RAGIONIERI R., 2008, *Pace e guerre nelle relazioni internazionali*, Carocci, Roma.

RANIOLO F., 2000, *Miti e realtà del « cartel party ». Le trasformazioni dei partiti alla fine del ventesimo secolo*, «Rivista italiana di scienza politica», 30, 3, pp. 553–581.

RANIOLO F., 2004, *I processi organizzativi dei partiti: una proposta multidimensionale*, in *Le trasformazioni dei partiti politici*, a cura di F. Raniolo, Rubbettino, Soveria Mannelli, pp. 95–120.

RANIOLO F., 2008, *La partecipazione politica*, Il Mulino, Bologna.

RAY J., 1993, *War between Democracies: Rare or Non-Existent?*, «International Interactions», 18, 3, pp. 251–276.

REAGAN M.D., *Regulation the Politics of Policy*, Little Brown, Boston.

REGONINI G., 2001, *Capire le politiche pubbliche*, Il Mulino, Bologna.

REINHARD W., 1999, *Geschichte der Staatsgewalt*, C.H. Beck, München (tr. it. *Storia del potere politico in Europa*, Bologna, Il Mulino, 2001).

REMMER K.L., 1989, *Military Rule in Latin America*, Unwin Hyman, Boston.

RENAN E., 1882, *Che cos'è una nazione?*, Donzelli, Roma, 1998.

REYNOLDS A., REILLY B., ELLIS A., 2005, *Electoral System Design. The Near International IDEA Handbook,* International Institute for Democracy and Electoral Assistance (IDEA), Stockholm.

RHODES R.A.W., 1984, *Power-Dependence, Policy Communities and Intergovernmental Networks*, «Public Administration Bulletin», 49, pp. 4–31.

RHODES R.A.W., 2006, *Policy Network Analysis*, in *The Oxford Handbook of Public Policy*, a cura di M. Moran, M. Rein e R.E. Goodin, Oxford University Press, Oxford, pp. 425–447.

RHODES, R.A.W. e MARSH D., 1992, *New Directions in the Study of Policy Networks*, «European Journal of Political Research», 21, 1–2, pp. 181–205.

RICCI D., 1993, *The Transformation of American Politics: The New Washington and the Rise of Think Tanks*, Yale University Press, New Haven.

RICH A., 2004, *Think Tanks, Public Policy and the Politics of Expertise*, Cambridge University Press, Cambridge.

RICHARDSON J. (a cura di), 1982, *Policy Styles in Western Europe*, Allen & Unwin, London.

RICHARDSON J. e JORDAN G., 1979, *Governing Under Pressure: The Policy Process in a Post-Parliamentary Democracy*, Martin Robertson, Oxford.

RICHARDSON J., GUSTAFFSON G., JORDAN G., 1982, *The Concept of Policy Style*, in *Policy Styles in Western Europe*, a cura di J. Richardson, *op. cit.*, pp. 1–16.

RICHTER M., 1969, *Comparative Political Analysis in Montesquieu and Tocqueville*, «Comparative Politics», 1, 2, pp. 129–160.

RIESMAN D., 1950, *The Lonely Crowd*, Yale University Press, New Haven (tr. it. *La Folla solitaria*, Il Mulino, Bologna 1971).

RIKER W., 1962, *The Theory of Political Coalitions*, Yale University Press, New Haven.

RIKER W., 1975, *Federalism*, in F. Greenstain e N.W. Polsby (a cura di), *Handbook of Political Science*, Addison Wesley, Reading (Mass.) Vol. V, pp. 93–172.

RIKER W., 1987, *The Development of American Federalism*, Kluwer Academic Publishing, Norwell (Mass).

RIPLEY R. e G. FRANKLIN, 1981, *Congress, the Bureaucracy and Public Policy*, Dorsey Press, Homewood.

RIPLEY R.B., 1985, *Policy Analysis in Political Science*, Nelson-Hall, Chicago.

RISSE-KAPPEN T., 1991, *Public Opinion, Domestic Structure, and Foreign Policy in Liberal Democracy*, «World Politics», 43, 4, pp. 479–512.

ROBINSON M. e FRIEDMAN S., 2007, *Civil Society, Democratization, and Foreign Aid: Civic Engagement and Public Policy in South Africa and Uganda*, «Democratization», 14, 4, pp. 643–668.

ROGERS E.M., 1995, *Diffusion of Innovations*, Free Press, New York.

ROGOWSKI R., 1987, *Trade and the Variety of Democratic Institutions*, «International Organization», 41, 2, pp. 203–23.

ROKKAN S. e URWIN D. (a cura di), 1982, *The Politics of Territorial Identity. Studies in European Regionalism*, Sage, London.

ROKKAN S. e URWIN D., 1983, *Economy, Territory, Identity. Politics of West European Peripheries*, Sage, London.

ROKKAN S., 1966: *Electoral Mobilization, Party Competition, and National Integration*, in *Political Parties and Political Development*, a cura di J. LaPalombara e M. Weiner, Princeton University Press, Princeton, pp. 241–265.

ROKKAN S., 1970, *Citizens, Elections, Parties*, Oslo, Univeristetsforlaget (tr. it. *Cittadini, elezioni, partiti*, Il Mulino, Bologna, 1982).

ROKKAN S., 1973, *Cities, States, Nations: A Dimensional Model for the Study of Contrasts in Development*, in *Building States and Nations*, vol. I, a cura di S.N. Greenstadt e S. Rokkan, Sage, London, pp. 73–97.

ROKKAN S., 1975, *I voti contano, le risorse decidono*, «Rivista italiana di scienza politica», 1, pp. 169–176.

ROKKAN S., 1981, *Territories, Nations, Parties: Toward a Geoeconomic-Geopolitical Model for the Explanation of Variations within Western Europe*, in *From National Development to Global Community: Essays in Honour of Karl W. Deutsch*, a cura di R.L. Merritt e B.M. Russett, London, Allen & Unwin, pp. 70–95.

ROKKAN S., 1999, *State Formation, Nation-building and Mass Politics in Europe. The Theory of Stein Rokkan*, Oxford University Press, Oxford (tr. it. *Stato, nazione e democrazia in Europa*, Il Mulino, Bologna, 2002.

ROKKAN S., D. URWIN, F.H. AAREBROT, P. MALABA, T. SANDE, 1987, *Center-Periphery Structures in Europe*, Campus Verlag, Frankfurt e New York.

RÖMMELE A., 1999, *Cleavage Structures and Party Systems in East and Central Europe*, in *Cleavages, Parties, and Voters: A Study from Bulgaria, the Czech Republic, Hungary, Poland, and Romania*, a cura di K. Lawson, A. Römmele e G. Karasimeonov, Praeger Publishers, Westport, pp. 3–18.

ROSANVALLON P., 1995, *The History of the Word 'Democracy' in France*, «Journal of Democracy», 6, pp. 140–154.

ROSE R. e URWIN D., 1970, *Persistence and Change in Western Party Systems since 1945*, «Political Studies», 18, 3, pp. 287–319.

ROSENAU J., 1969, *Toward the Study Of National-International Linkages*, in *Linkage Politics*, a cura di J. Rosenau, The Free Press, New York, pp. 44–63.

ROSENAU J., 1990, *Turbulence in World Politics: A Theory of Change in World Politics*, Harvester Wheatsheaf, New York.

ROSENAU J., 1997, *Along the Domestic-Foreign Frontier. Exploring Governance in a Turbulent World*, Cambridge University Press, Cambridge.

ROSS C., 2000, *Federalism and Democratization in Russia*, «Communist and Post-Communist Studies», 33, 403–420.

ROSS M.L., 2001, *Does Oil Hinder Democracy?*, «World Politics», 25, April, pp. 325–361.

ROSS C., 2010, *Sub-National Elections and the Development of Semi authoritarian regimes*, in V. Gel'man and C. Ross (a cura di), *The politics of Sub-National Authoritarianism in Russia*, Ashgate, London.

ROTBERG R.I., 2004, *The Failure and Collapse of Nation-States*, in *When States Fail: Causes and Consequences,* a cura di R.I. Rotberg, Princeton University Press, Princeton, NJ, pp. 1–45.

ROUSSEAU J.J., 1762, *Du contrat social ou principes du droit politique* (trad.it. *Il contratto sociale*, Mursia, Milano, 1971).

RUESCHEMEYER D., HUBER STEPHENS E. e STEPHENS J.D., 1992, *Capitalist Development and Democracy,* University of Chicago Press, Chicago.

RUGGIE J.G., 1998, *Constructing the World Politics. Essay on International Institutionalization*, Routledge, London.

RUMMEL R., 1995, *Democracies Are Less Warlike Than Other Regimes*, «European Journal of International Relations», 1, 4, pp. 457–79.

RUMMEL R., 2002, *From Weakness to Power with the ESPD?*, «European Foreign Affairs Review», 7, 4, pp. 453–471.

RUSSETT B. e STARR H., 1992, *La politica mondiale. Introduzione allo studio delle relazioni internazionali*, Il Mulino, Bologna.

RUSSETT B., 1993, *Grasping the Democratic Peace*, Princeton University Press, Princeton.

RUSTOW D., 1970, *Transitions to Democracy. Toward a Dynamic Model*, «Comparative Politics», 2, 3, pp. 337–363.

RUZZA C., 2002, *I gruppi d'interesse dell'Ue*, in *Le istituzioni e gli attori di un sistema sovranazionale*, a cura di S. Fabbrini S., Laterza, Roma-Bari, pp. 277–297.

SABATIER P.A. e JENKINS-SMITH H. (a cura di), 1993, *Policy Change and Learning,* Westview Press, Boulder CO.

SABATIER P.A., 1986, *Top-Down and Bottom-Up Approaches to Implementation Research: A Critical Analysis and Suggested Synthesis*, « Journal of Public Policy », 6, pp. 21–48.

SABATIER P.A., 1987, *Knowledge, Policy-Oriented Learning, and Policy Change. An Advocacy Coalition Framework*, « Science Communication », 8, 4, pp. 649–692.

SABATO L.J., 1989, *Paying for Elections: The Campaign Finance Thicket*, Priority Press, New York.

SAINT-MARTIN D., 2004, *Building the New Managerialist State: Consultants and the Politics of Public Sector Reform in Britain, Canada and France*, 2nd ed., Oxford University Press, Oxford-New York.

SALISBURY R., 1968, *The Analysis of Public Policy*, in Ranney A. (ed.), *Political Science and Public Policy*, Markham, Chicago.

SALISBURY R., 1969, *An Exchange Theory of Interest Groups*, « Midwest Journal of Political Science », 13, 1, pp. 1–32.

SALISBURY R., 1984, *Interest Representation: The Dominance of Institutions*, « The American Political Science Review », 78, 1, pp. 64–76.

SANTORO C.M., 1991, *La politica estera di una media potenza*, Il Mulino, Bologna.

SARTORI G., 1957, *Democrazia e definizioni*, Il Mulino, Bologna.

SARTORI G., 1961, I *significati del termine élite,* in AA.VV., *Le élites politiche,* Laterza, Roma-Bari, pp. 94–99.

SARTORI G., 1963, (a cura di) *Il Parlamento italiano (1946–1963)*, ESI, Napoli.

SARTORI G., 1976, *Parties and Party Systems. A Framework for analysis*, ECPR Press, Colchester, 2005.

SARTORI G., 1979, *La politica. Logica e metodo in scienze sociali*, Sugarco, Milano.

SARTORI G., 1984, *Le «leggi» sull'influenza dei sistemi elettorali*, «Rivista Italiana di Scienza Politica», 14, 1, pp. 3–44.

SARTORI G., 1985, *La nuova politica comparata*, in Fisichella (a cura di), *op. cit.*, pp. 243–267.

SARTORI G., 1986, *Guidelines for Concept Analysis*, in *Social Science Concepts: A Systematic Analysis*, a cura di G. Sartori, Sage, London, pp. 15–85.

SARTORI G., 1987a, *The Theory of Democracy Revisited*, Chatham House, Chatham.

SARTORI G., 1987b, *Elementi di teoria politica*, Il Mulino, Bologna.

SARTORI G., 1994, *Comparative Constitutional Engineering*, MacMillan, London (tr. it. *Ingegneria costituzionale comparata*, Bologna, Il Mulino, 1995).

SARTORI G., 1997, *Homo videns. Televisione e post-pensiero*, Laterza, Roma-Bari.

SARTORI G., 1998, *Un'occasione mancata? Intervista sulla riforma costituzionale*, a cura di L. Morlino, Laterza, Roma-Bari.

SARTORI G., 2011, *Logica, metodo e linguaggio nelle scienze sociali*, Il Mulino, Bologna.

SBRAGIA A.M., 2004, *La democrazia post-nazionale: una sfida per la scienza politica*, « Rivista italiana di scienza politica », 34, 1, pp. 43–68.

SCHAPIRO L., 1972, *Totalitarianism*, MacMillan, London.

SCHATTSCHNEIDER E.E., 1935, *Politics, Pressures and the Tariff*, Prentice Hall, New York.

SCHATTSCHNEIDER E.E., 1948, *Pressure Groups versus Political Parties*, «Annals of the American Academy of Political and Social Science », 259, pp. 17–23.

SCHATTSCHNEIDER E.E., 1960, *The Semi-Sovereign People. A Realist View of Democracy in America*, New York, Holt, Rineharth & Wiston, 1960 (tr. it. *Il Popolo semi-sovrano. Un'interpretazione realistica della democrazia in America* a cura di A. Mignone, Ecig, Genova, 1998).

SCHEDLER A. (a cura di), 2006, *Electoral Authoritarianism: the Dynamics of Unfree Competition*, Lynne Rienner, Boulder, CO.

SCHEDLER A., 1998, *What is Democratic Consolidation?*, « Journal of Democracy », 9, 2, pp. 91–107.

SCHEDLER A., 2006, *The Logic of Electoral Authoritarianism* in *Electoral Authoritarianism, The Dynamics of Unfree Competition*, a cura di A. SCHEDLER, Lynne Rienner, Boulder, CO, pp. 1–27.

SCHIERA P., 1974, *Otto Hintze*, Guida, Napoli.

SCHLOZMAN K.L. e TIERNEY J.T., 1986, *Organized Interests and America Democracy*, Harper & Row, New York.

SCHLOZMAN K.L., 2009, *Who Sings in the Heavenly Chorus? The Shape of the Organized Interest System*, in *Oxford Handbook of American Political Parties and Interest Groups*, a cura di L.S. Maisel e J. Berry, Oxford University Press, Oxford, pp. 425–450.

SCHMIDT M.G., 1982, *The Role of Parties in Shaping Macroeconomic Policy*, in *The Impact of Parties: Politics and Policies in Democratic Capitalist States*, a cura di F.G. Castles, Sage, London-Beverly Hills, pp. 97–176.

SCHMITT C., 1938, *Die Wendung zum Diskriminierenden Kriegsbegriff*, Duncker & Humblot, Berlino (tr. it. *Il concetto discriminatorio di guerra*, Laterza, Roma-Bari 2008).

SCHMITT C., 1972, *Le categorie del 'politico'*, Il Mulino, Bologna.

SCHMITTER P.C. e KARL T.L., 1993, *What Democracy Is... and Is Not*, «Journal of Democracy», 2, 3, pp. 75–88.

SCHMITTER P.C. e LEHMBRUCH G., 1977, *Trends Toward Corporatist Intermediation*, Sage, London.

SCHMITTER P.C., 1974, *Still the Century of Corporatism?*, «Review of Politics», 36, 1, pp. 85–131 (tr. it. *Ancora il secolo del corporativismo?* in *La Società Neocorporativa*, a cura di M. Maraffi, Il Mulino, Bologna, 1981, pp. 45–85).

SCHMITTER P.C., 1981, *Interest Intermediation and Regime Governability in Contemporary Western Europe and North America* (tr. it. *Intermediazione degli interessi e governabilità nei regimi contemporanei dell'Europa Occidentale e dell'America del Nord* in *L'organizzazione degli interessi nell'Europa occidentale*, a cura di S. Berger, Il Mulino, Bologna, 1983, pp. 415–476.

SCHMITTER P.C., 1992, *Corporativismo/Corporatismo*, voce in *Enciclopedia delle Scienze Sociali*, vol. II, Roma, Istituto della Enciclopedia Italiana, pp. 457–468.

SCHNEIDER L.A. e INGRAM H., 1997, *Policy Design for Democracy*, University Press of Kansas, Lawrence.

SCHULZE H., 1995, *Aquile e leoni. Stato e nazioni in Europa*, Il Mulino, Bologna.

SCHUMPETER J.A., 1942, *Capitalism, Socialism and Democracy*, Harper & Brothers, New York (tr. it. *Capitalismo, socialismo e democrazia*, Etas libri, Milano, 1994).

SCHUMPETER J.A., 1954, *Capitalism, Socialism, Democracy*, George Allen & Unwin, London (tr. it. *Capitalismo, socialismo e democrazia*, Etas, Milano, 2001).

SCHWARTZ H., 2000², *States versus Market. The Emergence of a Global Economy*, MacMillan, London.

SCHWELLER R., 1992, *Domestic Structure and Preventive War*, «World Politics», 44, 2, pp. 235–269.

SCOTT W.R., 1981, *Organizations: Rational, Natural and Open Systems*, Prentice Hall, Englewood Cliffs (tr. it. *Le organizzazioni*, Il Mulino, Bologna, 1994).

SEKULOW J., 2015, *Undemocratic. How Unelected, unaccountable bureaucrats are stealing your liberty and freedom,* Howard Books-Simon & Schuster, New York.

SELZNICK P., 1948, *Foundations of the Theory of Organizations*, «American Sociological Review», 13(1), pp. 25–35.

SELZNIK P., 1949, *TVA and the Grass Roots: A Study in the Sociology of Formal Organization*, University of California Press, Berkeley.

SHIN D.C., 2007, *Democratization: Perspectives from Global Citizenries*, in *Handbook of Political Behaviour*, a cura di R. Dalton e H. F. Klingemann, Oxford University Press, Oxford, pp. 259–282.

SHUGART M. S. e WATTENBERG M.P (a cura di), 2001a, *Mixed Member Electoral Systems: The Best of Both Worlds?*, Oxford University Press, Oxford.

SHUGART M.S. e CAREY J.M., 1992, *Presidents and Assemblies*, Cambridge University Press, Cambridge (tr. it. *Presidenti ed Assemblee*, Il Mulino, Bologna, 1995).

SHUGART M.S. e WATTENBERG M.P., 2001b, *Mixed-Member Electoral Systems: A Definition and Typology,* in *Mixed Member Electoral Systems: The Best of Both Worlds?*, a cura di M.S. Shugart e M.P. Wattenberg, Oxford University Press, Oxford, 2001, pp. 9–24.

Siaroff A., 2000, *Comparative European Party Systems*, Garland Publishing, New York.

Sieyes E.J., 1789, *Qu'est-ce que le tiers état?* (trad.it. *Che cosa è il Terzo Stato?*, Editori Riuniti, Roma, 1972).

Simon H.A., 1947, *Administrative Behaviour: A Study of Decision-making Processes in Administrative Organizations*, Macmillan New York (tr. it. *Il comportamento amministrativo*, Il Mulino, Bologna, 1958).

Singer J.D., 1961, *The Level of Analysis Problem in International Relations*, in *The International System. Theoretical Essay*, a cura di K. Knorr e S. Verba, Princeton University Press, Princeton, pp. 77–92 (tr. it. *Il problema del livello analitico nelle relazioni internazionali*, in *Le relazioni internazionali*, a cura di M. Cesa, Il Mulino, Bologna 2004).

Skocpol T., 1982, *Stati e rivoluzioni sociali. Un'analisi comparata di Francia, Russia e Cina*, Il Mulino, Bologna.

Smelser N.J., 1982, *La comparazione nelle scienze sociali*, Il Mulino, Bologna.

Smith A., 1998, *Le origini etniche delle nazioni*, Il Mulino, Bologna.

Snyder J., 1991, *Myths of Empire*, Cornell University Press, Ithaca N.Y.

Snyder R., 1992, *Explaining Transitions from Neopatrimonial Dictatorships*, « Comparative Politics », 24, 4, pp. 379–399.

Sola G., 1982, *Introduzione*, in *Scritti politici di Gaetano Mosca, Vol. I*, a cura di G. Sola, Utet, Torino.

Sola G., 1996, *Storia della Scienza politica. Teorie, ricerche e paradigmi contemporanei*, NIS, Roma.

Sola G., 2000, *La teoria delle élites*, Il Mulino, Bologna.

Sola G., 2006, *Incontro con la scienza politica*, Il Mulino, Bologna.

Somaini E., 2009, *Geografia della democrazia*, Il Mulino, Bologna.

Sorensen G., 1992, *Kant and Processes of Democratization: Consequences for Neorealist Thought*, «Journal of Peace Research», 29, 4, pp. 397–414.

Spitzer R.J. (a cura di), 1993, *Media and Public Policy,* Praeger, Westport.

Starr H., 1984, *Henry Kissinger: Perceptions of International Politics*, University Press of Kentucky, Lexington.

Stella G.A., 2014, *Bolli, sempre bolli, fortissimamente bolli. La guerra infinita alla burocrazia*, Feltrinelli, Milano.

Stepan A. (a cura di), 1989, *Democratizing Brazil: Problems of Transition and Consolidation*, Oxford University Press, New York.

Stepan A., 1971, *The Military in Politics*, Princeton University Press, Princeton.

Stepan A., 1988, *Rethinking Military Politics: Brazil and the Southern Cone*, Princeton University Press, Princeton.

Stepan A., 1999, *Federalism and Democracy*: *Beyond* the U.S. Model; in « Journal of Democracy » 10, 4, pp. 19–34.

Stepan A., 2001, *Toward a New Comparative Politics of Federalism (Multi) Nationalism, and Democracy: Beyond Rikerian Federalism*, in Id., *Arguing Comparative Politics*, Oxford University Press, Oxford, pp. 315–362.

Stepan A., Linz J.J. e Yadav Y., 2011, *Crafting State-Nations. India and Other Multinational Democracies*, The Johns Hopkins University Press, Baltimore.

Stigler G., 1971, *The Theory of Economic Regulation*, in «Bell Journal of Economics and Management Science 2 (1) Spring, pp. 3–21.

Stone D. e Denham A., (a cura di), 2004, *Think Tank Traditions: Policy Research and the Politics of Ideas*, Manchester University Press, Manchester.

Stone D., 1996, *Capturing the Political Imagination*, Routledge, London.

Stone D., 2007, *Public Policy Analysis and Think Tanks*, in F. Fischer, G.J. Miller e M. Sidney (a cura di) *Handbook of Public Policy Analysis*, CRC Press, Boca Raton, FL.

Stone Sweet A. e Caporaso J., 1996, *From Free Trade to Supranational Polity: The European Court and Integration*, working paper, University of California, Berkeley.

Stoppino M., 1987, *Potere, scambio e dominio,* Dipartimento di Studi Politici e Sociali, Pavia.

Stoppino M., 1989, *Potere ed élites politiche*, in *L'analisi della politica*, a cura di A. Panebianco, pp. 221–253.

Stoppino M., 1994, *Che cos'è la politica*, «Quaderni di scienza politica», 1, 1, pp. 1–34.

Strange S., 1996, *The Retreat of the State*, Cambridge University Press, Cambridge.

Strøm K., 1990, *Minority Government and Majority Rule*, Cambridge University Press, Cambridge.

Strøm K., Bergman T. e Müller W.C. (a cura di), 2003, *Delegation and Accountability in Parliamentary Democracies*, Oxford University Press, New York.

Suleiman, E.N., 1978, *Elites in French Society*, Princeton University Press, Princeton, N.J.

Suleiman, E.N., 1985, *Bureaucrats, Politics, and Policy Making in France*, in E.N. Suleiman, (a cura di), *Bureaucrats and Policymaking*, Holmes and Meier, New York.

Suleinman E.N. (a cura di), 1984, *Bureaucrats and Policy-Making: A Comparative Overview*, Holmes and Meier, New York.

Taagepera R. e Shugart M.S., 1989, *Seats and Votes: The Effects and Determinants of Electoral Systems,* Yale University Press, New Haven.

Taagepera R., 2007, *Predicting Party Sizes: The Logic of Simple Electoral Systems,* Oxford University Press, Oxford.

Talmon J., 1967, *Le origini della democrazia totalitaria*, Il Mulino, Bologna.

Taras R. (a cura di), 1997, *Postcommunist Presidents*, Cambridge University Press, Cambridge.

Tarrow S., 1995, *Bridging the Quantitative-Qualitative Divide in Political Science*, «American Political Science Review», 89, 2, pp. 475–481.

Tatcher M., 1995, *Les réseaux de politique publique: bilan d'un sceptique,* in *Les réseaux de politique publique. Débat autour des policy networks*, a cura di P. Le Galès e M., Tatcher, L'Harmattan, Paris.

Thiesse A.M., 1999, *La creazione delle identità nazionali in Europa*, Il Mulino, Bologna.

Thoenig J.C.,1985, « L'analyse des politiques publiques », in J. Leca e M. Grawitz (a cura di.), *Traité de Science Politique*, PUF, Paris, Tome 4, pp. 1–60.

Thomas C.S. e Hrebenar R.J., 2003[8], *Interest Groups in the States*, in *Politics in the American States: A Comparative Analysis*, a cura di V. Gray e R.L. Hanson, CQ Press, Washington, DC, pp. 100–128.

Thomas C.S. e Hrebenar R.J., 2008, *Understanding Interest Groups, Lobbying and Lobbyists in Developing Democracies.* «Journal of Public Affairs», 81, pp. 1–14.

Thomas C.S., (a cura di), 2004, *Research Guide to U.S. and International Interest Groups*, Praeger, London.

Thomas C.S., 2011, *Interest Group*, in *Encyclopædia Britannica*. disponibile all'indirizzo: http://www.britannica.com/EBchecked/topic/290136/interest-group.

Tilly C. 1984b (ed. or. 1975), *Sulla formazione dello stato nazionale in Europa,* in *La formazione degli stati nazionali in Europa,* a cura di C. Tilly, Il Mulino, Bologna, pp. 7–77.

Tilly C., 1984a, *Big Structures, Large Processes, Huge Comparisons*, Russell Sage Foundation, New York.

Tilly C., 1984c (ed. or. 1975), *La formazione dello stato in Occidente e le teorie della trasformazione politica,* in *La formazione degli Stati nazionali in Europa,* a cura di C. Tilly, Il Mulino, Bologna, pp. 435– 469.

Tilly C., 1991, *L'oro e la spada*, Ponte alle Grazie, Firenze.

Tilly C.., 2007, *Democracy,* Cambridge University Press, Cambridge e New York.

Tosi, H. L., Rizzo, J. R. e Carroll, S.J., 1998, *Managing Organizational Behaviour*, Blackwell Publishers, Cambridge, MA.

Tronconi F., 2009, *I partiti etnoregionalisti*, Il Mulino, Bologna.

Truman D., 1951, *The Governmental Process*, Knopf, New York.

TSEBELIS G. e MONEY J., 1997, *Bicameralism*, Cambridge University Press, Cambridge.

TURI P., 2006, *Élite, classe politica, reclutamento politico*, in *Manuale di Sociologia Politica*, a cura di A. Costabile, P. Fantozzi, P. Turi, Carocci, Roma, pp. 180–208.

TÜRSAN, H. (1998), *Introduction. Ethnoregionalist Parties as Ethnic Entrepreneurs*, in L. De Winter e H. Türsan (a cura di), *Regionalist Parties in Western Europe*, Routledge, London-New York, pp. 1–16.

ULAM A., 1960, *The New Face of Soviet Totalitarianism*, «World Politics», XII, pp. 391–412.

UNGER A.L., 1974, *The Totalitarian Party. Party and People in Nazi Germany and Soviet Russia*, Cambridge University Press, Cambridge.

URBANI G., 1992, *Dentro la politica. Come funzionano il governo e le istituzioni*, Il Sole 24 Ore Libri, Milano.

URWIN, D.W., 1983, *Harbinger, Fossil or Fleabite? 'Regionalism' and the West European Party Mosaic*, in *Western European Party Systems. Continuity and Change*, a cura di H. Daalder e P. Mair, London, Sage, pp. 221–256.

URWIN, D.W., 1991, *Centro e Periferia*, in Enciclopedia delle scienze sociali, Roma, Istituto della Enciclopedia italiana, pp. 708–714.

VALBRUZZI M., 2006, *Primarie. Partecipazione e leadership*, Bononia University Press, Bologna.

VALENZUELA A., 1989, *Chile: Origins and Consolidation of A Latin American Democracy*, in *Democracy in Developing Countries. Vol. 4: Latin America*, a cura di L. Diamond, J.J. Linz e S.M. Lipset, Lynne Rienner, Boulder, CO, pp. 159–206.

VALENZUELA J.S., 1992, *Democratic Consolidation in Post-Transitional Settings: Notion, Process, and Facilitating Conditions*, in S. Mainwaring, G. O'Donnell e J.S. Valenzuela (a cura di), *op. cit.*, pp. 57–107.

VAN WAARDEN F., 1995, *Persistence of National Policy Styles*, in *Convergence or Diversity?*, a cura di B. Unger e F. Van Waarden, Aldershot, Avebury, pp. 333–372.

VANHANEN T., 1997, *Prospects of Democracy: A Study of 172 Countries*, Routledge, London.

VASSALLO S., 2005, *Competizione politica e istituzioni di governo*, in *Sistemi politici comparati*, a cura di S. Vassallo, Il Mulino, Bologna.

VENTURA S., 2007, *Francia: bipolarismo a formato variabile*, in *Partiti e sistemi di partito nelle democrazie europee*, a cura di P. Grilli di Cortona e G. Pasquino, Il Mulino, Bologna, pp. 83–116.

VOGEL D., 1989, *Fluctuating Fortunes. The Political Power of Business in America*, Basic Books, New York.

WAISMAN C.H., 1989, *Counterrevolution and Structural Change: The Case of Argentina*, «International Political Science Review», 10, 2, pp. 159–174.

WALKER J., 1983, *The Origins and the Maintenance of Interest Groups in America*, «American Political Science Review», 77, 2, pp. 390–406.

WALKER J., 1991, *Mobilizing Interest Groups in America. Patrons, Professions, and Social Movements*, University of Michigan Press, Ann Arbor.

WALKER S., 1977, *The Interface between Beliefs and Behaviour: Henry Kissinger's Operational Code and the Vietnam War*, «Journal of Conflict Resolution», 21, 1, pp. 129–168.

WALLERSTEIN I., 1982, *Il sistema mondiale nell'economia moderna*, vol. II, Il Mulino, Bologna.

WALTZ K.N., 1979, *Theory of International Politics*, Newbery Award Records, New York. (tr. it. *Teoria della politica internazionale*, Il Mulino, Bologna, 1987).

WALTZ K.N., 1990, *Realist Thought and Neorealist Theory*, «Journal of International Affairs», 44, 1, pp. 21–37.

WALTZ K.N., 2000, *Structural Realism After the Cold War*, «International Security», 25, 1, pp. 5–41.

WEBB P., FARRELL D. e HOLLIDAY I. (a cura di), 2002, *Political Parties in Advanced Industrial Democracies*, Oxford University Press, Oxford.

WEBER M, 1919, *Politik als Beruf. Wissenschaft als Beruf*, Duncker e Humblot, München-Leipzig (tr. it. *La Scienza come professione. La politica come professione*, Comunità, Milano, 2001).
WEBER M., 1922a, *Il metodo delle scienze storico-sociali*, Einaudi, Torino, 1974.
WEBER M., 1922b, *Wirtschaft und Gesellschaft*, Tübingen, Mohr (tr. it. *Economia e società*, 5 voll., Edizioni di Comunità, Milano 1974).
WEIL, S., 2012, *Manifesto per la soppressione dei partiti politici*, prefazione di André Breton, Castelvecchi, Roma.
WHITE S., 1990, *The Elections to the USSR Congress of People's Deputies March 1989*, «Electoral Studies», 9, 1, pp. 59–66.
WHITE S., BATT J. e LEWIS P.G. (a cura di), 2003³, *Developments in East European Politics*, Macmillan, London.
WHITEHEAD L. (a cura di), 1996, *The International Dimensions of Democratization: Europe and the Americas*, Oxford University Press, Oxford.
WIATR J.J., 1971, *Il partito egemone nei sistemi comunisti*, in *Sociologia dei partiti politici*, a cura di G. Sivini, Il Mulino, Bologna, pp. 206–215.
WIGHT M., 1979, *Power Politics*, Penguin Books, Harmondsworth.
WILDAVSKY A., 1979a, *The Politics of the Budgetary Process*, Little Brown, Boston.
WILDAVSKY A., 1979b, *Speaking Truth to Power*, Little Brown, Boston.
WILDAVSKY A., 1986. *Budgeting: A Comparative Theory of Budgetary Processes*, Transaction Publishers, New Brunswick, NJ.
WILSON F.L., 1987, *Interest-Group Politics in France*, Cambridge University Press, Cambridge.
WILSON F.L., 1990, *Neo-Corporatism and the Rise of New Social Movements*, in *Challenging the New Political Order: New Social and Political Movements in Western Democracy,* a cura di R.J. Dalton e M. Kuechler, Polity Press, Cambridge, pp. 67–83.
WILSON G.K., 1990, *Interest Groups*, Basil Blackwell, Oxford.
WILSON G.K., 2003³, *Business and Politics. A Comparative Introduction*, Palgrave Macmillan, Basingstoke.
WILSON J.Q., 1973, *Political Organizations 2nd ed.,*1995, Princeton University Press, Princeton.
WILSON J.Q., 1980, *The Politics of Regulation,* Basic Books, New York.
WILSON J.Q., 1989, *Bureaucracy: What Government Agencies Do and Why they Do it,* Basic Books, New York.
WILSON J.Q., 2008, *American Government Brief Version*, Wadsworth, Boston.
WILSON R., 2006, «Policy Analysis as Policy Advice» in Moran M., M. Rein e R.E. Goodin (a cura di) *The Oxford Handbook of Public Policy*, Oxford University Press, New York, pp. 152–168.
WOLINETZ S.B., 2006, *Party Systems and Party System Types*, in *Handbook of Party Politics,* a cura di R. Katz e W. Crotty, Sage, London, pp. 51–62.
WOLL C., 2006, *Lobbying in the European Union: From sui Generis to a Comparative Perspective*, «Journal of European Public Policy», 13, 3, pp. 456–469.
WOLPE B.C., 1990, *Lobbying the Congress. How The System Works*, Congressional Quarterly, Washington, DC.
WONKA A., BAUMGARTNER F., MAHONEY C., BERKHOUT J., 2009, *Measuring the Size and Scope of the EU Interest Group Population*, Paper prepared for the 5th ECPR General Conference, Potsdam, Germany, 10–12 Sept.
WRIGHT MILLS C., 1956, *The Power Elite*, Oxford University Press, New York (tr. it. *L'élite di potere*, Feltrinelli, Milano, 1959).
WRIGHT Q., 1970³, *A Study of War*, University of Chicago Press, Chicago, Ill.
WRIGHT W. (a cura di), 1971, *A Comparative Study of Party Organization*, Charles e Merrill, Columbus, OH.

Yanai N., 1999, *Why Do Political Parties Survive? An Analytical Discussion*, «Party Politics», 5, 1, pp. 5–17.

Zakaria F., 1997, *The Rise of Illiberal Democracy*, «Foreign Affairs», 76, pp. 22–41.

Zartman L., 1995, *Introduction: Posing the Problem of State Collapse*, in *Collapsed States: The Disintegration and Restoration of Legitimate Authority,* a cura di W. Zartman, Lynne Rienner, Boulder, CO, pp. 1–11.

Zielonka J. (a cura di), 2001, *Democratic Consolidation in Eastern Europe, Vol.I Institutional Engineering*, Oxford University Press, Oxford.

Indice dei nomi